आर॰ गुप्ता® कृत

पॉपुलर मास्टर गाइड

# SSC–Delhi Police

# हैड कांस्टेबल

---

## असिस्टेंट वायरलैस ऑपरेटर (AWO)

## टेली-प्रिंटर ऑपरेटर (TPO)

---

## भर्ती परीक्षा

रमेश पब्लिशिंग हाउस, नई दिल्ली

*प्रकाशक*

ओ.पी. गुप्ता, **रमेश पब्लिशिंग हाउस**

*प्रशासनिक कार्यालय*

12-H, न्यू दरियागंज रोड, ऑफिसर्स मेस के सामने,
नई दिल्ली-110002 ✆ 23275224, 23245124

**E-mail:** info@rameshpublishinghouse.com
**For Online Shopping:** www.rameshpublishinghouse.com

*विक्रय केन्द्र*

- बालाजी मार्किट, नई सड़क, दिल्ली-6 ✆ 23253720, 23282525
- 4457, नई सड़क, दिल्ली-6, ✆ 23918938



**Book Code: R-1237**

**ISBN: 978-81-7812-931-0**

**मूल्य: ₹ 360**

***मुद्रक:*** आशीष ग्राफिक्स, दिल्ली

# अनुक्रमणिका

# Scheme of Examination

## MODE OF RECRUITMENT

The selection process shall consist of the following compulsory tests in the given order:

| Tests/Exams | Maximum Marks/Qualifying |
|---|---|
| (i) Computer Based Examination: by SSC | 100 Marks |
| (ii) Physical Endurance & Measurement Tests (PE & MT) by Delhi Police | Qualifying |
| (iii) Trade Test by Delhi Police | Qualifying |
| (iv) ■ Test of English Word Processing by Delhi Police Speed-1000 key depression in 15 minutes.<br>■ Test of Basic Computer Functions: Opening/Closing of PC, printing, MS office usage, saving & modification in typed text, paragraph setting & numbering etc. | Qualifying |

- All candidates (Male & Female) including Ex-servicemen shall be put through a Computer Based Examination of One and half hour (90 Minutes) duration to be conducted at different Centres.
- The Computer Based Examination will consist of one objective type question paper containing 100 Questions carrying 100 marks.
- There will be **'No negative'** marks for wrong answer.
- The question paper for **Computer Based Examination on the following subjects** will be conducted in Hindi and English only:

| | Subject | No. of Questions | Max. Marks |
|---|---|---|---|
| Part-A | General Awareness | 20 | 20 |
| Part-B | General Science | 25 | 25 |
| Part-C | Mathematics | 25 | 25 |
| Part-D | Reasoning | 20 | 20 |
| Part-E | Computer Fundamentals, MS Excel, MS Word, Communication, Internet, WWW and Web Browsers etc. | 10 | 10 |
| | **Total** | **100** | **100** |

पिछले प्रश्न प्रत्र ( हल सहित )

# दिल्ली पुलिस – हैड कांस्टेबल (असिस्टेंट वायरलैस/टेलीप्रिन्टर ऑपरेटर) भर्ती परीक्षा 2022*

**1.** निम्नलिखित समाज सुधारकों में से किसका प्रारंभिक नाम मूल शंकर था?

A. स्वामी विवेकानंद B. शिव दयाल साहब

C. दयानंद सरस्वती D. नारायण गुरू

**2.** वर्ष 2011 की जनगणना के अनुसार भारत में सर्वाधिक लिंगानुपात वाला राज्य कौन-सा है?

A. केरल B. मेघालय

C. हिमाचल प्रदेश D. तमिलनाडु

**3.** श्रम कानूनों को लागू करने में पारदर्शिता और जवाबदेही सुनिश्चित करने और अनुपालन को आसान बनाने के लिए श्रम एवं रोजगार मंत्रालय द्वारा निम्नलिखित में से कौन-सा पोर्टल लॉन्च किया गया था?

A. श्रम सुविधा पोर्टल (Shram Suvidha Portal)

B. सौभाग्य (Saubhagya)

C. ई-नाम पोर्टल (E-NAM Portal)

D. प्राप्ति (PRAAPTI)

**4.** ब्रिटिश भारत में निम्नलिखित में से किस समाचार पत्र की स्थापना बाल गंगाधर तिलक ने की थी?

A. द हिंदू B. स्वदेसमित्रण

C. इंडियन मिरर D. केसरी

**5.** 1911 में भारत में हवाई परिवहन किन दो स्थानों के बीच शुरू हुआ था?

A. दिल्ली और मुम्बई

B. इलाहाबाद और नैनी

C. इलाहाबाद और कानुपर

D. दिल्ली और पटना

**6.** सरकार की भौतिक या वित्तीय परिसम्पत्तियों के निर्माण के लिए किए गए व्यय को .......... कहा जाता है।

A. राजस्व व्यय B. पूंजीगत व्यय

C. सब्सिडी व्यय D. सुरक्षा व्यय

**7.** निम्नलिखित में से कौन-सी आय कारक आय में शामिल नहीं होती है?

A. श्रम की मजदूरी

B. ब्याज भुगतान

C. संपत्ति पर प्राप्त किराया

D. एक छात्र की छात्रवृत्ति

**8.** निम्नलिखित में से कौन-सी पहाड़ी मेघालय के पठार का भाग नहीं है?

A. गारो पहाड़ियां B. जयंतिया पहाड़ियां

C. नीलगिरी पहाड़ियां D. खासी पहाड़ियां

**9.** वर्ष 2022 के सितंबर माह में, प्रधानमंत्री नरेंद्र मोदी द्वारा राजपथ का नाम बदलकर ......... कर दिया गया।

A. शहीद पथ B. सुभाष पथ

C. कर्तव्य पथ D. अमर जवान पथ

**10.** मौलिक कर्तव्यों को संविधान के किस अनुच्छेद के तहत समाहित किया गया है?

A. अनुच्छेद 51 A B. अनुच्छेद 51

C. अनुच्छेद 51 B D. अनुच्छेद 51 C

**11.** मोहनजोदड़ों के महान स्नानागार की संरचना कैसी थी?

A. त्रिभुजाकार B. वर्गाकार

C. आयताकार D. वृत्ताकार

**12.** किस देश के शोधकर्ताओं ने पहली बार 2016 में ''प्लास्टिक खाने वाले जीवाणु'' की खोज की थी?

A. जर्मनी

B. यूएसए (United States of America)

* Exam held on: 27-10-2022

C. चीन
D. जापान

**13.** निम्नलिखित में से कौन-सा जुलाई 2020 में शुरू किया गया एक वैश्विक गठबंधन है, जो अद्वितीय विवरण और गति के साथ ग्रीनहाउस गैस (GHG) उत्सर्जन को स्वतंत्र रूप से ट्रैक करके सार्थक जलवायु प्रक्रिया को तेज और आसान बनाने के लिए बनाया गया है?
A. जलवायु प्रक्रिया गठबंधन (Coalition for Climate Action)
B. वैश्विक जलवायु गठबंधन (Global Climate Coalition)
C. जलवायु ट्रेस (Climate Trace)
D. जलवायु और स्वच्छ वायु गठबंधन (Climate and Clean Air Coalition)

**14.** जैनुल आबेदीन भारत के किस राज्य के सबसे प्रसिद्ध शासकों में से एक था?
A. हैदराबाद B. सिंध
C. कश्मीर D. ओडिशा

**15.** निम्नलिखित में से, उत्सव और उससे संबंधित राज्य के सही युग्म का चयन करें।
A. पिंजौर विरासत महोत्सव : उत्तर प्रदेश
B. कोलायत मेला : बिहार
C. मरू उत्सव : राजस्थान
D. कुरुक्षेत्र महोत्सव : पंजाब

**16.** मार्च 2022 में दूरसंचार विवाद निपटान और अपीलीय न्यायाधिकरण (TDSAT) के अध्यक्ष के रूप में किसे नामित किया गया है?
A. चीफ जस्टिस धीरूभाई नारनभाई पटेल
B. जस्टिस विपिन सांघी
C. जस्टिस सिद्धार्थ मृदुल
D. जस्टिस मनमोहन

**17.** तत्त्वबोधिनी सभा की स्थापना .......... में की गई थी।
A. 1875 B. 1866
C. 1822 D. 1839

**18.** निम्नलिखित में से कौन-सा मंदिर एक 'शक्ति पीठ' नहीं है?
A. कामाख्या मंदिर B. ओंकारेश्वर मंदिर
C. कालीघाट मंदिर D. कालमाधव मंदिर

**19.** किस पंचवर्षीय योजना में 'द ट्वेंटी पॉइंट प्रोग्राम' शुरू किया गया था?
A. पाँचवी पंचवर्षीय योजना
B. सातवीं पंचवर्षीय योजना
C. छठी पंचवर्षीय योजना
D. आठवीं पंचवर्षीय योजना

**20.** निम्नलिखित में से कौन-सा नृत्य कोरकू जनजाति द्वारा किया जाता है?
A. दादरा B. चटकोरा
C. बिनाकी D. रागिनी

**21.** निम्नलिखित में से कौन-सा केप्लर का नियम इस प्रेक्षण में आता है कि ग्रह सूर्य के निकट होने की तुलना में दूर होने पर धीमी गति से चलते दिखाई देते हैं?
A. क्षेत्रफल का नियम
B. परिक्रमण काल का नियम
C. कक्षाओं का नियम
D. गुरुत्वाकर्षण का नियम

**22.** $R1 = 50 \pm 3$ ओम और $R2 = 100 \pm 4$ ओम प्रतिरोध वाले दो प्रतिरोधक श्रेणी क्रम में जुड़े हुए हैं। श्रेणी में तुल्य प्रतिरोध ज्ञात कीजिए।
A. $150 + \pm 1$ ओम B. $150 + \pm 7$ ओम
C. $150 \pm 4/3$ ओम D. $150 + \pm 4$ ओम

**23.** गति के दूसरे नियम में $F = ma$ होता है। यहां F का अर्थ क्या है?
A. पिंड पर आंतरिक बल
B. पिंड पर शुद्ध (नेट) बाह्य बल
C. पिंड पर शुद्ध (नेट) आंतरिक बल
D. पिंड पर बाह्य बल

**24.** गन्ने से प्राप्त चीनी की तुलना में एलिटेम (alitame) का मधुरता मान (sweetness value) निम्नलिखित में से कितना होता है?
A. 600 B. 550
C. 100 D. 2000

**25.** निम्नलिखित में से कौन-सा कथन गलत है?
A. पृथ्वी एक चुंबक की भांति व्यवहार करती है जिसका चुंबकीय क्षेत्र लगभग भौगोलिक दक्षिण से उत्तर की ओर होता है।

B. यदि एक दंड चुंबक को दो भागों में विभाजित किया जाता है, तो हमें प्रबल गुणों वाले दो समान दंड चुंबक प्राप्त होते हैं।

C. जब दो चुंबकों के उत्तरी ध्रुवों (या दक्षिणी ध्रुवों) को एक साथ पास लाया जाता है तो एक प्रतिकर्षी बल उत्पन्न होता है।

D. जब एक दंड चुंबक को स्वतंत्र रूप से लटकाया जाता है, तो यह उत्तर-दक्षिण दिशा की ओर इंगित करता है।

**26.** आवेग (I) क्या है?

A. I = बल × समय  B. I = दाब × क्षेत्रफल

C. I = ma  D. I = mv

**27.** 298.15K पर $S\ m^{-1}$ में सोने की चालकता क्या है?

A. $6.2 \times 10^3$  B. $2.1 \times 10^3$

C. $5.9 \times 10^3$  D. $4.5 \times 10^3$

**28.** निम्नलिखित तत्वों को उसकी ग्राम अणुक विशिष्ट ऊष्मा के अनुसार आरोही क्रम में व्यवस्थित कीजिए।

(*a*) कार्बन  (*b*) सिल्वर

(*c*) सीसा (लेड)  (*d*) एल्युमीनियम

A. (*d*), (*a*), (*b*) और (*c*)

B. (*c*), (*b*), (*d*) और (*a*)

C. (*a*), (*d*), (*b*) और (*c*)

D. (*b*), (*d*), (*c*) और (*a*)

**29.** एक समान घनत्व के खोखले गोले के कारण उसके अन्दर स्थित किसी बिन्दु द्रव्यमान पर आकर्षण बल .......... होता है।

A. शून्य

B. गुरुत्व स्थिरांक के बराबर

C. गुरुत्व स्थिरांक से अधिक

D. गुरुत्व स्थिरांक से कम

**30.** समीकरण $2HI - I_2 + H_2$ के लिए अभिक्रिया की दर को किस रूप में व्यक्त किया जा सकता है?

A. $-1/2\Delta HI/\Delta t$  B. $-\Delta[HI]/\Delta t$

C. $-\Delta H2/\Delta t$  D. $+\Delta HI/\Delta t$

**31.** साबुन के बारे में निम्नलिखित में से कौन-से कथन सही हैं?

(*a*) पारदर्शी साबुन, साबुन को एथेनॉल में घोलकर और फिर विलायक के आधिक्य को वाष्पित करके बनाए जाते हैं।

(*b*) दाढ़ी बनाने के साबुन को तीव्र शुष्कन से बचाने के लिए इसमें सोडियम रोजिनेट (sodium rosinate) होता है।

(*c*) अघुलनशील चिपचिपे अवक्षेप के कारण कठोर जल और साबुन से धुले कपड़ों में रंजक एक समान रूप से अवशोषित नहीं होता है।

A. (*b*) और (*c*)  B. (*a*) और (*b*)

C. (*a*) और (*c*)  D. (*a*), (*b*) और (*c*)

**32.** 3.700 में सार्थक अंकों की संख्या कितनी है?

A. 1  B. 4

C. 3  D. 2

**33.** निम्नलिखित में से कौन-सा, मूलभूत या मूल मात्रक नहीं है?

A. लंबाई  B. समय

C. आयतन  D. द्रव्यमान

**34.** पृथ्वी के चुंबकीय क्षेत्र का सामर्थ्य (strength) पृथ्वी की सतह पर एक स्थान से दूसरे स्थान पर बदलता रहता है; इसका मान .......... की कोटि (order) का होता है।

A. $10^{-5}$ T  B. $10^{-3}$ T

C. $10^{-2}$ T  D. $10^{-4}$ T

**35.** नीचे दिए गए विकल्पों में से गलत कथन की पहचान कीजिए।

A. अत्यधिक काम चालकता वाले पदार्थ जैसे कांच मिट्टी के बर्तन आदि ऊष्मारोधी के रूप में जाने जाते है।

B. परिभाषा के अनुसार अर्धचालक कहे जाने वाले कुछ पदार्थों में शून्य प्रतिरोधकता या अनंत चालकता होती है।

C. धातुओं एवं उनकी मिश्र धातुओं में बहुत अधिक चालकता होती है और उन्हें चालक के रूप में जाना जाता है

D. धातुओं के माध्यम से विद्युत चालन की धात्विक या इलेक्ट्रॉनिक चालकता कहा जाता है और यह इलेक्ट्रॉनो की गति के कारण होती है

**36.** निम्नलिखित कृत्रिम मधुरक को उसके मिठास मूल्य के आधार पर अवरोही क्रम में व्यवस्थित कीजिए।

(*a*) एस्पार्टेम (*b*) सुक्रालोस
(*c*) एलीटेम (*d*) सैकेरिन

A. (*a*), (*d*), (*b*) और (*c*)
B. (*b*), (*d*), (*c*) और (*a*)
C. (*c*), (*b*), (*d*) और (*a*)
D. (*d*), (*b*), (*a*) और (*c*)

**37.** किसी चालक का प्रतिरोध R किस पर निर्भर नहीं करता है?

A. विभवांतर B. दाब
C. चालक के आयाम D. चालक के पदार्थ

**38.** चालक बहुलक (conducting polymers) की खोज के लिए मैकडायर्मिड, हीगर और शिराकावा को किस वर्ष रसायन विज्ञान में नोबेल पुरस्कार से सम्मानित किया गया था?

A. 2004 B. 2006
C. 2002 D. 2000

**39.** वे पदार्थ जिनमें बाह्य चुंबकीय क्षेत्र के प्रबल से दुर्बल भाग में जाने की प्रवृत्ति होती है, .......... कहलाते हैं।

A. एकलचुंबकीय (Monomagnetic)
B. प्रतिचुंबकीय (Diamagnetic)
C. अनुचुंबकीय (Paramagnetic)
D. लौहचुंबकीय (Ferromagnetic)

**40.** $\Delta Q = \Delta U + \Delta W$ _______ के लिए समीकरण है।

A. ऊष्मागतिकी के तृतीय नियम
B. ऊष्मागतिकी के शून्य कोटि नियम
C. ऊष्मागतिकी के द्वितीय नियम
D. ऊष्मागतिकी के प्रथम नियम

**41.** अभिक्रिया की दर निम्नलिखित में से किस पर निर्भर नहीं करती है?

A. तापमान B. उत्प्रेरक
C. सांद्रता D. दाब

**42.** निम्नलिखित में से कौन-सा रंग कूट किसी प्रतिरोधक में संख्या शून्य को निरूपित करता है?

A. भूरा (Brown) B. लाल (Red)
C. नारंगी (Orange) D. काला (Black)

**43.** अष्टक का नियम निम्नलिखित में से किसके द्वारा स्थापित किया गया था?

A. हेनरी मोसले (Henry Moseley)
B. जॉन न्यूलैंड्स (John Newlands)
C. इवानोविच मेंडेलीव (Ivanovich Mendeleev)
D. जोहान्न डोबेराइनर (Johann Dobereiner)

**44.** ......... की विमा, $[MLT^{-2}]$ है।

A. बल, आवेग और संवेग
B. बल, आवेग और स्थैतिक घर्षण
C. बल, गतिज घर्षण और स्थैतिक घर्षण
D. गतिज घर्षण, आवेग और संवेग

**45.** निम्नलिखित में से कौन-सा मधुरक कर्मक (sweetening agent) शरीर से उत्सर्जित होने पर मूत्र में अपरिवर्तित रहता है?

A. सैकरीन (saccharin)
B. सुक्रालोज (sucralose)
C. एस्पोर्टेम (aspartame)
D. एलिटेम (alitame)

**46.** 42 cm व्यास और 20 cm ऊंचाई वाले शंकु का संपूर्ण पृष्ठीय क्षेत्रफल कितना होगा?

A. 3300 $cm^2$ B. 3900 $cm^2$
C. 3000 $cm^2$ D. 3600 $cm^2$

**47.** यदि $(10)^{-x} = \frac{1}{3}$ है, तो $(10)^{2x}$ का मान कितना होगा?

A. $\frac{1}{81}$ B. 81
C. $\frac{1}{9}$ D. 9

**48.** निम्न को सरल कीजिए :

$$\frac{2.05 \times 2.05 - 3.23 \times 3.23}{2.05 + 3.23}$$

A. 1.18 B. −3.18
C. −1.18 D. 5.28

**49.** जब किसी वस्तु के मूल्य में 20% की कमी की गई, तो उसकी बिक्री में 80% की वृद्धि हुई। आय पर इसका शुद्ध प्रभाव कितना पड़ा?

A. 21% की वृद्धि B. 21% की कमी
C. 44% की वृद्धि D. 44% की कमी

**50.** 361 और 144 के बीच मध्यानुपात क्या होगा?

A. 121　　B. 264
C. 288　　D. 228

**51.** यदि एक समबाहु त्रिभुज का आधार 8 cm है, तो उसका क्षेत्रफल ज्ञात कीजिए।

A. $16\sqrt{2}\ cm^2$　　B. $8\sqrt{2}\ cm^2$
C. $8\sqrt{3}\ cm^2$　　D. $16\sqrt{3}\ cm^2$

**52.** $15\frac{3}{4}-6\frac{4}{5}+4\frac{25}{3}$ का मान ज्ञात करें।

A. $\frac{1177}{60}$　　B. $\frac{1377}{60}$
C. $\frac{1077}{60}$　　D. $\frac{1277}{60}$

**53.** एक कंपनी निम्नलिखित ऑफर करती है :
I. 25% और 5% की क्रमिक छूटें
II. 20% और 10% की क्रमिक छूटें
III. 22% और 8% की क्रमिक छूटें

किसी ग्राहक के लिए कौन-सी छूट सर्वोत्तम है?
A. III
B. I
C. II
D. सभी समान रूप से अच्छी है

**54.** समीकरण $2x - y + 8 = 0$, $8x + 3y - 24 = 0$ और $y = 0$ के ग्राफ द्वारा निर्मित त्रिभुज का क्षेत्रफल (वर्ग इकाइयों में) कितना है?

A. 28　　B. 36
C. 32　　D. 24

**55.** एक दुकानदार अपने माल को क्रय मूल्य पर बेचने का दावा करता है, लेकिन वह गलत वजन का उपयोग करता है जिससे वह खरीदते समय 10% और बेचते समय 15% की बेईमानी करता है। उसके लाभ या हानि का कुल प्रतिशत कितना है?

A. 25%　　B. 5%
C. 22.72%　　D. 27.7%

**56.** एक निश्चित धनराशि के लिए, 2 वर्ष के बाद 18% प्रति वर्ष की साधारण ब्याज की दर से प्राप्त मिश्रधन, उसी धनराशि पर उसी दर पर 10 वर्षों के लिए प्राप्त साधारण ब्याज से ₹ 1,100 कम है। धनराशि (₹ में) ज्ञात कीजिए

A. ₹ 2,400　　B. ₹ 2,200
C. ₹ 2,500　　D. ₹ 2,300

**57.** दो वर्ष पूर्व एक शहर की जनसंख्या 15,62,500 थी। पहले वर्ष में जनसंख्या में 4% की वृद्धि हुई और दूसरे वर्ष में 4% की कमी हुई। वर्तमान जनसंख्या ज्ञात करें।

A. 15,63,000　　B. 15,60,000
C. 15,62,000　　D. 15,61,000

**58.** A, B और C सभी मिलकर एक कार्य को 20 दिनों में कर सकते हैं, जिसमें B उसी को करने में A और C द्वारा मिलकर उस कार्य को पूरा करने में लिए गए समय से 4 गुना अधिक समय लेता है तथा C उस कार्य को करने में A और B द्वारा मिलकर उस कार्य को पूरा करने में लिए गए समय से 3 गुना समय लेता है। B अकेला उस कार्य को कितने दिनों में कर सकता है?

A. 100 दिन　　B. 80 दिन
C. 120 दिन　　D. 90 दिन

**59.** निम्नलिखित आरेख में $x$ का मान ज्ञात कीजिए, जहाँ दोनों रेखाएँ वृत की जीवाओं का प्रतिनिधित्व करती हैं और बिंदु वृत्त के केंद्र को दर्शाता है। साथ ही दिया गया है कि $a = b = x$ और $c = 36$ और $d = 14$ है।

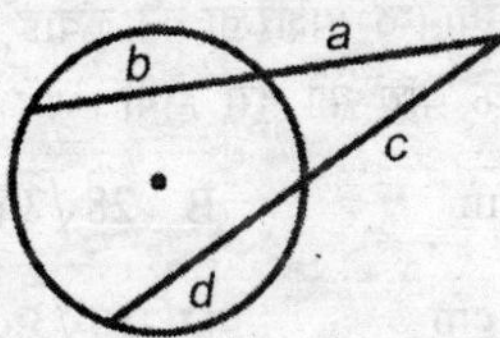


A. 30　　B. 36
C. 50　　D. 14

**60.** एक बर्तन खोखले अर्धगोले के आकार का है जिस पर एक खोखला बेलन बना है। अर्धगोले का व्यास 14 cm है और बर्तन की कुल ऊंचाई 13 cm है। बर्तन का अंतः पृष्ठीय क्षेत्रफल कितना है?

A. $172\ cm^2$　　B. $772\ cm^2$
C. $572\ cm^2$　　D. $372\ cm^2$

**61.** P और Q मिलकर किसी कार्य को 4 दिनों में पूरा कर सकते हैं। यदि अकेले P उस कार्य को 12 दिनों में पूरा

कर सकता है, तो अकेले Q द्वारा उस कार्य को पूरा करने के लिए आवश्यक दिनों की संख्या ज्ञात कीजिए।

A. 6 दिन
B. 4 दिन
C. 8 दिन
D. 5 दिन

**62.** $(z \times 21\% \text{ of } 210) \div (17\% \text{ of } 170) = 3050 \div z$ में $z$ का मान ज्ञात कीजिए।

A. 18.4
B. 22.1
C. 44.7
D. 33.1

**63.** एक पुलिसकर्मी एक चोर का उससे 1800 मीटर आगे पीछा करता है। यदि पुलिसकर्मी और चोर क्रमशः 12 किमी/घंटा और 9 किमी/घंटा की गति से दौड़ते हैं, तो पुलिसकर्मी द्वारा पकड़े जाने से पहले चोर स्पॉटिंग पॉइंट (पुलिसकर्मी से 1800 मीटर आगे) से आगे कितनी दूरी तय करेगा?

A. 6000 मीटर
B. 5400 मीटर
C. 5600 मीटर
D. 4200 मीटर

**64.** एक बल्लेबाज द्वारा क्रिकेट की 10 पारियों में बनाए गए रनों का औसत 43 था। उसे अगली पारी में कितने रन बनाने होंगे, ताकि उसके रनों का औसत 3 बढ़ जाए?

A. 76
B. 78
C. 91
D. 83

**65.** यदि दो वृत्तों की त्रिज्या 8 cm और 6 cm है और अनुप्रस्थ उभयनिष्ठ स्पशरिखा की लंबाई 14 cm है, तो दोनों केंद्रों के बीच की दूरी होगी :

A. $8\sqrt{3}$ cm
B. $28\sqrt{2}$ cm
C. $14\sqrt{2}$ cm
D. $16\sqrt{3}$ cm

**66.** एक समांतर श्रेणी के पहले छह पदों का योगफल 54 है और इसके 10वें पद का 30वें पद से अनुपात 11 : 31 है। इसके पहले 15 पदों का योगफल क्या है?

A. 270
B. 278
C. 268
D. 260

**67.** समीकरण $147x - 231y = 525$ और $77x - 49y = 203$ के ग्राफ का प्रतिच्छेदन बिंदु, निम्न में से किस समीकरण के ग्राफ पर स्थित है?

A. $4x + 5y = 13$
B. $5x - 4y = 6$
C. $9x - 5y = 23$
D. $5x - 9y = 17$

**68.** 2 cm और 5 cm त्रिज्या वाले दो वृत्तों, जिनके केंद्र 8 cm की दूरी पर हैं, की अनुप्रस्थ उभयनिष्ठ स्पशरिखा की लंबाई (cm में) कितनी है?

A. 15
B. $\sqrt{7}$
C. $\sqrt{15}$
D. 1

**69.** यदि $\sin(x) = \frac{2}{5}$ और $x$ एक न्यून कोण है, तो $\cos(4x) - \cos(2x)$ का सटीक मान ज्ञात कीजिए।

A. $\frac{625}{32}$
B. $-\frac{472}{25}$
C. $-\frac{472}{625}$
D. $-\frac{427}{625}$

**70.** दिए गए आलेख का संदर्भ लेकर बताएं कि छात्रों द्वारा प्राप्त औसत अंक क्या है?

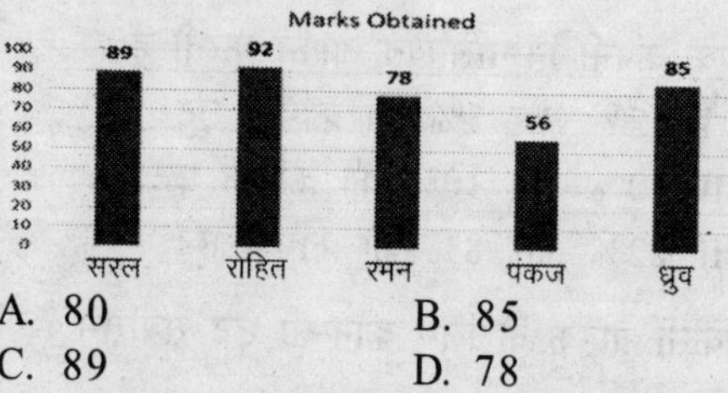


A. 80
B. 85
C. 89
D. 78

**71.** एक कागज को नीचे दिखाए अनुसार मोड़ा और काटा जाता है। कागज को खोलने पर यह कैसा दिखाई देगा?

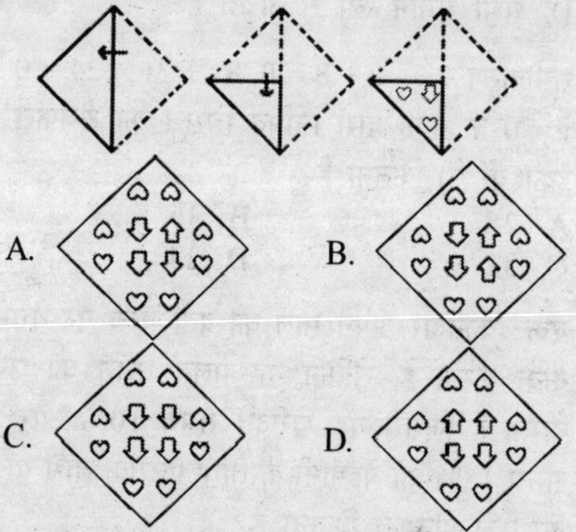


**72.** एक कागज को नीचे दिखाए अनुसार मोड़ा और काटा जाता है। कागज को खोलने पर यह कैसा दिखई देगा?

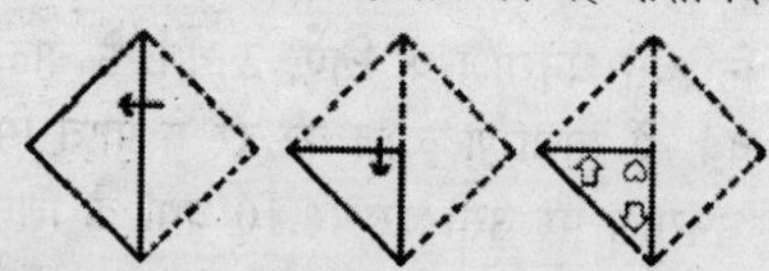

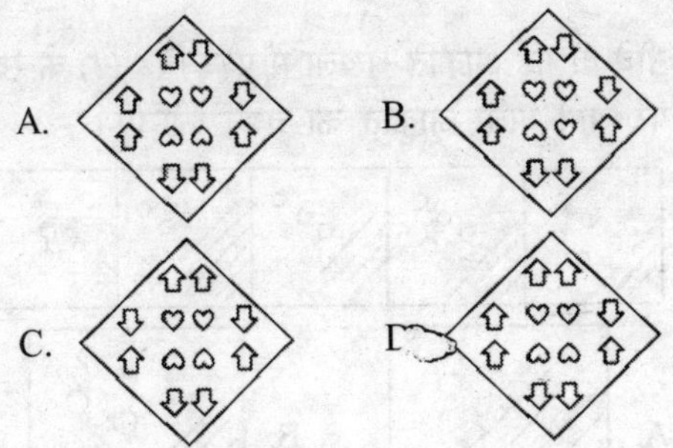


**73.** सात व्यक्ति A, B, C, D, E, F और G सीधी पंक्ति में उत्तर की ओर मुख करके बैठे हैं। D के दाईं ओर केवल दो व्यक्ति बैठे हैं। C के बाईं ओर केवल दो व्यक्ति बैठे हैं। D और G के बीच केवल दो व्यक्ति बैठे हैं। C और E के बीच केवल तीन व्यक्ति बैठे हैं। A, D के ठीक बगल में नहीं बैठा है। B, D के दाईं ओर बैठा हुआ है। दाएं सिरे पर कौन बैठा है?

A. G
B. E
C. B
D. A

**74.** विकल्पों में से उस समुच्चय का चयन करें जिसमें दी गई संख्याओं के बीच वही संबंध है जो संबंध निम्न समुच्चयों की संख्याओं के बीच है।

(नोटः आपको कोई भी गणितीय संक्रिया जैसे जोड़ना/घटाना/गुणा करना आदि संख्याओं को उसके घटक अंकों में विभाजित किए बिना, पूर्ण संख्याओं पर करनी है। उदाहरण के लिए 13 को 1 और 3 में विभाजित करके 1 और 3 पर गणितीय संक्रिया करने की अनुमति नहीं है।)

(428, 377, 51)
(679, 458, 221)

A. (1236, 788, 448)
B. (237, 86, 194)
C. (728, 569, 160)
D. (321, 270, 45)

**75.** F, G, H, I, J और K छः अलग-अलग लंबाई वाले व्यक्ति हैं। F सबसे लंबा है। G, H से लंबा है, जो I से छोटा है, J, H से छोटा है, लेकिन K से लंबा है। सबसे छोटा कौन है?

A. I
B. J
C. G
D. K

**76.** विकल्पों में दिया गया कौन-सा अक्षर-समूह नीचे दी गई शृंखला में प्रश्न-चिह्न (?) के स्थान पर आकर उसे पूर्ण करेगा?

BFKV, FJOZ, ?, NRWH, RVAL

A. JMTD
B. JMRD
C. JMSD
D. JNSD

**77.** एक निश्चित कूट भाषा में, 'NUMBER' को '95' लिखा जाता है और 'CURRENT' को '97' लिखा जाता है। उसी भाषा में 'MEASURE' को कैसे लिखा जाएगा?

A. 107
B. 114
C. 118
D. 121

**78.** गणितीय चिह्नों के उस संयोजन का चयन कीजिए जिसे दिए गए समीकरण में * चिह्नों के स्थान पर क्रमिक रूप से रखने पर समीकरण संतुलित हो जाएगा।

39 * 12 * 6 * 18 * 72 * 8 * 60

A. =, ×, +, +, ÷, –
B. ×, –, =, ÷, +, –
C. +, ×, –, =, +, ×
D. +, ÷, =, –, ×, +

**79.** छह विद्यार्थी एक वृत्ताकार मेज के परितः केंद्र की ओर मुख करके बैठे हैं। हैदर, अगित के बायें दूसरे स्थान पर बैठा है। पवन, अमित के दायें दूसरे स्थान पर बैठा है। सिया, रवि के बायें दूसरे स्थान पर बैठी है। अमित, सिया और रवि दोनों का निकटतम पड़ोसी है। जोया और रवि के बीच में कौन बैठा/बैठी है?

A. पवन
B. अमित
C. सिया
D. हैदर

**80.** * चिह्नों को क्रमानुसार प्रतिस्थापित करने और दिए गए समीकरण को संतुलित करने के लिए गणितीय चिह्नों के सही संयोजन का चयन करें।

87 * (27 * 3) * 91 * 22 * (378 * 6)

A. ÷, –, +, –, =, ×
B. –, ×, =, –, –, ÷
C. ×, +, –, =, –, ÷
D. +, –, +, ÷, ×, =

**81.** एक निश्चित कूट भाषा में, 'SWING' को '68' लिखा जाता है और 'SWITCH' को '86' लिखा जाता है। उसी भाषा में 'BOARD' को कैसे लिखा जाएगा?

A. 106
B. 95
C. 69
D. 100

**82.** **A # B का अर्थ है 'A, B का भाई है'।**
**A @ B का अर्थ है 'A, B की पुत्री है'।**
**A & B का अर्थ है 'A, B की पत्नी है'।**
**यदि L & M # N @ A & B # C, तो L का C से क्या संबंध है?**

A. पुत्री B. माता
C. बहन D. पुत्रवधू

**83.** उस विकल्प का चयन कीजिए जो नीचे दिए गए शब्दों के उस सही क्रम को दर्शाता है, जिस क्रम में वे अंग्रेजी शब्दकोश में आएंगे।

1. Fontina 2. Fondue
3. Fondled 4. Fondant
5. Fontanel 5. Fonder

A. 4, 6, 3, 5, 1, 2 B. 6, 4, 3, 2, 5, 1
C. 4, 6, 3, 2, 5, 1 D. 6, 3, 4, 5, 1, 2

**84.** निम्नलिखित में से कौन-सी संख्या दी गई श्रेणी में प्रश्न चिह्न (?) को प्रतिस्थापित करेगी?

2, 3, 6, 18, ?, 1944

A. 100 B. 200
C. 108 D. 90

**85.** दिए गए आरेख का ध्यानपूर्वक अध्ययन करें और दिए गए प्रश्न का उत्तर दें। विभिन्न खंडों में दी गई संख्याएँ व्यक्तियों की संख्या दर्शाती हैं।

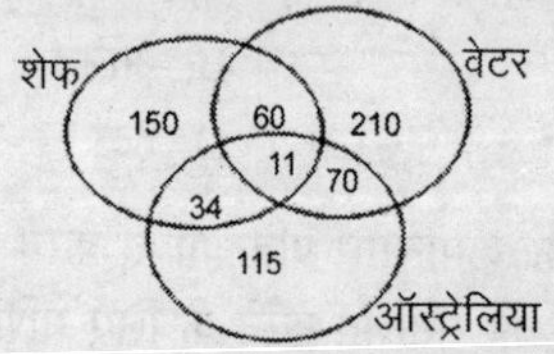


कितने लोग शेफ और वेटर हैं लेकिन ऑस्ट्रेलिया से नहीं हैं?

A. 115 B. 60
C. 70 D. 150

**86.** तस्वीर में दिख रहे एक व्यक्ति की ओर इशारा करते हुए गोपी ने कहा, "वह मेरी माँ के पिता का इकलौता पुत्र है।" तस्वीर में दिख रहा व्यक्ति गोपी से किस प्रकार संबंधित है?

A. पिता B. पुत्र
C. मामा D. भाई

**87.** नीचे दी गई आकृति शृंखला में प्रश्न-चिह्न (?) के स्थान पर आने वाली आकृति का चयन कीजिए।

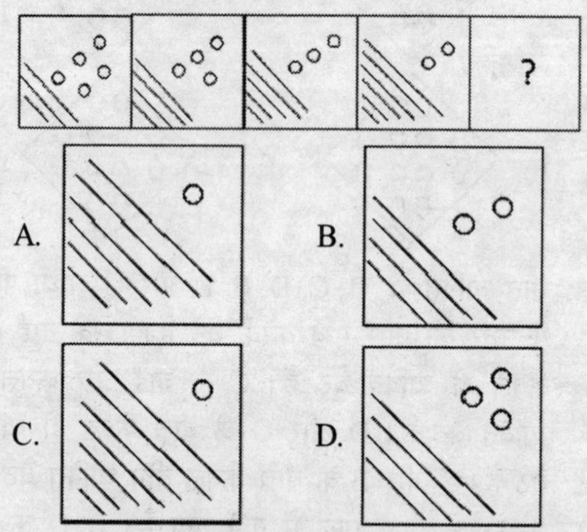


**88.** दिए गए विकल्पों में से उस आकृति का चयन करें, जो आकृतियों की निम्नांकित शृंखला में प्रश्न-चिह्न (?) के स्थान पर आएगी।

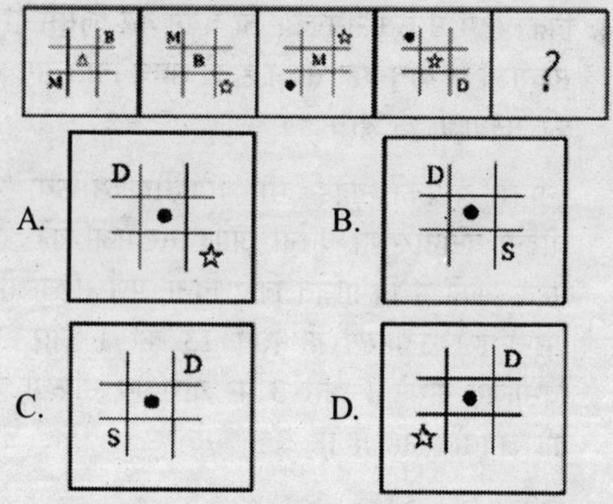


**89.** दिए गए आरेख का ध्यानपूर्वक अध्ययन करें और दिए गए प्रश्न का उत्तर दें। विभिन्न खंडों में दी गई संख्याएँ व्यक्तियों की संख्या दर्शाती हैं।

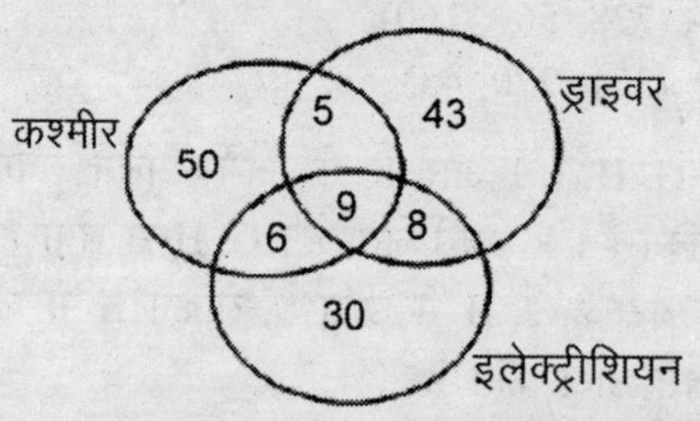


कितने ड्राइवर कश्मीर से हैं, लेकिन इलेक्ट्रीशियन नहीं हैं?

A. 9 B. 5
C. 6 D. 8

**90.** विकल्पों में दिया गया कौन-सा अक्षर-समूह नीचे दी गई शृंखला में प्रश्न चिह्न (?) के स्थान पर आकर उसे पूर्ण करेगा?

DOAW, ALDY, ?, UFJC, RCME

A. XIGA B. XJVR
C. XJUQ D. XJVQ

**91.** एमएस-वर्ड 2010 (MS-Word 2010) में, .......... का उपयोग सभी प्रिंटिंग सेटिंग्स को सही ढंग से समायोजित करने के लिए किया जाता है ताकि प्रिंट सटीक हो और इसमें किसी विरूपण, कटौती या लुप्त फॉर्मेटिंग के बिना आपके लिए आवश्यक सभी कंटेंट शामिल हो।

A. प्रिंट परव्यू (Print Purview)
B. प्रिंट प्रिव्यू (Print Preview)
C. प्रिंट रिव्यू (Print Review)
D. प्रिंट बैलेंस (Print Balance)

**92.** टेबल टूल्स के डिजाइन टैब में ड्रा बॉडर्स ग्रुप के निम्नलिखित में से किस विकल्प का उपयोग, एमएस-वर्ड 2010 (MS-Word 2010) में मर्ज किए गए सेल बनाने के लिए टेबल में विशिष्ट बॉर्डर को हटाने के लिए किया जाता है?

A. मर्ज सेल (Merge Cells)
B. डिलीट (Delete)
C. स्प्लिट सेल (Split Cells)
D. इरेजर (Eraser)

**93.** ______, वेब ब्राउजर का एक उदाहरण है।

A. जीमेल (Gmail) B. शीट्स (Sheets)
C. ट्विटर (Twitter) D. क्रोम (Chrome)

**94.** एमएस-वर्ड 2010 (MS-Word 2010) में, प्रिंट विकल्प (Print option) में आवश्यक प्रिंटों की संख्या निर्दिष्ट करने के लिए निम्नलिखित में से किस विकल्प का उपयोग किया जाता है?

A. ओरिएन्टेशन (Orientation)
B. कॉपीज (Copies)
C. कोलेटेड (Collated)
D. पेज साइज (Page Size)

**95.** एमएस-एक्सेल 2010 (MS-Excel 2010) में, किसी वर्तमान सेलेक्शन या सक्रिय सेल का एड्रेस निम्नलिखित में से कहां पर प्रदर्शित होता है?

A. रो हैडिंग्स (Row headings) में
B. फॉमूला बार (Formula bar) में
C. नेम बॉक्स (Name box) में
D. कॉलम हैडिंग्स (Column headings) में

**96.** WWW का पूर्णरूप क्या है?

A. World Word Web (वर्ल्ड वर्ड वेब)
B. World Wide Web (वर्ल्ड वाइड वेब)
C. Web Wide World (वेब वाइड वर्ल्ड)
D. World Web Wide (वर्ल्ड वेब वाइड)

**97.** एमएस-एक्सेल 2010 में, फाइल (File) टैब में निम्न में से किस विकल्प का उपयोग एक वर्कबुक, जिस पर कार्य करना होता है, को खोलने के लिए किया जाता है?

A. न्यू (New) B. ओपन (Open)
C. सेव ऐज (Save As) D. सेव (Save)

**98.** एमएस-एक्सेल 2010 (MS-Excel 2010) में क्रिएट टेबल डायलॉग बॉक्स को प्रदर्शित करने के लिए निम्नलिखित में से किस शॉर्टकट का उपयोग किया जाता है?

A. Ctrl + T
B. Shift + T
C. Alt + Ctrl + T
D. Alt + Shift + T

**99.** एमएस-एक्सेल 2010 में .......... एक टूल होता है जो आपके द्वारा निर्दिष्ट शर्तों के आधार पर आपके डेटा की फॉर्मेटिंग करता है।

A. कट (Cut)
B. फाइंड (Find)
C. फॉर्मेट (Format)
D. कंडीशनल फॉर्मेटिंग (Conditional formatting)

**100.** निम्नलिखित में से कौन-सी एक वैध ईमेल आईडी (email id) है?

A. abc@gmail.com
B. abc@gmail@com
C. abc.gmail.com
D. Abc.gmail@com

# उत्तरमाला

1. (C) 2. (A) 3. (A)
4. (D) 5. (B) 6. (B)
7. (D) 8. (C) 9. (C)
10. (A) 11. (C) 12. (D)
13. (C) 14. (C) 15. (C)
16. (A) 17. (D) 18. (B)
19. (A) 20. (B) 21. (A)
22. (B) 23. (B) 24. (D)
25. (B) 26. (A) 27. (D)
28. (C) 29. (A) 30. (A)
31. (C) 32. (B) 33. (C)
34. (A) 35. (B) 36. (C)
37. (B) 38. (D) 39. (B)
40. (D) 41. (D) 42. (D)
43. (B) 44. (C) 45. (A)

**46. (A):** दिया है, व्यास $= 2r = 42$ cm

$\Rightarrow \quad r = 21$ cm

और ऊँचाई $= h = 20$ cm

$\therefore$ शंकु की तिर्यक ऊँचाई $= l$

$$= \sqrt{h^2 + r^2} = \sqrt{(20)^2 + (21)^2} = \sqrt{400 + 441} = \sqrt{841} = 29 \text{ cm}$$

$\therefore$ शंकु का संपूर्ण पृष्ठीय क्षेत्रफल $= \pi rl + \pi r^2$

$$= \pi r(l + r) = \frac{22}{7} \times 21 \times (29 + 21) = 22 \times 3 \times 50 = 66 \times 50 = 3300 \text{ cm}^2.$$

**47. (D):** दिया है, $(10)^{-x} = \frac{1}{3}$

$$\therefore \quad \frac{1}{10^x} = \frac{1}{3}$$

$$\Rightarrow \quad 10^x = 3$$

$$\therefore \quad \log 10^x = \log 3$$

$$\Rightarrow \quad x \log 10 = \log 3$$

$$\Rightarrow \quad x = \log 3 \quad [\because \log 10 = 1]$$

$$\therefore \quad (10)^{2x} = 10^{2 \log 3} = 10 \log 3^2 = 10 \log 9 = 9 \log 10 = 9 \times 1 = 9$$

$$\Rightarrow \quad (10)^{2x} = 9.$$

**48. (C):** $\frac{2.05 \times 2.05 - 3.23 \times 3.23}{2.05 + 3.23}$

$$= \frac{(2.05)^2 - (3.23)^2}{2.05 + 3.23} = \frac{(2.05 - 3.23)(2.05 + 3.23)}{(2.05 + 3.23)} = 2.05 - 3.23 = -1.18.$$

**49. (C):** आय पर शुद्ध प्रभाव $= -20 + 80 + \frac{-20 \times 80}{100}$

$$= -20 + 80 - \frac{1600}{100} = -20 + 80 - 16 = 80 - 36 = 44\%.$$

**50. (D):** मध्यानुपात $= \sqrt{361 \times 144}$

$$= 19 \times 12 = 228.$$

**51. (D):** दिया है, समबाहु त्रिभुज का आधार $= 8$ cm

$\therefore$ उसका क्षेत्रफल $= \frac{\sqrt{3}}{4}$ (भुजा)$^2$

$$= \frac{\sqrt{3}}{4}(8)^2 \text{ cm}^2 = \frac{\sqrt{3}}{4} \times 64 = 16\sqrt{3} \text{ cm}^2.$$

**52. (D):** $15\frac{3}{4} - 6\frac{4}{5} + 4\frac{25}{3}$

$$= (15 - 6 + 4) + \frac{3}{4} - \frac{4}{5} + \frac{25}{3}$$

$= 13+\frac{45-48+500}{60}$

$= 13+\frac{497}{60}$

$= \frac{780+497}{60}$

$= \frac{1277}{60}.$

**53. (B):** I. $100\times\frac{100-25}{100}\times\frac{100-5}{100}$

$= 100\times\frac{75}{100}\times\frac{95}{100}$

$= 75 \times .95 = 71.25$

II. $100\times\frac{100-20}{100}\times\frac{100-10}{100}$

$= 100\times\frac{80}{100}\times\frac{9}{10}$

$= 80 \times 0.9 = 72.$

III. $100\times\frac{100-22}{100}\times\frac{100-8}{100}$

$= 100\times\frac{78}{100}\times\frac{92}{100}$

$= 7.8 \times 9.2 = 71.76$

$\therefore$ ग्राहक के लिए I की छूट सर्वोत्तम है।

**54. (A)**

**55. (D):** $\because$ माल खरीदते समय 10% की बेईमानी करता है।

$\therefore$ ₹ 1000 का माल ₹ 900 में खरीदता है।

$\therefore$ लाभ = ₹ 100

और बेचते समय 15% की बेईमानी करता है

$\therefore$ बेचने पर लाभ $= 1000\times\frac{15}{100}$ = ₹ 150

$\therefore$ कुल लाभ = 100 + 150 = ₹ 250

अतः लाभ% $= \frac{\text{लाभ}\times 100}{\text{क्रय मूल्य}}$

$= \frac{250\times100}{900} = \frac{250}{9}$

$= 27.7\%.$

**56. (C):** माना, धनराशि = P

तब, मिश्रधन = P + साधारण ब्याज

$= P+\frac{Prt}{100}$

$= P+\frac{P\times18\times2}{100} = \frac{136}{100}P$

और ब्याज $= \frac{Prt}{100}$

$= \frac{P\times18\times100}{100} = \frac{180P}{100}$

प्रश्नानुसार,

$\frac{180P}{100}-\frac{136P}{100} = 1100$

$\Rightarrow \frac{44P}{100} = 1100$

$\Rightarrow P = \frac{1100\times100}{44}$

$= \frac{100\times100}{4}$ = ₹ 2500.

**57. (B):** वर्तमान जनसंख्या

$= 1562500\left(1+\frac{4}{100}\right)\left(1-\frac{4}{100}\right)$

$= 1562500\times\frac{104}{100}\times\frac{96}{100}$

$= 15625\times104\times\frac{96}{100}$

$= 15625\times26\times\frac{96}{25}$

$= 625 \times 26 \times 96 = 15{,}60{,}000.$

**58. (A)**

**59. (A):** दिए गए आरेख में माना एक वृत्त की दो जीवाएँ AB तथा CD एक-दूसरे को वृत्त के बाहर बिन्दु P पर काटती है।

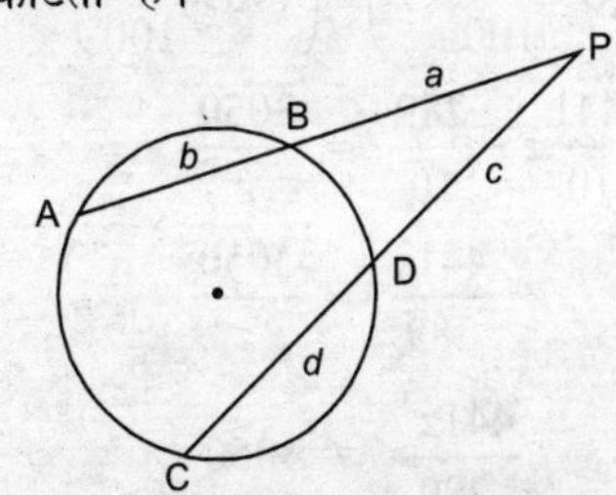

तब, PA × PB = PC × PD

$\Rightarrow$ (PB + AB) × PB = (PD + CD) × PD

$\Rightarrow (a + b) \times a = (c + d) \times c$

(दिया है, $a = b = x, c = 36, d = 14$)

$\Rightarrow (x + x) \times x = (36 + 14) \times 36$

$\Rightarrow 2x \times x = 50 \times 36$

$\Rightarrow x^2 = 50 \times 18 = 900$

$\Rightarrow x^2 = (30)^2$

$\Rightarrow x = 30.$

**60. (C):** दिया है, अर्द्धगोले का व्यास = $2r$ = 14 cm

$\Rightarrow r = 7$ cm

बर्तन की कुल ऊँचाई = 13 cm

$\therefore$ बेलन की ऊँचाई $= h = 13 - r$

$= 13 - 7 = 6$ cm

$\therefore$ बर्तन का अंतः पृष्ठीय क्षेत्रफल $= 2\pi r^2 + 2\pi rh$

$= 2\pi r(r + h)$

$= 2 \times \frac{22}{7} \times 7(7+6)$ cm$^2$

$= 44 \times 13 = 572$ cm$^2$.

**61. (A):** यहाँ, (P + Q) का 1 दिन का कार्य = $\frac{1}{4}$

और P का 1 दिन का कार्य = $\frac{1}{12}$

$\therefore$ Q का 1 दिन का कार्य = $\frac{1}{4} - \frac{1}{12}$

$= \frac{3-1}{12} = \frac{2}{12} = \frac{1}{6}$

$\therefore$ Q अकेले उस कार्य को 6 दिनों में पूरा करेगा।

**62. (C):** ($z$ × 21% of 210) ÷ (17% of 170)

$= 3050 \div z$

$\Rightarrow \left(210 \times \frac{21}{100} \times z\right) \div \left(170 \times \frac{17}{100}\right) = \frac{3050}{z}$

$\Rightarrow \frac{441}{10} z \div \frac{289}{10} = \frac{3050}{z}$

$\Rightarrow \frac{441z}{289} = \frac{3050}{z}$

$\Rightarrow \frac{441z^2}{289} = 3050$

$\Rightarrow \left(\frac{21}{17} z\right)^2 = 3050$

$\Rightarrow \frac{21}{17} z = \sqrt{3050}$

$\Rightarrow \frac{21}{17} z = 55.3$

$\Rightarrow z = \frac{55.3 \times 17}{21}$

$\Rightarrow z = \frac{940.1}{21} \Rightarrow z = 44.7.$

**63. (B)**

**64.** (A): यहाँ, क्रिकेट की 10 पारियों में बनाए गए रनों की संख्या = 10 × 43 = 430

और 11 पारियों में बनाए गए रनों की संख्या

$= 11 \times (43 + 3)$

$= 11 \times 46 = 506$

$\therefore$ उसे अगली पारी = 11वीं पारी में बनाए गए रनों की संख्या = 506 – 430 = 76.

**65. (C)**

**66. (A):** माना समांतर श्रेणी के प्रथम पद $a$ तथा सार्व अंतर $d$ है

तब, $S_6 = \frac{6}{2}[2a + (6-1)d]$

$\left\{\because S_n = \frac{n}{2}[2a + (n-1)d]\right.$

$\Rightarrow 54 = 3(2a + 5d)$

$\Rightarrow 2a + 5d = 18$ ...(*i*)

और $t_{10} : t_{30} = 11 : 31$

$\Rightarrow a + 9d : a + 29d = 11 : 31$

$\Rightarrow 31(a + 9d) = 11(a + 29d)$

$\Rightarrow 31a + 279d = 11a + 319d$

$\Rightarrow 20a = 40d \Rightarrow a = 2d$ ...(*ii*)

(*i*) और (*ii*) से

$4d + 5d = 18 \Rightarrow 9d = 18$

$\Rightarrow d = 2$

और $a = 4$

अब, इसके पहले 15 पदों का योगफल

$$= S_{15} = \frac{15}{2}[2a+(15-1)d]$$

$$= \frac{15}{2}[2a+14d]$$

$$= \frac{15}{2}\times 2[a+7d]$$

$$= 15(4 + 7 \times 2)$$

$$= 15 \times 18 = 270.$$

**67. (C):** दिया है, समीकरण

$$147x - 231y = 525$$

$$\Rightarrow \quad 7x - 11y = 25 \quad ...(i)$$

और $\quad 77x - 49y = 203$

$$\Rightarrow \quad 17x - 7y = 29 \quad ...(ii)$$

$(i) \times 11 - (ii) \times 7$ से

$$77x - 121y = 275$$

$$77x - 49y = 203$$

$$- \quad + \quad -$$

$$-72y = 72$$

$$\Rightarrow \quad y = -1$$

$\because$ $y$ का मान $(i)$ में रखने पर

$$7x = 25 - 11 = 14 \Rightarrow x = 2$$

अतः विकल्प (C) के समीकरण के ग्राफ पर प्रतिच्छेदन बिन्दु स्थित है

(C) $9x - 5y = 23$

$\Rightarrow 9 \times 2 - 5 \times (-1) = 18 + 5 = 23$

**68. (C)**

**69. (C):** दिया है, $\sin x = \dfrac{2}{5}$

$$= \cos 4x - \cos 2x$$

$$= 2\sin\frac{2x+4x}{2}\sin\frac{2x-4x}{2}$$

$$= 2 \sin 3x - \sin x$$

$$= -2 \sin x \sin 3x$$

$$= -2 \sin x\,(3 \sin x - 4 \sin^3 x)$$

$$= -2\times\frac{2}{5}\left[3\times\frac{2}{5}-4\times\left(\frac{2}{5}\right)^3\right]$$

$$= -\frac{4}{5}\left[\frac{6}{5}-4\times\frac{8}{125}\right]$$

$$= -\frac{4}{5}\left[\frac{6}{5}-\frac{32}{125}\right]$$

$$= -\frac{4}{5}\left[\frac{150-32}{125}\right]$$

$$= -\frac{4}{5}\times\frac{118}{125} = -\frac{472}{625}.$$

**70. (A):** दिए गए आलेख से:

छात्रों द्वारा प्राप्त औसत अंक

$$= \frac{89+92+78+56+85}{5}$$

$$= \frac{400}{5} = 80.$$

**71. (D)** **72. (C)**

**73. (B):**

बाएँ ← A G C F D B E → दाएँ

यहाँ, दाएं सिरे पर E बैठा है।

**74. (A):** दिया है, $(428, 377, 51) \Rightarrow 428 - 377 = 51$

$(679, 458, 221) \Rightarrow 679 - 458 = 221$

A. $(1236, 788, 448) \Rightarrow 1236 - 788 = 488$

B. $(237, 86, 194) \Rightarrow 237 - 86 = 151$

C. $(728, 569, 160) \Rightarrow 728 - 569 = 159$

D. $(321, 270, 45) \Rightarrow 321 - 270 = 51$

अतः विकल्प (A) सही है।

**75. (D):** $F > I > G > H > J > K$

यहाँ सबसे छोटा K है।

**76. (D):**

B F K V   F J O Z   J N S D   N R W H   R V A L (प्रत्येक अक्षर +4)

यहाँ, ? = लुप्त अक्षर समूह = JNSD.

**77. (B):** दिया है, NUMBER = 95

$\Rightarrow$ अक्षरों का विपरीत क्रम में योग

\+ अक्षरों की संख्या

$\Rightarrow (13 + 6 + 14 + 25 + 22 + 9) + 6$

= 89 + 6 = 95

और CURRENT = 97

⇒ (24 + 6 + 9 + 9 + 22 + 13 + 7) + 7

= 90 + 7 = 97

इसी प्रकार,

MEASURE = (14 + 22 + 26 + 8 + 6 + 9 + 22) + 7

= 107 + 7 = 114

∴ उसी भाषा में MEASURE को 114 लिखा जाएगा।

**78. (A):** =, ×, +, +, ÷, –

39 * 12 * 6 * 18 * 72 * 8 * 60

⇒ 39 = 12 × 6 + 18 + 72 ÷ 8 – 60

⇒ 39 = 12 × 6 + 18 + 9 – 60

⇒ 39 = 72 + 18 + 9 – 60

⇒ 39 = 99 – 60

⇒ 39 = 39.

**79. (A):**

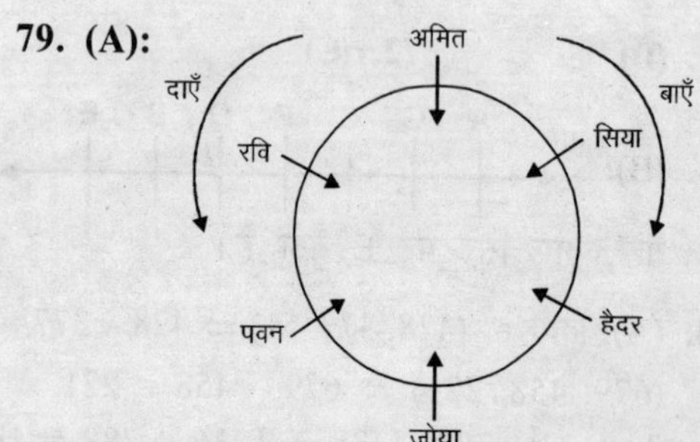


यहाँ, जोया और रवि के बीच में पवन बैठा है।

**80. (B):** –, ×, = , –, –, ÷

∴ 87 * (27 * 3) * 91 * 22 * (378 * 6)

⇒ 87 – (27 × 3) = 91 – 22 – (378 ÷ 6)

⇒ 87 – 81 = 91 – 22 – 63

⇒ 6 = 91 – 85

⇒ 6 = 6.

**81. (D):** दिया है, SWING = 68

⇒ (8 + 4 + 18 + 13 + 20) + 5

⇒ 63 + 5 = 68

अक्षरों का विपरीत क्रम में योग + अक्षरों की संख्या

इसी प्रकार, SWITCH = 86

⇒ (8 + 4 + 18 + 7 + 24 + 19) + 6

= 80 + 6 = 86

इसी प्रकार, BOARD

= (25 + 12 + 26 + 9 + 23) + 5

= 95 + 5 = 100

∴ उसी भाषा में 'BOARD' को 100 लिखा जाएगा।

**82. (D):** L & M # N @ A & B # C

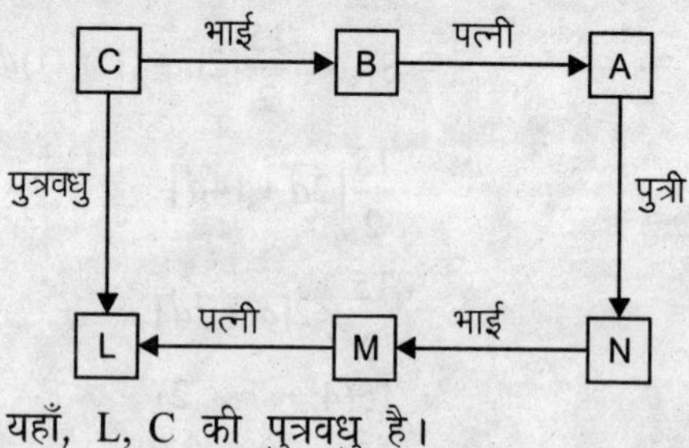


यहाँ, L, C की पुत्रवधु है।

**83. (C):** अंग्रेजी शब्दकोष के अनुसार, शब्दों का क्रम : Foundant → Fonder → Fondled → Fondue → Fontanel → Fontina.

**84. (C):** 2, 3, 6, 18, ?, 1944

यहाँ, 2 × 3 = 6, 3 × 6 = 18,

6 × 18 = 108, 18 × 108 = 1944

∴ ? = श्रेणी में लुप्त संख्या = 108.

**85. (B)**

**86. (C):**

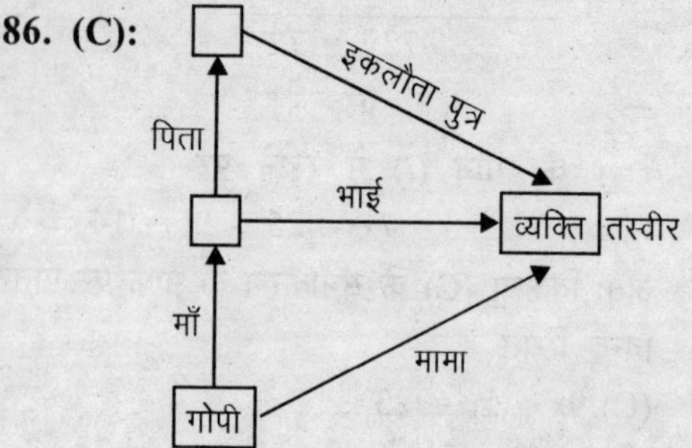


यहाँ, तस्वीर में दिख रहा व्यक्ति गोपी के मामा हैं।

**87. (C)** **88. (C)** **89. (B)**

**90. (A):**

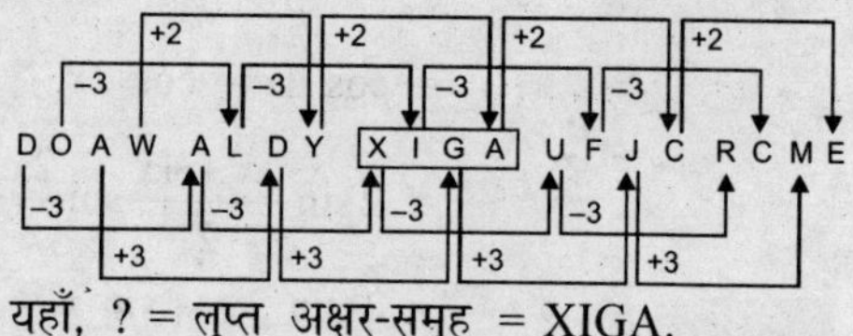


यहाँ, ? = लुप्त अक्षर-समूह = XIGA.

**91. (B)** **92. (D)** **93. (D)**

**94. (B)** **95. (C)** **96. (B)**

**97. (A)** **98. (A)** **99. (D)**

**100. (A)**

R. Gupta's®

# INTELLIGENCE / REASONING TEST / QUIZ Books

| Book Name | Code | Price (₹) |
|---|---|---|
| • All About Reasoning (Verbal & Non-Verbal) | R-768 | 580 |
| • रीजनिंग टेस्ट (भाषिक एवं अभाषिक) | R-807 | 620 |
| • All About Reasoning (Verbal) | R-296 | 370 |
| • रीजनिंग टेस्ट (भाषिक) | R-785 | 295 |
| • All About Reasoning (Non-Verbal) | R-767 | 260 |
| • रीजनिंग टेस्ट (अभाषिक) | R-805 | 210 |
| • Test of Reasoning Ability | R-835 | 110 |
| • Logical and Analytical Reasoning | R-273 | 160 |
| • बौद्धिक एवं तर्कशक्ति परीक्षा (भाषिक एवं अभाषिक) | R-181 | 140 |
| • General Intelligence Test/Mental Ability Test | R-42 | 170 |
| • सामान्य बुद्धिमत्ता परीक्षण/मानसिक योग्यता परीक्षा | R-513 | 160 |
| • SSB Interviews | R-186 | 295 |
| • World Quiz Book | R-555 | 160 |
| • India Quiz Book | R-556 | 140 |
| • Intelligence Quiz Book-1 | R-646 | 70 |
| • Intelligence Quiz Book-2 | R-647 | 70 |
| • Religion, Mythology & Culture Quiz Book | R-700 | 40 |
| • Geography Quiz Book | R-723 | 60 |
| • Junior English Quiz Book | R-764 | 50 |
| • Senior English Quiz Book | R-765 | 70 |

### पिछले प्रश्न-पत्र (हल सहित)

# दिल्ली पुलिस हैड कांस्टेबल

## (असिस्टेंट वायरलैस/टेलीप्रिन्टर ऑपरेटर) परीक्षा – 2014*

**1.** ₹ 34 का 15% कितना होगा?

A. ₹ 3.40 B. ₹ 3.75
C. ₹ 4.50 D. ₹ 5.10

**2.** यदि 370 का 88% + 210 का 24% – $x$ ? = 118 हो, तो $x$ का मान कितना होगा?

A. 256 B. 258
C. 268 D. 358

**3.** ₹ 70 पर 70 पैसे का लाभ प्राप्त होता है, तो प्रतिशत लाभ ज्ञात कीजिए।

A. 0.1% B. 1%
C. 7% D. 10%

**4.** एक कमरे की लम्बाई 5.5 मीटर तथा चौड़ाई 3.75 मीटर है। ₹ 800 प्रति वर्ग मीटर की दर से फर्श पर पत्थर बिछाने का खर्च ज्ञात कीजिए।

A. ₹ 15,000 B. ₹ 15,550
C. ₹ 15,600 D. ₹ 16,500

**5.** एक आयत की लम्बाई तथा चौड़ाई का अन्तर 23 मीटर है। यदि आयत का परिमाप 206 मीटर हो, तो आयत का क्षेत्रफल है :

A. 1520 वर्ग मीटर B. 2420 वर्ग मीटर
C. 2480 वर्ग मीटर D. 2520 वर्ग मीटर

**6.** 10 cm × 4 cm × 3 cm वाले ईंट का क्षेत्रफल ज्ञात कीजिए।

A. 84 $cm^2$ B. 124 $cm^2$
C. 164 $cm^2$ D. 180 $cm^2$

**7.** पहली जनवरी 2007 को सोमवार का दिन था तो, पहली जनवरी 2008 को कौन-सा दिन होगा?

A. सोमवार B. मंगलवार
C. बुधवार D. रविवार

**8.** दो सिक्कों को साथ-साथ उछाला जाता है, तो कम-से-कम एक शीर्ष आने की सम्भावना कितनी होगी?

A. $\frac{1}{2}$ B. $\frac{1}{3}$
C. $\frac{2}{3}$ D. $\frac{3}{4}$

**9.** तीन सिक्कों को उछालने पर दो शीर्ष आने की प्रायिकता क्या है?

A. $\frac{3}{4}$ B. $\frac{1}{4}$
C. $\frac{3}{8}$ D. $\frac{7}{8}$

**10.** बेमेल संख्या ज्ञात कीजिए :
3, 5, 7, 12, 17, 19

A. 19 B. 17
C. 13 D. 12

**11.** जमीन पर स्थित किसी बिन्दु P से एक मीनार की चोटी का उन्नयन कोण 30° है। यदि मीनार की ऊँचाई 100 मीटर है तो, P से मीनार की दूरी ज्ञात कीजिए।

A. 149 मी. B. 156 मी.
C. 173 मी. D. 200 मी.

**12.** सचिन, राहुल से 4 वर्ष छोटा है। यदि उनके आयु का अनुपात 7 : 9 है तो सचिन की आयु कितनी है?

A. 16 वर्ष B. 18 वर्ष
C. 28 वर्ष D. इनमें से कोई नहीं

**13.** 15 वर्ष के बाद राजीव की आयु 5 वर्ष पहले की आयु की पाँच गुनी हो जाएगी। राजीव की वर्तमान आयु कितनी है?

A. 9 B. 10
C. 7 D. 5

---

** परीक्षा दिनांक 22-03-2014 को आयोजित हुई।*

**14.** किसी संख्या के सात गुने में से 15 घटाने पर परिणाम संख्या की दोगुनी से 10 अधिक हो जाती है। संख्या ज्ञात कीजिए।

A. 5 B. 6
C. 4 D. 8

**15.** 252 को अभाज्य संख्या के गुणनफल के रूप में व्यक्त कीजिए :

A. $2 \times 2 \times 3 \times 3 \times 7$
B. $2 \times 2 \times 2 \times 3 \times 7$
C. $3 \times 3 \times 3 \times 3 \times 3 \times 7$
D. $2 \times 3 \times 3 \times 3 \times 7$

**16.** जब एक चलती बस पर अचानक ब्रेक लगाया जाता है, तो उसमें सीट पर बैठे यात्री आगे की ओर गिर जाते हैं। इसे व्याख्यायित किया जा सकता है–

A. सापेक्षता का सिद्धांत
B. न्यूटन का प्रथम नियम
C. न्यूटन का द्वितीय नियम
D. न्यूटन का तृतीय नियम

**17.** निम्नलिखित में से कौन-सा एक नवीकरणीय ऊर्जा का स्रोत नहीं है?

A. जल-विद्युत B. सौर ऊर्जा
C. ईंधन सेल्स D. पवन ऊर्जा

**18.** प्रकाश वर्ष इकाई है–

A. दूरी B. समय
C. प्रकाश की तीव्रता D. द्रव्यमान

**19.** बल प्रतिफल है–

A. द्रव्यमान और वेग
B. द्रव्यमान और त्वरण
C. भार और वेग
D. भार और त्वरण

**20.** एक मानव शरीर का भार होता है–

A. पृथ्वी के तल पर प्रत्येक स्थान पर समान
B. ध्रुवों पर अधिकतम
C. भूमध्य रेखा पर अधिकतम
D. समतल की अपेक्षा पहाड़ियों पर अधिक

**21.** जल का अधिकतम घनत्व होता है–

A. 100°C B. 4°C
C. 0°C D. –4°C

**22.** यदि बर्फ के दो टुकड़ों को एक-दूसरे के विरुद्ध परस्पर दबाया जाता है तो ये टुकड़े चिपक जाते हैं, क्योंकि–

A. उच्चतर दबाव पर बर्फ का द्रवणांक घट जाता है
B. उच्चतर दबाव पर बर्फ का द्रवणांक बढ़ जाता है।
C. उच्चतर दबाव पर बर्फ का द्रवणांक पहले घटता है और फिर बढ़ जाता है।
D. बर्फ के द्रवणांक और दबाव के बीच कोई संबंध नहीं है

**23.** 'एक्स-रें' का आविष्कार किसने किया–

A. हॉपकिन्स B. रॉन्जन
C. मार्कोनी D. मॉर्स

**24.** निम्नलिखित में से किसका गर्म करने के दौरान अधिकतर फैलाव होता है?

A. जल B. अल्कोहल
C. कांच D. हवा

**25.** ध्वनि की इकाई है–

A. डेसिमल B. डेसिबल
C. बीडी (bd) D. बिड

**26.** अल्ट्रॉसोनिक तरंग की आवृत्ति होती है–

A. 20 Hz से कम
B. 20 Hz से कम
C. 20,000 Hz से कम
D. 20,000 Hz से अधिक

**27.** क्या होगा जब एक जहाज स्वच्छ जल से समुद्री जल में प्रवेश करेगी?

A. पूर्णतया डूब जाएगी
B. थोड़ा-सा अंश डूब जाएगा
C. थोड़ा ऊपर उठ जाएगी
D. कोई प्रभाव नहीं पड़ेगा

**28.** निम्नलिखित में से कौन उष्मा का सुचालक है?

A. पारा B. जल
C. ईथर D. बेंजीन

**29.** जब एक गिलास पानी 0°C पर पहुँचता है तो यह बर्फ में परिणत नहीं होता है क्योंकि–

A. जल का 0°C पर ठोसीकरण नहीं होता है
B. जल गिलास के भीतर है
C. गिलास गर्म होता है
D. जल सिर्फ 0 K पर ठोसीकृत होता है

**30.** परमाणु सिद्धांत का आविष्कारक कौन था?
A. रदरफोर्ड B. मैडम क्यूरी
C. जॉन डॉल्टन D. अल्बर्ट आईंस्टाइन

**31.** खनिज हैं–
A. तरल B. अकार्बनिक ठोस
C. गैस D. उपरोक्त सभी

**32.** कृत्रिम रेशम को .............. भी कहा जाता है।
A. रेयॉन B. डेकरॉन
C. फाइबर ग्लास D. नायलॉन

**33.** भूपर्पटी में दूसरा सबसे अधिक पाया जाने वाला धातु कौन है?
A. लोहा B. अल्युमिनियम
C. तांबा D. जस्ता

**34.** किस ऊँचाई पर एक भू-समकालिक उपग्रह पृथ्वी की परिक्रमा करता है?
A. 35,786 किमी. B. 35,687 किमी.
C. 35,867 किमी. D. 36,000 किमी.

**35.** टेफ्लॉन है–
A. फ्लोरो कार्बन B. हाइड्रो कार्बन
C. जैवनाशक D. कीटनाशक पदार्थ

**36.** निम्नलिखित में से कौन शर्करा का मुख्य स्रोत है?
A. तरबूज B. चुकंदर
C. गन्ना D. खजूर

**37.** मानव शरीर की सबसे लम्बी हड्डी है–
A. स्टेपिस B. फिबुला
C. टिबिया D. फीमर

**38.** मानव शरीर की सबसे बड़ी कोशिका है–
A. श्वेत रक्त कणिका B. लाल रक्त कणिका
C. तंत्र कोशिका D. इनमें से कोई नहीं

**39.** निम्नलिखित में से किस अंग द्वारा रक्त में अधिकतम पौष्टिक तत्वों का अवशोषण होता है?
A. मुख B. बड़ी आंत
C. छोटी आंत D. उदर

**40.** निम्नलिखित में से किस अंग में पीलिया के कारण संक्रमण होता है?
A. मस्तिष्क B. यकृत
C. वृक्क D. स्पलीन

**41.** निम्नलिखित में से कौन अंग्रेजों के विरुद्ध 1857 की क्रांति में भाग नहीं लिया था?
A. तांत्या टोपे B. टीपू सुल्तान
C. रानी लक्ष्मीबाई D. नाना साहेब

**42.** निम्नलिखित मे से कौन प्रजातांत्रिक व्यवस्था के लिए अनिवार्य है?
A. स्वतंत्र और निष्पक्ष चुनाव
B. अवसर की समानता
C. अधिकारों की सुरक्षा
D. उपरोक्त सभी

**43.** भारत का दक्षिणतम बिन्दु है–
A. केप कोमोरिन B. कैलिमियर बिन्दु
C. इंदिरा प्वाइंट D. पोर्ट ब्लेयर

**44.** 'प्रार्थना समाज' के संस्थापक कौन थे?
A. रामकृष्ण परमहंस B. स्वामी विवेकानंद
C. आत्माराम पांडुरंग D. दयानंद सरस्वती

**45.** भोपाल गैस त्रासदी के लिए जिम्मेदार मुख्य रसायन था–
A. मिथाइल आइसोसाइनाइट
B. ब्रोमीन
C. क्लोरोफ्लोरो कार्बन
D. क्लोरीन

**46.** निम्नलिखित में से कौन-सी भाषा भारतीय संविधान की आठवीं अनुसूची में उल्लेखित नहीं है?
A. संस्कृत B. सिंधी
C. अंग्रेजी D. नेपाली

**47.** कम्प्यूटर का निर्माण होता है–
A. रैम B. प्रोसेसर
C. हार्ड डिस्क D. उपरोक्त सभी

**48.** भारतीय प्रायद्वीप की सबसे लम्बी नदी है–
A. कावेरी B. नर्मदा
C. गोदावरी D. कृष्णा

**49.** 'डांडी यात्रा' की अगुवाई किसने की?
A. मोहनदास करमचंद गांधी
B. राजमोहन गांधी
C. देवदास गांधी
D. हीरालाल मोहनदास गांधी

**50.** हिमालय किस प्रकार का पर्वत है?

A. अवशिष्ट B. ब्लॉक
C. फोल्ड D. ज्वालामुखीय

**51.** भारत के राष्ट्रपति के द्वारा राज्य सभा के लिए कितने सदस्य नामांकित किए जाते हैं?

A. 10 B. 12
C. 14 D. 16

**52.** किस प्रक्रिया के द्वारा सल्फर डॉयऑक्साइड रंगों को विरंजित करता है?

A. विघटन B. ऑक्सीकरण
C. अवकरण D. निर्जलीकरण

**53.** निम्नलिखित में से कौन एक अप्रत्यक्ष कर है?

A. संपत्ति कर B. संपदा शुल्क
C. पूंजी लाभ कर D. उत्पाद शुल्क

**54.** निम्नलिखित में से कौन सबसे प्राचीन पर्वत श्रृंखला है?

A. अरावली B. हिमालय
C. विंध्य D. शिवालिक

**55.** निम्नलिखित में से भारत के 10वें राष्ट्रपति कौन थे?

A. ज्ञानी जैल सिंह
B. प्रणब मुखर्जी
C. नीलम संजीव रेड्डी
D. आर. वेंकटरमण

**56.** ऑस्ट्रेलियन ओपन मेन्स सिंगल्स खिताब 2014 के विजेता हैं–

A. एंडी मरे B. रोजर फेडरर
C. स्टैनलियास वावरिंका D. नोवाक जोकोविक

**57.** टॉनी एबॉट प्रधानमंत्री हैं–

A. बेल्जियम B. कनाडा
C. ऑस्ट्रेलिया D. न्यूजीलैंड

**58.** स्वतंत्रता प्राप्ति के समय भारत का वायसराय कौन था?

A. लॉर्ड कर्जन B. लॉर्ड माउंटबेटन
C. लॉर्ड मिन्टो D. लॉर्ड हार्डिंग

**59.** किस वर्ष भूमि अधिग्रहण कानून पारित हुआ?

A. 2000 B. 2013
C. 2014 D. 1894

**60.** पहला भारतीय उपग्रह आर्यभट्ट का प्रक्षेपण हुआ–

A. 1972 B. 1975
C. 1977 D. 1979

**61.** संख्या श्रेणी को पूरा कीजिए :

1, 9, 25, 49, ............., 121

A. 64 B. 81
C. 91 D. 100

**62.** संख्या श्रेणी को पूरा कीजिए :

6, 12, 21, .............., 48

A. 33 B. 38
C. 40 D. 45

**63.** पर्वत : पहाड़ी : : वृक्ष : ?

A. भूमि B. पत्ता
C. वन D. झाड़ी

**64.** रुपया : भारत : : येन : ?

A. तुर्की B. बांग्लादेश
C. जापान D. पाकिस्तान

**65.** विषम की पहचान करें–

A. नाशपाती B. सेब
C. लीची D. संतरा

**66.** विषम की पहचान करें–

A. कैलेंडर B. वर्ष
C. तिथि D. माह

**67.** एक महिला के फोटो की ओर इशारा करते हुए शालू ने कहा, "उसके पुत्र के पिता मेरे भाई के दामाद हैं।" शालू उस महिला से किस प्रकार संबंधित है?

A. चाची B. बहन
C. माँ D. चचेरी बहन

**68.** एक लड़के की ओर इशारा करते हुए वीणा ने कहा, "वह मेरे दादाजी के एकमात्र पुत्र का पुत्र है।" किस प्रकार वह लड़का, वीणा से संबंधित है?

A. चाचा B. भाई
C. चचेरा भाई D. इनमें से कोई नहीं

**69.** मैराथन : दौड़ : : शीतनिद्रा : ?

A. जाड़ा B. भालू
C. स्वप्न D. निद्रा

**70.** इस श्रेणी को देखकर बताएं कि अगली संख्या क्या होनी चाहिए?

$2, 1, \left(\frac{1}{2}\right), \left(\frac{1}{4}\right), ........$

A. $\left(\frac{1}{3}\right)$ B. $\left(\frac{1}{8}\right)$

C. $\left(\frac{2}{8}\right)$ D. $\left(\frac{1}{16}\right)$

**71.** जिस तरह पंखुड़ी फूल से संबंधित है, उसी तरह–

A. नमक : काली मिर्च

B. टायर : साइकिल

C. बेस : बॉल

D. सैंडल : जूते

**72.** निम्नलिखित में से कौन सीमेंट का मुख्य अवयव है?

A. जिप्सम B. लाइमस्टोन

C. क्ले D. राख

**73.** यदि $A > B$, $B > C$ और $C > D$ तो निम्नलिखित में से कौन-सा निष्कर्ष निश्चित रूप से असत्य है?

A. $A > D$ B. $A > C$

C. $D > A$ D. $B > D$

**74.** यदि L को '+' लिखा जाए, M को '–' लिखा जाए, N को '×' लिखा जाए, P को '/' लिखा जाए, तो 14 N 10 L 42 P 2 M 8 = ?

A. 153 B. 216

C. 248 D. 251

**75.** 11 से 50 के बीच कितनी संख्याएँ हैं जो 7 से विभाजित हैं लेकिन 3 से नहीं?

A. दो B. चार

C. पाँच D. छह

**निर्देश (प्र. सं. 76-78) :** *रवि और कुणाल, हॉकी और वॉलीबॉल में अच्छे हैं। सचिन और रवि, हॉकी और बेसबॉल में अच्छे हैं। गौरव और कुणाल, क्रिकेट और वॉलीबॉल में अच्छे हैं। सचिन, गौरव और माइकल, फुटबॉल और बेसबॉल में अच्छे हैं।*

**76.** कौन हॉकी, क्रिकेट और वॉलीबॉल में अच्छा है?

A. सचिन B. कुणाल

C. रवि D. गौरव

**77.** कौन बेसबॉल, क्रिकेट, वॉलीबॉल और फुटबॉल में अच्छा है?

A. सचिन

B. कुणाल

C. गौरव

D. रवि

**78.** कौन बेसबॉल, वॉलीबॉल और हॉकी में अच्छा है?

A. सचिन B. कुणाल

C. रवि D. गौरव

**79.** ध्रुव : चुम्बक : : ? : बैटरी

A. ऊर्जा B. शक्ति

C. टर्मिनल्स D. सेल्स

**80.** आर्किटेक्ट : भवन : : मूर्तिकला : ?

A. संग्रहालय B. मूर्ति

C. चाइजेल (छैनी) D. पत्थर

**81.** 7589 में से कितना घटाया जाए ताकि परिणाम 3434 हो जाए?

A. 4242 B. 4155

C. 1123 D. 11023

**82.** प्रथम पाँच अभाज्य संख्याओं का योग है–

A. 11 B. 18

C. 26 D. 28

**83.** सबसे छोटी अभाज्य संख्या है–

A. 0 B. 1

C. 2 D. 3

**84.** (1 + 0.1 + 0.01 + 0.001) का मान है–

A. 1.001 B. 1.011

C. 1.003 D. 1.111

**85.** 34.95 + 240.016 + 23.98 =

A. 298.0946 B. 298.111

C. 298.946 D. 299.09

**86.** $100 + 50 \times 2 =$

A. 75 B. 150

C. 200 D. 300

**87.** 42.5 मीटर लम्बे रॉड में से 85 से.मी. लम्बाई के कितने टुकड़े काटे जा सकते हैं?

A. 30 B. 40

C. 50 D. 60

**88.** डेविड अंग्रेजी, गणित, भौतिक, रसायन तथा जीव विज्ञान में क्रमशः 76, 65, 82, 67 तथा 85 (100 में से) अंक प्राप्त किया। प्राप्त अंकों का औसत ज्ञात कीजिए।
A. 65
B. 69
C. 72
D. 75

**89.** 3 के प्रथम पाँच गुणजों का औसत है–
A. 3 B. 9
C. 12 D. 15

**90.** $\frac{5}{4}$ प्रतिशत में कितना होगा?
A. 12.5% B. 40%
C. 80% D. 125%

## उत्तरमाला

| 1 | 2 | 3 | 4 | 5 | 6 | 7 | 8 | 9 | 10 |
|---|---|---|---|---|---|---|---|---|---|
| D | B | B | D | D | C | B | D | D | D |
| **11** | **12** | **13** | **14** | **15** | **16** | **17** | **18** | **19** | **20** |
| C | D | B | A | A | B | C | A | B | B |
| **21** | **22** | **23** | **24** | **25** | **26** | **27** | **28** | **29** | **30** |
| B | B | B | D | B | D | C | A | A | A |
| **31** | **32** | **33** | **34** | **35** | **36** | **37** | **38** | **39** | **40** |
| D | A | A | D | A | C | D | C | C | B |
| **41** | **42** | **43** | **44** | **45** | **46** | **47** | **48** | **49** | **50** |
| B | D | C | C | A | C | D | C | A | C |
| **51** | **52** | **53** | **54** | **55** | **56** | **57** | **58** | **59** | **60** |
| B | C | D | A | A | C | C | B | B | B |
| **61** | **62** | **63** | **64** | **65** | **66** | **67** | **68** | **69** | **70** |
| B | A | D | C | D | A | B | B | D | B |
| **71** | **72** | **73** | **74** | **75** | **76** | **77** | **78** | **79** | **80** |
| B | B | C | A | B | B | C | C | C | B |
| **81** | **82** | **83** | **84** | **85** | **86** | **87** | **88** | **89** | **90** |
| B | D | C | D | C | C | C | D | B | D |

## कुछ चुने हुए प्रश्नों के व्याख्यात्मक उत्तर

**1.** ₹ 34 का $15\% = \frac{15}{100} \times 34$

$= ₹\ \frac{510}{100}$

$= ₹\ 5.10$

**2.** 370 का 88% + 210 का 24% − $x$ = 118

$\Rightarrow \quad \frac{88}{100} \times 370 + \frac{24}{100} \times 210 - x = 118$

$\Rightarrow \quad \frac{3256}{10} + \frac{504}{10} - 118 = x$

$\Rightarrow \quad \frac{3256 + 504 - 1180}{10} = x$

$\Rightarrow \quad \frac{3760 - 1180}{10} = x$

$\Rightarrow \quad \frac{2580}{10} = x$

$\Rightarrow \quad x = 258.$

**3.** लाभ % = $\frac{70 \times 100}{70 \times 100} = 1\%$.

**4.** कमरे का क्षेत्रफल = $\frac{55}{10} \times \frac{375}{100}$

$= \frac{11}{2} \times \frac{15}{4} = \frac{165}{8}$ वर्ग मी.

1 वर्ग मी. पर खर्च = ₹ 800

$\frac{165}{8}$ वर्ग मी. पर खर्च = ₹ $\frac{165}{8} \times 800$

= ₹ 16500.

**5.** $2(l + b) = 206$

$\Rightarrow \quad l + b = 103 \quad ...(i)$

$l - b = 23 \quad ...(ii)$

समीकरण (*i*) तथा (*ii*) को हल करने पर,

$l = 63$ मी. तथा $b = 40$ मी.

आयत का क्षेत्रफल = 63 × 40 = 2520 मी.

**6.** घनाभ का क्षेत्रफल

$= 2(lb + bh + hl)$

$= 2(10 \times 4 + 4 \times 3 + 3 \times 10)$

$= 2(40 + 12 + 30)$

$= 2 \times 82 = 164$ वर्ग सेमी.

**7.**

```
7) 365 ( 52
   35
   ---
    15
    14
   ---
     1
```

अतः अभीष्ट दिन मंगलवार है।

**8.** अभीष्ट प्रायिकता = $\frac{3}{4}$.

**9.** अभीष्ट प्रायिकता = $\frac{7}{8}$.

**10.** 12 को छोड़कर सभी अभाज्य हैं।

अतः अभीष्ट संख्या 12 है।

**11.**

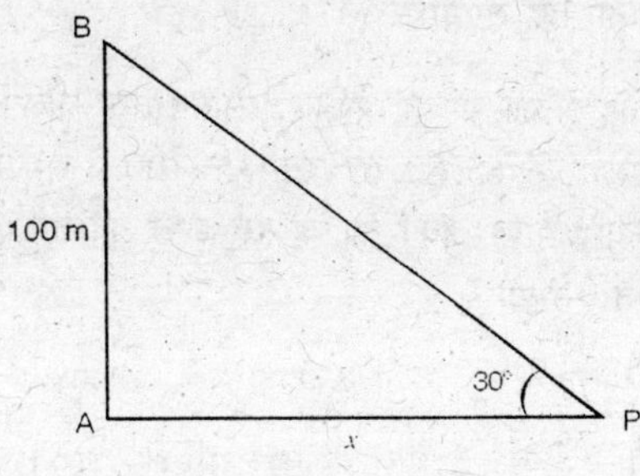


$\tan 30° = \frac{100}{x}$

$\Rightarrow \quad \frac{1}{\sqrt{3}} = \frac{100}{x}$

$\Rightarrow \quad x = 100\sqrt{3}$

$= 100 \times 1.73$

$= 100 \times \frac{173}{100} = 173$ मी.

**12.** माना की सचिन की आयु $x$ वर्ष है।

∴ राहुल की आयु = $(x + 4)$ वर्ष

प्रश्नानुसार, $\frac{x}{x+4} = \frac{7}{9}$

$\Rightarrow \quad 9x = 7x + 28$

$\Rightarrow \quad 2x = 28$

$\Rightarrow \quad x = 14$

अतः सचिन की आयु = 14 वर्ष

**13.** माना कि राजीव की वर्तमान आयु = $x$ वर्ष

15 वर्ष के बाद राजीव की आयु = $(x + 15)$ वर्ष

5 वर्ष पहले राजीव की आयु = $(x - 5)$

प्रश्नानुसार,

$x + 15 = 5(x - 5)$

$\Rightarrow \quad x + 15 = 5x - 25$

$\Rightarrow \quad 4x = 40$

$\Rightarrow \quad x = 10$

अतः राजीव की वर्तमान आयु = 10 वर्ष

**14.** माना कि संख्या = $x$

$$7x - 15 = 2x + 10$$

$$\Rightarrow \quad 5x = 25$$

$$\Rightarrow \quad x = 5$$

अतः संख्या = 5.

**15.** $252 = 2 \times 2 \times 3 \times 3 \times 7$.

**61.** 1 9 25 49 $\boxed{81}$ 121

↓ ↓ ↓ ↓ ↓ ↓

$1^2$ $3^2$ $5^2$ $7^2$ $9^2$ $11^2$

अतः लुप्त संख्या के स्थान पर 81 आएगा।

**62.** 6 12 21 $\boxed{33}$ 48

+6 +9 +12 +15

अतः लुप्त संख्या के स्थान पर 33 आएगा।

**70.** $2, 1, \left(\frac{1}{2}\right), \left(\frac{1}{4}\right), \ldots\ldots\ldots \boxed{\frac{1}{8}}$

अतः लुप्त संख्या के स्थान पर $\frac{1}{8}$ आएगा।

**74.** 14 N 10 L 42 P 2 M 8

$= 14 \times 10 + \frac{42}{2} - 8$

$= 140 + 21 - 8$

$= 161 - 8 = 153$.

**75.** 14, 28, 35 तथा 49, 7 से विभाजित हैं।

**81.** $7589 - x = 3434$

$$\Rightarrow \quad 7589 - 3434 = x$$

$$\Rightarrow \quad 4155 = x.$$

**82.** प्रथम पाँच अभाज्य संख्याएँ हैं

2, 3, 5, 7, 11

योग = $2 + 3 + 5 + 7 + 11 = 28$.

**83.** सबसे छोटी अभाज्य संख्या = 2.

**84.** $1 + 0.1 + 0.01 + 0.001 = 1.111$.

**85.** $34.95 + 240.016 + 23.98$

$= 298.946$.

**86.** $100 + 50 \times 2$

$= 100 + 100 = 200$.

**87.** टुकड़ों की संख्या= $\frac{425 \times 100}{10 \times 85} = 50$.

**88.** औसत = $\frac{76 + 65 + 82 + 67 + 85}{5}$

$= \frac{375}{5} = 75$.

**89.** 3 के प्रथम पाँच गुणज हैं

3, 6, 9, 12, 15.

औसत = $\frac{3 + 6 + 9 + 12 + 15}{5}$

$= \frac{45}{5} = 9$.

**90.** $\frac{5}{4} \times 100 = 5 \times 25 = 125\%$.

## पिछले प्रश्न-पत्र (हल सहित)

# दिल्ली पुलिस हैड कांस्टेबल

## (असिस्टेंट वायरलैस/टेलीप्रिन्टर ऑपरेटर) परीक्षा–2011*

**1.** यदि दो प्रतिरोध समानान्तर जुड़े हुए हैं तब इनका संयुक्त प्रतिरोध–

A. अधिक होगा

B. कम होगा

C. वोल्टेज पर निर्भर करेगा

D. इनमें से कोई नहीं

**2.** मोटर रूपान्तरित करता है–

A. यान्त्रिक ऊर्जा को विद्युत् ऊर्जा में

B. यान्त्रिक ऊर्जा को ध्वनि ऊर्जा में

C. विद्युत् ऊर्जा को यान्त्रिक ऊर्जा में

D. इनमें से कोई नहीं

**3.** विद्युत्-चुम्बक किसमें उपयोग होता है?

A. विद्युत् घंटी B. परम्परागत टेलीफोन

C. डायनेमो D. उपर्युवत सभी में

**4.** पृथ्वी अपनी धुरी पर किस दिशा में घूमती है?

A. पश्चिम से पूरब

B. पूरब से पश्चिम

C. उत्तर से दक्षिण

D. दक्षिण से उत्तर

**5.** पृथ्वी का केन्द्रीय भाग (Core) मुख्य रूप से बना होता है–

A. सीसे का B. पारे का

C. लोहे का D. कार्बन का

**6.** निम्नलिखित में से कौन-सी रासायनिक अभिक्रिया नहीं है?

A. लोहे में जंग लगना

B. पानी का भाप में बदलना

C. दूध से दही का बनना

D. कोयले का जलना

**7.** एक अम्लीय घोल का pH मान होता है–

A. $< 7$ B. $> 7$

C. $= 7$ D. इनमें से कोई नहीं

**8.** एक तत्व के समस्थानिक (आइसोटोप्स) किसमें भिन्न होते हैं?

A. इलेक्ट्रॉन की संख्या में

B. प्रोटॉन की संख्या में

C. न्यूट्रॉन की संख्या में

D. रासायनिक अभिक्रिया में

**9.** निम्नलिखित में से कौन-सी बार-बार चार्ज हो सकने वाली बैटरी है?

A. लैड-एसिड बैटरी

B. निकिल-कैडमियम बैटरी

C. लीथियम-आयन बैटरी

D. उपर्युक्त सभी

**10.** एक प्रवर्धक यन्त्र (Amplifier), आने वाले संकेत पर कौन-सा कार्य करता है?

A. आवृत्ति को बढ़ाता है

B. आयाम को बढ़ाता है

C. तरंगदैर्घ्य को बढ़ाता है

D. गति को बढ़ाता है

**11.** विटामिन सी की कमी से होने वाला रोग है–

A. रिकेट्स B. बेरी-बेरी

C. स्कर्वी D. रतौंधी

**12.** पीलिया (Jaundice) बीमारी शरीर के किस हिस्से की खराबी से होती है?

A. गुर्दा (किडनी) B. अग्न्याशय

C. यकृत (लीवर) D. ड्यूडेनम

---

*स्मृति पर आधारित।

**13.** वायुमंडल में कार्बन डाइऑक्साइड की मात्रा का प्रतिशत है–

A. 0.03 B. 0.003
C. 0.3 D. 3

**14.** मानव शरीर की सबसे बड़ी ग्रन्थि (ग्लैंड) है–

A. यकृत (लीवर) B. अग्न्याशय
C. पीयुष ग्रन्थि D. थायोराइड

**15.** कौन-सा रक्त वर्ग सर्वत्र प्राप्तकर्ता (Universal Recipient) है?

A. A B. AB
C. B D. O

**16.** स्वतन्त्र रूप से गिरने वाली वस्तु द्वारा तय की गई दूरी किसके अनुपात में है?

A. वस्तु का भार
B. गुरुत्व के कारण त्वरण का वर्ग
C. गिरने के समय का वर्ग
D. गिरने का समय

**17.** एक आदमी 8 किमी पूर्व की ओर तथा फिर 6 किमी उत्तर की ओर चलता है। उसके विस्थापन का परिमाण है–

A. 10 किमी B. 14 किमी
C. 2 किमी D. शून्य

**18.** दो वस्तुओं के द्रव्यमान का अनुपात 1 : 4 है और उनके आयतन समान हैं, तो उनके घनत्व का अनुपात होगा–

A. 1 : 4 B. 4 : 1
C. 2 : 1 D. 1 : 2

**19.** शक्ति (Power) का मात्रक है–

A. वाट प्रति सेकण्ड B. जूल
C. किलो जूल D. वाट

**20.** जब पानी को 0°C से गर्म किया जाए, तो इसका आयतन–

A. बढ़ेगा
B. 4°C तक कम होगा
C. वही रहेगा
D. पहले बढ़ेगा तब घटेगा

**21.** ध्वनि तरंगें नहीं गुजर सकतीं–

A. ठोस माध्यम से B. तरल माध्यम से
C. गैस माध्यम से D. निर्वात से

**22.** $\lambda$ तरंगदैर्घ्य की तरंग $v$ गति से चल रही है, तो इसकी आवृत्ति होगी–

A. $\frac{v}{\lambda}$ B. $v\lambda$
C. $\frac{\lambda}{v}$ D. $\frac{1}{v\lambda}$

**23.** समतल दर्पण की नाभीय दूरी (Focal length) है–

A. धनात्मक B. ऋणात्मक
C. शून्य D. अनन्त

**24.** टॉर्च में प्रयोग होने वाला दर्पण है–

A. अवतल B. उत्तल
C. समतल D. इनमें से कोई नहीं

**25.** सामान्य तौर पर जब एक विद्युत् संवाहक के तापमान में वृद्धि होती है, तो इसका प्रतिरोध–

A. बढ़ता है B. घटता है
C. बराबर रहता है D. तेजी से घट जाता है

**26.** निम्नलिखित में से कौन रूढ़ (अभाज्य) संख्या नहीं है?

A. 2 B. 3
C. 4 D. 5

**27.** $1.\overline{3}$ को इस प्रकार भी लिख सकते हैं–

A. $\frac{3}{4}$ B. $\frac{3}{2}$
C. $\frac{4}{3}$ D. $\frac{2}{5}$

**28.** $\frac{5}{16}$ किस दशमलव के बराबर है?

A. 0.3 B. 0.31
C. 0.312 D. 0.3125

**29.** $\sqrt{2}\times\sqrt{2}$ का मान है–

A. 2 B. 4
C. 1.41 D. 3

**30.** $(a+b)(a-b)$ को सरल किया जा सकता है–

A. $a^2 - b^2$
B. $a^2 + b^2$
C. $a^2 + b^2 + 2ab$
D. $a^2 + b^2 - 2ab$

**31.** प्रथम 10 प्राकृतिक संख्याओं का मध्यमान (औसत) होगा–

A. $\frac{5}{2}$ B. $\frac{11}{2}$

C. $\frac{13}{2}$ D. 5

**32.** दस संख्याओं का मध्यमान (औसत) 7 है। यदि प्रत्येक संख्या में 5 की वृद्धि कर दी जाए, तो नया मध्यमान होगा–

A. 7 B. 17

C. 57 D. 12

**33.** 64 मी$^2$ के वर्गाकार आँगन में 20 सेमी लम्बाई वाली कितनी वर्गाकार टाइलें लगेंगी?

A. 1598 B. 1600

C. 1602 D. 3200

**34.** यदि $x$ भुजा वाले एक समचतुर्भुज का क्षेत्रफल A से दर्शाया गया है, तो निम्नलिखित में से क्या सत्य है?

A. $A = x^2$ B. $A > x^2$

C. $A \le x^2$ D. इनमें से कोई नहीं

**35.** यदि 2 संख्याओं का महत्तम समगुणक (HCF) 1 है, तो उनका लघुतम समापवर्त्य (LCM) होगा–

A. उनका गुणा B. उनका जोड़

C. शून्य D. इनमें से कोई नहीं

**36.** व्यास है–

A. वृत्त की न्यूनतम ज्या

B. वृत्त की अधिकतम ज्या

C. वृत्त की स्पर्शज्या

D. वृत्त की प्रत्येक ज्या के लम्बवत्

**37.** यदि एक त्रिकोण की भुजाएं 3 सेमी, 4 सेमी और 5 सेमी हैं, तो इसका क्षेत्रफल होगा–

A. 6 सेमी$^2$ B. 7.5 सेमी$^2$

C. $5\sqrt{2}$ सेमी$^2$ D. 3 सेमी$^2$

**38.** 1 का 1% किसके बराबर होगा?

A. 0.1 B. 10

C. 1 D. 0.01

**39.** यदि एक संख्या 10 प्रतिशत कम की जाती है और फिर 10 प्रतिशत बढ़ाई जाती है, तो परिणामी संख्या होगी–

A. मूल संख्या के बराबर

B. मूल संख्या से बड़ी

C. मूल संख्या से छोटी

D. समालोचना के लिए पूर्ण तथ्य नहीं

**40.** 7 मीटर अर्धव्यास वाले एक वृत्ताकार क्षेत्र की परिधि होगी $\left(\pi = \frac{22}{7}\right)$–

A. 22 मी$^2$ B. 44 मी$^2$

C. 33 मी$^2$ D. 2 मी$^2$

**41.** यदि $x = 2$ और $y = 3$, तब $x^x + y^y$ किसके बराबर है?

A. 30 B. 37

C. 33 D. 31

**42.** 8 और 12 का महत्तम समगुणक (H.C.F.) है–

A. 2 B. 4

C. 6 D. 8

**43.** यदि A : B = 3 : 4 और B : C = 5 : 6, तब A : C है–

A. 5 : 9 B. 3 : 4

C. 1 : 2 D. 5 : 8

**44.** 12 आदमी किसी काम को 20 दिन में करते हैं। यदि उसी काम को 8 आदमी करते हैं, तो कितने दिन लगेंगे?

A. 24 दिन B. 25 दिन

C. 30 दिन D. 35 दिन

**45.** एक लड़का 12 किमी प्रति घण्टा की रफ्तार से 20 मिनट में स्कूल पहुँचता है। यदि वह 15 मिनट में स्कूल पहुँचना चाहता है, तो उसकी रफ्तार होनी चाहिए–

A. 15 किमी/घण्टा B. 16 किमी/घण्टा

C. 18 किमी/घण्टा D. 19 किमी/घण्टा

**46.** 3600 का 25% होगा–

A. 1600 B. 600

C. 900 D. 1000

**47.** 9% वार्षिक दर से 4 वर्ष में ₹ 20,000 का साधारण ब्याज होगा–

A. ₹ 1800 B. ₹ 5400

C. ₹ 6400 D. ₹ 7200

**48.** चतुर्भुज के कोणों का योग है–

A. 90° B. 180°

C. 360° D. 270°

**49.** यदि दो घनों (क्यूबों) के आयतन का अनुपात 1 : 27 है, तो उनके मुखों (पार्श्वों) के क्षेत्रफलों का अनुपात होगा–

A. 1 : 3 B. 1 : 9
C. 1 : 6 D. 1 : 18

**50.** एक हॉल का आकार 24 मी × 8 मी × 6 मी है। इस हॉल में रखे जा सकने वाले अधिकतम लम्बे डण्डे की लम्बाई ज्ञात करें–

A. 26 मी B. 28 मी
C. 30 मी D. 36 मी

**51.** इनमें से किसने ओलम्पिक पदक नहीं जीता?

A. अभिनव बिन्द्रा B. सुशील कुमार
C. पंकज आडवाणी D. लिएंडर पेस

**52.** इनमें से सबसे बड़ा वृत्त कौन-सा है?

A. भूमध्य रेखा B. आर्कटिक वृत्त
C. कर्क वृत्त D. मकर वृत्त

**53.** पृथ्वी द्वारा सूर्य के चारों ओर परिक्रमा करने से क्या होता है?

A. दिन और रात B. ज्वार-भाटा
C. ऋतुएँ D. इनमें से कोई नहीं

**54.** रेडियो प्रसारण इनमें से किसकी वजह से सम्भव हो सका है?

A. क्षोभमण्डल B. समतापमण्डल
C. आयन मण्डल D. बाहरी मण्डल

**55.** समुद्री हवाएं (Sea breeze) चलती हैं–

A. रात में समुद्र से थल की ओर
B. रात में थल से समुद्र की ओर
C. दिन में समुद्र से थल की ओर
D. दिन में थल से समुद्र की ओर

**56.** विश्व प्रसिद्ध कम्प्यूटर कम्पनी 'एपल' के संस्थापक कौन थे?

A. बिल गेट्स B. स्टीव जोब्स
C. लैरी पेज D. चेतन भगत

**57.** विकीलीक्स के संस्थापक जो हाल ही में समाचारों में रहे–

A. स्टीफन हॉकिन्ग B. रिचर्ड ब्रैनसन
C. रुपर्ट मर्डोक D. जुलियन असांजे

**58.** हाल ही में भारत में फार्मूला वन रेस किस स्थान पर आयोजित हुई?

A. गाँधी इंटरनेशनल सर्किट
B. श्रीपेराम्बदूर रेस ट्रैक
C. बुद्ध इंटरनेशनल सर्किट
D. सहारा मोटर स्पीडवे

**59.** जाड़े से गर्मी तक की फसल ऋतु को कहा जाता है–

A. खरीफ B. जायद
C. रबी D. इनमें से कोई नहीं

**60.** भारत में सबसे पुराना तेलशोधक कारखाना कौन-सा है?

A. नूनामती B. डिगबोई
C. बोंगईगाँव D. इनमें से कोई नहीं

**61.** शाकुन्तलम् किसने लिखा है?

A. कालिदास B. भास
C. अश्रगोश D. कम्बन

**62.** जुडाइज्म किनका धर्म है?

A. यहूदी B. मुसलमान
C. ईसाई D. हिन्दू

**63.** आर्य समाज के संस्थापक थे–

A. राजा राममोहन राय
B. स्वामी दयानन्द सरस्वती
C. महादेव गोविंद रानाडे
D. ज्योतिबा फुले

**64.** भारतीय राष्ट्रीय कांग्रेस के संस्थापक थे–

A. ए.ओ. ह्यूम B. एस.एन. बनर्जी
C. डब्ल्यू.सी. बनर्जी D. दादाभाई नौरोजी

**65.** देशबन्धु किसे कहा जाता है?

A. आचार्य नरेन्द्र देव B. राजेन्द्र प्रसाद
C. चितरंजन दास D. जी.एस. खारपडे

**66.** भारत में पहला आम चुनाव किस सन् में हुआ था?

A. 1948 B. 1949
C. 1950 D. 1952

**67.** असम का प्राचीन नाम है–

A. पावा B. कामरूप
C. पिप्पलीवन D. रामग्राम

**68.** भारत-पाक सीमा किस नाम से जानी जाती है?

A. डूरण्ड लाइन
B. मैकमेहोन लाइन
C. रैडक्लिफ लाइन
D. इनमें से कोई नहीं

**69.** राज्य सभा सदस्य बनने के लिए न्यूनतम आयु क्या है?

A. 25 वर्ष B. 21 वर्ष
C. 30 वर्ष D. 35 वर्ष

**70.** मौलिक अधिकारों का वर्णन भारतीय संविधान के किस भाग में किया गया है?

A. भाग I B. भाग III
C. भाग IV D. भाग VI

**71.** इनमें से कौन-सा विषम है?

A. घुटना B. कंधा
C. हथेली D. कोहनी

**72.** निम्नांकित में से विषम ढूँढिए–

A. दिक्सूचक B. चुम्बकीय सुई
C. चुम्बक D. दिशा

**73.** जैसे 'अनुयायी' के लिए 'नेता' है वैसे ही 'सैनिक' के लिए है–

A. सेना B. बटालियन
C. बैरक D. कप्तान

**74.** JILK : KLIJ : : MNPQ : .......?

A. QNPM B. MPQN
C. QPNM D. PNMQ

**75.** शृंखला पूरी कीजिए–

1, 6, 12, 19, 27, ?

A. 38 B. 35
C. 36 D. 54

**76.** यदि JUNE को NXPF कोड दिया जाए, तो STAY को क्या कोड देंगे?

A. WWCZ B. WVCZ
C. WWDB D. VWZC

**77.** छुपे नंबर की खोज करो–

| त्रिभुज | बायाँ | दायाँ | भीतर | नीचे |
|---|---|---|---|---|
| 1 | 5 | 3 | 19 | 4 |
| 2 | 7 | 5 | ? | 6 |
| 3 | 6 | 4 | 29 | 5 |

A. 25 B. 47
C. 37 D. 41

**78.** एक आदमी पूर्व दिशा की ओर चल रहा है। वह 45° बाएं और फिर 90° दाएं घूमता है। अब वह किस दिशा की ओर चल रहा है?

A. उत्तर B. उत्तर-पूर्व
C. दक्षिण-पश्चिम D. दक्षिण-पूर्व

**79.** माया दक्षिण दिशा की ओर यात्रा कर रही है। उत्तर दिशा की ओर यात्रा करने के लिए उसे निम्नांकित में से क्या मोड़ लेने होंगे?

A. दाएं, बाएं, दाएं, दाएं
B. बाएं, दाएं, दाएं
C. दाएं, दाएं, बाएं
D. बाएं, बाएं, बाएं, बाएं

**80.** एक चित्र की ओर इशारा करते हुए एक औरत ने कहा, "इस आदमी के पुत्र की बहन मेरी सास है।" उस औरत के पति का उस चित्र के व्यक्ति से क्या सम्बन्ध है?

A. पुत्र B. पौत्र
C. भतीजा/भांजा D. दामाद

**81.** कौन-सा शब्द दूसरे स्थान पर आएगा यदि निम्नलिखित सभी शब्दों को शब्दकोश के अनुसार व्यवस्थित किया जाए?

A. Regard B. Reason
C. Ration D. Ransom

**82.** यदि आने वाले कल से अगला दिन रविवार है, तो बीते कल से पिछला दिन क्या था?

A. बुधवार B. गुरुवार
C. मंगलवार D. शनिवार

**83.** एक घड़ी इस प्रकार रखी है कि दोपहर के 12 बजे मिनट की सुई उत्तर-पूर्वी दिशा में है। दिन के 1.30 बजे इस घड़ी की घण्टे वाली सुई किस दिशा में होगी?

A. पूर्व B. उत्तर
C. दक्षिण D. दक्षिण-पश्चिम

**84.** 53 विद्यार्थियों की कक्षा में जया 5वें स्थान पर रही। नीचे से उसका कौन-सा स्थान होगा?

A. 48वाँ B. 49वाँ
C. 47वाँ D. 50वाँ

**85.** यदि '+' के लिए '×', '×' के लिए '÷', '÷' के लिए '–' और '–' के लिए '+' हो, तो $2 - 8 \times 2 + 6 \div 7$ = ...?

A. 32 B. 19
C. 23 D. $-\frac{8}{7}$

**86.** निम्नलिखित तार्किक आकृतियों में से कौन-सी आकृति चिड़ियों, फलों और आमों के बीच सबसे अच्छा सम्बन्ध प्रदर्शित करती है?

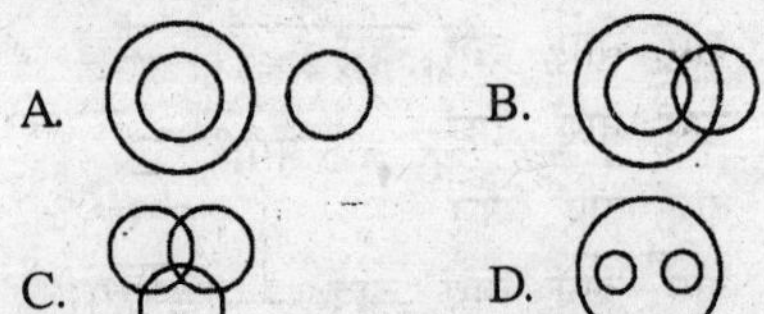

**87.** छिपे हुए चित्र को खोजिए–

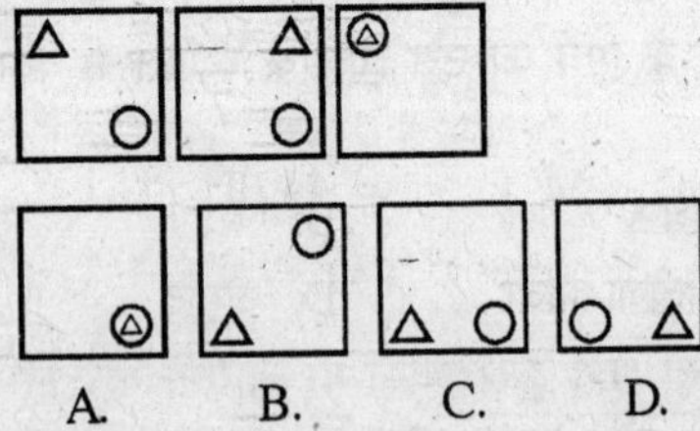

**88.** 'सी' का पिता 'ए' है। 'बी' का पुत्र 'डी' है। 'ए' का भाई 'ई' है, और यदि 'डी' की बहन 'सी' है, तो 'बी' का 'ई' के साथ क्या सम्बन्ध है?

A. पुत्री B. पुत्र-वधु

C. बहन D. भाभी

**89.** दिन में कितनी बार (24 घण्टे में) घड़ी की दोनों सुइयाँ एक सीधी रेखा में होती हैं, परन्तु एक दिशा में नहीं?

A. 24 B. 22

C. 12 D. 11

**90.** एक घन (Cube) को रंग करने के लिए कम-से-कम कितने रंगों की आवश्यकता होगी यदि कोई से भी दो साथ के पार्श्व (Face) एक रंग के न हों?

A. 3 B. 5

C. 2 D. 4

## उत्तरमाला

| 1 | 2 | 3 | 4 | 5 | 6 | 7 | 8 | 9 | 10 |
|---|---|---|---|---|---|---|---|---|---|
| B | C | D | A | C | B | A | C | D | B |
| **11** | **12** | **13** | **14** | **15** | **16** | **17** | **18** | **19** | **20** |
| C | C | B | A | B | C | A | A | D | B |
| **21** | **22** | **23** | **24** | **25** | **26** | **27** | **28** | **29** | **30** |
| D | A | D | D | A | C | C | D | A | A |
| **31** | **32** | **33** | **34** | **35** | **36** | **37** | **38** | **39** | **40** |
| B | D | B | C | A | B | A | D | C | B |
| **41** | **42** | **43** | **44** | **45** | **46** | **47** | **48** | **49** | **50** |
| D | B | D | C | B | C | D | C | B | A |
| **51** | **52** | **53** | **54** | **55** | **56** | **57** | **58** | **59** | **60** |
| C | A | C | C | C | B | D | C | C | B |
| **61** | **62** | **63** | **64** | **65** | **66** | **67** | **68** | **69** | **70** |
| A | A | B | A | C | D | B | C | C | B |
| **71** | **72** | **73** | **74** | **75** | **76** | **77** | **78** | **79** | **80** |
| C | D | D | C | C | A | D | D | A | B |
| **81** | **82** | **83** | **84** | **85** | **86** | **87** | **88** | **89** | **90** |
| C | A | A | B | B | A | D | D | B | A |

## कुछ चुने हुए प्रश्नों के व्यारव्यात्मक उत्तर

**17.**

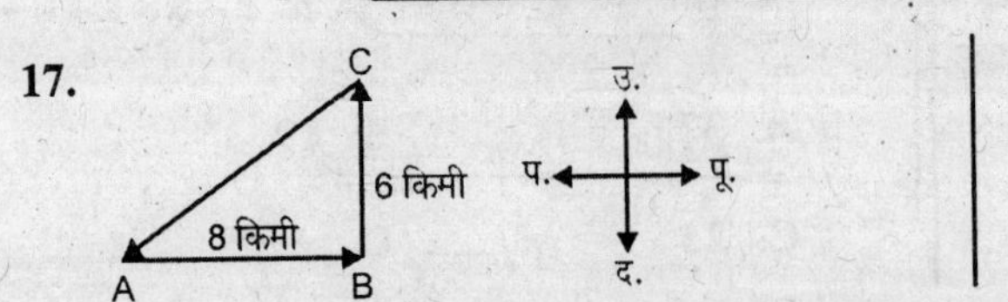


$$AC = \sqrt{8^2 + 6^2}$$

$$= \sqrt{64 + 36}$$

$$= \sqrt{100} = 10 \text{ किमी}$$

**18.** $\because \quad \dfrac{m_1}{m_2} = \dfrac{V \times d_1}{V \times d_2}$

$\Rightarrow \quad \dfrac{1}{4} = \dfrac{d_1}{d_2}$

$d_1 : d_2 = 1 : 4$

**22.** $\because \quad v = n\lambda$

$\therefore \quad n = \dfrac{v}{\lambda}$

यहाँ, $n$ = आवृत्ति

**27.** $1.\overline{3} = 1.3333.......$

$= 1 + \dfrac{3}{9}$

$= 1 + \dfrac{1}{3} = \dfrac{4}{3}$

**29.** $\sqrt{2} \times \sqrt{2}$ का मान $= \left(\sqrt{2}\right)^2$

$= (2)^{2 \times \frac{1}{2}} = 2$

**30.** $(a + b)(a - b) = a^2 - ab + ab - b^2$

$= a^2 - b^2$

**31.** अभीष्ट मध्यमान

$= \dfrac{1+2+3+...+10}{10}$

$= \dfrac{10 \times 11}{2 \times 10}$

$= \dfrac{55}{10} = \dfrac{11}{2}$

**32.** अभीष्ट नया मध्यमान

$= \dfrac{10 \times 7 + 10 \times 5}{10} = 12$

**37.** $\because \quad s = \dfrac{a+b+c}{2}$

$= \dfrac{3+4+5}{2} = \dfrac{12}{2}$

$s = 6$

$\Delta$ का क्षेत्रफल

$= \sqrt{s(s-a)(s-b)(s-c)}$

$= \sqrt{6(6-3)(6-4)(6-5)}$

$= \sqrt{6 \times 3 \times 2 \times 1}$

$= \sqrt{36} = 6$ सेमी$^2$

**38.** 1 का 1% $= 1 \times \dfrac{1}{100} = 0.01$

**40.** वृत्ताकार क्षेत्र की परिधि $= 2\pi r$

$= 2 \times \dfrac{22}{7} \times 7$

$= 44$ मी$^2$

**41.** $x^x + y^y = 2^2 + 3^3$

[जहाँ $x = 2$ तथा $y = 3$]

$= 4 + 27$

$= 31$

**44.** अभीष्ट दिनों की संख्या $= \dfrac{12 \times 20}{8}$

$= 30$

**45.** $\because$ दूरी = चाल × समय

$= 12 \times \dfrac{20}{60} = 4$ किमी

अब, अभीष्ट चाल $= \dfrac{4}{\frac{15}{60}} = \dfrac{4 \times 60}{15}$

$= 4 \times 4 = 16$ किमी/घंटा

**46.** 3600 का 25% $= \dfrac{25}{100} \times 3600$

$= \dfrac{1}{4} \times 3600 = 900$

**47.** अभीष्ट साधारण ब्याज

$= \dfrac{\text{मूलधन} \times \text{दर} \times \text{समय}}{100}$

$= \dfrac{20000 \times 9 \times 4}{100} =$ ₹ 7200

**49.** $\because$ $V_1 : V_2 = 1 : 27$

$= (1)^3 : (3)^3$

$\therefore$ $A_1 : A_2 = (1)^2 : (3)^2$

$= 1 : 9$

**50.** डण्डे की अधिकतम लम्बाई

$$= \sqrt{l^2 + b^2 + h^2}$$

$$= \sqrt{(24)^2 + (8)^2 + (6)^2}$$

$$= \sqrt{576 + 64 + 36}$$

$$= \sqrt{676} = 26 \text{ मी}$$

**74.** जिस प्रकार,

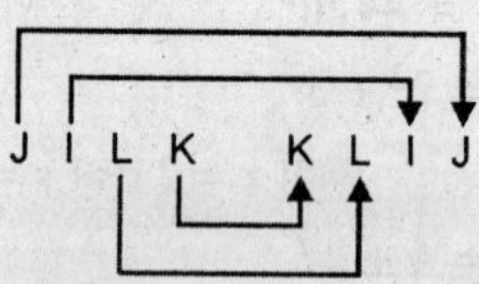


उसी प्रकार,

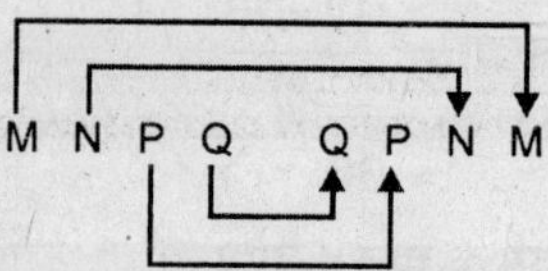


**76.** जिस प्रकार,

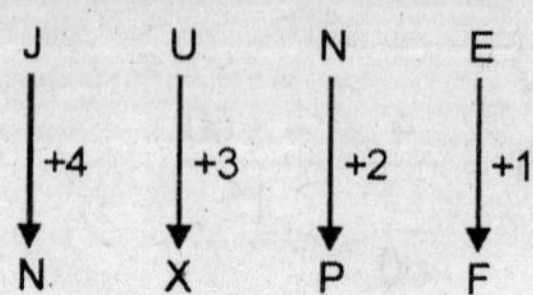


उसी प्रकार,

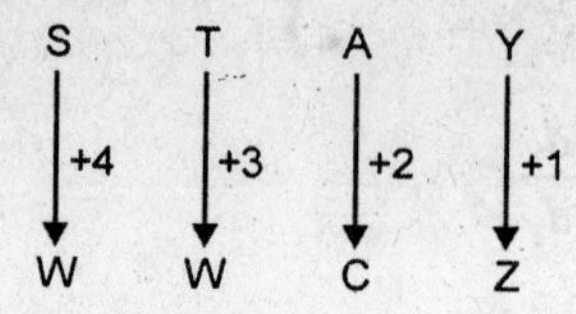


**77.** 5 3 19 4 $5 \times 3 + 4 = 19$

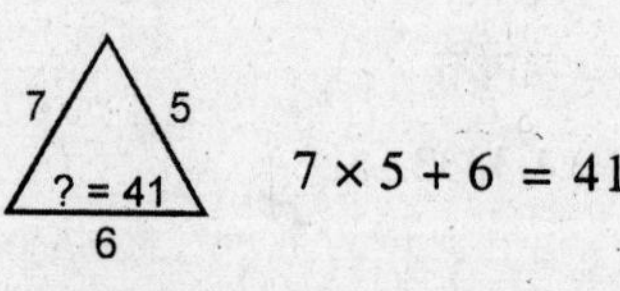


$7 \times 5 + 6 = 41$

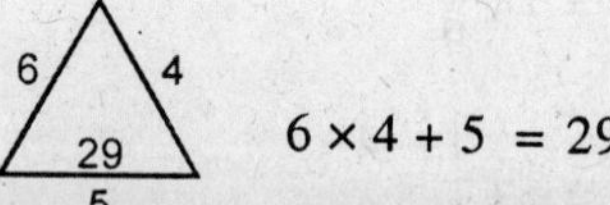


$6 \times 4 + 5 = 29$

**87.** वृत्ताकार अवयव घड़ी की विपरीत दिशा में एक-एक स्टेप प्रत्येक अगली आकृति में आगे बढ़ रहा है। $\Delta$ अवयव प्रत्येक अगली आकृति सामने स्थित कोने में प्रतिस्थापित हो जाता है।

**88.**

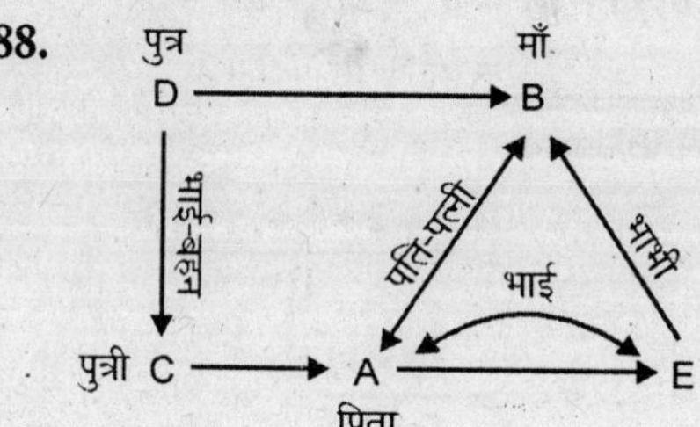

# सामान्य विज्ञान

# भौतिक विज्ञान

- भौतिक विज्ञान में द्रव्य तथा ऊर्जा और उसकी परस्पर क्रियाओं का अध्ययन होता है।
- भौतिक राशियाँ दो प्रकार की होती हैं–
  (*i*) **अदिश राशिः** ऐसी भौतिक राशियाँ जिनमें केवल परिमाण होता है दिशा नहीं, उन्हें अदिश राशि कहा जाता है, जैसे–दाब, द्रव्यमान, दूरी, चाल, आयतन, समय, कार्य, ऊर्जा, विद्युत धारा, ताप आदि।
  (*ii*) **सदिश राशिः** ऐसी भौतिक राशियाँ, जिनमें परिमाण के साथ-साथ दिशा भी रहती है, सदिश राशि कहलाती हैं, जैसे–बल, वेग, विस्थापन, त्वरण, संवेग एवं बल-आघूर्ण इत्यादि।

### *राशि एवं उनके मात्रक*

| राशि | मात्रक (*SI*) | राशि | मात्रक (*SI*) |
|---|---|---|---|
| • लम्बाई | मीटर | • कार्य, ऊर्जा | जूल |
| • द्रव्यमान | किलोग्राम | • कोण | रेडियन |
| • समय | सेकण्ड | • त्वरण | मी/सेकण्ड$^2$ |
| • ताप | केल्विन | • बल | न्यूटन |
| • विद्युत धारा | ऐम्पियर | • शक्ति | वाट |
| • ज्योति तीव्रता | कैण्डेला | • दाब | पास्कल |
| • आयतन | घनमीटर | • चाल | मी/सेकण्ड |
| • कोणिय वेग | रेडियन/से. | • आवृत्ति | हट्‌र्ज |
| • संवेग | किग्रा.मी./से. | • आवेग | न्यूटन/सेकण्ड |
| • पृष्ठ तनाव | न्यूटन/मीटर | • विद्युत प्रतिरोध | ओम |
| • विभवान्तर | वोल्ट | • विद्युत धारिता | फैराडे |

- **गतिः** यदि किसी वस्तु की स्थिति, किसी स्थिर वस्तु के सापेक्ष एकसमान रूप से बदल रही हो तो वह वस्तु गति में कही जाती है।
- **दूरीः** वस्तु द्वारा किसी समय अन्तराल में तय किए गए मार्ग की सम्पूर्ण लम्बाई दूरी कहलाती है। यह एक अदिश राशि है।

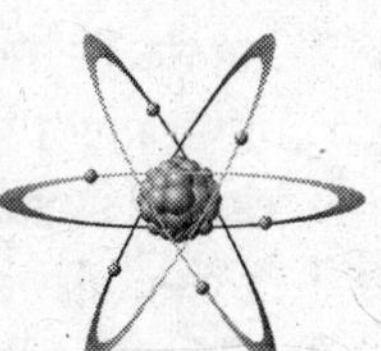

- **विस्थापनः** वस्तु की अन्तिम तथा प्रारंभिक स्थिति के बीच की न्यूनतम दूरी को विस्थापन कहते हैं। यह एक सदिश राशि है।
- **चालः** किसी वस्तु द्वारा प्रति सेकण्ड तय की गई दूरी को चाल कहते हैं।
- **वेगः** कोई वस्तु इकाई समय में किसी निश्चित दिशा में जितनी दूरी तय करती है, अर्थात् जितना विस्थापित होती है, उसे उस वस्तु का वेग कहते हैं। यह एक सदिश राशि है।
- **त्वरणः** किसी वस्तु के वेग परिवर्तन की दर को उस वस्तु का त्वरण कहते हैं।

$$\text{त्वरण} = \frac{\text{वेग में परिवर्तन}}{\text{समयान्तराल}}$$

- **वृत्तीय गति (Circular Motion):** जब कोई वस्तु वृत्तीय पथ पर गति करती है, तो उसकी गति वृत्तीय गति कहलाती है।
- **अभिकेन्द्र बलः** जब कोई वस्तु किसी वृत्ताकार मार्ग पर चलती है, तो उस पर एक बल वृत्त के केन्द्र की ओर कार्य करता है इसे अभिकेन्द्र बल कहते हैं।
- **अपकेन्द्रीय बलः** यह अभिकेन्द्री बल के विपरीत दिशा में लगता है।
- सूर्य के चारों ओर ग्रहों की गति तथा ग्रहों के चारों ओर उपग्रह की गति के लिए गुरुत्वाकर्षण बल आवश्यक अभिकेन्द्र बल प्रदान करता है।
- अभिकेन्द्र बल प्राप्त करने के लिए साइकिल सवार मोड़ पर अन्दर की ओर झुक जाता है।
- कपड़ा सुखाने की मशीन तथा दूध से मक्खन निकालने की मशीन अपकेन्द्रीय बल के सिद्धान्त पर कार्य करती है।
- आवश्यक अभिकेन्द्र बल प्रदान करने के लिए घुमावदार रेलवे

ट्रैक एवं घुमावदार सड़कें एक तरफ को झुकी हुई या उठी हुई होती हैं।

## न्यूटन के गति के नियम

- **प्रथम नियमः** यदि कोई वस्तु विराम की अवस्था में है, तो वह विराम की अवस्था में ही रहेगी और यदि वह एकसमान गति से किसी दिशा में चल रही है, तो वह वैसे ही चलती रहेगी, जब तक कि उस पर कोई बाहरी बल लगाकर उसकी अवस्था में परिवर्तन न किया जाए।

  वस्तुओं की प्रारंभिक अवस्था (विराम या गति की अवस्था) में स्वतः परिवर्तन नहीं होने की प्रवृत्ति को जड़त्व कहते हैं। इसीलिए न्यूटन के प्रथम नियम को 'जड़त्व का नियम' भी कहा जाता है।

  बल एक बाह्य कारक है, जिसके द्वारा किसी वस्तु की विराम अथवा गति की अवस्था में परिवर्तन किया जाता है। अतः प्रथम नियम से हमें बल की परिभाषा प्राप्त होती है।
- **द्वितीय नियमः** वस्तु के संवेग में परिवर्तन की दर उस पर आरोपित बल के अनुक्रमानुपाती होती है तथा संवेग परिवर्तन आरोपित बल की दिशा में ही होता है।
- **तृतीय नियमः** प्रत्येक क्रिया के बराबर, परन्तु विपरीत दिशा में प्रतिक्रिया होती है। इस नियम को क्रिया-प्रतिक्रिया का नियम भी कहते हैं।

## न्यूटन के गति नियम के कुछ अनुप्रयोग

**प्रथम नियम के अनुप्रयोग**

- रुकी हुई गाड़ी के अचानक चल पड़ने पर उसमें बैठे यात्री पीछे की ओर झुक जाते हैं एवं चलती हुई गाड़ी के अचानक रुकने पर उसमें बैठे यात्री आगे की ओर झुक जाते हैं।
- गोली मारने से काँच में गोल छेद हो जाता है, परन्तु पत्थर मारने पर वह काँच टुकड़े-टुकड़े हो जाता है।

**द्वितीय नियम के अनुप्रयोग**

- क्रिकेट खिलाड़ी गेंद को कैच करते समय अपने हाथों को थोड़ा पीछे कर लेता है।
- गाड़ियों में स्प्रिंग और शॉक एब्जार्बर लगाए जाते हैं।
- गद्दे या मिट्टी के फर्श पर गिरने पर सीमेण्ट से बने फर्श पर गिरने की तुलना में कम चोट लगती है।

**तृतीय नियम के अनुप्रयोग**

- बंदूक से गोली छोड़ते समय पीछे की ओर झटका लगना।
- नाव के किनारे पर से जमीन पर कूदने पर नाव का पीछे हटना।
- ऊँचाई से कूदने पर चोट लगना।
- रॉकेट का आगे बढ़ना।
- **संवेगः** किसी गतिमान वस्तु के द्रव्यमान तथा वेग के गुणनफल को उस वस्तु का 'संवेग' कहते हैं। यह एक सदिश राशि है।
- **आवेगः** यदि कोई बल किसी वस्तु पर कम समय तक कार्यरत रहे तो बल और समय-अन्तराल के गुणनफल को उस वस्तु का 'आवेग' कहते हैं।

  $$\text{आवेग} = \text{बल} \times \text{समय} - \text{अन्तराल}$$
- **संवेग-संरक्षण का नियमः** इस नियम के अनुसार एक या एक से अधिक वस्तुओं के निकाय पर कोई बाहरी बल नहीं लग रहा हो, तो उस निकाय का कुल संवेग नियत रहता है, अर्थात् संरक्षित रहता है।
- **घर्षण (Friction):** सम्पर्क में रखी दो वस्तुओं के मध्य एक प्रकार का बल कार्य करता है, जो गति करने में वस्तु का विरोध करता है, यह बल ही घर्षण बल कहलाता है। इसकी दिशा सदैव वस्तु की गति की दिशा के विपरीत होती है। गाड़ियों के ब्रेक घर्षण बल के कारण ही कार्य करते हैं। घर्षण बल के कारण ही मनुष्य सीधा खड़ा रह पाता है तथा चल पाता है।
- स्नेहक जैसे तेल एवं ग्रीस आदि का प्रयोग करके घर्षण को कम किया जाता है। बॉल-बियरिंग का प्रयोग भी घर्षण कम करने के लिए किया जाता है।
- **बल-आघूर्णः** बल द्वारा एक पिण्ड को एक अक्ष के परितः घुमाने की प्रवृति को बल-आघूर्ण कहते हैं। किसी अक्ष के परितः एक बल का बल-आघूर्ण उस बल के परिमाण तथा अक्ष से बल की क्रिया-रेखा के बीच की लम्बवत् दूरी के गुणनफल के बराबर होता है। यह एक सदिश राशि है। इस सिद्धांत के आधार पर घरों में गेहूं पीसने की चक्की का हत्था कील से दूर लगाया जाता है ताकि चक्की को घुमाने के लिए कम जोर लगाना पड़े।
- **उत्तोलक (Liver):** उत्तोलक एक सीधी या टेढ़ी दृढ़ छड़ होती है, जो किसी निश्चित बिन्दु के चारों ओर स्वतंत्रतापूर्वक घूम सकती है, जैसे–चिमटा, सरौता, कैंची आदि।
- **कार्य (Work):** कार्य की माप लगाए गए बल तथा बल की दिशा में वस्तु के विस्थापन के गुणनफल के बराबर होती है। यह एक अदिश राशि है।

  $$\text{कार्य} = \text{बल} \times \text{बल की दिशा में विस्थापन।}$$

- **ऊर्जा (Energy):** किसी वस्तु की कार्य करने की क्षमता को उस वस्तु की ऊर्जा कहते हैं। ऊर्जा एक अदिश राशि है, इसका मात्रक जूल है। ऊर्जा दो प्रकार की होती है–गतिज ऊर्जा एवं स्थितिज ऊर्जा।
  - (*i*) **गतिज ऊर्जा (Kinetic Energy):** किसी वस्तु में उसकी गति के कारण कार्य करने की जो क्षमता आ जाती है, उसे उस वस्तु की गतिज ऊर्जा कहते हैं। वायु की गतिज ऊर्जा पवन चक्की को चलाने के काम आती है।
  - (*ii*) **स्थितिज ऊर्जा (Potential Energy):** जब किसी वस्तु में उसकी अवस्था या स्थिति के कारण कार्य करने की क्षमता आ जाती है, तो उसे स्थितिज ऊर्जा कहते हैं, जैसे–घड़ी की चाबी से संचित ऊर्जा, तनी हुई स्प्रिंग या कमानी की ऊर्जा।
- **ऊर्जा संरक्षण का सिद्धांत:** ऊर्जा को न तो उत्पन्न किया जा सकता है और न ही नष्ट किया जा सकता है केवल एक रूप से दूसरे रूप में परिवर्तित किया जा सकता है, इसे ऊर्जा संरक्षण का सिद्धांत कहते हैं।

### *ऊर्जा का रूपान्तरण*

| *उपकरण* | *ऊर्जा का रूपान्तरण* |
|---|---|
| • माइक्रोफोन | विद्युत ऊर्जा को ध्वनि ऊर्जा में |
| • सौर सेल | प्रकाश ऊर्जा को विद्युत ऊर्जा में |
| • डायनेमो | यांत्रिक ऊर्जा को विद्युत ऊर्जा में |
| • मोमबत्ती का जलना | रासायनिक ऊर्जा को प्रकाश एवं ऊष्मा ऊर्जा में |
| • विद्युत मोटर | विद्युत ऊर्जा को यांत्रिक ऊर्जा में |
| • बल्ब/ट्यूब-लाइट/ हीटर का जलना | विद्युत ऊर्जा को प्रकाश एवं ऊष्मा ऊर्जा में |

- **गुरुत्वाकर्षण (Gravitation):** न्यूटन के अनुसार किन्हीं पिंडों के बीच कार्य करने वाला आकर्षण बल पिण्डों के द्रव्यमान के गुणनफल के अनुक्रमानुपाती तथा उनके बीच की दूरी के वर्ग के व्युत्क्रमानुपाती होता है।
- **गुरुत्व (Gravity):** न्यूटन के गुरुत्वाकर्षण नियम के अनुसार दो पिंडों के बीच एक आकर्षण बल कार्य करता है। गुरुत्व वह आकर्षण बल है, जिससे पृथ्वी किसी वस्तु को अपने केन्द्र की ओर खींचती है। इस बल के कारण जो त्वरण उत्पन्न होता है, उसे गुरुत्व जनित त्वरण (g) कहते हैं जिसका मान 9.8 मी./से.$^2$ होता है। यह वस्तु के रूप, आकार, द्रव्यमान आदि पर निर्भर नहीं करता है।
- g के मान में परिवर्तन–
  - (*a*) पृथ्वी तल से नीचे या ऊपर जाने पर g का मान घटता है।
  - (*b*) पृथ्वी के केन्द्र पर g का मान शून्य होता है।
  - (*c*) g का मान पृथ्वी के ध्रुव पर महत्तम तथा विषुवत् रेखा पर न्यूनतम होता है।
  - (*d*) पृथ्वी की घूर्णन गति बढ़ने पर g का मान कम हो जाता है तथा पृथ्वी की घूर्णन गति घटने पर g का मान बढ़ जाता है।
- पृथ्वी के गुरुत्व के कारण ही पृथ्वी पर वायुमण्डल उपस्थित है।
- पहाड़ पर चढ़ते समय यात्री सदैव आगे की ओर को झुकते हैं। ऐसा करने से यात्री का गुरुत्व केन्द्र उनके पैरों के बीच से होकर गुजरता है तथा उन्हें अधिक संतुलन व स्थायित्व प्राप्त होता है।
- जब लकड़ी तथा लोहे की गेंद को निर्वात में एक साथ नीचे गिराया जाता है, तो दोनों गेंद एक साथ पृथ्वी पर पहुँचती हैं क्योंकि पृथ्वी द्वारा लगाया गया गुरुत्वाकर्षण बल सभी वस्तुओं पर एकसमान होता है।
- चन्द्रमा पर गुरुत्वीय त्वरण (g) का मान, पृथ्वी के गुरुत्वीय त्वरण के मान का 1/6 होता है।
- **पलायन वेग:** पलायन वेग वह न्यूनतम वेग है जिसमें किसी पिण्ड को पृथ्वी की सतह से ऊपर की ओर फेंके जाने पर वह गुरुत्वीय क्षेत्र को पार कर सकता है और कभी वापस नहीं आता। इसका मान पृथ्वी तल पर 11.2 किमी/से. होता है।
- **भू-स्थायी उपग्रह (Geo-Stationary Satellite):** ऐसा उपग्रह जो पृथ्वी के अक्ष के लम्बवत् तल में पश्चिम से पूर्व की ओर पृथ्वी की परिक्रमा करता है तथा जिसका परिक्रमण काल पृथ्वी के परिक्रमण काल (24 घंटे) के बराबर होता है। यह उपग्रह पृथ्वी तल से लगभग 36,000 किमी की ऊँचाई पर रहकर पृथ्वी का परिक्रमण करता है।
- **तरंग (Wave):** तरंग के द्वारा ऊर्जा का एक स्थान से दूसरे स्थान तक स्थानान्तरण होता है। तरंगों को मुख्यतः दो भागों में बाँटा जा सकता है–यांत्रिक तरंग व विद्युत-चुम्बकीय तरंग।
  - (*i*) **यांत्रिक तरंग:** ऐसी तरंगें जो किसी पदार्थिक माध्यम (ठोस, द्रव अथवा गैस) में संचारित होती है, यांत्रिक तरंगें कहलाती हैं। यांत्रिक तरंगों को मुख्यतः दो भागों में बाँटा गया है– (*a*) अनुदैर्ध्य तरंग एवं (*b*) अनुप्रस्थ तरंग

(*ii*) **विद्युत-चुम्बकीय तरंगः** ऐसी तरंगें जिनके संचरण के लिए किसी माध्यम की आवश्यकता नहीं होती। प्रकाश एवं ऊष्मा विद्युत-चुम्बकीय तरंगों के उदाहरण हैं।

- **ध्वनि तरंग (Sound Wave):** ध्वनि एक स्थान से दूसरे स्थान तक तरंगों के रूप में गमन करती है। ध्वनि तरंगें अनुदैर्ध्य यांत्रिक तरंगें होती हैं।
- **श्रव्य तरंगे (Audible Waves):** 20 Hz से 20000 Hz के बीच की आवृत्ति वाली तरंगों को 'श्रव्य तरंग' कहते हैं। इन तरंगों को अपने कानों के द्वारा सुना जा सकता है।
- **अवश्रव्य तरंगें (Infrasonic Waves):** 20 Hz से नीचे की आवृत्ति वाली ध्वनि तरंगों को 'अवश्रव्य तरंगें' कहते हैं। इन्हें हमारे कान नहीं सुन सकते हैं।
- **पराश्रव्य तरंगें (Ultrasonic Waves):** 20,000 Hz से ऊपर की तरंगों को पराश्रव्य तरंगें कहा जाता है। मनुष्य के कान इसे नहीं सुन सकते हैं परन्तु कुछ जानवर, जैसे–कुत्ता, बिल्ली, चमगादड़ आदि इसे सुन सकते हैं।
- **सोनार (Sonar) :** एक ऐसी विधि है, जिसके द्वारा समुद्र में डूबी हुई वस्तुओं का पता लगाया जाता है। इसके लिए पराश्रव्य तरंगों का प्रयोग किया जाता है।
- विभिन्न माध्यमों में ध्वनि की चाल भिन्न-भिन्न होती है। यह मुख्यतः माध्यम की प्रत्यस्थता तथा घनत्व पर निर्भर करती है। ताप बढ़ने पर ध्वनि की चाल बढ़ती है।
- हवा की आर्द्रता बढ़ने पर ध्वनि की चाल बढ़ जाती है।
- **अनुनाद (Resonance) :** जब किसी वस्तु के कम्पनों की स्वाभाविक आवृत्ति किसी चालक बल के कम्पनों की आवृत्ति के बराबर होती है, तो वह वस्तु बहुत अधिक आयाम से कम्पन करने लगती है। इस घटना को अनुनाद कहते हैं।
- **डाप्लर प्रभाव (Doppler's Effect) :** जब किसी ध्वनि स्रोत एवं श्रोता के बीच आपेक्षिक गति होती है, तो श्रोता को ध्वनि की आवृत्ति उसकी वास्तविक आवृत्ति से अलग सुनाई पड़ती है, इसे ही डॉप्लर प्रभाव कहते हैं।
- **दाब (Pressure) :** किसी सतह के एकांक क्षेत्रफल पर लगने वाले बल को दाब कहते हैं। यह सदिश राशि है।

  दाब = बल/क्षेत्रफल
- वायुमण्डलीय दाब बैरोमीटर से मापा जाता है।
- पास्कल के नियम पर आधारित कुछ यंत्र हैंः हाइड्रोलिक लिफ्ट, हाइड्रोलिक प्रेस, हाइड्रोलिक ब्रेक इत्यादि।
- दाब बढ़ने पर पदार्थ का गलनांक बढ़ जाता है।
- सभी द्रवों का क्वथनांक दाब घटाने पर बढ़ जाता है।
- पृथ्वी की सतह से ऊपर जाने पर वायुमण्डलीय दाब कम हो जाता है जिसके फलस्वरूप–
  - व्यक्ति की नाक से खून निकलने लगता है।
  - पहाड़ों पर खाना बनाने में कठिनाई होती है।
  - वायुयान में बैठे यात्री के फाउण्टेनपेन से स्याही रिस जाती है।
  - नमक मिले पानी का क्वथनांक कम होने के कारण इसमें भोजन जल्दी पक जाता है।
  - जल 100°C से कम ताप पर उबलने लगता है।
  - अधिक ऊँचाई पर कम दाब के कारण वायु की मात्रा कम होती है, अतः साँस लेने में कठिनाई होती है।
- **प्लवन के नियम** (Law of Floatation)–

  (*i*) संतुलित अवस्था में तैरने पर वस्तु अपने भार के बराबर द्रव विस्थापित करती है।

  (*ii*) ठोस का गुरुत्व-केन्द्र तथा हटाए गए द्रव का गुरुत्व केन्द्र दोनों एक ही उर्ध्वाधर रेखा में होने चाहिए।
- **गुरुत्व केन्द्रः** किसी वस्तु का वह बिन्दु जहाँ उसका समस्त भार कार्य करता है, गुरुत्व केन्द्र कहलाता है।
- **आर्किमिडीज का सिद्धांतः** जब कोई वस्तु किसी द्रव में पूरी अथवा आंशिक रूप से डुबोई जाती है, तो उसके भार में कमी का आभास होता है। भार में यह आभासी कमी वस्तु द्वारा हटाए गए द्रव के भार के बराबर होती है।
- **घनत्व (Density):** द्रव्यमान प्रति एकांक आयतन घनत्व कहलाता है।

  (*i*) आपेक्षिक घनत्व एक अनुपात है। इसे हाइड्रोमीटर से मापा जाता है।

  (*ii*) सामान्य जल की अपेक्षा समुद्री जल का घनत्व अधिक होता है, इसलिए उसमें तैरना आसान होता है।
- जब बर्फ पानी में तैरती है, तो उसके आयतन का 1/10 भाग पानी के ऊपर रहता है।
- किसी बर्तन में पानी भरा है और उस पर बर्फ तैर रही है, जब बर्फ पूरी तरह पिघल जाएगी तो पात्र में पानी का तल बढ़ता नहीं है, पहले के समान ही रहता है।
- **पृष्ठ तनाव (Surface Tension):** द्रव का स्वतंत्र पृष्ठ सदैव तनाव में रहता है तथा उसमें कम-से-कम क्षेत्रफल प्राप्त करने

की प्रवृत्ति होती है। द्रव के पृष्ठ का यह तनाव ही पृष्ठ तनाव कहलाता है, जैसे–

(*i*) पतली सुई पृष्ठ तनाव के कारण ही पानी पर तैरती है।
(*ii*) साबुन के घोल के बुलबुले बड़े इसीलिए बनते हैं कि जल में साबुन घोलने पर उसका पृष्ठ तनाव कम हो जाता है।
(*iii*) समुद्र की लहरों को शांत करने के लिए उन पर तेल डाल दिया जाता है।

- एक ही पदार्थ के अणुओं के मध्य लगने वाले आकर्षण बल को ससंजक बल कहते हैं जबकि विभिन्न पदार्थों के अणुओं के बीच के आकर्षण बल को आसंजक बल कहते हैं।
- आसंजक बल के फलस्वरूप ही जल किसी वस्तु को भिगोता है, पारा काँच से नहीं चिपकता आदि।
- **केशिकत्व (Capillarity):** केशनली में द्रव के ऊपर चढ़ने या नीचे दबने की घटना को केशिकत्व कहते हैं। केशिकत्व के कारण ही–
  – लालटेन या लैम्प की बत्ती में तेल ऊपर चढ़ता है।
  – ब्लॉटिंग पेपर स्याही को शीघ्र सोख लेता है।
  – पेड़ पौधों की शाखाओं, तने एवं पत्तियों तक जल और आवश्यक लवण केशिकत्व की क्रिया के द्वारा ही पहुँचते हैं।
- **श्यानता (Viscocity):** तरल का वह गुण जिसके कारण तरल की विभिन्न परतों के मध्य आपेक्षिक गति का विरोध होता है, श्यानता कहलाता है। द्रवों मे श्यानता, अणुओं के मध्य लगने वाले ससंजक बलों के कारण होती है एवं गैसों में श्यानता इसकी एक परत से दूसरी परत में अणुओं के स्थानान्तरण के कारण होती है।
- ताप बढ़ने पर द्रवों की श्यानता घट जाती है, परन्तु गैसों की बढ़ जाती है।
- **ऊष्मा (Heat):** ऊष्मा एक प्रकार की ऊर्जा है, जो दो वस्तुओं के बीच उनके तापान्तर के कारण एक वस्तु से दूसरी वस्तु में स्थानांतरित होती है। स्थानांतरण के समय ही ऊर्जा ऊष्मा कहलाती है। वस्तु का ताप, वस्तु में ऊष्मा की मात्रा तथा वस्तु के पदार्थ की प्रकृति पर निर्भर करता है, जबकि किसी वस्तु में निहित ऊष्मा उस वस्तु के द्रव्यमान व ताप पर निर्भर करती है।
- **ताप (Temperature):** वस्तु की ऊष्णता और शीतलता की माप को ताप कहते हैं। ऊष्मीय ऊर्जा सदैव उच्च ताप की वस्तु से निम्न ताप की वस्तु में जाती है।

***विभिन्न पैमानों पर कुछ तापमान***

| तापमान | सेल्सियस (0°) | फारेनहाइट (°F) | केल्विन (K) |
|---|---|---|---|
| • जल का जमना | 0 | 32 | 273 |
| • कमरे का सामान्य ताप | 27 | 80.6 | 300 |
| • मानव शरीर का सामान्य ताप | 37 | 98.6 | 310 |
| • जल का उबलना | 100 | 212 | 373 |

- **परम शून्य (Absolute Zero):** सिद्धांत रूप में अधिकतम ताप की कोई सीमा नहीं है, परन्तु निम्नतम ताप की सीमा है। किसी भी वस्तु का ताप –273.15°C से कम नहीं हो सकता है। इसे परम शून्य ताप कहते हैं और केल्विन पैमाने पर 0K लिखते हैं।

  0K = –273.15°C एवं 273.15 K = 0°C
- **विशिष्ट ऊष्मा (Specific Heat):** किसी पदार्थ की विशिष्ट ऊष्मा, ऊष्मा की वह मात्रा है, जो उस पदार्थ के एकांक द्रव्यमान में एकांक ताप वृद्धि उत्पन्न करती है। जल की विशिष्ट ऊष्मा (1 कैलोरी/ग्राम °C) का मान अन्य पदार्थों की तुलना में सबसे अधिक है।
- ऊष्मा दिये जाने पर या ऊष्मा निकाले जाने पर जल का प्रसार 0° से 4°C के बीच असाधारण-सा होता है। 0°C से 4°C तक गर्म करने पर जल का आयतन घटता है तथा 4°C के बाद आयतन बढ़ता है। जल का घनत्व 4°C पर सबसे अधिक होता है।
- **गुप्त ऊष्मा (Latent Heat):** नियत ताप पर पदार्थ की अवस्था परिवर्तन के लिए ऊष्मा की आवश्यकता होती है, इसे ही पदार्थ की गुप्त ऊष्मा कहते हैं। इसे जूल/किलोग्राम या कैलोरी/ग्राम में मापा जाता है।
- उबलते जल की अपेक्षा भाप से जलने पर अधिक कष्ट होता है, क्योंकि जल की अपेक्षा भाप की गुप्त ऊष्मा अधिक होती है।
- **ऊष्मीय संचरण:** ऊष्मा का एक स्थान से दूसरे स्थान पर जाने को ऊष्मा का संचरण कहते हैं। इसकी तीन विधियाँ हैं–
  (*a*) चालन (*b*) संवहन तथा (*c*) विकिरण।
- ठोस पदार्थ में ऊष्मा का संचरण संवहन द्वारा होता है।
- गैस तथा द्रव में ऊष्मा का संचरण संवहन द्वारा होता है तथा वायुमंडल संवहन विधि के द्वारा ही गरम होता है।
- सूर्य से ऊष्मा पृथ्वी पर संवहन विधि द्वारा पहुँचती है।

- **गलनांकः** निश्चित ताप पर ठोस का द्रव में बदलना गलन कहलाता है तथा इस निश्चित ताप को ठोस का गलनांक कहते हैं।
- **त्रिक बिन्दुः** वह बिन्दु जिस पर तीनों अवस्थाएँ ठोस, तरल एवं गैस तीनों एक साथ पाई जाती हैं।
- **हिमांकः** निश्चित ताप पर द्रव का ठोस में बदलना हिमीकरण कहलाता है तथा इस निश्चित ताप को द्रव्य का हिमांक कहते हैं।
- **क्वथनांकः** निश्चित ताप पर वाष्प का द्रव में बदलना संघनन कहलाता है। इस निश्चित ताप को क्वथनांक कहते हैं।
- **संघनन बिन्दुः** निश्चित ताप पर वाष्प का द्रव में बदलना संघनन कहलाता है तथा इस निश्चित ताप को संघनन बिन्दु कहते हैं।
- **न्यूटन का शीतलन नियमः** समान अवस्था रहने पर विकिरण द्वारा किसी वस्तु के ठण्डे होने की दर वस्तु तथा उसके चारों ओर के माध्यम के तापान्तर के अनुक्रमानुपाती होती है। अतः वस्तु जैसे-जैसे ठण्डी होती जाएगी उसके ठण्डे होने की दर कम होती जाएगी।
- **किरचौफ का नियमः** इसके अनुसार अच्छे अवशोषक ही अच्छे उत्सर्जक होते हैं। अंधेरे कमरे में यदि एक काली और एक सफेद वस्तु को समान ताप पर गरम करके रखा जाए तो काली वस्तु अधिक विकिरण उत्सर्जित करेगी। अतः काली वस्तु अंधेरे में अधिक चमकेगी।

## प्रकाश (Light)

- प्रकाश एक प्रकार की ऊर्जा है, जो विद्युत चुम्बकीय तरंगों के रूप में संचरित होती है। वायु तथा निर्वात में प्रकाश की गति सबसे अधिक (3 × 10 मी/से) होती है।
- **प्रकाश का फोटॉन सिद्धांतः** प्रकाश विद्युत प्रभाव एवं कॉम्पटन सिद्धांत की व्याख्या आइन्सटीन द्वारा प्रतिपादित प्रकाश के फोटॉन सिद्धांत द्वारा की जाती है। इस सिद्धांत के अनुसार, प्रकाश ऊर्जा के छोटे-छोटे बण्डलों या पैकेटों के रूप में चलता है जिन्हें फोटॉन कहते हैं।
- प्रकाश को सूर्य से पृथ्वी तक आने में 8 मिनट 19 सेकण्ड का समय लगता है।
- **प्रकाश का विवर्तनः** प्रकाश को अवरोध के किनारों पर थोड़ा मुड़कर उसकी छाया में प्रवेश करने की घटना को विवर्तन कहते हैं।
- **प्रकाश का प्रकीर्णनः** जब प्रकाश किसी ऐसे माध्यम से गुजरता है, जिसमें धूल तथा अन्य पदार्थों के अत्यन्त सूक्ष्म कण होते हैं, तो इनके द्वारा प्रकाश सभी दिशाओं में प्रसारित हो जाता है, इस घटना को प्रकाश का प्रकीर्णन कहा जाता है। बैंगनी रंग के प्रकाश का प्रकीर्णन सबसे अधिक तथा लाल रंग के प्रकाश का प्रकीर्णन सबसे कम होता है।
- आकाश का नीला रंग प्रकीर्णन के कारण होता है।
- **प्रकाश का परावर्तनः** प्रकाश के चिकने पृष्ठ से टकराकर वापस लौटने की घटना को प्रकाश का परावर्तन कहते हैं। परावर्तन के दो नियम हैं–

  (*i*) आपतित किरण, आपतित बिन्दु पर अभिलंब व परावर्तित किरण एक ही तल में होते हैं।

  (*ii*) आपतन कोण परावर्तन कोण के बराबर होता है।
- समतल दर्पण में किसी वस्तु का प्रतिबिम्ब दर्पण के पीछे उतनी ही दूरी पर बनता है, जितनी दूरी पर वस्तु दर्पण के आगे रखी होती है। यह प्रतिबिम्ब काल्पनिक, वस्तु के बराबर एवं पार्श्व उल्टा बनता है।
- गोलीय दर्पण दो प्रकार के होते हैं–

  (*i*) अवतल दर्पण (*ii*) उत्तल दर्पण।

  (*i*) **अवतल दर्पणः** जिस गोलीय दर्पण का परावर्तक तल धंसा रहता है, उसे अवतल दर्पण कहते हैं। अवतल दर्पण को अपसारी दर्पण भी कहा जाता है क्योंकि यह अनंत से आने वाली किरणों को फैलाता है। अवतल दर्पण के उपयोग–
  - बड़ी फोकस दूरी वाला अवतल दर्पण दाढ़ी बनाने में काम आता है।
  - आँख, कान एवं नाक के डॉक्टर के द्वारा उपयोग में लाया जाने वाला दर्पण।
  - गाड़ी के हेडलाइट एवं सर्चलाइट में।
  - सोलर कुकर में।

  (*ii*) **उत्तल दर्पणः** जिस गोलीय दर्पण की परावर्तक सतह उभरी रहती है, उसे उत्तल दर्पण कहा जाता है। उत्तल दर्पण को अभिसारी दर्पण भी कहा जाता है क्योंकि यह अनंत से आने वाली किरणों को सिकोड़ता है।
  - मोटरवाहन में चालक के बगल में पृष्ठ दृश्य दर्पण लगाया जाता है।
  - सड़क पर लगे परावर्तक लैम्पों में उत्तल दर्पण का प्रयोग किया जाता है, विस्तार क्षेत्र अधिक होने के कारण ये प्रकाश को अधिक क्षेत्र में फैलाते हैं।

- **प्रकाश का अपवर्तनः** जब प्रकाश की किरणें एक पारदर्शी माध्यम से दूसरे पारदर्शी माध्यम में प्रवेश करती हैं, तो दोनों माध्यमों को अलग करने वाले तल पर अभिलम्बवत् आपाती होने पर बिना मुड़े सीधे निकल जाती है, परन्तु तिरछी आपाती होने पर वे अपनी मूल दिशा से विचलित हो जाती है। इस घटना को प्रकाश का अपवर्तन कहते हैं। उदाहरणस्वरूप–रात्रि के समय तारों का टिमटिमाना, पानी से भरे किसी बर्तन की तली में पड़ा हुआ सिक्का ऊपर उठा हुआ दिखाई पड़ना एवं द्रव में अंशतः डूबी हुई सीधी छड़ का टेढ़ा दिखाई पड़ना।
- **प्रकाश का पूर्ण आन्तरिक परावर्तनः** जब कोई प्रकाश की किरण किसी सघन माध्यम से विरल माध्यम में प्रवेश करती है, तो अपवर्तन के कारण अपवर्तित किरण अभिलंब से दूर हटती जाती है। जैसे-जैसे हम आपतन कोण का मान बढ़ाते जाते हैं, विरल माध्यम में अपवर्तित किरण अभिलंब से दूर हटती जाती है, अर्थात् अपवर्तन कोण का मान बढ़ता जाता है। जब एक निश्चित आपतन कोण के लिए अपवर्तन कोण का मान 90° हो जाता है, तो इस आपतन कोण को क्रांतिक कोण कहते हैं। यदि आपतन कोण को और बढ़ायें, तो किरणों का अपवर्तन नहीं हो सकेगा, क्योंकि अपवर्तन कोण का मान 90° से अधिक नहीं हो सकता। ऐसी स्थिति में आपतित किरणें परावर्तन के नियमानुसार सघन माध्यम में परावर्तित हो जाती है। यह घटना पूर्ण आन्तरिक परावर्तन कहलाती है।
- पूर्ण आंतरिक परावर्तन के उदाहरण–
  - *(i)* हीरा अत्यधिक चमकता है।
  - *(ii)* रेगिस्तान में मरीचिका तथा ठण्डे देशों में मरीचिका दिखाई देती है।
  - *(iii)* काँच का चटका हुआ भाग चमकीला दिखाई देता है।
  - *(iv)* प्रकाशिक तन्तु (Optical Fibres) पूर्ण आंतरिक परावर्तन के सिद्धांत पर काम करते हैं।
- लाल, हरे और नीले रंग को प्राथमिक रंग या मूल रंग कहते हैं।
- मैजेंटा, मोरनी रंग व पीला द्वितीयक रंग कहलाते हैं।
- रंगीन टेलीविजन में प्राथमिक रंग लाल, हरा एवं नीला का उपयोग किया जाता है।
- **निकट दृष्टि दोष (Myopia):** इस रोग से ग्रसित व्यक्ति नजदीक की वस्तु को देख लेता है, परन्तु दूर स्थित वस्तु को नहीं देख पाता है। इसमें वस्तु का प्रतिबिम्ब रेटिना पर न बनकर रेटिना के आगे बन जाता है। निकट दृष्टि दोष के निवारण के लिए अवतल लेंस का प्रयोग किया जाता है।
- **दूर दृष्टि दोष (Hypermetropia):** इस रोग से ग्रसित व्यक्ति को दूर की वस्तु दिखलाई पड़ती है, निकट की वस्तु दिखलाई नहीं पड़ती है। इस रोग में निकट की वस्तु का प्रतिबिम्ब रेटिना के पीछे बनता है। दूर दृष्टि दोष के निवारण के लिए उत्तल लेंस का प्रयोग किया जाता है।

## विद्युत धारा

- किसी चालक में विद्युत आवेश के प्रवाह की दर को विद्युत धारा कहते हैं। विद्युत धारा की दिशा धन आवेश की गति की दिशा की ओर मानी जाती है। इसका S.I. मात्रक एम्पीयर है। यह एक अदिश राशि है।
- **ओम का नियमः** यदि चालक की भौतिक अवस्था जैसे–ताप आदि में कोई परिवर्तन न हो तो चालक के सिरों पर लगाया गया विभवान्तर उसमें प्रवाहित धारा के अनुक्रमानुपाती होता है।
- धातुओं का ताप बढ़ाने पर उनका प्रतिरोध बढ़ता जाता है।
- अर्द्धचालकों का ताप बढ़ाने पर उनका प्रतिरोध घटता जाता है।
- **अमीटर (Ammeter):** विद्युत धारा को एम्पीयर में मापने के लिए आमीटर नामक यंत्र का प्रयोग किया जाता है। एक आदर्श अमीटर का प्रतिरोध शून्य होता है।
- **वोल्टमीटर (Voltameter):** वोल्टमीटर का प्रयोग परिपथ के किन्हीं दो बिन्दुओं के बीच विभवान्तर मापने में किया जाता है।
- **विद्युत फ्यूजः** विद्युत फ्यूज का प्रयोग परिपथ में लगे उपकरणों की सुरक्षा के लिए किया जाता है, यह टिन (63%) और सीसा (37%) की मिश्रधातु का बना होता है। इसका गलनांक कम होता है।
- प्राकृतिक चुम्बक लोहे का ऑक्साइड ($Fe_3O_4$) है।
- **अतिचालकता (Super Conductivity):** अत्यन्त निम्न ताप पर कुछ पदार्थों का विद्युत प्रतिरोध शून्य हो जाता है, इन्हें ही अतिचालक कहते हैं और इस गुण को अतिचालकता कहते हैं।
- **अर्द्धचालक (Semi Conductor):** ऐसे पदार्थ जिनमें इलेक्ट्रॉनिक संरचना इस प्रकार की होती है कि कहीं इलेक्ट्रॉन मुक्त हो जाता है और कहीं रिक्त बन जाता है, अर्द्धचालक कहलाते हैं। इनकी विद्युत चालकता सामान्य ताप पर चालक व विद्युत रोधी पदार्थों की चालकताओं के मध्य होती है। जर्मेनियम और सिलिकन ऐसे मुख्य पदार्थ हैं।

- **रेडियो सक्रियताः** जिन नाभिकों में प्रोटॉन की संख्या 83 या उससे अधिक होती है, वे अस्थायी होते हैं। स्थायित्व प्राप्त करने के लिए ये नाभिक स्वतः ही अल्फा ($\alpha$), बीटा ($\beta$), गामा ($\gamma$) किरणें उत्सर्जित करने लगती हैं। ऐसे नाभिक जिन तत्वों के परमाणुओं में होते हैं, उन्हें रेडियोएक्टिव कहते हैं तथा किरणों की उत्सर्जन की घटना को रेडियो सक्रियता कहते हैं।
- सबसे अधिक वेधन क्षमता $\gamma$–किरण (गामा किरण) की होती है।
- सबसे अधिक आयनन क्षमता $\alpha$–किरण (अल्फा किरण) की होती है।
- **द्रव्यमान ऊर्जा सम्बन्धः** इसके अनुसार द्रव्यमान एवं ऊर्जा एक-दूसरे से स्वतंत्र नहीं है, बल्कि दोनों एक-दूसरे से संबंधित है तथा प्रत्येक पदार्थ में उसके द्रव्यमान के कारण ऊर्जा भी होती है। इस सिद्धान्त का प्रतिपादन आइन्सटीन ने किया था जिसे सापेक्षिकता का सिद्धान्त कहा जाता है। अतः किसी वस्तु का द्रव्यमान m एवं प्रकाश का वेग c है, तो इस द्रव्यमान से सम्बद्ध ऊर्जा, $E = mc^2$ होती है।
- **नाभिकीय विखंडन (Nuclear Fission):** वह नाभिकीय प्रतिक्रिया जिसमें कोई एक भारी नाभिक दो भागों में टूटता है, नाभिकीय विखण्डन कहलाता है। इस प्रतिक्रिया के दौरान उत्पन्न ऊर्जा को नाभिकीय ऊर्जा कहते हैं।
- **श्रृंखला अभिक्रियाः** जब यूरेनियम पर न्यूट्रॉनों की बमबारी की जाती है, तो एक यूरेनियम नाभिक के विखंडन पर बहुत अधिक ऊर्जा व तीन नए न्यूट्रॉन उत्सर्जित होते हैं। ये उत्सर्जित न्यूट्रॉन यूरेनियम नाभिकों के विखंडन की एक श्रृंखला बन जाती है। इसे ही श्रृंखला अभिक्रिया कहते हैं।
- नाभिकीय रिएक्टर से सम्बन्धित कुछ महत्वपूर्ण तथ्य–
  - *(i)* रिएक्टर में ईंधन के रूप में यूरेनियम-235 या प्लूटोनियम-239 का प्रयोग किया जाता है।
  - *(ii)* रिएक्टर में मंदक के रूप में भारी जल या ग्रेफाइट का प्रयोग किया जाता है। मंदक रिएक्टर में न्यूट्रॉन की गति को धीमा करता है।
  - *(iii)* रिएक्टर में नियंत्रक छड़ के रूप में कैडमियम या बोरॉन छड़ का उपयोग किया जाता है। इसकी सहायता से नाभिक के विखंडन के दौरान निकलने वाले तीन नए न्यूट्रॉन में से दो को अवशोषित कर लिया जाता है।
- **नाभिकीय संलयन (Nuclear Fusion):** इस प्रक्रिया में दो या दो से अधिक हल्के नाभिक संयुक्त होकर एक भारी नाभिक बनाते हैं तथा अत्यधिक ऊर्जा विमुक्त करते हैं। सूर्य एवं तारों से प्राप्त ऊर्जा एवं प्रकाश का स्रोत नाभिकीय संलयन ही है।

## *वैज्ञानिक यंत्र व उपकरण*

| यंत्र/उपकरण | उपयोग |
|---|---|
| • अमीटर | विद्युत धारा को एम्पियर में मापने हेतु प्रयुक्त यंत्र |
| • अल्टीमीटर | विमानों की ऊँचाई मापने हेतु प्रयुक्त यंत्र |
| • ऑडियोमीटर | ध्वनि की तीव्रता मापने हेतु प्रयुक्त यंत्र |
| • एनिमोमीटर | वायु की शक्ति और गति मापने का यंत्र |
| • एवोमीटर | रेडियो में उत्पन्न दोष का पता लगाने का यंत्र |
| • एयरोमीटर | वायु तथा गैसों के भार तथा घनत्व मापने का यंत्र |
| • एक्युमुलेटर | विद्युत ऊर्जा को संचित करने का यंत्र |
| • एपिकायस्कोप | अपारदर्शी चित्रों को पर्दे पर दिखाने का काम करने वाला उपकरण |
| • एक्टिओमीटर | सूर्य किरणों की तीव्रता का निर्धारण करने वाला यंत्र |
| • ओडोमीटर | वाहनों के पहियों द्वारा तय की गई दूरी को मापने वाला यंत्र |
| • बैरोमीटर | वायुमंडलीय दाब मापने वाला यंत्र |
| • बोलोमीटर | ऊष्मीय विकिरण मापने का यंत्र |
| • क्रेस्कोग्राफ | पौधों की वृद्धि को दर्शाने वाला यंत्र |
| • कैलोरीमीटर | ऊष्मा को मापने वाला यंत्र |
| • कार्डियोग्राम | मनुष्य की हृदयगति को मापने वाला यंत्र |
| • क्रोनोमीटर | पानी के जहाजों में सही समय ज्ञात करने में प्रयुक्त उपकरण |
| • फेदोमीटर | समुद्र की गहराई मापने वाला यंत्र |
| • लैक्टोमीटर | दूध की शुद्धता मापने वाला यंत्र |
| • मैनोमीटर | गैसों का दाब मापने का यंत्र |
| • पाइरोमीटर | उच्च ताप मापने वाला यंत्र |
| • फोनोमीटर | प्रकाश की चमक शक्ति ज्ञात करने वाला यंत्र |
| • पोलीग्राफ | झूठ का पता लगाने वाला यंत्र |
| • रेनगॉज | वर्षा की मात्रा ज्ञात करने वाला यंत्र |
| • राडार | दूर से आने वाले वायुयान की गति और दिशा ज्ञात करने वाला यंत्र |
| • रेडियो माइक्रोमीटर | ऊष्मीय विकिरण को मापने का यंत्र |
| • टैकोमीटर | वायुयान की गति मापने का यंत्र |
| • यूडोमीटर | वर्षामापक यंत्र |

## यंत्र संबंधी आविष्कार

| यंत्र | आविष्कारक |
|---|---|
| • रेल इंजन | जॉर्ज स्टीफेंसन |
| • थर्मस फ्लास्क | डीवार |
| • तड़ित चालक | फ्रैंकलिन |
| • लेंस कैमरा | जींस |
| • टायर | डनलप |
| • टेलीविजन | जे.एल. बेयर्ड |
| • टेलीफोन | ग्राहम बेल |
| • मोटरकार | ऑस्टिन |
| • वायुयान | राइट बंधु |
| • ग्रामोफोन | एडिसन |
| • ट्रांसफार्मर | फैराडे |
| • फाउन्टेन पेन | वाटरमैन |
| • भाप इंजन | जेम्स वाट |
| • क्रेस्कोग्राफ | जे.सी. बोस |
| • रेडियो | मार्कोनी |
| • डीजल इंजन | रूडोल्फ डीजल |
| • टाइप मशीन | शोल्ज |
| • थर्मामीटर | फॉरेनहाइट |
| • जेट-इंजन | फ्रैंक व्हीटल |
| • रेफ्रिजरेटर | हैरीसन एवं कैटलीन |
| • पावरलूम | कार्ल राइट |
| • आर्क लैम्प | डेवी |
| • परमाणु भट्टी | एनरिको फर्मी |
| • दूरबीन | गैलीलियो |
| • डायलीसीस मशीन | कोल्फ |
| • कैलकुलेटर | पास्कल |
| • होलोग्राफी | डॉ. डेनिश गबोर |
| • टेलीग्राफ | मोर्स |
| • बेतार टेलीग्राफी | मार्कोनी |
| • विद्युत बल्ब | एडीसन |
| • स्पेक्ट्रमदर्शी | बुन्सेन |
| • राडार | आर.डब्ल्यू. वाटस |
| • पनडुब्बी | बुशवेल |
| • साइकिल | मैकमिलन |
| • पैराशूट | ए.जी. गार्नरिन |
| • मुद्रण कला | गुटेनबर्ग |
| • माइक्रोस्कोप | जेनसन एण्ड जेनसन |
| • सिस्मोमीटर | रॉबर्ट मैलेट |
| • ई-मेल | रे टॉमलिंसन |

## प्रसिद्ध भौतिक विज्ञानी एवं उनके आविष्कार

| वैज्ञानिक | आविष्कार |
|---|---|
| • न्यूटन | गति के नियम, सार्वत्रिक गुरुत्वाकर्षण का नियम, परावर्तक दूरदर्शी, अवकलण गणित का आविष्कार, द्विपद प्रमेय का नियम |
| • गैलीलियो | जड़त्व का नियम, गति के समीकरण एवं दूरदर्शी का निर्माण |
| • फैराडे | विद्युत चुम्बकीय प्रेरण के नियम, विद्युत अपघट्य के नियम एवं डायनेमो का आविष्कार |
| • आइन्स्टीन | सापेक्षिकता का विशिष्ट एवं व्यापक सिद्धांत, प्रकाश-विद्युत प्रभाव की व्याख्या, द्रव्यमान और ऊर्जा की तुल्यता ($E = mc^2$), फोटॉन की खोज, द्रव्यमान क्षति का पता |
| • जी. मार्कोनी | बेतार संदेश, रेडियो तथा बेतार टेलीग्राफी |
| • जॉन डॉल्टन | परमाणु सिद्धांत का प्रतिपादन |
| • डॉ. डेनिश गबोर | त्रिविमीय फोटोग्राफी की खोज |
| • रॉन्टजन | X-किरणों का आविष्कार |
| • हाइजेनबर्ग | अनिश्चितता का सिद्धांत एवं क्वाण्टम यांत्रिकी का निर्माण |
| • ऑटो हॉन | परमाणु बम का निर्माण |
| • एडीसन | फोनोग्राफ, विद्युत बल्ब, चलचित्र टेलीग्राफ |
| • हेनरी बेक्वेरल | रेडियो सक्रियता की खोज |
| • जॉन वारडीन | अतिचालकता का सिद्धांत |
| • एडवर्ड टेलर | हाइड्रोजन बम का निर्माण |

न्यूटन

गैलीलियो

जी. मार्कोनी

एडवर्ड टेलर

## उष्मागतिकी (Thermodynamics)

- विज्ञान की इस शाखा में हम ऊर्जा के अन्य कणों जैसे यांत्रिकी, रासायनिक, विद्युत, चुम्बकीय आदि में ऊष्मीय ऊर्जा के स्थानान्तरण का अध्ययन करते हैं।

## ऊष्मा (Heat)

- एक गर्म पिण्ड की आंतरिक ऊर्जा उसी तरह के दूसरे ठण्डे पिण्ड की आंतरिक ऊर्जा की अपेक्षा अधिक होती है। अर्थात् ऊष्मा वह ऊर्जा है जो एक वस्तु में तापान्तर के कारण उत्पन्न होती है तथा सदैव ऊँचे ताप वाली वस्तु से कम ताप वाली वस्तु की ओर प्रवाहित होती है।
- ऊष्मा की इकाइयाँ निम्न होती हैं–
  - *(i)* ब्रिटिश थर्मल यूनिट (BTU)– ऊष्मा की वह मात्रा जो एक पौंड तापमान को 1°F बढ़ाने के लिए आवश्यक होती है, ब्रिटिश थर्मल यूनिट कहलाती है।
  - *(ii)* कैलोरी (Calorie)– ऊष्मा की वह मात्रा जो एक ग्राम पानी के तापमान को 1°C बढ़ाने के लिए आवश्यक होती है, कैलोरी कहलाती है।
  - *(iii)* किलो कैलोरी (Kilo Calorie)– यह कैलोरी की बड़ी इकाई है। ऊष्मा की वह इकाई जो 1 किलोग्राम पानी के तापमान को 1°C बढ़ाने के लिए आवश्यक होती है, किलो कैलोरी कहलाती है।
  - *(iv)* सी॰एच॰यू॰ (CHU)– ऊष्मा की वह मात्रा जो एक पौंड के तापमान को 1°C बढ़ाने के लिए आवश्यक होती है, सेंटीग्रेड हीट यूनिट (CHU) कहलाती है।

$$1\text{ CHU} = 1\text{ Pound} \times 1°C = 453.6\text{ Calorie} = \frac{9}{5}\text{ BTU}$$

- **उष्मागतिकी का शून्यवाँ नियम** (Zeroth Law of Thermodynamics): यदि दो निकाय A एवं B ऊष्मीय साम्यावस्था में (Thermal equilibrium) में हों तथा A एवं C ऊष्मीय साम्यवस्था में हों तो B एवं C ऊष्मीय साम्यावस्था में होंगी।

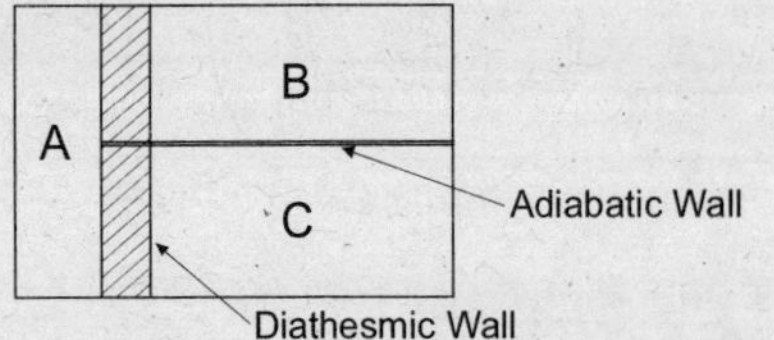


- दो निकाय यदि ऊष्मीय साम्यावस्था में हों तो कहा जाता है कि दोनों निकाय का तापमान एक है। अतः यहाँ एक निश्चित अदिश (scalar) भौतिक राशि होनी चाहिये जो कि ऊष्मीय साम्यावस्था में सभी निकायों के लिये समरूप (identical) हो। यह राशि (अदिश), ताप है।
- माना ऊष्तरय साम्यावस्था में निकायों A, B तथा C के लिये

$$T_A = T_B = T_C$$

- अतः ताप (Temperature) किसी वस्तु के लिये वह भौतिक राशि है जो वस्तु की गर्माहट एवं ठण्डेपन की माप निर्धारित करती है तथा ऊष्मा-प्रवाह के लये उत्तरदायी है।

| Name of scale | Celsius | Fahrenheit | Kelvin | New |
|---|---|---|---|---|
| F.P.of $H_2O$<br>B.P.of $H_2O$ | 0°C<br>100°C | 32°C<br>212°C | 273°C<br>373°C | FP°T<br>BP°T |

$$\frac{C-0}{100-0} = \frac{F-32}{212-32} = \frac{K-273}{373-273} = \frac{T-FP}{BP-FP}$$

- यदि $T_C$, $T_F$ और $T_R$ किसी वस्तु के ताप का मान क्रमशः सेल्शियस स्केल, फैहरनहाइट स्केल तथा रीऊमर स्केल पर हैं तो

$$\frac{T_C-0}{100} = \frac{T_F-32}{180} = \frac{T_R-0}{80}$$

## गुरुत्वीय त्वरण (Acceleration Due to Gravity)

- गुरुत्वाकर्षण के कारण पृथ्वी प्रत्येक वस्तु पर एक आकर्षण बल आरोपित करती है, जिसकी दिशा सदैव पृथ्वी की ओर होती है। इस आकर्षण बल को गुरुत्व बल (force due to gravity) कहते हैं। न्यूटन की गति के द्वितीय नियम के अनुसार, इस गुरुत्व बल के कारण वस्तु में त्वरण उत्पन्न होता है। जिसे गुरुत्व बल द्वारा उत्पन्न त्वरण अथवा गुरुत्वीय त्वरण (acceleration due to gravity) कहते हैं। इसे '*g*' से प्रदर्शित करते हैं। पृथ्वी की सतह के निकट इसका मान 9.8 $ms^{-2}$ होता है।
- माना पृथ्वी का द्रव्यमान M तथा त्रिज्या R है, तब पृथ्वी की सतह पर रखी *m* द्रव्यमान की वस्तु पर आकर्षण बल

$$F = \frac{GMm}{R^2}$$

न्यूटन के नियमानुसार, गुरुत्वीय त्वरण

$$g = \frac{F}{m} = \frac{GMm}{mR^2} = \frac{GM}{R^2} \quad \text{या} \quad g = \frac{GM}{R^2}$$

- इस सूत्र में $m$ नहीं आता है। इससे स्पष्ट है कि $g$ का मान वस्तु के द्रव्यमान पर निर्भर नहीं करता है। अतः यदि भिन्न-भिन्न द्रव्यमानों की दो वस्तुएँ किसी ऊँचाई से, मुक्त रूप से गिराई जाती हैं, तो दोनों में उत्पन्न गुरुत्वीय त्वरण समान होंगे।

पृथ्वी का द्रव्यमान,

$$M = \frac{gR^2}{G} = 6.018 \times 10^{21} \text{ kg}$$

## गुरुत्वीय त्वरण '$g$' के मान में परिवर्तन (Variation in Value of Acceleration due to Gravity, $g$)

- $g$ का मान पृथ्वी की सतह पर एक स्थान से दूसरे स्थान पर परिवर्तित होता है। पृथ्वी सतह से ऊपर या नीचे जाने पर भी $g$ के मान में परिवर्तन होता है। $g$ के मान में परिवर्तन निम्नलिखित कारणों से होता है :

*(i)* **पृथ्वी के आकार के कारण (Due to Shape of Earth):** पृथ्वी पूर्ण रूप से गोलाकार (spherical) नहीं है। यह दोनों ध्रुवों पर कुछ दबी हुई अर्थात् चपटी (flat) है। भूमध्य रेखा पर इसकी त्रिज्या ध्रुवों पर इसकी त्रिज्या से लगभग 21 km अधिक है। अतः '$g$' का मान पृथ्वी सतह पर भूमध्य रेखा पर न्यूनतम तथा ध्रुवों पर अधिकतम होता है।

*(ii)* **पृथ्वी के घूर्णन के कारण (Due to Rotation of Earth):** पृथ्वी के घूर्णन की चाल वढ़ने पर, $g$ का मान कम हो जाता है। $\lambda$ अक्षांश पर गुरुत्वीय त्वरण

$$g_\lambda = g - R\omega^2 \cos^2 \lambda$$

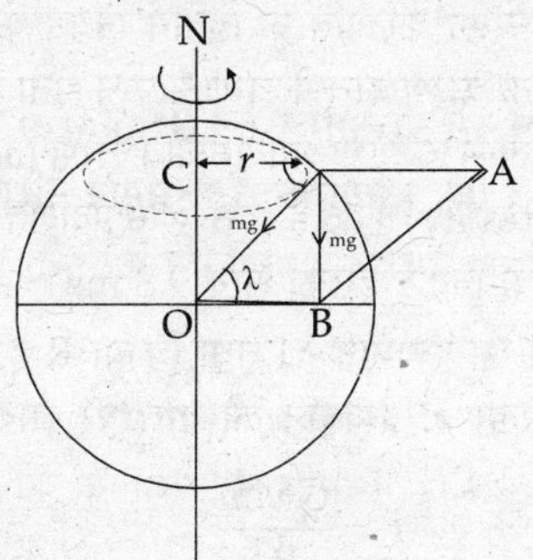


उपरोक्त व्यंजक से निम्नलिखित निष्कर्ष निकलते हैं :

(a) ध्रुवों पर $\lambda = 90°$

$\therefore \quad g_\lambda = g$ (अधिकतम)

अर्थात् ध्रुवों पर गुरुत्वीय त्वरण के मान पर पृथ्वी की घूर्णन गति का कोई प्रभाव नहीं पड़ता।

(b) भूमध्य रेखा अथवा विषुवत् रेखा पर $\lambda = 0°$

$\therefore \quad g_\lambda = g - R\omega^2$ (न्यूनतम)

अर्थात विषुवत् रेखा पर गुरुत्वीय त्वरण के मान पर पृथ्वी की घूर्णन गति का अधिकतम प्रभाव होता है।

*(iii)* **पृथ्वी सतह से ऊपर (Above Earth's Surface):** पृथ्वी तल से $h$ ऊँचाई पर गुरुत्वीय त्वरण

$$g' = \frac{g}{\left(1 + \frac{h}{R}\right)^2}$$

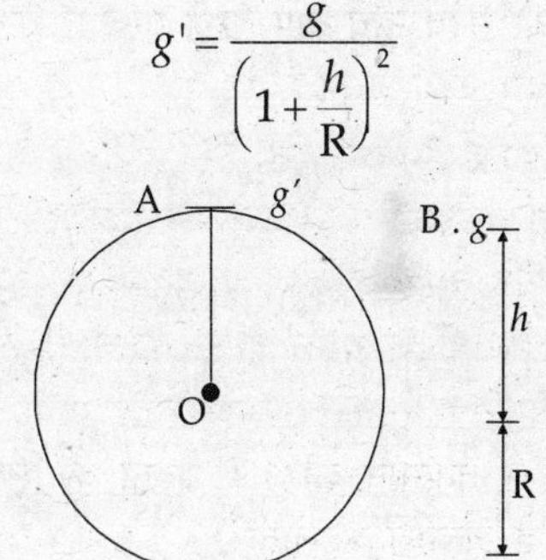


अतः $g' < g$

अर्थात् पृथ्वी तल से ऊँचाई $h$ के बढ़ने पर गुरुत्वीय त्वरण $g$ का मान घटता जाता है।

पुनः $\quad g' = g\left(1 + \frac{h}{R}\right)^{-2}$

या $\quad g' \approx g\left(1 - \frac{2h}{R}\right)$ यदि $h << R$

*(iv)* **पृथ्वी सतह से नीचे (Below Earth's Surface):** पृथ्वी तल से $d$ गहराई पर गुरुत्वीय त्वरण

$$g' = g\left(1 - \frac{d}{R}\right)$$

अतः $g' < g$

अर्थात् पृथ्वी तल से नीचे जाने पर भी $g$ का मान घटता है। पृथ्वी के केन्द्र $d = R$ हो जाने पर गुरुत्वीय त्वरण शून्य हो जाता है।

## विस्थापन (Displacement)

- किसी निश्चित दिशा में वस्तु या कण का स्थान परिवर्तन विस्थापन कहलाता है। यह एक सदिश राशि है अर्थात् बिना दिशा परिवर्तन किये एक वस्तु सरल रेखा में चलती है, तब विस्थापन का परिमाण तय की गई दूरी के बराबर होता है। अन्यथा यह सदैव दूरी से छोटा या उसके बराबर होता है।

अतः $|\text{विस्थापन}| \le$ दूरी

## दूरी (Distance)

- प्रारम्भिक एवं अन्तिम स्थिति के बीच किसी वस्तु या कण द्वारा तय की गई वास्तविक लम्बाई को दूरी कहते हैं। यह अदिश राशि है। विस्थापन धनात्मक (+), ऋणात्मक (–) या शून्य (0) हो सकता है, जबकि दूरी हमेशा धनात्मक ही होगी।

### कुछ प्रमुख बिन्दु

- गतिमान वस्तु के लिये, दूरी सदैव विस्थापन से बड़ी होती है।
- दूरी-समय ग्राफ का ढाल (slope) शून्य से सदैव बड़ा या बराबर होता है।
- विस्थापन-समय ग्राफ का ढाल (slope) ऋणात्मक हो सकता है।
- दो बिन्दुओं के बीच अनेकों पथ सम्भव हैं। दो बिन्दुओं के बीच विभिन्न पथों के लिये, दूरियाँ विभिन्न परन्तु विस्थापन परिमाण से समान होते हैं।

**उदाहरण 1 :** एक मोटर गाड़ी पूर्वी दिशा में 10 मीटर चलती है, फिर उत्तर दिशा में 15 मीटर चलती है। गाड़ी द्वारा चली गयी दूरी तथा विस्थापन ज्ञात कीजिए।

**हल :**

गाड़ी द्वारा चली गयी दूरी

= 10 मीटर + 15 मीटर = 25 मीटर

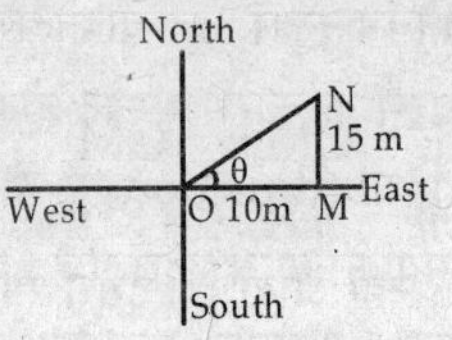


चित्रानुसार, माना गाड़ी O से चलती है तथा अन्त में बिन्दु N तक जाती है।

गाड़ी का विस्थापन ON द्वारा दर्शाया गया है। चित्र से,

$$|\overrightarrow{ON}| = \sqrt{(\overrightarrow{OM}) + (\overrightarrow{OM})^2}$$

$$= \sqrt{(10)^2 + (15)^2}$$

$$= 5\sqrt{13}\,m$$

तथा $\tan\theta = \frac{15}{10} = \frac{3}{2}$

$$\therefore \qquad \theta = \tan^{-1}\left(\frac{3}{2}\right)$$

विस्थापन पूर्व से $\tan^{-1}\left(\frac{3}{2}\right)$ कोण पर निर्देशित है।

## वेग (Velocity)

- विस्थापन के परिवर्तन के समय-दर को वेग कहते हैं तथा वस्तु के विस्थापन एवं विस्थापन के दौरान लिये गये समय के अनुपात को औसत वेग कहते हैं।

यदि कण द्वारा समयान्तराल $\Delta t$ में तय की गई दूरी $\Delta s$ तथा विस्थापन $\Delta\vec{r}$ हो, तब $v = \frac{s}{t}$ तथा

$$V_{av} = \text{औसत वेग} = \frac{\Delta\vec{r}}{\Delta t}$$

- **एकसमान वेग या समरूप वेग (Uniform Velocity):** जब कोई वस्तु एक समयान्तराल में समान दूरियों को तय करता है तब उसके वेग को समरूप वेग करते हैं। एकसमान वेग में कभी त्वरण नहीं होता।
- **असमान वेग (Variable Velocity):** जब कोई वस्तु एक समयान्तराल में भिन्न-भिन्न विस्थापनों को तय करता है तब

उस वेग को असमान वेग कहते हैं। असमान वेग, उसमें उपस्थित त्वरण के कारण सम्भव होता है। इस स्थिति में या तो वेग की दिशा (direction) या परिमाण (magnitude) या दोनों समय के सापेक्ष बदलता है। जैसे- वृत्तीय गति में वस्तु की चाल नियत होती है जबकि उसका वेग हर क्षण दिशा परिवर्तन के साथ बदलती रहती है।

- **औसत वेग (Average Velocity):** वस्तु के विस्थापन तथा विस्थापन के दौरान लिये गये समय के अनुपात को औसत वेग कहते हैं।

$$\text{औसत वेग} = \frac{\text{सम्पूर्ण विस्थापन}}{\text{लिया गया सम्पूर्ण समय}}$$

- यदि दिये गये समयन्तराल में वस्तु घूमती हुई अपने प्रारम्भिक बिन्दु पर लौट आये, तो उसका औसत वेग शून्य होगा।
- यदि वस्तु पहली आधी दूरी $v_1$ वेग से तथा अगली आधी दूरी $v_2$ वेग से तय करती है तो,

$$\text{औसत वेग} = \frac{2v_1v_2}{v_1 + v_2}$$

- यदि कोई वस्तु एकसमान गति $v_1$ से $t_1$ समय तक चलती है तथा उसके एकसमान गति $v_2$ से $t_2$ समय तक चलती है, तो

$$\text{औसत वेग } (v_{av}) = \frac{v_1t_1 + v_2t_2}{t_1 + t_2}$$

## चाल (Speed)

- वस्तु के किसी भी दिशा में दूरी के परिवर्तन के समय-दर को चाल कहते हैं। यदि वस्तु $t$ समय में $d$ दूरी तय करती है, तो

$$\text{चाल}(\text{Speed})\, v = \frac{d}{t} ms^{-1}$$

- **असमान चाल (Variable Speed):** यदि कोई वस्तु समयान्तराल में असमान दूरियों को तय करती है, तो उसे असमान चाल कहते हैं। असमान चाल में त्वरण हमेशा उपस्थित रहता है।
- **एकसमान चाल (Uniform Speed):** यदि कोई वस्तु एक समयान्तराल में समान दूरियों को तय करती है, तो उसे एकसमान चाल कहते हैं।

**नोटः** यदि वस्तु एक समान चाल से चल रही है तो उसमें त्वरण उपस्थित हो भी सकता है और नहीं भी।

$$\textit{एक समान चाल} = \frac{\text{सम्पूर्ण दूरी}}{\text{लिया गया सम्पूर्ण समय}}$$

**नोटः**
- यदि कोई वस्तु पहली आधी दूरी $u$ चाल से तय करती है तथा अगली आधी दूरी $v$ चाल से तय करती है, तो औसत चाल (Average Speed) $= \frac{2uv}{u+v}$
- यदि कोई वस्तु पहली एक-तिहाई दूरी $v_1$ चाल से, दूसरी एक-तिहाई दूरी $v_2$ चाल से तथा अन्तिम दूरी $v_3$ चाल से तय करती है, तो

$$\text{औसत चाल } v = \frac{3v_1v_2v_3}{v_1v_2 + v_1v_3 + v_2v_3}$$

## त्वरण (Acceleration)

- वेग में परिवर्तन के समय-दर को त्वरण कहते हैं। अर्थात् एक वस्तु जिसका वेग समय के साथ बढ़ रहा हो उसे त्वरण (Acceleration) कहा जाता है।
- **औसत त्वरण (Average Acceleration):** औसत त्वरण, वस्तु के वेग-परिवर्तन तथा समयान्तराल के अनुपात को कहते हैं।

$$a_{av} = \frac{\Delta\vec{v}}{\Delta\vec{t}}$$

- यदि $\Delta\vec{t} \to 0$, हो, तब औसत वेग, उस वस्तु का तात्क्षणिक त्वरण (Instantaneous acceleration) कहलाता है।

$$\vec{a} = \lim_{\Delta t \to 0} \frac{\Delta\vec{v}}{\Delta\vec{t}} = \frac{dv}{dt} = \frac{d^2x}{dt^2}$$

- **एकसमान त्वरण (Uniform acceleration):** यदि एक समान समयान्तराल में किसी वस्तु के वेग में परिवर्तन की मात्रा समान हो, तो त्वरण एकसमान कहलाता है।

## दाब (Pressure)

- किसी सतह के एकांक क्षेत्रफल पर लगने वाले बल को दाब कहते हैं। यह सदिश राशि है।

दाब = बल/क्षेत्रफल

- वायुमण्डलीय दाब बैरोमीटर से मापा जाता है।
- पास्कल के नियम पर आधारित कुछ यंत्र हैं: हाइड्रोलिक लिफ्ट, हाइड्रोलिक प्रेस, हाइड्रोलिक ब्रेक इत्यादि।
- दाब बढ़ने पर पदार्थ का गलनांक बढ़ जाता है।
- सभी द्रवों का क्वथनांक दाब घटाने पर बढ़ जाता है।
- पृथ्वी की सतह से ऊपर जाने पर वायुमण्डलीय दाब कम हो जाता है जिसके फलस्वरूप–
  - व्यक्ति की नाक से खून निकलने लगता है।
  - पहाड़ों पर खाना बनाने में कठिनाई होती है।
  - वायुयान में बैठे यात्री के फाउण्टेनपेन से स्याही रिस जाती है।
  - नमक मिले पानी का क्वथनांक कम होने के कारण इसमें भोजन जल्दी पक जाता है।
  - जल 100°C से कम ताप पर उबलने लगता है।
  - अधिक ऊँचाई पर कम दाब के कारण वायु की मात्रा कम होती है, अतः साँस लेने में कठिनाई होती है।
- बैरोमीटर का पाठयांक जब एकाएक नीचे गिरता है, तो आंधी, धीरे-धीरे नीचे गिरता है तो वर्षा और जब धीरे-धीरे ऊपर चढ़ता है, तो दिन साफ रहने की संभावना होती है।

किसी भौतिक राशि को मापने के लिए एक मानक मात्रक की आवश्यकता होती है, इसे मात्रक कहते हैं।

## मात्रक के प्रकार

- **मूल मात्रक (Fundamental Units):** यदि किसी भौतिक राशि के मात्रक किसी दूसरे मात्रक पर निर्भर न हो, ऐसी भौतिक राशि के मात्रक को मूल मात्रक कहते हैं। एक मूल मात्रक को दूसरे मूल मात्रक में परिवर्तित नहीं किया जा सकता।
- एस. आई. (SI) मात्रक निम्नलिखित सात मूल मात्रक तथा दो पूरक मात्रक पर आधरित है–

**तालिका**

| क्र.सं. | मूल भौतिक राशि (Quantity) | मात्रक (Units) | संक्षिप्तियां (Unit symbol used) |
|---|---|---|---|
| 1 | द्रव्यमान | किलोग्राम | kg |
| 2 | लम्बाई या दूरी | मीटर | m |
| 3 | समय | सैकेण्ड | s |
| 4 | ताप | केल्विन | K |
| 5 | विद्युत धरा | एम्पियर | A |
| 6 | ज्योति तीव्रता | केण्डिला | cd |
| 7 | पदार्थ की मात्रा | मोल | mol |

| क्र.सं. | पूरक भौतिक राशि | पूरक मात्रक | संक्षिप्तियां |
|---|---|---|---|
| 1 | तलीय कोण | रेडियन | rad |
| 2 | धन कोण | स्टेरेडियन | Sr |

- **विभिन्न मापन निकायों के मूल मात्रक (Fundamental Units in Different System of Units)**
  - *(i)* **एफ.पी.एस. प्रणाली (F.P.S. System):** यह ब्रितानी अभियंत्रण मात्रक प्रणाली (British Engineering System of Units) है। इसमें द्रव्यमान का मात्रक पाउन्ड, लम्बाई या दूरी का मात्रक फूट (ft) तथा समय का मात्रक सैकेण्ड (s) है।
  - *(ii)* **सी.जी.एस. प्रणाली (C.G.S. System):** इस प्रणाली को गौसियन प्रणाली भी कहते हैं। इस प्रणाली में द्रव्यमान का मात्रक ग्राम (gm), लम्बाई का मात्रक सेंटीमीटर (cm) और समय का मात्रक सैकेण्ड (s) है।
  - *(iii)* **एम.के.एस. प्रणाली (M.K.S. System):** इस प्रणाली में द्रव्यमान का मात्रक किलोग्राम (kg), लम्बाई या दूरी का मात्रक मीटर (m) तथा समय का मात्रक सैकेण्ड (s) है।

## व्युत्पन्न मात्रक (Derived Units)

- जब किसी भौतिक राशि के मात्रक, मूल मात्रकों पर निर्भर करते है, तो उसे व्युत्पन्न मात्रक कहते हैं। जैसे–बल, कार्य, वेग, संवेग आदि।
- **व्युत्पन्न मात्रक प्राप्त करने की विधि**
  - *(i)* सर्वप्रथम राशि का सूत्र लिखते हैं।
  - *(ii)* सूत्र को मूल भौतिक राशियों में परिवर्तित करते हैं।
  - *(iii)* सही प्रणाली में संगत मात्रक लिखते हैं।
  - *(iv)* सही बीजगणितीय संयोग लिखकर परिणाम प्राप्त करते हैं।

## दण्ड चुम्बक तथा चुम्बकीय ध्रुव (Bar Magnet and Magnetic Poles)

- गतिमान आवेश तथा धरा लूप चुम्बकत्व उत्पन्न करते हैं। चुम्बकीय क्षेत्र का सरलतम स्रोत दण्ड चुम्बक होते हैं। एक **दण्ड चुम्बक** में निम्न गुण होते हैं।

(*i*) एक मुक्त निलम्बित (suspended) दण्ड चुम्बक सदैव उत्तर-दक्षिण दिशा में ठहरती है। वह सिरा जो भौगोलिक उत्तर (geographical north) की ओर निर्देशित होता है, उत्तरी ध्रुव तथा सिरा जो भौगोलिक दक्षिण की ओर होता है, दक्षिणी ध्रुव कहलाता है।

(*ii*) समान ध्रुव प्रतिकर्षित होते हैं तथा असमान ध्रुव एक-दूसरे की ओर आकर्षित होते हैं तथा यह प्रतिकर्षण या आकर्षण व्युत्क्रम-वर्ग नियम का पालन करता है।

(*iii*) एक चुम्बक कुछ निश्चित पदार्थों को आकर्षित करता है। दण्ड के ऊपर एक कागज पर फैला लोहे का चूर्ण वैद्युत द्विध्रुव की बल रेखाओं के समान रूप में व्यवस्थित हो जाता है।

एक दण्ड चुम्बक में दो समान तथा विपरीत चुम्बकीय ध्रुव एक दूरी से पृथक होते हैं अतः चुम्बक को **चुम्बकीय द्विध्रुव** (magnetic dipole) भी कहते हैं।

यदि $m$ ध्रुव प्राबल्यता (pole strength) है तथा $2l$ दोनों ध्रुवों के बीच की दूरी है तब

दण्ड चुम्बक का चुम्बकीय आघूर्ण

$$\vec{M} = m(2\vec{l})$$

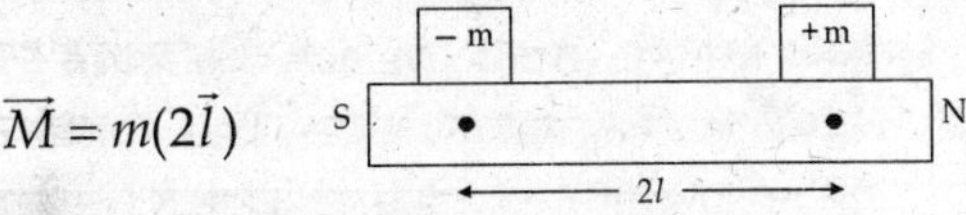


यहाँ $M$ एक सदिश राशि है जो चुम्बक के दक्षिणी ध्रुव से उत्तरी ध्रुव की ओर निर्देशित होती है। $M$ का S.I. मात्रक जूल/टेस्ला या ऐम्पियर मीटर वर्ग है।

- **चुम्बकीय अक्ष (Magnetic Axis):** चुम्बक के दोनों ध्रुवों को मिलाने वाली काल्पनिक रेखा चुम्बकीय अक्ष कहलाती है।

- **चुम्बक की प्रभावी लम्बाई (Effective Length of a Magnet):** चुम्बक के दोनों ध्रुवों के बीच की दूरी प्रभावी लम्बाई कहलाती है। यह लम्बाई चुम्बकीय अक्ष के अनुदिश मापी जाती है। दो ध्रुवों के बीच की दूरी **चुम्बकीय लम्बाई** (magnetic length) तथा दोनों सिरों के बीच की दूरी ज्यामितीय लम्बाई (geometric length) कहलाती है। इन दोनों के अनुपात का मान लगभग 0.84 होता है

$$\frac{\text{चुम्बकीय लम्बाई}}{\text{ज्यामितीय लम्बाई}} \approx 0.84$$

Magnetic length

S • N •

Geometric length

- **ध्रुव प्राबल्यता (Pole Strength):** चुम्बकीय द्विध्रुव की चुम्बकीय पदार्थों को आकर्षित करने की क्षमता ध्रुव प्राबल्यता कहलाती है। चुम्बकीय द्विध्रुव में जितने अधिक एकांक ध्रुव होंगे उतनी ही अधिक उसकी क्षमता होगी। इसे $m$ से प्रदर्शित करते हैं।

$$m = \frac{\text{चुम्बकीय आघूर्ण}}{\text{चुम्बकीय लम्बाई}} = \frac{M}{2l}$$

इसका मात्रक ऐम्पियर-मीटर (A-m) है।

## प्रकाशी तन्तु (Optical Fibre)

- यह काँच या पलास्टिक से निर्मित एक तन्तु होता है जिसके लम्बाई की दिशा में प्रकाश का संचरण हो सकता है। आजकल इनका संचार में अत्यधिक प्रयोग हो रहा है क्योंकि इनकी सहायता से अधिक दूरी तक बिना संकेत को परिवर्धित किये ले जाया जा सकता है। ये किसी विद्युतचुम्बकीय इन्टरफेरेन्स से भी बहुत कम प्रभावित होते हैं।

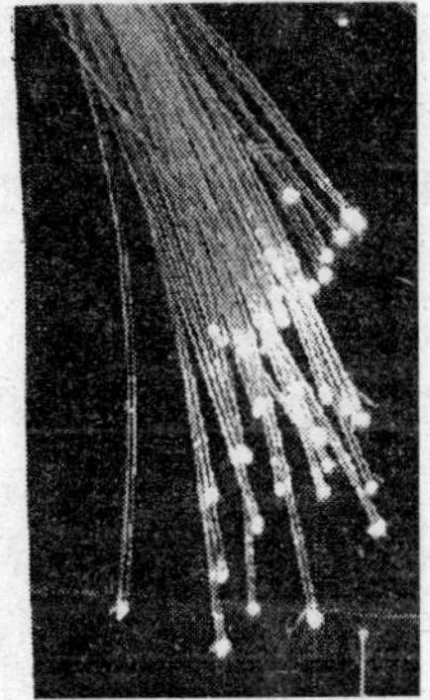

प्रकाशीय तंतु

तंतु प्रकाशिकी (Fiber optics) में पूर्ण आन्तरिक परावर्तन का उपयोग होता है। इसमें प्रकाश बहुत अधिक बार पूर्ण आन्तरिक परावर्तित (Multiple total internal reflection) होकर काँच के तन्तु अक्ष के अनुदिश चलता है। इस काँच के तन्तु की त्रिज्या बहुत कम होती है केवल कुछ माइक्रोन के ही बराबर होती है। इसके कोर का अपवर्तनांक $n_1 = 1.7$।

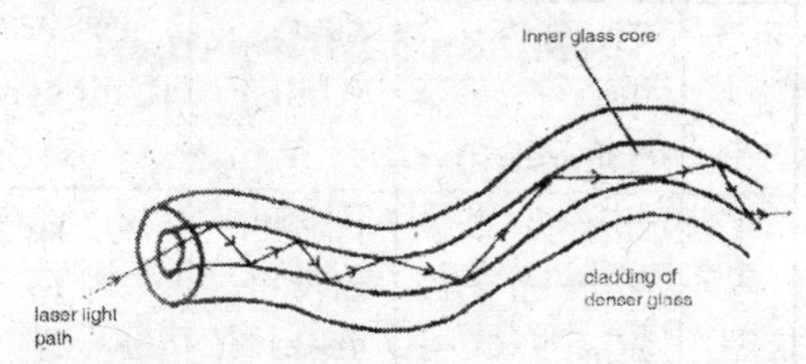

## पूर्ण आन्तरिक परावर्तन (Total Internal Reflection)

- एक प्रकाशीय परिघटना है जिसमें प्रकाश की किरण किसी माध्यम के तल पर ऐसे कोण पर आपतित होती है कि उसका परावर्तन उसी माध्यम में हो जाता है। इसके लिये आवश्यक शर्त यह है कि प्रकाश की किरण अधिक अपवर्तनांक के माध्यम से कम अपवर्तनांक के माध्यम में प्रवेश करे। (अर्थात् सघन माध्यम से विरल माध्यम में प्रवेश करें) तथा आपतन कोण का मान 'क्रान्तिक कोण' से अधिक हो। प्रकाशीय तन्तुओं का कार्य पूर्ण आन्तरिक परावर्तन के सिद्धान्त पर ही आधरित है।

## अधिमिश्रण (Modulation)

- अधिमिश्रण (Modulation) एक वेवफॉर्म के संबंध में दूसरे वेवफॉर्म से अलग करने की प्रक्रिया है। दूरसंचार में अधिमिश्रण का इस्तेमाल संदेश भेजने के लिए होता है, लेकिन एक संगीतकार स्वर-सामंजस्य के लिए किसी वाद्य यंत्र के स्वर की मात्रा, उसका समय और स्वराघात को अलग करने में इसका उपयोग करता है। अक्सर उच्च आवृत्ति सीनूसाइड वेवफॉर्म का इस्तेमाल निम्न बांरबारता (Low frequency) संकेत के वाहक (Carrier) संकेत के रूप में होता है। साईन वेव के तीन प्रमुख मापदंड हैं- उसका अपना आयाम (Amplitude) उसके चरण (Time) और उसकी आवृत्ति (Frequency), एक मॉड्यूलेटेड सिंग्नल प्राप्त करने के लिए इस सभी संचार संकेतों को निम्न बांरबारता (Low frequency) के आधार पर संशोधित किया जा सकता है। जो उपकरण अधिमिश्रण को अंजाम देता है, मॉड्यूलेटर कहलाता है और जो उपकरण विपरीत क्रिया करता है डिमाड्युलेटर (लेकिन कभी-कभी संसूचक या डिमोड) कहलाता है। जो उपकरण दोनों ही तरह का कार्य कर सकता है वह मोडेम कहलाता है जिसे विस्तृत रूप में मॉड्यूलेटर-डिमॉड्यूलेटर कहते हैं।

## आयाम अधिमिश्रण (Amplitude Modulation)

- जब वाहक तरंग (Carrier frequency) का आयाम (Amplitude), मॉडुलक (Modulating Signal) के तात्कालिक मान के अनुसार परिवर्तित होता है, तब वाहक तरंग की आवृत्ति तथा कला (Phase) स्थिर रहती है। इस प्रकार के मॉडुलक को आयाम अधिमिश्रण कहते हैं।

यदि वाहक तरंग का आयाम तथा कोणीय आवृत्ति क्रमशः $E_c$ तथा $w_c$ हो, तो इसका तात्कालिक मान

$$e_c = E_c \sin w_c t \quad \text{(I)}$$

यदि मॉडुलक सिग्नल का आयाम $E_m$ तथा कोणीय आवृत्ति $w_m$ हो, तो इसका तात्कालिक मान

$$e_m = E_m \sin w_m t \quad \text{(II)}$$

मॉडुलित तरंग का तात्कालिक मान

$$e = (E_c + K_a E_m \sin w_m t) \sin w_c t$$

$$e = E_c\left(1 + \frac{K_a E_m \sin w_m t}{E_c}\right) \sin w_c t$$

$$e_c = E_c (1 + m_a \text{ Sin } w_c t) \sin w_c t \quad \text{(III)}$$

जहाँ $m_a = \frac{Ka E_m}{E_c}$

को अधिमिश्रण सूचकांक (Modulation index) कहते हैं।

## अधिमिश्रण की आवश्कता (Need of Modulation)

- श्रव्य सिग्नलों (Audio Signals) को वैधुत सिग्नल में परिवर्तित करके सीधे ही प्रेषक (Transmiter) के प्रेषण एन्टीना द्वारा प्रेषित नहीं किया जा सकता है। इसके लिए श्रव्य सिग्नलों को उच्च आवृति की रेडियों तंरगों के साथ अध्यारोपित किया जाता है। इन रेडियों तंरगों को वाहक तरंगे कहते हैं तथा यह प्रक्रिया मॉडुलन कहलाती है। निम्नलिखित कारणों से श्रव्य सिग्नलों को मॉडुलित करने की आवश्यकता होती है।

1. **प्रेषण एन्टीना की व्यावहारिक लम्बाई (Practical Lenght of Antena):** श्रव्य सिग्नलों (Audiable Frequency) की आवृत्ति 20 $H_z$ से 20 $kH_z$ होती है तथा रेडियों तरंगों का वेग $3 \times 10^8$ $ms^{-1}$ होता है। रेडियों तरंगों को प्रेषित करने के लिए प्रेषण एन्टीना की लम्बाई तरंगदैर्घ्य की कोटि का होना चाहिए जो सम्भव नहीं है।
   उच्च आवृति (High Frequency) पर प्रेषण ऐन्टीना की लम्बाई ($\nu$ = 1 MHz पर $\lambda$ = 300 m) व्यावहारिक कही जाती है। अतः प्रेषण से पहले नीची आवृत्ति (Low Frequency) वाले सिग्नल को उच्च आवृत्ति वाली रेडियों तरंगो में परिवर्तित किया जाता है।

2. **ऐन्टीना द्वारा विकरित उर्जा की दर (Rate of Energy Radiated by Antena):** L लम्बाई वाले रेखीय ऐन्टीना

द्वारा विकिरित उर्जा की दर $P \alpha \frac{1}{\lambda^2}$

3. अधिमिश्रण (Modulation) के द्वारा विभिन्न आवृत्तियों के विभिन्न सिग्नलों को बिना किसी व्यवधान या विकिरण (Interference) के साथ प्रेषित कर सकते हैं।

## अधिमिश्रण के उद्देश्य (Purpose of Modulation)

- **अंकीय अधिमिश्रण** का उद्देश्य अंकीय बिट स्ट्रीम को एक अनुरूप पासबैंड चैनल में स्थानान्तरण करना है। उदाहरणस्वरूप सार्वजनिक स्विच्ड टेलीफोन नेट्वर्क (जहाँ एक बैंडपास फिल्टर की प्रक्विंसी 300 और 3400 $H_z$ के बीच सीमाबद्ध होती है) या एक सीमित रेडियों फीक्वेंसी बैंड पर स्थानान्तरण करना है।
- **अनुरूप अधिमिश्रण** का उद्देश्य एक अनुरूप बेसबैंड (या लोपास) संकेत को हस्तांतरित करना है, उदाहरण के लिए एक ऑडियो संकेत या टीवी संकेत को एक अनुरूप पासबैंड चैनल पर हस्तानान्तरित करना है, दूसरा उदाहरण रेडियो फ्रीक्वेंसी बैंड या केवल टीवी नेटवर्क चैनल को सीमित करना भी है। अनुरूप और अंकीय अधिमिश्रण फ्रीक्वेंसी डिवीजन मल्टीप्लेक्सिंग (Frequency Division Frequency FDM), को आसान बनाता है, जबकि इसी के साथ कई लो-पास सूचना संकेत का स्थानान्तरण एक साझे भौतिक माध्यम से अलग पासबैंड चैनलों का उपयोग करता है।
- **अंकीय बेसबैड अधिमिश्रण** प्रणाली, जो कि लाइन कोडिंग कहलाता है, का उद्देश्य भी एक अंकीय बिट स्ट्रीम पर बेसबैंड चैनल को, एक सीरियल बस या तार द्वारा जुड़े लोकल एरिया नेटवर्क जैसे नॉन फिल्टर-ताँबे के तार के जरिये हस्तानांन्तरित करना है।
- **पल्स अधिमिश्रण** प्रणाली का उद्देश्य एक नैरो बैंड अनुरूप संकेत को स्थानान्तरित करना है। उदाहरणस्वरूप फोन कॉल का बाइबैंड चैनल पर आना, या कुछ योजनाओं में बीट स्ट्रीम का एक दूसरे अंकीय ट्रांसमिशन सिस्टम में आना है।

## ध्वनि (Sound)

- हम ऐसी दुनिया में रहते हैं जो ध्वनियुक्त है। कुछ ध्वनियां मधुर लगती हैं जबकि दूसरी नीरस होती हैं। अवांछित ध्वनि को "शोर" कहते हैं। ध्वनि पदार्थ माध्यम में कंपन कर रहे किसी वस्तु के कंपन का अनुक्रम है। ध्वनि को पारगमन के लिए पदार्थ माध्यम की आवश्यकता होती है अर्थात् यह निर्वात से सफर नहीं कर सकती। यह ठोस और द्रव दोनों से होकर गुजर सकती है। यह द्रव और गैस की तुलना में ठोस पदार्थ पर अधिक तेज गति से चलती है। वायु के रास्ते ध्वनि की गति लगभग 330 मी/सेकेंड है। जल के माध्यम से ध्वनि की गति 1,500 मी./सेकेंड है जबकि इस्पात के रास्ते ध्वनि की गति लगभग 5,000 से 6,000 मी./सेकेंड हो जाती है।
- कंपन कर ध्वनि उत्पन्न कर रही वस्तुओं की कंपन आवृत्ति के प्रति मानव के कान अत्यंत संवेदनशील होते हैं। एक सामान्य कान 20Hz से 20,000 Hz तक की आवृत्ति वाली ध्वनि सुनी जा सकती है। 20 से 20,000 हट्र्ज तक आवृत्ति सामान्य मनुष्य के लिए ध्वनि विस्तार की सीमा निर्धारित करती है। हम इन ध्वनियों को 'ध्वनिक' (Sonics) कहते हैं। 20,000 हट्र्ज से ऊपर आवृत्ति वाली ध्वनि को अल्ट्रासॉनिक्स कहते हैं। 20Hz से कम आवृत्ति वाली ध्वनि को अवश्रव्य (Infrasonics) या अवध्वानिकी (Subsonics) कहते हैं। कुत्ता, चीता, हिरण, बंदर, चमगादड़ जैसे कुछ प्राणी अल्ट्रासॉनिक ध्वनियां सुन सकते है।
- जब ध्वनि की तरंगे किसी धरातल से टकराती हैं तो वे अपनी दिशा बदल सकती हैं तथा पीछे की ओर वापस आ सकती हैं। इस प्रकार ध्वनि का अपवर्तन हो सकता है। ध्वनियां अपवर्तन के सिद्धांतों का पालन भी करती हैं।
- **प्रतिध्वनि (Echo):** ध्वनि के अपवर्तन के कारण प्रतिध्वनि उत्पन्न होती हैं। खुले मैदान, पहाड़ों में हम प्रतिध्वनि की अनुभूति कर सकते हैं लेकिन अपने घर में ऐसा नहीं होता। यह हमारे कर्णों की सीमा के कारण होता है। किसी ध्वनि का प्रभाव हमारे कान में 1/15 सेकेंड तक बना रहता है। इस प्रकार यदि एक अपवर्तित इस अंतराल से पहले ही हमारे कान तक पहुंच जाती है तो यह पहली या सीधी ध्वनि से मिश्रित हो जाएगी और हम दोनों के बीच अंतर नहीं कर सकेंगे।
- **ओम का सिद्धांत:** ओम ने बिजली और पोटेंशियल डिफ्फरेंस के बीच एक संबंध का उल्लेख किया है। ओम के नियम के अनुसार, स्थिर तापमान पर एक चालक से होकर गुजर रही करंट (I) इसके सिरे के माध्य पोटेंशियल डिफ्फरेंस (V) का प्रत्यक्ष समानुपाती होती है।

अर्थात् $I \propto V$

$$V = RI$$

जहां R स्थिर है जिसे चालक का प्रतिरोध कहते हैं। R का मूल्य कंडक्टर की प्रकृति, लंबाई अनुप्रस्थ काट के क्षेत्र और उसके तापमान पर निर्भर करता है।

❑❑❑

# रसायन विज्ञान

विज्ञान की इस शाखा के अन्तर्गत पदार्थों के गुण, संघटन, संरचना तथा उनमें होने वाले परिवर्तनों का अध्ययन किया जाता है। लेवायसिये को रसांयन विज्ञान का जनक कहा जाता है।

- **पदार्थ (Matter):** दुनिया की कोई भी वस्तु जो स्थान घेरती हो, जिसका द्रव्यमान होता हो और जो अपनी संरचना में परिवर्तन का विरोध करती हो, पदार्थ कहलाती हैं; जैसे–वायु, जल, दूध, लोहा आदि।
- **ठोस (Solid):** ठोस पदार्थ की वह अवस्था है, जिसमें उसके आकार एवं आयतन निश्चित होते हैं, जैसे–ईंट, पत्थर, लोहा, सोना इत्यादि। ठोस पदार्थ के अणुओं में परस्पर आकर्षण बल सबल होता है।
- **द्रव (Liquid):** द्रव पदार्थ की वह अवस्था है, जिसमें उसका आयतन निश्चित होता है, परन्तु आकार अनिश्चित होता है, जैसे–जल, तेल, दूध आदि। द्रव पदार्थ के अणुओं में परस्पर आकर्षण बल ठोस अवस्था की अपेक्षा कमजोर होता है। द्रव पदार्थ का घनत्व गैस से अधिक किन्तु ठोस से कम होता है।
- **गैस (Gas):** गैस पदार्थ की वह अवस्था है, जिसमें उसके आकार और आयतन दोनों अनिश्चित होते हैं, जैसे–वायु, ऑक्सीजन, नाइट्रोजन, हाइड्रोजन आदि। गैस का कोई पृष्ठ तल नहीं होता। गैस के अणुओं में परस्पर आकर्षण बल ठोस एवं द्रव दोनों की अपेक्षा कमजोर होता है। गैसीय पदार्थ का न तो कोई निश्चित आकार होता है और न ही निश्चित आयतन।
- **तत्व (Element):** तत्व वह मौलिक पदार्थ है, जिसे किसी भी भौतिक या रासायनिक विधि द्वारा न तो दो या दो से अधिक सर्वथा भिन्न गुणों वाले पदार्थों में विभाजित किया जा सकता है और न ही दो या दो से अधिक पदार्थों के बीच संयोग कराकर संश्लेषित किया जा सकता है; जैसे–सोना, चाँदी, ऑक्सीजन आदि।

  तत्व दो प्रकार के होते हैं–धातु और अधातु।

  (*i*) धातु विद्युत और ऊष्मा के सुचालक होते हैं तथा ये ठोस अवस्था में आघातवर्द्धनीय और तन्य होते हैं। तांबा, लोहा, एल्युमिनियम, सोना, चाँदी आदि धातु हैं।

  (*ii*) अधातु विद्युत और ऊष्मा के कुचालक होते हैं। अधातु भुरभुरे होते हैं। फॉस्फोरस, गंधक, ऑक्सीजन, ब्रोमीन इत्यादि अधातु हैं।

  (*iii*) अधिकांश तत्व ठोस रूप में ही पाये जाते हैं। कुछ तत्व द्रव के रूप में भी पाये जाते हैं जैसे–पारा, ब्रोमीन आदि जबकि कुछ तत्व गैसीय अवस्था में पाये जाते हैं; जैसे–हाइड्रोजन, ऑक्सीजन, नाइट्रोजन एवं क्लोरीन आदि।
- **यौगिक (Compound):** यौगिक वह शुद्ध पदार्थ है, जो दो या दो से अधिक तत्वों के निश्चित अनुपात में रासायनिक संयोग से बनता है और जिसे उचित रासायनिक विधियों द्वारा दो या दो से अधिक सर्वथा भिन्न गुणों वाले अवयवों में विभक्त किया जा सकता है। उदाहरण के लिए, जल एक यौगिक है। जल का प्रत्येक अणु हाइड्रोजन के दो परमाणुओं तथा ऑक्सीजन के एक परमाणु से मिलकर बना होता है।
- **मिश्रण (Mixture):** मिश्रण वह अशुद्ध पदार्थ है, जो दो या दो से अधिक शुद्ध पदार्थों (तत्वों या यौगिकों या दोनों) के किसी भी अनुपात में बिना रासायनिक संयोग के मिलने से बनता है तथा जिसके अवयवी पदार्थों को सरल, यांत्रिक या भौतिक विधियों द्वारा पृथक् किया जा सकता है। उदाहरणस्वरूप वायु अनेक गैसों एवं धूलकणों का मिश्रण है, समुद्री जल कई लवणों का मिश्रण है, जिसमें सोडियम क्लोराइड प्रमुख लवण है।
- मिश्रण को दो मुख्य वर्गों में विभक्त किया गया है–

  (*i*) **समांग मिश्रणः** वह मिश्रण जिसके प्रत्येक भाग में उसके अवयवी पदार्थों का संघटन एवं गुण समान होते हैं, समांग मिश्रण कहलाता है; जैसे– चीनी का जल में विलयन, नमक का जल में विलयन एवं गंधक का कार्बन डाइसल्फाइड में विलयन।

(*ii*) **असमांग मिश्रणः** वह मिश्रण जिसके विभिन्न भागों में उसके अवयवी पदार्थों का संघटन एवं गुण एक-से नहीं होते हैं, असमांग मिश्रण कहलाता है। लोहा एवं गंधक का मिश्रण, बालू एवं नमक का मिश्रण एवं खड़िया का जल में मिश्रण असमांग मिश्रण के उदाहरण हैं।

## परमाणु संरचना

- **परमाणु (Atom):** किसी पदार्थ का वह सूक्ष्मतम कण जो स्वतंत्र अवस्था में नहीं रह सकता है, परन्तु रासायनिक अभिक्रियाओं में भाग लेता है तथा जिसमें उस पदार्थ के सभी गुण विद्यमान रहते हैं, परमाणु कहलाता है।
- **परमाणु द्रव्यमान (Atomic Mass):** किसी तत्व का परमाणु द्रव्यमान एक संख्या है, जो यह बतलाती है कि उस तत्व के एक परमाणु का द्रव्यमान कार्बन (परमाणु द्रव्यमान = 12) के एक परमाणु के द्रव्यमान के 12वें भाग से कितने गुणा भारी है।
- **मोल (Mole):** मोल किसी पदार्थ के परमाणु, अणु अथवा आयन की निश्चित संख्या को व्यक्त करता है। यह संख्या $6.022 \times 10^{23}$ है। संख्या $6.022 \times 10^{23}$ जो मोल को प्रकट करती है, को एवोगाड्रो संख्या भी कहते हैं।
- परमाणु के मौलिक कण–
  (*i*) **इलेक्ट्रॉन (Electron):** इलेक्ट्रॉन एक ऐसा कण है, जिसका द्रव्यमान लगभग शून्य होता है तथा जिस पर इकाई ऋण आवेश रहता है। इसकी खोज का श्रेय जे.जे. टॉम्सन को है।
  (*ii*) **प्रोटॉन (Proton):** परमाणु के अन्दर प्रोटॉन एक ऐसा सूक्ष्म कण है, जिसका सापेक्ष द्रव्यमान हाइड्रोजन परमाणु के द्रव्यमान के लगभग बराबर होता है और इस पर इकाई धन आवेश रहता है। इसकी खोज का श्रेय गोल्डस्टीन को है।
- **न्यूट्रॉन (Neutron):** न्यूट्रॉन एक द्रव्यमान प्रोटॉन के द्रव्यमान के लगभग बराबर होता है, लेकिन इस पर कोई आवेश नहीं होता। अर्थात् न्यूट्रॉन एक उदासीन कण है। न्यूट्रॉन की खोज चैडविक ने की थी।
- **परमाणु संख्या (Atomic Number):** किसी तत्व के परमाणु के नाभिक में उपस्थित इकाई धन आवेशों की कुल संख्या या उस तत्व के नाभिक में उपस्थित प्रोटॉनों की कुल संख्या को उस तत्व की परमाणु संख्या कहते हैं।
- **द्रव्यमान संख्या (Mass Number):** किसी तत्व के परमाणु के नाभिक में उपस्थित प्रोटॉन और न्यूट्रॉन की संख्याओं के योगफल को उस परमाणु की द्रव्यमान संख्या कहते हैं। नाभिक में प्रोटॉनों और न्यूट्रॉनों के योगफल को न्यूक्लिऑन कहा जाता है।
- **क्वांटम संख्याएँ (Quantum Numbers):** क्वांटम संख्याएँ वे संख्याएँ हैं, जो किसी इलेक्ट्रॉन की स्थिति तथा उसकी ऊर्जा की जानकारी देता है।
- **समस्थानिक (Isotopes):** एक ही तत्व के वे परमाणु जिनकी परमाणु संख्याएँ समान, किन्तु द्रव्यमान संख्याएँ भिन्न-भिन्न होती हैं, समस्थानिक कहलाते हैं। किसी तत्व के विभिन्न समस्थानिकों की परभाणु संख्या समान होने का कारण यह है कि उनके नाभिक में प्रोटॉनों की संख्या समान होती है, किन्तु उनके नाभिक में न्यूट्रॉनों की संख्या भिन्न-भिन्न होने के कारण उनकी द्रव्यमान संख्याएँ भिन्न-भिन्न होती हैं।
- **समभारिक (Isobars):** वे तत्व जिनकी द्रव्यमान संख्याएँ एक ही किन्तु परमाणु संख्याएँ भिन्न-भिन्न होती हैं, समभारिक कहलाते हैं। समभारिकों की परमाणु संख्या में भिन्नता का कारण है, उन तत्वों के नाभिकों में प्रोटॉनों की संख्या का भिन्न-भिन्न होना।
- **रेडियो सक्रियता (Radioactivity):** रेडियो सक्रिय तत्व स्वतः विखंडित होकर कुछ अदृश्य किरणों का उत्सर्जन करते रहते हैं, तथा यह घटना रेडियो सक्रियता कहलाती है।

### *समस्थानिक एवं समभारिक में अन्तर*

| *समस्थानिक* | *समभारिक* |
|---|---|
| • किसी तत्व के सभी समस्थानिकों के भौतिक गुण प्रायः भिन्न-भिन्न होते हैं।<br>• किसी तत्व के सभी समस्थानिकों के रासायनिक गुण एक जैसे होते हैं।<br>• किसी तत्व के सभी समस्थानिक आवर्त सारणी में एक ही स्थान ग्रहण करते हैं।<br>• किसी तत्व के सभी समस्थानिकों के परमाणुओं में इलेक्ट्रॉनों की संख्या समान होती है। | • समभारिकों के अधिकांश भौतिक गुण एक-दूसरे से भिन्न होते हैं।<br>• समभारिकों के रासायनिक गुण एक-दूसरे से सर्वथा भिन्न होते हैं।<br>• समभारिकों के वे भौतिक गुण एक समान होते हैं, जो परमाणु द्रव्यमान पर निर्भर करते हैं। |

- रेडियो सक्रिय पदार्थों से निकलने वाली अदृश्य किरणों को रेडियो सक्रिय किरणें कहते हैं। रदरफोर्ड ने इन किरणों को क्रमशः अल्फा-किरण ($\alpha$), बीटा-किरण ($\beta$) तथा गामा-किरण ($\gamma$) कहा।
- **बॉयल का नियमः** स्थिर ताप पर गैस की नियत मात्रा का आयतन उसके दाब का व्युत्क्रमानुपाती होता है।
- **चार्ल्स का नियमः** स्थिर दाब पर किसी गैस की नियत मात्रा का आयतन उसके परमताप का सीधा अनुपाती होता है।
- **आवोगाद्रो का नियमः** सामान्य ताप एवं दाब पर सभी गैसों के समान आयतन में अणुओं की संख्या समान होती है।
- **विसरणः** घनत्व में अन्तर रहते हुए पृथ्वी के गुरुत्वाकर्षण के विरुद्ध गैसों के आपस में मिलने-जुलने की स्वाभाविक प्रक्रिया विसरण कहलाती है।
- **संयोजकता (Valency):** अपने निकटस्थ अक्रिय गैस की तरह इलेक्ट्रॉनिक व्यवस्था प्राप्त करने में किसी परमाणु द्वारा व्यक्त या ग्रहित इलेक्ट्रॉनों की कुल संख्या को उस परमाणु की संयोजकता कहते हैं।
- **ऑक्सीकरण (Oxidation):** विद्युत ऋणात्मक परमाणु या मूलक का अनुपात बढ़ना या धन आवेश का बढ़ना या इलेक्ट्रॉन का त्याग ऑक्सीकरण कहलाता है।
- **अवकरण (Reduction):** विद्युत धनात्मक परमाणु या मूलकों के अनुपात का बढ़ जाना या धन आवेश का घट जाना या इलेक्ट्रॉन को ग्रहण करना अवकरण कहलाता है।
- **अम्ल (Acid):** अम्ल वे यौगिक पदार्थ हैं, जिनमें एक या एक से अधिक विस्थापनशील हाइड्रोजन परमाणु विद्यमान हो तथा जिन्हें अंशतः या पूर्णतः धातुओं या धातुओं के सदृश आचरण करने वाले मूलकों द्वारा विस्थापित करने पर लवण का निर्माण होता हो, जो क्षारक या क्षार से अभिक्रिया कर लवण एवं जल बनाते हों, जिनके जलीय घोल नीले लिटमस को लाल करते हों तथा जो स्वाद में खट्टे हों। अम्ल विद्युत के सुचालक होते हैं।
- अम्लों के उपयोग–
  - (*i*) खाने के काम में: खट्टे दूध (लैक्टिक अम्ल), सिरका एवं अचार (एसीटिक अम्ल), सोडा वाटर एवं अन्य पेय (कार्बोनिक अम्ल), अंगूर (टार्टरिक अम्ल), सेब (मैलिक अम्ल), नींबू एवं नारंगी (साइट्रिक अम्ल)।
  - (*ii*) खाना पचाने में HCL अम्ल का उपयोग होता है।
  - (*iii*) नाइट्रिक अम्ल का प्रयोग सोना एवं चाँदी के शुद्धिकरण में किया जाता है।
- **अम्लराज (Aqua Regia):** यह 3 : 1 के अनुपात में सान्द्र हाइड्रोक्लोरिक अम्ल एवं सान्द्र नाइट्रिक अम्ल का ताजा मिश्रण होता है।
- यह सोना एवं प्लैटिनम को गलाने में समर्थ होता है।
- **क्षार (Base):** ऐसा यौगिक जो अम्ल से प्रतिक्रिया कर लवण एवं जल देता है, क्षार कहलाता है।

  कुछ प्रमुख क्षारों के उपयोग–

  **1. कैल्शियम हाइड्रोक्साइड |$Ca(OH_2$|–**
  - (*i*) घरों में चूना पोतने में,
  - (*ii*) गारा एवं प्लास्टर बनाने में,
  - (*iii*) ब्लीचिंग पाउडर बनाने में,
  - (*iv*) चमड़े के ऊपर के बाल साफ करने में,
  - (*v*) जल को मृदु बनाने में।

  **2. कास्टिक सोडा या सोडियम हाइड्रॉक्साइड (NaOH)–**
  - (*i*) साबुन बनाने में,
  - (*ii*) पेट्रोलियम साफ करने में,
  - (*iii*) कपड़ा एवं कागज बनाने में,
  - (*iv*) दवा बनाने में,
  - (*v*) कारखानों को साफ करने में।
- मिल्क ऑफ मैग्नेशिया या मैग्नेशियम हाइड्रॉक्साइड [$Mg(OH_2)$] को पेट की अम्लीयता को दूर करने में।
- **लवण (Salt):** अम्ल एवं क्षार की प्रतिक्रिया के फलस्वरूप लवण एवं जल का निर्माण होता है।
- कुल प्रमुख लवणों के उपयोग–
  - (*i*) साधारण नमक या सोडियम क्लोराइड (NaCl) का प्रयोग खाने के रूप में एवं अचार के परिरक्षण में होता है।
  - (*ii*) कास्टिक सोडा या सोडियम हाइड्रॉक्साइड (NaOH) का उपयोग अपमार्जक के चूर्ण बनाने में किया जाता है।
  - (*iii*) खाने का सोडा या सोडियम बाइकार्बोनेट ($NaHCO_3$) का प्रयोग पेट की अम्लीयता को दूर करने एवं अग्निशमन यंत्रों में होता है।
  - (*iv*) धोवन सोडा या सोडियम कार्बोनेट ($Na_2CO_3 IH_2O$) का प्रयोग कपड़ा धोने में होता है।
  - (*v*) पोटैशियम नाइट्रेट ($KNO_3$) का प्रयोग बारूद बनाने में किया जाता है।
- pH स्केल का प्रयोग किसी विलयन की अम्लीयता या क्षारीयता को व्यक्त करने के लिए किया जाता है।

- वर्षा के जल का pH मान जब 5.6 से कम हो जाता है तो वह अम्लीय वर्षा कहलाती है।
- **कार्बन (Carbon):** यह एक अधातु है। इसकी परमाणु संख्या 6 है।
- कार्बन के दो मुख्य अपरूप हैं–
  (*i*) हीरा, (*ii*) ग्रेफाइट।
- हीरा के प्रमुख गुण निम्नलिखित हैं–
  (*i*) यह दुनिया का सबसे कठोर पदार्थ है, यह किसी भी द्रव में नहीं घुलता। इस पर अम्ल, क्षार आदि का कोई प्रभाव नहीं पड़ता।
  (*ii*) यह ताप एवं विद्युत का कुचालक होता है।
  (*iii*) इसके रवे घनाकार होते हैं।
  (*iv*) इसका अपवर्तनांक 2.417 होता है, अतः पूर्ण आंतरिक परावर्तन के कारण यह बहुत चमकता है।
  (*v*) शुद्ध हीरा पारदर्शक एवं रंगहीन होता है।
- ग्रेफाइट के प्रमुख गुण निम्नलिखित हैं–
  (*i*) इसका आपेक्षिक घनत्व 2.2 होता है।
  (*ii*) यह विद्युत का सुचालक होता है।
  (*iii*) ग्रेफाइट का उपयोग पेंसिल बनाने में, परमाणु भट्टी में, इलेक्ट्रोड के रूप में एवं कार्बन आर्क बनाने में किया जाता है।
- **हाइड्रोकार्बन (Hydrocarbon):** कार्बन एवं हाइड्रोजन के यौगिक को हाइड्रोकार्बन कहते हैं। हाइड्रोकार्बन का एक प्राकृतिक स्रोत पेट्रोलियम है।
- **बहुलकीकरण (Polymerisation):** जब एक ही यौगिक के दो अथवा अधिक अणु आपस में संयोग करके एक बड़ा अणु बनाते हैं, तो उसे बहुलकीकरण कहते हैं।
- प्राकृतिक बहुलक के उदाहरण हैं–स्टार्च एवं सेल्यूलोज।
- पॉलीथीन, एथिलीन ($C_2H_4$) के उच्च ताप एवं उच्च दाब पर बहुलकीकरण के फलस्वरूप प्राप्त होता है। इसका उपयोग तार के ऊपर का आवरण, पैकिंग थैलियाँ बनाने में होता है।
- **बैकेलाइटः** यह फिनॉल तथा फार्मेल्डिहाइड को सोडियम हाइड्रॉक्साइड की उपस्थिति में गरम करके प्राप्त किया जाता है। इसका उपयोग रेडियो, टेलीविजन आदि के केस, बाल्टी आदि बनाने में किया जाता है।
- **प्राकृतिक गैसः** यह पेट्रोलियम के कुओं से निकलती है। इसमें 95% हाइड्रोकार्बन होता है जिसमें 80% मीथेन रहता है।
- घरों में प्रयुक्त होने वाली द्रवित प्राकृतिक गैस को एल.पी.जी. कहते हैं। यह ब्यूटेन एवं प्रोपेन का मिश्रण होता है।

## *महत्वपूर्ण कार्बनिक-यौगिक और उनके उपयोग*

| यौगिक | उपयोग |
|---|---|
| • एथिलीन | कच्चे फलों को पकाने एवं उसके संरक्षण में मस्टर्ड गैस बनाने में, निश्चेतक के रूप में। |
| • मीथेन | छापाखाने की स्याही बनाने में, प्रकाश तथा ऊर्जा उत्पादन में। |
| • एसीटिलीन | निओप्रीन नामक कृत्रिम रबर बनाने में, कच्चे फलों को कृत्रिम रूप से पकाने में। |
| • पोलीथीन | तारों और केबिलों के विद्युत रोधन में, पाइप, बाल्टी, ग्लास आदि बनाने में। |
| • एथिल ब्रोमाइड | स्थानीय निश्चेतक के रूप में। |
| • क्लोरोफार्म | निश्चेतक के रूप में, जीवाणुनाशक होने के कारण जन्तुओं और वनस्पतियों से पदार्थों के संरक्षण में। |
| • मिथाइल ऐल्कोहल | मेथिलेटेड स्पिरिट बनाने में, कृत्रिम रंग बनाने में, पेट्रोल के साथ मिलाकर इंजनों में ईंधन के रूप में। |
| • इथाइल ऐल्कोहल | दवाओं के काम आने वाले टिंचर बनाने में, वार्निश तथा पॉलिश बनाने में, शराब तथा अन्य ऐल्कोहली पेय बनाने में, कीटाणुनाशक, इत्र तथा सुंगध बनाने में आदि। |
| • फार्मेल्डिहाइड | फोटोग्राफी की प्लेटों पर जिलेटिन फिल्म को स्थिर रखने में, जीवाणुनाशक के रूप में, अंडे की सफ़ेदी से वाटरप्रूफ कपड़ा बनाने में। |
| • ग्लिसरॉल | मुहरों की स्याही, जल के रंग, जूतों की पॉलिश तथा शृंगार सामग्री बनाने में, पारदर्शक साबुन बनाने में, सूजन आदि में ठंडक पहुँचाने वाले पदार्थ बनाने में आदि। |
| • एसेटल्डिहाइड | प्लास्टिक बनाने, रंग तथा दवा बनाने, मेटा एसेटल्डिहाइड नामक नींद की दवा बनाने में। |
| • एसीटोन | कृत्रिम रेशम तथा संश्लेषित रबर बनाने में। |

| | | |
|---|---|---|
| • एसीटिक अम्ल | – | प्रयोगशाला में अभिकर्मक के रूप में, सिरके के रूप में, अचार, चटनी आदि बनाने में। |
| • ग्लूकोस | – | विभिन्न प्रकार की शराब बनाने में, ग्लूकोस के रूप में। |
| • बेंजीन | – | विलायक के रूप में, शुष्क धुलाई में, पेट्रोल के साथ मिश्रित कर इंजनों के ईंधन के रूप में आदि। |
| • टॉइलीन | – | शुष्क धुलाई में, विलायक के रूप में, विस्फोटक बनाने में। |
| • क्लोरोबेंजीन | – | एनीलिन एवं फिनॉल के औद्योगिक निर्माण में। |
| • ईथर | – | निश्चेतक के रूप में, विलायक के रूप में, ठंडक पैदा करने में, ऐल्कोहॉल बनाने में। |
| • कार्बन टेट्राक्लोराइड | – | अग्निशामक के रूप में। |
| • गेमेक्सीन | – | कीटाणुनाशक के रूप में। |

## *कार्बनिक अम्लों के प्राकृतिक स्रोत*

| अम्ल | प्राकृतिक स्रोत |
|---|---|
| • साइट्रिक अम्ल | खट्टे फलों में |
| • लेक्टिक अम्ल | दूध में |
| • एसीटिक अम्ल | फलों के रसों में |
| • बेन्जोइक अम्ल | घास, पत्ते एवं मूत्र में |
| • फार्मिक अम्ल | लाल चीटियों में |
| • ऑक्जेलिक अम्ल | सारेल का वृक्ष |
| • टारटेरिक अम्ल | इमली में |

- **संपीडित प्राकृतिक गैस (CNG):** इसमें 80 से 90% मात्रा मीथेन गैस की होती है। इसका उपयोग ईंधन के रूप में होता है।
- **गैसोहोल (Gasohol):** पेट्रोल तथा ऐल्कोहॉल के मिश्रण को गैसोहोल कहा जाता है। यह गन्ने के रस से प्राप्त ऐल्कोहल को पेट्रोल में मिलाकर प्राप्त किया जाता है, इसमें पेट्रोल और ऐल्कोहल की मात्रा क्रमशः 10% और 90% होती है।
- **आर.डी.एक्स. (R.D.X.):** आर.डी.एक्स. का पूरा नाम रिसर्च एण्ड डेवलप्ड एक्सप्लोसिव है। इसका रासायनिक नाम साइक्लो ट्राइ मिथाइलीन ट्राईनाइट्रामाइन है। इसमें प्लास्टिक पदार्थ जैसे, पॉली ब्यूटाइन एक्रिलिक अम्ल या पॉलियूरेथेन को मिलाकर प्लास्टिक बान्डेड एक्सप्लोसिव बनाया जाता है।
- **टी०एन०टी० (T.N.T.):** इसका पूरा नाम ट्राइनाइट्रो टॉल्लीन है, जो कि सर्वाधिक प्रयोग में आने वाला विस्फोटक है। यह टॉल्लीन ($C_6H_5CH_3$) के साथ सान्द्र सल्फ्यूरिक अम्ल व सान्द्र नाइट्रिक अम्ल की क्रिया से बनाया जाता है।
- **डायनामाइट (Dynamite):** डायनामाइट एक प्रकार का विस्फोटक है जिसका आविष्कार अल्फ्रेड नोबेल ने किया था। यह नाइट्रोग्लिसरीन या सोडियम नाइट्रेट का प्रयोग करके बनाया जाता है।

## *रसायन विज्ञान से संबंधित महत्वपूर्ण खोज*

| खोज | आविष्कारकर्ता |
|---|---|
| • प्रोटॉन | गोल्डस्टीन |
| • इलेक्ट्रॉन | थामसन |
| • न्यूट्रॉन | जेम्स चैडविक |
| • नाभिक | रदरफोर्ड |
| • परमाणु क्रमांक | मोसले |
| • आवर्त सारणी | मैण्डलीफ |
| • आधुनिक आवर्त सारणी | मोसले |
| • पॉजिट्रॉन | कार्ल एण्डरसन |
| • त्रिक नियम | डोबरी नियर |
| • अपवर्जन सिद्धांत | पाउली |
| • क्वांटम सिद्धांत | मैक्स प्लान्क |
| • तरंग यांत्रिकी सिद्धांत | डी. ब्रोग्ली |
| • क्रमिक रचना नियम | अफबाऊ |
| • रेडियो सक्रियता | हेनरी बेक्वेरेल |
| • अनिश्चितता नियम | हाइजेनबर्ग |
| • वर्ग विस्थापन नियम | सॉडी व फेजेन्स |
| • द्रव्यमान संरक्षण का नियम | लैवोजियर |
| • सापेक्षिकता का सिद्धांत | आइन्सटीन |
| • वर्ग विस्थापन नियम | सॉडी व फेजेन्स |
| • अष्टक नियम | न्यूलैण्डस |
| • परमाणु सिद्धांत | जॉन डॉल्टन |
| • बोर सिद्धांत | नील्स बोर |
| • समस्थानिक | सॉडी |
| • भारी जल | यूरे |
| • प्रकाश विद्युत प्रभाव | आइन्सटीन |
| • गैसों का विसरण नियम | ग्राहम |
| • द्रव्यमान ऊर्जा समीकरण | आइन्सटीन |
| • विद्युत अपघटन का नियम | फैराडे |
| • सह संयोजकता | लुईस |

| खोज | आविष्कारकर्ता |
|---|---|
| • pH मापक्रम | लारेन्सन |
| • हीलियम | लोकेयर |
| • ऑक्सीजन | शीले एवं प्रीस्टले |
| • सोडियम/पोटैशियम | डेवी |
| • रेडियम | क्यूरी दम्पत्ति |
| • थोरियम | बर्जीलियस |
| • यूरेनियम | क्लैप्रोथ |
| • क्लोरीन | शीले |
| • आर्गन | रैमजे और रैले |
| • नाइट्रोजन | रदरफोर्ड |
| • हाइड्रोजन | कैवेण्डिश |
| • परासरण दाब का नियम | वर्कले |

## रासायनिक पदार्थों के रासायनिक नाम व सूत्र

| *रासायनिक पदार्थ* | *रासायनिक नाम* | *रासायनिक सूत्र* |
|---|---|---|
| • विरंजक चूर्ण | ब्लीचिंग पाउडर | $Ca(OCl).Cl$ |
| • चूने का पानी | कैल्शियम हाइड्रॉक्साइड | $Ca(OH)_2$ |
| • जिप्सम | कैल्शियम सल्फेट | $CaSO_4.2H_2O$ |
| • प्लास्टर ऑफ पेरिस | कैल्शियम सल्फेट हेमीहाइड्रेट | $CaSO_4.½H_2O$ |
| • साधारण नमक | सोडियम क्लोराइड | $NaCl$ |
| • बेकिंग सोडा | सोडियम बाइकार्बोनेट | $NaHCO_3$ |
| • कास्टिक सोडा | सोडियम हाइड्रॉक्साइड | $NaOH$ |
| • चिली साल्टपीटर | सोडियम नाइट्रेट | $NaNO_3$ |
| • सुहागा | बोरेक्स | $Na_2B_4O_7.10H_2O$ |
| • फिटकरी | पोटैशियम एल्युमिनियम सल्फेट | $K_2SO_4.Al_2(SO_4)_3.24H_2O$ |
| • शोरा | पोटैशियम नाइट्रेट | $KNO_3$ |
| • चूने का पत्थर/संगमरमर | कैल्शियम कार्बोनेट | $CaCO_3$ |
| • नौसादर | अमोनियम क्लोराइड | $NH_4Cl$ |
| • लाफिंग गैस | नाइट्रस ऑक्साइड | $N_2O$ |
| • लाल सिन्दूर | लेड परऑक्साइड | $Pb_3O_4$ |
| • म्यूरेटिक अम्ल | हाइड्रोक्लोरिक अम्ल | $HCl$ |
| • ऑयल ऑफ विट्रियॉल | सान्द्र सल्फ्यूरिक अम्ल | $H_2SO_4$ |
| • अम्लराज | सान्द्र नाइट्रिक अम्ल और सान्द्र हाइड्रोक्लोरिक अम्ल का मिश्रण | $HNO_3 + HCl$ |
| • जल गैस | कार्बन मोनोक्साइड और हाइड्रोजन गैस का मिश्रण | $CO + H_2$ |
| • शुष्क बर्फ | ठोस कार्बन डाइऑक्साइड | $CO_2$ |
| • हरा कसीस | फेरस सल्फेट | $FeSO_4.7H_2O$ |
| • भारी जल | ड्यूटेरियम ऑक्साइड | $D_2O$ |
| • लूनर कॉस्टिक | सिल्वर नाइट्रेट | $AgNO_3$ |
| • सिलिका | सिलिकन डाइऑक्साइड | $SiO_2$ |
| • सफेद कसीस | जिंक सल्फेट | $ZnSO_4.7H_2O$ |
| • क्विक सिल्वर | मरकरी | $Hg$ |

| | | |
|---|---|---|
| • नीला कसीस | कॉपर सल्फेट | $CuSO_4.5H_2O$ |
| • प्रोड्यूशर गैस | कार्बन मोनोक्साइड और नाइट्रोजन गैस का मिश्रण | $CO + N_2$ |
| • मार्श गैस | मीथेन | $CH_4$ |
| • फ्रीऑन | डाइक्लोरोडाइफ्लोरो कार्बन | $CF_2Cl$ |
| • यूरिया | कार्बामाइड | $NH_2CONH_2$ |
| • क्लोरोफार्म | ट्राइक्लोरो मिथेन | $CHCl_3$ |
| • फिनॉल | हाइड्रोक्सीबेंजीन | $C_6H_5OH$ |
| • ऐल्कोहॉल | इथाइल ऐल्कोहॉल | $C_2H_5OH$ |

## कुछ प्रमुख धातुओं, अधातुओं एवं यौगिकों का उपयोग

- **ब्रोमीन (Br):**
  (*i*) टिंचर गैस बनाने में
  (*ii*) रंग उद्योग में
  (*iii*) औषधि बनाने में
  (*iv*) प्रतिकारक के रूप में
- **आयोडीन:**
  (*i*) कीटाणुनाशक के रूप में
  (*ii*) औषधियों के उत्पादन में
  (*iii*) रंग उद्योग में
  (*iv*) टिंचर आयोडीन बनाने में
- **हाइड्रोक्लोरिक अम्ल (HCl):**
  (*i*) क्लोरीन बनाने में
  (*ii*) क्लोराइड लवण के निर्माण में
  (*iii*) अम्लराज के निर्माण में
- **फेरस ऑक्साइड:**
  (*i*) फेरस लवणों के निर्माण में
  (*ii*) हरा काँच बनाने में
- **फेरस सल्फेट ($FeSO_4 7H_2O$):**
  (*i*) स्याही बनाने में
  (*ii*) रंग उद्योग में
- **फेरिक यौगिक ($Fe_3O_4$):**
  (*i*) जेवरात पॉलिश करने में
  (*ii*) फेरिक लवणों के निर्माण में
- **क्लोरीन (Cl):**
  (*i*) ब्लीचिंग पाउडर बनाने में
  (*ii*) हाइड्रोक्लोरिक अम्ल HCl के निर्माण में
  (*iii*) मस्टर्ड गैस बनाने में
  (*iv*) कपड़े एवं कागज को विरंजित करने में
- **सल्फ्यूरिक अम्ल ($H_2SO_4$):**
  (*i*) पेट्रोलियम के शुद्धिकरण में
  (*ii*) स्टोरेज बैटरी में
  (*iii*) प्रयोगशाला में प्रतिकारक के रूप में
- **सल्फर डाइऑक्साइड ($SO_2$):**
  (*i*) विरंजक के रूप में
  (*ii*) ऑक्सीकारक के रूप में
  (*iii*) अवकारक के रूप में
- **सल्फर (S):**
  (*i*) औषधि के रूप में
  (*ii*) कीटाणुनाशक के रूप में
  (*iii*) रबर वल्केनाइज करने में
  (*iv*) बारूद बनाने में
- **अमोनिया ($NH_3$):**
  (*i*) आइस फैक्ट्री में
  (*ii*) रेयॉन बनाने में
  (*iii*) प्रतिकारक के रूप में
- **हाइड्रोजन सल्फाइड ($H_2S$):**
  (*i*) लवणों के भास्मिक मूलकों के गुणात्मक विश्लेषण में
  (*ii*) सल्फाइड के निर्माण में
- **नाइट्रस ऑक्साइड ($N_2O$):**
  (*i*) शल्य चिकित्सा में
- **फॉस्फोरस (P):**
  (*i*) चूहे मारने की दवा बनाने में
  (*ii*) दियासलाई बनाने में
  (*iii*) फॉस्फोरस ब्रांज बनाने में
- **प्रोड्यूसर गैस ($CO + N_2$):**
  (*i*) धातु निष्कर्षण में

(*ii*) भट्टी गर्म करने में
(*iii*) सस्ते ईंधन के रूप में

- **वाटर गैस ($CO + H_2$):**
  (*i*) ईंधन के रूप में
  (*ii*) वेल्डिंग के कार्य में
- **ग्रेफाइट:**
  (*i*) लोहे के बने पदार्थ पर पॉलिश करने में
  (*ii*) इलेक्ट्रोड बनाने में
  (*iii*) स्टोव की रंगाई में
- **कोल गैस:**
  (*i*) निष्क्रिय वातावरण करने में
  (*ii*) ईंधन के रूप में
- **कार्बन डाइऑक्साइड ($CO_2$):**
  (*i*) आग बुझाने में
  (*ii*) सोडा वाटर में
  (*iii*) हार्ड स्टील के निर्माण में
- **फिटकरी [$K_2SO_4Al_2(SO_4)_3.24H_2O$]:**
  (*i*) जल के शुद्धिकरण में
  (*ii*) चर्म उद्योग में
- **एल्युमिनियम सल्फेट [$Al_2(SO_4)_3.18H_2O$]:**
  (*i*) आग बुझाने में
  (*ii*) कागज उद्योग में
  (*iii*) कपड़ों की छपाई में
- **मरकरी (Hg):**
  (*i*) अमलगम बनाने में
  (*ii*) थर्मामीटर में
  (*iii*) सिन्दूर बनाने में
- **जिंक सल्फेट या श्वेत थोथा ($ZnSO_4.\ 7H_2O$):**
  (*i*) आँखों के लिए लोशन बनाने में
  (*ii*) कैलिको छपाई में
  (*iii*) लिथेपोन के निर्माण में
- **जिंक ऑक्साइड (ZnO):**
  (*i*) पोरसेलिन में चमक लाने में
  (*ii*) मरहम बनाने में
- **जिंक (Zn):**
  (*i*) हाइड्रोजन निर्माण में
  (*ii*) बैटरी निर्माण में
- **ब्लीचिंग पाउडर ($CaOCl_2$):**
  (*i*) कागज तथा कपड़ों के विरंजन में
  (*ii*) कीटाणुनाशक के रूप में
  (*iii*) क्लोरोफार्म के निर्माण में
  (*iv*) रासायनिक उद्योगों में उपचायक के रूप में
- **प्लास्टर ऑफ पेरिस $(CaSO_4)_2\ H_2O$:**
  (*i*) शल्य चिकित्सा में
  (*ii*) पट्टी बांधने में
  (*iii*) मूर्ति बनाने में
  (*iv*) छतों एवं दीवारों को चिकना बनाने हेतु
- **कैल्सियम सल्फेट या जिप्सम ($CaSO_4.2H_2O$):**
  (*i*) प्लॉस्टर ऑफ पेरिस बनाने में
  (*ii*) सीमेण्ट निर्माण में
  (*iii*) अमोनियम सल्फेट बनाने में
  (*iv*) स्वाद के रूप में
- **कैल्शियम कार्बोनेट ($CaCO_3$):**
  (*i*) टूथपेस्ट एवं दंतमंजन निर्माण में
  (*ii*) चूना बनाने में
  (*iii*) सीमेंट उद्योग में
- **मैग्नीशियम क्लोराइड ($MgCl_2.6H_2O$):**
  (*i*) सोरेल सीमेन्ट के रूप में व्यवहृत
  (*ii*) रूई की सजावट में
- **मैग्नीशियम कार्बोनेट ($MgCO_3$):**
  (*i*) जिप्सम लवण के निर्माण में
  (*ii*) दवा निर्माण में
  (*iii*) दन्तमंजन निर्माण में
- **मैग्नीशियम (Mg):**
  (*i*) फ्लैश बल्ब के निर्माण में
  (*ii*) धातु-मिश्रण बनाने में
  (*iii*) थर्माइट वेल्डिंग के निर्माण में
- **मैग्नीशियम ऑक्साइड (MgO):**
  (*i*) बायलरों के प्रयोग में
  (*ii*) औषधि निर्माण में
  (*iii*) रबर पूरक के रूप में
- **कॉपर सल्फेट या नीला थोथा ($CuSO_4.5H_2O$):**
  (*i*) कॉपर के शुद्धिकरण में
  (*ii*) कीटाणुनाशक के रूप में
  (*iii*) विद्युत सेलों में
- **कॉपर (Cu):**
  (*i*) ब्रास तथा ब्रांज बनाने में
  (*ii*) बिजली का तार बनाने में
  (*iii*) बर्तन बनाने में

- **सोडियम नाइट्रेट ($NaNO_2$):**
  - (*i*) खाद के रूप में
  - (*ii*) विस्फोटक बनाने में
- **सोडियम बाईकार्बोनेट या खाने का सोडा ($NaHCO_3$):**
  - (*i*) अग्निशमन यंत्र में
  - (*ii*) प्रतिकारक के रूप में
  - (*iii*) बेकरी उद्योग में
- **सोडियम कार्बोनेट या धोवन सोडा ($Na_2CO_3$):**
  - (*i*) धुलाई के लिए घरों में धोवन सोडा के रूप में
  - (*ii*) ग्लास निर्माण में
  - (*iii*) कागज उद्योग में
  - (*iv*) जल की स्थायी कठोरता हटाने में
- **हाइड्रोजन परॉक्साइड ($H_2O_2$):**
  - (*i*) कीटाणुनाशक के रूप में
  - (*ii*) ऑक्सीकारक के रूप में
  - (*iii*) रेशम, ऊन, चमड़ा, वगैरह के विरंजन में
- **हाइड्रोजन ($H_2$):**
  - (*i*) कार्बनिक यौगिक के निर्माण में
  - (*ii*) अमोनिया के उत्पादन में
- **द्रव हाइड्रोजन**
  - (*i*) रॉकेट के ईंधन में
- **भारी जल ($D_2O$):**
  - (*i*) न्यूक्लियर प्रतिक्रियाओं में
  - (*ii*) ड्युटरेटेड यौगिक के निर्माण में

## मानव सेवा में रसायन विज्ञान (Chemistry in the Service of Man)

आज मानव ने अपनी आवश्यकताओं की पूर्ति के लिए अपने आस-पास के वातावरण से लाभप्रद पदार्थों को प्राप्त करना सीखा। इस प्रकृति को उसके द्वारा अर्जित वैज्ञानिक ज्ञान तकनीकी विकास से बढ़ावा, मिला जिससे अनेक नवीन पदार्थों का विकास हुआ। किसी समाज की आवश्यकताएँ उसके पर्यावरण विकास के स्तर तथा जीवन पद्धति पर निर्भर करती हैं। विकसित समाजों में बढ़ते हुए मशीनीकरण आज, जीवन पद्धति के उच्च स्तर तथा उसके परिणामस्वरूप आराम के लिए अधिक समय के अतिरिक्त प्राकृतिक पदार्थों की कम उपलब्धता एवं उनमें कमी के कारण मानव निर्मित पदार्थों को बढ़ावा मिला है। आज समाज लगातार ऐसे अनुसंधान तथा विकासशील प्रक्रिया को बढ़ावा देने के लिए विशाल धनराशि खर्च कर रहा है जिससे नये-नये पदार्थ विकसित एवं संश्लिष्ट किये जा सकें ताकि पहले से उपलब्ध पदार्थों की कमी से उत्पन्न परिस्थितियों पर विजय प्राप्त की जा सके।

रसायन विज्ञान का हमारे जीवन में बहुत योगदान है, जैसे–भोजन, घर तथा कपड़े। यह हमारे स्वास्थ्य के लिए कई प्रकार की दवाईयाँ तथा स्वास्थ्य वर्धक tonic उपलब्ध कराता है। रसायन विज्ञान के योगदान के कारण ही मनुष्य तथा पदार्थों का एक स्थान से दूसरे स्थान तक जाना सम्भव हो सका है क्योंकि इसी के अध्ययन से हमें ईंधन जैसे पेट्रोल तथा डीजल की जानकारी मिलती है। रसायन विज्ञान पदार्थों का विज्ञान है, इसलिए मनुष्य को पदार्थों की उपलब्धता प्रदान करने में इसका बहुत बड़ा योगदान है।

रसायन विज्ञान ने हमारे देश की अर्थव्यवस्था के विकास में बहुत महत्वपूर्ण योगदान दिया है। हमारे राष्ट्रीय विकास के कुछ महत्वपूर्ण क्षेत्र जैसे कृषि, उद्योग, गृह निर्माण, सड़कें, बांध, पुल, नालियाँ तथा रेल की पटरियों का निर्माण बिना रसायन विज्ञान के ज्ञान के असम्भव था।

## बहुलक (Polymer)

बहुलक उच्च अणु भार वाले, बड़े आकार के अणु हैं, जिनका हमारी दिनचर्या में बहुत महत्व है। ये कई छोटे-छोटे अणुओं से मिलकर बनते हैं। रचनात्मक रूप से कई आण्विक शृंखलाएं अथवा Cross-linked Network के रूप में व्यवस्थित रहते हैं। जैसे किसी यौगिक M के $n$ अणु मिलकर यौगिक $(M)_n$ बनाते हैं। इनके बीच के बन्ध बहुलक बनाने में प्रयुक्त हुई अभिक्रिया के प्रकार पर निर्भर करते हैं।

कृत्रिम रेशे बहुलक होते हैं जो एक या एक-से-अधिक इकाईयों (किसी विशेष क्रम में परमाणुओं का समूह) से बनते हैं। इनके किसी अणु में कोई इकाई स्वयं को बार-बार दोहरा कर बहुत विशाल अणु निर्मित करती है। अंग्रजी भाषा में पॉली (Poly) शब्द का अर्थ है–''अनेक'' तथा मर (mer) शब्द का अर्थ है ''दोहराई गई इकाई''। सेल्युलोस प्राकृतिक कोशिकाओं की दीवारें सेल्युलोस से बनी होती है। लकड़ी में यह प्राकृतिक बहुलक विशाल मात्रा में होता है। कागज सेल्युलोस का परिशुद्ध रूप है। यह लकड़ी, अन्न तथा अन्य सेल्युलोस के अणुओं से बना है। रूई तथा जूट प्राकृतिक रेशे हैं, जो सेल्युलोस से बने हैं।

उदाहरण–पॉलीथीन, नायलॉन–66$[H_2N-(CH_2)_6-NH_2]$ एवं HOOC $(CH_2)_4$ COOH (एडिपिक एसिड)] से मिलकर बनता है।

## बहुलकीकरण (Polymerisation)

जब एक ही यौगिक के दो अथवा दो-से-अधिक अणु आपस में संयोग करके एक बड़ा अणु बनाते हैं, उसे बहुलक कहते हैं तथा इस अभिक्रिया को बहुलकीकरण कहा जाता है। यदि यह अभिक्रिया योगशील है तो यह क्रिया योगशील बहुलकीकरण कहलाती है। यदि यह अभिक्रिया संघनन में हो तो संघनन बहुलकीकरण होता है। इस अभिक्रिया में अणु निष्कासित भी हो सकता है। एक ही एकलक से बने बहुलक 'होमोपॉलीमर' कहलाते हैं और दो भिन्न-भिन्न एकलकों से बने बहुलक 'कोपॉलीमर' कहलाते हैं।

**बहुलकीकरण की विशेषताएं (Characteristics of Polymerisation)**

(*i*) बहुलकीकरण क्रिया में एक ही यौगिक के अणु परस्पर संयोग करते हैं।

(*ii*) इस क्रिया में किसी भी अणु का निष्कर्षण नहीं होता है।

(*iii*) बहुलकीकरण एक उत्क्रमणीय परिवर्तन है।

(*iv*) बहुलक का अणुभार मूल यौगिक के अणुभार का सही गुणित होता है।

$$\left(CH_2 - CH_2\right) \text{ Polythene (पॉलीथीन)}$$

$$\left(NH_2 - (CH_2)_6 - NHCO - (CH_2)_4 - CO\right)_n \text{nylon} - 66 \text{ (नाइलॉन–66)}$$

## प्रा ͅ तिक एवं संश्लिष्ट रबड़ (Natural and Synthetic Rubber)

रबड़ प्रकृति में पाया जाने वाला एक बहुलक है, जिसे रबड़ के वृक्ष से लैटेक्स (Latex) के रूप में प्राप्त किया जाता है। रबड़ का आकार आसानी से बदला जा सकता है किन्तु खिंचाव बल हटा लेने पर यह फिर से अपनी पुरानी आकृति ग्रहण कर लेता है। यह अत्यधिक लचीला पदार्थ है। प्राकृतिक रबड़ आइसोप्रीन नामक मोनोमर का बहुलक है। यह एक थर्मोप्लास्टिक है किन्तु जब इसे सल्फर के साथ गर्म करने के बाद कोई आकार दे दिया जाता है तो उस आकार को बनाये रखता है क्योंकि इस प्रक्रिया के दौरान सल्फर रबड़ के अणुओं की श्रृंखलाओं से संयोग कर उनमें परस्पर तिर्यक बंधन बनाती है। इस प्रक्रिया को वल्कनीकरण (Vulcanization) कहते हैं। वल्कनीकृत रबड़ अपना आकार बनाये रखता है। इसका उपयोग दस्ताने, रबड़ बैण्ड तथा ट्यूब बनाने में होता है। रबड़ बहुत मुलायम पदार्थ है। रबड़ में कार्बन ब्लैक मिला कर उसकी कठोरता बढ़ाई जा सकती है। कठोर रबड़ का उपयोग ट्यूब, टायर तथा संवाहक पट्टे (Conveyor Belts) बनाने में होता है।

## महत्त्वपूर्ण रासायनिक यौगिकों के नाम और सूत्र

| | | |
|---|---|---|
| 1. | चूना जल | $Ca(OH)_2$ |
| 2. | ग्लोवर लवण | $Na_2SO_4.10H_2O$ |
| 3. | कास्टिक सोडा | $NaOH$ |
| 4. | कास्टिक पोटाश | $KOH$ |
| 5. | सोडियम सिलिकेट (Water Glass) | $Na_3SiO_3$ |
| 6. | एल्यूमिना | $Al_2O_3$ |
| 7. | सोडियम एल्यूमिनेट | $NaAlO_2$ |
| 8. | सोडियम प्लम्बेट | $Na_2PbO_2$ |
| 9. | मैग्नेसाइट | $MgCO_3$ |
| 10. | डोलोमाइट | $MgCO_3.CaCO_3$ |
| 11. | विरंजक चूर्ण | $Ca(OCl)Cl$ |
| 12. | ऑक्जैलिक एसिड | $COOH–COOH$ |
| 13. | क्रायोलाइट | $Na_3AlF$ |
| 14. | आर्थोबिसिक एसिड | $H_3BO_3$ |
| 15. | ग्लूकोस | $C_6H_{12}O_6$ |
| 16. | खड़िया | $CaCO_3$ |
| 17. | जल गैस | $(CO + H_2)$ |
| 18. | प्रोड्यूसर गैस | $(CO + N_2)$ |
| 19. | चीली साल्ट पीटर | $NaNO_3$ |
| 20. | धोबिया सोडा | $Na_2CO_3.10H_2O$ |
| 21. | खानेवाला सोडा | $NaHCO_3$ |
| 22. | सोडियम हाइपोफॉस्फोट | $NaH_4PO_2$ |
| 23. | नौसादर | $NH_4Cl$ |
| 24. | इप्सम लवण | $MgSO_4.\ 7H_2O$ |
| 25. | जिप्सम | $CaSO_4.\ 2H_2O$ |
| 26. | पोटाश एलम | $K_2SO_4.Al_2(SO_4)_3.24H_2O$ |
| 27. | मोहर लवण (Mohr Salt) | $FeSO_4.\ (NH_4)_2 SO_4.\ 6H_2O$ |
| 28. | लिथोपन | $ZnS + BaSO_4$ |
| 29. | फिलास्पर ऊल | $ZnO$ |
| 30. | भूरा रिंग | $FeSO_4.NO$ |

31. कोरोसिव सब्लिमेट $HgCl_2$
32. कैलोमैल $Hg_2Cl_2$.
33. सिन्दूर $HgS$
34. फ्लूमिनेटिंग गोल्ड $H_2N - Au = NH$
35. नेस्लर प्रतिकारक $K_2[HgI_4] + KOH$ का घोल
36. सिल्वर एमीनो क्लोराइड $Ag(NH_3)_2Cl$
37. उजला कसीस $ZnSO_4 . 7H_2O$
38. हरा कसीस $FeSO_4 . 7H_2O$
39. नीला कसीस (तूतिया) $CuSO_4 . 5H_2O$
40. प्लास्टर ऑफ पेरिस $(CaSO_4)_2 . H_2O$
41. गंधकअम्ल $H_2SO_4$
42. शोरे का अम्ल $HNO_3$
43. नमक का अम्ल $HCl$
44. श्वेत पोटाश $KClO_3$
45. लाल पोटाश $KMnO_4$
46. शोरा (नाइटर) $KNO_3$
47. भारी जल $D_2O$
48. फॉस्फीन $PH_3$
49. फॉस्जीन $COCl_2$
50. क्यूमिक सल्फ्यूरिक $H_2S_2O_7$
51. लेड एसीटेट $(CH_3COO)_2Pb$
52. पोटेशियम मर्क्यूरिक आयोडाइड $K_2[HgI_4]$
53. पोलीथिन प्लास्टिक $(C_2H_4)_n$
54. फ्रियान $CF_2Cl_2$
55. ईथर $C_2H_5OC_2H_5$
56. इथाइल एसीटेट $CH_3COOC_2H_5$
57. सोडामाइड $NaNH_2$
58. टालूइन $C_6H_5CH_3$ या $(C_7H_8)$
59. नेप्थैलिन $C_{10}H_8$
60. प्रशियन ब्लू $Fe_4[Fe(CN)_6]_3$
61. माइक्रोकॉस्मिक लवण $[Na(NH_4)HPO_4]$
62. क्लोरोफार्म $CHCl_3$
63. कोल गैस $(CO + N_2 + H_2)$
64. अमोनियम थायोसाइनेट $NH_4CNS$
65. सायक्लोहेक्सेन $C_6H_{12}$

## उत्प्रेरण

- सर्वप्रथम 1835 में वर्जीलियस ने विभिन्न बाहरी पदार्थों के विभिन्न रासायनिक अभिक्रियाओं पर प्रभाव का व्यवस्थित अध्ययन किया तथा उन्होंने ऐसे पदार्थों के लिए उत्प्रेरक नाम दिया।
- वे पदार्थ जो रासायनिक अभिक्रिया के पश्चात् रासायनिक एवं मात्रात्मक रूप में अपरिवर्तित रहते हुए, रासायनिक अभिक्रिया की दर में परिवर्तन कर देते हैं उन्हें उत्प्रेरक कहते हैं तथा उक्त परिघटना को उत्प्रेरण कहते हैं।
- वर्धक उत्प्रेरक की सक्रियता बढ़ा देते हैं जब कि विष, उत्प्रेरक की सक्रियता घटा देते हैं।

**उदाहरण–** अमोनिया के हैबर प्रक्रम द्वारा उत्पादन में मालिब्डेनम लोहे के लिए वर्धक का कार्य करता है। इस अभिक्रिया में मालिब्डेनम उत्प्रेरक की तरह प्रयुक्त होता है।

अभिक्रिया– $N_2 + 3H_{2(g)} \rightarrow 2NH_{3(g)}$

(Catalysis)

(Homogeneous Catalysis) (Heterogeneous Catalysis)

### कुछ प्रमुख एन्जाइमी अभिक्रियाएं

| एन्जाइम | स्रोत | एन्जाइमी अभिक्रियाएं | | |
|---|---|---|---|---|
| इन्वर्टेज | यीस्ट | सूक्रोस | → | ग्लूकोस तथा फ्रक्टोज |
| जाइमेज | यीस्ट | ग्लूकोस | → | एथिल ऐल्कोहॉल तथा कार्बन डाइऑक्साइड |
| डायस्टेज | माल्ट | स्टार्च | → | माल्टोस |
| माल्टेज | यीस्ट | माल्टोस | → | ग्लूकोस |
| यूरिएज | सोयाबीन | यूरिया | → | अमोनिया तथा कार्बन डाइऑक्साइड |
| पेप्सिन | आमाशय | प्रोटीन | → | ऐमीनो अम्ल |

# रासायनिक साम्य

अभिक्रियाओं में एक अथवा एक से अधिक पदार्थ कार्य करते हैं एवं नए पदार्थ बनते हैं। क्रिया करने वाले पदार्थ अभिकारक (Reactant) एवं प्राप्त होने वाले पदार्थ उत्पाद (Product) कहलाते हैं। अभिक्रियाओं की दिशा के आधार पर इन्हें दो भागों में विभाजित किया गया है :

- **अनुत्क्रमणीय अभिक्रियाएँ (Irreversible Reactions)–** वे अभिक्रियाएं जिनमें अभिकारक (Reactants) क्रिया पूर्ण होने तक उत्पाद (Products) में बदलते हैं एवं उत्पाद पुनः अभिकारकों में परिवर्तित नहीं होते, अनुत्क्रमणीय अभिक्रियाएँ कहलाती हैं। ये क्रियाएँ केवल अग्र दिशा (Forward direction) में चलकर पूर्णता को प्राप्त होती है। इन अभिक्रियाओं को उत्पाद की तरफ करते हुये एक तीर $(\rightarrow)$ से प्रदर्शित करते हैं।

  अभिकारक (Reactants) $\rightarrow$ उत्पाद (Product)

  उदाहरण के लिए सिल्वर नाइट्रेट ($AgNO_3$) के विलयन में सोडियम क्लोराइड (NaCl) का विलयन मिलाने पर सिल्वर क्लोराइड (AgCl) का सफेद अवक्षेप एवं $NaNO_3$ प्राप्त होता है परन्तु $NaNO_3$ पुनः AgCl से क्रिया नहीं करता है। इस प्रकार यह अभिक्रिया केवल अग्र दिशा में चलकर पूर्ण हो जाती है।

  $$AgNO_3 + NaCl \rightarrow AgCl\downarrow + NaNO_3$$

  सफेद अवक्षेप

- **उत्क्रमणीय अभिक्रियाएं (Reversible Reactions)–** जब अग्र एवं विपरीत दोनों ही अभिक्रियाओं का वेग बराबर हो जाता है तो इस अवस्था को रासायनिक साम्य की अवस्था (State of Chemical Equilibrium) कहते हैं।

  रासायनिक साम्य अवस्था में ऐसा प्रतीत होता है कि अभिक्रिया बन्द हो गई है परन्तु वास्तविकता में अभिक्रिया दोनों दिशाओं में लगातार समान वेग से होती रहती है तथा इस स्थिति में अभिकारकों एवं उत्पादों की सान्द्रताएँ निश्चित (Constant) हो जाती है। उत्क्रमणीय अभिक्रियाओं को तीर के चिह्न के स्थान पर अग्र एवं विपरीत तीर अथवा उत्क्रमणीयता $(\rightleftharpoons)$ के चिह्न से प्रदर्शित करते हैं।

  $$\text{अभिकारक} \underset{\text{विपरीत अभिक्रिया}}{\overset{\text{अग्र अभिक्रिया}}{\rightleftharpoons}} \text{उत्पाद}$$

  उदाहरण के लिए जब लाल तप्त (Red hot) लोहे पर भाप (Steam) प्रवाहित की जाती है तो $Fe_3O_4$ एवं $H_2$ गैस प्राप्त होती है।

  $$3Fe + 4H_2O \rightarrow Fe_3O_4 + 4H_2$$

## भौतिक एवं रासायनिक परिवर्तन

### भौतिक परिवर्तन

- भौतिक वस्तुओं (जैसे रंग, स्थिति आदि) में होने वाले ऐसे अस्थाई परिवर्तन को भौतिक परिवर्तन कहते हैं, जिसमें न तो किसी पदार्थ का निर्माण होता है और न ही कोई नए लक्षण पैदा होते हैं।
- साधारण विधियों के द्वारा भौतिक वस्तुओं के मूल पदार्थों को प्राप्त किया जा सकता है, जैसे-बर्फ का पानी बनाना, पानी में नमक घोलना, बिजली के बल्ब का प्रकाश देना, इस्पात की सुई को चुम्बक बनाना आदि।

### रासायनिक परिवर्तन

- रासायनिक परिवर्तन एक स्थायी परिवर्तन होता है, जो नए पदार्थ व नए गुणों का निर्माण करता है।
- इसमें मूल पदार्थ की पुनः प्राप्ति साधारण विधियों से नहीं हो सकती है, जैसे-मोमबत्ती का जलना, अण्डे का उबलना, दूध का फटना आदि।
- **पदार्थ (Matter):** दुनिया की कोई भी वस्तु जो स्थान घेरती हो, जिसका द्रव्यमान होता हो और जो अपनी संरचना में परिवर्तन का विरोध करती हो, पदार्थ कहलाती हैं; जैसे–वायु, जल, दूध, लोहा आदि।
- **ठोस (Solid):** ठोस पदार्थ की वह अवस्था है, जिसमें उसके आकार एवं आयतन निश्चित होते हैं, जैसे–ईंट, पत्थर, लोहा, सोना इत्यादि। ठोस पदार्थ के अणुओं में परस्पर आकर्षण बल सबल होता है।
- **द्रव (Liquid):** द्रव पदार्थ की वह अवस्था है, जिसमें उसका आयतन निश्चित होता है, परन्तु आकार अनिश्चित होता है, जैसे–जल, तेल, दूध आदि। द्रव पदार्थ के अणुओं में परस्पर आकर्षण बल ठोस अवस्था की अपेक्षा कमजोर होता है। द्रव पदार्थ का घनत्व गैस से अधिक किन्तु ठोस से कम होता है।
- **गैस (Gas):** गैस पदार्थ की वह अवस्था है, जिसमें उसके आकार और आयतन दोनों अनिश्चित होते हैं, जैसे–वायु, ऑक्सीजन, नाइट्रोजन, हाइड्रोजन आदि। गैस का कोई पृष्ठ तल नहीं होता। गैस के अणुओं में परस्पर आकर्षण बल ठोस एवं द्रव दोनों की अपेक्षा कमजोर होता है। गैसीय पदार्थ का न तो कोई निश्चित आकार होता है और न ही निश्चित आयतन।

- **तत्व (Element):** तत्व वह मौलिक पदार्थ है, जिसे किसी भी भौतिक या रासायनिक विधि द्वारा न तो दो या दो से अधिक सर्वथा भिन्न गुणों वाले पदार्थों में विभाजित किया जा सकता है और न ही दो या दो से अधिक पदार्थों के बीच संयोग कराकर संश्लेषित किया जा सकता है; जैसे–सोना, चाँदी, ऑक्सीजन आदि।
- **यौगिक (Compound):** यौगिक वह शुद्ध पदार्थ है, जो दो या दो से अधिक तत्वों के निश्चित अनुपात में रासायनिक संयोग से बनता है और जिसे उचित रासायनिक विधियों द्वारा दो या दो से अधिक सर्वथा भिन्न गुणों वाले अवयवों में विभक्त किया जा सकता है। उदाहरण के लिए, जल एक यौगिक है। जल का प्रत्येक अणु हाइड्रोजन के दो परमाणुओं तथा ऑक्सीजन के एक परमाणु से मिलकर बना होता है।
- **मिश्रण (Mixture):** मिश्रण वह अशुद्ध पदार्थ है, जो दो या दो से अधिक शुद्ध पदार्थों (तत्वों या यौगिकों या दोनों) के किसी भी अनुपात में बिना रासायनिक संयोग के मिलने से बनता है तथा जिसके अवयवी पदार्थों को सरल, यांत्रि या भौतिक विधियों द्वारा पृथक् किया जा सकता है। उदाहरणस्वरूप वायु अनेक गैसों एवं धूलकणों का मिश्रण है, समुद्री जल कई लवणों का मिश्रण है, जिसमें सोडियम क्लोराइड प्रमुख लवण है।

## ऑक्सीकरण (OXIDATION)

ऑक्सीकरण की इलेक्ट्रॉनिक सिद्धान्त के अनुसार ऑक्सीकरण वह क्रिया है जिसमें कोई परमाणु या आयन एक या एक से अधिक इलेक्ट्रॉन त्याग करता है। जिसके कारण उसका धन आवेश बढ़ जाता है।

**उदाहरण** –$Na \rightarrow Na^+ + 1e^-$

$Zn \rightarrow Zn^{2+} + 2e^-$

$Sn^{2+} \rightarrow Sn^{4+} + 2e^-$

$Fe^{2+} \rightarrow Fe^{3+} + 1e^-$

$Sn^{2+} \rightarrow Sn^{4+} + 2e^-$

$Hg \rightarrow Hg^+ + 1e^-$

$Hg^+ \rightarrow Hg^{2+} + 1e^-$

$MnO_4^{2-} \rightarrow MnO_4^- + 1e^-$

उपरोक्त समीकरण में $MnO_4^{2-}$ इलेक्ट्रॉन त्याग कर कम ऋण आवेशित आयन में परिवर्तित हो जाता है। अतः जो केवल ऑक्सीकरण प्रदर्शित करता है उसे ऑक्सीकरण अर्द्ध क्रिया (Oxidation half reaction) कहते हैं।

अतः ऑक्सीकरण वह प्रक्रिया है जिसमें धनात्मक संयोजकता बढ़ती है तथा ऋणात्मक संयोजकता घटती है।

### ऑक्सीकारक (Oxidising Agents)

ऑक्सीकारक वे पदार्थ हैं जो अन्य पदार्थों को आक्सीजन दे सकते हैं अथवा जिनमें ऐसे परमाणु/परमाणुओं का समूह रहता हैं जो इलेक्ट्रॉन ग्रहण कर सकता है।

**उदाहरण** –

(*i*) ओजोन $PbS + 4O_3 \rightarrow PbSO_4 + 4O_2$

(*ii*) हैलोजन्स

$H_2S + F_2 \rightarrow 2HF + S$

$H_2S + Cl_2 \rightarrow 2HCl + S$

$SO_2 + Br_2 + H_2O \rightarrow H_2SO_4 + 2HBr$

$SO_2 + I_2 + 2H_2O \rightarrow H_2SO_4 + 2HI$

(*iii*) ऑक्सीजन (वायु) $C + O_2 \rightarrow CO_2$

$S + O_2 \rightarrow SO_2$

## अपचयन (REDUCTION)

अपचयन की क्रिया में परमाणु अथवा आयन इलेक्ट्रॉन ग्रहण करते हैं जिसके कारण धनावेश कम हो जाता है क्योंकि परमाणु ऋणायन में बदल जाता है।

**उदाहरण** – $S + 2e^- \rightarrow S^{2-}$

$Fe^{2+} + 2e^- \rightarrow Fe$

$Sn^{4+} + 2e^- \rightarrow Sn^{2+}$

$Sn^{2+} + 2e^- \rightarrow Sn$

$Zn^{2+} + 2e^- \rightarrow Zn$

जिन क्रियाओं में परमाणु अथवा आयन इलेक्ट्रॉन ग्रहण करते हैं उसे अपचयन अर्ध क्रिया (Reduction Half Reaction) कहते हैं।

इस प्रकार अपचयन में धनात्मक संयोजकता घटती है तथा ऋणात्मक संयोजकता बढ़ती है।

### अपचायक (Reducing Agents)

अपचायक वे पदार्थ हैं जिनमें ऐसे पदार्थ अथवा परमाणुओं का समूह रहता है जो इलेक्ट्रॉन त्याग कर सकते हैं।

**उदाहरण** –

(*i*) सल्फर डाइऑक्साइड $[SO_2 + H_2SO_4]$

$SO_2 + 2H_2O + Br_2 \rightarrow H_2SO_4 + 2HBr$

(*ii*) हाइड्रोजन $[H_2 \rightarrow H_2O]$

$CuO + H_2 \rightarrow Cu + H_2O$

$Fe_2(SO_4)_3 + 2H \rightarrow 2FeSO_4 + H_2SO_4$

## ऑक्सीकरण-अपचयन अभिक्रियाएँ (Oxidation-Reduction Reactions)

इन अभिक्रियाओं में ऑक्सीकरण और अपचयन दोनों साथ-साथ होता है। किसी भी रासायनिक तंत्र में जितना ऑक्सीकरण होगा उतना अपचयन भी होगा क्योंकि ऑक्सीकरण में जितने इलेक्ट्रॉन निकलते हैं उतने ही इलेक्ट्रॉन अपचयन में ग्रहण किये जाते हैं। इस प्रकार यदि ऑक्सीकरण अर्ध क्रिया तथा अपचयन अर्ध क्रिया को एक साथ मिला दिया जाए तो यह ऑक्सीकरण-अपचयन क्रिया है।

**उदाहरण –**

$Na \rightarrow Na^+ + 1e^-$ (ऑक्सीकरण अर्ध अभिक्रिया)

$Cl + 1e^- \rightarrow Cl^-$ (अपचयन अर्ध अभिक्रिया)

$Na + Cl \rightarrow NaCl$ (ऑक्सीकरण-अपचयन)

इस अभिक्रिया में सोडियम परमाणु इलेक्ट्रॉन त्यागता है जो क्लोरीन परमाणु द्वारा ग्रहण किया जाता है अतः सोडियम का ऑक्सीकरण होता है। यह तभी सम्भव है जब क्लोरीन इलेक्ट्रॉन ग्रहण कर लेता है, इसलिए क्लोरीन ऑक्सीकारक है। क्लोरीन इलेक्ट्रॉन ग्रहण करके $Cl^-$ आयन में परिवर्तित हो जाती है इस प्रकार क्लोरीन का अपचयन होता है तथा सोडियम अपचायक है।

ऑक्सीकरण-अपचयन अभिक्रियाओं को रेडॉक्स (Redox reactions) अभिक्रियाएं भी कहते हैं।

अतः वह पदार्थ जिनका ऑक्सीकरण होता है अपचायक तथा जिनका अपचयन होता है उसे ऑक्सीकारक कहते हैं।

कुछ पदार्थ ऑक्सीकारक एवं अपचायक दोनों का कार्य करते हैं।

**उदाहरण –**

(*i*) $SO_2 \rightarrow S + 2O$ (ऑक्सीकारक)
सल्फरडाइऑक्साइड
$SO_2 + H_2O + O \rightarrow H_2SO_4$ (अपचायक)

(*ii*) $2HNO_2 \rightarrow 2NO + H_2O + O$ (ऑक्सीकारक)
$HNO_2 + O \rightarrow HNO_3$ (अपचायक)

(*iii*) $H_2O_2 \rightarrow H_2O + O$ (ऑक्सीकारक)
हाइड्रोजन परऑक्साइड
$H_2O_2 + O \rightarrow H_2O + O_2$ (अपचायक)

## ऑक्सीकरण संख्या (Oxidation Number)

"एक यौगिक के अणु में उपस्थित किसी तत्व के एक परमाणु पर विद्युत आवेशों की संख्या को, उस तत्व की ऑक्सीकरण संख्या कहते है।"

ऑक्सीकरण संख्या (Oxidation number) को धन तथा ऋण दोनों प्रकार के चिन्हों द्वारा व्यक्त किया जाता है। किसी उदासीन परमाणु की ऑक्सीकरण संख्या शून्य होती है।

## ऑक्सीकरण संख्या ज्ञात करने के नियम

निम्नलिखित नियमों के द्वारा किसी परमाणु की ऑक्सीकरण संख्या ज्ञात करते हैं।

1. मुक्त अवस्था या अबन्धित अवस्था (Free & uncombined state) या समान परमाणु वाले यौगिक के अणु में उपस्थित तत्व की ऑक्सीकरण संख्या शून्य होती है। **उदाहरण**–$H_2$ में H, $Cl_2$ में Cl, $P_4$ में P व Na आदि के सभी परमाणुओं की ऑक्सीकरण संख्या शून्य होती है।
2. आवेशयुक्त परमाणुओं या मूलकों की ऑक्सीकरण संख्या का योग = सम्बन्धित धन या ऋण आवेशों की संख्या। अर्थात् $Na^+$, $Cu^{++}$, $Al^{+++}$ आयनों की ऑक्सीकरण संख्याएं क्रमशः +1, +2, +3 हैं, जबकि $NH_4^+$, $SO_4^{--}$, $PO_4^{3-}$ आयनों की ऑक्सीकरण संख्या क्रमशः +1, –2, तथा –3 है।
3. हाइड्रोजन की ऑक्सीकरण संख्या उसके यौगिकों में सामान्यतः +1 है परन्तु धात्विक हाइड्राइडों (जैसे $CaH_2$ में) में इसका मान –1 होता है।
4. ऑक्सीजन (केवल परॉक्साइडों (–O–O–) को छोड़कर जिसमें इसकी आ. संख्या –1 व $F_2O$ में +2 है) की ऑक्सीकरण संख्या सामान्यतः उसके यौगिक में –2 होती है।
5. सभी धातुओं की ऑक्सीकरण संख्या प्रायः धनात्मक होती है।
6. जटिल यौगिकों में उदासीन लिगेन्ड की ऑक्सीकरण संख्या, जैसे जटिल यौगिक $[Cu(NH_3)_4]SO_4$ में, $NH_3$ की ऑक्सीकरण संख्या शून्य होती है।
7. किसी संकर आयन जैसे $[Fe(CN)_6]_4$– में उपस्थित सभी परमाणुओं की ऑक्सीकरण संख्याओं का योग उस संकर आयन पर उपस्थित आवेश के बराबर होता है।
8. किसी बहुपरमाणुक आयन में उपस्थित सभी परमाणुओं की ऑक्सीकरण संख्या का योग आयन पर उपस्थित आवेश के बराबर होता है। उदाहरण $SO_4^{--}$ में S की आ.स. + 4 (O की आ.स.) = –2

**9.** क्षारीय धातुओं (Na,K आदि) के यौगिकों में इसकी ऑक्सीकरण संख्या +1 होती है। क्षारीय मृदा धातुओं (Mg, Ca, Sr, Ba आदि) के यौगिकों में इनकी ऑक्सीकरण संख्या +2 होती है।

**10.** हैलोजन समूह में फ्लुओरीन की ऑक्सीकरण संख्या इसके प्रत्येक यौगिक में –1 होती है। शेष हैलोजनों (Cl, Br, l) की ऑक्सीकरण संख्या –1 से +7 तक होती है। यौगिकों में हैलोजनों का बंधन आक्सीजन से है तो हैलोजन की ऑक्सीकरण संख्या धनात्मक होती है जैसे HClO में Cl का आ. सं. + 1 है।

**11.** उदासीन अणुओं में सभी तत्वों के परमाणुओं की ऑक्सीकरण संख्याओं का योग सदैव शून्य होता है।

**12.** ऑक्सीकरण संख्या का मान धनात्मक पूर्ण संख्या, ऋणात्मक पूर्ण संख्या, शून्य अथवा भिन्नांक (fraction) हो सकता है।

ऑक्सीकरण-अपचयन में ऑक्सीकरण संख्या तथा इलेक्ट्रॉन परिवर्तन को निम्नानुसार तालिका में व्यक्त किया जा सकता है।

**तालिका**

| क्रम स. S.No. | पद (Term) | ऑक्सीकरण संख्या (Oxidation No.) | इलेक्ट्रॉन (Electron) |
|---|---|---|---|
| 1. | ऑक्सीकरण | बढ़ती है | निकलते हैं |
| 2. | अपचयन | घटती है | जुड़ते हैं |
| 3. | ऑक्सीकारक | घटती है | ग्रहण करता है |
| 4. | अपचायक | बढ़ती है | त्यागता है |

**उदाहरण** – निम्नलिखित में ऑक्सीकरण संख्या की गणना करें।

(*i*) $SO_2\ Cl_2$ में S

(*ii*) $K_2Cr_2O_7$ में Cr

(*iii*) $H_2SO_4$ में S

(*iv*) $C_{12}H_{22}O_{11}$ में C

**हल** –

(*i*) माना $SO_2Cl_2$ में S की आ. संख्या = $x$

$SO_2Cl_2$ में उपस्थित विभिन्न परमाणुओं की आ. सं. का योग $= x + 2 \times (-2) + 2 \times (-1) = x - 6$

नियम से : $x - 6 = 0$ या $x = +6$

$SO_2Cl_2$ में S की ऑक्सीकरण संख्या = + 6

(*ii*) माना $K_2Cr_2O_7$ में Cr की ऑक्सीकरण संख्या = $x$

$K_2Cr_2O_7$ में उपस्थित विभिन्न परमाणुओं की ऑक्सीकरण संख्या का योग

$= 2 \times 1 + 2 \times x + 7 \times (-2) = 2x - 12$

नियम से : $2x - 12 = 0$ या $x = +6$

(*iii*) माना $H_2SO_4$ में S की ऑक्सीकरण संख्या = $x$

$H_2SO_4$ में उपस्थित विभिन्न परमाणुओं की ऑक्सीकरण संख्या का योग

$= 1 \times 2 + 1 \times x + 4 \times (-2) = 2 + x - 8 = x - 6$

नियम से : $x - 6 = 0$ या $x = +6$

$H_2SO_4$ में S की ऑक्सीकरण संख्या = + 6

(*iv*) माना $C_{12}H_{22}O_{11}$ में C की आ. संख्या = $x$

$C_{12}H_{22}O_{11}$ में उपस्थित विभिन्न परमाणुओं की आ. सं. का योग

$= 1 \times x + 22 \times 1 + 11 \times (-2) = 12x$

नियम से : $12x = 0$ या $x = 0$

$C_{12}H_{22}O_{11}$ में C की ऑक्सीकरण संख्या शून्य है।

## तत्व (ELEMENTS)

- ये ऐसे पदार्थ हैं जिनका भौतिक और रासायनिक संघटन एक जैसा होता है तथा परमाणु संरचना भी एक समान होती है। इन्हें संकेत चिन्हों से दर्शाया जाता है।
- **संकेत (Symbol)**– प्रत्येक तत्व को उसके संकेत से दर्शाया जाता है जो अपने आप में अद्वितीय होता है। जैसे H— हाइड्रोजन का, He हीलियमं का और O आक्सीजन का संकेत है। इसी प्रकार अन्य तत्वों के भी संकेत की तरह की कम्पाउंड मालेकुल को दर्शाने के लिए रासायनिक सूत्र का इस्तेमाल किया जाता है। सोडियम क्लोराइड को NaCl से दर्शाया जाता है।

❑❑❑

# वस्तुनिष्ठ प्रश्नोत्तर

## भौतिक विज्ञान

**1.** प्रकाश वर्ष इकाई है–

A. दूरी की B. समय की
C. प्रकाश तीव्रता की D. द्रव्यमान की

**2.** एम्पियर मात्रक है–

A. प्रकाश तीव्रता का B. विद्युत आवेश का
C. विद्युत धारा का D. चुम्बकीय क्षेत्र का

**3.** निम्नलिखित में से समय का मात्रक नहीं है–

A. अधि वर्ष B. चन्द्र माह
C. प्रकाश वर्ष D. इनमें से कोई नहीं

**4.** पारसेक (Parsec) इकाई है–

A. दूरी की B. समय की
C. प्रकाश की चमक की D. चुम्बकीय बल की

**5.** ल्यूमेन किसका मात्रक है?

A. ज्योति तीव्रता का B. ज्योति फ्लक्स का
C. उपर्युक्त दोनों का D. इनमें से कोई नहीं

**6.** 'क्यूरी' (Curie) किसकी इकाई का नाम है?

A. रेडियोएक्टिव धर्मिता B. तापक्रम
C. ऊष्मा D. ऊर्जा

**7.** दाब का मात्रक है–

A. पास्कल B. डाइन
C. अर्ग D. जूल

**8.** जूल निम्नलिखित की इकाई है–

A. ऊर्जा B. बल
C. दाब D. तापमान

**9.** खाद्य ऊर्जा को हम किस इकाई में माप सकते हैं?

A. कैलोरी B. केल्विन
C. जूल D. अर्ग

**10.** विद्युत् मात्रा की इकाई है–

A. एम्पियर B. ओम
C. वोल्ट D. कूलम्ब

**11.** डेसीबल किसे नापने के लिए प्रयोग में लाया जाता है?

A. खून में हीमोग्लोबीन
B. पेशाब में शक्कर
C. वातावरण में ध्वनि
D. वायु में कण

**12.** एम्पीयर क्या मापने की इकाई है?

A. वोल्टेज B. करेन्ट
C. प्रतिरोध D. पावर

**13.** यंग प्रत्यास्थता गुणांक का SI मात्रक है–

A. डाइन/सेमी. B. न्यूटन/मी.
C. न्यूटन/मी.$^2$ D. मी.$^2$/से.

**14.** निम्नलिखित युग्मों में से किन भौतिक राशियों के समान विमीय सूत्र नहीं हैं?

A. बल एवं दाब B. कार्य एवं ऊर्जा
C. आवेग एवं संवेग D. भार एवं बल

**15.** ऊष्मा संवाहकता गुणांक का आयाम (विमा) है–

A. $ML^{-1}T^{-2}\theta^{-1}$ B. $ML^{-2}T^{-3}\theta^{-1}$
C. $ML^{-1}T^{-1}\theta$ D. $MLT^{-3}\theta^{-1}$

**16.** घूर्णन करती एक गोल मेज पर अचानक एक लड़का आकर बैठ जाता है। मेज के कोणीय वेग पर क्या प्रभाव पड़ेगा?

A. कम हो जाएगा
B. बढ़ जाएगा
C. उतना ही रहेगा
D. कुछ नहीं कहा जा सकता

**17.** किसी असन्तुलित बल द्वारा किसी पिण्ड में उत्पन्न त्वरण–

A. बल के व्युत्क्रमानुपाती होता है
B. बल के अनुक्रमानुपाती होता है
C. बल के प्रभाव से स्वतंत्र होता है
D. शून्य होता है

**18.** न्यूटन की गति के तीसरे नियम के अनुसार क्रिया तथा प्रतिक्रिया से सम्बद्ध बल–

A. हमेशा एक ही वस्तु पर लगे होने चाहिए
B. भिन्न-भिन्न वस्तु पर लगे हो सकते हैं
C. हमेशा भिन्न-भिन्न वस्तुओं पर ही लगे होने चाहिए
D. का परिणाम बराबर होना जरूरी नहीं है, किन्तु उनकी दिशा समान होनी चाहिए

**19.** जल में तैरना न्यूटन की गति के किस नियम के कारण सम्भव है?

A. प्रथम नियम
B. द्वितीय नियम
C. तृतीय नियम
D. उपर्युक्त सभी

**20.** "कोई पिण्ड तब तक विरामावस्था में ही बना रहेगा जब तक उस पर कोई बाह्य बल कार्य नहीं करता है।" यह कथन किसका है?

A. न्यूटन
B. आइन्स्टीन
C. आर्किमिडीज
D. गैलीलियो

**21.** गतिशील वाहन के अचानक रुकते ही यात्री सामने की ओर क्यों गिर पड़ता है?

A. यह एक स्वैच्छिक प्रतिक्रिया है
B. यात्री अपनी असावधानी से धक्के खाता है
C. यात्री के शरीर का निचला भाग रुक जाता है लेकिन ऊपरी भाग जड़त्व के कारण गतिशील अवस्था में रहता है
D. उपर्युक्त में कोई नहीं

**22.** अश्व यदि एकाएक चलना प्रारम्भ कर दे तो अश्वारोही के गिरने की आशंका का कारण है–

A. जड़त्व आघूर्ण
B. द्रव्यमान का संरक्षण नियम
C. विश्राम जड़त्व
D. गति का तीसरा नियम

**23.** जब कोई व्यक्ति चन्द्रमा पर उतरता है, तो उसके शरीर में उपस्थित–

A. पदार्थ की मात्रा में परिवर्तन होता है।
B. भार घट जाता है तथा मात्रा अपरिवर्तित रहती है।
C. भार में परिवर्तन होता है।
D. मात्रा तथा भार दोनों में कमी होती है।

**24.** यदि हम भूमध्य रेखा से ध्रुवों की ओर जाते हैं, तो $g$ का मान–

A. बढ़ता है
B. घटता है
C. वही बना रहता है
D. 45° अक्षांश तक घटता है

**25.** एक अंतरिक्ष यात्री पृथ्वी तल की तुलना में चन्द्र तल पर अधिक ऊंची छलांग लगा सकता है, क्योंकि–

A. वह चन्द्रमा पर भारहीन होता है।
B. चन्द्रमा पर कोई वातावरण नहीं है।
C. चन्द्र तल पर गुरुत्वाकर्षण बल पृथ्वी तल की तुलना में अत्यल्प है।
D. चन्द्रमा पृथ्वी से छोटा है।

**26.** एक बीकर में पानी पर बर्फ तैर रही है। जब बर्फ पूर्णतः पिघल जाएगी, तो बीकर में पानी का तल–

A. बढ़ेगा
B. घटेगा
C. उतना ही रहेगा
D. पहले बढ़ेगा बाद में घटेगा

**27.** एक नदी में चलता हुआ जहाज समुद्र में आता है, तब जहाज का स्तर–

A. पहले जितना होगा
B. थोड़ा ऊपर आएगा
C. थोड़ा नीचे आएगा
D. ऊपर या नीचे होगा जो उसमें पड़े हुए भार पर निर्भर करता है।

**28.** लोहे की कील पारे में क्यों तैरती है, जबकि यह पानी में डूब जाती है?

A. लोहे की पारे से रासायनिक क्रिया की प्रवृत्ति पानी की तुलना में कम होने के कारण
B. लोहे का भार पानी से अधिक है तथा पारे से कम
C. लोहे का घनत्व पानी से अधिक है तथा पारे से कम
D. पारा पानी से भारी है

**29.** बर्फ पानी में तैरती है, परन्तु ऐल्कोहल में डूब जाती है, क्योंकि–

A. पानी ऐल्कोहल की अपेक्षा पारदर्शी होता है
B. बर्फ पानी के जमने से बनती है
C. बर्फ ठोस है जबकि ऐल्कोहल द्रव है
D. बर्फ पानी से हल्की होती है तथा ऐल्कोहल से भारी होता है

**30.** पानी का घनत्व अधिकतम होता है–

A. 4°C पर B. 4K पर
C. 4°F पर D. –4°C पर

**31.** ऊष्मा का SI मात्रक है–

A. वाट B. एम्पियर
C. जूल D. न्यूटन

**32.** ताप का SI मात्रक है–

A. केल्विन B. सेल्सियस
C. सेन्टीग्रेड D. फारेनहाइट

**33.** गर्मियों में ताप 46°C हो जाने पर भी ऊंट गर्मी से राहत महसूस करता है–

A. रेगिस्तानी पौधों की छाया में बैठकर
B. अपने शरीर के ताप को 42°C तक बढ़ाकर
C. अपने शरीर में पानी का संचय करके
D. उपर्युक्त सभी

**34.** द्रव तापमापी की अपेक्षा गैस तापमापी अधिक संवेदी होता है, क्योंकि गैस–

A. द्रव से हल्की होती है
B. द्रव की अपेक्षा अधिक प्रसार करती है
C. सरलता से प्राप्त की जा सकती है
D. अपनी अवस्था आसानी से नहीं बदलती

**35.** ताप युग्म तापमापी (Thermo Couple Thermometer) किस सिद्धान्त पर आधारित है?

A. सीबेक के प्रभाव पर
B. जूल के प्रभाव पर
C. पेल्टियर के प्रभाव पर
D. इनमें से कोई नहीं

**36.** अत्यधिक ऊंचे तापों की माप की जाती है–

A. प्लेटिनम प्रतिरोध तापमापी से
B. ताप युग्म तापमापी से
C. पूर्ण विकिरण उत्तापमापी से
D. नाइट्रोजन गैस तापमापी से

**37.** न्यूनतम सम्भव ताप है–

A. –273°C B. 0°C
C. –300°C D. 1°C

**38.** फारेनहाइट स्केल पर किसी वस्तु का ताप 212°F है। सेल्सियस पैमाने पर उस वस्तु का ताप होगा–

A. –32°C B. 40°C
C. 100°C D. 112°C

**39.** फारेनहाइट मापक्रम पर सामान्य वायुमण्डलीय दाब पर उबलते पानी का ताप होता है–

A. 32°F B. 100°F
C. 180°F D. 212°F

**40.** एक मनुष्य का तापक्रम 60°C है, तो उसका तापक्रम फारेनहाइट में क्या होगा?

A. 140°F B. 120°F
C. 130°F D. 98°F

**41.** जल को 0°C से 10°C तक गर्म किया जाता है, तो उसका आयतन–

A. लगातार बढ़ता है
B. लगातार घटता है
C. पहले बढ़ता है फिर घटता है
D. पहले घटता है फिर बढ़ता है

**42.** अत्यधिक शीत ऋतु में पहाड़ों पर पानी की पाइपलाइनें फट जाती हैं। इसका कारण है–

A. पाइप ठण्डक से सिकुड़ जाता है।
B. पाइप में पानी जमने पर सिकुड़ जाता है।
C. पाइप में पानी जमने पर फैल जाता है।
D. पाइप ठंडक पाकर बढ़ जाते हैं।

**43.** किसी झील की सतह का पानी बस जमने ही वाला है। झील के अधः स्तल में जल का क्या तापमान होगा?

A. 0°C B. 1°C
C. 2°C D. 4°C

**44.** ऊष्मा के संचरण (Transmission of heat) की विधि है–

A. चालन B. संवहन
C. विकिरण D. उपर्युक्त सभी

**45.** द्रवों तथा गैसों में ऊष्मा का स्थानान्तरण निम्नलिखित में से किस विधि द्वारा होता है?
A. चालन B. संवहन
C. विकिरण D. उपर्युक्त सभी

**46.** विद्युत केतली में पानी गर्म होता है–
A. चालन के कारण B. संवहन के कारण
C. विकिरण के कारण D. उपर्युक्त सभी

**47.** ऊष्मा के स्थानान्तरण की किस विधि में माध्यम आवश्यक नहीं है?
A. चालन B. संवहन
C. विकिरण D. उपर्युक्त सभी

**48.** ऊष्मा का सबसे अच्छा चालक है–
A. तांबा B. एलुमिनियम
C. सोना D. चांदी

**49.** कमरे में रखे हुए रेफ्रिजरेटर के दरवाजे खुले छोड़ दिए जाएं तो–
A. कमरा रेफ्रिजरेटर के भीतर के ताप तक ठंडा हो जाएगा।
B. कमरा रेफ्रिजरेटर के अन्दर से भी अधिक ताप तक ठंडा हो जाएगा।
C. कमरा धीरे-धीरे गर्म हो जाएगा।
D. कमरे में वायु का ताप अपरिवर्तित रहेगा।

**50.** यदि किसी धातु को खाना पकाने के बर्तन बनाने में प्रयुक्त किया जाता है तो ताप चालकता–
A. कम होनी चाहिए
B. अधिक होनी चाहिए
C. विद्युत चालकता कम होनी चाहिए
D. घनत्व अधिक होना चाहिए

**51.** शीतकाल में कपड़े हमें गर्म रखते हैं, क्योंकि–
A. ऊष्मा प्रदान करते हैं।
B. ऊष्मा का विकिरण नहीं करते हैं।
C. वायु को शरीर के सम्पर्क में आने से रोकते हैं।
D. शरीर की ऊष्मा को बाहर जाने से रोकते हैं।

**52.** ऊनी कपड़े सूती वस्त्रों की अपेक्षा गर्म होते हैं, क्योंकि वे–
A. ताप के अच्छे शोषक होते हैं।
B. ताप के अच्छे वितरक होते हैं।
C. सूती वस्त्रों से भारी होते हैं।
D. ताप के अच्छे रोधक होते हैं।

**53.** "अच्छे उत्सर्जक अच्छे अवशोषक होते हैं।" यह नियम है–
A. किरचॉफ का नियम
B. स्टीफन का नियम
C. न्यूटन का शीतलन नियम
D. ऊष्मागतिकी का नियम

**54.** थर्मस फ्लास्क (Thermos Flask) के आविष्कारक हैं–
A. डिवार B. स्टीफन
C. किरचॉफ D. न्यूटन

**55.** किस विधि से ऊष्मा स्थानान्तरण को न्यूनतम करने के लिए थर्मस फ्लास्क की दीवारों पर कलई की जाती है?
A. चालन B. संवहन
C. विकिरण D. उपर्युक्त सभी

**56.** निम्नलिखित में से किसमें सर्वोच्च विशिष्ट ऊष्मा का मान होता है?
A. कांच B. तांबा
C. सीसा D. जल

**57.** निम्नतापी परीक्षण किस ताप पर किया जाता है?
A. –20ºC B. –40ºC
C. –100ºC D. –196ºC

**58.** किसी ठोस पदार्थ के बिना द्रव में बदले सीधे वाष्प अवस्था में परिवर्तित होने को कहते हैं–
A. क्वथन B. आसवन
C. उर्ध्वपातन D. बहुलीकरण

**59.** जिस ताप पर कोई द्रव ऊष्मा पाकर वाष्प में बदलता है, कहलाता है–
A. गलनांक B. द्रवणांक
C. क्वथनांक D. इनमें से कोई नहीं

**60.** ठोस से द्रव में पदार्थ के अवस्था परिवर्तन को कहते हैं–
A. गलन B. वाष्पन
C. क्वथन D. इनमें से कोई नहीं

**61.** प्रकाश के चिकने पृष्ठ से टकराकर वापस लौटने की घटना को कहते हैं–
A. प्रकाश का अपवर्तन
B. प्रकाश का परावर्तन
C. प्रकाश का विवर्तन
D. प्रकाश का प्रकीर्णन

**62.** प्रकाश में ध्रुवण की घटना से यह सिद्ध होता है कि प्रकाश तरंगें हैं–

A. तीक्ष्ण B. प्रगामी
C. अनुप्रस्थ D. अनुदैर्ध्य

**63.** सूर्य लगभग $4 \times 10^{26}$ जूल प्रति सेकण्ड की दर से ऊर्जा दे रहा है। सूर्य से इतनी ऊर्जा निकलने से उसका द्रव्यमान किस दर से कम हो रहा है?

A. $4 \times 10^7$ kg $s^{-1}$ B. $4 \times 10^9$ kg $s^{-1}$
C. $4 \times 10^{11}$ kg $s^{-1}$ D. $4 \times 10^{13}$ kg $s^{-1}$

**64.** जल, कांच व हीरे में प्रकाश की चाल निम्न क्रम में होती है–

A. हीरा > कांच > जल B. जल > कांच > हीरा
C. कांच > हीरा > जल D. हीरा > जल > कांच

**65.** पानी से भरे किसी बर्तन में पड़ा एक सिक्का किस कारण थोड़ा उठा हुआ प्रतीत होता है?

A. प्रकाश के परावर्तन के कारण
B. प्रकाश के अपवर्तन के कारण
C. प्रकाश के विवर्तन के कारण
D. प्रकाश के परिक्षेपण के कारण

**66.** जल के अंदर मौजूद व्यक्ति को किस कारण जल की सतह से ऊपर की वस्तु अपनी वास्तविक स्थिति से अपेक्षाकृत अधिक ऊँचाई पर प्रतीत होती है?

A. प्रकाश के अपवर्तन के कारण
B. प्रकाश के परावर्तन के कारण
C. प्रकाश के व्यतिकरण के कारण
D. प्रकाश के विवर्तन के कारण

**67.** इन्द्रधनुष बनने का कारण है–

A. वायुमण्डल में सूर्य की किरणों का जल बूंदों के द्वारा परावर्तन
B. वायुमण्डल में सूर्य की किरणों का धूलकणों के द्वारा परावर्तन
C. प्रकाश का प्रकीर्णन
D. प्रकाश का ध्रुवण

**68.** मृगतृष्णा बनने का कारण है–

A. पूर्ण आन्तरिक परावर्तन B. विसरण
C. परावर्तन D. अपवर्तन

**69.** हीरा चमकदार दिखाई देता है–

A. परावर्तन के कारण
B. अपवर्तन के कारण
C. सामूहिक आंतरिक परावर्तन के कारण
D. प्रकीर्णन के कारण

**70.** महासागर का रंग नीला दिखाई देता है, क्योंकि उस पर गिरने वाला प्रकाश–

A. परावर्तित हो जाता है B. अपवर्तित हो जाता है
C. अवशोषित हो जाता है D. प्रकीर्णित हो जाता है।

**71.** खतरे के संकेतों के लिए लाल प्रकाश का प्रयोग किया जाता है, क्योंकि–

A. इसका प्रकीर्णन सबसे कम होता है।
B. यह आंखों के लिए आरामदायक होता है।
C. इसका सबसे कम रासायनिक प्रभाव होता है।
D. हवा द्वारा इसका अवशोषण सबसे कम होता है।

**72.** साबुन के पतले झाग में चमकदार रंगों का बनना किस परिघटना का परिणाम है?

A. बहुलित परावर्तन और व्यतिकरण
B. बहुलित अपवर्तन और परिक्षेपण
C. अपवर्तन और परिक्षेपण
D. ध्रुवण और व्यतिकरण

**73.** कार में दृश्यावलोकन के लिए किस प्रकार के शीशे का प्रयोग होता है?

A. अवतल दर्पण B. बेलनाकार दर्पण
C. उत्तल दर्पण D. समतल दर्पण

**74.** एक मीनार के पाद से क्षैतिज सतह पर एक समतल दर्पण 60 मीटर की दूरी पर रखा जाता है। मीनार की चोटी और दर्पण में उसका प्रतिबिम्ब एक-दूसरे से 90° का कोण बनाते हैं। मीनार की ऊँचाई होगी :

A. 30 m B. 60 m
C. 90 m D. 120 m

**75.** 100 सेमी फोकस दूरी वाले अवतल दर्पण से सूर्य का प्रतिबिम्ब बन रहा है, जो 30° का कोण बनाता है। सूर्य के प्रतिबिम्ब का व्यास होगा :

A. 1.74 cm B. 0.87 cm
C. 0.435 cm D. 100 cm

**76.** एक अवतल दर्पण की फोकस दूरी 50 सेमी है। एक वस्तु को कहाँ रखा जाये कि उसका वास्तविक व उल्टा प्रतिबिम्ब दोगुने आकार का बने?

A. 75 cm B. 72 cm
C. 63 cm D. 50 cm

**77.** एक आदमी की ऊँचाई 180 सेमी है। उसकी आँखें उसके सिर की चोटी से 10 सेमी नीचे हैं। अपनी पूरी ऊँचाई पैर के अँगूठे से सिर तक देखने के लिये वह अपने से 1 मीटर दूरी पर रखे एक समतल दर्पण का उपयोग करता है। समतल दर्पण की न्यूनतम ऊँचाई होगी :

A. 180 cm B. 90 cm
C. 85 cm D. 170 cm

**78.** 36 सेमी वक्रता त्रिज्या वाले अवतल दर्पण से एक वस्तु का काल्पनिक प्रतिबिम्ब वस्तु की आकृति से तीन गुना बड़ा बनता है। वस्तु की दर्पण से दूरी होगी :

A. 5 cm B. 12 cm
C. 10 cm D. 20 cm

**79.** किसी अवतल दर्पण से एक बिन्दु-बिम्ब 10 सेमी की दूरी पर रखा है और इसका वास्तविक प्रतिबिम्ब दर्पण से 20 सेमी की दूरी पर बनता है। यदि बिम्ब को दर्पण की ओर 0.1 सेमी खिसकाया जाये तो प्रतिबिम्ब खिसकेगा लगभग :

A. 0.4 cm दर्पण से दूर B. 0.4 cm दर्पण की ओर
C. 0.8 cm दर्पण से दूर D. 0.8 cm दर्पण की ओर

**80.** एक बिन्दुवत् वस्तु 30 सेमी फोकस दूरी वाले उत्तल दर्पण से 30 सेमी की दूरी पर स्थित है। तब इसका प्रतिबिम्ब बनेगा :

A. अनन्त पर
B. फोकस पर
C. ध्रुव पर
D. दर्पण से 15 सेमी पीछे की ओर

**81.** 30° अपवर्तक कोण वाले प्रिज्म के एक पृष्ठ पर प्रकाश किरण 60° के कोण पर आपतित होती है। प्रिज्म से निर्गत किरण आपतित किरण के साथ भी 30° का कोण बनाती है, प्रिज्म के पदार्थ का अपवर्तनांक होगा :

A. $\sqrt{2}$ B. $2\sqrt{3}$
C. 2 D. $\sqrt{3}$

**82.** प्रकाश की एक किरण काँच के एक समबाहु प्रिज्म से इस प्रकार गुजरती है कि उसका आपतन कोण, निर्गत् कोण के बराबर है और इन दोनों कोणों में से प्रत्येक प्रिज्म का 3/4 के बराबर है। किरण का विचलन कोण है :

A. 45° B. 39°
C. 20° D. 30°

**83.** प्रकाश की एक किरण 30° कोण वाले प्रिज्म की एक सतह पर 60° के कोण पर आपतित होती है। प्रिज्म से बाहर निकलने वाली किरण आपतित किरण से 30° का कोण बनाती है। बाहर निकलने वाली किरण जिस तल से निकलती है :

A. उस पर अभिलम्ब होगी
B. उससे 30° पर झुकी होगी
C. उससे 60° पर झुकी होगी
D. इनमें से कोई नहीं

**84.** एक उभयोत्तल लेन्स जिसकी फोकस दूरी 20 सेमी तथा जिसके पदार्थ का अपवर्तनांक 3/2 है। जब यह पानी में पूरा डुबोया जाता है (${}_a\mu_w = 4/3$) तो इसकी फोकस दूरी होगी:

A. 80 cm B. 15 cm
C. 17.7 cm D. 22.5 cm

**85.** यदि एक पतले समतल-उत्तल लेन्स के उत्तल पृष्ठ की त्रिज्या 15 सेमी और उसके पदार्थ का अपवर्तनांक 1.6 हो, तो लेन्स की क्षमता होगी :

A. +1 D B. −2 D
C. +3 D D. +4 D

**86.** एक वस्तु 8 सेमी फोकस दूरी वाले अभिसारी लेन्स के बायीं ओर 12 सेमी दूरी पर रखी है। 6 सेमी फोकस दूरी वाला अन्य अभिसारी लेन्स पहले लेन्स के दायीं ओर 30 सेमी दूरी पर रखा है। दूसरा लेन्स बनायेगा :

A. कोई प्रतिबिम्ब नहीं
B. आभासी एवं बड़ा प्रतिबिम्ब
C. वास्तविक एवं बड़ा प्रतिबिम्ब
D. वास्तविक एवं उल्टा प्रतिबिम्ब

**87.** सूक्ष्मदर्शी से अधिकतम आवर्धन लेने के लिये आँख को रखना चाहिये :

A. लेन्स की फोक्स दूरी पर

B. नेत्र लेन्स से 25 cm की दूरी पर
C. आँख के निकट बिन्दु की दूरी पर
D. नेत्र लेन्स के पास में

**88.** एक नेत्र के लिये दूर बिन्दु (far point) 4 मीटर दूरी पर है, तो नेत्र में होगा :
A. निकट दृष्टि दोष, आवश्यक लेन्स – 0.25 D
B. निकट दृष्टि दोष, आवश्यक लेन्स + 0.25 D
C. दूर दृष्टि दोष, आवश्यक लेन्स + 2.5 D
D. दूर दृष्टि दोष, आवश्यक लेन्स – 1.25 D

**89.** एक समंजन से खगोलीय दूरदर्शी की लम्बाई (अभिदृश्यक और नेत्रिका के बीच की दूरी) 105 सेमी है, जबकि अभिदृश्यक की फोकस दूरी 100 सेमी है, तो दूरदर्शी द्वारा आवर्धन होगा :
A. 20 B. 1.05
C. 21 D. जानकारी अपर्याप्त है

**90.** दांत के डॉक्टर का दर्पण होता है–
A. उत्तल दर्पण B. अवतल दर्पण
C. समतल दर्पण D. बेलनाकार दर्पण

**91.** कार की हेडलाइट में किस दर्पण का प्रयोग किया जाता है?
A. समतल B. गोलीय उत्तल
C. परवलयाकार अवतल D. समतल उत्तल

**92.** मानव आंख की रेटिना पर कैसा प्रतिबिम्ब बनता है?
A. वास्तविक तथा उल्टा B. वास्तविक तथा सीधा
C. आभासी तथा उल्टा D. आभासी तथा सीधा

**93.** दो समतल दर्पणों को 90° के कोण पर रखा गया है और उसके मध्य एक मोमबत्ती जल रही है। दर्पण में मोमबत्ती के कितने प्रतिबिम्ब बनेंगे?
A. 2 B. 3
C. 4 D. अनन्त

**94.** यदि एक व्यक्ति दो समतल दर्पण जो 60° कोण पर आनत हैं, के बीच खड़ा हो तब उसके कितने प्रतिबिम्ब दिखेंगे?
A. 3 B. 4
C. 5 D. 6

**95.** अपसारी लेन्स वह होता है, जो–
A. किरणें फैलाता है
B. किरणें एकत्रित करता है
C. काल्पनिक प्रतिबिम्ब बनाता है
D. वास्तविक प्रतिबिम्ब बनाता है

**96.** वायु का बुलबुला जल में व्यवहार करेगा–
A. उत्तल लेंस की भांति
B. अवतल लेंस की भांति
C. समतल-उत्तल लेंस की भांति
D. समतल-अवतल लेंस की भांति

**97.** लेंस (Lens) की क्षमता का मात्रक होता है–
A. ऑप्टर B. डायोप्टर
C. ल्यूमेन D. लक्स

**98.** एक लेंस का फोकसान्तर 25 सेमी. है। उसकी क्षमता होगी–
A. +2D B. +4D
C. –2D D. –4D

**99.** श्वेत प्रकाश जब प्रिज्म से होकर गुजरता है तो जो वर्ण सबसे अधिक विचलित होता है, वह है–
A. लाल B. बैंगनी
C. पीला D. आसमानी

**100.** प्राथमिक रंग है–
A. प्रकृति में पाए जाने वाले रंग
B. इन्द्र धनुष के रंग
C. श्वेत प्रकाश के स्पेक्ट्रम के रंग
D. वे रंग जो अन्य रंगों के मिश्रण से उत्पन्न नहीं किए जा सकते हैं।

**101.** पराश्रव्य तरंगें (Ultra Sonic Waves) होती हैं–
A. 1000 से 10,000 Hz आवृत्ति की अनुदैर्ध्य तरंगें
B. 1000 से 10,000 Hz आवृत्ति की अनुप्रस्थ तरंगें
C. 20,000 Hz से अधिक आवृत्ति की अनुप्रस्थ तरंगें
D. 20,000 Hz से अधिक आवृत्ति की अनुदैर्ध्य तरंगें

**102.** कीड़ों तथा हानि पहुंचाने वाले तत्वों को घरों से दूर भगाने के लिए प्रयोग में लाया जाता है–
A. अल्ट्रासोनिक तरंग B. रेडियो तरंग
C. इन्फ्रारेड तरंग D. सबसोनिक तरंग

**103.** ध्वनि तरंगें नहीं चल सकतीं–
A. जल में B. वायु में
C. लोहे में D. निर्वात् में

**104.** विमानों के आन्तरिक भागों की सफाई में किसका उपयोग किया जाता है?

A. पराश्रव्य तरंग

B. ऑक्जैलिक अम्ल

C. अवश्रव्य तरंग

D. कार्बन डाइऑक्साइड

**105.** श्रव्य परिसर में ध्वनि तरंगों की आवृत्ति क्या होती है?

A. 20 Hz से 20,000 Hz

B. 0.5 Hz से 5 Hz

C. 1 Hz से 10 Hz

D. 20,000 Hz से 40,000 Hz

**106.** चमगादड़ अंधेरे में उड़ सकता है, क्योंकि–

A. अंधेरे में उसे साफ दिखाई देता है।

B. उसकी आंख का प्यूपिल बहुत बड़ा होता है।

C. वह अति तीव्र ध्वनि तरंगें पैदा करता है जो उसे नियंत्रण करता है।

D. कोई भी चिड़िया ऐसा कर सकती है।

**107.** ध्वनि का वेग भिन्न-भिन्न माध्यमों में–

A. समान होता है।

B. भिन्न-भिन्न होता है और ठोस में सबसे अधिक होता है।

C. भिन्न-भिन्न होता है और द्रव में सबसे कम होता है।

D. भिन्न-भिन्न होता है और गैस में सबसे अधिक होता है।

**108.** पराध्वनिक विमान उड़ते हैं–

A. ध्वनि की चाल से

B. ध्वनि की चाल से कम चाल से

C. ध्वनि की चाल से अधिक चाल से

D. प्रकाश की चाल से

**109.** एक युवक पुरुष की आवाज की तुलना में छोटे बच्चे की आवाज अधिक प्रिय क्यों लगती है?

A. बच्चे की आवाज का तारत्व पुरुष की आवाज के तारत्व की तुलना में कम होता है।

B. बच्चे की आवाज का तारत्व पुरुष की आवाज के तारत्व की तुलना में अधिक होता है।

C. बच्चे में अधिक ताकत होती है।

D. उपर्युक्त में से कोई नहीं।

**110.** यदि सितार और बांसुरी पर एक ही स्वर बजाया जाए, तो उनसे उत्पन्न ध्वनि का भेद निम्नलिखित में अन्तर के कारण किया जा सकता है?

A. तारत्व, प्रबलता और गुणता

B. केवल तारत्व और प्रबलता

C. केवल ध्वनि प्रबलता

D. केवल ध्वनि गुणता

**111.** दो दृढ़ आधरों के बीच कसी, 2 m लम्बी रस्सी, दो लूपों में कम्पन कर रही है। निस्पन्दों व प्रस्पन्दों के बीच की दूरी होगी :

A. 50 cm B. 10 cm

C. 100 cm D. 200 cm

**112.** एक 10 m लम्बी तनी हुई डोरी में अप्रगामी तरंगें उत्पन्न की जाती हैं। यदि डोरी 5 खण्डों में कम्पन करती है व तरंग वेग 20 $ms^{-1}$ है, तो आवृत्ति होगी:

A. 2 Hz B. 4 Hz

C. 5 Hz D. 10 Hz

**113.** दो ध्वनि श्रोतों की आवृत्तियाँ 256 हर्ट्ज तथा 260 हर्ट्ज हैं। यदि इन दोनों स्रोतों के अन्तर्गत किसी बिन्दु पर $t = 0$ पर ध्वनि की तीव्रता अधिकतम हो, तो $t = 1/16$ सेकन्ड पर, उस बिन्दु पर कलान्तर होगा:

A. शून्य B. $\pi$

C. $\pi/2$ D. $\pi/4$

**114.** एक व्यक्ति को एक मोटरकार के हॉर्न के आवाज की आवृत्ति में 2.5% का अन्तर प्रतीत होता है। यदि मोटरकार व्यक्ति की ओर जा रही हो तथा ध्वनि का वेग 320 $ms^{-1}$ हो, तो कार का वेग है:

A. 8 $ms^{-1}$ (लगभग)

B. 800 $ms^{-1}$

C. 7 $ms^{-1}$

D. 6 $m\,s^{-1}$ लगभग

**115.** एक सीटी 256 तरंग प्रति सेकण्ड उत्पन्न करती है। यदि सीटी का वेग श्रोता की ओर हो तथा उसका मान वायु ध्वनि के वेग का एक-तिहाई हो, तो श्रोता द्वारा प्रति सेकण्ड प्राप्त तरंगों की संख्या होगी :

A. 384 B. 192

C. 300 D. 200

**116.** किसी खिंचे हुए तार के अनुदिश एक तरंग 300 $ms^{-1}$ की चाल से गुजरती है। यदि तार में तनाव चार गुना हो जाए, तो तरंग का वेग होगाः

A. 1500 $ms^{-1}$ B. 3000 $ms^{-1}$
C. 6000 $ms^{-1}$ D. 9000 $ms^{-1}$

**117.** बिजली चमकने की आवाज इसके देखे जाने के 3 s पश्चात् सुनायी देती है। यदि बिजली चमकने की दूरी 1020 s है, तो ध्वनि की चाल हैः

A. 1400 $ms^{-1}$ B. 332 $ms^{-1}$
C. 340 $ms^{-1}$ D. इनमें से कोई नहीं

**118.** एकसमान तनाव की स्थिति में, दो सर्वसम तारों में उत्पन्न मूल स्वरों की आवृत्ति 400 हर्ट्ज है। यदि एक तार के तनाव में 2% की वृद्धि की जाये, तो उत्पन्न विस्पन्दों की संख्या होगीः

A. 4 B. 2
C. 8 D. 1

**119.** एक ध्वनि स्रोत 40 $kmh^{-1}$ की वेग से किसी स्थिर श्रोता की आरे गति करता हुआ 2000 हर्ट्ज आवृत्ति की ध्वनि उत्पन्न करता है। यदि ध्वनि का वेग 1220 $kmh^{-1}$ है, तो श्रोता द्वारा सुनी गयी आभासी आवृत्ति होगी :

A. 2210 Hz B. 1920 Hz
C. 2068 Hz D. 2086 Hz

**120.** निम्नलिखित में से कौन-सी घटना ध्वनि तरंगों द्वारा प्रदर्शित नहीं की जाती है?

A. परावर्तन B. अपवर्तन
C. ध्रुवण D. विवर्तन

**121.** निम्न में से किसके द्वारा सबसे अधिक ध्वनि प्रदूषण होता है?

A. मोटर गाड़ी
B. रेलवे इंजन
C. पॉप म्यूजिक
D. हवाई जहाज का उड़ान भरना

**122.** नजदीक आती रेलगाड़ी की सीटी की आवाज बढ़ती जाती है जबकि दूर जाने वाली रेलगाड़ी के लिए यह घटती जाती है। यह घटना उदाहरण है–

A. रमन प्रभाव का B. जूल-थॉमसन प्रभाव का
C. क्रॉम्पटन प्रभाव का D. डॉप्लर प्रभाव का

**123.** चन्द्रमा के धरातल पर दो व्यक्ति एक-दूसरे की बात नहीं सुन सकते, क्योंकि–

A. चन्द्रमा पर उनके कान काम करना बंद कर देते हैं।
B. चन्द्रमा पर वायुमण्डल नहीं है।
C. चन्द्रमा पर वे विशेष प्रकार के अन्तरिक्ष सूट पहने रहते हैं।
D. चन्द्रमा पर ध्वनि बहुत ही मन्द गति से चलती है।

**124.** रडार (Radar) की कार्य प्रणाली निम्न सिद्धान्त पर आधारित होती है–

A. रेडियो तरंगों का अपवर्तन
B. रेडियो तरंगों का परावर्तन
C. डाप्लर प्रभाव
D. रमण प्रभाव

**125.** किसी प्रतिध्वनि को सुनने के लिए मूल आवाज और प्रतिध्वनि के बीच का समय अन्तराल क्या होना चाहिए?

A. $\frac{1}{10}$ सेकण्ड के बराबर
B. $\frac{1}{10}$ सेकण्ड से कम
C. $\frac{1}{10}$ सेकण्ड से अधिक
D. इनमें से कोई नहीं

**126.** बल्ब को तोड़ने पर तेज आवाज होती है, क्योंकि–

A. बल्ब के अन्दर निर्वात् में वायु तेजी से प्रवेश करती है।
B. बल्ब के अन्दर विस्फोटक गैस होती है।
C. बल्ब का फिलामेन्ट वायु से क्रिया करता है।
D. बल्ब के अंदर की गैस अचानक प्रसारित होती है।

**127.** निम्न में से कौन-सी धातु रोशनी के बल्बों में फिलामेन्ट के रूप में प्रयोग की जाती है?

A. लौह B. मोलिब्डेनम
C. चांदी D. टंगस्टन

**128.** विद्युत् धारा के ऊष्मीय प्रभाव पर आधारित घरेलू उपकरण है–

A. विद्युत् हीटर B. विद्युत् बल्ब
C. ट्यूब लाइट D. उपर्युक्त सभी

**129.** 100 वाट का बिजली का बल्ब यदि 10 घण्टे जले, तो बिजली का खर्च होगा–

A. 0.1 इकाई B. 1 इकाई

C. 10 इकाई D. 100 इकाई

**130.** विद्युत् बल्ब का तन्तु धारा प्रवाहित करने से चमकने लगता है, परन्तु तन्तु में धारा ले जाने वाले तार नहीं चमकते। इसका कारण है–

A. तन्तु में तारों की अपेक्षा अधिक धारा बहती है।

B. तन्तु का प्रतिरोध तारों की अपेक्षा कम होता है।

C. तन्तु का प्रतिरोध तारों की अपेक्षा अधिक होता है।

D. धारा प्रवाहित करने से केवल टंगस्टन धातु ही चमकती है।

**131.** सामान्यतः प्रयोग में लाई जाने वाली प्रतिदीप्ति ट्यूबलाइट पर निम्नलिखित में से कौन-सा अंकित होता है?

A. 220 K B. 273 K

C. 6500 K D. 9000 K

**132.** विद्युत् ऊर्जा को यांत्रिक ऊर्जा में बदलने की युक्ति है–

A. डायनेमो

B. ट्रांसफॉर्मर

C. विद्युत् मोटर

D. इन्डक्टर

**133.** एकीकृत परिपथ में प्रयुक्त अर्द्धचालक चिप निम्न की बनी होती है?

A. कैल्सियम B. कार्बन

C. सिलिकॉन D. जिरकॉन

**134.** प्रत्यावर्ती धारा को दिष्ट धारा में परिवर्तित करने वाली युक्ति को कहते हैं–

A. इनवर्टर

B. रेक्टीफायर

C. ट्रान्सफार्मर

D. ट्रान्समीटर

**135.** एक मकान में दो बल्ब लगे हैं, उनमें से एक-दूसरे से अधिक प्रकाश देता है। निम्न में से कौन-सा कथन सही है?

A. प्रकाश की दीप्ति रेजिस्टेन्स पर निर्भर नहीं है

B. दोनों बल्ब में रेजिस्टेन्स समान है

C. अधिक प्रकाश वाले बल्ब में रेजिस्टेन्स अधिक है

D. कम प्रकाश वाले बल्ब में रेजिस्टेन्स अधिक है

**136.** निम्न चित्र में A व B के बीच विभवान्तर है :

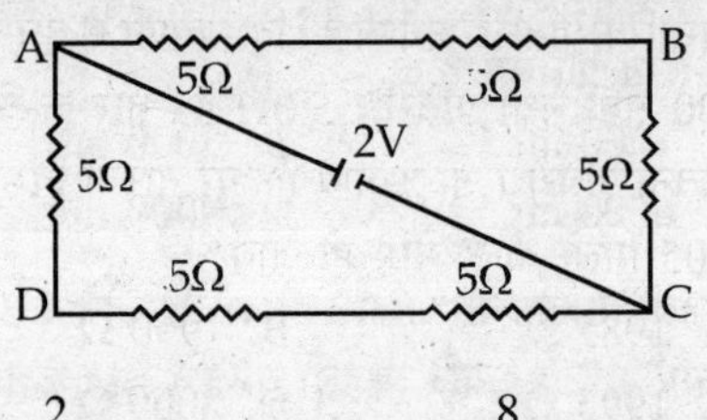


A. $\frac{2}{3}$V B. $\frac{8}{9}$V

C. $\frac{4}{3}$V D. 2V

**137.** एक चलकुण्डली धरामापी को 0.03 ऐम्पियर तक पढ़ने वाले अमीटर में बदलने के लिये $4r$ प्रतिरोध का शंट लगाना पड़ता है, जबकि उसे 0.06 एम्पियर तक पढ़ने वाले अमीटर में बदलने के लिये $r$ प्रतिरोध का शंट लगाना पड़ता है। बिना शंट के इस धारामापी में कितनी धारा भेजी जा सकती है?

A. 0.01 एम्पियर B. 0.02 एम्पियर

C. 0.03 एम्पियर D. 0.04 एम्पियर

**138.** एक वैद्युत केबिल में 9 मिमी त्रिज्या का केवल एक ताँबे का तार है इसका प्रतिरोध 5 ओम है। इस केबिल को 6 विभिन्न वैद्युतरोधी ताँबे के तारों से, जिनमें प्रत्येक की त्रिज्या 3 मिमी है, प्रतिस्थापित (replace) किया गया है। केबिल का कुल प्रतिरोध होगाः

A. 7.5 Ω B. 45 Ω

C. 90 Ω D. 270 Ω

**139.** एक रैखिक चालक में जिसकी अनुप्रस्थ काट असमान है, स्थिर धारा बह रही है। चालक की किसी काट में से प्रति सेकण्ड प्रवाहित आवेश की मात्राः

A. काट के क्षेत्रफल के समानुपाती है

B. काट के क्षेत्रफल के व्युत्क्रमानुपाती है

C. क्षेत्रफल पर निर्भर नहीं

D. चालक की लम्बाई पर निर्भर है

**140.** यदि एक ताँबे के तार को खीचकर 0.1% लम्बाई बढ़ा दी जाती है, तो इसके प्रतिरोध में प्रतिशत वृद्धि होगीः

A. 0.2% B. 2%

C. 1% D. 0.1%

**141.** विभवमापी के ड्राइवर सेल का वि.वा. बल 2 वोल्ट तथा आन्तरिक प्रतिरोध नगण्य है। विभवमापी के तार की लम्बाई 100 सेमी तथा प्रतिरोध 5.0Ω है। तार के श्रेणीक्रम में कितना प्रतिरोध जोड़ा जाये कि पूरे तार में विभव प्रवणता 0.05 मिली वोल्ट/सेमी हो जाये?

A. 1985 Ω  B. 1990 Ω
C. 1995 Ω  D. 2000 Ω

**142.** किसी वैद्युत अपघट्य में $3.2\times10^{18}$ द्वि-संयोजी धन आयन प्रति सेकण्ड दायीं ओर तथा $3.6\times10^{18}$ एकल-संयोजी ऋण आयन बायीं ओर प्रति सेकण्ड अनुगमन करते हैं, तो वैद्युत धारा होगीः

A. 1.6 बायीं ओर  B. 1.6 दायीं ओर
C. 0.45 दायीं ओर  D. 0.45 बायीं ओर

**143.** दो प्रतिरोधों को A. श्रेणीक्रम में B. समान्तर क्रम में संयोजित किया जाता है। दोनों अवस्थाओं में क्रमशः प्रतिरोध 9 ओम और 2 ओम हैं, तो प्रतिरोधों का मान होगाः

A. 2 Ω और 7 Ω  B. 6 Ω और 3 Ω
C. 3 Ω और 9 Ω  D. 5 Ω और 4 Ω

**144.** समान लम्बाई और समान अनुप्रस्थ काट के 12 तारों को एक घनाकार के रूप में जोड़ा गया है प्रत्येक तार का प्रतिरोध R है। किसी कर्ण के दो सिरों के मध्य प्रभावी प्रतिरोध होगाः

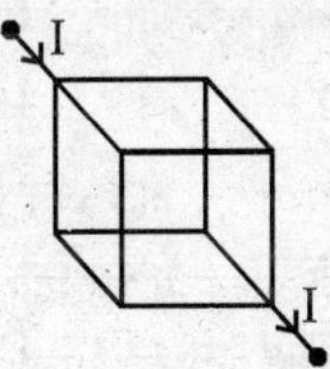


A. 2R  B. 12R
C. $\frac{5}{6}R$  D. 8R

**145.** दो सेल जब श्रेणीक्रम में जोड़ी जाती हैं तब विभवमापी 8 मीटर पर सन्तुलित होता है। जब एक सेल के ध्रुव को पलटकर लगाया जाता है तब सन्तुलित लम्बाई 2 मीटर पर प्राप्त होती है। सेलों के वि.वा. बल का अनुपात होगाः

A. 3 : 5  B. 5 : 3
C. 3 : 4  D. 4 : 3

**146.** एक R प्रतिरोध वाले ताँबे के तार को दस बराबर लम्बाई के टुकड़ों में काटकर दो-दो टुकड़ों को श्रेणीक्रम में जोड़कर पाँचों जोड़ों को समान्तर क्रम में जोड़ा जाता है। इस नए संयोजन का प्रतिरोध होगाः

A. R  B. $\frac{R}{4}$
C. $\frac{R}{5}$  D. $\frac{R}{25}$

**147.** जब कांच की छड़ को रेशम से रगड़ा जाता है तो छड़–

A. ऋणावेशित हो जाती है
B. धनावेशित हो जाती है
C. उदासीन रहती है
D. पहले ऋणावेशित होती है फिर धनावेशित

**148.** "दो स्थिर आवेशों के बीच लगने वाला बल उनकी मात्राओं के गुणनफल के अनुक्रमानुपाती तथा उनकी बीच की दूरी के वर्ग के व्युत्क्रमानुपाती होता है।" यह नियम है–

A. ओम का नियम  B. किरचॉफ का नियम
C. कूलॉम का नियम  D. फैराडे का नियम

**149.** निम्नलिखित में कौन अर्द्धचालक नहीं है?

A. जर्मेनियम  B. सिलिकॉन
C. सेलेनियम  D. आर्सेनिक

**150.** तांबा मुख्य रूप से विद्युत चालन के लिए प्रयोग किया जाता है क्योंकि–

A. इसका गलनांक अधिक होता है।
B. यह सस्ता होता है।
C. यह बहुत टिकाऊ होता है।
D. इसकी विद्युत् प्रतिरोधकता निम्न होती है।

**151.** प्रत्यावर्ती धारा को दिष्ट धारा में परिवर्तित किया जाता है–

A. डायनेमो द्वारा  B. ट्रान्सफॉर्मर द्वारा
C. रेक्टिफायर द्वारा  D. मोटर द्वारा

**152.** विद्युत् फिटिंग्स में एक तार को भू-सम्पर्कित किया जाता है। इसका कारण है–

A. यदि लघु पथन हो जाए तो धारा भूमि में चली जाएगी।
B. इससे विद्युत का क्षय नहीं होता है।
C. यह विद्युत् परिपथ को पूर्ण करता है।
D. इससे विद्युत् का उच्चावचन (Fluctuation) दूर हो जाता है।

**153.** ''किसी चालक के सिरों के बीच विभवान्तर उसमें बहने वाली धारा के समानुपाती होता है।'' यह नियम है–

A. कूलॉम का नियम B. फैराडे का नियम

C. जूल का नियम D. ओम का नियम

**154.** एक सामान्य शुष्क सेल में विद्युत् अपघट्य होता है–

A. जिंक B. गंधक का अम्ल

C. अमोनियम क्लोराइड D. मैंगनीज डाइऑक्साइड

**155.** एक फ्यूज तार का उपयोग ............. के लिए होता है।

A. हानि पहुँचाए बिना उच्च विद्युत् धारा को प्रवाहित करना

B. अत्यधिक धारा प्रवाह के समय विद्युत् परिपथ को तोड़ने

C. किसी व्यक्ति को विद्युत् झटकों से बचाने

D. इनमें से कोई नहीं

**156.** सामान्य वैद्युत् उपकरणों के लिए फ्यूज तार में निम्नलिखित गुण होने चाहिए–

1. मोटा तार
2. पतला तार
3. निम्न गलनांक मिश्रधातु
4. उच्च गलनांक मिश्रधातु

**कूट :**

A. 1 और 3 B. 1 और 4

C. 2 और 3 D. 2 और 4

**157.** बिजली सप्लाई के मेंस में फ्यूज एक सुरक्षा उपकरण के रूप में लगा हुआ होता है। बिजली के फ्यूज के संबंध में कौन-सा कथन सही है?

A. यह मेन्स स्विच के साथ समानान्तर में संयोजित होता है।

B. यह मुख्यतः सिल्वर मिश्रधातुओं से बना होता है।

C. इसका गलनांक निम्न होता है।

D. इसका प्रतिरोध अति उच्च होता है।

**158.** एक विद्युत् सर्किट में एक फ्यूज तार का उपयोग किया जाता है–

A. संचारण में विद्युत् ऊर्जा के खर्च को कम करने के लिए

B. वोल्टेज के स्तर को स्थिर रखने के लिए

C. सर्किट में प्रवाहित होने वाले अधिक विद्युत् धारा को रोकने के लिए

D. विद्युत् तार को अधिक गर्म होने से बचाने के लिए

**159.** एम्पियर मात्रक है–

A. प्रकाश तीव्रता की B. चुम्बकीय क्षेत्र की

C. विद्युत धारा की D. विद्युत आवेश की

**160.** यदि किसी तार की त्रिज्या आधी कर दी जाए, तो उसका प्रतिरोध–

A. आधा रह जाएगा

B. दुगुना हो जाएगा

C. एक-चौथाई रह जाएगा

D. 1/16 गुणा हो जाएगा

**161.** विद्युतचुम्बकीय तरंगों का वेग समान्तर होता है :

A. $\vec{B}\times\vec{E}$ K B. $\vec{E}\times\vec{B}$ K

C. $\vec{E}$ K D. $\vec{B}$ K

**162.** तरंग की आवृत्ति $6 \times 10^{15}$ हर्ट्ज है। वह तरंग है:

A. रेडियो तरंग B माइक्रो तरंग

C. X-किरण D. इनमें से कोई नहीं

**163.** किसी चुम्बक की आकर्षण शक्ति सबसे कम कहां होती है?

A. दोनों किनारों पर B. मध्य में

C. चुम्बकीय अक्ष पर D. सभी जगह समान होती है

**164.** चुम्बकीय फ्लक्स का मात्रक है–

A. वेबर B. गौस

C. हर्ट्ज D. टैसला

**165.** निम्नलिखित में से कौन अनुचुम्बकीय पदार्थ है?

A. हाइड्रोजन B. नाइट्रोजन

C. ऑक्सीजन D. लोहा

**166.** लौह चुम्बकीय पदार्थों के भीतर परमाणुओं के असंख्य अति सूक्ष्म संरचनाओं को क्या कहा जाता है?

A. परिनालिका B. टॉरॉइड

C. डोमेन D. इनमें से कोई नहीं

**167.** मुक्त रूप से निलम्बित चुम्बकीय सुई किस दिशा में टिकती है?

A. उत्तर-पश्चिम दिशा

B. उत्तर-दक्षिण दिशा

C. उत्तर-पूर्व दिशा

D. दक्षिण-पश्चिम दिशा

**168.** स्टील को चुम्बकीय करना कठिन है, उसके–
A. कम चुम्बकशील होने के कारण
B. अधिक धारण क्षमता होने के कारण
C. अधिक चुम्बकशील होने के कारण
D. अधिक घनत्व के कारण

**169.** निम्नलिखित में से कौन-सा एक प्रकृति में अनुचुम्बकीय है?
A. लौह B. हाइड्रोजन
C. ऑक्सीजन D. नाइट्रोजन

**170.** चुम्बकीय याम्योत्तर और भौगोलिक याम्योत्तर के बीच के कोण को कहते हैं–
A. चुम्बकीय नति B. चुम्बकीय आघूर्ण
C. चुम्बकीय दिकपात् D. इनमें से कोई नहीं

**171.** किसी चुम्बकीय पदार्थ को विचुम्बकीय किया जा सकता है–
A. हथौड़े से पीटकर
B. गर्म कर
C. उपर्युक्त दोनों
D. इनमें से कोई नहीं

**172.** फ्लेमिंग के बाएं हाथ का नियम दिशा बताते हैं–
A. विद्युत् धारा के उस चालक में जो विद्युत् क्षेत्र में रखा है
B. विद्युत् चालक में चुम्बकीय क्षेत्र की
C. विद्युत् चालक में बल की दिशा जब चालक चुम्बकीय क्षेत्र में है
D. इनमें से कोई नहीं

**173.** डायनेमो (विद्युत् जनित्र) के कार्य करने का सिद्धान्त है–
A. ताप विद्युत् प्रभाव
B. विद्युत् चुम्बकीय प्रभाव
C. धारा का चुम्बकीय प्रभाव
D. ऊर्जा संरक्षण

**174.** विद्युत् मोटर निम्न सिद्धान्त के अनुसार कार्य करती है–
A. फैराडे के नियम B. लेन्ज का नियम
C. ओम का नियम D. फ्लेमिंग का नियम

**175.** एक लम्बी धारावाही कुण्डली कहलाती है–
A. परिनालिका B. टोराइड
C. डोमेन D. इनमें से कोई नहीं

**176.** एक समरूप वैद्युत क्षेत्र तथा समरूप चुम्बकीय क्षेत्र एक ही दिशा में उत्पन्न किये गये हैं। उसी दिशा में एक इलेक्ट्रॉन को प्रक्षेपित किया जाता है, तो :
A. इलेक्ट्रॉन अपनी दायीं ओर मुड़ जायेगा
B. इलेक्ट्रॉन अपनी बायीं ओर मुड़ जायेगा
C. इलेक्ट्रॉन का वेग परिणाम बढ़ जायेगा
D. इलेक्ट्रॉन का वेग परिणाम घट जायेगा

**177.** (वेबर × ऐम्पियर)/मीटर निम्न में से किसके तुल्य है?
A. J B. N
C. H D. W

**178.** एक वृत्ताकार धारावाही कुण्डली की त्रिज्या R है। इसके अक्ष पर कितनी दूरी पर चुम्बकीय क्षेत्र केन्द्र पर चुम्बकीय क्षेत्र के मान का $\frac{1}{8}$ होगा?
A. $\frac{R}{\sqrt{3}}$ B. $R\sqrt{3}$
C. $2\sqrt{3}R$ D. $\frac{2}{\sqrt{3}}R$

**179.** एक रेखीय चालक जिसकी लम्बाई 40 सेमी है तथा इसमें 3 A धारा बह रही है, 500 गौस तीव्रता के एक चुम्बकीय क्षेत्र में रखा जाता है। अगर चालक चुम्बकीय क्षेत्र की दिशा से 30° का कोण बनाता है, तो उस पर लगने वाले बल का मान होगाः
A. $3 \times 10^4$ N B. $3 \times 10^2$ N
C. $3 \times 10^{-2}$ N D. $3 \times 10^{-4}$ N

**180.** पृथ्वी की त्रिज्या $6.4 \times 10^6$ मीटर तथा चुम्बकीय आघूर्ण $6.4 \times 10^{21}$ ऐम्पियर × मीटर$^2$ है। यदि यह मान लिया जाये कि यह आघूर्ण पृथ्वी के चारों ओर चुम्बकीय अक्ष पर लटके एक धारा लूप के कारण है, तो धारा का मान होगाः
A. $5 \times 10^6$ A B. $5 \times 10^7$ A
C. $5 \times 10^4$ A D. $5 \times 10^9$ A

**181.** समान द्रव्यमान और आकार के दो चुम्बक प्रति मिनट क्रमशः किसी स्थान पर 10 और 15 दोलन करते हैं, उनके चुम्बकीय आघूर्णों का अनुपात होगाः
A. 4 : 9 B. 9 : 4
C. 2 : 3 D. 3 : 2

**182.** एक लघु चुम्बक की एक अक्षीय बिन्दु पर चुम्बकीय क्षेत्र की तीव्रता 200 गौस है। उतनी दूरी पर निरक्षीय स्थिति में चुम्बकीय क्षेत्र की तीव्रता होगी:

A. 100 Gaus  B. 400 Gaus
C. 50 Gaus  D. 200 Gaus

**183.** दो अभिलम्बवत् (normal) एकसमान चुम्बकीय क्षेत्रों में एक चुम्बकीय सुई है, जो F के साथ 60° का कोण बनाती है। F/H का मान है:

A. 1 : 2  B. 2 : 1
C. $\sqrt{3}:1$  D. $1:\sqrt{3}$

**184.** एक दोलन चुम्बकत्वमापी में दो चुम्बक एक साथ रखे जाते हैं और पृथ्वी के चुम्बकीय क्षेत्र में दोलन करते हैं। एक जैसे ध्रुवों के साथ होने पर प्रति मिनट 15 दोलन होते हैं, पर विपरीत ध्रुवों की एक साथ की स्थिति में केवल 5 दोलन हो पाते हैं। चुम्बकीय अघूर्णों का अनुपात होगा :

A. $\frac{5}{4}$  B. $\frac{4}{5}$
C. $\frac{7}{3}$  D. $\frac{3}{7}$

**185.** चुम्बकीय ध्रुवों के बीच बल लगाने से क्या होता है जब उनके ध्रुव प्राबल्यों तथा इनके बीच की दूरी को दोगुना कर दिया जाये?

A. बल का मान पहले की अपेक्षा दोगुना हो जाता है
B. कोई परिवर्तन नहीं होता
C. पहले की अपेक्षा बल आधा हो जाता है
D. बल का मान प्रथम मान से चार गुना हो जाता है

**186.** एक स्वतन्त्रतापूर्वक लटकी हुई चुम्बक का आवर्तकाल 4 सेकण्ड है। यदि यह लम्बाई में दो समान भागों में टूट जाती है और एक भाग को उसी मार्ग में लटका दिया जाता है, तो इसका आवर्तकाल होगा :

A. 4 Sec.  B. 2 Sec.
C. 0.5 Sec.  D. 0.25 Sec.

**187.** किसी दोलन चुम्बकत्वमापी के चुम्बक को इतना गर्म किया जाता है कि इसका चुम्बकीय आघूर्ण 19% कम हो जाता है। ऐसा करने से चुम्बकत्वमापी का दोलनकाल:

A. 19% बढ़ जायेगा  B. 19% घट जायेगा
C. 11% बढ़ जायेगा  D. 21% बढ़ जायेगा

**188.** किसी उपकरण में वैद्युत क्षेत्र 18 वोल्ट/मीटर के आयाम से कम्पन कर रहा है। कम्पन करते हुए चुम्बकीय क्षेत्र का परिमाण होगा :

A. $9 \times 10^{-9}$ T  B. $6 \times 10^{-8}$ T
C. $5 \times 10^{-9}$ T  D. $11 \times 10^{-11}$ T

**189.** बायो गैस में होती है–

A. 10–30% मीथेन  B. 30–40% मीथेन
C. 50–70% मीथेन  D. 80–90% मीथेन

**190.** गैसोहोल का मिश्रण उपयोगी है–

A. खाद के रूप में
B. मोटर ईंधन के रूप में
C. किण्वक के रूप में
D. उपरोक्त सभी के रूप में

**191.** बायो गैस उत्पादन के लिए गोबर के अलावा हमारे देश में निम्न कौन-सा खर-पतवार प्रयुक्त होता है?

A. *आइक्रोर्निया क्रैसीपिस*  B. *हाइड्रिला*
C. *मेन्जीफेरा इण्डिका*  D. *सोलेनम नाइग्रम*

**192.** ईंधन काष्ठ होता है–

A. पेट्रोलियम उत्पादों का स्रोत
B. ऊर्जा के पुनर्नवीनीकृत स्रोत
C. बायो गैस का स्रोत
D. एल्कोहल का स्रोत

**193.** पेट्रोल के स्थान पर निम्न में से कौन-सा पदार्थ प्रयुक्त हो सकता है?

A. ईथेनोल  B. मीथेनोल
C. ब्यूटेनोल  D. प्रोपेनोल

**194.** लकड़ी की पायरोलाइसिस (Pyrolysis) से उत्पन्न होता है–

A. चारकोल  B. एल्कोहल
C. चारकोल एवं गैस  D. चारकोल, गैस एवं तेल

**195.** ऊर्जा के पुनर्नवीनीकरण योग्य (Renewable) स्रोत का सर्वश्रेष्ठ उदाहरण है–

A. पेट्रोलियम  B. जीवाश्म ईंधन
C. वृक्ष  D. बायो गैस

**196.** ऐसा पहला देश, जहाँ पर एल्कोहल को ईंधन की तरह प्रयोग किया है–

A. सऊदी अरेबिया  B. ईराक
C. ब्राजील  D. जापान

**197.** निम्नलिखित में से कौन-सी ऊर्जा वाली फसलें हैं?
A. गन्ना, आलू एवं टेपिओका
B. बाजरा, केला एवं टमाटर
C. गन्ना, आलू एवं टमाटर
D. गन्ना, टेपिओका तथा फूल गोभी

**198.** निम्नलिखित में से कौन-सा द्रव हाइड्रोकार्बन है?
A. रबड़ क्षीर B. रेजिन
C. टेनिन D. गोंद

**199.** पृथ्वी पर रोजाना सूर्य का प्रकाश प्रति वर्ग मीटर प्रतिदिन पहुँचता है–
A. 100 ग्राम कैलोरी B. 400 ग्राम कैलोरी
C. 4,000 किलो कैलोरी D. 40,000 किलो कैलोरी

**200.** एच.एम.पी. (HMP) एक जैव ऊर्जा होती है, जो प्राप्त की जाती है–
A. ड्राउट जन्तु शक्ति से B. जन्तु अपशिष्टों से
C. मानव पेशी शक्ति से D. इनमें से किसी से नहीं

**201.** एक पौधे के लिए ऊर्जा का मुख्य स्रोत होता है–
A. प्रकाश B. श्वसन
C. प्रकाश संश्लेषण D. श्वसनिक अंगक

**202.** जैव-ऊर्जा (Bioenergy) वह ऊर्जा है, जो प्राप्त होती है–
A. प्राकृतिक गैस से B. बायो गैस से
C. कोयले से D. इनमें से किसी से नहीं

**203.** निम्नलिखित में से कौन-सा पेट्रोलियम पादप है?
A. यूफोर्बिया B. आलू
C. गन्ना D. मक्का

**204.** डी.ए.पी. (DAP) एक जैव-ऊर्जा है जो प्राप्त होती है–
A. मानव पेशी शक्ति से
B. ड्राउट जन्तु शक्ति से
C. जन्तु अपशिष्टों से
D. जीवाश्म ईंधन से

**205.** बायो गैस उत्पादन की दर सीमित होती है–
A. मीथेन से उत्पादन द्वारा
B. सेल्यूलोज के पाचन द्वारा
C. एकलकों (Monomers) के कार्बनिक अम्लों के परिवर्तन द्वारा
D. इनमें से किसी के द्वारा नहीं

**206.** ईंधन-एल्कोहल के उत्पादन में अग्रणी देश है–
A. सऊदी अरब B. ईरान
C. ब्राजील D. जापान

**207.** अ-पुनर्नवीकृत पदार्थ अथवा स्रोत है–
A. प्लाक्टोन्स एवं मछलियाँ
B. जीवाश्म एवं खनिज
C. जन्तु एवं पौधे
D. जन्तु एवं खनिज

**208.** बायो गैस उत्पादन में प्रथम पद (Step) होता है–
A. मीथेन का जेनरेशन
B. बहुलकों (Polymers) का ऑक्सीजन विखण्डन
C. बहुलकों का अनॉक्सी विखण्डन
D. एकलकों (Monomers) का कार्बनिक अम्लों में विखण्डन

**209.** सुरक्षा की दृष्टि से खाना पकाने वाली L.P.G. गैस सिलिण्डर में क्या भरकर गैस को गंधयुक्त बनाया जाता है?
A. हीलियम B. अमोनिया
C. मरकैप्टेन D. ईथर

**210.** गैस एजेन्सियों द्वारा सिलिण्डरों में भरकर दी जाने वाली कुकिंग गैस है–
A. द्रव B. गैस
C. ठोस D. एक घोल

**211.** C.N.G. को पारिस्थितिकी मैत्रीपूर्ण क्यों कहा जाता है?
A. इसमें हाइड्रोजन अत्यन्त कम मात्रा में है।
B. इसका मुख्य घटक इथेन गैस (80-90%) है।
C. इसमें कार्बन मोनोऑक्साइड बहुत ही कम है।
D. C.N.G. में होने वाले गैस पूर्ण रूप से जलते नहीं हैं, इसलिए उत्सर्जन बहुत कम होता है।

**212.** निम्न में से किस एक का ईंधन मान अधिकतम होता है?
A. हाइड्रोजन B. चारकोल
C. प्राकृतिक गैस D. गैसोलिन

**213.** भूरा कोयला के नाम से जाना जाता है?
A. पीट
B. लिग्नाइट
C. बिटुमिनस
D. एन्थ्रासाइट

## उत्तरमाला

| 1 | 2 | 3 | 4 | 5 | 6 | 7 | 8 | 9 | 10 |
|---|---|---|---|---|---|---|---|---|---|
| A | C | C | A | B | A | A | A | A | A |
| **11** | **12** | **13** | **14** | **15** | **16** | **17** | **18** | **19** | **20** |
| C | B | C | A | D | A | B | C | C | A |
| **21** | **22** | **23** | **24** | **25** | **26** | **27** | **28** | **29** | **30** |
| C | C | B | A | C | C | B | C | D | A |
| **31** | **32** | **33** | **34** | **35** | **36** | **37** | **38** | **39** | **40** |
| C | A | B | B | A | C | A | C | D | A |
| **41** | **42** | **43** | **44** | **45** | **46** | **47** | **48** | **49** | **50** |
| D | C | D | D | B | B | C | D | C | A |
| **51** | **52** | **53** | **54** | **55** | **56** | **57** | **58** | **59** | **60** |
| D | D | A | A | C | D | D | C | C | A |
| **61** | **62** | **63** | **64** | **65** | **66** | **67** | **68** | **69** | **70** |
| B | C | B | B | B | A | A | A | C | D |
| **71** | **72** | **73** | **74** | **75** | **76** | **77** | **78** | **79** | **80** |
| A | A | C | B | B | A | B | B | A | D |
| **81** | **82** | **83** | **84** | **85** | **86** | **87** | **88** | **89** | **90** |
| D | D | A | A | D | C | D | A | A | B |
| **91** | **92** | **93** | **94** | **95** | **96** | **97** | **98** | **99** | **100** |
| C | A | B | C | A | B | B | B | B | D |
| **101** | **102** | **103** | **104** | **105** | **106** | **107** | **108** | **109** | **110** |
| D | A | D | A | A | C | B | C | B | D |
| **111** | **112** | **113** | **114** | **115** | **116** | **117** | **118** | **119** | **120** |
| A | C | C | A | A | C | C | A | C | C |
| **121** | **122** | **123** | **124** | **125** | **126** | **127** | **128** | **129** | **130** |
| D | D | B | B | C | A | D | D | B | C |
| **131** | **132** | **133** | **134** | **135** | **136** | **137** | **138** | **139** | **140** |
| C | C | C | B | D | C | B | A | C | A |
| **141** | **142** | **143** | **144** | **145** | **146** | **147** | **148** | **149** | **150** |
| C | B | B | C | B | D | B | C | D | D |
| **151** | **152** | **153** | **154** | **155** | **156** | **157** | **158** | **159** | **160** |
| C | A | D | C | B | C | C | C | C | D |
| **161** | **162** | **163** | **164** | **165** | **166** | **167** | **168** | **169** | **170** |
| B | D | B | A | C | C | B | B | C | C |
| **171** | **172** | **173** | **174** | **175** | **176** | **177** | **178** | **179** | **180** |
| C | C | B | A | A | D | B | B | C | B |
| **181** | **182** | **183** | **184** | **185** | **186** | **187** | **188** | **189** | **190** |
| A | A | D | A | B | B | C | B | B | B |
| **191** | **192** | **193** | **194** | **195** | **196** | **197** | **198** | **199** | **200** |
| A | B | A | D | C | C | A | A | C | C |
| **201** | **202** | **203** | **204** | **205** | **206** | **207** | **208** | **209** | **210** |
| A | B | A | B | B | C | B | C | C | A |
| **211** | **212** | **213** | | | | | | | |
| C | A | B | | | | | | | |

# रसायन विज्ञान

**1.** निम्नलिखित में से यौगिक कौन-सा है?
A. पारा B. ओजोन
C. वायु D. अमोनिया

**2.** शुद्ध तत्व कौन-सा है?
A. काँच B. सीमेंट
C. सोडियम D. इनमें से कोई नहीं

**3.** वायु निम्नलिखित में से क्या है?
A. तत्व B. यौगिक
C. मिश्रण D. इनमें से कोई नहीं

**4.** निम्नलिखित में से कौन धातु होते हुए भी विद्युत् का कुचालक है?
A. टिन B. कॉपर
C. लेड D. निकेल

**5.** निम्नलिखित में से किस पदार्थ में ऑक्सीजन नहीं है?
A. सीमेन्ट B. रेत
C. मिट्टी का तेल D. काँच

**6.** विरंजक चूर्ण (Bleaching Powder) है–
A. तत्व B. यौगिक
C. मिश्रण D. अपरूप

**7.** पदार्थ की चतुर्थ अवस्था है–
A. ठोस B. तरल
C. प्लाज्मा D. गैस

**8.** निम्नलिखित में से कौन एक यौगिक है?
A. वायु B. पारा
C. ओजोन D. अमोनिया

**9.** कोयला (Coal) है–
A. तत्व B. यौगिक
C. मिश्रण D. इनमें से कोई नहीं

**10.** दो या दो से अधिक तत्वों की मात्रा के विचार से एक निश्चित अनुपात में संयोग करने से बना पदार्थ कहलाता है–
A. तत्व B. यौगिक
C. मिश्रण D. ठोस

**11.** वायु (Air) है–
A. तत्व B. यौगिक
C. मिश्रण D. बिलयन

**12.** दो या दो से अधिक शुद्ध पदार्थों को किसी भी अनुपात में मिला देने से बनता है–
A. तत्व B. यौगिक
C. मिश्रण D. गैस

**13.** स्टेनलेस स्टील एक मिश्रधातु है जबकि वायु है एक–
A. मिश्रण B. यौगिक
C. तत्व D. विलयन

**14.** हीरा (Diamond) है–
A. तत्व B. यौगिक
C. मिश्रण D. तरल

**15.** निम्नलिखित में से कौन उपधातु है?
A. आर्सेनिक B. एण्टीमनी
C. विस्मथ D. उपर्युक्त सभी

**16.** निम्न में से कौन न तो तत्व है और न ही यौगिक?
A. वायु B. जल
C. पारा D. सोडियम क्लोराइड

**17.** एक ही प्रकार के परमाणुओं से मिलकर बना पदार्थ कहलाता हैं–
A. तत्व B. यौगिक
C. मिश्रण D. द्रव

**18.** ऐसे तत्व जिनमें धातु और अधातु दोनों के गुण पाए जाते हैं, कहलाते हैं–
A. आदर्श धातु B. उपधातु
C. मिश्रधातु D. धातुमल

**19.** निम्नलिखित में से मिश्रण है–
A. दूध B. इस्पात
C. कार्बन मोनोऑक्साइड D. हाइड्रोक्लोरिक अम्ल

**20.** निम्नलिखित में से किस अधातु में धातुई चमक पाई जाती है?
A. ग्रेफाइट B. आयोडीन
C. उपर्युक्त दोनों D. इनमें से कोई नहीं

**21.** परमाणु भार की इकाई है–

A. लीटर B. ग्राम
C. किलोग्राम D. कुछ नहीं

**22.** N.T.P. पर एक लीटर NO का भार है–

A. 13.39 ग्राम B. 1.339 ग्राम
C. 133.9 ग्राम D. कोई नहीं

**23.** 1 लीटर जल में अणुओं की संख्या है–

A. $55.5 \times 6.023 \times 10^{23}$

B. $\frac{18}{22.4} \times 10^{23}$

C. $18 \times 6.023 \times 10^{23}$

D. $\frac{6.023}{23.4} \times 10^{23}$

**24.** किसी यौगिक का एक से अधिक प्रकार की क्रिस्टलीय संरचना होने का गुण कहलाता है–

A. समावयवता B. बहुरूपता
C. समाकृतिकता D. अपरूपता

**25.** सत्य कथन है–

A. उपधातुएं अर्धचालक की भाँति व्यवहार करती हैं
B. स्टील एक मिश्र धातु है
C. धातुएं इलेक्ट्रॉनिक चालक होती हैं
D. उपरोक्त सभी

**26.** 292 ग्राम HCl युक्त विलयन को ठीक उदासीन करने के लिए आवश्यक अमोनिया को उत्पन्न करने के लिए अमोनियम सल्फेट की क्या मात्रा आवश्यक होगी?

A. 272 ग्राम
B. 408 ग्राम
C. 528 ग्राम
D. 1056 ग्राम

**27.** कौन-सा कथन सत्य है?

A. S.T.P. पर ग्राम अणु आयतन 22.4 लीटर होता है
B. $CaCO_3$ के 0.2 ग्राम अणु में ऑक्सीजन के 0.3 ग्राम परमाणु उपस्थित होते हैं
C. 22.4 लीटर $H_2S$ में इसके 2 मोल होते हैं
D. उपरोक्त सभी

**28.** माना A तथा B दो तत्व हैं जो कि यौगिक $B_2A_3$ तथा $B_2A$ बनाते हैं। यदि $B_2A_3$ के 0.05 मोल का भार 9.0 ग्राम तथा $B_2A$ के 0.10 मोल का भार 10 ग्राम हो, तो A तथा B के परमाणु भार हैं–

A. 30 तथा 40 B. 40 तथा 30
C. 20 तथा 5 D. 15 तथा 20

**29.** कठोर जल के एक नमूने में 40 Mg $Ca^{2+}$ प्रति लीटर पाया गया। इस जल के पाँच लीटर के मृदुलीकरण के लिए आवश्यक धोवन सोडे ($Na_2CO_3$) की मात्रा होगी–

A. 1.06 ग्राम B. 5.2 ग्राम
C. 53 मिली ग्राम D. 530 मिली ग्राम

**30.** जल के विद्युत अपघटन से S.T.P पर 8.4 लीटर गैसीय मिश्रण प्राप्त होता है। विद्युत अपघटित जल की मात्रा है–

A. 9 ग्राम B. 18 ग्राम
C. 0.9 ग्राम D. 4.5 ग्राम

**31.** न्यूट्रिनों में होता है–

A. आवेश +1, द्रव्यमान 1
B. आवेश 0, द्रव्यमान 0
C. आवेश –1 तथा द्रव्यमान 1
D. आवेश 0, द्रव्यमान 1

**32.** 2p-उपकोश में कक्षकों की संख्या है–

A. 1 B. 2
C. 3 D. 6

**33.** ऑफबाऊ सिद्धान्त निम्नलिखित में कक्षकों के भरने की ठीक व्यवस्था नहीं देता है–

A. Cu तथा Zn B. Co तथा Ni
C. Mn तथा Cr D. Cu तथा Cr

**34.** वे नाभिक जिनकी द्रव्यमान संख्याएँ समान होती हैं परन्तु परमाणु क्रमांक भिन्न होते हैं, कहलाते हैं–

A. समभारिक B. समस्थानिक
C. समन्यूट्रॉनिक D. समावयवी

**35.** परमाणविक हाइड्रोजन के स्पैक्ट्रम की कौन-सी श्रेणी की रेखायें दृश्य क्षेत्र में पड़ती हैं–

A. बामर B. पाश्चन
C. ब्रैकेट D. लाइमन

**36.** निम्न में से $2p$ कक्षकों के लिये कौन-सा सही है?

A. $n = 1, l = 2$ B. $n = 1, l = 0$

C. $n = 2, l = 1$ D. $n = 2, l = 0$

**37.** किसी इलेक्ट्रॉन की स्थिति व ऊर्जा का ज्ञान होता है उसकी–

A. मुख्य क्वाण्टम संख्या द्वारा

B. दिगंशी क्वाण्टम संख्या द्वारा

C. चुम्बकीय क्वाण्टम संख्या द्वारा

D. चक्रण क्वाण्टम संख्या द्वारा

**38.** परमाणु क्रमांक 29 के परमाणु की अनुत्तेजित अवस्था में अयुग्मित इलेक्ट्रॉनों की कुल संख्या है–

A. 2 B. 3

C. 4 D. 1

**39.** निम्न में से किसमें दो अयुग्मित इलेक्ट्रॉन हैं?

A. $O^{2+}$ B. $O_2$

C. $O_2^-$ D. $O_2^-$

**40.** मुख्य क्वाण्टम संख्या निरूपित करती हैं–

A. इलेक्ट्रॉन की नाभिक से दूरी

B. कक्षा की आकृति

C. कक्षा में इलेक्ट्रॉनों की संख्या

D. कक्ष में कक्षकों की संख्या

**41.** हाइड्रोजन स्पेक्ट्रम में लाइमन श्रेणी की विभिन्न रेखायें इस क्षेत्र में होती हैं–

A. UV

B. IR

C. सुदूर IR

D. इनमें से कोई नहीं

**42.** न्यूट्रॉन की पहचान में कठिनाई का कारण था, इसका–

A. आवेश रहित होना

B. न्यून आवेश होना

C. नगण्य भार होना

D. नगण्य आवेश : भार अनुपात होना

**43.** '15' परमाणु क्रमांक वाले तत्व की बाहरी कक्षा में उपस्थित इलेक्ट्रॉनों की संख्या है–

A. 1 B. 3

C. 5 D. 7

**44.** तीसरे क्वाण्टम कोश ($n = 3$) के आर्बिटल में कितने इलेक्ट्रॉन आ सकते हैं?

A. 2 B. 8

C. 18 D. 32

**45.** एक विशिष्ट तत्व के विभिन्न समस्थानिक परमाणुओं में जिनकी संख्या भिन्न होती है, वह है–

A. केवल बाह्य कोश में इलेक्ट्रॉनों की संख्या

B. केवल अन्तः कोश में इलेक्ट्रॉनों की संख्या

C. न्यूट्रॉनों की संख्या

D. प्रोटॉनों की संख्या

**46.** $He^+$ वर्णक्रम की अपेक्षा इसके समान होने की है–

A. H B. $Li^+$

C. Na D. $He^{2+}$

**47.** किसी एक $p$-कक्षक में हो सकते हैं–

A. चार इलेक्ट्रॉन

B. समानान्तर चक्रण वाले दो इलेक्ट्रॉन

C. छः इलेक्ट्रॉन

D. विपरीत चक्रण वाले दो इलेक्ट्रॉन

**48.** निम्न में से कौन-सा परमाणु या आयन निऑन के साथ आइसोइलेक्ट्रॉनिक है (अर्थात् दोनों में इलेक्ट्रॉनों की संख्या समान है)–

A. O B. $N^-$

C. $Mg^+$ D. $F^-$

**49.** परमाणु क्रमांक इनकी संख्या प्रकट करता है–

A. प्रोट्रॉन

B. इलेक्ट्रॉन

C. न्यूट्रॉन

D. प्रोट्रॉन तथा इलेक्ट्रॉन

**50.** एक परमाणु में बोर की कोश की विचारधारा विरोध करती है–

A. दि-ब्राग्ली सम्बन्ध B. अनिश्चितता सिद्धान्त

C. पाउली सिद्धान्त D. हुण्ड का नियम

**51.** कौन-सी स्पीशीज का अस्तित्व सम्भव नहीं है–

A. $He_2$ B. $He_2^+$

C. $H_2^+$ D. $Li_2^+$

**52.** कौन-सा इलेक्ट्रॉन स्तर हाइड्रोजन परमाणु को फोटॉन अवशोषित करने देगा परन्तु उत्सर्जित नहीं करने देगा?

A. 3*s* B. 2*p*
C. 2*s* D. 1*s*

**53.** किसी आर्बिटल में इलेक्ट्रॉन पाने की सम्भावना को किसके द्वारा ग्रहण किया गया?

A. रदरफोर्ड B. बोर
C. हाइजेनबर्ग D. स्क्रोडिंजर

**54.** रिडबर्ग स्थिरांक की इकाई है–

A. ऐंग्स्ट्रॉम B. सेमी$^{-1}$
C. सेमी प्रति सेकण्ड D. अर्ग

**55.** निम्नलिखित में से किस यौगिक में ऋणायन व धनायन आकार का अनुपात सबसे कम है?

A. KCl B. NaCl
C. $MgCl_2$ D. NaBr

**56.** हाइड्रोजन परमाणु में इलेक्ट्रॉनों को 5वें कोश में उत्तेजित कर दिया जाता है। वर्णक्रम में उपस्थित विभिन्न रेखाओं की संख्या होगी–

A. 18 B. 12
C. 4 D. 10

**57.** गतिशील इलेक्ट्रॉन की तरंग प्रकृति प्रदर्शित की जाती है–

A. विवर्तन प्रयोगों द्वारा
B. क्रॉम्पटन प्रभाव द्वारा
C. फोटो इलेक्ट्रिक प्रभाव द्वारा
D. जूल-थामसन प्रभाव द्वारा

**58.** एनोड किरणों की प्रकृति निर्भर करती है–

A. अवशिष्ट गैस की प्रकृति पर
B. इलेक्ट्रोड की प्रकृति पर
C. विसर्जन नलिका की प्रकृति पर
D. सभी पर

**59.** एक तत्व के समस्थानिक के होते हैं–

A. समान रासायनिक तथा भिन्न भौतिक गुण
B. समान रासायनिक तथा भौतिक गुण
C. समान भौतिक तथा भिन्न रासायनिक गुण
D. भिन्न भौतिक तथा रासायनिक गुण

**60.** हाइड्रोजन के रेडियोधर्मी समस्थानिक ट्राइटियम द्वारा निम्न का उत्सर्जन होता है–

A. $\alpha$-कण का B. $\beta$-कण का
C. $\gamma$-गामा कण का D. न्यूट्रॉनों का

**61.** ऋणायन तब बनता है, जब–

A. परमाणु इलेक्ट्रॉन ग्रहण करता है।
B. परमाणु इलेक्ट्रॉन खोता है।
C. परमाणु पर बाहर से धनावेश आता है।
D. परमाणु से प्रोटान बाहर निकल जाता है।

**62.** विद्युत् संयोजक बन्ध बनता है–

A. धनाविष्ट आयनों के बीच
B. ऋणाविष्ट आयनों के बीच
C. विपरीत आविष्ट आयनों के बीच
D. इनमें से कोई नहीं

**63.** निम्नलिखित में किस अणु में वैद्युत संयोजक बंधन है?

A. $CCl_4$ B. $N_2$
C. $CH_4$ D. $CaCl_2$

**64.** सहसंयोजकता में–

A. इलेक्ट्रॉनों का स्थानान्तरण होता है।
B. इलेक्ट्रॉनों की बराबर की साझेदारी होती है।
C. इलेक्ट्रॉनों का न स्थानान्तरण होता है, न साझेदारी।
D. इलेक्ट्रॉनों का क्षय होता है।

**65.** इथिलीन अणु की आकृति होती है–

A. एकरैखिक B. चतुष्फलकीय
C. समतल त्रिकोणीय D. अष्टफलकीय

**66.** सोडियम क्लोराइड में होता है–

A. सह-संयोजक बंधन B. उप-सहसंयोजक बंधन
C. वैद्युत् संयोजक बंधन D. इनमें से कोई नहीं

**67.** $NH_4Cl$ में पाया जाने वाला आबन्ध है–

A. सहसंयोजक B. वैद्युत् संयोजक
C. उप-सहसंयोजक D. उपर्युक्त सभी

**68.** द्रवित सोडियम क्लोराइड विद्युत् धारा का प्रवाह कर सकता है, क्योंकि इसमें उपस्थित होता है–

A. मुक्त इलेक्ट्रॉन
B. मुक्त आयन
C. मुक्त अणु
D. सोडियम तथा क्लोरीन के परमाणु

**69.** नाइट्रोजन निम्न परास में भिन्न ऑक्सीकरण अवस्थाएँ प्रदर्शित करता है–

A. 0 से + 5 B. – 3 से + 5

C. – 5 से + 3 D. – 3 से + 3

**70.** उपसहसंयोजक यौगिक $K_4[Ni(CN)_4]$, में निकिल की ऑक्सीकरण अवस्था है–

A. –1 B. 0

C. +1 D. + 2

**71.** अम्लीय माध्यम में $H_2C_2O_4 + KMnO_4$ की क्रिया में Mn की ऑक्सीकरण संख्या में परिवर्तन है–

A. 7 से 5 B. 2 से 7

C. 5 से 7 D. 7 से 2

**72.** यौगिकों का युग्म जिसमें दोनों धातुएँ उच्चतम सम्भव ऑक्सीकरण अवस्था में हैं–

A. $[Fe(CN)_6]^{3\ominus}, [Co(CN)_6]^{3\ominus}$

B. $CrO_2Cl_2, MnO_4^{\ominus}$

C. $TiO_3, MnO_2$

D. $[Co(CN)_6]^{3\ominus}, MnO_2$

**73.** कौन-ऑक्सीकारक एवं अपचायक दोनों की तरह कार्य करता है?

A. $HNO_3$ B. $K_2Cr_2O_7$

C. $KMnO_4$ D. $H_2O_2$

**74.** किस यौगिक में ऑक्सीजन की ऑक्सीकरण संख्या + 2 है?

A. $H_2O_2$ B. $CO_2$

C. $H_2O$ D. $OF_2$

**75.** अम्लीय माध्यम में $KMnO_4$ का ऑक्जेलिक अम्ल द्वारा अपचयन होने पर Mn की ऑक्सीकरण संख्या बदलती है। इसका परिणाम है–

A. 7 से 2 B. 6 से 2

C. 5 से 2 D. 4 से 2

**76.** किसमें ऑक्सीकरण एवं अपचयन दोनों होते हैं–

A. $NaBr + HCl \rightarrow NaCl + HBr$

B. $HBr + AgNO_3 \rightarrow AgBr + HNO_3$

C. $H_2 + Br_2 \rightarrow 2HBr$

D. $CaO + H_2SO_4 \rightarrow CaSO_4 + H_2O$

**77.** नाइट्रोजन की ऑक्सीकरण अवस्था किसमें सर्वाधिक है–

A. $N_3H$ B. $NH_2OH$

C. $N_2H_4$ D. $NH_3$

**78.** मैंगनीज की सबसे अधिक ऑक्सीकरण संख्या उसके इस यौगिक में है–

A. $MnO_2$ B. $Mn_3O_4$

C. $KMnO_4$ D. $K_2MnO_4$

**79.** निम्नलिखित में कौन एक रेडॉक्स अभिक्रिया है?

A. $NaCl + KNO_3 \rightarrow NaNO_3 + KCl$

B. $CaC_2O_4 + 2HCl \rightarrow CaCl_2 + H_2C_2O_4$

C. $Ca(OH)_2 + 2NH_4Cl \rightarrow CaCl_2 + 2NH_3 + 2H_2O$

D. $2K[Ag(CN)_2] + Zn \rightarrow K_2[Zn(CN)_4] + 2Ag$

**80.** कौन-सा एक क्षारकीय एवं अपचायक है–

A. $HPO_3$ B. $H_3PO_3$

C. $H_3PO_2$ D. $H_4P_2O_7$

**81.** वह तत्व जिसकी, उसके किसी भी यौगिक में ऑक्सीकरण संख्या धनात्मक नहीं होती है–

A. ऑक्सीजन B. बोरोन

C. क्लोरीन D. फ्लोरीन

**82.** दुर्बलतम अम्ल है–

A. $NO_2$ B. $N_2O_5$

C. NO D. $N_2O_3$

**83.** प्रबलतम ऑक्सीकारक है–

A. क्लोरीन B. फ्लोरीन

C. $HNO_3$ D. एनोड

**84.** मैंगनीज का कौन-सा ऑक्साइड उभयधर्मी है–

A. $MnO_2$ B. $Mn_2O_3$

C. $Mn_2O_7$ D. MnO

**85.** ऑक्सीजन की ऑक्सीजन अवस्था किसमें शून्य है–

A. CO B. $O_3$

C. $SO_2$ D. $H_2O_2$

**86.** पोटेशियम डाइक्रोमेट का एक मोल अम्लीय माध्यम में फैरस सल्फेट के कितने मोल का पूर्ण ऑक्सीकरण करता है–

A. 1 B. 3

C. 5 D. 6

**87.** अम्लीय माध्यम में एक रेडॉक्स प्रक्रिया में $MnO_4^-$ के एक मोल के द्वारा कितने मोल इलेक्ट्रॉन ग्रहण किये जाते हैं–

A. 1 B. 3
C. 5 D. 6

**88.** निम्न ऑक्साइडों में सर्वाधिक अम्लीय ऑक्साइड है–

A. $N_2O_5$ B. $P_2O_5$
C. $As_2O_5$ D. $Sb_2O_5$

**89.** गलित सोडियम क्लोराइड के वैद्युत अपघटन में एनोड पर कौन-सी क्रिया होती है–

A. $Cl^-$ आयन का ऑक्सीकरण
B. $Na^+$ आयन का अपचयन
C. $Na^+$ आयन का ऑक्सीकरण
D. $Cl^-$ आयन का अपचयन

**90.** अम्लीय है–

A. $NH_3$ B. $N_3H$
C. $N_2H_4$ D. $NH_2OH$

**91.** हाइड्रोजन एक इलेक्ट्रॉन पृथक् करके $H^+$ बनाता है। इस गुण में यह इससे समानता प्रकट करता है–

A. क्षार धातु B. हैलोजन
C. क्षारीय मृदा धातु D. संक्रमण धातु

**92.** निम्न में से कौन-सा आयन जल में सर्वाधिक विलेय हाइड्रोक्साइड बनायेगा?

A. $K^+$ B. $Ni^{2+}$
C. $Zn^{2+}$ D. $Al^{3+}$

**93.** निम्न में से कौन से समूह के तत्वों के परमाणु सरलता से इलेक्ट्रॉन पृथक करते हैं?

A. Li, Na, K B. Cl, Br, I
C. O, S, Se D. N, P, As

**94.** एक आवर्त में अधिकतम आयनन विभव प्रकट करते हैं–

A. क्षार धातु B. अक्रिय गैसें
C. प्रतिनिधि तत्व D. हैलोजन

**95.** किसकी परमाणवीय त्रिज्या अधिकतम है?

A. Al B. Si
C. P D. Mg

**96.** आवर्त सारणी के दीर्घ रूप में होते हैं–

A. आठ क्षैतिज पंक्तियाँ तथा सात उर्ध्वाधर कॉलम (columns)
B. सात क्षैतिज पंक्तियाँ तथा अट्ठारह उर्ध्वाधर कॉलम
C. सात क्षैतिज पंक्तियाँ तथा सात उर्ध्वाधर कॉलम
D. आठ क्षैतिज पंक्तियाँ तथा आठ उर्ध्वाधर कॉलम

**97.** 17 परमाणु क्रमांक वाला तत्व आवर्त सारणी के किस समूह में रखा जाएगा?

A. प्रथम समूह में B. पाँचवें समूह में
C. आठवें समूह में D. सातवें समूह में

**98.** यदि किसी तत्व की परमाणु संख्या 33 है तो वह आवर्त-सारणी में रखा जायेगा–

A. पहले समूह में B. तीसरे समूह में
C. पाँचवे समूह में D. सातवें समूह में

**99.** निम्नांकित में से किसमें, गैसीय अवस्था से एक धन आवेशित गैसीय आयन बनाने में सर्वाधिक ऊर्जा लगेगी?

A. लीथियम परमाणुओं का 1 मोल
B. सोडियम परमाणुओं का 1 मोल
C. पोटैशियम परमाणुओं का 1 मोल
D. रूबीडियम परमाणुओं का 1 मोल

**100.** आवर्त सारणी के IIA समूह की धातुओं Be, Mg, Ca, Sr का सबसे कम आयनी गुण का क्लोराइड निम्न धातु से बनेगा–

A. Sr B. Ca
C. Mg D. Be

**101.** कौन से तत्व विकर्ण सम्बन्ध प्रकट करते हैं?

A. Li तथा Na B. K तथा Na
C. B तथा Si D. Be तथा Mg

**102.** $Mg^{++}$ की हाइड्रेशन ऊर्जा इससे अधिक है?

A. $Al^3+$ B. $Na^+$
C. $Be^{++}$ D. $Mg^3+$

**103.** थैलियम भिन्न ऑक्सीकरण अवस्था प्रदर्शित करता है क्योंकि–

A. यह एक संक्रमण धातु है
B. इसमें निष्क्रिय युग्म प्रभाव है
C. इसका उभयधर्मी लक्षण
D. इसकी अधिक क्रियाशीलता

**104.** तत्व जिनकी सामान्यतः गुणक (multiple) ऑक्सीकरण अवस्थायें होती हैं तथा जिनके आयन अधिकतर रंगीन होते हैं–

A. उपधातुएँ B. संक्रमण तत्व

C. अधातुएँ D. गैसें

**105.** आवर्त सारणी के उर्ध्वाधर समूह के तत्वों में साधारणतया–

A. परमाणु क्रमांक समान होता है

B. इलेक्ट्रॉनिक विन्यास समान होता है

C. समस्थानिकों की संख्या समान होती है

D. उनके परमाणुओं के बाह्य कोश में इलेक्ट्रॉनों की संख्या समान होती है

**106.** हैलोजन समूह में परमाणु क्रमांक की वृद्धि के अनुसार कौन-सी प्रवृत्ति काम करती है?

A. आयनिक त्रिज्या घटती है

B. इलेक्ट्रॉनों को खो देने की प्रवृत्ति घटती है

C. आयनन विभव घटता है

D. $MX_2$ में (जिनमें M = धातु तथा X हैलोजेन) सहसंयोजकता का गुण घटता है

**107.** 106 परमाणु क्रमांक का तत्व निम्न में रखा गया है–

A. VI समूह B. VI आवर्त

C. V समूह D. III समूह

**108.** तत्व जिनकी बाह्यतम तीन कक्षायें अपूर्ण होती हैं, कहलाते हैं–

A. *s*–ब्लॉक के तत्व

B. *d*–ब्लॉक के तत्व

C. *p*–ब्लॉक के तत्व

D. *f*–ब्लॉक के तत्व

**109.** कौन-सा तत्त्व युग्म रासायनिक गुणों में समान है?

A. Zr, Hf B. Sn, Zr

C. Cu, S D. Na, Al

**110.** संक्रमण तत्व किस ब्लॉक के तत्व होते हैं?

A. *d*–ब्लॉक B. *f*–ब्लॉक

C. *s*–ब्लॉक D. *p*–ब्लॉक

**111.** आयनन विभव किसके लिए न्यूनतम है?

A. हैलोजन B. अक्रिय गैसें

C. क्षारीय मृदा धातुएँ D. क्षारीय धातुएँ

**112.** आवर्त सारणी में किसी पंक्ति के साथ चलने पर आयनन ऊर्जा–

A. नियत रहती है

B. बायीं से दायीं ओर बढ़ती है

C. पहले बढ़ती है, फिर घटती है

D. बायीं से दायीं ओर घटती है

**113.** किसी गैसीय परमाणु की सामान्य अवस्था से इलेक्ट्रॉन को हटाने में आवश्यक ऊर्जा कहलाती है–

A. विभव ऊर्जा B. आयनन ऊर्जा

C. इलेक्ट्रोड विभव D. सक्रियण ऊर्जा

**114.** किस समूह के तत्वों की ऋणायन बनाने की प्रबल प्रवृत्ति है?

A. Na, K, Mg, Ca B. Ba, Sr, O, P

C. O, N, F, Cl D. Cu, Cr, Ti, V

**115.** किसी आवर्त में बढ़ता हुआ परमाणु क्रमांक संकेत करता है–

A. बढ़ती हुई रासायनिक सक्रियता

B. विद्युत धनात्मक गुण का घटना

C. बढ़ती हुई धनात्मकता

D. उपरोक्त में से कोई नहीं

**116.** आवर्त सारणी में फ्लोरीन समूह में नीचे जाने पर–

A. क्रियाशीलता बढ़ेगी

B. विद्युत ऋणात्मकता बढ़ेगी

C. आयनिक त्रिज्या बढ़ेगी

D. आयनन विभव बढ़ेगा

**117.** क्षार धातुओं के परमाणु क्रमांक की वृद्धि के साथ निम्नलिखित में से किसमें वृद्धि होती है?

A. विद्युत ऋणात्मकता B. प्रथम आयनन विभव

C. आयनिक त्रिज्या D. गलनांक

**118.** आवर्त सारणी के किसी समूह में परमाणु क्रमांक वृद्धि के साथ–

A. धन विद्युतीय लक्षण बढता है

B. आयनन विभव बढ़ता है

C. विद्युत ऋणीयता बढ़ती है

D. अधात्विक लक्षण बढ़ता है

**119.** किस तत्व की इलेक्ट्रॉन बन्धुता सबसे अधिक है?

A. S B. Al

C. Mg D. Na

**120.** $H^-$ का इलेक्ट्रॉनिक विन्यास है–

A. $1s^0$ B. $1s^1$

C. $1s^2$ D. $1s^2 2s^1$

**121.** सभी लवण होते हैं–

A. वैद्युत् अनपघट्य B. वैद्युत् अपघट्य

C. स्थायी अपघट्य D. उदासीन

**122.** जल में सामान्य लवण (Common Salt) के घोल में होते हैं–

A. सोडियम एवं क्लोरीन के प्राकृतिक अणु

B. सोडियम के ऋणात्मक आयन एवं क्लोरीन के धनात्मक आयन

C. सोडियम के धनात्मक आयन एवं क्लोरीन के ऋणात्मक आयन

D. सोडियम क्लोराइड के अणु

**123.** मोहर लवण है–

A. सरल लवण B. संकर लवण

C. द्विक लवण D. जटिल लवण

**124.** निम्नलिखित में से कौन सामान्य लवण नहीं है?

A. $Na_2SO_4$ B. $NaHSO_4$

C. $Na_3PO_4$ D. $CaSO_4$

**125.** अम्ल एवं क्षार के परीक्षण के लिए किसका उपयोग किया जाता है?

A. लिटमस पत्र B. कोबाल्ट पत्र

C. अमोनिया पत्र D. इनमें से कोई नहीं

**126.** लाल लिटमस पत्र को नीला कर देता है–

A. अम्ल B. क्षार

C. लवण D. इनमें से कोई नहीं

**127.** निम्नलिखित में से कौन-सा कथन सही है?

A. क्षार में साबुन जैसी चिकनाहट होती है।

B. क्षार लाल लिटमस को नीला कर देता है।

C. सभी क्षार भस्म होते हैं किन्तु सभी भस्म क्षार नहीं होते।

D. उपर्युक्त सभी

**128.** भस्मों का स्वाद होता है–

A. खारा B. खट्टा

C. मीठा D. स्वादहीन

**129.** 'हाइड्रोजन सभी अम्लों का एक आवश्यक अवयव है' यह सर्वप्रथम किसने कहा?

A. आरेनियस B. ब्रॉन्सटेड

C. डेवी D. लॉरी

**130.** जटिल लवण का उदाहरण है–

A. $K_4[Fe(CN)_6]$ B. $K_2[HgI_4]$

C. $[Ag(NH_3)_2]Cl$ D. इनमें से सभी

**131.** जो लवण अम्लीय हाइड्रोजन परमाणु या हाइड्रॉक्सिल आयन से मुक्त रहते हैं, कहलाते हैं–

A. सामान्य लवण B. अम्ल लवण

C. भास्मिक लवण D. मिश्रित लवण

**132.** क्षार वह पदार्थ है जो–

A. प्रोटॉन देता है।

B. प्रोटॉन ग्रहण करता है।

C. इलेक्ट्रॉन देता है।

D. इलेक्ट्रॉन युग्म ग्रहण करता है।

**133.** उदासीनीकरण क्रिया में बनता है–

A. अम्ल B. क्षार

C. लवण D. लवण तथा जल

**134.** नीले लिटमस पत्र को लाल कर देता है–

A. अम्ल B. भस्म

C. क्षार D. लवण

**135.** जल में घुलनशील (Base) को कहते हैं–

A. अम्ल B. क्षार

C. लवण D. इनमें से कोई नहीं

**136.** सभी अम्ल जल में घुलकर प्रदान करते हैं–

A. $OH^-$ आयन B. $H^+$ आयन

C. इलेक्ट्रॉन D. न्यूट्रॉन

**137.** अम्ल वह पदार्थ है जो–

A. इलेक्ट्रॉन ग्रहण करता है।

B. इलेक्ट्रॉन प्रदान करता है।

C. प्रोटॉन देता है।

D. $OH^-$ आयन देता है।

**138.** अम्ल व क्षारों की अभिक्रिया के फलस्वरूप बने पदार्थ को कहते हैं–

A. अम्ल B. लवण
C. ईस्टर D. अल्कोहल

**139.** भस्मों के जलीय घोल में कौन-सा आयन होता है?

A. $H^+$ B. $H^-$
C. $OH^-$ D. $OH^+$

**140.** पी.एच. (pH) मान का निर्धारण किसने किया?

A. लेवोजियर B. प्रिस्टले
C. कैवेन्डिश D. सॉरेन्सन

**141.** अम्लीय घोल का pH मान होता है–

A. 7 B. 7 से कम
C. 7 से अधिक D. 14

**142.** उदासीन घोल का pH मान होता है–

A. 7 से कम B. 7 से अधिक
C. 7 D. 14

**143.** किसी एक सामान्य व्यक्ति के रक्त का pH स्तर क्या होता है?

A. 4.5 – 4.5 B. 6.45 – 6.55
C. 7.35 – 7.45 D. 8.25 – 8.35

**144.** क्षारीय घोल का pH मान होता है–

A. 7 से कम B. 7 से अधिक
C. शून्य D. 7

**145.** शुद्ध जल में हाइड्रोजन आयन सांद्रण का मान होता है–

A. $10^{-7}$ B. $10^{-5}$
C. $10^{-10}$ D. $10^{-14}$

**146.** पाचक रस में कौन-सा अम्ल पाया जाता है?

A. लैक्टिक अम्ल B. टैनिक अम्ल
C. एमीनो अम्ल D. हाइड्रोक्लोरिक अम्ल

**147.** किस अम्ल का उपयोग निर्जलीकरण तथा शुष्क-कारक के रूप में किया जाता है?

A. एसीटिक अम्ल
B. हाइड्रोक्लोरिक अम्ल
C. नाइट्रिक अम्ल
D. सल्फ्यूरिक अम्ल

**148.** खाद्यान्न के संरक्षण के लिए किसका उपयोग किया जाता है–

A. पोटैशियम परमैगनेट B. बोरिक अम्ल
C. सोडियम क्लोराइड D. सोडियम हाइड्रोक्साइड

**149.** निम्न में से कौन अल्प रूप में अम्लीय है।

A. इथाइल अल्कोहल B. फेनॉल
C. नेप्थेलीन D. ईथर

**150.** क्षार-धातु के विषय में कौन-सा कथन गलत है–

A. निम्न विद्युत ऋणात्मकता
B. निम्न आयनीकरण ऊर्जा
C. निम्न परमाणु आयतन
D. निम्न घनत्व

**151.** साधारण हाइड्रोजन का परमाणवीय हाइड्रोजन में परिवर्तन है–

A. नाभिकीय अभिक्रिया
B. एक ऊष्माशोषी अभिक्रिया
C. एक ऊष्माक्षेपी अभिक्रिया
D. एक विघटन अभिक्रिया

**152.** भारी जल प्राप्त किया जाता है–

A. अधिक समय तक जल के वैद्युत अपघटन से
B. जल में भारी लवण घोलकर
C. जल के आसवन से
D. जल से Ca तथा Mg की अशुद्धि पृथक करके

**153.** हाइड्रोजन परॉक्साइड का औद्योगिक निर्माण निम्नलिखित किस क्रिया के आधार पर होता है?

A. बेरियम परॉक्साइड पर सल्फ्यूरिक अम्ल की क्रिया
B. सोडियम परॉक्साइड पर सल्फ्यूरिक अम्ल की क्रिया
C. $H_2SO_4$ का वैद्युत-अपघटन
D. हाइड्रोजन को ऑक्सीजन की अधिकता में जलाने की क्रिया

**154.** त्रिपरमाणुक (Triatomic) हाइड्रोंजन कहलाती है–

A. ड्यूटीरियम
B. हाइजोन
C. ऑर्थो रूप
D. हाइड्रोनियम आयन

**155.** हाइड्रोजन अन्य तत्वों के साथ संयोग करती है–
A. एक इलेक्ट्रॉन खोकर
B. एक इलेक्ट्रॉन ग्रहण करके
C. एक इलेक्ट्रॉन की साझेदारी करके
D. इलेक्ट्रॉन त्याग कर, ग्रहण करके अथवा साझेदारी करके

**156.** यौगिक जो ऑक्सीकारक तथा अपचायक दोनों का कार्य कर सकता है–
A. पोटेशियम परमैंगनेट B. हाइड्रोजन परॉक्साइड
C. बेरियम परॉक्साइड D. पोटैशियम डाइक्रोमेट

**157.** परम शून्य पर–
A. केवल पैरा हाइड्रोजन रहती है
B. केवल ऑर्थो हाइड्रोजन रहती है
C. ऑर्थो और पैरा दोनों हाइड्रोजन रहती हैं
D. इनमें से कोई नहीं

**158.** भारत में पाया जाने वाला टाइटेनियम युक्त खनिज है–
A. बॉक्साइड B. डोलोमाइट
C. कैल्कोपाइराइट D. इलेमेनाइट

**159.** भर्जन का मुख्य कार्य है–
A. वाष्पशील पदार्थ को हटाना
B. ऑक्सीकरण
C. अपचयन
D. धातुमल

**160.** सत्य कथन है–
A. बॉक्साइट, Al का एक अयस्क है
B. मैगनेटाइट, Mn का एक अयस्क है
C. हैमेटाइट, Mg का एक अयस्क है
D. पायराइट, फॉस्फेट का एक अयस्क है

**161.** पृथ्वी पर पायी जाने वाली धातुओं में किसकी प्रतिशतता भार के अनुसार अधिकतम होती है?
A. Fe B. Al
C. Si D. Au

**162.** निम्नलिखित में से कौन-सा तत्व कमरे के ताप पर द्रव नहीं है?
A. Ga B. Ge
C. Cs D. Br

**163.** कौन-सी धातु अधिक तापमान पर काफी ताप उद्भव करते हुए हवा में जलती है?
A. Cu B. Hg
C. Pb D. Al

**164.** निम्न में से कौन-सा युग्म मिश्र धातु बनाता है?
A. Zn तथा Pb B. Fe तथा C
C. Fe तथा Hg D. Hg तथा Pt

**165.** स्वर्ण का शुद्धिकरण किया जाता है–
A. पैटिन्सन प्रक्रम द्वारा
B. पार्क प्रक्रम द्वारा
C. पैटर्सन प्रक्रम द्वारा
D. मैकऑफ प्रक्रम द्वारा

**166.** मिश्र धातु है–
A. एक अन्तराधातुक यौगिक
B. एक ठोस पदार्थ जिसमें दो या अधिक धात्विक तत्व हैं
C. एक ठोस पदार्थ जिसमें एक अधात्विक तत्व है
D. एक ठोस पदार्थ जिसमें एक से अधिक अधात्विक तत्व हैं

**167.** निम्न में, किसमें सबसे अधिक कार्बन होता है?
A. ढलवाँ लोहा B. पिटवाँ लोहा
C. स्टील D. कच्चा लोहा

**168.** स्टेनलैस स्टील मुख्यतया मिश्रण होता है–
A. Cr और Ni B. Cr और Mn
C. C और Ni D. Cr, Ni और Fe

**169.** मैंगनीज का अयस्क है–
A. पायरोल्यूराइट B. स्टिबनाइट
C. हैमेटाइट D. बॉक्साइट

**170.** चिली साल्टपीटर किस तत्व का अयस्क है?
A. I B. Br
C. Na D. Mg

**171.** एलुमिनियम निष्कर्षण के विद्युत अपघटनी सेल में प्रयुक्त कैथोड किसका बना होता है?
A. एलुमिनियम B. कार्बन परत
C. लोहा D. स्टील

**172.** एलुमिनो थर्माइट विधि में एलुमिनियम किसकी तरह कार्य करता है?

A. एक ऑक्सीकारक पदार्थ B. एक गालक

C. एक अपचायक पदार्थ D. राँगा

**173.** थर्माइट वैल्डिंग विधि में, हम प्रयुक्त करते हैं–

A. Al चूर्ण B. Fe चूर्ण

C. Ca चूर्ण D. Al + Fe मिश्रण

**174.** एलुमिनियम के निष्कर्षण में विद्युत अपघट्य होता है–

A. फेल्सपार के साथ गलित क्रायोलाइट

B. फ्लोरस्पार के साथ गलित क्रायोलाइट

C. गलित क्रायोलाइट में शुद्ध एलूमिना

D. बॉक्साइट तथा गलित क्रायोलाइट के साथ शुद्ध ऐलुमिना

**175.** सैफायर (sapphire) किसका खनिज है–

A. Cu B. Zn

C. Al D. Mg

**176.** हार्न सिल्वर में होता है–

A. $AgNO_3$ B. $AgCl$

C. $(CuAg)_2S_2$ D. $Ag_2S$

**177.** कौन-सा पदार्थ कठोरतम है?

A. काँच B. डायमण्ड

C. कोरण्डम D. बॉक्साइट

**178.** कौन-सी धातु अपने ऑक्साइड की पर्त द्वारा रक्षित होती है?

A. एलुमिनियम B. चाँदी

C. स्वर्ण D. लोहा

**179.** सिल्वर नाइट्रेट प्रायः रंगीन बोतलों में रखा जाता है क्योंकि यह–

A. वायु द्वारा ऑक्सीकृत हो जाता है

B. सूर्य के प्रकाश में अपघटित हो जाता है

C. सूर्य के प्रकाश में विस्फोटक है

D. सूर्य के प्रकाश में वायु से क्रिया करता है

**180.** जर्मन सिल्वर में सिल्वर का प्रतिशत है–

A. 2.5% B. 1.5%

C. 10% D. 0%

**181.** घरेलू खाना पकाने वाली गैस में होती है–

A. ऐसीटिलीन व कार्बन मोनोऑक्साइड

B. ऐसीटिलीन और हाइड्रोजन

C. ब्यूटेन और आइसोब्यूटेन

D. मीथेन और एथेन

**182.** निम्न में कौन-सा कथन असत्य है–

A. हीरे तथा ग्रेफाइट की जालक संरचना भिन्न होती है

B. ग्रेफाइट कार्बन का अशुद्ध रूप है जबकि हीरा शुद्ध रूप है

C. ग्रेफाइट विद्युत का चालक होता है जबकि हीरा नहीं

D. ग्रेफाइट का घनत्व हीरे से कम होता है

**183.** कोयले से कोक का उत्पादन निम्नवत् किया जाता है–

A. अपस्फोटन B. भंजक-आसवन

C. प्रभाजी आसवन D. प्रभाजन

**184.** कार्बन के विभिन्न अपरूपों में

A. हीरा कठोरतम है तथा ग्रेफाइट मृदु है

B. हीरा कठोरतम है तथा कोक मृदु है

C. हीरा कठोरतम है तथा लैम्प ब्लैक मृदु है

D. कोक कठोरतम है तथा ग्रेफाइट मृदु है

**185.** लकड़ी का चारकोल शर्करा के विरंजन में प्रयुक्त होता है क्योंकि–

A. यह रंगीन पदार्थ को अधिशोषित कर लेता है

B. यह रंगीन पदार्थ को ऑक्सीकृत कर देता है

C. यह रंगीन पदार्थ को अपचयित कर देता है

D. यह रंगीन पदार्थ को रंगहीन कर देता है

**186.** ग्रेफाइट विद्युत का चालक है क्योंकि–

A. इसमें सभी कार्बन बंध संतुष्ट होते हैं

B. कुछ इलेक्ट्रॉन पूरे क्रिस्टल में गति करने के लिए स्वतंत्र होते हैं

C. यह मृदु होता है

D. इसकी वृहत अणु संरचना होती है

**187.** चारकोल जो ब्राउन शुगर के विरंजन में प्रयुक्त होता है, वह है–

A. जन्तु चारकोल B. नारियल चारकोल

C. काष्ठ चारकोल D. शर्करा चारकोल

**188.** सक्रिय (activated) चारकोल, शुद्ध पदार्थों से रंजक पदार्थों को हटाने में प्रयुक्त होता है, यह किसके कारण होता है–

A. विरंजन B. ऑक्सीकरण
C. अपचयन D. अधिशोषण

**189.** कोयला जिसमें कार्बन की मात्रा अधिकतम होती है–

A. पीट B. ऐन्थ्रासाइट
C. लिग्नाइट D. बिटूमिनस

**190.** कार्बन का सबसे अधिक क्रियाशील रूप है–

A. हीरा B. ग्रेफाइट
C. कायला D. चारकोल

**191.** प्रोड्यूसर गैस किसका मिश्रण है–

A. CO तथा $N_2$ B. CO तथा $H_2$
C. CO तथा $CO_2$ D. $H_2O$ तथा CO

**192.** प्रयोगशाला में संश्लेषित किया जाने वाला प्रथम कार्बनिक यौगिक था–

A. फॉर्मिक अम्ल B. ऐसीटिक अम्ल
C. यूरिया D. मीथेन

**193.** प्रकृति में सबसे अधिक मात्रा में पाया जाने वाला कार्बनिक यौगिक है–

A. ग्लूकोज B. फ्रक्टोज
C. सुक्रोज D. सेलुलोज

**194.** इथिलीन का IUPAC नाम है–

A. इथीन B. इथाइन
C. प्रोपीन D. प्रोपाइन

**195.** निम्नलिखित में से कौन कार्बनिक यौगिक है?

A. जल B. सोडियम क्लोराइड
C. क्लोरोफार्म D. अमोनियम क्लोराइड

**196.** फिनॉल एक ............. यौगिक है–

A. ऐलीफैटिक B. एरोमैटिक
C. ऐलीसाइक्लिक D. विषम चक्रीय

**197.** कीटोन में कौन-सा अभिक्रियाशील मूलक उपस्थित रहता है?

A. —CHO B. —COOH
C. C = O D. —OH

**198.** मिथाइल ऐल्कोहॉल का समजात है–

A. इथाइल ऐल्कोहॉल
B. नॉर्मल प्रोपाइल ऐल्कोहॉल
C. आइसो प्रोपाइल ऐल्कोहॉल
D. फॉर्मल्डिहाइड

**199.** संतृप्त हाइड्रोकार्बन का सामान्य सूत्र है–

A. $C_nH_{2n+1}$ B. $C_nH_{2n+2}$
C. $C_nH_{2n-1}$ D. $C_nH_{2n-2}$

**200.** ऐल्केन का सामान्य सूत्र होता है–

A. $C_nH_{2n}$ B. $C_nH_{2n+1}$
C. $C_nH_{2n+2}$ D. $C_nH_{2n-2}$

**201.** कार्बनिक यौगिकों के सूक्ष्म जीवों द्वारा धीरे-धीरे अपघटित होने वाली क्रिया को कहते हैं–

A. क्लोरीनीकरण B. बहुलीकरण
C. पाश्चुरीकरण D. किण्वन

**202.** किण्वन का उदाहरण है–

A. दूध का खट्टा होना
B. गीले आटे का खट्टा होना
C. गन्ने के रस से शराब का बनना
D. उपर्युक्त सभी

**203.** एथिलीन से पॉली-एथिलीन का बनना किस प्रकार की अभिक्रिया है?

A. संघनन B. बहुलीकरण
C. वाष्पन D. अपस्फोटन

**204.** लकड़ी के भंजक आसवन से प्राप्त होता है–

A. ऐसीटिक अम्ल
B. सल्फ्यूरिक अम्ल
C. पायरोलिग्नियस अम्ल
D. फॉर्मिक अम्ल

**205.** समावयवी यौगिक भिन्नता प्रदर्शित करते हैं–

A. अणु सूत्र में B. संरचनात्मक सूत्र में
C. रासायनिक गुण में D. उपर्युक्त सभी में

**206.** पेट्रोल जिसे मोटरगाड़ी ईंधन के रूप में प्रयुक्त किया जाता है, किसका मिश्रण है?

A. ऐल्कोहॉल का B. कार्बोहाइड्रेट्स का
C. हाइड्रोकार्बन का D. हाइड्रोकार्बन व ऐल्काहॉल

**207.** मिट्टी के तेल का संघटन होता है–

A. $C_1–C_5$ B. $C_5–C_{11}$

C. $C_{11}–C_{16}$ D. $C_{16}–C_{18}$

**208.** पेट्रोल में प्रयोग होने वाला सबसे अच्छा अपस्फोटनरोधी यौगिक है–

A. सोडियम इथॉक्साइड

B. जिंक इथाइल

C. इथाइल मैग्नीशियम ब्रोमाइड

D. लेड टेट्राइथाइल

**209.** किस पेट्रोलियम कम्पनी ने 'स्पीड' नामक एक उच्च गुणवत्ता वाले पेट्रोल को बाजार में उतारा है?

A. भारत पेट्रोलियम B. इण्डियन ऑयल

C. हिन्दुस्तान पेट्रोलियम D. शेल

**210.** पैराफिन किसका उपोत्पाद है?

A. पेट्रोलियम परिशोधन का

B. कृषक अपशिष्टों के संसाधन का

C. मधुमक्खी पालन में लगे कुटीर उद्योगों का

D. चमड़ा उद्योग का

## उत्तरमाला

| 1 | 2 | 3 | 4 | 5 | 6 | 7 | 8 | 9 | 10 |
|---|---|---|---|---|---|---|---|---|---|
| D | C | C | C | C | B | C | D | A | B |
| **11** | **12** | **13** | **14** | **15** | **16** | **17** | **18** | **19** | **20** |
| C | C | A | A | D | A | A | B | B | C |
| **21** | **22** | **23** | **24** | **25** | **26** | **27** | **28** | **29** | **30** |
| D | B | A | B | D | C | A | B | D | D |
| **31** | **32** | **33** | **34** | **35** | **36** | **37** | **38** | **39** | **40** |
| B | C | D | A | A | C | A | D | B | A |
| **41** | **42** | **43** | **44** | **45** | **46** | **47** | **48** | **49** | **50** |
| A | A | C | C | C | B | D | D | D | B |
| **51** | **52** | **53** | **54** | **55** | **56** | **57** | **58** | **59** | **60** |
| A | D | D | B | A | D | A | A | A | B |
| **61** | **62** | **63** | **64** | **65** | **66** | **67** | **68** | **69** | **70** |
| A | C | D | B | C | C | D | B | B | B |
| **71** | **72** | **73** | **74** | **75** | **76** | **77** | **78** | **79** | **80** |
| D | B | D | D | A | C | A | C | D | C |
| **81** | **82** | **83** | **84** | **85** | **86** | **87** | **88** | **89** | **90** |
| D | C | D | A | B | D | C | A | A | B |
| **91** | **92** | **93** | **94** | **95** | **96** | **97** | **98** | **99** | **100** |
| A | A | A | B | D | B | D | C | A | D |
| **101** | **102** | **103** | **104** | **105** | **106** | **107** | **108** | **109** | **110** |
| C | B | B | B | D | C | A | D | A | A |
| **111** | **112** | **113** | **114** | **115** | **116** | **117** | **118** | **119** | **120** |
| D | B | B | C | B | C | C | A | A | C |
| **121** | **122** | **123** | **124** | **125** | **126** | **127** | **128** | **129** | **130** |
| B | C | C | B | A | B | D | A | C | D |
| **131** | **132** | **133** | **134** | **135** | **136** | **137** | **138** | **139** | **140** |
| A | B | D | A | B | B | C | B | C | D |
| **141** | **142** | **143** | **144** | **145** | **146** | **147** | **148** | **149** | **150** |
| B | C | C | B | A | D | D | A | B | C |

| 151 | 152 | 153 | 154 | 155 | 156 | 157 | 158 | 159 | 160 |
|---|---|---|---|---|---|---|---|---|---|
| B | A | C | B | D | B | A | D | B | A |
| **161** | **162** | **163** | **164** | **165** | **166** | **167** | **168** | **169** | **170** |
| B | B | D | B | C | B | A | D | A | C |
| **171** | **172** | **173** | **174** | **175** | **176** | **177** | **178** | **179** | **180** |
| B | C | A | C | C | B | B | A | B | D |
| **181** | **182** | **183** | **184** | **185** | **186** | **187** | **188** | **189** | **190** |
| C | B | B | C | A | B | A | D | B | D |
| **191** | **192** | **193** | **194** | **195** | **196** | **197** | **198** | **199** | **200** |
| A | C | D | A | D | B | C | A | B | C |
| **201** | **202** | **203** | **204** | **205** | **206** | **207** | **208** | **209** | **210** |
| D | D | B | C | B | C | C | D | A | A |

---

**2001**

# अंकगणित
# (ARITHMETIC)

# 1. संख्याएँ (Numbers)

एक संख्या हमें बताती है कि दी हुई मात्रा में कितनी इकाइयां हैं। अतः यह एक या एक से अधिक इकाइयों को प्रकट करती है। या एक ही प्रकार की एक या अधिक भिन्न वस्तुओं को प्रकट करती है। जैसे–दो गाय, चार बकरी, आठ भैंस आदि। वे शब्द जो काले दर्शाये गये हैं, संख्याओं को प्रदर्शित करते हैं।

1. **पूर्ण संख्याएं :** संख्याएं 0, 1, 2, 3, 4, 5, 6, 7, 8, 9,.....आदि संख्याओं को **''पूर्ण संख्याएं''** या **''पूर्णांक** कहते हैं। जैसे 84 एक पूर्णांक है। जबकि $\frac{61}{4}$ पूर्णांक नहीं है।
2. **सम संख्याएं :** वे संख्याएं जो 2 से पूर्णतः विभाजित हो जाती हैं उन्हें **''सम संख्याएं''** कहते हैं। जैसे–2, 4, 32, 64, 108.... आदि ''सम संख्याएं'' हैं।
3. **विषम संख्याएं :** वे संख्याएं जो 2 से पूर्णतः विभाजित नहीं होती हैं उन्हें **''विषम संख्याएं''** कहते हैं। जैसे–1, 3, 5, 7, 11, 17, 21, 23.... आदि ''विषम संख्याएं'' हैं।
4. **अभाज्य संख्याएं :** वे संख्याएं जो स्वयं और 1 के अतिरिक्त किसी अन्य संख्याओं से पूर्णतः विभाजित न हों, उन्हें **''अभाज्य संख्याएं''** कहते हैं। जैसे–2, 3, 7, 11, 13, 17.... आदि ''अभाज्य संख्याएं'' हैं।
5. **भाज्य संख्याएं :** वे संख्याएं जो स्वयं और 1 के अतिरिक्त किसी अन्य संख्याओं से पूर्णतः विभाजित हो जाती हों तो उन्हें **''भाज्य संख्याएं''** कहते हैं। जैसे– 4, 6, 9, 10, 12, 15.... आदि ''भाज्य संख्याएं'' हैं।

**नोट :**

1. **संख्या 1 न तो भाज्य है और न ही अभाज्य।**
2. **वह संख्या जो सम भी हो और अभाज्य भी, केवल 2 है।**

**आरोही क्रम (Ascending Order) :** बाईं ओर से दायीं ओर लिखने पर प्राकृतिक संख्याएं मान के अनुसार बढ़ते हुए क्रम में हों तो इस क्रम को **''आरोही क्रम''** कहते हैं। जैसे–25, 30, 41, 50 आदि संख्याएं आरोही क्रम में होंगी।

**अवरोही क्रम (Descending Order):** बाईं ओर से दाईं ओर लिखने पर प्राकृतिक संख्याएं मान के अनुसार घटते हुए क्रम में हों, तो इस क्रम को **''अवरोही क्रम''** कहते हैं। जैसे–50, 41, 30, 25 आदि संख्याएं अवरोही क्रम में होंगी।

## स्थानीय मान और जातीय (वास्तविक) मान

**स्थानीय मान :** किसी अंक (Number) का जो मान (Value) उसके स्थान के कारण होता है, उसे उस अंक का **स्थानीय मान** कहते हैं। जैसे–32 में इकाई के स्थान पर 2 तथा दहाई के स्थान पर 3 है। इसमें 3 का स्थानीय मान $= 3 \times 10 = 30$ तथा 2 का स्थानीय मान $= 2 \times 1 = 2$ होगा।

**जातीय (वास्तविक) मान :** हर अंक का अपना जातीय मान होता है। जैसे– 2 का 2, 5 का 5, 7 का 7, 9 का 9 आदि। जैसा कि हम ऊपर बता चुके हैं कि 32 में 3 का **स्थानीय मान** 30 है। परन्तु 32 में 3 का **जातीय मान** 3 होगा। इस प्रकार 32 में 3 के स्थानीय मान तथा जातीय मान के बीच अन्तर $= 30 - 3 = 27$ होगा। अतः किसी संख्या में किसी अंक का स्थानीय मान प्राप्त करने के लिए सरल तरीका यह है कि पहले उस अंक को लिख लें और उसके बाद उसमें उतने शून्य लगा दें, जितने कि उस अंक के बाद अंक हों।

## एक संख्या के अभाज्य गुणनखण्ड किस प्रकार लिख सकते हैं :

(*i*) संख्या को 2 से भाग करो, यदि सम्भव हो, और 2 से भाग करते रहो जब तक कि ऐसा गुणनखण्ड न आ जाए जो 2 से विभाजित न हो।

(*ii*) प्राप्त परिणाम (*i*) को 3 से भाग करो, यदि सम्भव हो और 3 से भाग करते रहो जब तक कि ऐसा गुणनखण्ड न आ जाए जो 3 से विभाजित न हो।

(*iii*) प्राप्त परिणाम (*ii*) को 5 से भाग करो, यदि सम्भव हो और 5 से भाग करते रहो जब तक कि ऐसा गुणनखण्ड न आ जाए जो 5 से विभाजित न हो।

(*iv*) प्राप्त परिणामों में इसी प्रकार 7, 11, 13 आदि संख्याओं से भाग करते रहो जब तक कि सारे गुणनखण्ड अभाज्य गुणनखण्ड न हो जाएं।

## संख्याओं के सम्बन्ध में मौलिक तथ्य

**(*a*) दो अंकों वाली संख्याओं के सन्दर्भ में**

(*i*) दो अंकों वाली कुल संख्याओं की गिनती 90 है।

(*ii*) दो अंकों की सबसे बड़ी संख्या 99 है।

(*iii*) दो अंकों की सबसे छोटी संख्या 10 है।

(*iv*) दो अंकों की सबसे छोटी और सबसे बड़ी संख्या का योग 109 होता है।

(*v*) दो अंकों की सबसे बड़ी और सबसे छोटी संख्या का अन्तर 89 होता है।

**(*b*) तीन अंकों वाली संख्याओं के सन्दर्भ में**

(*i*) तीन अंकों वाली कुल संख्याओं की गिनती 900 है।

(*ii*) तीन अंकों की सबसे बड़ी संख्या 999 है।

(*iii*) तीन अंकों की सबसे छोटी संख्या 100 है।

(*iv*) तीन अंकों की सबसे छोटी और सबसे बड़ी संख्या का योग 1099 होता है।

(*v*) तीन अंकों की सबसे बड़ी और सबसे छोटी संख्या का अन्तर 899 होता है।

**(*c*) चार अंकों वाली संख्याओं के सन्दर्भ में**

(*i*) चार अंकों वाली कुल संख्याओं की गिनती 9000 है।

(*ii*) चार अंकों की सबसे बड़ी संख्या 9999 है।

(*iii*) चार अंकों की सबसे छोटी संख्या 1000 है।

(*iv*) चार अंकों की सबसे छोटी और सबसे बड़ी संख्या का योग 10999 होता है।

(*v*) चार अंकों की सबसे बड़ी और सबसे छोटी संख्या का अन्तर 8999 होता है।

**(*d*) पाँच अंकों वाली संख्याओं के सन्दर्भ में**

(*i*) पाँच अंकों वाली कुल संख्याओं की गिनती 90000 है।

(*ii*) पाँच अंकों की सबसे बड़ी संख्या 99999 है।

(*iii*) पाँच अंकों की सबसे छोटी संख्या 10000 है।

(*iv*) पाँच अंकों की सबसे छोटी और सबसे बड़ी संख्या का योग 109999 होता है।

(*v*) पाँच अंकों की सबसे बड़ी और सबसे छोटी संख्या का अन्तर 89999 होता है।

**(*e*) प्राकृतिक संख्याओं के सन्दर्भ में**

(*i*) 1 से लेकर 10 तक की प्राकृतिक संख्याओं का योग = 55 होता है।

(*ii*) 11 से लेकर 20 तक की प्राकृतिक संख्याओं का योग = 155 होता है।

(*iii*) 21 से लेकर 30 तक की प्राकृतिक संख्याओं का योग = 255 होता है।

(*iv*) 31 से लेकर 40 तक की प्राकृतिक संख्याओं का योग = 355 होता है।

(*v*) 41 से लेकर 50 तक की प्राकृतिक संख्याओं का योग = 455 होता है।

**संख्याओं में 2, 3, 4, 5, 6, 8, 9, 10 व 11 से विभाज्यता की जाँच**

**(A)** **2 से विभाज्यता :** ऐसी संख्याएं जिनके इकाई के स्थान पर 0, 2, 4, 6 या 8 का अंक हों, तो वे संख्याएं 2 से पूर्णतः विभाजित होंगी।

**(B)** **3 से विभाज्यता :** ऐसी संख्याएं जिनके अंकों का योग 3 से विभाज्य हों, तो वे संख्याएं भी 3 से विभाज्य होंगी।

**(C)** **4 से विभाज्यता :** यदि किसी संख्या के अन्तिम दो अंक 4 से पूर्णतः विभाजित हों, तो वे संख्याएं भी 4 से विभाजित होंगी।

**(D)** **5 से विभाज्यता :** जिन संख्याओं के इकाई के स्थान पर 0 या 5 का अंक हो, तो वे संख्याएं 5 से विभाजित होंगी।

**(E)** **6 से विभाज्यता :** ऐसी संख्याएं जो 2 और 3 से अलग-अलग पूर्णतः विभाजित हों, तो वे संख्याएं भी 6 से विभाजित होंगी।

**(F)** **8 से विभाज्यता :** वे संख्याएं जिनके अन्तिम तीन अंक 8 से विभाज्य हों, तो वे संख्याएं भी 8 से विभाजित होंगी।

**(G)** **9 से विभाज्यता :** ऐसी संख्याएं जिनके अंकों का योग 9 से विभाज्य हों, तो वे संख्याएं भी 9 से विभाजित होंगी।

**(H)** **10 से विभाज्यता :** जिन संख्याओं के इकाई के स्थान पर 0 का अंक हो, तो वे संख्याएं 10 से विभाजित होंगी।

**(I)** **11 से विभाज्यता :** ऐसी संख्याएं जिनके सम तथा विषम स्थानों के अंकों के योगफलों का अन्तर 0 तथा 11 का गुणज हों, तो वे संख्याएं 11 से विभाजित होंगी।

**ध्यान रखिये :**

(*i*) **भाज्य = भाजक × भागफल + शेष**

(*ii*) **भाजक = $\frac{\text{भाज्य} - \text{शेष}}{\text{भागफल}}$**

(*iii*) **भागफल = $\frac{\text{भाज्य} - \text{शेष}}{\text{भाजक}}$**

## प्रश्नमाला

**1.** 1 से 100 के बीच अभाज्य संख्याएं होंगीः
A. 20　B. 30
C. 22　D. 25

**2.** ऐसी संख्या जो अभाज्य भी है और सम भीः
A. 1　B. 2
C. 98　D. 79

**3.** निम्न में से कौन-सी संख्या अभाज्य संख्या होगी?
A. 149　B. 159
C. 117　D. 147

**4.** चार अंकों की छोटी-से-छोटी संख्या होगी?
A. 1002　B. 1001
C. 9999　D. 1000

**5.** 43014 में 3 का स्थानीय मान क्या होगा?
A. 3　B. 3000
C. 300　D. 30

**6.** 81752 में 2 के स्थानीय मान और जातीय मान में अन्तर क्या होगा?
A. 2　B. 0
C. 1　D. 20

**7.** संख्या 3125 में से क्या घटाया जाए ताकि शेष संख्या 13 से पूर्णतः विभाजित हो सके?
A. 5　B. 8
C. 10　D. 12

**8.** निम्नलिखित में से कौन-सी संख्या 3 से पूर्णतः विभाजित होगी?
A. 491
B. 371
C. 591
D. 571

**9.** भाग के प्रश्न में भाजक 16, भागफल 9 तथा शेष 1 हो, तो भाज्य कितना होगा?
A. 145
B. 136
C. 144
D. 152

**10.** 1 से 50 तक पूर्णांकों का योग कितना होगा?
A. 1275
B. 1375
C. 1225
D. 1365

**11.** संख्या 30, 70, 584 में अंक 7 के स्थानीय मान लिखो।
A. 700　B. 7000
C. 70,000　D. 700,000

**12.** 3589 में क्या जोड़ें कि यह पांच अंकों की सबसे छोटी संख्या बन जाए?
A. 6413
B. 6412
C. 6411
D. 6311

**13.** 2756 और तीन अंकों की सबसे बड़ी संख्या का योगफल ज्ञात करो।
A. 3655
B. 3755
C. 3756
D. 3656

**14.** पांच अंकों की सबसे बड़ी और छः अंकों की सबसे छोटी संख्याओं का अन्तर ज्ञात करो।
A. 1　B. 3
C. 3　D. 4

**15.** संख्या 36795 में अंक 6 के स्थान पर 9 तथा 9 के स्थान पर 6 बदल देने से इन संख्याओं के मान में कितना अन्तर हो जाएगा।
A. 2970
B. 3071
C. 2971
D. 3071

# उत्तरमाला

| 1 | 2 | 3 | 4 | 5 | 6 | 7 | 8 | 9 | 10 |
|---|---|---|---|---|---|---|---|---|---|
| D | B | A | D | B | B | A | C | A | A |
| **11** | **12** | **13** | **14** | **15** | | | | | |
| C | C | B | A | A | | | | | |

# व्याख्यात्मक उत्तर

**1.** चूंकि 1 से 100 के बीच अभाज्य संख्याएं क्रमशः 2, 3, 5, 7, 11, 13, 17, 19, 23, 29, 31, 37, 41, 43, 47, 53, 59, 61, 67, 71, 73, 79, 83, 89 तथा 97 होंगी। अतः स्पष्ट है कि 1 से 100 तक के बीच अभाज्य संख्याओं की गिनती = 25 हैं।

**2.** ऐसी संख्या जो अभाज्य भी है और सम भी, केवल 2 है।

**3.** दिये गये विकल्प A. में 149 एक अभाज्य है, क्योंकि यह किसी अन्य संख्या से पूर्णतः विभाजित नहीं है।

**4.** चार अंकों की छोटी-से-छोटी संख्या = 1000 होगी। अतः आपका उत्तर विकल्प D. है।

**5.** $\because$ संख्या 43014 में 3 का अंक हजार के स्थान पर है
$\therefore$ संख्या में 3 का स्थानीय मान = $3 \times 1000 = 3000$ होगा।

**6.** $\because$ संख्या 81752 में 2 का अंक इकाई के स्थान पर है।
$\therefore$ संख्या में 2 का स्थानीय मान = $2 \times 1 = 2$ तथा संख्या में 2 का जातीय मान = 2 होगा। 2 के स्थानीय मान तथा जातीय मान के बीच अन्तर = $2 - 2 = 0$ होगा।

**7.** चूंकि संख्या 3125 में 13 से भाग देने पर शेष 5 बचता है।
$\therefore$ संख्या 3125 को 13 से पूर्णतः विभाजित होने के लिए इसमें से 5 घटाया जाये।

**8.** विकल्प C. में दी गई संख्या 591, 3 से पूर्णतः विभाजित होगी, क्योंकि संख्या के अंकों का योग 3 से विभाजित हैं।

**9.** $\because$ भाज्य = भाजक × भागफल + शेष
$= 16 \times 9 + 1 = 144 + 1 = 145.$

**10.** 1 से 50 तक के पूर्णांकों का योग

$= \frac{n(n+1)}{2}$ जहां $n$ पदों की संख्या हैं।

$$= \frac{50(50+1)}{2} = \frac{50 \times 51}{2} = 1275$$

**11.** संख्या 3070584 में
अंक 7 का स्थानीय मान = 7 दस हजार = 70,000

**12.** 6411

**13.** 3755

**14.** 1

**15.** 39765; मान में अंतर 2970

☆☆☆☆☆☆

# 2. दशमलव
# (Decimals)

दशमलव बिन्दु के अंकों के समूह को **दशमलव भिन्न** कहते है। जैसे– 0.513, 0.317, 0.219, 0.6 आदि। प्रत्येक दशमलव एक भिन्न को दर्शाता है।

**दशमलव भिन्न को साधारण भिन्न में बदलनाः**

(*i*) एक ऐसी भिन्न लो जिसका हर 10 हो तथा अंश दशमलव के बाद दायीं ओर का पहला अंक हो।

(*ii*) एक ऐसी भिन्न लो जिसका हर 100 हो तथा अंश दशमलव के बाद दायीं ओर का दूसरा अंक हो।

(*iii*) इस प्रक्रिया को दोहराइये जब तक दशमलव के बाद के अंक समाप्त नहीं हो जाते। प्रत्येक दशा में हर, पहले हर का दस गुणा होगा।

(*iv*) इस प्रकार प्राप्त भिन्नों का योग जो परिणाम (*i*), (*ii*) और (*iii*) के योग से प्राप्त होता है, दशमलव भिन्न को प्रकट करता है।

जैसे : $0.317 = \frac{3}{10} + \frac{1}{100} + \frac{7}{1000}$

$= \frac{300}{1000} + \frac{10}{1000} + \frac{7}{1000} = \frac{317}{1000}$

**नोटः** शून्यों से बनी कोई संख्या दशमलव के दाईं ओर बिना परिवर्तन किये लिखी जाती है।

## प्रश्नमाला

**1.** कौन-सी भिन्न $\frac{15}{25}$ के समान है?

A. $\frac{150}{25}$ B. $\frac{15}{250}$

C. $\frac{3}{5}$ D. $\frac{60}{75}$

**2.** कौन-सी भिन्न $\frac{13}{20}$ के समान नहीं है?

A. $\frac{26}{40}$ B. $\frac{130}{200}$

C. $\frac{39}{60}$ D. $\frac{52}{60}$

**3.** एक घंटे के $\frac{5}{6}$ भाग का मान है:

A. आधा घण्टा B. 40 मिनट

C. 50 मिनट D. 55 मिनट

**4.** एक वायुयान 1250 कि.मी. यात्रा में 2/5 भाग ईंधन खपत करता है। शेष ईंधन में यात्रा पूरी करेगाः

A. 1875 कि.मी. B. 2125 कि.मी.

C. 250 कि.मी. D. 475 कि.मी.

**5.** निम्नलिखित में से कौन-सी भिन्न सबसे बड़ी है?

A. $\frac{3}{15}$ B. $\frac{5}{20}$

C. $\frac{8}{64}$ D. $\frac{25}{1000}$

**6.** निम्नलिखित में से कौन-सी भिन्न सबसे छोटी है?

A. $\frac{1}{10}$ B. $\frac{1}{100}$

C. $\frac{9}{1000}$ D. $\frac{500}{10,000}$

**7.** $.001 \times 1000 = ?$

A. .1 B. 1

C. .01 D. 10

**8.** $1.01 \times .1 = ?$

A. 1.01 B. 10.1
C. .101 D. .0101

**9.** $\frac{20+8\times 0.5}{20-?} = 12$

A. 12 B. 4
C. 18 D. 2

**10.** $.01 \times 100 \div 2.5 = ?$

A. 4 B. .4
C. .04 D. 5

**11.** दी हुई भिन्नों $\frac{5}{8}, \frac{21}{35}, \frac{9}{16}, \frac{6}{7}$ में सबसे बड़ी और सबसे छोटी भिन्न के बीच अन्तर है ?

A. $\frac{33}{112}$ B. $\frac{112}{33}$
C. $\frac{32}{112}$ D. $\frac{112}{32}$

**12.** यदि किसी संख्या तथा उसके $\frac{1}{5}$ भाग में अन्तर 20 है तो वह संख्या क्या है ?

A. 23 B. 25
C. 24 D. 26

**13.** एक मनुष्य के पास एक मकान का $\frac{3}{5}$ भाग था। अपने भाग का $\frac{1}{3}$ भाग उसने 250 रुपए में बेचा तो उस मकान का मूल्य क्या था ?

A. 1150 रु. B. 1250 रु.
C. 1205 रु. D. 1105 रु.

**14.** एक धनराशि का सातवां भाग उनके नौवें भाग से 192 रुपए अधिक है। वह धनराशि बताओ।

A. 4860 रु. B. 6050 रु.
C. 6048 रु. D. 5060 रु.

**15.** एक मनुष्य ने अपनी जायदाद को तीन बच्चों में इस प्रकार बांटा कि पहले को कुल जायदाद का $\frac{2}{5}$ भाग मिला, दूसरे को शेष का $\frac{1}{3}$ भाग मिला और शेष तीसरे को मिला। यदि तीसरे को, दूसरे से 750 रुपए अधिक मिले हो तो कुल जायदाद का मूल्य क्या था ?

A. 3720 रु. B. 3760 रु.
C. 3740 रु. D. 3750 रु.

## उत्तरमाला

| 1 | 2 | 3 | 4 | 5 | 6 | 7 | 8 | 9 | 10 |
|---|---|---|---|---|---|---|---|---|---|
| C | D | C | A | B | C | B | C | C | B |
| **11** | **12** | **13** | **14** | **15** | | | | | |
| A | B | B | C | D | | | | | |

## व्याख्यात्मक उत्तर

**1.** $\frac{15}{25} = \frac{3\times 5}{5\times 5} = \frac{3}{5}$

**2.** $\frac{26}{40} = \frac{2\times 13}{2\times 20} = \frac{13}{20}, \; \frac{39}{60} = \frac{13\times 3}{20\times 3} = \frac{13}{20}$

$\frac{130}{200} = \frac{13\times 10}{20\times 10} = \frac{13}{20},$

$\frac{52}{60} = \frac{13\times 4}{20\times 3} = \frac{13}{20}\times\frac{4}{3}$

अतः $\frac{52}{60} \neq \frac{13}{20}$

**3.** 1 घण्टे का $\frac{5}{6}$ भाग $= \frac{5}{6}\times 60$ मिनट $= 50$ मिनट।

**4.** शेष ईंधन $= 1-\frac{2}{5} = \frac{5-2}{5} = \frac{3}{5}$

$\frac{2}{5}$ ईंधन में तय की गई दूरी = 1250 कि.मी.

पूरे ईंधन में तय की गई दूरी

$$= \frac{1250}{2/5} = \frac{1250 \times 5}{2} \text{ कि.मी.}$$

$\frac{3}{5}$ ईंधन में तय की गई दूरी

$$= \frac{1250 \times 5}{2} \times \frac{3}{5} = 1875 \text{ कि.मी.}$$

**5.** $\frac{3}{15} = \frac{1}{5}, \frac{8}{64} = \frac{1}{8}$

$\frac{5}{20} = \frac{1}{4}, \frac{25}{1000} = \frac{1}{40}$

$\frac{1}{5}, \frac{1}{4}, \frac{1}{8}, \frac{1}{40}$

$\frac{8, 10, 5, 1}{40}$

$\therefore$ सबसे बड़ी भिन्न $= \frac{1}{4} = \frac{5}{20}$

**6.** $\frac{1}{10} = .1, \frac{9}{1000} = .009$

$\frac{1}{100} = .01, \frac{500}{10,000} = \frac{5}{100} = .05$

$\therefore$ सबसे छोटी भिन्न $= 0.09 = \frac{9}{1000}$

**7.** $.001 \times 1000 = 001.000 = 1$

**8.** $1.01 \times .1 = \frac{101 \times 1}{100 \times 10} = \frac{101}{1000} = .101$

**9.** $\because \frac{20 + 8 \times 0.5}{20 - ?} \Rightarrow \frac{20 + 4}{20 - ?} = 12 \Rightarrow \frac{24}{12} = 2$

$\Rightarrow 2 = 20 - ? \Rightarrow ? = 20 - 2 = 18$

**10.** $.01 \times 100 \div 2.5 \quad = .01 \times \frac{100}{2.5} = .01 \times 40 = .4$

**11.** 8, 35, 16 और 7 का लघुत्तम समापवर्तक = 560

$\therefore \frac{5}{8} = \frac{5 \times 70}{8 \times 70} = \frac{350}{560}$

$\frac{21}{35} = \frac{21 \times 16}{35 \times 16} = \frac{336}{560}$

$\frac{9}{16} = \frac{9 \times 35}{16 \times 35} = \frac{315}{560}$

$\frac{6}{7} = \frac{6 \times 80}{7 \times 80} = \frac{480}{560}$

$\therefore$ सबसे बड़ी भिन्न $= \frac{6}{7}$

तथा सबसे छोटी भिन्न $= \frac{9}{16}$

$\therefore$ अन्तर $= \frac{6}{7} - \frac{9}{16} = \frac{96 - 63}{112} = \frac{33}{112}$

**12.** माना संख्या 1 है।

$\therefore$ 1 का $\frac{1}{5} = \frac{1}{5}$

$\therefore 1 - \frac{1}{5} = \frac{4}{5}$

$\therefore$ संख्या $= 20 \div \frac{4}{5} = 20 \times \frac{5}{4} = 25$

**13.** भाग जो बेचा गया $= \frac{3}{5}$ का $\frac{1}{3} = \frac{3}{5} \times \frac{1}{3} = \frac{1}{5}$

$\because \frac{1}{5}$ भाग का मूल्य = 250 रुपए

$\therefore$ सम्पूर्ण भाग का मूल्य $= 250 \times \frac{5}{1} = 1250$ रुपए

**14.** $\because \frac{1}{7} - \frac{1}{9} = \frac{2}{63}$

$\because$ धन का $\frac{2}{63} = 192$ रुपए

$\therefore$ वह धन $= 192 \times \frac{63}{2} = 6048$ रुपए

**15.** पहले बच्चे का भाग = कुल सम्पति का $\frac{2}{5}$

$\therefore$ शेष $= 1 - \frac{2}{5} = \frac{3}{5}$

दूसरे बच्चे का भाग $= \frac{3}{5}$ का $\frac{1}{3} = \frac{1}{5}$

अब शेष बचा $= \frac{3}{5} - \frac{1}{5} = \frac{2}{5}$ जो कि तीसरे बच्चे को दिया गया।

$\therefore$ तीसरे बच्चे को दूसरे बच्चे से अधिक मिला

$= \frac{2}{5} - \frac{1}{5} = \frac{1}{5}$

$\therefore$ कुल सम्पति के $\frac{1}{5}$ भाग का मूल्य = 750 रुपए

$\therefore$ कुल संपत्ति का मूल्य $= 750 \times \frac{5}{1} = 3750$ रुपए।

☆☆☆☆☆☆

# 3. सरलीकरण
# (Simplification)

साधारण या दशमलव भिन्नों के जटिल व्यंजक को एक साधारण भिन्न या दशमलव भिन्न में बदलने की क्रिया को ''सरलीकरण'' कहते हैं। इस प्रकार के व्यंजक में ''कोष्ठक'', ''का'', (÷), (×), (+) तथा (–) आदि चिह्न अलग-अलग या एक साथ प्रदर्शित होते हैं। अतः ऐसे व्यंजक का ''सरलीकरण'' करने में **"BODMAS"** शब्द का प्रयोग किया जाता है। **"BODMAS"** शब्द का क्रमानुसार आशय निम्नलिखित है।

"BODMAS"

| | | |
|---|---|---|
| B | ब्रैकेट (कोष्ठक) | $\left[\left\{\left(\overline{\ \ }\right)\right\}\right]$ |
| O | ऑफ (का) | का |
| D | डिवीजन (भाग) | ÷ |
| M | मल्टीप्लिकेशन (गुणा) | × |
| A | ऐडीशन (जोड़) | + |
| S | सब्ट्रेक्शन (घटाना) | – |

अतः किसी भी जटिल व्यंजक को **"BODMAS"** शब्द के क्रमानुसार सरल किया जाता है। अर्थात् सबसे पहले ''कोष्ठक'' उसके बाद ''का'' फिर ''भाग'' फिर ''गुणा'' उसके बाद ''जोड़'' और अन्त में ''घटाना'' सरल होता है। इस क्रम को याद रखना परम आवश्यक हैं क्योंकि ऐसा न करने पर सरलीकरण की क्रियाएं गलत हो जाती हैं।

**महत्वपूर्ण नोट :**

(*i*) **कोष्ठक चार प्रकार के होते हैं : 1. रेखा कोष्ठक जिसे बन्धनी रेखा (–) भी कहते हैं। 2. छोटा कोष्ठक(()), 3. मझला कोष्ठक ({}), 4. बड़ा कोष्ठक ([]), अतः कोष्ठक के प्रश्नों में सबसे पहले रेखा कोष्ठक (–), उसके बाद छोटा कोष्ठक (()), उसके बाद मझला कोष्ठक ({}), और अन्त में बड़े कोष्ठक ([]) को सरल करना चाहिए।**

(*ii*) **O (का) का सामान्य अर्थ गुणा होता है।**

## प्रश्नमाला

**1.** $\frac{7}{4}-\frac{4}{7}=\frac{5}{28}+?$

A. 2 B. $\frac{1}{7}$
C. $\frac{2}{9}$ D. 1

**2.** $22\times5=22$ का ?%

A. 4500 B. 5000
C. 500 D. 750

**3.** 200 का $\frac{1}{25}\div8=?$

A. 1 B. 3
C. 8 D. 5

**4.** $\frac{40\times0.4\times0.04}{4+4\div4}=?$

A. .128 B. .148
C. .15 D. .248

**5.** $50\div5\div5=?$

A. 2 B. 10
C. 1/5 D. 4

**6.** $\frac{40\times15+25}{26+4\div4-2}=?$

A. 25 B. 30
C. 31 D. 42

**7.** $\frac{1.4\times3.6-1.2}{0.4\times1.2}=?$

A. 8 B. 2
C. 4 D. 3

**8.** $14\times3.2-2\times2.1+0.8=?$

A. 1.08 B. 2.18
C. 1.18 D. 2.08

**9.** $5\div\frac{3}{4}+\frac{2}{3}\times\frac{3}{4}-\frac{2}{3}$ का $\frac{13}{7}=?$

A. $4\frac{12}{11}$ B. $5\frac{13}{14}$
C. $5\frac{13}{17}$ D. $6\frac{13}{14}$

**10.** $(9+9+9)\div9\times9=?$

A. 27 B. 24
C. 21 D. 32

**11.** $2-\left[3-\left\{6-\left(5-\overline{4-3}\right)\right\}\right]$ को सरल करो।

A. 1 B. 2
C. 3 D. इनमें से कोई नहीं

**12.** सरल करो—

$\frac{3}{11}+\frac{4}{3}\div\frac{10}{11}\times\frac{5}{11}-\frac{28}{33}$ का $1\frac{2}{7}$

A. $\frac{5}{13}$ B. $\frac{-5}{33}$
C. $\frac{5}{33}$ D. $\frac{-5}{13}$

**13.** $4.51\times\frac{2}{5}+\frac{3}{5}\times4.51+4.51$ को सरल करो।

A. 9.02 B. 90.2
C. 0.902 D. 902

**14.** $\frac{15.72\times15.72-5.72\times5.72}{15.72+5.72}$ को सरल करो।

A. 9 B. 10
C. 8 D. 11

**15.** $7.55\times7.55-2\times7.55\times2.55+2.55\times2.55$

A. 16 B. 9
C. 25 D. 36

## उत्तरमाला

| 1 | 2 | 3 | 4 | 5 | 6 | 7 | 8 | 9 | 10 |
|---|---|---|---|---|---|---|---|---|---|
| D | C | A | A | A | A | A | A | B | A |
| **11** | **12** | **13** | **14** | **15** | | | | | |
| A | B | A | B | C | | | | | |

## व्याख्यात्मक उत्तर

**1.** $\frac{7}{4}-\frac{4}{7}=\frac{5}{28}+?\Rightarrow\frac{7\times7-4\times4}{4\times7}=\frac{5}{28}+?$

$\Rightarrow\frac{49-16}{28}=\frac{5}{28}+?\Rightarrow\frac{33}{28}=\frac{5}{28}+?$

$\Rightarrow1\frac{5}{28}=\frac{5}{28}+?$

$\Rightarrow1+\frac{5}{28}=\frac{5}{28}+?\;\therefore\;?=1$

**2.** $\because$ $22\times5=22$ का $?\%$ $\Rightarrow110=22\times\frac{?}{100}$

$\Rightarrow\frac{110\times100}{22}=?\;\therefore\;?=500$

**3.** $\because$ 200 का $\frac{1}{25}\div8=?\Rightarrow8\div8=?$

$\Rightarrow\frac{8}{8}=?\Rightarrow1=?$

**4.** $\because \dfrac{40\times0.4\times0.04}{4+4\div4}=?\Rightarrow\dfrac{.64}{4+\dfrac{4}{4}}=?$

$\Rightarrow\dfrac{.64}{4+1}=?\Rightarrow\dfrac{.64}{5}=?\Rightarrow .128=?$

**5.** $\because\ 50\div5\div5=?\Rightarrow\dfrac{50}{5}\div5=?$

$\Rightarrow 10\div5=?\Rightarrow\dfrac{10}{5}=?\Rightarrow 2=?$

**6.** $\because \dfrac{40\times15+25}{26+4\div4-2}=?\Rightarrow\dfrac{600+25}{26+\dfrac{4}{4}-2}=?$

$\Rightarrow\dfrac{625}{26+1-2}=?\Rightarrow\dfrac{625}{25}=?\Rightarrow 25=?$

**7.** $\dfrac{1.4\times3.6-1.2}{0.4\times1.2}=\dfrac{5.04-1.2}{.48}=\dfrac{3.84}{.48}=8.$

**8.** "BODMAS" नियम के अनुसार पहले गुणा उसके बाद जोड़ और अन्त में घटाव की क्रिया करें।

$\therefore\ 1.4\times3.2-2\times2.1+0.8$
$=4.48-4.2+0.8=1.08$

**9.** "BODMAS" नियम के अनुसार सबसे पहले का, फिर भाग, उसके बाद गुणा, फिर जोड़ और अन्त में घटाव की क्रिया करें।

$\therefore\ 5\div\dfrac{3}{4}+\dfrac{2}{3}\times\dfrac{3}{4}-\dfrac{2}{3}$ का $\dfrac{13}{7}$

$=5\div\dfrac{3}{4}+\dfrac{2}{3}\times\dfrac{3}{4}-\dfrac{26}{21}$

$=\dfrac{20}{3}+\dfrac{2}{3}\times\dfrac{3}{4}-\dfrac{26}{21}=\dfrac{20}{3}+\dfrac{1}{2}-\dfrac{26}{21}$

$=\dfrac{280+21-52}{42}=\dfrac{249}{42}=5\dfrac{39}{42}=5\dfrac{13}{14}$

**10.** "BODMAS" नियम के अनुसार पहले कोष्ठक के अन्दर की संख्याओं को सरल करें फिर भाग, उसके बाद गुणा करें।

$\therefore\ (9+9+9)\div9\times9=27\div9\times9$

$=\dfrac{27}{9}\times9=27.$

**11.** $2-\left[3-\left\{6-\left(5-\overline{4-3}\right)\right\}\right]$
$=2-[3-\{6-(5-1)\}]$
$=2-[3-\{6-4\}]$
$=2-[3-2]$
$=2-1=1$

**12.** दिया गया व्यंजक $=\dfrac{3}{11}+\dfrac{4}{3}\div\dfrac{10}{11}\times\dfrac{5}{11}-\dfrac{28}{33}$ का $1\dfrac{2}{7}$

$=\dfrac{3}{11}+\dfrac{4}{3}\div\dfrac{10}{11}\times\dfrac{5}{11}-\dfrac{28}{33}\times\dfrac{9}{7}$

$=\dfrac{3}{11}+\dfrac{4}{3}\times\dfrac{11}{10}\times\dfrac{5}{11}-\dfrac{28}{33}\times\dfrac{9}{7}$

$=\dfrac{3}{11}+\dfrac{2}{3}-\dfrac{12}{11}=\dfrac{9+22-36}{33}=\dfrac{-5}{33}$

**13.** व्यंजक $=4.51\times\dfrac{2}{5}+\dfrac{3}{5}\times4.51+4.51$

$=4.51\left(\dfrac{2}{5}+\dfrac{3}{5}+1\right)=4.51\left(\dfrac{2+3+5}{5}\right)$

$=4.51\times\dfrac{10}{5}=4.51\times2=9.02$

**14.** $\dfrac{15.72\times15.72-5.72\times5.72}{15.72+5.72}$

$=\dfrac{(15.72+5.72)\,(15.72-5.72)}{(15.72+5.72)}$

$=15.72-5.72=10$

**15.** $7.55\times7.55-2\times7.55\times2.55+2.55\times2.55$
$=(7.55)^2-2\,(7.55)\,(2.55)+(2.55)^2$
$=(7.55-2.55)^2=(5)^2=25$

☆☆☆☆☆☆

# 4. महत्तम समापवर्तक और लघुत्तम समापवर्त्य (H.C.F. and L.C.M.)

**महत्तम समापवर्तक :** किन्हीं दो या दो से अधिक दी हुई संख्याओं का महत्तम समापवर्तक (म. स. प.) वह बड़ी-से-बड़ी संख्या है जो प्रत्येक दी हुई संख्याओं को पूरा-पूरा विभाजित करे।

**लघुत्तम समापवर्त्य :** किन्हीं दो या दो से अधिक दी हुई संख्याओं का लघुत्तम समापवर्त्य (ल. स. व.) वह छोटी-से-छोटी संख्या है जो प्रत्येक दी हुई संख्या से पूरी-पूरी विभाजित हो।

**प्रश्नों से संबंधित समस्याओं को हल करने के लिए निम्नलिखित सूत्रों को ध्यान में रखिये :**

(*i*) भिन्नों का महत्तम समापवर्तक (म. स. प.) = अंशों का महत्तम समापवर्तक / हरों का लघुत्तम समापवर्त्य

(*ii*) भिन्नों का लघुत्तम समापवर्त्य (ल. स. व.) = अंशों का लघुत्तम समापवर्त्य / हरों का महत्तम समापवर्तक

(*iii*) दो संख्याओं का गुणनफल = म. स. प. × ल. स. व.

## प्रश्नमाला

**1.** 12, 24 व 36 का महत्तम समापवर्तक कितना होगा?

A. 16 B. 18
C. 12 D. 36

**2.** 70, 20 व 14 का लघुत्तम समापवर्त्य क्या है?

A. 120 B. 140
C. 280 D. 70

**3.** दो संख्याओं का अनुपात 11 : 15 है। यदि उनका म॰स॰प॰ 13 हो, तो वे संख्याएं क्रमशः क्या होंगी?

A. 143 व 195 B. 195 व 143
C. 110 व 150 D. 121 व 165

**4.** वह छोटी-से-छोटी पूर्ण वर्ग संख्या क्या होगी जो 56, 21 तथा 36 से पूर्णतः विभाजित हो सके?

A. 7056 B. 8056
C. 7040 D. 8100

**5.** वह बड़ी-से-बड़ी संख्या क्या होगी, जिससे यदि 27, 33 तथा 39 को भाग दें तो क्रमशः 2, 3 तथा 4 शेष बचे?

A. 4 B. 5
C. 3 D. 7

**6.** 5 अंकों की वह छोटी-से-छोटी संख्या क्या होगी जो 12, 15 तथा 18 से पूर्णतः विभाजित हो?

A. 10080 B. 10800
C. 11820 D. 12080

**7.** दो संख्याओं का गुणनफल 27 है। उनका महत्तम समापवर्तक 3 है, तो उनका लघुत्तम समापवर्त्य क्या होगा?

A. 81 B. 54
C. 9 D. 6

**8.** चार अंकों की वह बड़ी-से-बड़ी संख्या क्या है जो 2, 3, 4, 5, 6 और 7 से पूरी-पूरी विभाजित हो जाती है?

A. 9729 B. 9760
C. 9579 D. 9660

**9.** दो संख्याओं का गुणनफल 54 है। उनका महत्तम समापवर्तक 3 है, तो उनका लघुत्तम समापवर्त्य क्या होगा?

A. 18 B. 21
C. 9 D. 24

**10.** $\frac{10}{21}, \frac{25}{27}$ और $\frac{35}{24}$ का महत्तम समापवर्तक क्या है?

A. $\frac{5}{216}$ B. $\frac{5}{1080}$
C. $\frac{5}{1512}$ D. $\frac{5}{638}$

## उत्तरमाला

| 1 | 2 | 3 | 4 | 5 | 6 | 7 | 8 | 9 | 10 |
|---|---|---|---|---|---|---|---|---|---|
| C | B | A | A | B | A | C | D | A | C |

## व्याख्यात्मक उत्तर

**1.** $\because$ $12 = \underline{2 \times 2 \times 3}$
$24 = 2 \times \underline{2 \times 2 \times 3}$
तथा $36 = \underline{2 \times 2 \times 3} \times 3$
$\therefore$ अभीष्ट महत्तम समापवर्तक $= 2 \times 2 \times 3 = 12$ होगा।

**2.** $\because$ $70 = 2 \times 5 \times 7$
$20 = 2 \times 2 \times 5$
तथा $14 = 2 \times 7$
$\therefore$ अभीष्ट लघुत्तम समापवर्त्य $= 2 \times 2 \times 5 \times 7 = 140$

**3.** माना कि वे संख्याएं क्रमशः $11x$ व $15x$ हैं। प्रश्नानुसार, दोनों संख्याओं का म.स.प. = 13 (दिया हुआ है) अतः स्पष्ट होता है कि $x$ के स्थान पर मान 13 होगा, क्योंकि $11 \times 13$ तथा $15 \times 13$ का म.स.प. 13 है। अतः वे संख्याएं क्रमशः $11 \times 13 = 143$ तथा $15 \times 13 = 195$ होंगी।

**4.** सबसे पहले 56, 21 तथा 36 का ल.स.व. ज्ञात करना है।
$\because$ $56 = 2 \times 2 \times 2 \times 7$
$21 = 3 \times 7$
तथा $36 = 2 \times 2 \times 3 \times 3$
$\therefore$ अभीष्ट ल.स.व. $= 2 \times 2 \times 2 \times 3 \times 3 \times 7$
चूंकि यह पूर्ण वर्ग संख्या नही है। अतः अभीष्ट ल.स.व. को पूर्ण वर्ग बनाने के लिए इसमें कम-से-कम $2 \times 7$ अर्थात् 14 से गुणा करना होगा।
$\therefore$ वह छोटी-से-छोटी पूर्ण वर्ग संख्या
$= 2 \times 2 \times 2 \times 3 \times 3 \times 7 \times 2 \times 7 = 7056$ होगी।

**5.** इस प्रकार के प्रश्नों में पहले शेषफल को संख्याओं में से घटाया जाता है फिर उन संख्याओं का म.स.प. ज्ञात किया जाता है।
$\therefore$ $27 - 2 = 25$, $33 - 3 = 30$ तथा $39 - 4 = 35$
अतः 25, 30 तथा 35 का म.स.प. ज्ञात करना है।
$\because$ $25 = 5 \times 5$, $30 = 2 \times 3 \times 5$ तथा $35 = 5 \times 7$
$\therefore$ अभीष्ट म.स.प. = 5
$\therefore$ वह-बड़ी-से बड़ी संख्या = 5 होगी।

**6.** सबसे पहले 12, 15 तथा 18 का ल.स.व. ज्ञात करना है।
$\because$ $12 = 2 \times 2 \times 3$, $15 = 3 \times 5$ तथा $18 = 2 \times 3 \times 3$
$\therefore$ अभीष्ट ल.स.व. $= 2 \times 2 \times 3 \times 3 \times 5 = 180$
तथा 5 अंकों की छोटी-से-छोटी संख्या = 10000
$= 180 \times 55 + 100$
तथा स्पष्ट है कि 5 अंकों की छोटी-से-छोटी संख्या जो 12, 15 तथा 18 से पूर्णतः विभाजित होगी
$= 180 \times 56 = 10080$

**7.** लघुत्तम समापवर्त्य

$$= \frac{\text{दोनों संख्याओं का गुणनफल}}{\text{उनका महत्तम समापवर्तक}} = \frac{27}{3} = 9$$

**8.** 2, 3, 4, 5, 6 और 7 का लघुत्तम समापवर्त्य
$= 2 \times 2 \times 3 \times 5 \times 7 = 420$
चार अंकों की सबसे बड़ी संख्या = 9999
9999 को 420 से विभाजित करें तो शेष = 339
$\therefore$ अभीष्ट संख्या $= 9999 - 339 = 9660$

**9.** उनका लघुत्तम समापवर्त्य

$$= \frac{\text{दोनों संख्याओं का गुणनफल}}{\text{उनका महत्तम समापवर्तक}} = \frac{54}{3} = 18$$

**10.** भिन्नों का महत्तम समापवर्तक

$$= \frac{\text{अंशों का महत्तम समापवर्तक}}{\text{हरों का लघुत्तम समापवर्त्य}}$$

$$= \frac{\text{10, 25 और 35 का महत्तम समापवर्तक}}{\text{21, 27 और 24 का लघुत्तम समापवर्त्य}}$$

$$= \frac{5}{1512}$$

☆☆☆☆☆☆

# 5. घातांक
# (Indices)

हम जानते हैं कि $x \times x = x^2$, $x \times x \times x = x^3$, $x \times x \times x \times x = x^4$ ...., $x \times x \times x \times x \times x \times x$ .... $n$ गुणनखण्डों तक $= x^n$ को "$x$ की घात $n$" पढ़ा जाता है। इस प्रकार हम कह सकते हैं कि

2 की घात 3 $= 2^3 = 2 \times 2 \times 2 = 8$

3 की घात 3 $= 3^3 = 3 \times 3 \times 3 = 27$

5 की घात 4 $= 5^4 = 5 \times 5 \times 5 \times 5 = 625$

8 की घात 2 $= 8^2 = 8 \times 8 = 64$.

$\left(\frac{x}{y}\right)$ की घात 3 $= \left(\frac{x}{y}\right)^3 = \frac{x \times x \times x}{y \times y \times y} = \frac{x^3}{y^3}$

$x^2$ की घात 5 $= (x^2)^5 = x^2 \times x^2 \times x^2 \times x^2 \times x^2 = x^{10}$

## घातांक से सम्बन्धित आवश्यक नियम

**नियम 1.** यदि $m$ और $n$ धन पूर्णांक हों तथा $x$, $y$ कोई भी संख्याएं हैं तो $x^m \times x^n = x^{m+n}$

**नियम 2.** यदि $m$ और $n$ धन पूर्णांक हों तथा $x$, $y$ कोई भी संख्याएं हैं तो,

$$x^m \div x^n = \frac{x^m}{x^n} = x^{m-n} \text{ जबकि } m > n$$

**या**

$$x^m \div x^n = \frac{x^m}{x^n} = \frac{1}{x^{n-m}} \text{ जबकि } n > m$$

**नियम 3.** यदि $m$ और $n$ धन पूर्णांक हों तथा $x$, $y$ कोई भी संख्याएं हैं तो $(x^m)^n = x^{mn}$

**नियम 4.** यदि $m$ और $n$ धन पूर्णांक हों तथा $x$, $y$ कोई भी संख्याएं हैं तो $(xy)^m = x^m \times y^m$

**मूल :** यदि कोई संख्या '$x$ की घात $n$' है तथा इसका परिणाम $a$ अर्थात् $x^n = a$ है तो इसका अर्थ यह होता है कि $a$ का $n$ वां मूल $x$ है। जिसे प्राय: इस प्रकार लिखा जाता है

$$x^n = a \Rightarrow x = \sqrt[n]{a} = (a)^{1/n}$$

इसी प्रकार यदि भिन्नात्मक घातांक $x^{p/q} = a$ है तो इसका अर्थ यह होगा कि $x$ का $q$ वां मूल बराबर है $a$ का $p$ वां मूल के, अर्थात्

$$x^{p/q} = a \Rightarrow \left(x^{1/q}\right)^p = a \Rightarrow x^{1/q} = a^{1/p} \Rightarrow \sqrt[q]{x} = \sqrt[p]{a}$$

अत: दूसरे मूल को हम वर्गमूल तथा तीसरे मूल को घनमूल भी कहते हैं।

**महत्त्वपूर्ण नोट :** यदि किसी संख्या या राशि की घात ''शून्य'' है तो उस संख्या या राशि का मान सदैव 1 के बराबर होगा। अर्थात् $x^0 = y^0 = z^0 = 2^0 = 5^0 = 8^0 = 1$ होगा।

## प्रश्नमाला

**1.** $a^5 \times a^7$ का मान कितना होगा?

A. $a^{35}$ B. $a^2$

C. $a^{12}$ D. $a^{5/7}$

**2.** $(x^{2/3})^{-3/4}$ का मान कितना होगा?

A. $\frac{1}{x}$ B. $\frac{1}{\sqrt{x}}$

C. $\frac{1}{x^2}$ D. $\frac{1}{x^{-2}}$

**3.** 4 की घात 3 निम्न में से किस संख्या के बराबर होगी?

A. 64

B. 81

C. 12

D. 49

**4.** 2 की घात 3 तथा 3 की घात 2 में कितना अन्तर होगा?

A. 2 B. 5

C. 3 D. 1

**5.** $\left(-\frac{1}{125}\right)^{-\frac{2}{3}}$ का मान कितना होगा?

A. $\frac{1}{25}$ B. 25
C. 5 D. $\frac{1}{5}$

**6.** $(8)^{-(2^{-2})}$ का मान कितना होगा?

A. $2^{-1/4}$ B. $2^{-3/4}$
C. $2^{3/4}$ D. $2^{-1/2}$

**7.** यदि $\sqrt{2^n} = 64$ है, तो $n$ का मान क्या होगा?

A. 8 B. 4
C. 12 D. 16

**8.** $(100)^0$ का मान कितना होगा?

A. 0 B. 10
C. 1 D. 100

**9.** यदि $10^{2/5} \times 10^{8/5} = 10^n$ है तो $n$ का मान क्या होगा?

A. 2 B. 3
C. 6 D. 4

**10.** $27^3 \times 3^4 \div 3^{10}$ का मान कितना होगा?

A. 9 B. 27
C. 81 D. $\frac{1}{27}$

**11.** व्यंजक $\frac{(-1)^{132}}{5^{-1} + 3^{-1}}$ का मान कितना होगा?

A. $\frac{16}{9}$ B. $-\frac{15}{8}$
C. $\frac{15}{8}$ D. $\frac{17}{8}$

**12.** $6a^3b^3c^2 \div 2ab^2c$ का मान कितना होगा?

A. $3a^2bc$ B. $3ab^2c$
C. $3a^2b^2c^2$ D. $3a^3b^3c^3$

**13.** $\sqrt{\frac{1}{\left(\frac{3}{4}\right)^{-2}}} + \sqrt[3]{\frac{27}{64}}$ का मान क्या होगा?

A. $\frac{2}{3}$ B. $\frac{4}{5}$
C. $\frac{13}{12}$ D. $\frac{3}{2}$

**14.** $\frac{a^{-3} . a^{-4}}{a^{-5}}$ का धन घातांकीय रूप में मान क्या होगा?

A. $a^2$ B. $\frac{1}{a^3}$
C. $\frac{1}{a^4}$ D. $\frac{1}{a^2}$

**15.** $\sqrt[3]{x^6} \div \sqrt[6]{x^{12}} \times x^{-3} \times \sqrt[3]{x^9}$ का मान कितना होगा?

A. $2x$ B. 1
C. $\frac{1}{3x^2}$ D. $\frac{1}{x}$

## उत्तरमाला

| 1 | 2 | 3 | 4 | 5 | 6 | 7 | 8 | 9 | 10 |
|---|---|---|---|---|---|---|---|---|---|
| C | B | A | D | B | B | C | C | A | B |
| **11** | **12** | **13** | **14** | **15** | | | | | |
| C | A | D | D | B | | | | | |

## व्याख्यात्मक उत्तर

**1.** $\because a^5 \times a^7 = a^{5+7} = a^{12}$. $[\because x^m \times x^n = x^{m+n}]$

**2.** $\because \left(x^{\frac{2}{3}}\right)^{-\frac{3}{4}} = x^{\frac{2}{3} \times -\frac{3}{4}} = x^{-\frac{1}{2}}$

$= \frac{1}{x^{\frac{1}{2}}} = \frac{1}{\sqrt{x}}$ .$[\because (x^m)^n = x^{mn}]$

**3.** $\because$ 4 की घात 3 $= 4^3 = 4 \times 4 \times 4 = 64$.

**4.** $\because$ 2 की घात 3 $= 2^3 = 2 \times 2 \times 2 = 8$.

तथा 3 की घात 2 $= 3^2 = 3 \times 3 = 9$

$\therefore$ अन्तर $= 9 - 8 = 1$.

**5.** $\left(-\frac{1}{125}\right)^{-\frac{2}{3}} = \frac{1}{\left(-\frac{1}{125}\right)^{\frac{2}{3}}}$

$= (-125)^{\frac{2}{3}}$

$= [(-125)^{1/3}]^2 = [(-5 \times -5 \times -5)^{1/3}]^2$

$= (-5^2) = -5 \times -5 = 25.$

**6.** $\because 8^{-(2^{-2})} = 8^{-\left(\frac{1}{2^2}\right)} = 8^{-\frac{1}{4}} = \frac{1}{8^{\frac{1}{4}}}$

$= \frac{1}{(2\times 2\times 2)^{\frac{1}{4}}} = \frac{1}{(2)^{\frac{3}{4}}} = 2^{-\frac{3}{4}}.$

**7.** $\because \sqrt{2^n} = 64 \Rightarrow 2^n = (64)^2$

$\Rightarrow 2^n$

$= (2\times 2\times 2\times 2\times 2\times 2)^2 \Rightarrow 2^n = (2^6)^2$

$\Rightarrow 2^n = 2^{6\times 2} = 2^{12} \Rightarrow n = 12$

अत: $n$ का मान 12 होगा।

**8.** यहां विद्यार्थियों को स्मरण रखना चाहिए कि यदि किसी संख्या या राशि की घात ''शून्य'' हो तो उस संख्या या राशि का मान हमेशा 1 के बराबर होगा।

अत: स्पष्ट है कि $(100)^0$ का मान = 1 होगा।

**9.** $\because 10^{2/5} \times 10^{8/5} = 10^n \Rightarrow 10^{2/5+8/5} = 10^n$

$\Rightarrow 10^{10/5} = 10^n \Rightarrow 10^2 = 10^n \Rightarrow n = 2$

अत: $n$ का मान 2 होगा।

**10.** $\because 27^3 \times 3^4 \div 3^{10} = 27^3 \times \frac{3^4}{3^{10}}$

$\frac{(3\times 3\times 3)^3 \times 3^4}{3^{10}} = \frac{(3^3)^3 \times 3^4}{3^{10}}$

$= \frac{3^9 \times 3^4}{3^{10}} = \frac{3^{9+4}}{3^{10}} = \frac{3^{13}}{3^{10}}$

$= 3^{13-10} = 3^3 = 3\times 3\times 3 = 27.$

**11.** $\because \frac{(-1)^{132}}{5^{-1}+3^{-1}} = \frac{\left((-1)^2\right)^{66}}{5^{-1}+3^{-1}}$

$= \frac{(1)^{66}}{5^{-1}+3^{-1}} = \frac{1}{\frac{1}{5}+\frac{1}{3}} = \frac{1}{\frac{3+5}{15}}$

$= \frac{1}{\frac{8}{15}} = \frac{15}{8}.$

**12.** $\because 6a^3b^3c^2 \div 2ab^2c$

$= \frac{6a^3b^3c^2}{2ab^2c} = 3a^{3-1}b^{3-2}c^{2-1} = 3a^2bc.$

**13.** $\because \sqrt{\frac{1}{\left(\frac{3}{4}\right)^{-2}}} + \sqrt[3]{\frac{27}{64}} = \sqrt{\left(\frac{3}{4}\right)^2} + \sqrt[3]{\frac{3\times 3\times 3}{4\times 4\times 4}}$

$= \sqrt{\left(\frac{3}{4}\right)^2} + \sqrt[3]{\left(\frac{3}{4}\right)^3} = \frac{3}{4} + \frac{3}{4} = \frac{6}{4} = \frac{3}{2}.$

**14.** $\because \frac{a^{-3}.a^{-4}}{a^{-5}} = \frac{a^5}{a^3.a^4} = \frac{a^5}{a^7} = \frac{1}{a^{7-5}} = \frac{1}{a^2}$

अत: $\frac{a^{-3}.a^{-4}}{a^{-5}}$ का धन घातांकीय रूप में मान $\frac{1}{a^2}$ होगा।

**15.** $\because \sqrt[3]{x^6} \div \sqrt[6]{x^{12}} \times x^{-3} \times \sqrt[3]{x^9}$

$= \frac{(x^6)^{\frac{1}{3}}}{(x^{12})^{\frac{1}{6}}} \times x^{-3} \times (x^9)^{\frac{1}{3}}$

[$\because$ BODMAS शब्द के अनुसार पहले ''भाग'' फिर ''गुणा'']

$= \frac{x^{6\times\frac{1}{3}} \times x^{-3} \times x^{9\times\frac{1}{3}}}{x^{12\times\frac{1}{6}}}$

$= \frac{x^2 \times x^{-3} \times x^3}{x^2} = x^0 = 1.$

☆☆☆☆☆☆

# 6. करणी
# (Surds)

प्राय: सभी संख्याओं के वर्गमूल सदैव पूर्ण संख्या नहीं होते, जैसे– $\sqrt{9} = 3$ परन्तु $\sqrt{15} = 3.873$, जो कि पूर्ण संख्या नहीं है, अर्थात् 15 का वर्गमूल पूर्ण संख्या नहीं है। अत: ऐसी संख्यायें जिनके वर्गमूल पूर्ण संख्या नहीं होते, जैसे– $\sqrt{3}$, $\sqrt{7}$, $2+\sqrt{11}$, $4+\sqrt{13}$ .... इत्यादि संख्यायें **करणी** कहलाती हैं।

**प्रश्नों को हल करने के लिए निम्नलिखित सूत्रों का प्रयोग कीजिए :**

1. $\sqrt{a} \times \sqrt{a} = a$
2. $\sqrt{a} \times \sqrt{b} = \sqrt{ab}$
3. $\left(\sqrt{a} + \sqrt{b}\right)^2 = a + b + 2\sqrt{ab}$
4. $\left(\sqrt{a} - \sqrt{b}\right)^2 = a + b - 2\sqrt{ab}$
5. $x\sqrt{a} + x\sqrt{b} = x\left(\sqrt{a} + \sqrt{b}\right)$
6. $\dfrac{1}{\sqrt{a}+\sqrt{b}} = \dfrac{1}{\sqrt{a}+\sqrt{b}} \times \dfrac{\sqrt{a}-\sqrt{b}}{\sqrt{a}-\sqrt{b}}$ $= \dfrac{\sqrt{a}-\sqrt{b}}{a-b}$
7. $\dfrac{1}{\sqrt{a}-\sqrt{b}} = \dfrac{1}{\sqrt{a}-\sqrt{b}} \times \dfrac{\sqrt{a}+\sqrt{b}}{\sqrt{a}+\sqrt{b}}$ $= \dfrac{\sqrt{a}+\sqrt{b}}{a-b}$
8. $a + \sqrt{b} = c + \sqrt{d} \Rightarrow a = c$ तथा $b = d$
9. $\sqrt{2} = 1.41421$, $\sqrt{3} = 1.73205$, $\sqrt{5} = 2.23607$, $\sqrt{6} = 2.4494$, $\sqrt{7} = 2.64575$, $\sqrt{8} = 2.82842$, $\sqrt{10} = 3.16227$, $\sqrt{11} = 3.31662$

## प्रश्नमाला

**1.** $\dfrac{1}{\sqrt{3}}$ का मान दशमलव के तीन स्थानों तक होगा—

A. 0.577 B. 0.477
C. 0.673 D. 0.575

**2.** यदि $\sqrt{2} = 1.4142$ हो, तो $\dfrac{1}{2}\left(\dfrac{\sqrt{2}-1}{\sqrt{2}+1}\right)$ का मान कितना होगा?

A. .0768 B. .0658
C. .0858 D. .0458

**3.** यदि $\sqrt{1936} = 44$, हो तो $\sqrt{19.36} + \sqrt{0.1936} + \sqrt{.001936}$ का मान दशमलव के तीन स्थानों तक होगा—

A. 5.679 B. 4.884
C. 9.884 D. 6.778

**4.** $\sqrt{\left(5 + \dfrac{4}{9}\right)}$ का मान होगा?

A. $3\frac{1}{3}$ B. $2\frac{1}{6}$
C. $4\frac{1}{3}$ D. $2\frac{1}{3}$

**5.** $\dfrac{\sqrt{2}-1}{\sqrt{2}+1}$ का मान दशमलव के तीन स्थानों तक होगा—

A. 0.172 B. 0.158
C. 0.176 D. 0.188

**6.** $\sqrt[3]{8^4}$ का मान कितना होगा?

A. 15 B. 9
C. 16 D. 25

**7.** यदि $\sqrt{6} = 2.45$, तो $\sqrt{\frac{2}{3}} + 3\sqrt{\frac{3}{2}}$ का मान किसके बराबर होगा ?

A. 3.942 B. 4.492
C. 4.942 D. 9.345

**8.** $\sqrt{72}$ का मान किसके बराबर होगा ?

A. $3\sqrt{5}$ B. $6\sqrt{2}$
C. $8\sqrt{2}$ D. $7\sqrt{3}$

**9.** हर के परिमेयीकरण के पश्चात व्यंजक $\frac{\sqrt{2}}{\sqrt{2}+\sqrt{3}-\sqrt{5}}$ का रूप होगा—

A. $\frac{3+\sqrt{6}+\sqrt{15}}{6}$ B. $\frac{3-\sqrt{6}-\sqrt{5}}{6}$
C. $\frac{3+\sqrt{6}+\sqrt{5}}{3}$ D. $\frac{2+\sqrt{6}-\sqrt{15}}{6}$

**10.** $\left(\sqrt{80}+3\times\sqrt{245}-\sqrt{125}\right)$ का मान कितना होगा ?

A. $18\sqrt{5}$ B. $20\sqrt{5}$
C. $22\sqrt{5}$ D. $28\sqrt{2}$

**11.** $\left(\frac{\sqrt{5}+\sqrt{3}}{\sqrt{5}-\sqrt{3}}\right)$ का मान कितना होगा ?

A. $4+\sqrt{15}$ B. $3-\sqrt{15}$
C. $2+\sqrt{15}$ D. $4-\sqrt{15}$

**12.** $3^{\frac{1}{5}}, 5^{\frac{3}{5}}, 7^{\frac{4}{5}}$ को आरोही क्रम में किस प्रकार से लिखा जा सकता है ?

A. $5^{\frac{3}{5}} < 3^{\frac{1}{5}} < 7^{\frac{4}{5}}$ B. $3^{\frac{1}{5}} < 5^{\frac{3}{5}} < 7^{\frac{4}{5}}$
C. $7^{\frac{4}{5}} < 3^{\frac{1}{5}} < 5^{\frac{3}{5}}$ D. $3^{\frac{1}{5}} < 7^{\frac{4}{5}} < 5^{\frac{3}{5}}$

**13.** यदि $12\times 4^{\frac{1}{3}}$ को $3\sqrt{2}$ से भाग दिया जाये तब भागफल का मान होगा—

A. 2 B. $\sqrt{15}$
C. 3 D. $2^{13/6}$

**14.** यदि $4^{\frac{1}{3}}, 6^{\frac{1}{6}}$ तथा $\sqrt{5}$ का गुणा किया जाये तो गुणनफल का मान होगा—

A. $(12000)^{\frac{1}{6}}$ B. $(12009)^{\frac{1}{6}}$
C. $(14000)^{\frac{1}{6}}$ D. $(15000)^{\frac{1}{4}}$

**15.** व्यंजक $\left(2+\sqrt{2}+\frac{1}{2+\sqrt{2}}+\frac{1}{\sqrt{2}-2}\right)$ का मान होगा—

A. 5 B. 2
C. 3 D. 8

## उत्तरमाला

| 1 | 2 | 3 | 4 | 5 | 6 | 7 | 8 | 9 | 10 |
|---|---|---|---|---|---|---|---|---|---|
| A | C | B | D | A | C | B | B | A | B |
| **11** | **12** | **13** | **14** | **15** | | | | | |
| A | B | D | A | B | | | | | |

## व्याख्यात्मक उत्तर

**1.** $\because \frac{1}{\sqrt{3}} = \frac{1}{\sqrt{3}}\times\frac{\sqrt{3}}{\sqrt{3}} = \frac{\sqrt{3}}{3} = \frac{1.732}{3}$

$= 0.577.$

**2.** $\because \frac{1}{2}\left(\frac{\sqrt{2}-1}{\sqrt{2}+1}\right) = \frac{1}{2}\times\frac{\sqrt{2}-1}{\sqrt{2}+1}\times\frac{\sqrt{2}-1}{\sqrt{2}-1}$

$= \frac{1}{2}\times\frac{\left(\sqrt{2}-1\right)^2}{\left(\sqrt{2}\right)^2-1^2} = \frac{1}{2}\times\frac{2+1-2\sqrt{2}}{2-1}$

$= \frac{1}{2}\times\frac{3-2\sqrt{2}}{1} = \frac{1}{2}\times(3-2\times 1.4142)$

$= \frac{1}{2}\times 0.1716 = 0.0858.$

**3.** $\because \sqrt{1936} = 44 \Rightarrow \sqrt{19.36} = 4.4$

$\Rightarrow \sqrt{0.1936} = 0.44 \Rightarrow \sqrt{.001936} = .044$

$\therefore \sqrt{19.36} + \sqrt{0.1936} + \sqrt{.001936}$

$= 4.4 + 0.44 + 0.044 = 4.884.$

**4.** $\because \sqrt{5+\frac{4}{9}} = \sqrt{\frac{45+4}{9}} = \sqrt{\frac{49}{9}} = \frac{7}{3} = 2\frac{1}{3}.$

**5.** $\because \frac{\sqrt{2}-1}{\sqrt{2}+1} = \frac{\sqrt{2}-1}{\sqrt{2}+1} \times \frac{\sqrt{2}-1}{\sqrt{2}-1} = \frac{\left(\sqrt{2}-1\right)^2}{\left(\sqrt{2}\right)^2-(1)^2}$

$= \frac{2+1-2\sqrt{2}}{2-1} = \frac{3-2\sqrt{2}}{1} = 3-2\times1.414 = 0.172.$

**6.** $\because \sqrt[3]{8^4} = (8)^{\frac{4}{3}} = \left(2^3\right)^{\frac{4}{3}} = 2^{3\times\frac{4}{3}} = 2^4 = 16.$

**7.** $\because \sqrt{\frac{2}{3}} + 3\sqrt{\frac{3}{2}} = \frac{\sqrt{2}}{\sqrt{3}} \times \frac{\sqrt{3}}{\sqrt{3}} + 3 \times \frac{\sqrt{3}}{\sqrt{2}} \times \frac{\sqrt{2}}{\sqrt{2}}$

$= \frac{\sqrt{6}}{3} + \frac{3\sqrt{6}}{2} = \sqrt{6}\left[\frac{1}{3}+\frac{3}{2}\right]$

$= \sqrt{6} \times \frac{11}{6} = \frac{11}{6} \times 2.45 = 4.492.$

**8.** $\because \sqrt{72} = \sqrt{6\times6\times2} = \sqrt{6^2\times2} = 6\sqrt{2}.$

**9.** $\frac{\sqrt{2}}{\sqrt{2}+\sqrt{3}-\sqrt{5}}$

$= \frac{\sqrt{2}}{\sqrt{2}+\sqrt{3}-\sqrt{5}} \times \frac{\sqrt{2}+\sqrt{3}+\sqrt{5}}{\sqrt{2}+\sqrt{3}+\sqrt{5}}$

$= \frac{\sqrt{2}\left(\sqrt{2}+\sqrt{3}+\sqrt{5}\right)}{\left(\sqrt{2}+\sqrt{3}\right)^2-\left(\sqrt{5}\right)^2}$

$= \frac{2+\sqrt{6}+\sqrt{10}}{2\sqrt{6}} = \frac{2+\sqrt{6}+\sqrt{10}}{2\sqrt{6}} \times \frac{\sqrt{6}}{\sqrt{6}}$

$= \frac{2\sqrt{6}+6+\sqrt{60}}{12} = \frac{3+\sqrt{6}+\sqrt{15}}{6}.$

**10.** $\because \sqrt{80} + 3\times\sqrt{245} - \sqrt{125}$

$= \sqrt{16\times5} + 3\times\sqrt{49\times5} - \sqrt{25\times5}$

$= 4\sqrt{5} + 21\sqrt{5} - 5\sqrt{5} = 20\sqrt{5}.$

**11.** $\because \frac{\sqrt{5}+\sqrt{3}}{\sqrt{5}-\sqrt{3}} = \frac{\sqrt{5}+\sqrt{3}}{\sqrt{5}-\sqrt{3}} \times \frac{\sqrt{5}+\sqrt{3}}{\sqrt{5}+\sqrt{3}}$

$= \frac{\left(\sqrt{5}+\sqrt{3}\right)^2}{\left(\sqrt{5}\right)^2-\left(\sqrt{3}\right)^2} = \frac{5+3+2\sqrt{15}}{5-3}$

$= \frac{8+2\sqrt{15}}{2} = 4+\sqrt{15}.$

**12.** $\because 3^{\frac{1}{5}} = (3)^{\frac{1}{5}} \qquad 5^{\frac{3}{5}} = \left(5^3\right)^{\frac{1}{5}} = (125)^{\frac{1}{5}}$

तथा $7^{\frac{4}{5}} = \left(7^4\right)^{\frac{1}{5}} = (2401)^{\frac{1}{5}}$

अत: स्पष्ट है कि $(3)^{\frac{1}{5}} < (125)^{\frac{1}{5}} < (2401)^{\frac{1}{5}}$

अत: $3^{\frac{1}{5}} < 5^{\frac{3}{5}} < 7^{\frac{4}{5}}$ आरोही क्रम में होगी।

**13.** प्रश्नानुसार, $\frac{12\times4^{\frac{1}{3}}}{3\sqrt{2}} = \frac{12\times2^{\frac{2}{3}}}{3\times2^{\frac{1}{2}}} \times \frac{2^{\frac{1}{2}}}{2^{\frac{1}{2}}}$

$= \frac{12\times2^{\frac{7}{6}}}{3\times2} = \frac{12\times2^{\frac{7}{6}}}{6} = 2^{\frac{13}{6}}.$

**14.** $\because 4^{\frac{1}{3}} = 4^{\frac{2}{6}} = \left(4^2\right)^{\frac{1}{6}} = (16)^{\frac{1}{6}} \qquad \because 6^{\frac{1}{6}} = (6)^{\frac{1}{6}}$

तथा $\sqrt{5} = 5^{\frac{1}{2}} = 5^{\frac{3}{6}} = \left(5^3\right)^{\frac{1}{6}} = (125)^{\frac{1}{6}}$

$4^{\frac{1}{3}} \times 6^{\frac{1}{6}} \times \sqrt{5} = (16)^{\frac{1}{6}} \times (6)^{\frac{1}{6}} \times (125)^{\frac{1}{6}}$

$= (16\times6\times125)^{\frac{1}{6}} = (12000)^{\frac{1}{6}}.$

**15.** $\because 2+\sqrt{2}+\frac{1}{2+\sqrt{2}}+\frac{1}{\sqrt{2}-2}$

$= 2+\sqrt{2}+\left(\frac{2-\sqrt{2}}{\left(2+\sqrt{2}\right)\left(2-\sqrt{2}\right)}+\frac{2+\sqrt{2}}{\left(\sqrt{2}-2\right)\left(2+\sqrt{2}\right)}\right)$

$= 2+\sqrt{2}+\left[\frac{2-\sqrt{2}}{4-2}+\frac{\sqrt{2}+2}{2-4}\right]$

$= 2+\sqrt{2}+\left[\frac{\left(2-\sqrt{2}\right)}{2}-\frac{\left(\sqrt{2}+2\right)}{2}\right]$

$= 2+\sqrt{2}+\left[\frac{2-\sqrt{2}-\sqrt{2}-2}{2}\right]$

$= 2+\sqrt{2}+\frac{\left(-2\sqrt{2}\right)}{2} = 2+\sqrt{2}-\sqrt{2} = 2.$

☆☆☆☆☆☆

# 7. औसत
# (Averages)

औसत निकालने के लिए पहले उन सब राशियों को जोड़ लें जिनका औसत निकालना हो; उसके बाद उस योगफल में उन राशियों की कुल संख्या से भाग दे दें। उदाहरण के लिए यदि आपको 8, 10, 12, और 14 का औसत निकालना है, तो पहले इन्हें जोड़ दें। 8 + 10 + 12 + 14 = 44 जिनका औसत निकालना है, वे संख्याएं 4 हैं।

अतः 44 में 4 से भाग दे दें। $44 \div 4 = \frac{44}{4} = 11$ औसत आया।

इसके लिए सूत्र हैं:

(i) $\dfrac{\text{राशियों का योगफल}}{\text{राशियों की संख्या}} = \text{औसत}$

(ii) औसत × राशियों की संख्या = राशियों का योगफल।

(iii) $\dfrac{\text{राशियों का जोड़}}{\text{औसत}} = \text{राशियों की संख्या}$

**उदाहरण 1 :** किसी कक्षा में 5 दिनों की दैनिक उपस्थिति 26, 23, 30, 29 और 17 थी। बताओ दैनिक औसत उपस्थिति क्या थी?

**हल :** ∵ 5 दिनों की कुल उपस्थिति = 26 । 23 + 30 + 29 + 17 = 125 थी।

∴ 1 दिन की औसत उपस्थिति

$$= \frac{\text{राशियों का योगफल}}{\text{राशियों की संख्या}} = \frac{125}{5} = 25$$

**उदाहरण 2:** एक दुकानदार 6 दिनों में 1950 रु॰ की बिक्री करता है। उसकी दैनिक औसत बिक्री कितनी है?

**हलः** कुल बिक्री = 1950 रु॰

कुल दिन = 6

∴ दैनिक औसत बिक्री $= \frac{1950}{6} = 325$ रु॰

## प्रश्नमाला

**1.** 5 विद्यार्थियों की ऊँचाइयां (सेंमी में) 140, 135, 142, 138 व 140 है। उनकी औसत ऊँचाई है:

A. 136 B. 138
C. 139 D. 140

**2.** 10 विद्यार्थियों द्वारा प्राप्तांक 22, 35, 37, 38, 29, 27, 34, 36, 28 और 34 हैं। उनके औसत अंक हैं:

A. 30 B. 31
C. 32 D. 34

**3.** एक लड़का जिसकी ऊँचाई 165 सेंमी है, के स्थान पर नया लड़का आ जाने से 34 लड़कों के एक समूह की औसत ऊँचाई 1 सेंमी कम हो जाती है। नये लड़के की ऊँचाई है:

A. 132 सेंमी B. 129 सेंमी
C. 130 सेंमी D. 131 सेंमी

**4.** 2 से प्रारम्भ करके पांच लगातार सम संख्याओं का औसत है:

A. 4 B. 6
C. 7 D. 5

**5.** 5 गेंदों का भार (ग्राम में) क्रमशः 50, 54, 53, 56 और 52 है। उनका औसत भार है:

A. 53 B. 54
C. 52 D. 51

**6.** एक रस्सी के 5 टुकड़ों की लम्बाइयां (सेंमी में) 5, 5.2, 6.3, 7.2 और 6.3 हैं। टुकड़े की औसत लम्बाई है:

A. 5.8 B. 6.0
C. 6.1 D. 6.2

**7.** 7 के प्रथम पांच गुणजों (Multiples) का औसत क्या होगा?

A. 21 B. 23
C. 24 D. 28

**8.** चार संख्याओं का औसत 18 है। यदि उनमें से पहली तीन संख्याएं क्रमशः 16, 22 व 28 हों तो बताइये अन्तिम संख्या क्या होगी?

A. 5 B. 8
C. 6 D. 9

**9.** 12 संख्याओं का औसत मान 30 है। यदि प्रत्येक संख्या में 3 से गुणा कर दिया जाये, तो बताइये नई संख्याओं का औसत मान कितना होगा?

A. 70 B. 80
C. 90 D. 100

**10.** एक व्यक्ति 50 रु. प्रति पुस्तक के हिसाब से 4 पुस्तकें, 60 रु. प्रति पुस्तक के हिसाब से 5 पुस्तकें, तथा 70 रु. प्रति पुस्तक के हिसाब से 6 पुस्तकें खरीदता है। बताइये पुस्तक का औसत मूल्य कितना होगा?

A. 62.33 रु. B. 41.50 रु.
C. 61.33 रु. D. 61.75 रु.

**11.** 25 राशियों का औसत 15 है, उनमें से 15 राशियों का औसत 17 है, तो शेष राशियों का औसत ज्ञात करो।

A. 10 B. 13
C. 11 D. 12

**12.** एक कक्षा में 23 छात्रों की औसत आयु 16 वर्ष है। यदि अध्यापक की आयु भी सम्मिलित कर ली जाए तो औसत आयु एक वर्ष बढ़ जाती है। अध्यापक की आयु क्या है?

A. 35 वर्ष B. 40 वर्ष
C. 50 वर्ष D. 30 वर्ष

**13.** दी गई सात संख्याओं में से प्रथम चार संख्याओं का औसत 4 तथा अन्तिम चार संख्याओं का औसत भी 4 है। यदि इन सात संख्याओं का औसत 3 है, तो चौथी संख्या क्या है?

A. 11 B. 10
C. 12 D. 9

**14.** राजू, शशि और महेश के वेतनों का औसत 800 रुपये है और शशि, महेश और प्रभा के वेतनों का औसत 900 रुपये है। यदि प्रभा का वेतन 900 रुपये हो तो राजू का वेतन होगा।

A. 700 रु. B. 600 रु.
C. 400 रु. D. 500 रु.

**15.** एक बालक को 5 संख्याओं का औसत निकालने को कहा गया। परन्तु लिखते समय उसने 73 के स्थान पर 37 और 54 के स्थान पर 45 लिख दिया। इस प्रकार उसका औसत 59 प्राप्त हुआ तो वास्तविक संख्याओं का औसत ज्ञात करो।

A. 68 B. 86
C. 70 D. 67

**16.** 8 संख्याओं का औसत 12 है। यदि प्रत्येक संख्या में 2 की वृद्धि की जाए तो नयी प्राप्त संख्याओं का औसत होगा।

A. 12 B. 14
C. 13 D. 15

**17.** 5 वर्ष पहले A, B, C, D की औसत आयु 45 वर्ष थी। E को शामिल करने पर पांचों की वर्तमान आयु की औसत 49 है। E की वर्तमान आयु है।

A. 46 वर्ष B. 48 वर्ष
C. 45 वर्ष D. 50 वर्ष

**18.** तीन वर्ष पूर्व 5 सदस्यों के एक परिवार की औसत आयु 17 वर्ष थी। एक शिशु के जन्म लेने पर भी परिवार की औसत आयु आज भी 17 वर्ष ही है। शिशु की वर्तमान आयु है।

A. 1 वर्ष B. 3 वर्ष
C. 2 वर्ष D. 4 वर्ष

**19.** किसी कक्षा में 30 छात्रों की औसत आयु 12 वर्ष है। 5 छात्रों के एक समूह की औसत आयु 10 वर्ष है तथा 5 छात्रों के दूसरे समूह की औसत आयु 14 वर्ष है। बचे हुए छात्रों की औसत आयु है।

A. 13 वर्ष B. 10 वर्ष
C. 11 वर्ष D. 12 वर्ष

**20.** प्रथम पांच अभाज्य संख्याओं का औसत होगा।

A. 6.5 B. 5.6
C. 5.5 D. 6.6

## उत्तरमाला

| 1 | 2 | 3 | 4 | 5 | 6 | 7 | 8 | 9 | 10 |
|---|---|---|---|---|---|---|---|---|---|
| C | C | D | A | A | B | A | C | C | C |
| **11** | **12** | **13** | **14** | **15** | **16** | **17** | **18** | **19** | **20** |
| D | B | A | B | A | B | C | C | D | B |

## व्याख्यात्मक उत्तर

**1.** औसत ऊँचाई

$$= \frac{140+135+142+138+140}{5} = \frac{695}{5} = 139.$$

**2.** औसत अंक

$$= \frac{22+35+37+38+29+27+34+36+28+34}{10}$$

$$= \frac{320}{10} = 32.$$

**3.** 34 लड़कों की ऊँचाई में औसत कमी = 1 सेंमी

34 लड़कों की ऊँचाई में कुल कमी = 34 सेंमी

$\therefore$ नये लड़के की ऊँचाई = 165 − 34 = 131 सेंमी

**4.** 2 से प्रारम्भ करके 5 लगातार सम संख्याओं का औसत

$$= \frac{2+4+6+8+10}{5} = \frac{30}{5} = 6.$$

**5.** औसत भार

$$= \frac{50+54+53+56+52}{5} = \frac{265}{5} = 53.$$

**6.** औसत लम्बाई

$$= \frac{5+5.2+6.3+7.2+6.3}{5} = \frac{30.0}{5} = 6.0$$

**7.** $\because$ 7 के प्रथम 5 गुणज : 7, 14, 21, 28 व 35

$\therefore$ इनका औसत

$$= \frac{7+14+21+28+35}{5} = \frac{105}{5} = 21.$$

**8.** $\because$ चार संख्याओं का औसत = 18

$\therefore$ चारों संख्याओं का योग = 18 × 4 = 72

**प्रश्नानुसार,** उनमें से पहली तीन संख्याएं क्रमशः 16, 22 व 28 हैं।

$\therefore$ अन्तिम संख्या

= चारों संख्याओं का योग − (16 + 22 + 28)

= 72 − 66 = 6.

**9.** $\because$ 12 संख्याओं का औसत मान = 30

$\therefore$ 12 संख्याओं का कुल योग = 30 × 12 = 360

**प्रश्नानुसार,** प्रत्येक संख्या में 3 से गुणा करने पर 12 संख्याओं का कुल योग = 360 × 3 = 1080

12 नई संख्याओं का औसत मान $= \frac{1080}{12} = 90.$

**10.** $\because$ 50 रु. प्रति पुस्तक के हिसाब से 4 पुस्तकों का क्रय मूल्य = 200 रु.

60 रु. प्रति पुस्तक के हिसाब से 5 पुस्तकों का क्रय मूल्य = 300 रु.

तथा 70 रु. प्रति पुस्तक के हिसाब से 6 पुस्तकों का क्रय मूल्य = 420 रु.

$\therefore$ 15 पुस्तकों का कुल क्रय मूल्य

= 200 + 300 + 420 = 920 रु.

$\therefore$ औसत मूल्य $= \frac{920}{15} = 61.33$ रु.।

**11.** $\because$ 25 राशियों का औसत = 15

$\therefore$ 25 राशियों योग = 25 × 15 = 375

इनमें से 15 राशियों का औसत = 17

$\therefore$ इन 15 राशियों का योग = 15 × 17 = 255

$\therefore$ शेष 25 −15 = 10 राशियों का योग

= 375 − 255 = 120

$\therefore$ शेष राशियों का औसत $= \frac{120}{10} = 12$

सूत्र द्वारा—

शेष 10 राशियों का औसत $= \frac{25\times15-15\times17}{25-15}$

$= \frac{375-255}{10} = \frac{120}{10} = 12.$

**12.** ∴ 23 छात्रों की आयु का औसत = 16 वर्ष

∴ 23 छात्रों की आयु का योग = 23 × 16 = 368 वर्ष

∴ 23 + 1 = 24 जनों की आयु का औसत = 16 + 1 = 17 वर्ष

∴ इनकी आयु का योग = 24 × 17 = 408 वर्ष

∴ अध्यापक की आयु = 408 – 368 = 40 वर्ष।

**13.** ∴ 7 संख्याओं का औसत = 3

∴ 7 संख्याओं का योगफल = 7 × 3 = 21

∴ प्रथम 4 संख्याओं का औसत = 4

∴ प्रथम चार संख्याओं का योग = 4 × 4 = 16

अन्तिम 4 संख्याओं का औसत = 4

∴ अन्तिम चार संख्याओं का योग = 4 × 4 = 16

∴ चौथी संख्या होगी = 16 + 16 – 21 = 11.

**14.** ∵ राजू, शशि और महेश का औसत वेतन = 800 रुपये

∴ इनका कुल वेतन = 3 × 800 = 2400 रुपये

∴ शशि, महेश और प्रभा का औसत वेतन = 900 रुपये

∴ इन तीनों का कुल वेतन = 3 × 900 = 2700 रुपये

∴ प्रभा का वेतन = 900 रुपये

∴ राजू, शशि, महेश व प्रभा का कुल वेतन = 2400 + 900 = 3300 रुपये

∴ राजू का वेतन = 3300 – 2700 = 600 रुपये।

**15.** ∵ 73 – 37 = 36 तथा 54 – 45 = 9

∴ 5 संख्याओं के योग में कमी = 36 + 9 = 45

∴ 5 संख्याओं के औसत में कमी $= \frac{45}{5} = 9$

∴ वास्तविक संख्याओं का औसत = 59 + 9 = 68.

**16.** ∵ 8 संख्याओं का औसत = 12

∴ 8 संख्याओं का योग = 12 × 8 = 96

प्रत्येक संख्या में 2 की वृद्धि करने पर,

8 संख्याओं के योग में वृद्धि = 2 × 8 = 16

∴ नयी प्राप्त 8 संख्याओं का योग = 96 + 16 = 112

∴ नयी प्राप्त 8 संख्याओं का औसत $= \frac{112}{8} = 14$

**नोट**—यदि प्रत्येक संख्या में 2 की वृद्धि की जाए तो औसत भी 2 बढ़ जाएगा।

अतः नयी प्राप्त 8 संख्याओं का औसत = 12 + 2 = 14

इसी प्रकार, प्रत्येक संख्या में से 2 की कमी कर दी जाए, तो औसत 2 कम हो जाएगा।

**17.** A, B, C, D की 5 वर्ष पूर्व की औसत आयु = 45 वर्ष

∴ इन चारों की वर्तमान में औसत आयु = 45 + 5 = 50 वर्ष

∴ इन चारों की वर्तमान आयु का योग = 50 × 4 = 200 वर्ष

∴ A, B, C, D तथा E की वर्तमान औसत आयु = 49 वर्ष

∴ इनकी कुल आयु = 49 × 5 = 245 वर्ष

∴ E की वर्तमान आयु = 245 – 200 = 45 वर्ष।

**18.** 3 वर्ष पूर्व 5 सदस्यों की औसत आयु = 17 वर्ष

∴ वर्तमान में 5 सदस्यों की औसत आयु = 20 वर्ष

और वर्तमान में 6 सदस्यों की औसत आयु = 17 वर्ष

∴ शिशु की वर्तमान आयु = 17 × 6 – 20 × 5 = 102 – 100 = 2 वर्ष।

**19.** 30 छात्रों की कुल आयु = 30 × 12 = 360 वर्ष

5 छात्रों के पहले समूह की कुल आयु = 5 × 10 = 50 वर्ष

और दूसरे समूह की कुल आयु = 5 × 14 = 70 वर्ष

∴ शेष (30–55) = 20 छात्रों की कुल आयु = 360 – (50 + 70) = 240 वर्ष

∴ उनकी औसत आयु $= \frac{240}{20} = 12$ वर्ष।

**20.** प्रथम पांच अभाज्य संख्याएं = 2, 3, 5, 7, 11 हैं।

∴ उनका औसत $= \frac{2+3+5+7+11}{5} = \frac{28}{5} = 5.6.$

☆☆☆☆☆☆

# 8. प्रतिशत
# (Percentage)

**1.** प्रतिशत का अर्थ है–प्रत्येक सौ पर 1–इसका चिन्ह् है–%. 5% का अर्थ है–प्रत्येक सौ पर 5.

**2.** प्रतिशत को भिन्न में बदलने के लिए उसे 100 से भाग देते हैं। जैसे–20% = $\frac{20}{100} = \frac{1}{5}$

**3.** साधारण भिन्न को प्रतिशत में बदलने के लिए उसे 100 से गुणा करते हैं। जैसे–$\frac{1}{10} \times 100 = 10\%$

**प्रतिशत को दशमलव में बदलने की विधि**

प्रतिशत का चिह्न हटाकर बाईं ओर दो अंकों के बाद दशमलव का चिन्ह् लगाते हैं।

**उदाहरण :** 25% को दशमलव में बदलें।

25% = .25 (बाईं ओर दो अंकों के बाद दशमलव बिन्दु लगा दिया।)

**उदाहरण :** 1.5% को दशमलव में बदलिये।

1.5% = .015 (बाईं ओर दो अंकों के बाद दशमलव बिन्दु लगा दिया, यहां एक शून्य लगाकर दो अंक पूरे करने पड़े।)

**दशमलव को प्रतिशत में बदलने की विधि**

दशमलव बिन्दु के दाहिनी ओर दो अंक बढ़ा देते हैं और उसके बाद % का निशान लगाते हैं।

**उदाहरण :** .24 को प्रतिशत में बदलें।

**हल :** .24 = 24% (दशमलव बिन्दु के दाहिनी ओर दो अंक आगे बढ़ाने पर 24 बनेगा, अतः दशमलव बिन्दु (.) लगाने की जरूरत नहीं हैं।)

**उदाहरण :** .0043 को प्रतिशत में बदलें।

**हल :** .0043 = .43% (दशमलव बिन्दु को दाहिनी ओर दो अंक आगे बढ़ाने पर .43 बनेगा। उस पर % का निशान लगाते हैं।)

## प्रश्नमाला

**1.** निम्नलिखित में से 20% का मान किसके बराबर होगा?

A. $\frac{1}{4}$ B. $\frac{1}{2}$
C. $\frac{1}{5}$ D. $\frac{1}{8}$

**2.** 36% का मान दशमलव भिन्न में होगा–

A. .36 B. .036
C. 3.6 D. .0036

**3.** $\frac{4}{5}$ को प्रतिशत भिन्न में बदलने पर मान होगा–

A. 80% B. 70%
C. 60% D. 40%

**4.** 36 का कितने %, 24 के बराबर होगा?

A. $16\frac{2}{3}\%$ B. $66\frac{2}{3}\%$
C. $11\frac{1}{9}\%$ D. $31\frac{1}{9}\%$

**5.** 3 मीटर का 15%, किसके बराबर होगा?

A. 44 सेंमी B. 45 सेंमी
C. 40 सेंमी D. 38 सेंमी

**6.** 26 का 18% = ?

A. 4.88 B. 4.65
C. 3.68 D. 4.68

**7.** 10% का 10% कितने % होगा?

A. 7 B. 6
C. 1 D. 5

**8.** किसी शहर की जनसंख्या 50,000 से बढ़कर 52,000 हो जाती हो, तो बताइये कितने प्रतिशत की वृद्धि होगी?

A. 3% B. 6%
C. 4% D. 5%

**9.** एक आदमी अपने वेतन का 75% खर्च करता है और 150 रु. मासिक बचाता है तो उसका मासिक वेतन है:

A. 750 रु. B. 600 रु.
C. 400 रु. D. 300 रु.

**10.** किसी विद्यालय में 97% विद्यार्थी उपस्थित थे और 18 विद्यार्थी अनुपस्थित थे। विद्यालय में कुल विद्यार्थियों की संख्या है:

A. 400 B. 450
C. 500 D. 600

**11.** किसी राशि का 7%, 35 रुपये है तो वह राशि ज्ञात कीजिए।

A. 550 रु. B. 700 रु.
C. 600 रु. D. 500 रु.

**12.** 3 किग्रा. कितने किग्रा. का **5% है:**

A. 60 किग्रा. B. 50 किग्रा.
C. 65 किग्रा. D. 70 किग्रा.

**13.** किसी राशि का 5%, 500 रुपए के 12% के बराबर है तो राशि ज्ञात कीजिए।

A. 1100 रु. B. 1200 रु.
C. 1150 रु. D. 1250 रु.

**14.** अनिल ने अपनी पूंजी का 65% मशीनरी में तथा 20% कच्चा माल खरीदने में खर्च कर दिया। यदि उसके पास अब 1305 रुपये बचे हों तो उसने कितना खर्च कर दिया?

A. 7395 रु. B. 7350 रु.
C. 7390 रु. D. 7380 रु.

**15.** किसी पुस्तकालय में 20% पुस्तकें अंग्रेजी भाषा में हैं तथा शेष की 50% पुस्तकें हिन्दी भाषा में हैं। यदि शेष 900 पुस्तकें अन्य क्षेत्रीय भाषा में हैं तो पुस्तकालय में कुल कितनी पुस्तकें हैं?

A. 2300 B. 2250
C. 2290 D. 2280

## उत्तरमाला

| 1 | 2 | 3 | 4 | 5 | 6 | 7 | 8 | 9 | 10 |
|---|---|---|---|---|---|---|---|---|---|
| C | A | A | B | B | D | C | C | B | C |
| **11** | **12** | **13** | **14** | **15** | | | | | |
| D | A | B | A | B | | | | | |

## व्याख्यात्मक उत्तर

**1.** $\because$ $20\% = \frac{20}{100} = \frac{1}{5}$

$\therefore$ 20% का मान, $\frac{1}{5}$ के बराबर होगा।

**2.** $\because$ $36\% = \frac{36}{100} = .36$

$\therefore$ 36% का मान दशमलव भिन्न में .36 होगा।

**3.** चूंकि किसी भी साधारण या दशमलव भिन्न को प्रतिशत भिन्न में बदलने के लिए उसमें 100% से गुणा करना होता है अर्थात् $\frac{4}{5} = \frac{4}{5} \times 100\% = 80\%$

अतः $\frac{4}{5}$ का प्रतिशत भिन्न में मान = 80% होगा।

**4.** माना कि 36 का $x\% = 24$

$\therefore$ $36 \times \frac{x}{100} = 24 \Rightarrow x = \frac{24 \times 100}{36} = 66\frac{2}{3}$

अतः 36 का $66\frac{2}{3}\%$, 24 के बराबर होगा।

**5.** $\because$ 3 मीटर का 15% = 300 सेंमी. × $\frac{15}{100}$ = 45 सेंमी.

[$\because$ 3 मी. = 300 सेंमी.]

अतः 3 मीटर का 15%, 45 सेंमी. के बराबर होगा।

**6.** $\because$ 26 का 18% = $26 \times \frac{18}{100} = 4.68$

$\therefore$ (?) चिन्ह् के स्थान पर 4.68 होना चाहिए।

**7.** $\because$ 10% का 10% = $\frac{10}{100} \times \frac{10}{100} = \frac{1}{100} = 1\%$

अतः 10% का 10%, 1% के बराबर होगा।

**8. प्रश्नानुसार,** शहर की प्रारम्भिक जनसंख्या
= 50,000

तथा शहर की वर्तमान जनसंख्या = 52,000

$\therefore$ जनसंख्या में वृद्धि = 52,000 – 50,000 = 2,000

$\therefore$ प्रतिशत वृद्धि = $\frac{2000}{50000} \times 100 = 4\%$

अतः शहर की जनसंख्या में 4% वृद्धि होगी।

**9.** बचत = 100% – 75% = 25% = 150 रु.

कुल वेतन = $\frac{100}{25} \times 150 = 600$ रु.।

**10.** अनुपस्थित विद्यार्थी = 100% – 97%
= 3% = 18

माना कि कुल विद्यार्थियों की संख्या = $x$

तो, $x \times \frac{3}{100} = 18 \quad \therefore x = \frac{1800}{3} = 600.$

**11.** राशि का 7% = 35 रुपये

राशि = $\frac{35}{7\%} = \frac{35}{\frac{7}{100}} = \frac{35}{7} \times 100$

= 500 रुपये।

**12.** भार का 5% = 3 किग्रा.

भार = $\frac{3}{5\%} = \frac{3}{\frac{5}{100}} = \frac{3}{5} \times 100$

= 60 किग्रा. होगा।

**13.** 500 रुपये का 12% = $\frac{12}{100} \times 500$ रु. = 60 रुपये

$\because$ अभीष्ट राशि = 5% = 60 रुपये

$\therefore$ राशि = $\frac{60}{5\%} = \frac{60}{\frac{5}{100}} = \frac{60 \times 100}{5}$

= 1200 रुपये।

**14.** बची राशि की प्रतिशत संख्या
= 100 – (65 + 20) = 15

$\because$ 15 रुपये बचते हैं तो खर्च की हुई राशि
= 85 रुपये

$\therefore$ 1305 रुपये बचते हैं तो खर्च की हुई राशि

= $\frac{85 \times 1305}{15}$ = 7395 रुपये।

**15.** माना कुल पुस्तकें = 100

अतः अंग्रेजी भाषा की पुस्तकें = 20 पुस्तकें

शेष पुस्तकें = 100 – 20 = 80

हिन्दी भाषा की पुस्तकें = 80 का 50%

= $80 \times \frac{50}{100} = 40$

शेष पुस्तकें = 100 – (20 + 40) = 40 पुस्तकें।

$\because$ 40 पुस्तकें अन्य क्षेत्रीय भाषाओं की है तो कुल पुस्तकें = 100

$\therefore$ 900 पुस्तकें अन्य क्षेत्रीय भाषाओं की है तो कुल पुस्तकें

= $\frac{100}{40} \times 900$ = 2250 पुस्तकें।

☆☆☆☆☆☆

# 9. साधारण ब्याज
# (Simple Interest)

ब्याज वह राशि है जो हमें दूसरों का धन प्रयोग करने के बदले में देनी पड़ती है। यदि यह वार्षिक देनी पड़े तो दर प्रतिशत वार्षिक कहते हैं। इस प्रकार 6% वार्षिक का अर्थ है कि 100 रु. पर 1 वर्ष में 6 रु. ब्याज है। जो धन उधार लिया जाता है उसे मूलधन कहते हैं। मूलधन और ब्याज के योग को समस्त धन (मिश्रधन) कहते हैं।

**साधारण ब्याज के प्रश्नों के सूत्रः**

$$\text{साधारण ब्याज} = \frac{\text{मूलधन} \times \text{दर\%} \times \text{समय (वर्षों में)}}{100}$$

समस्त धन = मूलधन + ब्याज

जब समय, दर % और ब्याज दिए गए हों तो,

$$\text{मूलधन} = \frac{\text{ब्याज} \times 100}{\text{दर} \times \text{समय}}$$

जब मूलधन, ब्याज और समय दिया गया हो तो,

$$\text{दर} = \frac{\text{ब्याज} \times 100}{\text{मूलधन} \times \text{समय}}$$

जब मूलधन, ब्याज और दर दी गई हो तो,

$$\text{समय} = \frac{\text{ब्याज} \times 100}{\text{मूलधन} \times \text{दर}}$$

## प्रश्नमाला

**1.** किस धनराशि पर 4% वार्षिक ब्याज की दर से 5 वर्ष का साधारण ब्याज 64 रु. होगा?
A. 220 रु. B. 280 रु.
C. 320 रु. D. 300 रु.

**2.** 450 रु. पर 6% वार्षिक ब्याज दर से 4 मास का ब्याज कितना होगा?
A. 9 रु. B. 8 रु.
C. 6 रु. D. 5 रु.

**3.** कितने समय में 3600 रु. पर 6% वार्षिक दर से साधारण ब्याज 432 रु. होगा?
A. 1 वर्ष B. 2 वर्ष
C. $1\frac{1}{2}$ वर्ष D. $2\frac{1}{4}$ वर्ष

**4.** किस राशि पर 3% वार्षिक ब्याज की दर से 2 वर्ष का ब्याज 36 रु. होगा?
A. 500 रु. B. 575 रु.
C. 590 रु. D. 600 रु.

**5.** ब्याज की किस दर से कोई राशि 16 वर्षों में दोगुनी हो जाएगी?
A. $5\frac{1}{2}$ वर्ष B. $6\frac{1}{4}$ वर्ष
C. $4\frac{1}{3}$ वर्ष D. $2\frac{1}{2}$ वर्ष

**6.** 5000 रु. की राशि पर 10% वार्षिक दर से 5 वर्ष का साधारण ब्याज कितना होगा?
A. 2200 रु. B. 2500 रु.
C. 2300 रु. D. 2600 रु.

**7.** किस राशि का 6% वार्षिक ब्याज दर से 10 वर्ष का साधारण ब्याज 3 रु. होगा?
A. 4 रु. B. 8 रु.
C. 5 रु. D. 6 रु.

**8.** कितने वर्षों में कोई राशि 10% वार्षिक दर से अपने से दोगुनी हो जाएगी?
A. 10 वर्ष B. 8 वर्ष
C. 5 वर्ष D. 12 वर्ष

**9.** किस राशि का 5% दर से 5 वर्ष का साधारण ब्याज 80 रु. होगा?

A. 330 रु. B. 320 रु.
C. 340 रु. D. 380 रु.

**10.** यदि 5000 रु. पर 2 वर्ष का साधारण ब्याज 500 रु. हो, तो समस्त धन अर्थात् मिश्रधन कितना होगा?

A. 5600 रु. B. 5800 रु.
C. 5500 रु. D. 6000 रु.

**11.** 2000 रुपये पर $6\frac{1}{2}$ प्रतिशत वार्षिक ब्याज की दर से 8 महीने का साधारण ब्याज ज्ञात कीजिए।

A. $86\frac{2}{3}$ रु. B. $86\frac{3}{4}$ रु.
C. $86\frac{1}{3}$ रु. D. $86\frac{1}{2}$ रु.

**12.** कितने समय में 450 रुपये का 8% वार्षिक ब्याज की दर से साधारण ब्याज 90 रुपये हो जाएगा?

A. 2 वर्ष B. $2\frac{3}{4}$ वर्ष
C. $2\frac{1}{2}$ वर्ष D. 3 वर्ष

**13.** घनश्याम ने 2000 रुपये अपने मित्र से 5% सालाना ब्याज पर लिए और उसने पूरा पैसा 8 माह बाद चुका दिया। बताइये उसने कुल कितना धन चुकाया?

A. 2060.66 रु. B. 2066.66 रु.
C. 2066 रु. D. 2060 रु.

**14.** एक आदमी ने 600 रुपये 6 प्रतिशत वार्षिक ब्याज पर उधार लिए। 5 वर्ष बाद उसने 300 रुपये कीमत की एक घड़ी व कुछ धन उसको लौटाया तो बताओ उसने कितना धन लौटाया।

A. 480 रु. B. 485 रु.
C. 490 रु. D. 500 रु.

**15.** एक व्यक्ति अपने मित्र से 1000 रुपये 5% वार्षिक ब्याज की दर से उधार लेता है, तीन वर्ष बाद वह उसे 500 रुपये नकद व एक रेडियो सैट लौटाता है तो रेडियो सेट की कीमत बताइये।

A. 675 रु. B. 600 रु.
C. 650 रु. D. 625 रु.

## उत्तरमाला

| 1 | 2 | 3 | 4 | 5 | 6 | 7 | 8 | 9 | 10 |
|---|---|---|---|---|---|---|---|---|---|
| C | A | B | D | B | B | C | A | B | C |
| **11** | **12** | **13** | **14** | **15** | | | | | |
| A | C | B | A | C | | | | | |

## व्याख्यात्मक उत्तर

**1.** $\because$ साधारण ब्याज = 64 रु., समय = 5 वर्ष तथा दर = 4%

$$\therefore \quad \text{मूलधन (धनराशि)} = \frac{\text{साधारण ब्याज} \times 100}{\text{समय} \times \text{दर}}$$

$$= \frac{64 \times 100}{5 \times 4} = 320 \text{ रु.।}$$

**2.** $\because$ मूलधन = 450 रु., दर = 6% वार्षिक, समय = 4 मास

$$= \frac{1}{3} \text{ वर्ष}$$

$$\therefore \quad \text{साधारण ब्याज} = \frac{\text{मूलधन} \times \text{समय} \times \text{दर}}{100}$$

$$= \frac{450 \times \frac{1}{3} \times 6}{100} = 9 \text{ रु.।}$$

**3.** $$\because \text{समय} = \frac{\text{साधारण ब्याज} \times 100}{\text{मूलधन} \times \text{दर}} = \frac{432 \times 100}{6 \times 3600}$$

$$= 2 \text{ वर्ष।}$$

**4.** $\because$ मूलधन =

$$\frac{\text{साधारण ब्याज} \times 100}{\text{समय} \times \text{दर}} = \frac{36 \times 100}{2 \times 3} = 600 \text{ रु.।}$$

**5.** $\because$ माना कि वह राशि = 100 रु.

**प्रश्नानुसार,** 16 वर्षों बाद मिश्रधन = 200 रु.

$\therefore$ साधारण ब्याज = मिश्रधन – मूलधन (राशि)

= 200 – 100 = 100 रु.

$\therefore$ दर = $\dfrac{\text{साधारण ब्याज} \times 100}{\text{मूलधन} \times \text{समय}}$

= $\dfrac{100 \times 100}{100 \times 16} = 6\dfrac{1}{4}\%$ ।

**6.** $\because$ **साधारण ब्याज** = $\dfrac{\text{मूलधन} \times \text{समय} \times \text{दर}}{100}$

= $\dfrac{5000 \times 5 \times 10}{100} = 2500$ रु. ।

**7.** $\because$ मूलधन (राशि) = $\dfrac{\text{साधारण ब्याज} \times 100}{\text{समय} \times \text{दर}}$

= $\dfrac{3 \times 100}{10 \times 6} = 5$ रु. ।

**8.** $\because$ माना कि वह राशि = 100 रु. तथा मिश्रधन

= 2 × 100 = 200 रु.

$\therefore$ साधारण ब्याज = 200 – 100 = 100 रु.,

दर = 10%

$\therefore$ समय = $\dfrac{\text{साधारण ब्याज} \times 100}{\text{मूलधन (राशि)} \times \text{दर}}$

= $\dfrac{100 \times 100}{100 \times 10} = 10$ वर्ष ।

**9.** $\because$ मूलधन (राशि) = $\dfrac{\text{साधारण ब्याज} \times 100}{\text{समय} \times \text{दर}}$

= $\dfrac{80 \times 100}{5 \times 5} = 320$ रु. ।

**10.** $\because$ समस्त धन अर्थात् मिश्रधन

= मूलधन + साधारण ब्याज

= 5000 + 500 = 5500 रु. ।

**11.** दर $6\dfrac{1}{2} = \dfrac{13}{2}\%$

समय = 8 महीने = $\dfrac{8}{12}$ वर्ष = $\dfrac{2}{3}$ वर्ष

साधारण ब्याज = $\dfrac{\text{मूलधन} \times \text{दर} \times \text{समय}}{100}$

= $\dfrac{2000 \times 13 \times 2}{100 \times 2 \times 3}$

= $\dfrac{260}{3} = 86\dfrac{2}{3}$ रुपये ।

**12.** समय = $\dfrac{\text{साधारण ब्याज} \times 100}{\text{मूलधन} \times \text{दर}}$

= $\dfrac{90 \times 100}{450 \times 8} = \dfrac{5}{2}$ वर्ष

= $2\dfrac{1}{2}$ वर्ष ।

**13.** समय = 8 माह = $\dfrac{8}{12}$ वर्ष = $\dfrac{2}{3}$ वर्ष

साधारण ब्याज = $\dfrac{\text{मूलधन} \times \text{दर} \times \text{समय}}{100}$

= $\dfrac{2000 \times 2 \times 5}{3 \times 100} = \dfrac{200}{3}$ रुपये

मिश्रधन = मूलधन + साधारण ब्याज

= $\dfrac{2000}{1} + \dfrac{200}{3}$

= $\dfrac{6000 + 200}{3}$

= $\dfrac{6200}{3}$ रुपये

= 2066.66 रुपये ।

**14.** 600 रुपये का 6% वार्षिक ब्याज से 5 वर्ष का ब्याज

= $\dfrac{600 \times 6 \times 5}{100} = 180$ रुपये

मिश्रधन = 600 + 180 = 780 रुपये

अत: उसको 780 रुपये लौटाने चाहिए थे, परन्तु 300 रु. की घड़ी उसने उसे दी तो उसका अतिरिक्त धन

= 780 – 300 = 480 रुपये ।

**15.** 1000 रुपये का 5% दर से 3 वर्ष का ब्याज

= $\dfrac{1000 \times 5 \times 3}{100} = 150$ रुपये

मिश्रधन = मूलधन + ब्याज = 1000 + 150 = 1150 रुपये, अर्थात् उसको 1150 रुपये लौटाने चाहिए। रेडियो सेट की कीमत = 1150 – 500 = 650 रुपये ।

☆☆☆☆☆☆

# 10. चक्रवृद्धि ब्याज
# (Compound Interest)

ब्याज की वह गणना, जिसमें ब्याज को मूलधन में जोड़कर प्राप्त मिश्रधन पर ब्याज लगाया जाए, **चक्रवृद्धि ब्याज** कहलाती है।

**महत्वपूर्ण सूत्र :**

1. चक्रवृद्धि मिश्रधन = मूलधन $\left(1+\frac{\text{दर}}{100}\right)^{\text{समय वर्ष में}}$
2. चक्रवृद्धि ब्याज = चक्रवृद्धि मिश्रधन – मूलधन

   = मूलधन $\left[\left(1+\frac{\text{दर}}{100}\right)^{\text{समय}}-1\right]$
3. यदि चक्रवृद्धि ब्याज की दर प्रत्येक वर्ष में बदल रही हो तो —

   मिश्रधन = मूलधन $\left(1+\frac{(\text{दर})\ 1}{100}\right)\left(1+\frac{(\text{दर})\ 2}{100}\right)\left(1+\frac{(\text{दर})\ 3}{100}\right)$

   [ ∴ समय, प्रत्येक दर के लिए 1 वर्ष है ]
4. *(i)* यदि ब्याज की गणना **अर्द्धवार्षिक** है तो दर आधी तथा समय दुगुना कर दिया जाता है।

   *(ii)* यदि ब्याज की गणना त्रैमासिक है तो दर को 4 से भाग तथा समय को 4 से गुणा करते हैं।

**नोट :** एक वर्ष के लिए साधारण ब्याज तथा चक्रवृद्धि ब्याज बराबर होते हैं, जबकि ब्याज की दर वार्षिक हो।

## प्रश्नमाला

**1.** 400 रु. की राशि पर 5% प्रतिवर्ष की दर से 2 वर्ष का चक्रवृद्धि ब्याज कितना होगा?

A. 40 रु. B. 41 रु.
C. 42 रु. D. 43 रु.

**2.** किसी राशि पर 6% चक्रवृद्धि ब्याज की दर से पहले वर्ष का ब्याज 60 रु. है, तो दूसरे वर्ष का ब्याज कितना होगा?

A. 120 रु. B. 66.60 रु.
C. 63.60 रु. D. 63 रु.

**3.** वह धनराशि ज्ञात करो, जिसका 5% ब्याज की दर से 2 वर्ष का चक्रवृद्धि ब्याज तथा साधारण ब्याज का अन्तर 3 रु. हो?

A. 1400 रु. B. 1500 रु.
C. 1350 रु. D. 1200 रु.

**4.** किस धन का 10% प्रतिवर्ष चक्रवृद्धि ब्याज की दर से 3 वर्ष में मिश्रधन 1331 रु. होगा?

A. 2000 रु. B. 1500 रु.
C. 1000 रु. D. 800 रु.

**5.** 2500 रु. का 6% ब्याज की दर से 2 वर्ष का चक्रवृद्धि ब्याज कितना होगा?

A. 306 रु. B. 150 रु.
C. 309 रु. D. 300 रु.

**6.** कोई राशि चक्रवृद्धि ब्याज की दर से 2 वर्ष में चार गुनी हो जाती है, तो कितने वर्ष में वह राशि 8 गुनी हो जायेगी?

A. 4 वर्ष B. $2\frac{1}{2}$ वर्ष
C. 3 वर्ष D. $3\frac{1}{2}$ वर्ष

**7.** 2400 रुपये पर 5% प्रतिवर्ष ब्याज की दर से 2 वर्ष में साधारण ब्याज तथा चक्रवृद्धि ब्याज का अन्तर होगा?

A. 8 रु. B. 10 रु.
C. 9 रु. D. 6 रु.

**8.** 8000 रु. की राशि पर 5% प्रतिवर्ष ब्याज की दर से 3 वर्ष का चक्रवृद्धि ब्याज कितना होगा?

A. 1361 रु. B. 1261 रु.
C. 1141 रु. D. 1241 रु.

**9.** 2000 रु. का 2 वर्ष में किस चक्रवृद्धि ब्याज की दर से मिश्रधन 2205 रु. हो जायेगा?

A. 3% B. 4%
C. 5% D. 6%

**10.** 3200 रु. का 10% प्रतिवर्ष चक्रवृद्धि ब्याज की दर से कितने समय में चक्रवृद्धि ब्याज 672 रु. हो जायेगा?

A. $2\frac{1}{2}$ वर्ष B. $1\frac{1}{2}$ वर्ष

C. 2 वर्ष D. $3\frac{1}{2}$ वर्ष

**11.** किसी राशि का 6% वार्षिक ब्याज की दर से 2 वर्ष का साधारण ब्याज 300 रु. है, तो उसी राशि का उसी दर से उतने ही समय में चक्रवृद्धि ब्याज कितना होगा?

A. 306 रु. B. 309 रु.

C. 308 रु. D. 300 रु.

**12.** 3600 रु. का 2 वर्ष का साधारण ब्याज 216 रु. है। यदि ब्याज की दर 2% अधिक कर दी जाये तो इसी धनराशि पर इतने ही समय के लिए चक्रवृद्धि ब्याज क्या होगा?

A. 369 रु. B. 400 रु.

C. 380 रु. D. 375 रु.

**13.** किसी राशि पर 2 वर्ष का साधारण ब्याज 100 रु. तथा चक्रवृद्धि ब्याज 103 रु. है, तो उस राशि पर ब्याज की वार्षिक दर कितने प्रतिशत होगी?

A. 2% B. 8%

C. 6% D. 10%

**14.** यदि ब्याज छमाही देय हो तो 1500 रु. का 4% वार्षिक ब्याज की दर से एक वर्ष का चक्रवृद्धि ब्याज कितना होगा?

A. 60.60 रु. B. 62 रु.

C. 63 रु. D. 64 रु.

**15.** यदि किसी धनराशि का 5% चक्रवृद्धि ब्याज की दर से पहले वर्ष का ब्याज 400 रु. है, तो उस राशि का तीसरे वर्ष का ब्याज कितना होगा?

A. 1261 रु. B. 1461 रु.

C. 1562 रु. D. 1462 रु.

## उत्तरमाला

| 1 | 2 | 3 | 4 | 5 | 6 | 7 | 8 | 9 | 10 |
|---|---|---|---|---|---|---|---|---|---|
| B | C | D | C | C | C | D | B | C | C |
| **11** | **12** | **13** | **14** | **15** | | | | | |
| B | A | C | A | A | | | | | |

## व्याख्यात्मक उत्तर

**1.** मूलधन = 400 रु., दर = 5%, समय = 2 वर्ष

$\therefore$ चक्रवृद्धि ब्याज = मूलधन $\left[\left(1+\frac{\text{दर}}{100}\right)^{\text{समय}}-1\right]$

$\therefore$ चक्रवृद्धि ब्याज $= 400\left[\left(1+\frac{5}{100}\right)^2-1\right]$

$= 400\left[\left(\frac{21}{20}\right)^2-1\right] = 400\left[\frac{21}{20}\times\frac{21}{20}-1\right]$

$= 400\times\frac{41}{400} = 41$ रु.

**2.** पहले वर्ष का साधारण ब्याज तथा चक्रवृद्धि ब्याज बराबर होगा

$\therefore 60 = \frac{\text{मूलधन}\times 6\times 1}{100}$

$\therefore$ मूलधन = 1000 रु.

$\therefore$ दूसरे वर्ष के लिए मूलधन = 1000 + 60 = 1060 रु.

$\therefore$ ब्याज $= \frac{1060\times 6\times 1}{100} = 63.60$ रु.

**3.** माना कि धनराशि $x$ रु. है।

$\therefore$ 5% वार्षिक ब्याज की दर से 2 वर्ष का साधारण ब्याज

$= \frac{x\times 5\times 2}{100} = \frac{x}{10}$ रु.

तथा चक्रवृद्धि ब्याज

$= x\left[\left(1+\frac{5}{100}\right)^2-1\right] = x\left[\left(\frac{21}{20}\right)^2-1\right]$

$= x\left[\frac{21}{20}\times\frac{21}{20}-1\right] = \frac{x\times 41}{400}$ रु.

प्रश्नानुसार—

$\frac{41x}{400} - \frac{x}{10} = 3$

$\therefore 41x - 40x = 400 \times 3$ या $x = 1200$ रु.

अतः वह धनराशि 1200 रु. है।

**4.** माना वह धनराशि $x$ रु. है

$\therefore$ मिश्रधन = मूलधन $\left(1+\frac{\text{दर}}{100}\right)^{\text{समय}}$

या $1331 = x\left(1+\frac{10}{100}\right)^3$

$\therefore 1331 = x \times \frac{11}{10}\times\frac{11}{10}\times\frac{11}{10}$

$\therefore x = \frac{1331\times10\times10\times10}{11\times11\times11} = 1000$ रु.

**5.** चक्रवृद्धि ब्याज $= 2500\left[\left(1+\frac{6}{100}\right)^2-1\right]$

$= 2500\left[\left(\frac{53}{50}\right)^2-1\right]$

$= 2500\left[\frac{53}{50}\times\frac{53}{50}-1\right]$

$= 2500\left[\frac{2809-2500}{2500}\right] = \frac{2500\times309}{2500} = 309$ रु.

**6.** माना वह राशि $x$ रु. है

$\therefore$ मिश्रधन = मूलधन $\left(1+\frac{\text{दर}}{100}\right)^{\text{समय}}$

प्रश्नानुसार—

$\therefore 4x = x\left(1+\frac{\text{दर}}{100}\right)^2$ या $4 = \left(1+\frac{\text{दर}}{100}\right)^2$

या $(2)^2 = \left(1+\frac{\text{दर}}{100}\right)^2$ या $2 = \left(1+\frac{\text{दर}}{100}\right)$

$\therefore$ मिश्रधन को 8 गुना करने के लिए

$\therefore (2)^3 = \left(1+\frac{\text{दर}}{100}\right)^3$

$\therefore 8 = \left(1+\frac{\text{दर}}{100}\right)^3$

अत : स्पष्ट है कि मिश्रधन को 8 गुना होने में लगा समय = 3 वर्ष

**7.** साधारण ब्याज $= \frac{2400\times5\times2}{100} = 240$ रु.

चक्रवृद्धि ब्याज $= 2400\left[\left(1+\frac{5}{100}\right)^2-1\right]$

$= 2400\left[\frac{21}{20}\times\frac{21}{20}-1\right] = \frac{2400\times41}{400} = 246$ रु.

$\therefore$ अन्तर $= 246 - 240 = 6$ रु.

**8.** चक्रवृद्धि ब्याज $= 8000\left[\left(1+\frac{5}{100}\right)^3-1\right]$

$= 8000\left[\frac{21}{20}\times\frac{21}{20}\times\frac{21}{20}-1\right]$

$= 8000\left[\frac{9261-8000}{8000}\right] = \frac{8000\times1261}{8000} = 1261$ रु.

**9.** $2205 = 2000\left(1+\frac{\text{दर}}{100}\right)^2$

या $\frac{2205}{2000} = \left(1+\frac{\text{दर}}{100}\right)^2$ या $\frac{441}{400} = \left(1+\frac{\text{दर}}{100}\right)^2$

या $\left(\frac{21}{20}\right)^2 = \left(1+\frac{\text{दर}}{100}\right)^2$ या $\frac{21}{20} = 1+\frac{\text{दर}}{100}$

$\frac{\text{दर}}{100} = \frac{21}{20} - 1 = \frac{1}{20}$ या दर $= \frac{100}{20} = 5\%$

**10.** मूलधन = 3200 रु., चक्रवृद्धि ब्याज = 672 रु.

$\therefore$ चक्रवृद्धि मिश्रधन = मूलधन + चक्रवृद्धि ब्याज

$= 3200 + 672 = 3872$ रु.

$\therefore$ चक्रवृद्धि मिश्रधन = मूलधन $\left(1+\frac{\text{दर}}{100}\right)^{\text{समय}}$

$\therefore 3872 = 3200\left(1+\frac{10}{100}\right)^{\text{समय}}$

या $\frac{3872}{3200} = \left(\frac{11}{10}\right)^{\text{समय}}$ या $\frac{121}{100} = \left(\frac{11}{10}\right)^{\text{समय}}$

या $\left(\frac{11}{10}\right)^2 = \left(\frac{11}{10}\right)^{\text{समय}}$

$\therefore$ समय = 2 वर्ष

**11.** माना वह धनराशि $x$ रु. है

$\therefore 300 = \frac{x \times 6 \times 2}{100}$ या $x = 2500$ रु.

$\therefore$ चक्रवृद्धि ब्याज $= 2500 \left[\left(1+\frac{6}{100}\right)^2 - 1\right]$

$= 2500 \left[\frac{53}{50} \times \frac{53}{50} - 1\right]$

$= 2500 \left[\frac{2809-2500}{2500}\right]$

$= \frac{2500 \times 309}{2500} = 309$ रु.

**12.** $\therefore$ साधारण ब्याज $= \frac{\text{मूलधन} \times \text{दर} \times \text{समय}}{100}$

$\therefore 216 = \frac{3600 \times \text{दर} \times 2}{100}$

$\therefore$ दर $= \frac{216 \times 100}{3600 \times 2} = 3\%$

प्रश्नानुसार—

नयी दर = (3 + 2)% = 5%

$\therefore$ चक्रवृद्धि ब्याज $= 3600 \left[\left(1+\frac{5}{100}\right)^2 - 1\right]$

$= 3600 \left[\frac{21}{20} \times \frac{21}{20} - 1\right] = \frac{3600 \times 41}{400} = 369$ रु.

**13.** माना किसी राशि पर ब्याज की दर $x\%$ है

$\therefore$ 2 वर्ष का साधारण ब्याज = 100 रु.

$\therefore$ 1 वर्ष का साधारण ब्याज = 50 रु.

चूंकि पहले वर्ष का साधारण ब्याज तथा चक्रवृद्धि ब्याज बराबर होता है

$\therefore$ पहले वर्ष का चक्रवृद्धि ब्याज = 50 रु.

$\therefore$ दूसरे वर्ष का चक्रवृद्धि ब्याज = 103 − 50 = 53 रु.

$\therefore$ दूसरे वर्ष का चक्रवृद्धि ब्याज = पहले वर्ष का ब्याज + पहले वर्ष के ब्याज पर ब्याज

या 53 = 50 + 50 रु. का $x\%$

या $3 = \frac{50 \times x}{100}$ या $3 = \frac{x}{2}$

$\therefore x = 6$

अत: ब्याज की दर = 6% होगी।

**14.** दर $= \frac{4}{2}\% = 2\%$, समय = 1 वर्ष = 2 छमाही

$\therefore$ चक्रवृद्धि ब्याज $= 1500 \left[\left(1+\frac{2}{100}\right)^2 - 1\right]$

$= 1500 \left[\frac{51}{50} \times \frac{51}{50} - 1\right] = \frac{1500 \times 101}{50 \times 50} = 60.60$ रु.

**15.** $\therefore 400 = \frac{\text{मूलधन} \times 5 \times 1}{100}$

$\therefore$ मूलधन = 8000 रु.

$\therefore$ चक्रवृद्धि ब्याज $= 8000 \left[\left(1+\frac{5}{100}\right)^3 - 1\right]$

$= 8000 \left[\frac{21}{20} \times \frac{21}{20} \times \frac{21}{20} - 1\right]$

$= 8000 \left[\frac{9261-8000}{8000}\right] = \frac{8000 \times 1261}{8000} = 1261$ रु.

☆☆☆☆☆☆

# 11. लाभ तथा हानि (Profit and Loss)

लाभ और हानि शब्द साधारणतया व्यापार में इस्तेमाल किए जाते हैं। प्रत्येक व्यापार का उद्देश्य लाभ कमाना होता है। लाभ और हानि से संबंधित सभी तरह के प्रश्नों को हल करने से पहले निम्नलिखित बातों को जानना आवश्यक है।

1. कोई वस्तु जिस मूल्य पर खरीदी जाती है उसे उस वस्तु का **लागत मूल्य** या **क्रय मूल्य** (Cost Price) कहते हैं। इसे क्रय मूल्य (C.P.) द्वारा भी निर्दिष्ट किया जाता है।
2. कोई वस्तु जिस मूल्य पर बेची जाती है, उसे उस वस्तु का **विक्रय मूल्य** (Sale Price) कहते हैं। इसे विक्रय मूल्य (S.P.) द्वारा भी निर्दिष्ट किया जाता है।
3. यदि वस्तु का क्रय मूल्य (Cost Price), वस्तु के विक्रय मूल्य (Sale Price) से अधिक हो तो उस वस्तु पर हमेशा **हानि** होगी। अर्थात्

   हानि = क्रय मूल्य – विक्रय मूल्य
4. यदि किसी वस्तु का विक्रय मूल्य (Sale Price) वस्तु के क्रय मूल्य (Cost Price) से अधिक हो तो उस वस्तु पर हमेशा **लाभ** होगा। अर्थात्

   लाभ = विक्रय मूल्य – क्रय मूल्य
5. लाभ और हानि दो प्रकार से व्यक्त किए जाते हैं:

   *(i)* रुपयों में; *(ii)* प्रतिशत में।

**उदाहरण :** यदि किसी वस्तु का क्रय मूल्य 100 रु. तथा उसका विक्रय मूल्य 95 रु. हो तो वस्तु पर लाभ या हानि कितनी होगी?

**हल :** चूंकि वस्तु का क्रय मूल्य और उसके विक्रय मूल्य से अधिक है, इसलिए वस्तु पर हानि होगी। अर्थात् हानि = क्रय मूल्य – विक्रय मूल्य = 100 – 95 = 5 रु. हानि।

उपरोक्त उदाहरण में हमने वस्तु पर लाभ और हानि को रुपयों में समझाया है। अब हम लाभ-हानि को प्रतिशत में व्यक्त करते हैं। लाभ-हानि को प्रतिशत लाभ और प्रतिशत हानि में बदलने के लिए निम्नलिखित सूत्रों को याद रखें।

**1.** $\text{लाभ}\% = \dfrac{\text{लाभ} \times 100}{\text{क्रय मूल्य}}$

**2.** $\text{हानि}\% = \dfrac{\text{हानि} \times 100}{\text{क्रय मूल्य}}$

लाभ-हानि को **प्रतिशत लाभ** और **हानि** में बदलने के लिए नीचे कुछ उदाहरणों द्वारा समझाया गया है।

**उदाहरण 1.** यदि किसी वस्तु को 20 रु. में खरीदकर उसे 25 रु. में बेच दिया हो तो उस वस्तु पर कितने प्रतिशत लाभ या हानि होगी?

**हल :** चूंकि वस्तु का क्रय मूल्य वस्तु के विक्रय मूल्य से कम है इसलिए वस्तु पर लाभ होगा।

अर्थात्, लाभ = विक्रय मूल्य – क्रय मूल्य = 25 – 20 = 5 रु.

$$\therefore \text{ प्रतिशत लाभ } = \frac{\text{लाभ} \times 100}{\text{क्रय मूल्य}} = \frac{5 \times 100}{20} = 25\%$$

**उदाहरण 2.** एक किताब का अंकित मूल्य 64 रु. है। यदि उसे 48 रु. में बेचा जाता है तो कितने प्रतिशत हानि होगी?

**हल :** किताब का क्रय मूल्य = 64 रु.

तथा किताब का विक्रय मूल्य = 48 रु.

हानि = क्रय मूल्य – विक्रय मूल्य = 64 – 48 = 16 रु.

$$\text{हानि}\% = \frac{\text{हानि} \times 100}{\text{क्रय मूल्य}} = \frac{16 \times 100}{64} = 25\%$$

# प्रश्नमाला

1. एक आदमी कोई वस्तु 25 रु. में खरीदकर 30 रु. में बेचता है। तो बताइये उसका लाभ क्या होगा?
   A. 6 रु.  B. 7.50 रु.
   C. 5 रु.  D. 8.10 रु.

2. यदि 15 रु. वाली कोई वस्तु 12 रु. में बेच दी जाए, तो कितने प्रतिशत हानि होगी?
   A. 20%  B. 16%
   C. 22%  D. 25%

3. यदि किसी वस्तु को 21 रु. में बेचने पर 12% का लाभ होता हो तो बताइये उस वस्तु का क्रय मूल्य कितना होगा?
   A. 15.50 रु.  B. 20.15 रु.
   C. 18.75 रु.  D. 17.50 रु.

4. यदि किसी वस्तु को 2040 रु. में बेचने पर 15% की हानि होती हो तो बताइये उस वस्तु का क्रय मूल्य कितना होगा?
   A. 2300 रु.  B. 2400 रु.
   C. 2475 रु.  D. 2800 रु.

5. एक वस्तु का क्रय मूल्य 150 रु. है। यदि इसे 13% लाभ पर बेचा जाए तो बताइये वस्तु का विक्रय मूल्य कितना होगा?
   A. 170.75 रु.  B. 169.50 रु.
   C. 160.50 रु.  D. 174.75 रु.

6. किसी वस्तु को 250 रु. में खरीदकर 300 रु. में बेच दिया गया। बताइये उस पर कितने प्रतिशत लाभ हुआ?
   A. 16%  B. 20%
   C. 18%  D. 17%

7. एक वस्तु को 38 रु. में बेचने पर 5% हानि होती है। यदि इसे 42 रु. में बेचा जाए तो कितने प्रतिशत लाभ या हानि होगी?
   A. 6% लाभ  B. 5% लाभ
   C. 8% हानि  D. 4% हानि

8. यदि किसी वस्तु को 5% हानि पर बेचने पर 3990 रु. मिले हों, तो उस वस्तु का क्रय मूल्य कितना होगा?
   A. 4100 रु.  B. 4200 रु.
   C. 3890 रु.  D. 4400 रु.

9. यदि 10 पेनों का क्रय मूल्य, 8 पेनों के विक्रय मूल्य के बराबर हो तो प्रतिशत लाभ कितना होगा?
   A. 20%  B. 16%
   C. 25%  D. 30%

10. राम ने एक टी.वी. 2475 रु. में खरीद कर उसे 3090 रु. में बेच दिया हो तो उसे कितने प्रतिशत लाभ हुआ?
   A. 23.8%  B. 34.5%
   C. 37.6%  D. 24.8%

11. एक फल विक्रेता ने 20 दर्जन केले 100 रुपये में खरीदकर 6 रुपये प्रति दर्जन के भाव से बेच दिए। उसका लाभ अथवा हानि ज्ञात करो।
   A. 20 रु.  B. 30 रु.
   C. 25 रु.  D. 35 रु.

12. एक ठेकेदार ने 7500 रुपये में एक खाली जमीन खरीदी और उस पर 2,65,000 रुपये खर्च कर मकान तैयार किया। यदि अब उस मकान को 3,25,000 रु. में बेच दिया तो उसका लाभ अथवा हानि ज्ञात करो।
   A. 15550 रु. हानि  B. 15550 रु. लाभ
   C. 15000 रु. हानि  D. 15000 रु. लाभ

13. सलमा ने एक मोटर साइकिल 25,250 रुपये में खरीदी। उस पर 750 का सामान लगाया। बाद में रकम की आवश्यकता पड़ने पर उसे 500 रुपये की हानि से बेच दिया। बताइये मोटर साइकिल कितने में बेची गयी?
   A. 22550 रु.  B. 22225 रु.
   C. 22000 रु.  D. 22500 रु.

14. एक दुकानदार ने 50 पुस्तकें 70 रुपये के हिसाब से खरीदीं। उसमें से 5 पुस्तकों में प्रकाशन की खामी के कारण बिक न सकी। शेष पुस्तकों को 80 रुपये के हिसाब से बेचने पर उसका लाभ या हानि ज्ञात करो।
   A. 100 रु. हानि  B. 100 रु. लाभ
   C. 150 रु. लाभ  D. 150 रु. हानि

15. सलमान ने एक पुरानी साइकिल 500 रुपये में खरीदी। उसे ठीक कराने में 20 रुपये खर्च किए तथा 50 रुपये का नया सामान डलवाया। सलमान ने वह साइकिल 600 रुपये में बेच दी तो उसे कितना लाभ अथवा हानि हुई?
   A. 25 रु.  B. 20 रु.
   C. 30 रु.  D. 35 रु.

## उत्तरमाला

| 1 | 2 | 3 | 4 | 5 | 6 | 7 | 8 | 9 | 10 |
|---|---|---|---|---|---|---|---|---|---|
| C | A | C | B | B | B | B | B | C | D |
| **11** | **12** | **13** | **14** | **15** | | | | | |
| A | C | D | B | C | | | | | |

## व्याख्यात्मक उत्तर

**1.** ∵ वस्तु का विक्रय मूल्य, उसके क्रय मूल्य से अधिक है।

∴ लाभ = विक्रय मूल्य – क्रय मूल्य

$= 30 - 25 = 5$ रु.।

**2.** ∵ वस्तु का क्रय मूल्य, उसके विक्रय मूल्य से अधिक है।

∴ हानि = क्रय मूल्य – विक्रय मूल्य

$= 15 - 12 = 3$ रु.

$$\therefore \text{प्रतिशत हानि} = \frac{\text{हानि} \times 100}{\text{क्रय मूल्य}}$$

$$= \frac{3 \times 100}{15} = 20\%.$$

**3.** ∵ वस्तु का विक्रय मूल्य = 21 रु. तथा लाभ % = 12%

$$\therefore \text{क्रय मूल्य} = \text{विक्रय मूल्य} \left(\frac{100}{100 + \text{लाभ}\%}\right)$$

$$= 21\left(\frac{100}{100+12}\right) = \frac{21 \times 100}{112} = 18.75 \text{ रु.।}$$

**4.** ∵ वस्तु का विक्रय मूल्य = 2040 रु.

तथा हानि % = 15%

$$\therefore \text{क्रय मूल्य} = \text{विक्रय मूल्य} \left(\frac{100}{100 - \%\text{हानि}}\right)$$

$$= 2040\left(\frac{100}{100-15}\right) = \frac{2040 \times 100}{85} = 2400 \text{ रु.।}$$

**5.** ∵ वस्तु का क्रय मूल्य = 150 रु. तथा लाभ % = 13%

∴ वस्तु का विक्रय मूल्य

$$= \text{क्रय मूल्य} \left(\frac{100 + \text{लाभ}\%}{100}\right)$$

$$= 150 \times \left(\frac{100+13}{100}\right)$$

$$= \frac{150 \times 113}{100} = 169.50 \text{ रु.।}$$

**6.** ∵ वस्तु का क्रय मूल्य = 250 रु.

तथा वस्तु का विक्रय मूल्य = 300 रु.

∴ लाभ = 300 – 250 = 50 रु.

$$\therefore \text{प्रतिशत लाभ} = \frac{\text{लाभ} \times 100}{\text{क्रय मूल्य}} = \frac{50 \times 100}{250} = 20\%.$$

**7. पहली स्थिति में,** वस्तु का विक्रय मूल्य = 38 रु., हानि % = 5%

∴ वस्तु का क्रय मूल्य

$$= \text{विक्रय मूल्य} \left(\frac{100}{100 - \text{हानि}\%}\right)$$

$$= 38\left(\frac{100}{100-5}\right) = \frac{38 \times 100}{95} = 40 \text{ रु.}$$

**दूसरी स्थिति में,** क्रय मूल्य = 40 रु.,

विक्रय मूल्य = 42 रु.

∴ लाभ = विक्रय मूल्य – क्रय मूल्य

$= 42 - 40 = 2$ रु.

$$\therefore \text{प्रतिशत लाभ} = \frac{\text{लाभ} \times 100}{\text{क्रय मूल्य}} = \left(\frac{2 \times 100}{40}\right)$$

$$= 5\%.$$

**8.** $\therefore$ वस्तु का विक्रय मूल्य = 3990 रु., तथा हानि % = 5%

$\therefore$ वस्तु का क्रय मूल्य

= विक्रय मूल्य $\left(\frac{100}{100-5}\right)$

$= 3990 \times \frac{100}{95} = 4200$ रु.।

**9.** माना कि 10 पेनों का क्रय मूल्य = $x$ रु.

प्रश्नानुसार, 8 पेनों का विक्रय मूल्य = $x$ रु.

$\therefore$ 1 पेन का क्रय मूल्य = $\frac{x}{10}$ रु.

तथा 1 पेन का विक्रय मूल्य = $\frac{x}{8}$ रु.

$\therefore$ लाभ = विक्रय मूल्य – क्रय मूल्य

$= \frac{x}{8} - \frac{x}{10} = \frac{x}{40}$ रु.

$\therefore$ प्रतिशत लाभ = $\frac{\text{लाभ} \times 100}{\text{क्रय मूल्य}} = \frac{\frac{x}{40} \times 100}{\frac{x}{10}} = 25\%$.

**10.** $\because$ टी.वी. का खरीद मूल्य या क्रय मूल्य = 2475 रु.

तथा विक्रय मूल्य = 3090 रु.

लाभ = विक्रय मूल्य – क्रय मूल्य

= 3090 – 2475 = 615 रु.

प्रतिशत लाभ = $\frac{\text{हानि} \times 100}{\text{क्रय मूल्य}}$

$= \frac{615 \times 100}{2475}$

= 24.8%.

**11.** 20 दर्जन केलों का क्रय मूल्य = 100 रुपये

20 दर्जन केलों का विक्रय मूल्य

= 6 × 20 = 120 रुपये

लाभ = विक्रय मूल्य – क्रय मूल्य

= 120 – 100 = 20 रुपये लाभ।

**12.** ठेकेदार का वास्तविक क्रय मूल्य

= 75000 + 2,65,000

= 3,40,000 रुपये

$\because$ उसका विक्रय मूल्य उसके क्रय मूल्य से कम है अत: हानि होगी।

हानि = क्रय मूल्य – विक्रय मूल्य

= 3,40,000 – 3,25,000

= 15,000 रुपये हानि।

**13.** सलमा के लिए मोटर साईकिल का कुल क्रय मूल्य

= 22,250 + 750 = 23,000 रुपये

$\because$ 500 रुपये हानि पर मोटर साईकिल बेची जाती है अत: उसका विक्रय मूल्य क्रय मूल्य से 500 रुपये कम होगा।

विक्रय मूल्य = 23000 – 500 = 22500 रुपये।

**14.** दुकानदार का कुल क्रय मूल्य

= 50 × 70 = 3500 रुपये

शेष पुस्तकें = 50 – 5 = 45 पुस्तकें

45 पुस्तकों का विक्रय मूल्य = 45 × 80

= 3600 रुपये

लाभ = विक्रय मूल्य – क्रय मूल्य

= 3600 – 3500

= 100 रुपये लाभ।

**15.** साईकिल का वास्तविक क्रय मूल्य

= (500 + 20 + 50) रुपये

= 570 रुपये

साईकिल का विक्रय मूल्य = 600 रुपये

अत: लाभ = विक्रय मूल्य – क्रय मूल्य

= (600 – 570) रुपये = 30 रुपये।

☆☆☆☆☆☆

# 12. अनुपात एवं समानुपात
# (Ratio and Proportion)

**अनुपात :** अनुपात सदैव दो सजातीय राशियों में होता है। एक राशि का, दूसरी सजातीय राशि में भाग देने पर अनुपात ज्ञात होता है या जब हम एक ही प्रकार की दो वस्तुओं की तुलना करते हैं और यह देखते हैं कि एक वस्तु, दूसरी वस्तु का कौन-सा भाग है तो उन दोनों के बीच पारस्परिक सम्बन्ध को अनुपात कहते हैं।

**समानुपात :** जब दो अनुपात बराबर होते हैं तो उनकी बराबरी को समानुपात कहते हैं। जैसे $a : b = c : d$ हो तो इसका अर्थ यह है कि $\frac{a}{b}$ समानुपात में है $\frac{c}{d}$ के और इसे हम निम्न प्रकार से लिख सकते हैं।

अतः $a : b : : c : d$ में $a$, $b$, $c$ तथा $d$ को क्रमशः प्रथम, द्वितीय, तृतीय और चतुर्थ अनुपाती कहते हैं। इस प्रकार समानुपात में चार पद होते हैं।

**नियम :** समानुपात $a : b : : c : d$ में सिरे वाले दोनों पदों के गुणनफल, मध्य वाले दोनों पदों के गुणनफल के बराबर होता है। अर्थात् $a \times d = b \times c$

**साझा :** साझा दो प्रकार का होता है:

1. **साधारण साझा :** वह साझा जिसमें दो या दो से अधिक व्यापारी अपनी-अपनी पूंजी का इस्तेमाल एक समान अवधि के लिए करते हैं, उसे **साधारण साझा** कहते हैं।
2. **मिश्रित साझा :** वह साझा जिसमें दो या दो से अधिक व्यापारी अपनी-अपनी पूंजी का इस्तेमाल अलग-अलग अवधि के लिए करते हैं उसे **मिश्रित साझा** कहते हैं।

**महत्त्वपूर्ण नोट :** 1. साधारण साझे से सम्बन्धित प्रश्नों में व्यापार में हुए लाभ अथवा हानि को उनकी पूंजियों के अनुपात में विभाजित करते हैं। 2. मिश्रित साझे से सम्बन्धित प्रश्नों में व्यापार में हुए लाभ अथवा हानि को उनकी पूंजियों तथा समय के गुणनफलों के अनुपात में बांटा जाता है।

## प्रश्नमाला

**1.** यदि $3 : 8 = 9 : x$, तो $x$ का मान कितना होगा?
A. 20 B. 27
C. 24 D. 25

**2.** यदि A : B = 3 : 4 तथा B : C = 5 : 6, तो A : B : C में क्या अनुपात होगा?
A. 20 : 15 : 24 B. 15 : 20 : 24
C. 15 : 24 : 20 D. 20 : 24 : 15

**3.** यदि $18 : x = x : 8$ हो, तो $x$ किसके बराबर होगा?
A. 11 B. 10
C. 16 D. 12

**4.** 8 : 12 : 10 : : ? है तो प्रश्न चिन्ह् (?) के स्थान पर क्या मान होगा?
A. 14 B. 15
C. 16 D. 18

**5.** 5 और 125 का मध्य समानुपात कितना है?
A. 20 B. 25
C. 28 D. 27

**6.** 3, 4 और 15 का चौथा अनुपात होगा?
A. 16 B. 18
C. 20 D. 15

**7.** 12 और 30 का तृतीय समानुपात कितना होगा?
A. 75 B. 125
C. 60 D. 70

**8.** दो संख्याओं का अनुपात 3 : 4 है। यदि दोनों संख्याओं का योग 490 हो तो वे संख्याएं क्रमशः क्या होंगी?

A. 220, 270 B. 210, 280
C. 120, 160 D. 180, 290

**9.** यदि एक त्रिभुज के कोणों में 1 : 2 : 3 का अनुपात हो तो उस त्रिभुज के सबसे बड़े कोण का मान होगा।
A. 90° B. 70°
C. 105° D. 110°

**10.** यदि किसी अनुपात का दूसरा पद 15 तथा अनुपात का मान $\frac{3}{5}$ हो तो उस अनुपात का पहला पद क्या होगा?
A. 8 B. 14
C. 9 D. 12

**11.** 1100 रुपये को सुधा, कमला और सलमा में इस प्रकार बांटो कि उनके धन में $\frac{1}{3}:\frac{2}{5}:\frac{1}{2}$ का अनुपात हो तो सुधा को मिलने वाला धन क्या है?
A. 300 रु. B. 350 रु.
C. 250 रु. D. 200 रु.

**12.** एक मिश्रधातु में तांबा, जस्ता और लोहा 7 : 6 : 9 के अनुपात में हैं। यदि मिश्रण में तांबे की मात्रा 560 ग्राम हो तो मिश्रधातु का कुल भार ज्ञात करो।
A. 1 किग्रा. 600 ग्रा. B. 2 किग्रा. 760 ग्रा.
C. 1 किग्रा. 760 ग्रा. D. 1 किग्रा. 700 ग्रा.

**13.** तीन संख्याओं का योग 16 है। दूसरी और तीसरी संख्याओं का अनुपात 9 : 16 है तथा प्रथम और तीसरी संख्याओं का अनुपात 1 : 4 है। दूसरी संख्या ज्ञात करो।
A. 38 B. 36
C. 40 D. 34

**14.** 1530 रुपये A, B, C में इस प्रकार वितरित किए गए कि यदि तीनों के हिस्सों में से क्रमश: 5, 10 और 15 कम कर दिए जाएं तो शेष भागों में 3 : 4 : 5 का अनुपात होगा। B का हिस्सा ज्ञात करो।
A. 505 रु. B. 500 रु.
C. 515 रु. D. 510 रु.

**15.** यदि A के पास B से 20% कम रुपये और B के पास C से 25% अधिक रुपये हों तो तीनों के धन का अनुपात ज्ञात करो।
A. 4 : 5 : 5 B. 4 : 5 : 4
C. 5 : 4 : 4 D. 4 : 4 : 5

## उत्तरमाला

| 1 | 2 | 3 | 4 | 5 | 6 | 7 | 8 | 9 | 10 |
|---|---|---|---|---|---|---|---|---|---|
| C | B | D | B | B | C | A | B | A | C |
| **11** | **12** | **13** | **14** | **15** | | | | | |
| A | C | B | D | B | | | | | |

## व्याख्यात्मक उत्तर

**1.** $\because 3 : 8 = 9 : x \Rightarrow \frac{3}{8} = \frac{9}{x} \Rightarrow x = \frac{8\times 9}{3} = 24$

अतः $x$ का मान = 24 होगा।

**2.** ∵ दिया हुआ है : A : B = 3 : 4 तथा B : C = 5 : 6 दोनों अनुपातों में B को बराबर करने के लिए पहले अनुपात में 5 से तथा दूसरे अनुपात में 4 से गुणा करने पर,

$\therefore$ A : B = 3 : 4 = 3 × 5 : 4 × 5 = 15 : 20

तथा B : C = 5 : 6 = 5 × 4 : 6 × 4 = 20 : 24

$\therefore$ A : B : C = 15 : 20 : 24

**3.** $\because 18 : x = x : 8 \Rightarrow \frac{18}{x} = \frac{x}{8}$

$\Rightarrow x \times x = 18 \times 8 \Rightarrow x^2 = 144$

$\Rightarrow x = \sqrt{144} = 12$ अतः $x$, 12 के बराबर होगा।

**4.** चूंकि समानुपात में दोनों बाहरी संख्याओं का गुणनफल, मध्य की दोनों संख्याओं के गुणनफल के बराबर होता है।

$\because$ 8 : 12 : : 10 : ?

$\therefore 8 \times ? = 12 \times 10 \Rightarrow ? = \frac{12\times 10}{8} = 15$

अतः प्रश्न चिन्ह् (?) के स्थान पर मान = 15 होगा।

**5.** माना कि 5 और 125 का मध्य समानुपात $= x$ है

$\therefore\ 5 : x : : x : 125$

$\therefore\ x \times x = 5 \times 125 \Rightarrow x^2 = 625$

$\Rightarrow\quad x = \sqrt{625} = 25$

अतः 5 और 125 का मध्य समानुपात = 25 है।

**6.** माना कि 3, 4 और 15 का चौथा अनुपात $= x$

$\therefore\quad 3 : 4 = 15 : x$

$\therefore\quad x \times 3 = 4 \times 15$

$\therefore\quad x = \dfrac{4 \times 15}{3} = 20$

अतः 3, 4 और 15 का चौथा अनुपात = 20 होगा।

**7.** माना कि 12 और 30 का तृतीय अनुपात $= x$

$\therefore\ 12 : 30 = 30 : x$

$\therefore\ 12 \times x = 30 \times 30 \Rightarrow x = \dfrac{30 \times 30}{12} = 75$

अतः 12 और 30 का तृतीय अनुपात = 75 होगा।

**8.** माना कि वे संख्याएं क्रमशः $3x$ व $4x$ हैं।

**प्रश्नानुसार,** $3x + 4x = 490 \Rightarrow 7x = 490$

$\Rightarrow\quad x = \dfrac{490}{7} = 70$

अतः वे संख्याएं क्रमशः $(3 \times 70 = 210)$ व $(4 \times 70 = 280)$ होंगी।

**9.** चूंकि त्रिभुज के कोणों में अनुपात = 1 : 2 : 3

$\therefore$ अनुपात संख्याओं का योग = 1 + 2 + 3 = 6

परन्तु त्रिभुज के तीनों कोणों का योग = 180°

$\therefore$ सबसे बड़े कोण का मान $= \dfrac{3}{6} \times 180° = 90°$

अतः सबसे बड़े कोण का मान = 90° होगा।

**10.** माना कि अनुपात का पहला पद $= x$

**प्रश्नानुसार,** $x : 15 = \dfrac{3}{5} = 3 : 5$ या, $\dfrac{x}{15} = \dfrac{3}{5}$

$\therefore\ x \times 5 = 15 \times 3 \Rightarrow x = \dfrac{15 \times 3}{5} = 9$

अतः अनुपात का पहला पद = 9 होगा।

**11.** सुधा : कमला : सलमा

$\dfrac{1}{3} : \dfrac{2}{5} : \dfrac{1}{2}$

सरल करने पर, अनुपात = 10 : 12 : 15

अनुपातों का योग = 10 + 12 + 15 = 37

$\therefore$ सुधा का भाग $= \dfrac{1110}{37} \times 10 = 300$ रुपये

कमला का भाग $= \dfrac{1110}{37} \times 12 = 360$ रुपये

सलमा का भाग $= \dfrac{1110}{37} \times 15 = 450$ रुपये।

**12.** तांबा : जस्ता : लोहा

अनुपातों का योग = 7 + 6 + 9 = 22

मिश्रधातु का कुल भार $= \dfrac{560}{7} \times 22$

= 1760 ग्राम

= 1 किलोग्राम 760 ग्राम।

**13.** $\because$ दूसरी संख्या : तीसरी संख्या = 9 : 16 ....(1)

और प्रथम संख्या : तीसरी संख्या = 1 : 4 ....(2)

(1) तथा (2) में तीसरी संख्या उभयनिष्ठ है अतः उसके मान को समान करने के लिए अनुपात (2) को 4 से गुणा करने पर,

प्रथम संख्या : तीसरी संख्या = 4 : 16

अतः प्रथम संख्या : दूसरी संख्या : तीसरी संख्या

= 4 : 9 : 16

अनुपातों का योग = 4 + 9 + 16 = 29

$\therefore$ दूसरी संख्या $= \dfrac{116}{29} \times 9 = 36.$

**14.** कुल धन = 1530 रुपये

तीनों के भागों में से कुल कम की गई राशि 5 + 10 + 15 = 30 रुपये

$\therefore$ शेष राशि = 1530 − 30 = 1500 रुपये

दिया गया अनुपात = 3 : 4 : 5

अनुपातों का योग = 3 + 4 + 5 = 12

शेष राशि में B का हिस्सा $= \dfrac{1500}{12} \times 4 = 500$ रुपये

$\therefore$ 1530 रुपये में B का हिस्सा = 500 + 10 = 510 रुपये

**15.** $\because$ A के पास B से 20% कम रुपये हैं

$\therefore\quad A : B = 80 : 100 = 4 : 5$ ....(1)

और B के पास C से 25% अधिक रुपये हैं,

$\therefore\quad B : C = 125 : 100 = 5 : 4$ ...(2)

$\therefore\quad A : B : C = 4 : 5 : 4$

**नोट**—यदि प्रश्न में कुल राशि दी गई होती तो उसे भी उक्त प्रक्रिया में बांटा जा सकता था।

☆☆☆☆☆☆

# 13. चाल, समय एवं दूरी
# (Speed, Time and Distance)

**याद रखें :**

*(i)* दूरी निकालने के लिए चाल में समय से गुणा करें, अर्थात् दूरी = चाल × समय

*(ii)* चाल निकालने के लिए दूरी में समय से भाग दें,

अर्थात् चाल = $\frac{\text{दूरी}}{\text{समय}}$

*(iii)* समय निकालने के लिए दूरी में चाल से भाग दें,

अर्थात् समय = $\frac{\text{दूरी}}{\text{चाल}}$

*(iv)* गाड़ी को खम्भा या वृक्ष पार करने में केवल अपनी लम्बाई पार करनी होती है।

*(v)* गाड़ी को पुल या प्लेटफार्म पार करने में अपनी लम्बाई और पुल या प्लेटफार्म की लम्बाई दोनों पार करनी होती है।

*(vi)* जब दो गाड़ियां एक ही दिशा में जा रही हों, तो उनकी आपेक्षिक गति (एक दूसरे को पार करने की गति) निकालने के लिए दोनों गाड़ियों की गति का अंतर निकाला जाता है।

*(vii)* जब दो गाड़ियां विपरीत दिशा में जा रही हों, तो उनकी आपेक्षिक गति (एक दूसरे को पार करने की गति) निकालने के लिए दोनों गाड़ियों की गति को जोड़ दिया जाता है।

## प्रश्नमाला

**1.** एक गतिमान कार की चाल 36 कि॰मी॰ प्रति घंटा है। इसकी चाल मी॰/से॰ में है:

A. 10 मी॰/से॰ B. 15 मी॰/से॰
C. 20 मी॰/से॰ D. 25 मी॰/से॰

**2.** दो रेलगाड़ियां एक ही समय दो स्टेशनों X तथा Y से, जिनके मध्य 900 कि॰मी॰ की दूरी है, एक-दूसरे की ओर चलना शुरू करती हैं। यदि उनकी औसत चाल क्रमशः 38 तथा 22 कि॰मी॰/घं॰ हो तो वे एक-दूसरे को कितने समय बाद मिलेंगी?

A. 12 घण्टे B. 13 घण्टे
C. 14 घण्टे D. 15 घण्टे

**3.** 100 मी॰ लम्बी रेलगाड़ी 60 कि॰मी॰ प्रति घंटा की चाल से जा रही है। इसे एक तार चौकी को पार करने में समय लगेगा:

A. 4 सेकेण्ड B. 5 सेकेण्ड
C. 6 सेकेण्ड D. 8 सेकेण्ड

**4.** 150 मी॰ लम्बी एक रेलगाड़ी 90 कि॰मी॰ प्रति घंटा की चाल से जा रही है। इसे एक पेड़ को पार करने में समय लगेगा:

A. 3 सेकेण्ड B. 4 सेकेण्ड
C. 6 सेकेण्ड D. 8 सेकेण्ड

**5.** 100 मी॰ लम्बी एक रेलगाड़ी 65 कि॰मी॰ प्रति घंटा की चाल से जा रही है। यह एक व्यक्ति को जो 5 कि॰मी॰/घंटा की चाल से रेलगाड़ी की दिशा में जा रहा है, कितने समय में पार करेगी?

A. 8 सेकेण्ड B. 6 सेकेण्ड
C. 4 सेकेण्ड D. 2 सेकेण्ड

**6.** एक व्यक्ति नदी के बहाव की दिशा में 6 कि॰मी॰ प्रति/घं॰ तथा विपरीत दिशा में 3 कि॰मी॰ प्रति/घं॰ की चाल से नाव चलाता है। स्थिर पानी में नाव की चाल है:

A. 9 कि॰मी॰/घं॰ B. 4.5 कि॰मी॰/घं॰
C. 1.5 कि॰मी॰/घं॰ D. 1.0 कि॰मी॰/घं॰

**7.** प्रश्न 6 में नदी के बहाव की चाल है

A. 1.5 कि॰मी॰/घं॰ B. 2.5 कि॰मी॰/घं॰

C. 4.5 कि॰मी॰/घं॰ D. 18.0 कि॰मी॰/घं॰

**8.** एक साइकिल सवार 3 मिनट में 1.2 किलोमीटर दूरी तय करता है, तो उसकी गति प्रति घंटा क्या होगी?

A. 24 कि॰मी॰/घंटा B. 24 मी॰/घंटा

C. 24 मी॰/से॰ D. 24 कि॰मी॰/मिनट

**9.** एक 100 मीटर लम्बी गाड़ी 90 कि॰मी॰/घ॰ की चाल से चल रही है। गाड़ी को पेड़ को पार करने में कितना समय लगेगा?

A. 4 से॰ B. 8 से॰

C. 11 से॰ D. 11 से॰

**10.** एक रेलगाड़ी जो 90 कि॰मी॰/घं॰ की गति से चली जा रही है। एक खम्भे को पार करने में 10 सेकेण्ड का समय लेती है। बताइये उस रेलगाड़ी की लम्बाई (मीटर में) कितनी होगी?

A. 250 B. 240

C. 280 D. 270

**11.** 18 किमी प्रति घंटा की चाल को मीटर प्रति सेकेण्ड में बदलिए।

A. 7 मी॰/से॰ B. 4 मी॰/से॰

C. 6 मी॰/से॰ D. 5 मी॰/से॰

**12.** 3 मीटर प्रति सेकेण्ड की चाल को किमी प्रति घण्टा में बदलिए।

A. 10 किमी॰/घंटा B. 10.8 किमी॰/घंटा

C. 8 किमी॰/घंटा D. 8.10 किमी॰/घंटा

**13.** 500 मीटर लम्बी रेलगाड़ी 220 मीटर लम्बे प्लेटफार्म को 36 सेकेण्ड में पार कर लेती है, तो गाड़ी की चाल किमी प्रति घण्टा ज्ञात करो

A. 60 किमी॰/घंटा B. 65 किमी॰/घंटा

C. 72 किमी॰/घंटा D. 70 किमी॰/घंटा

**14.** एक आदमी 5 किमी प्रति घण्टा की चाल से P से Q स्थान तक जाता है और 3 किमी प्रति घण्टा की चाल से Q से P स्थान पर वापस आ जाता है। उसकी सारी यात्रा में औसत चाल क्या रही?

A. $4\frac{3}{4}$ किमी॰/घंटा B. $3\frac{3}{4}$ किमी॰/घंटा

C. 4 किमी॰/घंटा D. 3 किमी॰/घंटा

**15.** एक रेलगाड़ी 60 किमी की दूरी 45 मिनट में तय करती है, यदि इसकी गति 5 किमी/घण्टा कम कर दी जाए तो उसी दूरी को वह कितने समय में तय करेगी?

A. 42 मिनट B. 40 मिनट

C. 45 मिनट D. 48 मिनट

## उत्तरमाला

| 1 | 2 | 3 | 4 | 5 | 6 | 7 | 8 | 9 | 10 |
|---|---|---|---|---|---|---|---|---|---|
| A | D | C | C | B | B | A | A | A | A |
| **11** | **12** | **13** | **14** | **15** | | | | | |
| D | B | C | B | D | | | | | |

## व्याख्यात्मक उत्तर

**1.** चाल $= \frac{36 \text{ कि॰मी॰}}{\text{घंटा}} = \frac{36000 \text{ मी॰}}{3600 \text{ से॰}} = 10$ मी॰/से॰

**2.** दो रेलगाड़ियों द्वारा 1 घंटे में तय की गई दूरी

$= 38 + 22 = 60$ कि॰मी॰

कुल दूरी = 900 कि॰मी॰

समय $= \frac{900}{60} = 15$ घंटे।

**3.** दूरी = 100 मी॰

चाल $= \frac{60 \text{ कि॰मी॰}}{\text{घंटा}} = \frac{60000 \text{ मी॰}}{3600 \text{ से॰}} = \frac{50}{3}$ मी॰/से॰

समय $= \frac{\text{दूरी}}{\text{चाल}} = \frac{100}{50/3} = \frac{100 \times 3}{50} = 6$ से॰

**4.** $\text{चाल} = \dfrac{90 \text{ कि॰मी॰}}{\text{घंटा}} = \dfrac{90000 \text{ मी॰}}{3600 \text{ से॰}}$

$= 25$ मी॰/से॰

दूरी = 150 मी॰

$\text{समय} = \dfrac{\text{दूरी}}{\text{चाल}} = \dfrac{150}{25} = 6$ से॰

**5.** वास्तविक चाल = रेलगाड़ी की चाल – व्यक्ति की चाल

= 65 – 5 = 60 कि॰मी॰/घं॰

$\text{चाल} = \dfrac{60 \text{ कि॰मी॰}}{\text{घंटा}} = \dfrac{60000 \text{ मी॰}}{3600 \text{ से॰}}$

$= \dfrac{50}{3}$ मी॰/से॰

$\text{समय} = \dfrac{\text{दूरी}}{\text{चाल}} = \dfrac{100}{50/3} = \dfrac{100 \times 3}{50}$

= 6 से॰

**6.** स्थिर पानी में नाव की चाल $= \dfrac{6+3}{2} = \dfrac{9}{2}$

= 4.5 कि॰मी॰/घं॰

**7.** नदी के बहाव की चाल $= \dfrac{6-3}{2} = \dfrac{3}{2}$

= 1.5 कि॰मी॰/घंटा

**8.** $\text{गति} = \dfrac{\text{दूरी}}{\text{समय}}$, दूरी = 1.2 कि॰मी॰

समय = 3 मिनट $= \dfrac{3}{60}$ घंटा

$\text{गति} = \dfrac{\text{दूरी}}{\text{समय}} = \dfrac{1.2}{\frac{3}{60}} = \dfrac{1.2 \times 60}{3} = 24$ कि॰मी॰/घंटा

**9.** चूंकि रेलगाड़ी सिर्फ पेड़ को पार करती है।

∴ पेड़ को पार करने में लगा समय

$= \dfrac{100 \text{ मी॰}}{90 \text{ कि॰मी॰/घं॰}} = \dfrac{100 \text{ मी॰}}{90 \times \dfrac{5 \text{ मी॰}}{18 \text{ से॰}}} = 4$ सेकेण्ड

**10.** चूंकि रेलगाड़ी सिर्फ खम्भे को पार करती है।

∴ खम्भे को पार करने में लगा समय

$= \dfrac{\text{रेलगाड़ी की लम्बाई}}{\text{रेलगाड़ी की चाल}}$

∴ $10 = \dfrac{\text{रेलगाड़ी की लम्बाई}}{90 \times \frac{5}{18} \text{ मी॰/से॰}}$

∴ रेलगाड़ी की लम्बाई $= 10 \times 90 \times \dfrac{5}{18} = 250$ मीटर।

**11.** ∵ 1 किमी = 1000 मीटर और

1घण्टा = 3600 सेकेण्ड

∴ 18 किमी प्रतिघण्टा $= \dfrac{18 \times 1000}{3600} = 5$ मीटर/सेकेण्ड।

**12.** 3 मीटर/सेकेण्ड $= \dfrac{3 \times 3600}{1000} = 10.8$ किमी/घण्टा।

**13.** गाड़ी द्वारा प्लेटफार्म को पार करने में तय की गई दूरी = 500 + 220 = 720 मीटर, समय = 36 सेकेण्ड

∴ $\text{चाल} = \dfrac{\text{दूरी}}{\text{समय}}$

∴ गाड़ी की चाल $= \dfrac{720}{36}$ मीटर प्रति सेकेण्ड

$= \dfrac{720 \times 3600}{36 \times 1000} = 72$ किमी/घण्टा।

**14.** माना P से Q स्थान की दूरी 15 किमी

(3 और 5 का ल.स.प. 15 है, अत: गणना की सुविधा के लिए 15 किमी दूरी मानी है।)

∴ जाने में लगा समय $= \dfrac{15}{3} = 5$ घण्टे

और वापस आने में लगा समय $= \dfrac{15}{3} = 5$ घण्टे

कुल दूरी = 15 + 15 = 30 किमी

कुल समय = 3 + 5 = 8 घण्टे

औसत चाल $\dfrac{30}{8} = \dfrac{15}{4} = 3\dfrac{3}{4}$ किमी प्रति घण्टा।

**15.** ∴ दूरी = 60 किमी, समय = 45 मिनट $= \dfrac{3}{4}$ घण्टा

∴ चाल $= \dfrac{60 \times 4}{3} = 80$ किमी प्रति घण्टा

5 किमी/घण्टा, कम होने पर चाल = 75 किमी/घण्टा

∴ समय $= \dfrac{60}{75} = \dfrac{4}{5}$ घण्टा = 48 मिनट।

☆☆☆☆☆☆

# 14. समय एवं कार्य (Time and Work)

ऐकिक नियम के प्रश्नों में पहले इकाई वस्तु का मूल्य ज्ञात करके प्रश्न में दी गई संख्या का मूल्य निकालते हैं। उदाहरण के लिए प्रश्न है–

7 बकरियों की कीमत 630 रु. है, तो 20 बकरियों की कीमत क्या होगी?

ऐकिक नियम विधि से इस प्रश्न को हल करने में पहले एक बकरी की कीमत निकालनी होगी। उसके बाद 20 बकरियों की कीमत निकाली जायेगी।

ऐसे प्रश्नों को हल करते समय जो भाषा लिखी जाती है, उसमें जिस राशि या मद का उत्तर निकालना हो, उसे सबसे बाद में लिखा जाता है। जैसे–

**नोटः**

*(i)* यदि एक आदमी एक काम को 10 दिनों में करता है, तो उसका एक दिन का काम होगा = 1/10 भाग

*(ii)* यदि किसी आदमी का एक दिन का काम 1/10 हो, तो वह पूरा काम 10 दिनों में करेगा।

*(iii)* ऐसे प्रश्नों में पहले एक दिन का काम निकाला जाता है।

*(iv)* यदि काम करने वाले आदमी बढ़ जायें, तो काम कम समय (कम दिनों) में पूरा होगा और यदि काम करने वाले आदमी कम हो जायें, तो काम अधिक समय (अधिक दिनों) में पूरा होगा।

## प्रश्नमाला

**1.** A एक काम को 6 दिन में तथा B उसे 10 दिन में कर सकता है। A तथा B मिलकर उसे पूरा करेंगे।

A. 10 दिन से कम तथा 6 दिन से अधिक दिनों में

B. 10 दिन से अधिक दिनों में

C. 6 दिन से कम दिनों में

D. 2 दिन में

**2.** A एक मेज को 3 दिन में तथा उसका मित्र उसे 6 दिन में बना सकता है। A और उसका मित्र मिलकर उसे पूरा बनाएंगे:

A. 3 दिन में B. 2 दिन में

C. 1 दिन में D. $\frac{1}{2}$ दिन में

**3.** X और Y मिलकर किसी कार्य को 10 दिन में कर सकते हैं। X अकेला उसे 15 दिन में कर सकता है तो Y उसे कितने दिन में करेगा?

A. 15 दिन B. 20 दिन

C. 25 दिन D. 30 दिन

**4.** 24 आदमी एक मशीन को 12 दिन में तैयार करते हैं तो 36 आदमी उसे कितने दिनों में तैयार करेंगे?

A. 8 दिन B. 12 दिन

C. 16 दिन D. 20 दिन

**5.** X, Y और Z किसी काम को क्रमशः 8, 10 और 8 दिन में कर सकते हैं। तीनों मिलकर उस कार्य को कितने दिनों में कर सकेंगे?

A. $2\frac{1}{7}$ दिन B. $2\frac{3}{7}$ दिन

C. $2\frac{5}{7}$ दिन D. $2\frac{6}{7}$ दिन

**6.** A एक काम को 5 दिन में तथा B उसी काम को 10 दिन में पूरा करता है तो बताइये (A + B) उस काम को कितने दिनों में पूरा करेंगे?

A. $2\frac{3}{4}$ दिन B. $3\frac{3}{4}$ दिन

C. $3\frac{1}{3}$ दिन D. $2\frac{1}{4}$ दिन

**7.** 3 पेन और 5 पैन्सिलों का मूल्य 14 रु. है। 12 पेन और 20 पेन्सिलों का क्या मूल्य होगा?

A. 42 रु. B. 56 रु.

C. 20 रु. D. 112 रु.

**8.** $x$, $y$ और $z$ मिलकर एक कार्य को 8 दिन में पूरा कर सकते हैं। यदि $x$ और $z$ मिलकर उस कार्य को 12 दिन में पूरा कर सकते हों तो बताइये $y$ अकेला उस कार्य को पूरा कितने दिन में करेगा?

A. 22 दिन B. 24 दिन

C. $17\frac{1}{4}$ दिन D. 23 दिन

**9.** यदि 75 संतरों की एक पेटी का मूल्य 60 रु. है तो 50 संतरों का मूल्य होगा:

A. 30 रु. B. 40 रु.

C. 50 रु. D. 60 रु.

**10.** एक नल एक हौज को 4 घण्टे में तथा दूसरा नल उस हौज को 5 घण्टे में भर सकता है। यदि दोनों नल एक साथ खोल दिए जाएं तो हौज को भरने में कितने घण्टे लगेंगे?

A. $3\frac{2}{9}$ घण्टे B. $2\frac{2}{9}$ घण्टे

C. $2\frac{1}{9}$ घण्टे D. $3\frac{5}{9}$ घण्टे

**11.** यदि 210 रुपए में 6 बाल्टियां खरीदी जा सकती हैं तो 140 रुपए में कितनी बाल्टियां खरीदी जा सकेंगी।

A. 4 B. 3

C. 5 D. 6

**12.** गणित की 14 पुस्तकों का मूल्य 105 रुपए है तो बताइए ऐसी ही 24 पुस्तकों के लिए क्या मूल्य देना होगा?

A. 170 रु. B. 175 रु.

C. 180 रु. D. 185 रु.

**13.** यदि 3000 रुपए में 12 रेडियो सैट खरीदे जा सकते हों, तो बताओ 3750 रुपए में कितने रेडियो सैट खरीदे जा सकेंगे।

A. 12 B. 15

C. 10 D. 17

**14.** किसी परिवार के 6 सदस्यों के लिए 20 दिन की भोजन सामग्री है, तो बताओ 4 सदस्यों वाले परिवार के लिए यही भोजन सामग्री कितने दिनों के लिए पर्याप्त होगी।

A. 25 दिन B. 35 दिन

C. 20 दिन D. 30 दिन

**15.** 15 मजदूर एक खेत की गुड़ाई 6 घण्टे में कर सकते हैं तो बताइये 2 घण्टे में उस खेत की गुड़ाई करने के लिए कितने मजदूर चाहिए?

A. 40 B. 45

C. 50 D. 55

## उत्तरमाला

| 1 | 2 | 3 | 4 | 5 | 6 | 7 | 8 | 9 | 10 |
|---|---|---|---|---|---|---|---|---|---|
| C | B | D | A | D | C | B | B | B | B |
| **11** | **12** | **13** | **14** | **15** | | | | | |
| A | C | B | D | B | | | | | |

## व्याख्यात्मक उत्तर

**1.** A का 1 दिन का काम $= \frac{1}{6}$

B का 1 दिन का काम $= \frac{1}{10}$

(A + B) का 1 दिन का काम $= \frac{1}{6} + \frac{1}{10} = \frac{8}{30}$

$\therefore$ A + B मिलकर उसे $\frac{30}{8}$ दिन में करेंगे

$= 3\frac{6}{8}$ दिन $= 3\frac{3}{4}$ दिन

जो 6 दिन से कम है।

**2.** A तथा उसके मित्र द्वारा 1 दिन में किया गया कार्य

$= \frac{1}{3} + \frac{1}{6} = \frac{3}{6}$

$\therefore$ दोनों मिलकर उसे पूरा करेंगे $= \frac{6}{3} = 2$ दिन में।

**3.** X और Y का दिन का काम $= \frac{1}{10}$

अकेले X का 1 दिन का काम $= \frac{1}{15}$

अकेले Y का 1 दिन का काम $= \frac{1}{10} - \frac{1}{15} = \frac{1}{30}$

$\therefore$ Y अकेला उस काम को 30 दिन में करेगा।

**4.** $\because$ 24 व्यक्ति एक मशीन को बनाते हैं = 12 दिन में

$\therefore$ 1 व्यक्ति एक मशीन को बनाता है $= 24 \times 12$ दिन में।

$\therefore$ 36 व्यक्ति एक मशीन को बनाते हैं

$= \frac{24 \times 12}{36} = 8$ दिन में।

**5.** X + Y + Z का 1 दिन का काम

$= \frac{1}{8} + \frac{1}{10} + \frac{1}{8} = \frac{7}{20}$

$\therefore$ X + Y + Z उसे पूरा करेंगे $= \frac{20}{7}$ दिन

$= 2\frac{6}{7}$ दिन में

**6.** $\because$ A का 1 दिन का काम $= \frac{1}{5}$

तथा B का 1 दिन का काम $= \frac{1}{10}$

$\therefore$ (A + B) का 1 दिन का काम

$= \frac{1}{5} + \frac{1}{10} = \frac{2+1}{10} = \frac{3}{10}$

चूंकि $\frac{3}{10}$ काम (A + B) करते हैं = 1 दिन में

$\therefore$ पूरा काम (A + B) करेंगे $= \frac{10}{3} = 3\frac{1}{3}$ दिन में

**7.** $\because$ 3 पेन तथा 5 पेन्सिलों का मूल्य = 14 रु.

$\therefore$ 1 पेन तथा 1 पेन्सिल का मूल्य

$= \frac{14}{\text{3 पेन तथा 5 पेन्सिल}}$

$\therefore$ 4 × (3 पेन तथा 5 पेन्सिलों) का मूल्य

$= \frac{14 \times 4 \times (\text{3 पेन तथा 5 पेंसिल})}{\text{3 पेन तथा 5 पेंसिल}} = 56$ रुपये।

**8.** $\because$ $z(x + y + z)$ का 1 दिन का काम $= \frac{1}{8}$

तथा $(x + z)$ का 1 दिन का काम $= \frac{1}{12}$

$\therefore$ $y$ का 1 दिन का काम $= \frac{1}{8} - \frac{1}{12}$

$= \frac{3-2}{24} = \frac{1}{24}$

चूंकि $\frac{1}{24}$ काम $y$ करता है = 1 दिन में

$\therefore$ पूरा काम $y$ करेगा 24 दिन में।

**9.** $\because$ 75 संतरों का मूल्य = 60 रु.

$\therefore$ 1 संतरे का मूल्य $= \frac{60}{75}$

$\therefore$ 50 संतरों का मूल्य $= \frac{60}{75} \times 50 = 40$ रु.

**10.** पहले नल द्वारा 1 घण्टे में हौज का भरा भाग $= \frac{1}{4}$

तथा दूसरे नल द्वारा 1 घण्टे में हौज का भरा भाग

$= \frac{1}{5}$

$\therefore$ (पहले + दूसरे) नल द्वारा 1 घण्टे में हौज का भरा भाग

$= \frac{1}{4} + \frac{1}{5} = \frac{5+4}{20} = \frac{9}{20}$

चूंकि हौज का $\frac{9}{20}$ भाग (पहले + दूसरे) नल भरते हैं = 1 घण्टे में

$\therefore$ पूरा भाग (पहले + दूसरे) नल भरेंगे $\frac{20}{9} = 2\frac{2}{9}$ घण्टे में।

**11.**

| रुपए | बाल्टियां |
|---|---|
| 210 | 6 |
| 140 | ? |

∵ 210 रुपए में खरीदी जाने वाली बाल्टियों की संख्या = 6

∴ 1 रुपए में खरीदी जाने वाली बाल्टियां = $\frac{6}{210}$

∴ 140 रुपए में खरीदी जाने वाली बाल्टियां

$$= \frac{6}{210} \times 140 = 4 \text{ बाल्टियां}$$

अत: 140 रुपए में 4 बाल्टियां खरीदी जा सकेंगी।

**12.** **पुस्तक** **मूल्य**

| पुस्तक | मूल्य |
|---|---|
| 14 | 105 रुपए |
| 24 | ? |

∵ **गणित की 14 पुस्तकों का मूल्य** = 105 रुपए

∴ **गणित की 1 पुस्तक का मूल्य** = $\frac{105}{14}$ रुपए

∴ गणित की 24 पुस्तकों का मूल्य

$$= \frac{105}{14} \times 24 \text{ रुपए}$$

= **180 रुपए**

अत: गणित की 24 पुस्तकों का मूल्य = 180 रुपए होगा।

**13.**

| रुपए | रेडियो सैट |
|---|---|
| 3000 | 12 |
| 3750 | ? |

∵ 3000 रुपए में खरीदे जा सकते हैं = 12 रेडियो सैट

∴ 1 रुपए में खरीदे जा सकते हैं = $\frac{12}{3000}$ रेडियो सैट

∴ 3750 रुपए में खरीदे जा सकते हैं

$$= \frac{12}{3000} \times 3750 \text{ रेडियो सैट} = 15 \text{ रेडियो सैट}$$

अत: 3750 रुपए में 15 रेडियो सैट खरीदे जा सकेंगे।

**14.**

| सदस्य | दिन |
|---|---|
| 6 | 20 |
| 4 | ? |

∵ 6 सदस्यों के लिए भोजन सामग्री है = 20 दिनों के लिए

∴ 1 सदस्य के लिए भोजन सामग्री है = 20 × 6 दिनों के लिए

∴ 4 सदस्यों के लिए भोजन सामग्री है = $\frac{20 \times 6}{4}$ दिनों के लिए = 30 दिन के लिए

अत: 4 सदस्यों वाले परिवार के लिए यही भोजन सामग्री 30 दिन के लिए पर्याप्त होगी।

**15.** *(i)*

| घंटे | मजदूर |
|---|---|
| 6 | 15 |
| 2 | ? |

*(ii)*

| मजदूर | घंटे |
|---|---|
| 15 | 6 |
| 20 | ? |

*(i)* ∵ 6 घंटे में खेत की गुड़ाई करते है = 15 मजदूर

∴ 1 घंटे में खेत की गुड़ाई करेंगे = 15 × 6 मजदूर

∴ 2 घंटे में खेत की गुड़ाई करेंगे = $\frac{15 \times 6}{2}$ मजदूर

= 45 मजदूर

अत: 2 घंटे में उस खेत की गुड़ाई करने के लिए 45 मजदूर चाहिए।

☆☆☆☆☆☆

# 15. समय एवं दूरी
# (Time and Distance)

समय पर आधारित प्रश्नों के उत्तर देने के लिए निम्न बातें जानना आवश्यक हैं।

*(i)* 12 मध्यरात्रि से 12 मध्याह्न के समय पूर्वाह्न तथा 12 मध्याह्न से 12 मध्यरात्रि तक के समय को अपराह्न कहा जाता है।

*(ii)* 12 मध्यरात्रि को 24:00 बजे या 00:00 बजे लिखा जाता है।

*(iii)* 12 मध्यरात्रि को 12:00 बजे लिखा जाता है।

*(iv)* दाईं ओर के दो अंकों से बनने वाली संख्या मिनटों की संख्या दर्शाती है।
जैसे–10 : 15

*(v)* यदि बाईं ओर के दो अंकों से बनने वाली संख्या 12 से कम हो तो यह (मध्यरात्रि के बाद का समय) पूर्वाह्न कहलाती है। जैसे–

10:30 बजे = 10:30 पूर्वाह्न
11:45 बजे = 11:45 पूर्वाह्न

*(vi)* यदि बाईं ओर के दो अंकों से बनने वाली संख्या 12 से अधिक हो तो यह (दोपहर के बाद का समय) अपराह्न कहलाती है, जैसे–

18 : 15 बजे = 6 : 15 अपराह्न
20 : 30 बजे = 8 : 30 अपराह्न

**उदाहरण 1.** एक रेलगाड़ी सायं 5:40 बजे मुम्बई से चलती है और अगले दिन प्रातः 10:55 बजे नई दिल्ली पहुंचती है। रेलगाड़ी द्वारा तय यात्रा में लिया गया समय है।

**हलः** मुम्बई से प्रस्थान समय = 5:40
नई दिल्ली आगमन समय = 10:55 (अगले दिन)
कुल समय = 5:40 से 5:40 (अगले दिन) = 12 घंटा
तथा 5:40 से 10:55 तक = 5 घंटे 15 मिनट
= 17 घंटे 15 मिनट

## प्रश्नमाला

**1.** वैशाली सुपर फास्ट गाड़ी दिल्ली से 19:45 बजे रवाना होती है और अगले दिन 15:20 बजे मुज़फ्फरपुर पहुंचती है। बताओ यह मुज़फ्फरपुर पहुंचने में कितना समय लेती है?

A. 19 घंटा 25 मिनट
B. 18 घंटा 35 मिनट
C. 19 घंटा 35 मिनट
D. 18 घंटा 20 मिनट

**2.** मनु किसी सोमवार को रात में 9:30 पर सोया और अगले दिन 5:50 पर जागा। उसके सोने की अवधि कितनी थी?

A. 8 घंटे 20 मिनट
B. 8 घंटे 10 मिनट
C. 7 घंटे 40 मिनट
D. 7 घंटे 20 मिनट

**3.** इन्टरसिटी रेलगाड़ी रक्सौल से सुबह 9:15 पर चलती है तथा उसी दिन 11 बजे पीपरा पहुंचती है। रेलगाड़ी द्वारा यात्रा में लिया गया कुल समय है?

A. 1 घंटा 15 मिनट
B. 10 घंटे 45 मिनट
C. 1 घंटा 45 मिनट
D. 10 घंटे 15 मिनट

**4.** यदि किसी दिन सूर्य 6:20 पूर्वाह्न पर उदय हो तथा 6:57 अपराह्न पर अस्त हो तो उस दिन की लम्बाई होगी।

A. 12 घंटे 27 मिनट
B. 12 घंटे 17 मिनट
C. 12 घंटे 37 मिनट
D. 12 घंटे

**5.** 9 घंटे 30 मिनट बराबर है।
A. 0.90 बजे
B. 9:30 पूर्व॰ के
C. 8 घंटे 90 मिनट के
D. 9:30 अप॰ के

**6.** एक बस शिमला से दिल्ली के लिए 7:20 बजे प्रातः प्रस्थान करती है और दिल्ली पहुंचने में 9 घंटे का समय लेती है। बस कितने बजे दिल्ली पहुंचती है?
A. 4:20 बजे अप॰
B. 3:30 बजे अप॰
C. 6:30 बजे अप॰
D. 7:30 बजे अप॰

**7.** एक वायुयान मुम्बई से 7:50 बजे उड़ान भरता है। यह चेन्नई 10:30 बजे हवाई हड्डे पर उतरता है। यह चेन्नई पहुंचने में कितना समय लेता है।
A. 2 घंटे 30 मिनट
B. 2 घंटे
C. 3 घंटे लगभग
D. 2 घंटे 40 मिनट

**8.** एक लड़का रात्रि 8:30 बजे सोने के लिए गया तथा प्रातः 6:15 पर जागा। वह लड़का कितनी देर तक सोया?
A. 9 घंटे 45 मिनट
B. 9 घंटे 15 मिनट
C. 2 घंटे 15 मिनट
D. 4 घंटे 45 मिनट

**9.** एक छात्र अपने घर से विद्यालय के लिए प्रातः 8:30 बजे साईकिल से चला। वह विद्यालय से पढ़ाई करने के बाद सांय 4:50 बजे घर वापस आया। वह कितने समय तक घर से बाहर रहा।
A. 7 घंटे 20 मिनट
B. 8 घंटे 20 मिनट
C. 9 घंटे 20 मिनट
D. 7 घंटे 90 मिनट

**10.** एक स्कूल की वार्षिक परीक्षा 18 मार्च, 2002 को आरम्भ हुई और 23 मार्च, 2002 को समाप्त हुई। परीक्षा कितने दिन तक चली?
A. एक सप्ताह B. 8 दिन
C. 6 दिन D. 1 महीना

## उत्तरमाला

| 1 | 2 | 3 | 4 | 5 | 6 | 7 | 8 | 9 | 10 |
|---|---|---|---|---|---|---|---|---|---|
| C | A | C | C | B | A | D | A | B | C |

## व्याख्यात्मक उत्तर

**1.** दिल्ली से प्रस्थान का समय = 19:45
मुज़फ्फरपुर में आगमन समय = 15:20
कुल समय = 19:45 से 24:00
= 4 घंटे 15 मिनट
= 00:00 से 15:20
= 15 घंटे 20 मिनट
= 19 घंटे 35 मिनट

**2.** सोने का समय = 9:30
जागने का समय = 5:30
कुल समय = 9:30 से 12:00 बजे मध्य रात्रि तक
= 2 घंटे 30 मिनट
= 12:00 से 5:50 बजे सुबह तक
= 5 घंटे 50 मिनट
अर्थात् 7 घंटे 80 मिनट
= 8 घंटे 20 मिनट

**3.** रक्सौल से प्रस्थान समय = 9:15
पीपरा में आगमन समय = 11:00
कुल समय = आगमन समय – प्रस्थान समय
= 11:00 – 9:15 = 1 घंटा 45 मिनट

**4.** सूर्योदय होने का समय = 6:20
अस्त होने का समय = 6:57
कुल समय = प्रातः 6:20 से 6:20 शाम तक
= 12 घंटे
= शेष 37 मिनट
कुल समय = 12 घंटे 37 मिनट

**5.** दो अंकों से बनने वाली संख्या 12 से कम हो, तो वह पूर्वाह्न कहलाती है।
इस प्रकार 9:30 दर्शाता है 9:30 पूर्वाह्न

**6.** शिमला से प्रस्थान का समय = 7:20 प्रातः
दिल्ली पहुंचने में लगा समय = 9 घंटे
= 7:20 से 7:20 तक = 12 घंटे
9 घंटे के लिए = 7:20 – 3 = 4 : 20 अप.

**7.** मुम्बई से उड़ान भरने का समय = 7:50
चेन्नई पहुंचने का समय = 10:30
कुल समय = आगमन का समय – प्रस्थान का समय
= 10:30 – 7:50
= 2 घंटे 40 मिनट

**8.** सोने का समय = 8:30 शाम
जागने का समय = 6:15 सुबह
कुल समय = 8:30 से 12 बजे रात तक
= 3 घंटे 30 मिनट
= 12 बजे रात से 6:15 सुबह तक
= 6 घंटे 15 मिनट
कुल समय = 9 घंटे 45 मिनट

**9.** विद्यालय जाने का समय = 8:30 प्रातः
वापस आने का समय = 4:50 शाम
= 8:30 से 12 बजे दिन तक = 3:30
= 12 बजे दिन से 4:50 बजे शाम तक
= 4:50
अर्थात् 7:80
= 8 घंटे 20 मिनट

**10.** परीक्षा की शुरुआत = 18 मार्च, 2002
परीक्षा की समाप्ति = 23 मार्च, 2002
कुल समय = 23 मार्च, 2002 से — 18 मार्च, 2002 तक = 6 दिन

☆☆☆☆☆☆

# 16. क्षेत्रमिति : रेखीय आकृति एवं वृत्त
# (Mensuration: Plane Figures and Circles)

क्षेत्रमिति से सम्बंधित प्रश्नों को हल करने के लिए निम्नलिखित प्रमुख सूत्रों का जानना आवश्यक होता है :

**1. आयत:**

(*a*) आयत का क्षेत्रफल = लम्बाई × चौड़ाई

(*b*) आयत की परिमिति = 2 (लम्बाई + चौड़ाई)

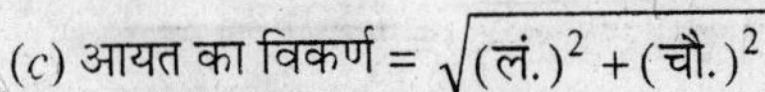

(*c*) आयत का विकर्ण = $\sqrt{(\text{लं.})^2 + (\text{चौ.})^2}$

∴ AB = CD तथा BC = AD

**2. वर्ग:**

(*a*) वर्ग का क्षेत्रफल = (भुजा)$^2$

(*b*) वर्ग का परिमाप = 4 × भुजा

(*c*) वर्ग का विकर्ण = $\sqrt{2}$ × भुजा

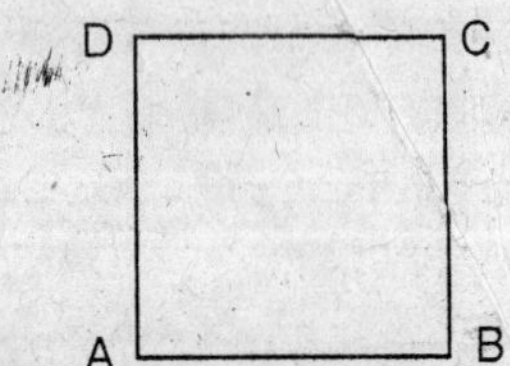


∴ AB = BC = CD = DA = भुजा

**3. वृत्त:**

(*a*) वृत्त का क्षेत्रफल = π × (त्रिज्या)$^2$

(*b*) वृत्त की परिधि = 2π × (त्रिज्या)

(*c*) त्रिज्या = $\frac{\text{व्यास}}{2}$ या व्यास = 2 × त्रिज्या

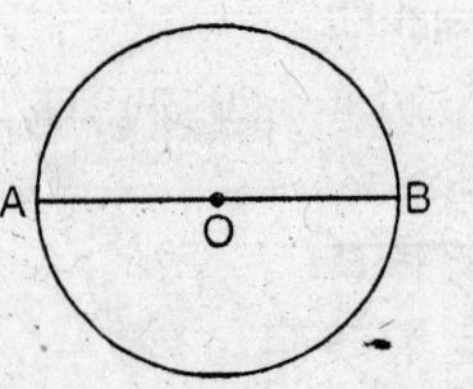


∴ OA = त्रिज्या, AB = व्यास

**4. त्रिभुज :**

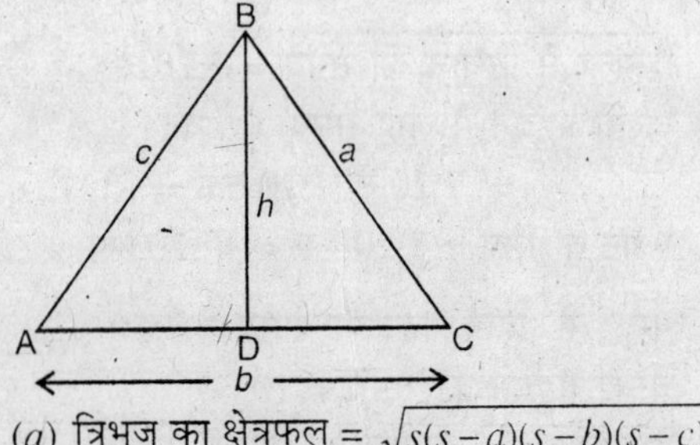


(*a*) त्रिभुज का क्षेत्रफल = $\sqrt{s(s-a)(s-b)(s-c)}$

जहां $s = \frac{a+b+c}{2}$

(*b*) यदि त्रिभुज समकोण हो तब

क्षेत्रफल = $\frac{1}{2}$ × आधार (*b*) × ऊंचाई (*h*)

(*c*) समबाहु त्रिभुज का क्षेत्रफल = $\frac{\sqrt{3}}{4}$ × (भुजा)$^2$

**5. चतुर्भुज:**

(*a*) चतुर्भुज का क्षेत्रफल = $\frac{1}{2}$ × विकर्ण × (शीर्ष लम्बों का योग)

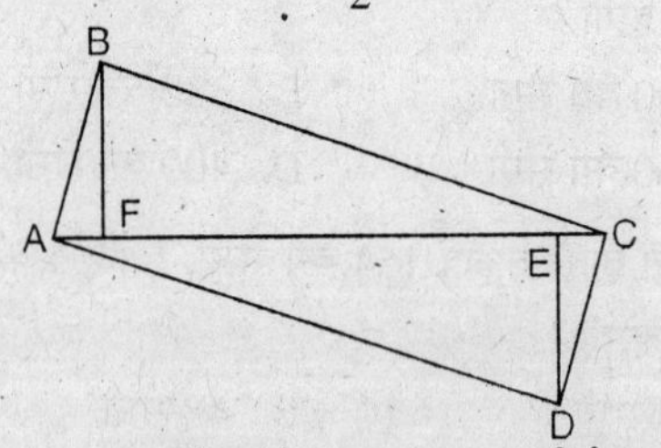


∴ AC = विकर्ण, BF व DE = शीर्ष लम्ब

(*b*) समान्तर चतुर्भुज का क्षेत्रफल = आधार × ऊंचाई

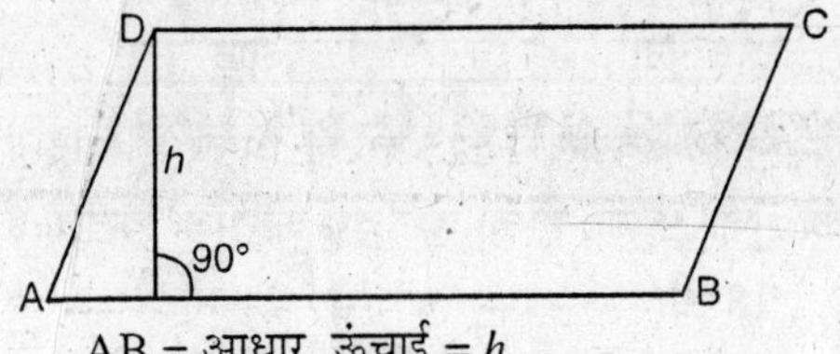


AB = आधार, ऊंचाई = *h*

(*c*) सम चतुर्भुज का क्षेत्रफल = $\frac{1}{2}$ × विकर्णों का गुणनफल

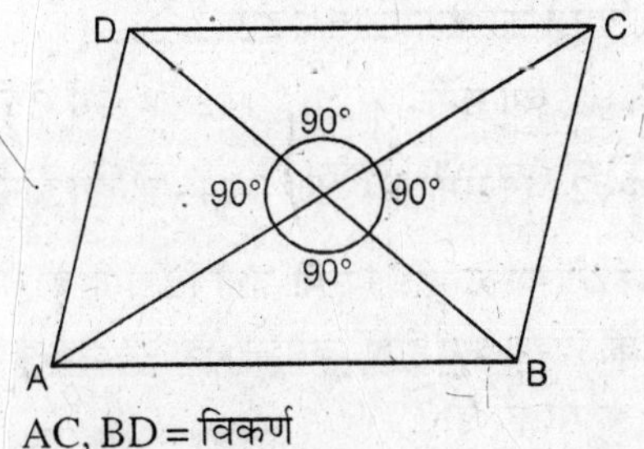


AC, BD = विकर्ण

AB = BC = CD = DA

(*d*) समलम्ब चतर्भुज का क्षेत्रफल = $\frac{1}{2}$ × ऊंचाई × समान्तर भुजाओं का योग

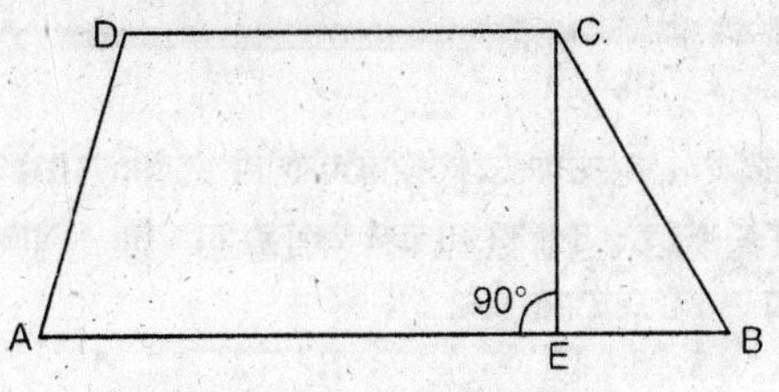


AB, CD = समान्तर भुजाएं, CE = ऊँचाई

**6. चार दीवारों का:**

(*a*) चार दीवारों का क्षेत्रफल = 2 × ऊंचाई (लम्बाई + चौड़ाई)

(*b*) ऊंचाई = $\frac{\text{क्षेत्रफल}}{2\ (\text{लम्बाई} + \text{चौड़ाई})}$

## प्रश्नमाला

**1.** एक आयत की लम्बाई व चौड़ाई क्रमशः 50 सेंमी. व 25 सेंमी. है, तो उसका क्षेत्रफल कितना होगा?

A. 1150 वर्ग सेंमी. B. 1250 वर्ग सेंमी.
C. 1275 वर्ग सेंमी. D. 1280 वर्ग सेंमी.

**2.** एक वर्गाकार मैदान का परिमाप 580 मी. है, तो बताइये उस मैदान का क्षेत्रफल कितना होगा?

A. 21025 वर्ग मी. B. 20225 वर्ग मी.
C. 30025 वर्ग मी. D. 19975 वर्ग मी.

**3.** एक वर्ग की प्रत्येक भुजा 20 सेंमी. है, तो इसका क्षेत्रफल कितना होगा?

A. 300 वर्ग सेंमी. B. 380 वर्ग सेंमी.
C. 360 वर्ग सेंमी. D. 400 वर्ग सेंमी.

**4.** एक वृत्त का क्षेत्रफल 154 वर्ग सेंमी. है। वृत्त की परिधि कितनी होगी?

A. 44 सेंमी. B. 48 सेंमी.
C. 54 सेंमी. D. 68 सेंमी.

**5.** यदि किसी त्रिभुज का आधार 8 सेमी तथा ऊंचाई 10 सेंमी. हो तो उस त्रिभुज का क्षेत्रफल कितना होगा?

A. 40 वर्ग सेंमी. B. 20 वर्ग सेंमी.
C. 49 वर्ग सेंमी. D. 64 वर्ग सेंमी.

**6.** एक समलम्ब चतुर्भज की समान्तर भुजाएं क्रमशः 15 मी. तथा 25 मी. हैं तथा उनके बीच की दूरी 10 मी. है, तो इसका क्षेत्रफल क्या होगा?

A. 150 वर्ग मी. B. 225 वर्ग मी.
C. 200 वर्ग मी. D. 270 वर्ग मी.

**7.** एक आयताकार खेत का परिमाप 760 मी. है तथा उसकी लम्बाई व चौड़ाई में 11 : 8 का अनुपात है। तो बताइये आयताकार खेत का क्षेत्रफल क्या होगा?

A. 35200 वर्ग मी. B. 34700 वर्ग मी.
C. 35600 वर्ग मी. D. 45200 वर्ग मी.

**8.** यदि किसी वर्ग की भुजा में 50% की कमी कर दी जाये, तो उसका क्षेत्रफल कितने प्रतिशत घट जायेगा?

A. 50% B. 75%
C. 80% D. 60%

**9.** उस वर्ग की एक भुजा की लम्बाई क्या होगी जिसका क्षेत्रफल क्रमश: 6.4 मी. लम्बे तथा 2.5 मी. चौड़े आयत के क्षेत्रफल के बराबर हो ?

A. 8 मी. B. 5.4 मी.
C. 3.8 मी. D. 4 मी.

**10.** यदि एक समकोण त्रिभुज का परिमाप उसकी सबसे छोटी भुजा का छ: गुना हो तो उस त्रिभुज की तीनों भुजाओं के बीच क्या अनुपात होगा ?

A. 13 : 5 : 12 B. 13 : 12 : 5
C. 12 : 5 : 13 D. 13 : 5 : 10

**11.** एक वर्ग का परिमाप 24 मी. तथा दूसरे वर्ग का परिमाप 32 मी. है। तो उस वर्ग का परिमाप क्या होगा जिसका क्षेत्रफल दोनों वर्गों के क्षेत्रफल के बराबर है ?

A. 40 मी. B. 51 मी.
C. 37 मी. D. 42 मी.

**12.** यदि किसी वर्ग की भुजा को दुगुना कर दिया जाए तो उस वर्ग का क्षेत्रफल कितने गुना बढ़ जाएगा ?

A. दो गुना B. चार गुना
C. तीन गुना D. आठ गुना

**13.** दो वर्गों के क्षेत्रफल में 225 वर्ग मी. अन्तर है। यदि बड़े वर्ग की भुजा 25 मी. हो तो छोटे वर्ग की भुजा कितनी होगी ?

A. 18 मी. B. 21 मी.
C. 20 मी. D. 22 मी.

**14.** यदि एक समबाहु त्रिभुज का परिमाप 72 सेंमी. है तो उस समबाहु त्रिभुज का क्षेत्रफल क्या होगा ?

A. $144\sqrt{3}$ वर्ग सेंमी. B. $142\sqrt{3}$ वर्ग सेंमी.
C. $154\sqrt{2}$ वर्ग सेंमी. D. $144\sqrt{2}$ वर्ग सेंमी.

**15.** दो वृत्तों की त्रिज्या क्रमश: 5 सेंमी. तथा 12 सेंमी. हो तो उस नए वृत्त की त्रिज्या क्या होगी जिसका क्षेत्रफल दोनों वृत्तों के क्षेत्रफल के बराबर हो ?

A. 15 सेंमी. B. 13 सेंमी.
C. 10 सेंमी. D. 8 सेंमी.

## उत्तरमाला

| 1 | 2 | 3 | 4 | 5 | 6 | 7 | 8 | 9 | 10 |
|---|---|---|---|---|---|---|---|---|---|
| B | A | D | A | A | C | A | B | D | B |
| **11** | **12** | **13** | **14** | **15** | | | | | |
| A | B | C | A | B | | | | | |

## व्याख्यात्मक उत्तर

**1.** आयत का क्षेत्रफल = लम्बाई × चौड़ाई = 50 × 25
= 1250 वर्ग सेंमी.।

**2.** ∴ वर्गाकार मैदान का परिमाप = 4 × भुजा

**प्रश्नानुसार,** ∴ 4 × भुजा = 580 ⇒ भुजा = $\frac{580}{4}$
= 145 सेंमी.

∴ क्षेत्रफल = (भुजा)$^2$ = $(145)^2$ = 21025 वर्ग सेंमी.।

**3.** वर्ग का क्षेत्रफल = (भुजा)$^2$ = $(20)^2$ = 400 वर्ग सेंमी.

**4.** ∴ वृत्त का क्षेत्रफल = π × (त्रिज्या)$^2$

∴ π × (त्रिज्या)$^2$ = 154

⇒ (त्रिज्या)$^2$ = $\frac{154}{\pi} = \frac{154}{\frac{22}{7}}$

⇒ (त्रिज्या)$^2$ = $\frac{154 \times 7}{22} = 7 \times 7$ ⇒ त्रिज्या = 7 सेंमी.

∴ वृत्त की परिधि = 2π × (त्रिज्या)

= $2 \times \frac{22}{7} \times 7 = 44$ सेंमी.।

**5.** त्रिभुज का क्षेत्रफल = $\frac{1}{2}$ × आधार × ऊंचाई

= $\frac{1}{2} \times 8 \times 10 = 40$ वर्ग सेंमी.।

6. चूंकि समलम्ब चतुर्भुज का क्षेत्रफल = $\frac{1}{2}$ × ऊंचाई × समानान्तर भुजाओं का योग

∴ क्षेत्रफल $= \frac{1}{2} \times 10 \times (15 + 25)$

$= \frac{1}{2} \times 10 \times 40 = 200$ वर्ग मी.।

7. माना कि आयताकार खेत की लम्बाई व चौड़ाई क्रमशः $11x$ मी. व $8x$ मी. है

∴ खेत का परिमाप $= 2(11x + 8x) = 2 \times 19x = 38x$ मी.

**प्रश्नानुसार,** आयताकार खेत का परिमाप = 760 है

$\therefore 38x = 760 \Rightarrow x = \frac{760}{38} = 20$

∴ खेत की लम्बाई व चौड़ाई क्रमशः ($11 \times 20 = 220$ मी.) व ($8 \times 20 = 160$ मी.) होगी।

∴ आयताकार खेत का क्षेत्रफल $= 220 \times 160$

$= 35200$ वर्ग मी.।

8. माना कि वर्ग की भुजा $x$ मी. है

∴ **पहली स्थिति में,** वर्ग का क्षेत्रफल $= x^2$ वर्ग मी.

**दूसरी स्थिति में,** वर्ग की भुजा में 50% की कमी के कारण

नए वर्ग की भुजा $= x - x$ का 50% $= \frac{x}{2}$ मी.

∴ नए वर्ग का क्षेत्रफल $= \left(\frac{x}{2}\right)^2 = \frac{x^2}{4}$ वर्ग मी.

∴ वर्ग के क्षेत्रफल में कमी $= x^2 - \frac{x^2}{4} = \frac{3x^2}{4}$ वर्ग मी.

∴ प्रतिशत कमी $= \frac{\frac{3x^2}{4}}{x^2} \times 100 = 75\%$

अतः वर्ग का क्षेत्रफल 75% घट जायेगा।

9. ∴ आयत का क्षेत्रफल $= 6.4 \times 2.5 = 16.00$ वर्ग मी.

**प्रश्नानुसार,** वर्ग का क्षेत्रफल = आयत का क्षेत्रफल

∴ वर्ग का क्षेत्रफल = 16 वर्ग मी.

∴ वर्ग की भुजा $= \sqrt{16} = \sqrt{4 \times 4} = 4$ मी.।

10. माना कि समकोण त्रिभुज की तीन भुजाओं $a$, $b$ और $c$ में से सबसे बड़ी व सबसे छोटी भुजा क्रमशः $a$ व $c$ हैं

$\therefore a^2 = b^2 + c^2$ ...(i)

तथा समकोण त्रिभुज का परिमाप $= a + b + c$

**प्रश्नानुसार,**

$(a + b + c) = c \times 6 \Rightarrow a + b = 5c$ ...(ii)

समीकरण (i) से,

$a^2 - b^2 = c^2 \Rightarrow (a + b)(a - b) = c^2$

$\Rightarrow 5c(a - b) = c^2 \Rightarrow a - b = \frac{c}{5}$ ...(iii)

$[\because a + b = 5c]$

समीकरण (ii) व (iii) से, $a + b = 5c$, $a - b = \frac{c}{5}$

$\Rightarrow \quad 2a = 5c + \frac{c}{5} = \frac{26c}{5}$

$\Rightarrow \quad a = \frac{13}{5}c \Rightarrow a : c = 13 : 5$

$a$ का मान समीकरण (ii) में रखने पर,

$b = 5c - \frac{13c}{5} = \frac{12c}{5} \Rightarrow b : c = 12 : 5$

अतः समकोण त्रिभुज की तीनों भुजाओं में क्रमशः 13 : 12 : 5

11. ∴ पहले वर्ग का परिमाप = 24 मी.

∴ पहले वर्ग की भुजा $= \frac{24}{4} = 6$ मी.

तथा दूसरे वर्ग की परिमाप = 32 मी.

∴ दूसरे वर्ग की भुजा $= \frac{32}{4} = 8$ मी.

**प्रश्नानुसार,** तीसरे वर्ग का क्षेत्रफल = दो वर्गों का क्षेत्रफल

∴ तीसरे वर्ग का क्षेत्रफल = पहले वर्ग का क्षेत्रफल + दूसरे वर्ग का क्षेत्रफल

$= (6)^2 + (8)^2 = 36 + 64 = 100$ वर्ग मी.

∴ तीसरे वर्ग की भुजा $= \sqrt{100} = 10$ मी.।

12. **पहली स्थिति मे,** वर्ग की भुजा $= x$ मी.

∴ वर्ग का क्षेत्रफल $= x^2$ वर्ग मी.

**दूसरी स्थिति में,** वर्ग की भुजा $= 2x$ मी.

∴ वर्ग का क्षेत्रफल $= (2x)^2 = 4x^2$ वर्ग मी.

अतः स्पष्ट है कि वर्ग की भुजा को दो गुना कर देने से उसका क्षेत्रफल चार गुना बढ़ जाएगा।

13. माना कि छोटे वर्ग की भुजा $x$ मी. है

चूंकि बड़े वर्ग का क्षेत्रफल = $(25)^2 = 625$ वर्ग मी.
तथा छोटे वर्ग का क्षेत्रफल = $x^2$ वर्ग मी.
**प्रश्नानुसार,** दोनों वर्गों के क्षेत्रफल में अन्तर = 225 वर्ग मी.
$\therefore 625 - x^2 = 225 \Rightarrow x^2 = 625 - 225 = 400$
$\Rightarrow x = \sqrt{20 \times 20} = 20$ मी.
अत: छोटे वर्ग की भुजा 20 मी. होगी।

**14.** माना कि समबाहु त्रिभुज की भुजा = $x$ सेंमी.
$\therefore$ समबाहु त्रिभुज का परिमाप = $3x$ सेंमी.

**प्रश्नानुसार,** $3x = 72 \Rightarrow x = \dfrac{72}{3} = 24$ सेंमी.

$\therefore$ समबाहु त्रिभुज का क्षेत्रफल = $\dfrac{\sqrt{3}}{4} \times (x)^2$

$= \dfrac{\sqrt{3}}{4} \times (24)^2 = 144\sqrt{3}$ वर्ग सेंमी.।

**15.** पहले वृत्त की त्रिज्या = 5 सेंमी.
$\therefore$ पहले वृत्त का क्षेत्रफल = $\pi \times (5)^2 = 25\pi$ वर्ग सेंमी.
तथा दूसरे वृत्त की त्रिज्या = 12 सेंमी.
$\therefore$ दूसरे वृत्त का क्षेत्रफल = $\pi \times (12)^2 = 144\pi$ वर्ग सेंमी.
**प्रश्नानुसार,**
नए वृत्त का क्षेत्रफल = दोनों वृत्तों का क्षेत्रफल
$\therefore$ नए वृत्त का क्षेत्रफल = $25\pi + 144\pi = 169\pi$ वर्ग सेंमी.
$\therefore$ नए वृत्त का क्षेत्रफल = $\pi \times (13)^2$ वर्ग सेंमी.
अत: स्पष्ट है कि नए वृत्त की त्रिज्या 13 सेंमी. होगी।

☆☆☆☆☆☆

# 17. क्षेत्रमिति : ठोस आकृतियाँ
# (Mensuration: Solid Figures)

**ठोस :** कोई वस्तु जो स्थान घेरती है, भार रखती है तथा जिसका आकार निश्चित होता है, ठोस कहलाती है। इस प्रकार ठोस में तीन मापें होती हैं—1. लम्बाई 2. चौड़ाई 3. ऊंचाई (मोटाई)।

**आयतन :** ठोस के तलों द्वारा घिरी हुई जगह ठोस का आयतन कहलाती है।

**घनाभ :** एक ठोस जो 6 आयताकार तलों द्वारा घिरा होता है, घनाभ कहलाता है।

**घन :** एक ठोस जो 6 वर्गाकार तलों द्वारा घिरा होता है, घन कहलाता है।

ठोस आकृतियों से संबंधित समस्याओं को हल करने के लिए निम्नलिखित सूत्रों का जानना आवश्यक है :

**1. गोला :**

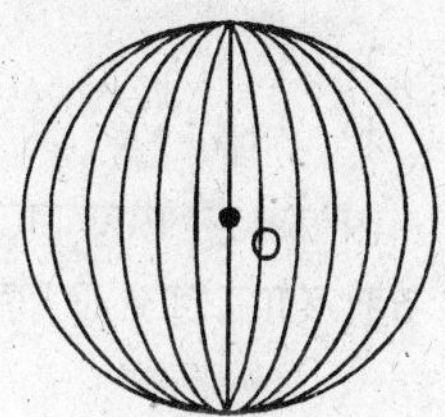


(*a*) गोले का आयतन = $\frac{4}{3}\pi r^3$ (जहां $r$ गोले की त्रिज्या है)

(*b*) गोले के धरातल का क्षेत्रफल या वक्रपृष्ठ का क्षेत्रफल $= 4\pi r^2$

**2. घनाभ :**

(*a*) घनाभ का आयतन = लम्बाई × चौड़ाई × ऊंचाई

(*b*) घनाभ का पृष्ठ $= 2(l \times b + b \times h + h \times l)$ जहां $l$ = लं., $b$ = चौ., $h$ = ऊं.

(*c*) किसी घनाभ का सबसे लम्बा विकर्ण $= \sqrt{l^2+b^2+h^2}$

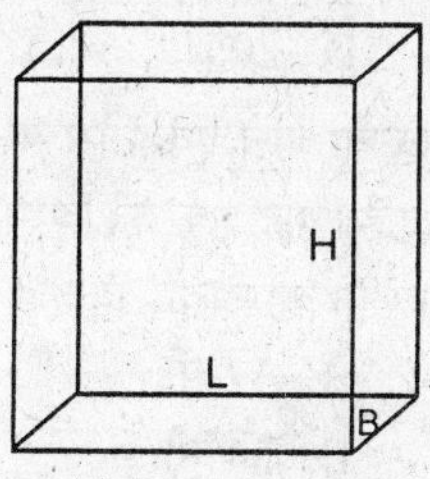


**3. घन :**

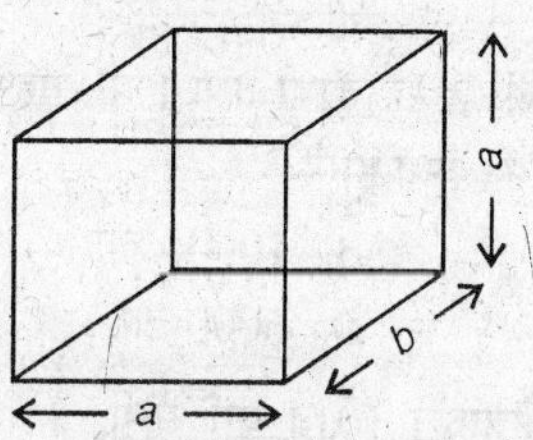


(*a*) घन का आयतन = (भुजा)$^3$ ∵ [भुजा = ल. = चौ = ऊं.]

(*b*) घन का पृष्ठ = 6 × (भुजा)$^2$

(*c*) किसी घन का सबसे लम्बा विकर्ण = $\sqrt{3}$ × भुजा

**4. लम्ब वृत्तीय बेलन :**

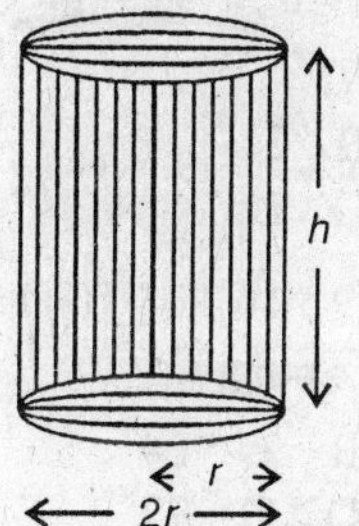


(*a*) बेलन का आयतन = आधार (वृत्त) का क्षेत्रफल × ऊँ. $= \pi r^2 \times h = \pi r^2 h$

(*b*) बेलन का वक्रपृष्ठ = आधार (वृत्त) की परिधि × ऊँचाई $= 2\pi r \times h = 2\pi rh$

(*c*) बेलन का सम्पूर्ण पृष्ठ = वक्र पृष्ठ + दोनों सिरों का क्षेत्रफल $= 2\pi rh + 2\pi r^2 = 2\pi r(h + r)$

**5. शंकु :**

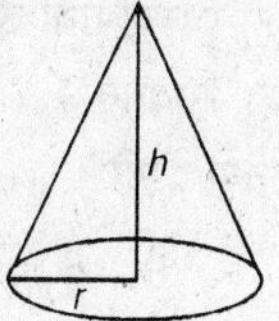


(*a*) शंकु का आयतन $= \frac{1}{3}\pi r^2 h$

(*b*) शंकु की तिर्यक ऊंचाई $= \sqrt{r^2+h^2}$

(*c*) शंकु के वक्र पृष्ठ का क्षेत्रफल = $\pi r$ × तिर्यक ऊंचाई $= \pi r\sqrt{r^2+h^2}$

# प्रश्नमाला

**1.** एक घनाभ की कोरें क्रमश: 4 सेंमी., 3 सेंमी. तथा 2 सेंमी. हैं, तो उस घनाभ का आयतन कितना होगा ?

A. 20 घन सेंमी. B. 22 घन सेंमी.
C. 28 घन सेंमी. D. 24 घन सेंमी.

**2.** एक टंकी 3 मी. लम्बी, 2 मी. चौड़ी तथा 1 मी. गहरी है। उसकी क्षमता (ली. में) क्या होगी ?

A. 8000 ली. B. 10000 ली.
C. 6500 ली. D. 6000 ली.

**3.** एक घन का पृष्ठ क्षेत्रफल 1014 वर्ग सेंमी. है। इसका आयतन कितना होगा ?

A. 2197 धन सेंमी. B. 2297 घन सेंमी.
C. 2179 घन सेंमी. D. 2117 घन सेंमी.

**4.** यदि दो घनाकृतियों के आयतन में 8 : 1 का अनुपात हो तो उनकी कोरों में क्या अनुपात होगा ?

A. 1 : 2 B. 2 : 1
C. 4 : 1 D. 2 : 3

**5.** दो गोलों के पृष्ठ क्षेत्रफल में 9 : 16 का अनुपात है, तो बताइये उनके आयतनों में क्या अनुपात होगा ?

A. 64 : 27 B. 27 : 64
C. 16 : 27 D. 11 : 27

**6.** एक कमरे की लं., चौ. व ऊँ. क्रमश: 12 मी., 9 मी. तथा 8 मी. है, तो बताइये उस छड़ की अधिक-से-अधिक लम्बाई क्या होगी जो कमरे में ठीक प्रकार रखी जो सके ?

A. 17 मी. B. 18 मी.
C. 25 मी. D. 16 मी.

**7.** किसी लम्बवृत्तीय शंकु की त्रिज्या तथा ऊंचाई में 3 : 5 का अनुपात है। यदि शंकु का आयतन $120\pi$ घन मी. हो तो उसकी तिरछी ऊँचाई कितनी होगी ?

A. $3\sqrt{34}$ मी. B. $2\sqrt{28}$ मी.
C. $2\sqrt{44}$ मी. D. $2\sqrt{34}$ मी.

**8.** यदि किसी बेलन के आधार की परिधि 88 सेंमी. तथा ऊंचाई 42 सेंमी. हो तो उस बेलन का आयतन कितना होगा ?

A. 25872 घन सेंमी.
B. 28572 घन सेंमी.
C. 25870 घन सेंमी.
D. 22584 घन सेंमी.

**9.** 10 सेंमी. भुजा के दो घनों को आपस में सटाकर रखने से प्राप्त घनाभ का पृष्ठ क्या होगा ?

A. 1200 वर्ग सेंमी. B. 5000 वर्ग सेंमी.
C. 1000 वर्ग सेंमी. D. 1250 वर्ग सेंमी.

**10.** एक आयताकार कागज के टुकडे की लम्बाई व चौड़ाई क्रमश: 30 सेंमी. तथा 20 सेंमी. है। यदि कागज को मोड़कर एक बेलन का वक्रपृष्ठ बनाया जाये तो बेलन कितने तरीके से बनाया जा सकता है ?

A. तीन तरीके से B. दो तरीके से
C. एक तरीके से D. चार तरीके से

**11.** उपरोक्त प्रश्न में बने बेलनों के आयतनों में अनुपात क्या होगा।

A. 2 : 3 B. 3 : 1
C. 3 : 2 D. 2 : 1

**12.** यदि 3 सेंमी. त्रिज्या के एक ठोस गोले को पिघलाकर उसी त्रिज्या के आधार पर एक शंकु बनाया जाये तो शंकु की ऊंचाई कितनी होगी ?

A. 8 सेंमी. B. 12 सेंमी.
C. 6 सेंमी. D. 5 सेंमी.

**13.** किसी रोलर का व्यास 2.4 मी. तथा लम्बाई 1.68 मी. है। यदि किसी मैदान को समतल करने में रोलर को 1000 पूर्ण चक्कर लगाने पड़े तो उस मैदान का क्षेत्रफल क्या होगा ?

A. 12672 वर्ग मी. B. 12671 वर्ग मी.
C. 12762 वर्ग मी. D. 11768 वर्ग मी.

**14.** एक घन के किनारे की लम्बाई में 10% वृद्धि करने से घन के धरातल के क्षेत्रफल में कितने प्रतिशत वृद्धि हो जाएगी ?

A. 21% B. 18%
C. 15% D. 20%

**15.** 14 मी. लम्बे तथा 4 मी. त्रिज्या वाले एक ठोस बेलन को पिघलाकर शंकु बनाया जाता है। यदि शंकु की त्रिज्या बेलन की त्रिज्या के बराबर हो तो शंकु की ऊंचाई कितनी होगी ?

A. 21 मी. B. 42 मी.
C. 48 मी. D. 54 मी.

# उत्तरमाला

| 1 | 2 | 3 | 4 | 5 | 6 | 7 | 8 | 9 | 10 |
|---|---|---|---|---|---|---|---|---|---|
| D | D | A | B | B | A | D | A | C | B |
| **11** | **12** | **13** | **14** | **15** | | | | | |
| C | B | A | A | B | | | | | |

# व्याख्यात्मक उत्तर

**1.** $\because$ घनाभ का आयतन = लं. × चौ. × ऊं.
$= 4 \times 3 \times 2 = 24$ घन सेंमी.

**2.** टंकी का आयतन = लं. × चौ. × ऊं. $= 3 \times 2 \times 1$
$= 6$ घन मी.
($\because$ 1 घन मी. = 1000 ली.)
$\therefore$ टंकी की क्षमता $= 6 \times 1000 = 6000$ ली.।

**3.** $\because$ घन का पृष्ठ क्षेत्रफल = $6 \times$ (भुजा)$^2$
$\therefore$ $6 \times$ (भुजा)$^2 = 1014$
$\Rightarrow$ (भुजा)$^2 = \frac{1014}{6} = 169$
$\therefore$ घन की भुजा $= \sqrt{169} = 13$ सेंमी.
$\therefore$ घन का आयतन = (भुजा)$^3$
$= (13)^3$ सेंमी.
$= 2197$ घन सेंमी.

**4.** माना दो घनों की भुजा क्रमशः $a_1$ व $a_2$ है।
$\therefore$ दोनों घनों का आयतन क्रमशः $a_1^3$ व $a_2^3$ होगा
**प्रश्नानुसार,** $a_1^3 : a_2^3 = 8 : 1$

$$\therefore \frac{a_1^3}{a_2^3} = \frac{8}{1}$$

$$\therefore \left(\frac{a_1}{a_2}\right)^3 = \left(\frac{2}{1}\right)^3 \Rightarrow a_1 : a_2 = 2 : 1$$

अतः उनकी कोरों में 2 : 1 का अनुपात होगा।

**5.** माना कि दो गोलों की त्रिज्या क्रमशः $r_1$ व $r_2$ है
दोनों गोलों का पृष्ठ क्षेत्रफल क्रमशः $4\pi r_1^2$ व $4\pi r_2^2$
प्रश्नानुसार, $4\pi r_1^2 : 4\pi r_2^2 = 9 : 16 \Rightarrow r_1^2 : r_2^2 = 9 : 16$

$$\Rightarrow \frac{r_1^2}{r_2^2} = \frac{9}{16} \Rightarrow \left(\frac{r_1}{r_2}\right)^2 = \left(\frac{3}{4}\right)^2 \Rightarrow r_1 : r_2 = 3 : 4$$

$$\Rightarrow \left(\frac{r_1}{r_2}\right)^3 = \left(\frac{3}{4}\right)^3 \Rightarrow \frac{r_1^3}{r_2^3} = \frac{27}{64}$$

$\Rightarrow r_1^3 : r_2^3 = 27 : 64$

$\therefore$ उनके आयतनों का अनुपात $= \frac{4}{3}\pi r_1^3 : \frac{4}{3}\pi r_2^3$

$\Rightarrow r_1^3 : r_2^3 = 27 : 64$

**6.** $\because$ अधिक-से-अधिक लम्बाई की छड़ = घनाभ के विकर्ण की लम्बाई

$= \sqrt{(\text{लं.})^2 + (\text{चौ.})^2 + (\text{ऊं.})^2}$

$= \sqrt{(12)^2 + (9)^2 + (8)^2}$

$= \sqrt{144 + 81 + 64} = \sqrt{289} = 17$ मी.

अतः उस छड़ की अधिक-से-अधिक लम्बाई जो ठीक प्रकार से कमरे में रखी जा सके 17 मी. होगी।

**7.** माना कि लम्बवृत्तीय शंकु की त्रिज्या व ऊंचाई क्रमशः $3x$ मी. व $5x$ मी. है

$\therefore$ शंकु का आयतन $= \frac{1}{3}\pi r^2 h = \frac{1}{3}\pi \times (3x)^2 \times 5x$ घन मी.

**प्रश्नानुसार,** शंकु का आयतन $= 120\pi$ घन मी. (दिया है)

$$\therefore \frac{1}{3}\pi \times 9x^2 \times 5x = 120\pi \Rightarrow x^3 = \frac{120 \times 3}{9 \times 5}$$

$\Rightarrow x^3 = 8 \Rightarrow x^3 = (2)^3 \Rightarrow x = 2$ मी.

$\therefore$ लम्बवृत्तीय शंकु की त्रिज्या व ऊंचाई क्रमशः $3 \times 2 = 6$ मी. तथा $5 \times 2 = 10$ मी. होगी।

$\therefore$ तिर्यक ऊंचाई $= \sqrt{(\text{त्रिज्या})^2 + (\text{ऊंचाई})^2}$

$= \sqrt{(6)^2 + (10)^2} = \sqrt{36 + 100} = \sqrt{136} = 2\sqrt{34}$ मी.।

**8.** माना कि बेलन के आधार की त्रिज्या = $r$ सेंमी.

$\therefore$ बेलन के आधार की परिधि = $2\pi r$ सेंमी.

**प्रश्नानुसार,** $2\pi r = 88$

$$\Rightarrow r = \frac{88}{2\pi} = \frac{88}{2\times\frac{22}{7}} = \frac{88\times 7}{2\times 22} = 14 \text{ सेंमी.}$$

$\therefore$ बेलन का आयतन $= \pi r^2 h = \frac{22}{7}\times(14)^2\times 42$

$= 22\times 2\times 14\times 42 = 25872$ घन सेंमी.।

**9.** विद्यार्थियों को इस प्रकार के प्रश्नों में हमेशा ध्यान रखना चाहिए कि दो घनों को आपस में सटाकर रखने पर प्राप्त घनाभ की भुजाओं में केवल लम्बाई में ही वृद्धि होगी। उसकी चौड़ाई तथा ऊंचाई घन की भुजा के ही बराबर होगी।

$\therefore$ घनाभ की लम्बाई = पहले घन की भुजा की लम्बाई + दूसरे घन की भुजा की लम्बाई

अर्थात् घनाभ की लम्बाई = 10 + 10 = 20 सेंमी. होगी।

$\therefore$ घनाभ का पृष्ठ $= 2(20\times 10 + 10\times 10 + 10\times 20)$

$= 2(200 + 100 + 200) = 2\times 500 = 1000$ वर्ग सेंमी.।

**10.** कागज के टुकड़े को दो तरीके से मोड़कर बेलन बनाया जा सकता है। **1.** आयताकार कागज को इस प्रकार मोड़ा जाए ताकि उसकी लम्बाई 30 सेंमी. तथा चौड़ाई 20 सेंमी. बेलन की क्रमशः वृत्तीय आधार की परिधि तथा ऊंचाई हो। **2.** पुनः आयताकार कागज को इस प्रकार से मोड़ा जाये ताकि उसकी लम्बाई 30 सेंमी. तथा चौड़ाई 20 सेंमी. बेलन की क्रमशः ऊंचाई व वृत्तीय आधार की परिधि हो।

**11.** **पहली स्थिति में,** $2\pi r = 30 \Rightarrow r = \frac{15}{\pi}$ सेंमी. तथा $h = 20$ सेंमी.

$\therefore$ आयतन $(v_1) = \pi r^2 h = \frac{15\times 15\times 20}{\pi}$

$= \frac{4500}{\pi}$ घन सेंमी.

**दूसरी स्थिति में,** $2\pi r = 20$

$\Rightarrow r = \frac{10}{\pi}$ सेंमी. तथा $h = 30$

$\therefore$ आयतन $(v_2) = \pi r^2 h$

$= \frac{10\times 10\times 30}{\pi} = \frac{3000}{\pi}$ घन सेंमी.

$\therefore$ अनुपात $v_1 : v_2 = \frac{4500}{\pi} : \frac{3000}{\pi} = 3 : 2.$

**12.** $\because$ 3 सेंमी. त्रिज्या वाले गोले का आयतन

$= \frac{4}{3}\pi\times(3)^3 = \frac{4}{3}\pi\times 27$ घन सेंमी.

माना कि शंकु की ऊंचाई $h$ सेंमी. है

$\therefore$ उसी त्रिज्या के आधार पर शंकु का आयतन

$= \frac{1}{3}\pi(3)^2\times h$ घन सेंमी.

चूंकि शंकु का आयतन = गोले का आयतन

$\therefore \frac{1}{3}\pi\times(3)^2\times h = \frac{4}{3}\pi\times 27 \Rightarrow h = 12$ सेंमी.

अतः शंकु की ऊंचाई 12 सेमी होगी।

**13.** $\because$ रोलर का व्यास = 2.4 मी. $\therefore$ रोलर की त्रिज्या = 1.2 मी. तथा रोलर की लम्बाई (ऊंचाई) = 1.68 मी.

$\therefore$ रोलर की वक्रपृष्ठ $= 2\pi rh = 2\times\frac{22}{7}\times 1.2\times 1.68$

$= 12.672$ वर्ग मी.

$\therefore$ 1 चक्कर में रोलर मैदान पर चला = 12.672 वर्ग मी.

$\therefore$ 1000 चक्कर में मैदान पर चलेगा = 12.672 × 1000

= 12672 वर्ग मी.

अर्थात् मैदान का क्षेत्रफल = 12672 वर्ग मी. होगा।

**14.** $\because$ घन के धरातल के क्षेत्रफल दो कोरों में 10% की वृद्धि होती है। अर्थात् $x\% = y\% = 10\%$ तथा प्रतिशत वृद्धि की स्थिति में $x, y$ के मान (+) धनात्मक होंगे।

$\therefore$ घन के धरातल के क्षेत्रफल में प्रतिशत वृद्धि

$$= \left(x + y + \frac{xy}{100}\right)\% = \left(10 + 10 + \frac{10\times 10}{100}\right)\% = 21\%$$

**15.** $\because$ ठोस बेलन का आयतन $= \pi r^2 h = \pi r^2\times 14$ घन मी.

**प्रश्नानुसार,** शंकु की त्रिज्या = बेलन की त्रिज्या $r$ मी = 4 मी.

चूंकि शंकु का आयतन = बेलन का आयतन

$\therefore \frac{1}{3}\pi r^2\times$ ऊंचाई $= \pi r^2\times 14$

$\therefore$ ऊंचाई = 14 × 3 = 42 मी.

अतः शंकु की ऊंचाई 42 मी. होगा।

☆☆☆☆☆☆

# 18. सारणी एवं ग्राफ
# (Tables and Graphs)

इस प्रकार के प्रश्नों में सारणी या ग्राफ दिया होता है, उससे सम्बन्धित प्रश्न पूछे जाते हैं। अतः अभ्यार्थियों को दिये गये प्रश्नों के सही उत्तर ज्ञात करने के लिए सारणी या ग्राफ का बहुत ही सावधानीपूर्वक अध्ययन करना चाहिए।

## प्रश्नमाला

**निर्देश (प्रश्न 1 से 4 तक)** *निम्नांकित ग्राफ के अनुसार वर्ष 1998 में वर्षा ऋतु के दौरान हुई सड़क दुर्घटनाओं में मरने वालों की संख्या प्रदर्शित की गई है। ग्राफ पर आधारित ग्राफ के नीचे दिये गये प्रश्नों के उत्तर दीजिए।*

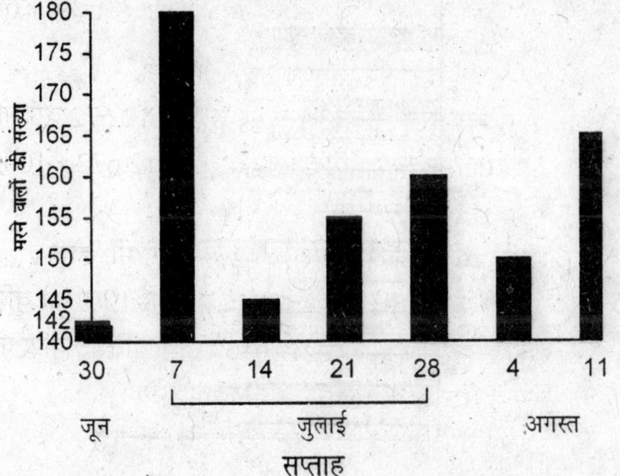


1. किन दो क्रमिक सप्ताहों के बीच मरने वालों की संख्या सबसे अधिक थी?
   A. 4 अगस्त - 11 अगस्त
   B. 14 जुलाई - 21 जुलाई
   C. 30 जून - 7 जुलाई
   D. 7 जुलाई - 28 जुलाई

2. कितने सप्ताहों में मरने वालों की संख्या 150 से अधिक थी?
   A. 3    B. 2
   C. 4    D. 1

3. कितने सप्ताहों में मरने वालों की संख्या 150 से कम थी?
   A. 2    B. 0
   C. 1    D. 3

4. किन दो क्रमिक सप्ताहों के बीच मरने वालों की संख्या में सबसे अधिक गिरावट थी?
   A. 28 जुलाई – 4 अगस्त    B. 7 जुलाई – 14 जुलाई
   C. 30 जून – 7 जुलाई    D. इनमें से कोई नहीं

**निर्देश (प्रश्न 5 से 8 तक):** *नीचे दी गई सारणी का सावधानी से अध्ययन कीजिए और उस पर आधारित नीचे दिये गये प्रश्नों के उत्तर दीजिए।*

**किसी फैक्टरी के विविध विभागों में काम कर रहे कर्मचारियों की संख्या**

| *विभाग* / *वर्ष* | *उत्पादन* | *बिक्री* | *खरीद* | *प्रशासन एवं लेखा* | *अनुसंधान एवं विकास* |
|---|---|---|---|---|---|
| 2001 | 150 | 25 | 50 | 45 | 75 |
| 2002 | 225 | 40 | 45 | 62 | 70 |
| 2003 | 450 | 65 | 30 | 90 | 73 |
| 2004 | 470 | 73 | 32 | 105 | 70 |
| 2005 | 500 | 80 | 35 | 132 | 74 |
| 2006 | 505 | 75 | 36 | 130 | 75 |

5. किस वर्ष उत्पादन में काम कर रहे कर्मचारियों की संख्या कुल कर्मचारियों के 50% से कम थी?
   A. 2001    B. 2003
   C. 2004    D. 2005

**6.** निम्न में से किस वर्ष प्रत्येक विभाग में काम कर रहे कर्मचारियों की संख्या प्रत्येक विभाग में उसके तुरन्त पिछले वर्ष के कर्मचारियों की संख्या से अधिक थी?

A. 2005 B. 2004
C. 2003 D. 2002

**7.** किस विभाग में वर्ष 2001 से 2006 तक कर्मचारियों की संख्या आसन्नतः समान रही है।

A. उत्पादन B. बिक्री
C. अनुसंधान एवं विकास D. प्रशासन एवं लेखा
E. खरीद

**8.** किस विभाग में वर्ष 2001 से 2006 तक लगातार कर्मचारियों की संख्या कुल कर्मचारियों की संख्या के 10% से कम रही है।

A. खरीद B. बिक्री
C. अनुसंधान एवं विकास D. प्रशासन एवं लेखा
E. बिक्री एवं खरीद

**निर्देश (प्रश्न 9 से 12 तक):** *नीचे दी गई पाई चार्ट किसी परिवार के विभिन्न मदों पर खर्च को दर्शाता है। इस पर आधारित नीचे दिये गये प्रश्नों के उत्तर दीजिए।*

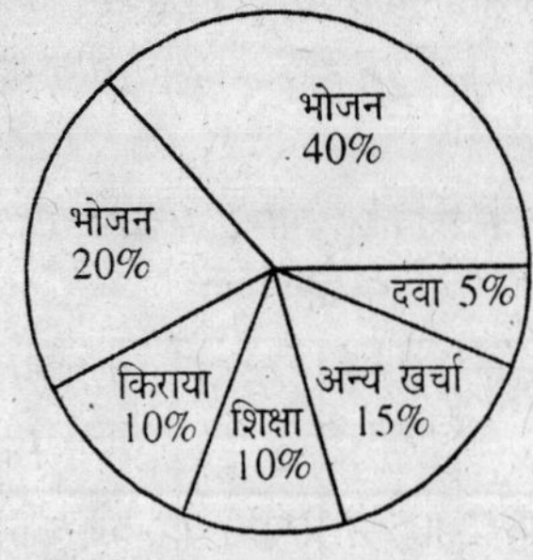


**9.** यदि शिक्षा पर 375 रु. खर्च होते हों, तो उतने ही रुपये निम्नलिखित में से किस पर खर्च होंगे?

A. दवा B. अन्य खर्च
C. किराया D. कपड़े

**10.** यदि भोजन पर खर्च 750 रु. प्रति माहवार हो, तो शिक्षा पर वार्षिक व्यय कितने रुपये होगा?

A. 2150 रु. B. 1022.50 रु.
C. 2250 रु. D. 1400 रु.

**11.** यदि परिवार का कुल खर्च 4500 रु. हो तो उस परिवार का कपड़े पर कितना खर्च होता है?

A. 800 रु. B. 900 रु.
C. 840 रु. D. 950 रु.

**12.** इस चार्ट में अन्य खर्च पर व्यय द्वारा केन्द्रीय कोण कितना होगा?

A. 40° B. 54°
C. 36° D. 15°

**निर्देश ( प्रश्न 13 से 16 तक ):** *निम्नलिखित आरेख का सावधानीपूर्वक अध्ययन करके उसे नीचे दिये गये प्रश्नों के उत्तर दीजिए।*

**बिक्री तथा लाभ रिपोर्ट (1980-87)**

विक्री (लाख रुपयों में) आय रुपए दस हजार में

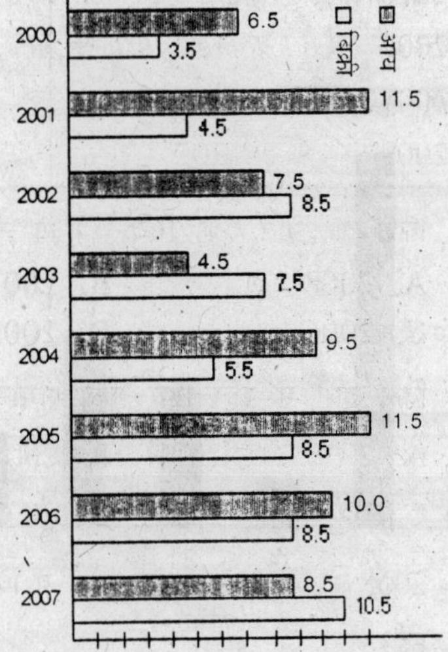


**13.** 2002 से 2007 तक बिक्री में वार्षिक बढ़ोत्तरी का माध्य (लाख रुपयों में) है–

A. 0.1 B. 0.2
C. 0.3 D. 0.4

**14.** स्टोर का वार्षिक माध्य लाभ (दस हजार रुपये में) निकटतम है–

A. 8.5 B. 8.6
C. 8.7 D. 9.0

**15.** किस वर्ष में लाभ का बिक्री से प्रतिशत अधिकतम था?

A. 2000 B. 2001
C. 2002 D. 2004

**16.** यदि 2000 के लाभ को आधार (100) माना जाए तो 2007 में कितना लाभ था?

A. 76 B. 105
C. 121 D. 131

**निर्देश ( प्रश्न 17 से 20 तक ):** *निम्नांकित तालिका किसी देश का विभिन्न वर्षों में बिस्कुटों का निर्यात प्रदर्शित करती है। तालिका का अध्ययन करके नीचे दिये गये प्रश्नों के उत्तर दीजिए।*

**किसी देश का बिस्कुटों का कुछ वर्षों के लिए निर्यात**

| वर्ष | मात्रा (लाख टिनों में) | मूल्य (करोड़ रु. में) |
|---|---|---|
| 2005 | 100 | 150 |
| 2006 | 75 | 150 |
| 2007 | 150 | 330 |
| 2008 | 160 | 400 |
| 2009 | 200 | 500 |

**17.** किस वर्ष प्रति टिन निर्यात मूल्य न्यूनतम था?

A. 2008 B. 2007
C. 2006 D. 2005

**18.** किन वर्षों में प्रति टिन मूल्य समान था?

A. 2006 और 2007 B. 2007 और 2008
C. 2008 और 2009 D. 2007 और 2009

**19.** 2005 से 2009 में निर्यात मूल्य में कितने प्रतिशत वृद्धि हुई?

A. 100 B. $116\frac{2}{3}$

C. $233\frac{1}{3}$ D. 350

**20.** 2008 से 2009 में निर्यात किये गये बिस्कुट टिनों की संख्या में कितना अन्तर था?

A. 40
B. 40,000
C. 4,00,000
D. 40,00,000

**निर्देश (प्रश्न 21 से 25 तक):** *निम्नलिखित आरेख का सावधानीपूर्वक अध्ययन करके उसे नीचे दिये गये प्रश्नों के उत्तर दीजिए।*

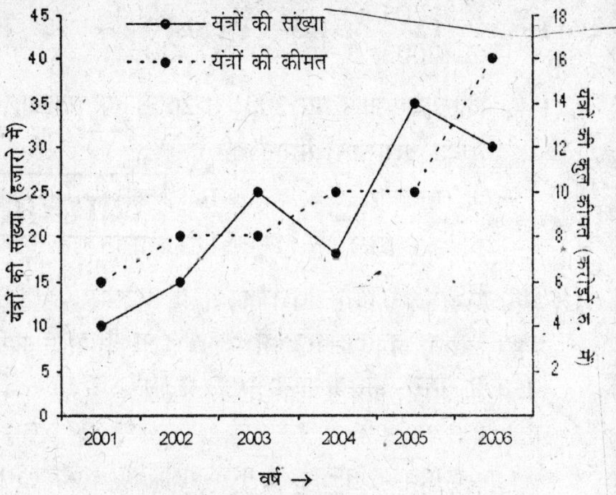


**21.** 2002 में प्रत्येक यंत्र की कीमत कितनी थी?

A. $5\frac{1}{3}$ हजार रु. B. 50 हजार रु.

C. 5103 रु. D. 3 हजार रु.

**22.** 2003 की अपेक्षा 2004 में यंत्रों के उत्पादन में कितने प्रतिशत कमी हुई?

A. 5 B. 20
C. 25 D. 30

**23.** 2004 तथा 2006 में यंत्रों की बिक्री से प्राप्त राजस्व में अन्तर कितना था?

A. 10 लाख रु. B. 1 करोड़ रु.
C. 4 करोड़ रु. D. 6 करोड़ रु.

**24.** यदि 2005 में प्रत्येक यंत्र की कीमत 25 प्रतिशत बढ़ाई जाती तो उस वर्ष उत्पादित यंत्रों की कुल कीमत क्या होती?

A. 32 करोड़ रु. B. 20 करोड़ रु.
C. 12.5 करोड़ रु. D. 15.5 करोड़ रु.

**25.** 2003 तथा 2004 में प्रत्येक यंत्र के मूल्य में कितना अन्तर था?

A. 1500 रु. B. 2500 रु.
C. 1800 रु. D. 3200 रु.

## उत्तरमाला

| 1 | 2 | 3 | 4 | 5 | 6 | 7 | 8 | 9 | 10 |
|---|---|---|---|---|---|---|---|---|---|
| A | C | D | B | A | A | C | B | C | C |
| **11** | **12** | **13** | **14** | **15** | **16** | **17** | **18** | **19** | **20** |
| B | B | D | C | B | D | D | C | C | D |
| **21** | **22** | **23** | **24** | **25** | | | | | |
| A | B | D | C | C | | | | | |

## व्याख्यात्मक उत्तर

**1.** ाफ के अनुसार दिये गये विकल्पों में 4 अगस्त – 11 अगस्त के दो क्रमिक सप्ताहों के बीच मरने वालों की संख्या में सबसे अधिक वृद्धि 165 – 150 = 15 थी।

**2.** चूँकि दिये गये ग्राफ में 7 जुलाई, 21 जुलाई, 28 जुलाई तथा 11 अगस्त के सप्ताहों में मरने वालों की संख्या 150 से अधिक थी अर्थात् सप्ताहों की गिनती = 4.

**3.** चूँकि ग्राफ से स्पष्ट है कि 30 जून, 14 जुलाई व 4 अगस्त के सप्ताहों में मरने वालों की संख्या 150 से कम थी। अर्थात् सप्ताहों की गिनती = 3.

**4.** ग्राफ के अनुसार 7 जुलाई से 14 जुलाई के दो क्रमिक सप्ताहों के बीच मरने वालों की संख्या में सबसे अधिक गिरावट आई थी।

**5.** 2001 में कुल कर्मचारियों की संख्या = 150 + 25 + 50 + 45 + 75 = 345

∴ उत्पादन में काम कर रहे कर्मचारियों की प्रतिशत संख्या

$$= \frac{150 \times 100}{345} = 43.48$$

2002 में कुल कर्मचारियों की संख्या = 225 + 40 + 45 + 62 + 70 = 442

∴ उत्पादन में काम कर रहे कर्मचारियों की प्रतिशत संख्या

$$= \frac{225 \times 100}{442} = 50.9$$

2003 में कुल कर्मचारियों की संख्या = 450 + 65 + 30 + 90 + 73 = 708

∴ उत्पादन में काम कर रहे कर्मचारियों की प्रतिशत संख्या

$$= \frac{450 \times 100}{708} = 63.56$$

2004 में कुल कर्मचारियों की संख्या = 470 + 73 + 32 + 105 + 70 = 750

∴ उत्पादन में काम कर रहे कर्मचारियों की प्रतिशत संख्या =

$$\frac{470 \times 100}{750} = 62.67$$

2005 में कुल कर्मचारियों की संख्या = 500 + 80 + 35 + 132 + 74 = 821

∴ उत्पादन में काम कर रहे कर्मचारियों की प्रतिशत संख्या =

$$\frac{500 \times 100}{821} = 60.9$$

2006 में कुल कर्मचारियों की संख्या = 505 + 75 + 36 + 130 + 75 = 821

∴ उत्पादन में काम कर रहे कर्मचारियों की प्रतिशत संख्या =

$$\frac{505 \times 100}{821} = 61.51$$

अतः 2001 में यह 50% से कम है।

**6.** सारणी से स्पष्ट है कि 2005 में प्रत्येक विभाग के कर्मचारियों की संख्या, पिछले वर्ष के प्रत्येक विभाग में कर्मचारियों की संख्या से अधिक थी।

**7.** सारणी के अनुसार अनुसंधान एवं विकास विभाग में वर्ष 2001 से 2006

**9.** ∵ केन्द्रीय कोण 36° शिक्षा तथा किराए के लिए एक ही है, अतः इन दोनों मदों पर खर्चा बराबर होगा। अर्थात् 375 रु. किराए पर खर्च होंगे।

**10.** ∵ भोजन पर खर्च = 750 रु.

∵ कुल खर्च $= \frac{100 \times 750}{40} = 1875$ रु.

∵ शिक्षा पर खर्च = 10%

∵ शिक्षा पर खर्च धनराशि $= 1875 \times \frac{10}{100}$

$= 187.50$ रु.

$\therefore$ शिक्षा पर वार्षिक खर्च = 187.50 × 12
= 2250.00 रु.

**11.** $\because$ कपड़े पर खर्च = 20%

$\therefore$ कपड़े पर कुल खर्च = $\frac{20}{100} \times 4500 = 900$ रु.।

**12.** 15% के लिए केन्द्रीय कोण $\frac{15}{100} \times 360^\circ = 54^\circ$.

**13.** 2002 से 2007 तक बिक्री में बढ़ोत्तरी का माध्य (लाख रुपये में) = $\frac{10.5 - 8.5}{5} = .4$.

**14.** स्टोर का वार्षिक माध्य लाभ (दस हजार रुपये में)

$$= \frac{(6.5 + 11.5 + 7.5 + 4.5 + 9.5 + 11.5 + 10.0 + 8.5)}{8}$$

$= \frac{69.5}{8} = 8.7$ (निकटतम)

**15.** 2000 में लाभ का बिक्री से प्रतिशत

$$= \frac{6.5 \times 10000 \times 100}{3.5 \times 100000} = 1.86$$

2001 में लाभ का बिक्री से प्रतिशत

$$= \frac{11.5 \times 10000 \times 100}{4.5 \times 100000} = 25.56$$

2002 में लाभ का बिक्री से प्रतिशत

$$= \frac{7.5 \times 10000 \times 100}{8.5 \times 100000} = 8.82$$

तथा 2004 में लाभ का बिक्री से प्रतिशत

$$= \frac{9.5 \times 10000 \times 100}{5.5 \times 100000} = 17.27$$

$\therefore$ 2001 में लाभ का बिक्री से प्रतिशत अधिकतम था।

**16.** अभीष्ट लाभ = $\frac{100 \times 8.5}{6.5} = 131$.

**17.** 2005 में प्रति टिन निर्यात मूल्य = $\frac{150 \text{ करोड़}}{100 \text{ लाख}} = 150$ रु.

2006 में प्रति टिन निर्यात मूल्य = $\frac{150 \text{ करोड़}}{75 \text{ लाख}} = 200$ रु.

2007 में प्रति टिन निर्यात मूल्य = $\frac{330 \text{ करोड़}}{150 \text{ लाख}} = 220$ रु.

2008 में प्रति टिन निर्यात मूल्य = $\frac{400 \text{ करोड़}}{160 \text{ लाख}} = 250$ रु.

तथा 2009 में प्रति टिन निर्यात मूल्य

$= \frac{500 \text{ करोड़}}{200 \text{ लाख}} = 250$ रु.

अतः स्पष्ट होता है कि 2005 में प्रति टिन निर्यात मूल्य न्यूनतम था।

**18.** उपरोक्त प्रश्न से स्पष्ट है कि 2008 तथा 2009 में प्रति टिन निर्यात मूल्य समान था।

**19.** 2005 व 2009 में निर्यात मूल्य में प्रतिशत वृद्धि

$$= \frac{(500 - 150)}{150} \times 100 = 233\frac{1}{3}.$$

**20.** अभीष्ट अन्तर = 200 − 160 = 40 लाख टिन या 40,00,000 टिन।

**21.** $\because$ 2002 में यंत्रों की संख्या = 15000
तथा यंत्रों का मूल्य = 80000000 रु.

$\therefore$ 2002 में 1 यंत्र का मूल्य = $\frac{80000000}{15000}$

$= 5\frac{1}{3}$ हजार रु.।

**22.** 2003 की अपेक्षा 2004 में यंत्रों के उत्पादन में प्रतिशत

कमी = $\frac{(25 - 20) \times 100}{25} = 20\%$

**23.** 2004 में 2006 में यंत्रों की बिक्री से प्राप्त राजस्व में अन्तर = 16 − 10 = 6 करोड़ रु. था।

**24.** 2004 में 25% कीमत बढ़ने पर उत्पादित यंत्रों की कुल

कीमत = $\frac{10 \times 125}{100} = 12.5$ करोड़ रु.।

**25.** 2003 में प्रत्येक यंत्र का मूल्य = $\frac{80000000}{25000}$

= 3200 रु.

तथा 2004 में प्रत्येक यंत्र का मूल्य = $\frac{100000000}{20000}$

= 5000 रु.

$\therefore$ अभीष्ट अन्तर = 5000 − 3200 = 1800 रु.।

☆☆☆☆☆☆

# 19. प्रायिकता (Probability)

## प्रयोग

सुपरिभाषित परिणाम देने वाली क्रिया प्रयोग कहलाती है। प्रयोग दो प्रकार के होते हैं :

(*i*) यादृच्छिक प्रयोग

(*ii*) निर्धारणात्मक प्रयोग

(*i*) **यादृच्छिक प्रयोग**—वह प्रयोग जो समान परिस्थितियों में दुहराने पर असमान परिणाम देता है, यादृच्छिक प्रयोग कहलाता है।

जैसे—एक पासे को उछालने पर 1 से 6 तक के अंकों में से कोई भी परिणाम आ सकता है। परन्तु प्रत्येक बार समान परिणाम आए यह निश्चित नहीं है।

(*ii*) **निर्धारणात्मक प्रयोग**—वह प्रयोग जो समान परिस्थितियों के अन्तर्गत दुहराने पर समान परिणाम देता है।

जैसे—विज्ञान या अभियांत्रिकी में समान परिस्थितियों में प्रयोग को दुहराने पर हमेशा समान परिणाम आता है।

**प्रतिदर्श समष्टि :** किसी प्रयोग के सभी संभव परिणामों के समुच्चय प्रतिदर्श समष्टि कहलाता है।

जैसे— $S = \{1, 2, 3, 4, 5, 6\}$

किसी पासे को उछालने पर सभी संभव परिणाम हैं।

**घटना :** प्रतिदर्श समष्टि के सभी उप-समुच्चय एक घटना है। यह दो प्रकार के होते हैं—

(*i*) **सरल घटना**—वह घटना जिसमें केवल एक प्रतिदर्श बिन्दु होता है, सरल घटना कहलाती है।

जैसे—दो सिक्कों के उछालने पर प्रतिदर्श समष्टि $S = \{HH, HT, TH, TT\}$

यदि घटना, E = दो शीर्ष प्राप्त करने की घटना $= \{HH\}$

तब E सरल घटना है

(*ii*) **संयुक्त घटना**—वे घटनाएँ, जो सरल घटना नहीं हैं संयुक्त घटना कहलाती है।

जैसे—दो सिक्कों को उछालने पर प्रतिदर्श समष्टि

$$S = \{HH, HT, TH, TT\}$$

तो E = कम-से-कम एक पुच्छ (Tail) प्राप्त करने की घटना

$$E = \{TT, TH, HT\}$$

**समसम्भावी घटनाएँ :** किसी प्रयोग में यदि प्रत्येक घटना के घटित होने की संभावना समान हो तो वह घटनाएँ समसंभावी घटनाएँ कहलाती है।

जैसे—किसी सिक्का को उछालने पर शीर्ष एवं पुच्छ (Head and Tail) आने की संभावना समान है।

**परस्पर अपवर्जी घटनाएँ :** किसी प्रतिदर्श समष्टि S की दो घटनाएँ परस्पर अपबर्जी होंगी यदि $E_1$ एवं $E_2$ साथ-साथ घटित ना हों अर्थात् $E_1 \cap E_2 = \phi$.

**प्रायिकता :** माना किसी यादृच्छिक प्रयोग में प्रतिदर्श समष्टि S तथा घटना $E \subseteq S$ है, तब घटना E के घटित होने की प्रायिकता $P(E) = \frac{n(E)}{n(S)}$ होगी।

यदि $P(E) = 1$ तब E को निश्चित घटना तथा यदि $P(E) = 0$ तब E को असंभव घटना कहते हैं। अतः प्रायिकता हमेशा 0 से 1 के मध्य होता है अर्थात् $0 \le P(E) \le 1$

- यदि यादृच्छिक प्रयोग से संबंधित घटनाएँ $E_1$ एवं $E_2$ हों तब,

$$P(E_1 \cup E_2) = P(E_1) + P(E_2) - P(E_1 \cap E_2)$$

- यदि $E_1$ एवं $E_2$ परस्पर अपवर्जी घटनाएँ हों तब

$$P(E_1 \cup E_2) = P(E_1) + P(E_2)$$

- यदि $\bar{A}$, A नहीं है को सूचित करता है तब

$$P(\bar{A}) = 1 - P(A) \quad \text{या} \quad P(A') = 1 - P(A)$$

$$\Rightarrow \quad P(A) = 1 - P(\bar{A})$$

**उदाहरण 1.** दो सिक्कों को एक साथ उछाला जाता है तब (*i*) केवल एक शीर्ष (*ii*) कम-से-कम एक शीर्ष आने की प्रायिकता निकालें।

**हल :** दो सिक्कों को एक साथ उछालने पर प्रतिदर्श समष्टि की संख्या $= 2^2 = 4$

अतः S = {H H, H T, T H, T T}

माना $E_1$ केवल एक शीर्ष आने की घटना है तब

$$n(E_1) = \{HT, TH\} = 2$$

तथा $E_2$ = कम-से-कम एक शीर्ष आने की घटना

$$= \{HH, HT, TH\} = 3$$

अतः (*i*) $\quad P(E_1) = \dfrac{n(E_1)}{n(S)} = \dfrac{2}{4} = \dfrac{1}{2}$

(*ii*) $\quad P(E_2) = \dfrac{n(E_2)}{n(S)} = \dfrac{3}{4}$

**उदाहरण 2.** यदि दो पासे को एक साथ फेंका जाता है तो इसके पृष्ठ पर आने वाली अंकों का योग 7 से अधिक हो, की प्रायिकता ज्ञात करें।

**हल :** $n(3) = 6 \times 6 = 36$

माना E = पृष्ठ पर आने वाली अंकों का योग 7 से अधिक

= {(2, 6) (3, 5) (3, 6) (4, 4) (4, 5) (4, 6) (5, 3) (5, 4) (5, 5) (5, 6) (6, 2), (6, 3) (6, 4) (6, 5) (6, 6)}

= 15

$$\therefore \quad P(E) = \frac{n(E)}{n(S)} = \frac{15}{36} = \frac{5}{12}$$

**उदाहरण 3.** ताश की किसी गड्डी से 2 पत्ते यादृच्छया निकाले जाते हैं तो इसके बादशाह होने की प्रायिकता ज्ञात करें।

**हलः** $n(S) = 52\,C_2 = \dfrac{52 \times 51}{2 \times 1} = 26 \times 51 = 1326$

यदि E = दो बादशाह आने की घटना।

तब $\quad n(E) = 4C_2 = \dfrac{4 \times 3}{2} = 6$

अतः $\quad P(E) = \dfrac{n(E)}{n(S)} = \dfrac{6}{1326} = \dfrac{1}{221}$

**उदाहरण 4.** किसी थैले में 4 लाल, 6 काली, 8 हरी गेंद हैं। यादृच्छया 2 गेंद निकाले जाते हैं तब दोनों के काली होने की प्रायिकता ज्ञात करें।

**हल :** थैले में कुल गेंदों की संख्या = 4 + 6 + 8 = 18

$$\therefore \quad n(S) = 18C_2$$

माना E = दो काली गेंद आने की घटना

$$n(E) = 6C_2$$

अतः $\quad P(E) = \dfrac{n(E)}{n(S)} = \dfrac{6C_2}{18C_2}$

$$= \frac{\frac{6 \times 5}{2}}{\frac{18 \times 17}{2}} = \frac{6 \times 5}{18 \times 17} = \frac{5}{51}$$

$$\therefore \quad P(E) = \frac{5}{51}$$

**उदाहरण 5.** 1 से 20 तक की संख्याओं में से तीन संख्याओं को यादृच्छया चयन किया जाता है तो इसके लगातार (Consecutive) होने की प्रायिकता क्या होगी?

**हल :** 20 संख्याओं में से 3 संख्याओं को चयन करने के कुल तरीके = $20C_3$

$$= \frac{20 \times 19 \times 18}{3 \times 2}$$

$$\therefore \quad n(S) = 20C3 = 1140$$

यदि E = तीन लगातार संख्याओं के चयन के तरीके

= {(1, 2, 3) (2, 3, 4) (3, 4, 5) .... (18, 19, 20)}

$$n(E) = 18$$

अतः $\quad P(E) = \dfrac{n(E)}{n(S)} = \dfrac{18}{1140} = \dfrac{3}{190}$

**उदाहरण 6.** किसी थैला में 4 लाल, 5 हरी तथा 6 सफेद गेंद हैं। यदि यादृच्छया एक गेंद निकाली जाए तो इसके लाल या हरी होने की संभावना ज्ञात करें।

**हल :** कुल गेंदों की संख्या = 4 + 5 + 6 = 15

$\therefore \quad n(S) = 15$

माना $\quad E_1$ = लाल गेंद होने की घटना = 4

$\quad E_2$ = हरी गेंद होने की घटना = 5

तब $\quad E_1 \cap E_2 = \phi$

अतः $P(E_1$ या $E_2) = P(E_1) + P(E_2)$

$$= \left(\frac{4}{15} + \frac{5}{15}\right) = \frac{9}{15} = \frac{3}{5}$$

**उदाहरण 7.** एक थैले में 2 लाल, 3 हरी तथा 2 सफेद गेंद हैं। यादृच्छया दो गेंद निकाली जाती हैं तो उसकी सफेद न होने की प्रायिकता ज्ञात करें।

**हल :** कुल गेंदों की संख्या = (2 + 3 + 2) = 7

$$\therefore \quad n(S) = 7C_2 = \frac{7\times6}{2} = 21$$

माना $\quad$ E = 2 गेंद निकलने की घटना जो सफेद न हो = (2 + 3) = 5

$\therefore \quad n(E) = 5C_2 = 10$

$$\therefore \quad P(E) = \frac{n(E)}{n(S)} = \frac{10}{21}$$

**उदाहरण 8.** किसी ताश की गड्डी से यादृच्छया दो पत्ते निकाले जाएं तो इसकी क्या संभावना है कि दोनों या तो लाल हों या दोनों बादशाह?

**हल :** $\quad n(S) = 52C_2 = \dfrac{52\times51}{2} = 1326$

माना $\quad E_1$ = दोनों पत्ते को लाल होने की घटना

$$n(E_1) = 26C_2 = \frac{26\times25}{2} = 325$$

$E_2$ = दोनों पत्ते के बादशाह होने की घटना

$$n(E_2) = 4C_2 = \frac{4\times3}{2} = 6$$

तथा $\quad (E_1 \cap E_2)$ = दोनों पत्ते लाल का बादशाह

$\therefore \quad n(E_1 \cap E_2) = 2C_2 = 1$

$\therefore \quad P(E_1 \cup E_2) = P(E_1) + P(E_2) - P(E_1 \cap E_2)$

$$= \frac{325}{1326} + \frac{6}{1326} - \frac{1}{1326}$$

$$= \frac{330}{1326} = \frac{55}{221}$$

**उदाहरण 9.** किसी कक्षा में 15 छात्र एवं 10 छात्राएँ हैं। यदि इसमें से 3 विद्यार्थी को चुनना हो तो इसकी क्या संभावना है कि उसमें 1 छात्रा एवं 2 छात्र होंगे।

**हल :** $\quad n(S) = 25C_3 = \dfrac{25\times24\times23}{3\times2} = 2300$

यदि $\quad$ E = 1 छात्रा एवं 2 छात्र चुनने की घटना

$\therefore \quad n(E) = 15\,C_2 \times 10\,C_1$

$$= \frac{15\times14}{2}\times10 = 1050$$

$$\therefore \quad P(E) = \frac{n(E)}{n(S)} = \frac{1050}{2300} = \frac{105}{230} = \frac{21}{46}$$

**उदाहरण 10.** यदि $P(A) = 0.25$, $P(B) = 0.50$ तथा $P(A \cap B) = 0.14$ तब $P(A \cap \bar{B})$ मान ज्ञात करें।

**हल :** दिया है, $\quad P(A) = 0.25,\ P(B) = 0.50$

तथा $\quad P(A \cap B) = 0.14$

अतः $\quad P(A \cap \bar{B}) = P(A) - P(A \cap B)$

$= 0.25 - 0.14$

$= 0.11$

## प्रश्नमाला

**निर्देश : निम्नलिखित प्रश्नों को हल करें :**

**1.** एक बर्तन में 2 लाल, 3 नीली तथा 4 काली गेंद हैं। यादृच्छया तीन गेंद निकाली जाती हैं, तो सभी के एक ही रंग के होने की प्रायिकता है–

A. $\frac{5}{84}$ $\quad$ B. $\frac{3}{9}$

C. $\frac{3}{7}$ $\quad$ D. $\frac{7}{17}$

**2.** तीन पासे एक साथ फेंके जाते हैं। उन पर आने वाले अंकों का योग 17 या 18 होने की प्रायिकता है–

A. $\frac{1}{72}$ B. $\frac{1}{9}$

C. $\frac{1}{54}$ D. $\frac{4}{17}$

**3.** शब्द POSSESSIVE से एक अक्षर यादृच्छया चुना जाता है, तो इसके S होने की प्रायिकता है–

A. $\frac{3}{10}$ B. $\frac{4}{10}$

C. $\frac{3}{7}$ D. $\frac{4}{17}$

**4.** यदि A और B दो घटनाएँ हैं तथा $P(A') = 0.3$, $P(B) = 0.4$, $P(A \cap B') = 0.5$ तब $P(A \cap B')$ का मान–

A. 0.5 B. 0.8

C. 1 D. 0.1

**5.** किसी बक्से में 3 आम तथा 3 सेब हैं। यदि दो फल यादृच्छया चुने जाएँ तो एक आम तथा एक सेब होने की प्रायिकता–

A. $\frac{2}{3}$ B. $\frac{3}{5}$

C. $\frac{1}{3}$ D. $\frac{3}{4}$

**6.** छः (6) पुरस्कारों को तीन व्यक्ति में वितरण यादृच्छया किया जाता है, तो किसी एक व्यक्ति को सभी पुरस्कार नहीं मिलने की संभावना होगी।

A. $\frac{120}{216}$ B. $\frac{6}{216}$

C. $\frac{210}{216}$ D. $\frac{790}{216}$

**7.** 100 पत्तों की गड्डी जिन पर 1 से 100 तक संख्याएँ लिखी हैं, में से यादृच्छया एक पत्ता निकाला जाता है, तो पूर्ण वर्ग संख्या आने की प्रायिकता है–

A. $\frac{1}{5}$ B. $\frac{2}{5}$

C. $\frac{1}{10}$ D. $\frac{1}{15}$

**8.** तीन व्यक्ति एक समस्या पर स्वतंत्र रूप से कार्य करते हैं। उनके द्वारा समस्या का हल करने की प्रायिकताएँ क्रमशः $\frac{1}{3}, \frac{1}{4}$ एवं $\frac{1}{5}$ है तो किसी के द्वारा समस्या न हल होने की प्रायिकता है–

A. $\frac{1}{3}$ B. $\frac{3}{5}$

C. $\frac{2}{5}$ D. $\frac{1}{5}$

**9.** एक लॉटरी में 90 टिकट हैं, जिन पर 1 से 90 तक की संख्याएँ अंकित हैं। पाँच टिकट यादृच्छया चुने जाते हैं। इनमें से दो टिकटों पर 15 तथा 80 संख्या होने की प्रायिकता है–

A. $\frac{2}{801}$ B. $\frac{2}{623}$

C. $\frac{1}{267}$ D. $\frac{1}{623}$

**10.** A तथा B में से कम-से-कम एक के घटने की प्रायिकता 0.6 है। यदि A एवं B के साथ-साथ घटित होने की प्रायिकता 0.2 हो तब $P(A') + P(B')$ का मान–

A. 3.2 B. 1.5

C. 1.03 D. 1.2

**11.** किसी बक्से में 20 बल्ब हैं जिसमें से 4 खराब हैं। यादृच्छया दो बल्ब निकाले जाते हैं तो इसमें कम-से-कम 1 खराब होने की संभावना है–

A. $\frac{7}{19}$ B. $\frac{9}{19}$

C. $\frac{12}{19}$ D. $\frac{17}{19}$

**12.** दो पासे को फेंका जाता है तब इसके पृष्ठ पर आने वाले अंकों का योग अभाज्य संख्या होने की प्रायिकता–

A. $\frac{7}{9}$ B. $\frac{1}{12}$

C. $\frac{5}{12}$ D. $\frac{11}{12}$

**13.** किसी लॉटरी में 10 पुरस्कार एवं 25 खाली (पुरस्कार रहित) हैं। यदि एक टिकट यादृच्छया निकाला जाए तो पुरस्कार मिलने की प्रायिकता–

A. $\frac{1}{25}$ B. $\frac{1}{10}$

C. $\frac{1}{35}$ D. $\frac{2}{7}$

**14.** किसी बॉक्से में 5 हरी, 4 पीली एवं 3 सफेद शीशे की गोली हैं। तीन गोली यादृच्छया निकाले जाते हैं तब इसके एक ही रंग न होने की प्रायिकता–

A. $\frac{41}{44}$ B. $\frac{1}{44}$

C. $\frac{7}{55}$ D. $\frac{12}{55}$

**15.** यदि N = {1, 2, 3, ... 100} से यादृच्छया 3 विभिन्न संख्याएँ चुनी जाती हैं तो इन तीनों के 2 और 3 दोनों से विभाजित होने की प्रायिकता होगी–

A. $\frac{4}{25}$ B. $\frac{4}{35}$

C. $\frac{4}{33}$ D. $\frac{4}{1155}$

## उत्तरमाला

| 1 | 2 | 3 | 4 | 5 | 6 | 7 | 8 | 9 | 10 |
|---|---|---|---|---|---|---|---|---|---|
| A | C | B | B | B | C | C | C | A | D |
| **11** | **12** | **13** | **14** | **15** | | | | | |
| A | C | D | A | D | | | | | |

## व्याख्यात्मक उत्तर

**1.** कुल गेंद = 9

9 गेंद में से 3 गेंद निकालने के कुल तरीके = $9\,C_3$

$$\therefore \quad n(S) = \frac{9\times8\times7}{3\times2} = 84$$

E = सभी गेंद एक ही रंग के हों

$\therefore \quad n(E) = 3C_3 + 4C_3 = 1 + 4 = 5$

($\therefore$ लाल गेंद 2 ही हैं)

अतः अभीष्ट प्रायिकता $= \frac{n(E)}{n(S)} = \frac{5}{84}$.

**2.** तीन पासे फेंकने के कुल तरीके = 6 × 6 × 6 = 216

अतः $n(S) = 216$

माना E = योगफल 17 या 18 आने की घटना

$\therefore$ = (6, 5, 6) (5, 6, 6) (6, 6, 5) (6, 6, 6)

$n(E) = 4$

$$\therefore \quad P(E) = \frac{n(E)}{n(S)} = \frac{4}{216} = \frac{1}{54}.$$

**3.** कुल अक्षरों की संख्या = 10

$n(S) = 10$

E = S आने की घटना

$n(E) = 4$

$$\therefore \quad P(E) = \frac{n(E)}{n(S)} = \frac{4}{10}.$$

**4.** योग के प्रमेय से

$$P(A \cup B') = P(A) + P(B') - P(A \cap B')$$
$$= 1 - P(A') + 1 - P(B) - P(A \cap B')$$

$= 1 - 0.3 + 1 - 0.5 - 0.4$

$= 0.8.$

**5.** 6 में से दो फल चुनने के कुल तरीके $= 6\,C_2$

$\therefore \quad n(S) = 6\,C_2 = \frac{6\times5}{2} = 15$

E = 1 आम तथा 1 सेब होने की घटना

$n(E) = 3\,C_1 \times 3\,C_1 = 3\times3$

$\therefore \quad P(E) = \frac{n(E)}{n(S)} = \frac{9}{15} = \frac{3}{5}.$

**6.** पुरस्कारों के वितरण करने के कुल तरीके $= 6\times6\times6$

अतः $n(S) = 216$

E = एक ही व्यक्ति को सभी पुरस्कार प्राप्त होने के तरीके

$n(E) = 6$

अतः किसी एक व्यक्ति को सभी पुरस्कार नहीं मिलने की प्रायिकता

= 1 – P (एक ही व्यक्ति को सभी पुरस्कार)

$= 1 - \frac{n(E)}{n(S)} = 1 - \frac{6}{216}$

$= \frac{210}{216}.$

**7.** एक पत्ता निकालने के कुल तरीके $= 100\,C_1 = 100$

अतः $n(S) = 100$

E = पूर्ण वर्ग संख्या आने की घटना

$= 1^2, 2^2, 3^2, 4^2, 5^2, 6^2, 7^2, 8^2, 9^2, 10^2$

$n(E) = 10$

$\therefore \quad P(E) = \frac{n(E)}{n(S)} = \frac{10}{100} = \frac{1}{10}.$

**8.** माना प्रत्येक व्यक्ति द्वारा समस्या का हल करने की प्रायिकता $P(A) = \frac{1}{3}, P(B) = \frac{1}{4}$ तथा $P(C) = \frac{1}{5}$ है तब प्रत्येक के द्वारा समस्या हल न होने की प्रायिकता

$P(\overline{A}) = 1 - \frac{1}{3} = \frac{2}{3}, \quad P(\overline{B}) = 1 - \frac{1}{4} = \frac{3}{4}$ तथा

$P(\overline{C}) = 1 - \frac{1}{5} = \frac{4}{5}.$

अतः तीनों में से किसी के द्वारा समस्या का हल न होने की प्रायिकता

$P(\overline{A}\cap\overline{B}\cap\overline{C}) = P(\overline{A})\cdot P(\overline{B})\cdot P(\overline{C})$

$= \frac{2}{3}\times\frac{3}{4}\times\frac{4}{5} = \frac{2}{5}.$

**9.** पाँच टिकटों में से दो टिकट (जिनकी संख्या 15 तथा 80 है) होने चाहिए अब शेष 88 में से तीन टिकट

$n(E) =$ चुनने के प्रकार $= 88\,C_3$

$n(S) =$ कुल चुनने के तरीके $= 90\,C_5$

अतः अभीष्ट प्रायिकता $= \frac{88\,C_3}{90\,C_5}$

$= \frac{\frac{88\times87\times86}{3\times2}}{\frac{90\times89\times88\times87\times86}{5\times4\times3\times2}}$

$= \frac{5\times4}{90\times89} = \frac{20}{8010} = \frac{2}{801}.$

**10.** दिया गया है $P(A\cup B) = 0.6$

तथा $P(A\cap B) = 0.2$

अब $P(A') + P(B') = 1 - P(A) + 1 - P(B)$

$= 2 - [P(A) + P(B)]$

$= 2 - [P(A) + P(B) - P(A\cap B) + P(A\cap B)]$

$= 2 - [P(A\cup B) + P(A\cap B)]$

$= 2 - (0.6 + 0.2)$

$= 2 - 0.8$

$= 1.2.$

**11.** 20 बल्ब में से 2 बल्ब चुनने के कुल तरीके

$En(S) = 20\,C_2$

माना E = कोई खराब बल्ब नहीं

$n(E) = 16\,C_2$

किसी बल्ब के खराब नहीं होने की प्रायिकता

$P(E) = \frac{16C_2}{20C_2} = \frac{\frac{16\times15}{2}}{\frac{20\times19}{2}} = \frac{16\times15}{20\times19} = \frac{12}{19}$

अतः कम-से-कम 1 बल्ब खराब होने की प्रायिकता

$$= 1-\frac{12}{19}=\frac{7}{19}.$$

**12.** $n(S) = 6 \times 6 = 36$

मान $E$ = पासे पर आए अंकों का योग अभाज्य संख्या

$E = \{(1, 1) (1, 2) (1, 4) (1, 6) (2, 1) (2, 3) (2, 5) (3, 2) (3, 4) (4, 1) (4,3) (5, 2) (5, 6) (6, 1) (6, 5)\}$

$n(E) = 15$

$$P(E) = \frac{n(E)}{n(S)}=\frac{15}{36}=\frac{5}{12}.$$

**13.** कुल टिकट की संख्या = 25 + 10 = 35

$n(S) = 35$

$E$ = पुरस्कार मिलने की घटना

$n(E) = 10$

$$\therefore \quad P(E) = \frac{n(E)}{n(S)}=\frac{10}{35}=\frac{2}{7}.$$

**14.** 12 गोली में से 3 गोली निकालने के कुल तरीके

$$n(S) = 12\,C_3 = \frac{12\times 11\times 10}{3\times 2}=220$$

माना $E$ = एक ही रंग के 3 गोली निकलने के तरीके

= (5 में से 3) या (4 में से 3) या (3 में से 3)

$n(E) = 5\,C_3 + 4\,C_3 + 3\,C_3$

$= 10 + 4 + 1 = 15$

$$P(E) = \frac{n(E)}{n(S)}=\frac{15}{220}=\frac{3}{44}$$

$\therefore$ अभीष्ट प्रायिकता $= 1-\frac{3}{44}=\frac{41}{44}.$

**15.** 1 से 100 के बीच 6 से विभाज्य संख्याएँ 6, 12, 18 .... 96. यदि ऐसी $n$ संख्याएं हैं तब $96 = 6 + (n-1)\times 6$

$\Rightarrow n = 16$

अतः प्रायिकता $= \frac{16C_3}{100C_3}=\frac{4}{1155}.$

☆☆☆☆☆☆

# 20. त्रिकोणमिति
# (Trigonometry)

## त्रिकोणमितीय अनुपात

समकोण त्रिभुज ABC में यदि $\angle CAB = \theta$ हो, तो BC = कोण $\theta$ की सम्मुख भुजा = लंब = P (मान लें), AC = समकोण की सम्मुख भुजा = कर्ण = H (मान लें) और AB = B (मान लें)

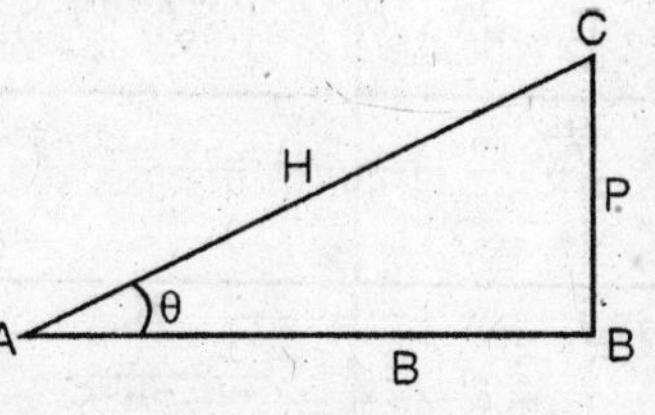


छ: त्रिकोणमितीय अनुपात नीचे दिए गए हैं :

$$\sin\theta = \frac{p}{h}, \cos\theta = \frac{b}{h}, \tan\theta = \frac{p}{b}$$

$$(\text{और } \tan\theta = \frac{\sin\theta}{\cos\theta}), \operatorname{cosec}\theta = \frac{1}{\sin\theta} = \frac{h}{p},$$

$$\sec\theta = \frac{1}{\cos\theta} = \frac{h}{b}, \cot\theta = \frac{1}{\tan\theta} = \frac{b}{p}$$

## त्रिकोणमितीय अनुपातों के चिह्न

प्रथम चतुर्थांश (वृत्तपाद) $0 < \theta < 90°$, सभी त्रिकोणमितीय अनुपात धनात्मक;

द्वितीय चतुर्थांश $90° < \theta < 180°$, केवल $\sin\theta$ और $\operatorname{cosec}\theta$, धनात्मक;

तृतीय चतुर्थांश $180° < \theta < 270°$, केवल $\tan\theta$ और $\cot\theta$, धनात्मक;

चतुर्थ चतुर्थांश $270° < \theta < 360°$, केवल $\cos\theta$ और $\sec\theta$, धनात्मक।

Y
sinθ, cosecθ + | सभी +
X' — O — X
tanθ cotθ + | cosθ secθ +
Y'

## त्रिकोणमितीय सर्वसमिकाएँ

(*i*) $\sin^2\theta + \cos^2\theta = 1$

(*ii*) $\cos^2\theta = 1 - \sin^2\theta$

(*iii*) $\sin^2\theta = 1 - \cos^2\theta$

(*iv*) $1 + \tan^2\theta = \sec^2\theta$

(*v*) $\sec^2\theta - \tan^2\theta = 1$

(*vi*) $\sec^2\theta - 1 = \tan^2\theta$

(*vii*) $1 + \cot^2\theta = \operatorname{cosec}^2\theta$

(*viii*) $\operatorname{cosec}^2\theta - \cot^2\theta = 1$

(*ix*) $\operatorname{cosec}^2\theta - 1 = \cot^2\theta$

## त्रिकोणमितीय समीकरण व त्रिकोणमितीय सर्वसमिका में अंतर

**1.** त्रिकोणमितीय समीकरण चर $\theta$ के कुछ एक मानों के लिए ही सत्य होती हैं, अर्थात् इनको $\theta$ के एक-दो मान ही सन्तुष्ट करते हैं, (समीकरण की घात के अनुसार मूल ही सन्तुष्ट करते हैं) जबकि त्रिकोणमितीय सर्वसमिका $\theta$ के प्रत्येक मान के लिए सन्तुष्ट होती है।

**2.** त्रिकोणमितीय समीकरण को $\theta$ के लिए हल किया जा सकता है जबकि त्रिकोणमितीय सर्वसमिका को तो सत्यापित ही कर सकते हैं।

## त्रिकोणमितीय अनुपातों के मानक कोणों के मान I

| θ त्रिकोणमितीय अनुपात | 0° | 30° | 45° | 60° | 90° | θ त्रिकोणमितीय अनुपात का मान |
|---|---|---|---|---|---|---|
| sin θ | 0 | $\frac{1}{2}$ | $\frac{1}{\sqrt{2}}$ | $\frac{\sqrt{3}}{2}$ | 1 | $\frac{\text{लम्ब}}{\text{कर्ण}}$ |
| cos θ | 1 | $\frac{\sqrt{3}}{2}$ | $\frac{1}{\sqrt{2}}$ | $\frac{1}{2}$ | 0 | $\frac{\text{आधार}}{\text{कर्ण}}$ |
| tan θ | 0 | $\frac{1}{\sqrt{3}}$ | 1 | $\sqrt{3}$ | अपरिभाषित | $\frac{\text{लम्ब}}{\text{आधार}}$ |
| cosec θ | अपरिभाषित | 2 | $\sqrt{2}$ | $\frac{2}{\sqrt{3}}$ | 1 | $\frac{\text{कर्ण}}{\text{लम्ब}}$ |
| sec θ | 1 | $\frac{2}{\sqrt{3}}$ | $\sqrt{2}$ | 2 | अपरिभाषित | $\frac{\text{कर्ण}}{\text{आधार}}$ |
| cot θ | अपरिभाषित | $\sqrt{3}$ | 1 | $\frac{1}{\sqrt{3}}$ | 0 | $\frac{\text{आधार}}{\text{लम्ब}}$ |

## त्रिकोणमितीय अनुपातों के मानककोणों (0° – 90°) के मान II

| | 0° | 15° | 18° | 22.5° | 30° | 36° | 45° | 60° | 67.5° | 90° |
|---|---|---|---|---|---|---|---|---|---|---|
| sin | 0 | $\frac{\sqrt{6}-\sqrt{2}}{4}$ | $\frac{\sqrt{5}-1}{4}$ | $\frac{\sqrt{2-\sqrt{2}}}{2}$ | $\frac{1}{2}$ | $\frac{\sqrt{10-2\sqrt{5}}}{4}$ | $\frac{1}{\sqrt{2}}$ | $\frac{\sqrt{3}}{2}$ | $\frac{\sqrt{\sqrt{2}+1}}{\sqrt{(2\sqrt{2})}}$ | 1 |
| cos | 1 | $\frac{\sqrt{6}+\sqrt{2}}{4}$ | $\frac{\sqrt{10+2\sqrt{5}}}{4}$ | $\frac{\sqrt{\sqrt{2}+1}}{\sqrt{(2\sqrt{2})}}$ | $\frac{\sqrt{3}}{2}$ | $\frac{\sqrt{5}+1}{4}$ | $\frac{1}{\sqrt{2}}$ | $\frac{1}{2}$ | $\frac{\sqrt{2-\sqrt{2}}}{2}$ | 0 |
| tan | 0 | $2-\sqrt{3}$ | $\frac{\sqrt{25-10\sqrt{5}}}{5}$ | $\sqrt{2}-1$ | $\frac{1}{\sqrt{3}}$ | $\sqrt{5-2\sqrt{5}}$ | 1 | $\sqrt{3}$ | $\sqrt{2}+1$ | अपरिभाषित |

### पूरक कोणों के त्रिकोणमितीय अनुपात

(*i*) $\sin(90° - \theta) = \cos\theta$

(*ii*) $\cos(90° - \theta) = \sin\theta$

(*iii*) $\tan(90° - \theta) = \cot\theta$

(*iv*) $\cot(90° - \theta) = \tan\theta$

(*v*) $\sec(90° - \theta) = \operatorname{cosec}\theta$

(*vi*) $\operatorname{cosec}(90° - \theta) = \sec\theta$

### एक त्रिकोणमितीय अनुपात से अन्य सभी त्रिकोणमितीय अनुपातों के मान ज्ञात करना

**sin θ के मान की सहायता से अन्य त्रिकोणमितीय अनुपातों के मान ज्ञात करना**

माना कि $\sin\theta = x$

$\therefore \quad \cos\theta = \sqrt{1-\sin^2\theta}$

$$\Rightarrow \qquad \cos\theta = \sqrt{1-x^2}$$

$$\therefore \qquad \tan\theta = \frac{\sin\theta}{\cos\theta} = \frac{x}{\sqrt{1-x^2}},$$

$$\cot\theta = \frac{1}{\tan\theta} = \frac{\sqrt{1-x^2}}{x},$$

$$\operatorname{cosec}\theta = \frac{1}{\sin\theta} = \frac{1}{x}$$

तथा $$\sec\theta = \frac{1}{\cos\theta} = \frac{1}{\sqrt{1-x^2}}$$

**$\cos\theta$ के मान की सहायता से अन्य त्रिकोणमितीय अनुपातों के मान ज्ञात करना**

माना कि $\cos\theta = x$

$$\therefore \qquad \sin\theta = \sqrt{1-\cos^2\theta}$$

$$\Rightarrow \qquad \sin\theta = \sqrt{1-x^2}$$

$$\therefore \qquad \tan\theta = \frac{\sin\theta}{\cos\theta} = \frac{\sqrt{1-x^2}}{x},$$

$$\cot\theta = \frac{1}{\tan\theta} = \frac{x}{\sqrt{1-x^2}}$$

$$\operatorname{cosec}\theta = \frac{1}{\sin\theta} = \frac{1}{\sqrt{1-x^2}},$$

$$\sec\theta = \frac{1}{\cos\theta} = \frac{1}{x}$$

**$\tan\theta$ के मान की सहायता से अन्य त्रिकोणमितीय अनुपातों के मान ज्ञात करना**

माना कि $\tan\theta = x$

$$\therefore \qquad \sec\theta = \sqrt{1+\tan^2\theta}$$

$$\Rightarrow \qquad \sec\theta = \sqrt{1+x^2}$$

$$\cot\theta = \frac{1}{\tan\theta} = \frac{1}{x},$$

$$\cos\theta = \frac{1}{\sec\theta} = \frac{1}{\sqrt{1+x^2}}$$

$$\sin\theta = \sqrt{1-\cos^2\theta} = \sqrt{1-\frac{1}{1+x^2}}$$

$$= \sqrt{\frac{1+x^2-1}{1+x^2}} = \frac{x}{\sqrt{1+x^2}}$$

तथा $$\operatorname{cosec}\theta = \frac{1}{\sin\theta} = \frac{\sqrt{1+x^2}}{x}$$

## त्रिकोणमितीय अनुपातों के वर्धमान व ह्रासमान आचरण

यदि $-\pi/2 \le \theta \le \pi/2$, हो तो प्रथम और चतुर्थ वृत्तपादों में कोण में वृद्धि के साथ $\sin\theta$ के मान में वृद्धि होती है जबकि द्वितीय और तृतीय वृत्तपादों में $\sin\theta$ के मान में 1 से −1 की कमी होती है।

अत: $\theta_1 < \theta_2 \quad \Rightarrow \sin\theta_1 < \sin\theta_2$ ($\theta_1, \theta_2 \in$ प्रथम या चतुर्थ वृत्तपाद)

$\Rightarrow \sin\theta_1 > \sin\theta_2$ ($\theta_1, \theta_2 \in$ द्वितीय या तृतीय वृत्तपाद)

हम इसी प्रकार अन्य अनुपातों के आचरण का भी निर्णय कर सकते हैं। यदि वृद्धि के लिए ↑ संकेत का और ह्रास के लिए ↓ संकेत का प्रयोग किया जाए, तो हमें अग्रलिखित चार्ट प्राप्त होता है :

| | y | |
|---|---|---|
| sin ↓<br>cos ↓<br>tan ↑<br>cot ↓<br>sec ↑<br>cosec ↑ | | sin ↑<br>cos ↓<br>tan ↑<br>cot ↓<br>sec ↑<br>cosec ↓ |
| x′ | O | x |
| sin ↓<br>cos ↑<br>tan ↑<br>cot ↓<br>sec ↓<br>cosec ↑ | | sin ↑<br>cos ↑<br>tan ↑<br>cot ↓<br>sec ↓<br>cosec ↓ |
| | y′ | |

**योग और व्यवकलन ( घटाव ) के सूत्र (Addition and Subtraction Formulae) :**

*(i)* $\sin(A+B) = \sin A\cos B + \cos A\sin B$

*(ii)* $\sin(A-B) = \sin A\cos B - \cos A\sin B$

*(iii)* $\cos(A+B) = \cos A\cos B - \sin A\sin B$

*(iv)* $\cos(A-B) = \cos A\cos B + \sin A\sin B$

*(v)* $\tan(A+B) = \dfrac{\tan A + \tan B}{1 - \tan A\tan B}$

(vi) $\tan(A-B) = \dfrac{\tan A - \tan B}{1+\tan A \tan B}$

(vii) $\cot(A+B) = \dfrac{\cot A \cot B - 1}{\cot A + \cot B}$

(viii) $\cot(A-B) = \dfrac{\cot A \cot B + 1}{\cot B - \cot A}$

(ix) $\sin(A+B)\sin(A-B) = \sin^2 A - \sin^2 B$
$= \cos^2 B - \cos^2 A$

(x) $\cos(A+B)\cos(A-B) = \cos^2 A - \sin^2 B$
$= \cos^2 B - \sin^2 A$

**द्विकोणों से युक्त सूत्र (Formulae Involving Double Angles)**: उपर्युक्त (i), (iii), और (v) में $A = B = \theta$ प्रतिस्थापित करने पर निम्नलिखित सूत्र प्राप्त होते हैं :

(i) $\sin 2\theta = 2\sin\theta\cos\theta = \dfrac{2\tan\theta}{1+\tan^2\theta}$

(ii) $\cos 2\theta = \cos^2\theta - \sin^2\theta = 1 - 2\sin^2\theta$

$= 2\cos^2\theta - 1 = \dfrac{1-\tan^2\theta}{1+\tan^2\theta}$

(iii) $1 + \cos 2\theta = 2\cos^2\theta$, $1 - \cos 2\theta = 2\sin^2\theta$,

$\cos^2\theta = \dfrac{1}{2}(1+\cos 2\theta), \sin^2\theta = \dfrac{1}{2}(1-\cos 2\theta).$

(iv) $\tan 2\theta = \dfrac{2\tan\theta}{1-\tan^2\theta}$

**अर्ध कोणों से संबंधित सूत्र (Formulae Involving Half Angles) :** $2\theta$ के स्थान पर $\theta$ प्रतिस्थापित करने पर निम्नलिखित सूत्र प्राप्त होते हैं :

(i) $\sin\theta = 2\sin\dfrac{1}{2}\theta\cos\dfrac{1}{2}\theta = \dfrac{2\tan\frac{1}{2}\theta}{1+\tan^2\frac{1}{2}\theta}$

(ii) $\cos\theta = \cos^2\dfrac{1}{2}\theta - \sin^2\dfrac{1}{2}\theta = 1 - 2\sin^2\dfrac{1}{2}\theta$

$= 2\cos^2\dfrac{1}{2}\theta - 1 = \dfrac{1-\tan^2\frac{1}{2}\theta}{1+\tan^2\frac{1}{2}\theta}$

(iii) $\tan\theta = \dfrac{2\tan\frac{1}{2}\theta}{1-\tan^2\frac{1}{2}\theta}$

**उन्नयन कोण**

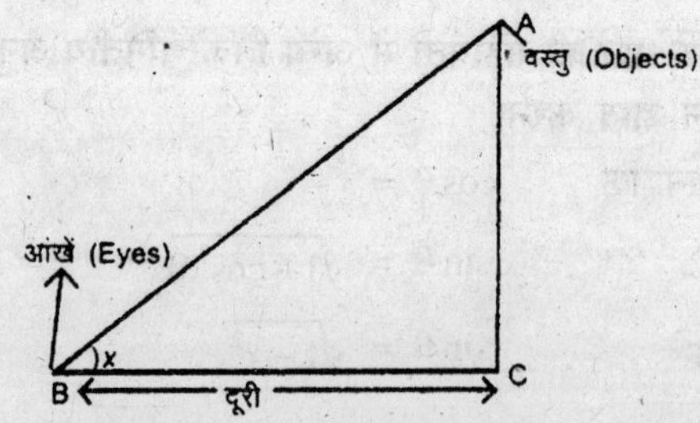


जब हम अपने सिर से ऊँची वस्तु को देखने के लिए ऊपर की ओर देखते हैं तो हमारी आँखें क्षैतिज रेखा से ऊपर की ओर जो कोण बनाती हैं उसे उन्नयन कोण कहते हैं।

**अवनमन कोण**

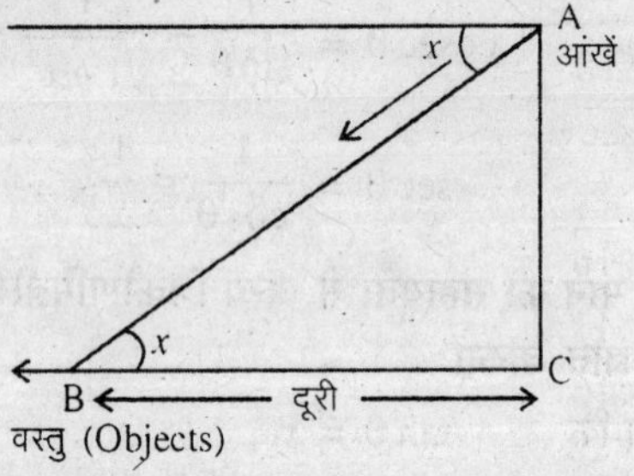


जब हम अपने सिर से नीची किसी वस्तु को देखने के लिए नीचे की ओर देखते हैं तो हमारी आँखें क्षैतिज रेखा से नीचे की ओर जो कोण बनाती हैं उसे अवनमन कोण कहते हैं।

## प्रश्नमाला

**1.** यदि $\sec\theta - \tan\theta = k$ हो, तो $\sec\theta + \tan\theta$ का मान है:

A. $1 - k$ B. $1 + k$

C. $\dfrac{1}{k}$ D. $1 - \dfrac{1}{k}$

**2.** यदि $5\tan\theta = 4$ हो, तो $\dfrac{5\sin\theta - 3\cos\theta}{5\sin\theta + 2\cos\theta}$ का मान है:

A. $\dfrac{1}{3}$ B. $\dfrac{1}{6}$

C. $\frac{4}{5}$ D. $\frac{2}{3}$

**3.** 240 मी. लम्बी एक मीनार की चोटी से समतल जमीन पर एक बिन्दु का अवनमन कोण 30° है, तो मीनार के पाद से बिन्दु की दूरी ज्ञात कीजिए?

A. $240\times\sqrt{3}$ मी. B. $40\sqrt{3}$ मी.
C. $80\sqrt{3}$ मी. D. $120\sqrt{3}$ मी.

**4.** यदि एक 100 मी. ऊँचे बिन्दु से दक्षिण दिशा की ओर दो वस्तुओं का अवनमन कोण क्रमशः 60° और 45° हो, तो दोनों वस्तुओं के बीच की दूरी ज्ञात करो?

A. $\frac{100(3-\sqrt{3})}{3}$ मी. B. $100(3+\sqrt{3})$ मी.
C. $50(3+\sqrt{3})$ मी. D. $100(\sqrt{3}+1)$ मी.

**5.** यदि $\tan\theta = 2-\sqrt{3}$ हो, तो $\tan(90-\theta)$ बराबर होगा :

A. $2+\sqrt{3}$ B. $2-\sqrt{3}$
C. $2-\sqrt{2}$ D. $3-\sqrt{2}$

**6.** यदि θ प्रथम चतुर्थांश में और $\cos\theta = \frac{3}{5}$ हो, तो $\frac{5\tan\theta-4\operatorname{cosec}\theta}{5\sec\theta-4\cot\theta}$ का मान होगा:

A. $\frac{5}{16}$ B. $\frac{7}{16}$
C. $\frac{11}{16}$ D. $-\frac{5}{16}$

**7.** यदि $\cos\theta = \frac{3}{5}$ हो, तो $\frac{\sin\theta\cdot\tan\theta+1}{2\tan^2\theta}$ का मान किसके बराबर है?

A. $\frac{88}{160}$ B. $\frac{91}{160}$
C. $\frac{92}{160}$ D. $\frac{93}{160}$

**8.** तालिका का उपयोग किए बिना मान निकालें:

$$\frac{\cos 80^\circ}{\sin 10^\circ}+\cos 59^\circ \operatorname{cosec} 31^\circ$$

A. 2 B. 1
C. 3 D. 4

**9.** तालिका का उपयोग किए बिना मान निकालें:

$$\left[\frac{\sin 35^\circ}{\cos 55^\circ}\right]^2+\left[\frac{\cos 55^\circ}{\sin 35^\circ}\right]^2-2\cos 60^\circ$$

A. 2 B. 0
C. 1 D. 3

**10.** मान निकालें:

$$\frac{\tan 45^\circ}{\operatorname{cosec} 30^\circ}+\frac{\sec 60^\circ}{\cot 45^\circ}-2\frac{\sin 90^\circ}{\cos 0^\circ}$$

A. $\frac{1}{2}$ B. 1
C. 2 D. 0

**11.** मीनार से उत्तर की ओर एक बिन्दु A तथा दक्षिण दिशा की ओर एक अन्य बिन्दु B से मीनार की चोटी का उन्नयन कोण क्रमशः 60° तथा 45° है। यदि बिन्दु AB की लम्बाई 100 मी. हो तो मीनार की ऊँचाई ज्ञात करो।

A. $100\times\sqrt{3}\times(\sqrt{3}-1)$ B. $50\times\sqrt{3}\times(\sqrt{3}-1)$
C. $\frac{50}{\sqrt{3}}\times(\sqrt{3}-1)$ D. $\frac{100}{\sqrt{3}}\times(\sqrt{3}-1)$

**12.** किसी वृक्ष के आधार से 15 मी. दूरी से देखने पर वृक्ष की चोटी का उन्नयन कोण 60° हो तो वृक्ष की ऊँचाई ज्ञात करो।

A. $15\sqrt{3}$ मी. B. 20 मी.
C. $10\sqrt{3}$ मी. D. 10 मी.

**13.** यदि एक स्तम्भ की छाया उसकी कुल ऊँचाई की $\sqrt{3}$ गुनी लम्बी हो तो उस समय सूर्य का उन्नयन कोण क्या होगा?

A. 15° B. 30°
C. 45° D. 60°

**14.** 50 मी. ऊँचे एक जहाज के मस्तूल की चोटी से दो नावों को देखने पर उनका अवनमन कोण क्रमशः 45° और 30° है। यदि दोनों नाव मस्तूल की चोटी से एक समान दिशा पर हों तो नावों के बीच की दूरी ज्ञात करो।

A. $50\sqrt{3}$ मी. B. $50\sqrt{3+1}$ मी.
C. $50\sqrt{3-1}$ मी. D. $50\left(1-\frac{1}{\sqrt{3}}\right)$ मी.

# उत्तरमाला

| 1 | 2 | 3 | 4 | 5 | 6 | 7 | 8 | 9 | 10 |
|---|---|---|---|---|---|---|---|---|---|
| C | B | A | A | A | A | D | A | C | A |
| **11** | **12** | **13** | **14** | | | | | | |
| B | A | B | C | | | | | | |

# व्याख्यात्मक उत्तरमाला

**1.** $\sec\theta - \tan\theta = k$

$\sec^2\theta - \tan^2\theta = (\sec\theta + \tan\theta)(\sec\theta - \tan\theta)$

$1 = (\sec\theta + \tan\theta) \times k$

$\therefore \sec\theta + \tan\theta = \dfrac{1}{k}$

**2.** $5\tan\theta = 4$

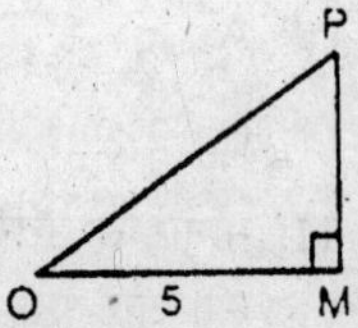

$\tan\theta = 4/5$

$\Rightarrow$ MP = 4

तथा OM = 5

$\Rightarrow OP^2 = OM^2 + MP^2 = (5)^2 + (4)^2 = 41$

$\therefore OP = \sqrt{41}$

$$\sin\theta = \frac{MP}{OP} = \frac{4}{\sqrt{41}}$$

तथा $\cos\theta = \dfrac{MP}{OP} = \dfrac{5}{\sqrt{41}}$

$$\therefore \frac{5\sin\theta - 3\cos\theta}{5\sin\theta + 2\cos\theta} = \frac{5\times\frac{4}{\sqrt{41}} - 3\times\frac{5}{\sqrt{41}}}{5\times\frac{4}{\sqrt{41}} + 2\times\frac{5}{\sqrt{41}}}$$

$$= \frac{\frac{20}{\sqrt{41}} - \frac{15}{\sqrt{41}}}{\frac{20}{\sqrt{41}} + \frac{10}{\sqrt{41}}} = \frac{\frac{20-15}{\sqrt{41}}}{\frac{20+10}{\sqrt{41}}}$$

$$= \frac{\frac{5}{\sqrt{41}}}{\frac{30}{\sqrt{41}}} = \frac{5}{\sqrt{41}} \times \frac{\sqrt{41}}{30} = \frac{1}{6}$$

**3.** MP = 240 मी. $\alpha = 30°$

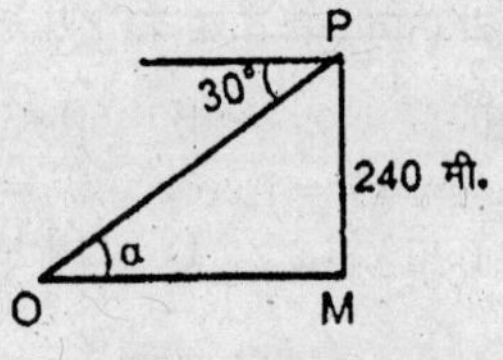

जहाँ OM = मीनार के पाद से बिन्दु O की दूरी

$$\therefore \frac{MP}{OM} = \tan\alpha \Rightarrow \frac{240}{OM} = \tan 30°$$

$$\therefore OM = \frac{240}{\tan 30°} = \frac{240}{1/\sqrt{3}} = 240\times\sqrt{3} \text{ मी.}$$

**4.** $\therefore$ MP = 100 मी.

$\angle\theta_1 = 60°$ तथा $\angle\theta_2 = 45°$

$OO_1 = OM - O_1M$ ...(*i*)

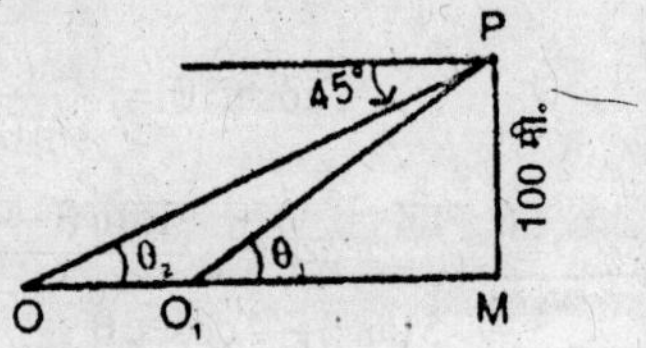

$$\therefore \frac{MP}{O_1M} = \tan\theta_1$$

$= \tan 60° = \sqrt{3}$

तथा $\dfrac{MP}{OM} = \tan\theta_2 = \tan 45° = 1$

$$\therefore O_1M = \frac{MP}{\sqrt{3}} \quad ...(ii)$$

तथा OM = MP ...(*iii*)

समी. (*ii*) व (*iii*) का मान समी. (*i*) में रखने पर,

$$OO_1 = OM - O_1M$$

$$= MP - \frac{MP}{\sqrt{3}} = MP\left(1 - \frac{1}{\sqrt{3}}\right)$$

$$= MP\left(\frac{\sqrt{3}-1}{\sqrt{3}}\right) = \frac{100(\sqrt{3}-1)}{\sqrt{3}}$$

$$= \frac{100(\sqrt{3}-1)\cdot\sqrt{3}}{\sqrt{3}\cdot\sqrt{3}} = \frac{100(3-\sqrt{3})}{3}$$

**5.** $\because \quad \tan(90-\theta)=\cot\theta=\dfrac{1}{\tan\theta}=\dfrac{1}{2-\sqrt{3}}$

$$=\frac{2+\sqrt{3}}{(2+\sqrt{3})(2-\sqrt{3})}=\frac{2+\sqrt{3}}{4-3}$$

$$=2+\sqrt{3}$$

**6.** $\cos\theta=\dfrac{\text{आधार (OM)}}{\text{कर्ण (OP)}}$

$\Rightarrow \quad \dfrac{OM}{OP}=\dfrac{3}{5}$

$\Rightarrow \quad OM=3,\ OP=5$

$\Rightarrow \quad MP^2=OP^2-OM^2$

$=(5)^2-(3)^2=16$

$\therefore \quad MP=4$

$\therefore \quad \tan\theta=\dfrac{MP}{OM}=\dfrac{3}{5}\Rightarrow\cot\theta=\dfrac{3}{4}$

$\sec\theta=\dfrac{1}{\cos\theta}=\dfrac{OP}{OM}=\dfrac{5}{4}$

$\operatorname{cosec}\theta=\dfrac{1}{\sin\theta}=\dfrac{OP}{MP}=\dfrac{5}{4}$

$\therefore$ व्यंजक $\dfrac{5\tan\theta-4\operatorname{cosec}\theta}{5\sec\theta-4\cot\theta}$ का मान

$$=\frac{5\times\frac{4}{3}-4\times\frac{5}{4}}{5\times\frac{5}{3}-4\times\frac{3}{4}}=\frac{\frac{20}{3}-5}{\frac{25}{3}-3}=\frac{5}{16}$$

**7.** $\cos\theta=\dfrac{3}{5}$

$\Rightarrow \quad \dfrac{OM}{OP}=\dfrac{3}{5}$

$\Rightarrow \quad OM=3,\ OP=5$

$MP^2=OP^2=(5)^2-(3)^2=16$

$\therefore \quad MP=4$

$\therefore \quad \tan\theta=\dfrac{\text{लम्ब (MP)}}{\text{आधार (OM)}}=\dfrac{4}{3}$

तथा $\quad \sin\theta=\dfrac{MP}{OP}=\dfrac{4}{5}$

$\therefore$ व्यंजक $\dfrac{\sin\theta\cdot\tan\theta+1}{2\tan^2\theta}$ का मान

$$=\frac{\frac{4}{5}\times\frac{4}{3}+1}{2\left(\frac{4}{3}\right)^2}=\frac{\frac{16}{15}+1}{2\times\frac{16}{9}}=\frac{\frac{31}{15}}{\frac{32}{9}}$$

$$=\frac{31}{15}\times\frac{9}{32}=\frac{93}{160}$$

**8.** $\dfrac{\cos 80^\circ}{\sin 10^\circ}+\cos 59^\circ\operatorname{cosec}31^\circ$

$$=\frac{\cos(90^\circ-10^\circ)}{\sin 10^\circ}+\cos 59^\circ\operatorname{cosec}(90^\circ-59^\circ)$$

$$=\frac{\sin 10^\circ}{\sin 10^\circ}+\cos 59^\circ.\sec 59^\circ$$

$$=\frac{\sin 10^\circ}{\sin 10^\circ}+\frac{\cos 59^\circ}{\cos 59^\circ}=1+1=2$$

**9.** $\left[\dfrac{\sin 35^\circ}{\cos 55^\circ}\right]^2+\left[\dfrac{\cos 55^\circ}{\sin 35^\circ}\right]^2-2\cos 60^\circ$

$$=\left[\frac{\sin(90^\circ-55^\circ)}{\cos 55^\circ}\right]^2+\left[\frac{\cos(90^\circ-35^\circ)}{\sin 35^\circ}\right]^2-2\cos 60^\circ$$

$$=\left[\frac{\cos 55^\circ}{\cos 55^\circ}\right]^2+\left[\frac{\sin 35^\circ}{\sin 35^\circ}\right]^2-2\cos 60^\circ$$

[$\because \sin(90^\circ-\theta)=\cos\theta$ तथा $\cos(90^\circ-\theta)=\sin\theta$]

$=(1)^2+(1)^2-2\times\dfrac{1}{2}=1 \qquad \left[\because \cos 60^\circ=\dfrac{1}{2}\right]$

**10.** $\dfrac{\tan 45^\circ}{\operatorname{cosec}30^\circ}+\dfrac{\sec 60^\circ}{\cot 45^\circ}-2\dfrac{\sin 90^\circ}{\cos 0^\circ}$

$$=\frac{1}{2}+\frac{2}{1}-\frac{2\times 1}{1}=\frac{1}{2}$$

[$\because \tan 45^\circ=1, \operatorname{cosec}30^\circ=2, \sec 60^\circ=2$
$\cot 45^\circ=1, \sin 90^\circ=1$ तथा $\cos 0^\circ=1$]

**11.**

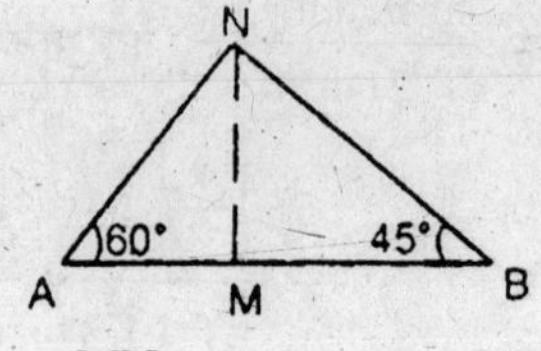


$\therefore\ \tan 60^\circ = \dfrac{MN}{AM}$ तथा $\tan 45^\circ = \dfrac{MN}{MB}$

$\therefore\ \dfrac{MN}{AM} = \sqrt{3} \Rightarrow AM = \dfrac{MN}{\sqrt{3}}$ ...(*i*)

तथा $\dfrac{MN}{MB} = 1 \Rightarrow MN = MB$ ...(*ii*)

$\because\ AB = AM + MB$

$\Rightarrow AM + MB = 100$ ...(*iii*)

समी. (*i*) व (*ii*) का मान समी. (*iii*) में रखने पर,

$$MN\left(\frac{1}{\sqrt{3}}+1\right) = 100$$

$$MN\frac{(1+\sqrt{3})}{\sqrt{3}} = 100$$

$$MN = \frac{\sqrt{3}\times 100}{\sqrt{3}+1} = \frac{\sqrt{3}\times 100}{\sqrt{3}+1}\times\frac{\sqrt{3}-1}{\sqrt{3}-1}$$

$$= \frac{\sqrt{3}\times(\sqrt{3}-1)\times 100}{3-1}$$

$$= 50\times\sqrt{3}\times(\sqrt{3}-1)$$

**12.** OM = 15 मी.

$\theta = 60^\circ$

$\therefore\ \dfrac{MP}{OM} = \tan 60^\circ$

$MP = OM \tan 60^\circ$

$= 15\times\sqrt{3}$ मी.

**13.** $\therefore\ OM = \sqrt{3}\times MP$

$\tan\alpha = \dfrac{MP}{OM}$

$= \dfrac{MP}{\sqrt{3}\,MP} = \dfrac{1}{\sqrt{3}}$

$= \tan\alpha = \tan 30^\circ \Rightarrow \alpha = 30^\circ$

**14.**

$\because\ \tan 30^\circ = \dfrac{MP}{OM} \Rightarrow OM = \sqrt{3}MP$ ...(*i*)

तथा $\tan 45^\circ = \dfrac{MP}{O_1M} \Rightarrow MP = O_1M$ ...(*ii*)

परन्तु MP = 50 मी. समी. (*ii*) से,

$\therefore\ O_1M = 50$ मी.

इसी प्रकार, $OM = \sqrt{3}\times 50$ मी.

चूँकि $OO_1 = OM - O_1M$

$\therefore\ OO_1 = 50\sqrt{3} - 50 = 50(\sqrt{3}-1)$ मी.

☆☆☆☆☆☆

# सामान्य बुद्धिमत्ता एवं तर्कशक्ति
# (General Intelligence and Reasoning)

# शृंखला (SERIES)

## भाग-I अक्षर शृंखला (Letter Series)

अक्षर शृंखला में निहित अक्षरों का एक निश्चित क्रम होता है। दी गई अक्षर शृंखला में अक्षर वर्णमाला के सीधे क्रम में भी हो सकते हैं और वर्णमाला के विपरीत क्रम में भी। यही नहीं, एक ही शृंखला में अक्षर वर्णमाला के सीधे क्रम में और वर्णमाला के विपरीत या उल्टे क्रम में अर्थात् दोनों ही अनुक्रमों में भी हो सकते हैं। शृंखला में दिए गए क्रम में कुछ अक्षर छोड़े भी गए हो सकते हैं या ऐसा भी हो सकता है कि शृंखला में कुछ अक्षरों को एकाधिक बार प्रयुक्त किया गया हो या फिर वे क्रमागत हों। शृंखला एकल भी हो सकती है और एक ही शृंखला में एकांतर क्रम में दो अलग-अलग शृंखलाएं भी निहित हो सकती हैं। अक्षर शृंखला पर आधारित प्रश्नों को हल करते समय शृंखला के पैटर्न पर ध्यान दिया जाना आवश्यक होता है।

वर्णमाला के सीधे क्रम में अक्षरों की शृंखला है :

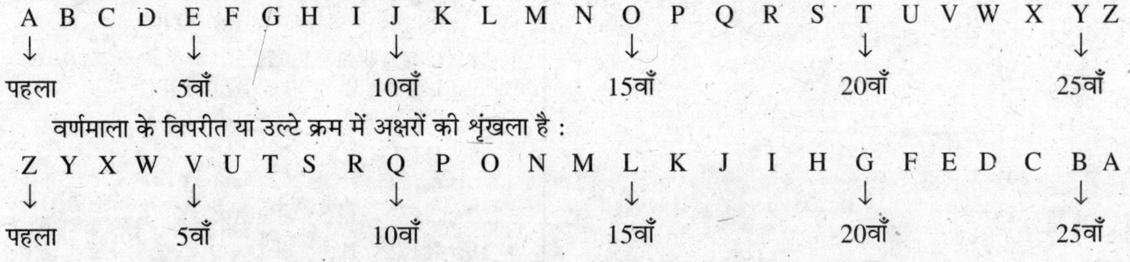


**टिप्पणी :** Z पर पहुंच कर शृंखला A से पुनः शुरू होती है और A पर पहुंच कर शृंखला Z से पुनः शुरू होती है।

## हल किए गए उदाहरण

**निर्देशः** *नीचे दी गई शृंखला में प्रश्न चिह्न को प्रतिस्थापित करने के लिए दिए गए विकल्पों में से सही अक्षर का चयन करें :*

**1.** B D F H J ?

(*a*) L (*b*) O (*c*) M (*d*) K

**उत्तर (*a*) :** शृंखला में प्रत्येक दो अक्षरों के बीच वर्णमाला के सीधे क्रम में एक अक्षर छूट गया है।

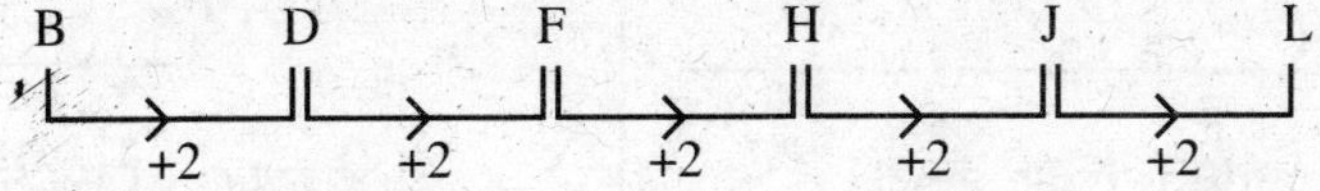

**2.** A Z B Y C ?

(*a*) D (*b*) X (*c*) U (*d*) E

**उत्तर (*b*) :** इस शृंखला में बारी-बारी से दो शृंखलाएं अंतर्निहित हैं :

शृंखला *I* : A B C (प्राकृतिक क्रम अर्थात् वर्णमाला के सीधे क्रम में क्रमागत अक्षर)

शृंखला *II* : Z Y X (वर्णमाला के विपरीत क्रम में क्रमागत अक्षर)

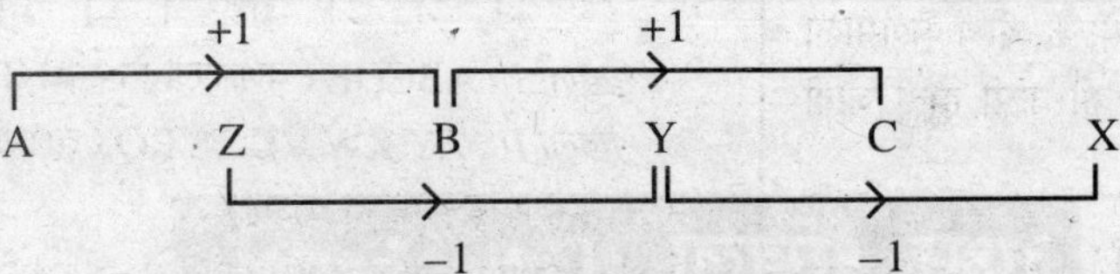


## अभ्यास

**निर्देश ( प्र.सं. 1–10 ):** *नीचे दी गई प्रत्येक शृंखला में अक्षरों का क्रम निर्धारित करें। तत्पश्चात् दिए गए विकल्पों में से उस विकल्प का चयन करें जिससे दी गई शृंखला में प्रश्न चिह्न प्रतिस्थापित होता हो।*

**1.** B Y C X D W E ?

(*a*) S (*b*) T
(*c*) U (*d*) V

**2.** A D C G E ?

(*a*) G (*b*) J
(*c*) I (*d*) L

**3.** L N P R T ?

(*a*) U (*b*) V
(*c*) W (*d*) Y

**4.** X O I F ?

(*a*) D (*b*) F
(*c*) B (*d*) E

**5.** B A F E J I P O ? U

(*a*) V (*b*) T
(*c*) S (*d*) Q

**6.** Z A A Y B B X C ?

(*a*) W (*b*) C
(*c*) V (*d*) D

**7.** A Z Y B X W C V U D T S E ?

(*a*) R S (*b*) S T
(*c*) R Q (*d*) Q R

**8.** C A B F D E I G H ?

(*a*) J L K (*b*) J K L
(*c*) L K J (*d*) L J K

**9.** B F K Q ?

(*a*) U (*b*) T
(*c*) X (*d*) Y

**10.** R K F ? B

(*a*) D (*b*) C
(*c*) E (*d*) B

## व्याख्यात्मक उत्तर

**1. (*d*) :** दी गई शृंखला में बारी-बारी से दो अक्षर शृंखलाएं अंतर्निहित हैं।

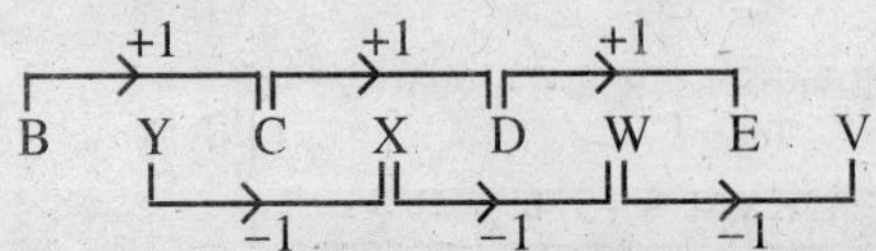


*शृंखला I* : BCDE (वर्णमला के सीधे क्रम में)

*शृंखला II* : YXWV (वर्णमाला के विपरीत क्रम में)

**2. (*b*) :** दी गई शृंखला में बारी-बारी से दो अक्षर शृंखलाएं अंतर्निहित हैं।

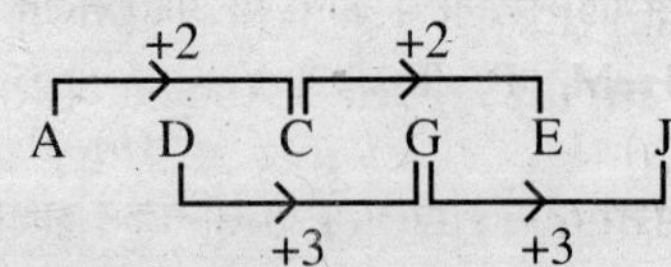


*शृंखला I* : ACE ( शृंखला +2 पैटर्न का अनुपालन करती है)

*शृंखला II* : DGJ (शृंखला +3 पैटर्न का अनुपालन करती है)

**3. (*b*) :** शृंखला +2 पैटर्न का अनुपालन करती है, अर्थात्

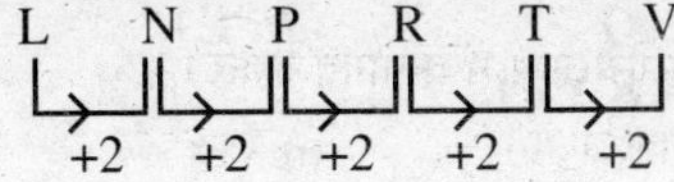


**4. (*b*) :** शृंखला में दो सन्निकट अक्षरों के बीच वर्णमाला के विपरीत क्रम में क्रमश: 3 की कमी होती जाती है, अर्थात्

X O I F F
−9 −6 −3 −0

**5. (*a*) :** शृंखला में अंग्रेजी वर्णमाला के पांच स्वर (vowel) हैं अर्थात् (AEIOU) जिनमें से प्रत्येक के पहले वर्णमाला के सीधे क्रम में उसके ठीक बाद का क्रमागत अक्षर लिखा गया है।

B A F E J I P O V U

**6. (*b*) :** शृंखला में बारी-बारी से तीन शृंखलाएं अंतर्निहित हैं जिनमें से दूसरी और तीसरी शृंखलाएं एक जैसी हैं, अर्थात्

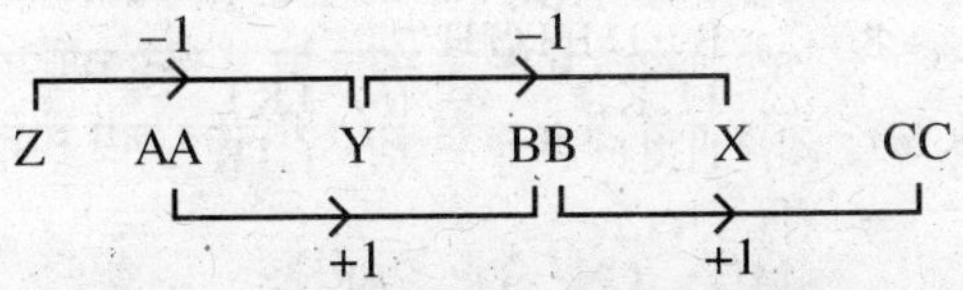


*शृंखला I* : ZYX (वर्णमाला के विपरीत क्रम में)

*शृंखला II और III* : ABC (वर्णमाला के सीधे क्रम में) अक्षर 'C' शृंखला II और III में उभयनिष्ठ है।

**7. (*c*) :** शृंखला में बारी-बारी से दो शृंखलाएं अंतर्निहित हैं।

+1 +1 +1 +1
A Z Y B X W C V U D T S E R Q
−1 −1 −1 −1 −1 −1 −1 −1 −1

*शृंखला I* : ABCDE (वर्णमाला के सीधे क्रम में)

*शृंखला II* : ZY XW VU TS RQ (वर्णमाला के विपरीत क्रम में एक साथ दो अक्षर)

**8. (*d*) :** वर्णमाला के सीधे क्रम में 3 अक्षरों के समूह से एक खंड निर्मित होता है। प्रत्येक खंड में 3 अक्षरों के समूह में पहला अक्षर बीच में है जिसकी दाहिनी ओर उसका क्रमागत अक्षर है तथा तीसरा क्रमागत अक्षर बीच के अक्षर की बायीं ओर अवस्थित है।

CAB FDE IGH LJK

**9. (*c*) :** शृंखला में दो सन्निकट अक्षरों के बीच अंतर में प्रत्येक चरण में एक की वृद्धि होती जाती है।

B F K Q X
+4 +5 +6 +7

**10. (*b*) :** शृंखला में दो क्रमागत अक्षरों के बीच वर्णमाला के विपरीत क्रम में अंतर में क्रमश: 2 की कमी होती जाती है।

R K F C B
−7 −5 −3 −1

## भाग-II गलत या बेमेल अक्षर-शृंखला (Wrong Letter Series)

इस प्रकार के प्रश्नों में दी गई शृंखला में अभ्यर्थियों को ऐसे अक्षर या अक्षर-समूह ज्ञात करने की आवश्यकता नहीं होती जिनसे दी गई शृंखला पूर्ण होती है बल्कि उन्हें ऐसे अक्षर का पता लगाना होता है जो शृंखला में गलत या बेमेल हो।

### हल किए गए उदाहरण

दी गई शृंखला में कौन-सा अक्षर गलत या बेमेल है?

J M P T V Y

(*a*) J (*b*) P (*c*) T (*d*) Y

**उत्तर (*c*) :** शृंखला में दो सन्निकट अक्षरों के बीच वर्णमाला के क्रम में +3 का अंतर है।

J M P S V Y
+3 +3 +3 +3 +3

अत: अक्षर T के स्थान पर S होना चाहिए।

## अभ्यास

**निर्देश (प्र.सं. 1–10):** *नीचे के प्रत्येक प्रश्न में दी गई अक्षर-शृंखला में कौन-सा अक्षर या अक्षर-समूह गलत या बेमेल है?*

**1.** AEHOU
(*a*) U (*b*) O
(*c*) H (*d*) E

**2.** CHMSWB
(*a*) C (*b*) S
(*c*) B (*d*) W

**3.** XSNICY
(*a*) Y (*b*) C
(*c*) S (*d*) I

**4.** ZAWBXC
(*a*) D (*b*) C
(*c*) X (*d*) W

**5.** MLONQPR
(*a*) R (*b*) O
(*c*) Q (*d*) L

**6.** DKRYFL
(*a*) L (*b*) D
(*c*) R (*d*) Y

**7.** LNQTWZCF
(*a*) C (*b*) Q
(*c*) L (*d*) F

**8.** XW, DC, CB, NM, PQ
(*a*) NM (*b*) CB
(*c*) PQ (*d*) XW

**9.** BEINSAI
(*a*) A (*b*) E
(*c*) S (*d*) I

**10.** ZTPKHF
(*a*) Z (*b*) P
(*c*) T (*d*) F

## व्याख्यात्मक उत्तर

**1. (*c*):** शृंखला अंग्रेजी वर्णमाला के केवल स्वरों AEIOU से निर्मित है। अत: H के स्थान पर I होना चाहिए।

**2. (*b*):** शृंखला में दो सन्निकट अक्षरों के बीच वर्णमाला के सीधे क्रम में +5 का अंतर है।

C H M R W B
+5 +5 +5 +5 +5

अत: शृंखला में S के स्थान पर R होना चाहिए।
(शृंखला Z पर पहुंचने के बाद A से पुन: शुरू होती है।)

**3. (*b*):** शृंखला में दो सन्निकट अक्षरों के बीच वर्णमाला के उल्टे क्रम में –5 का अंतर है।

X S N I D Y
–5 –5 –5 –5 –5

अत: C के स्थान पर D होना चाहिए।

**4. (*d*):** दी गई शृंखला में दो शृंखलाएं अंतर्निहित हैं :

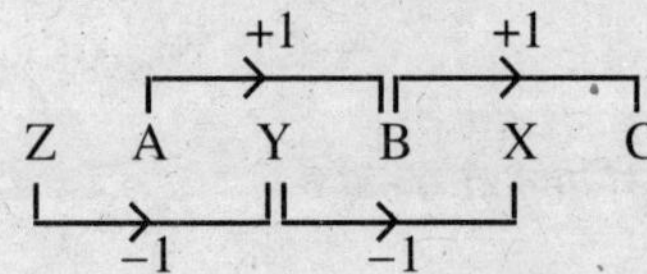


*शृंखला I* : ZYX (वर्णमाला के विपरीत क्रम में)
*शृंखला II* : ABC (वर्णमाला के सीधे क्रम में)
अत: शृंखला में W के स्थान पर Y होना चाहिए।

**5. (*a*):** शृंखला में दो क्रमागत अक्षर विपरीत क्रम में लिखे गए हैं।

ML ON QP SR

अत: शृंखला में R के स्थान पर S होना चाहिए।

**6. (*a*):** शृंखला में दो सन्निकट अक्षरों के बीच +7 का अंतर है।

D K R Y F M
+7 +7 +7 +7 +7

अत: शृंखला में L के स्थान पर M होना चाहिए।

**7. (*c*):** शृंखला में दो सन्निकट अक्षरों के बीच +3 का अंतर है।

K N Q T W Z C F
+3 +3 +3 +3 +3 +3 +3

अत: L के स्थान पर K होना चाहिए।

**8. (*c*):** शृंखला कोई भी दो क्रमागत अक्षरों को वर्णमाला के विपरीत क्रम में शामिल करके निर्मित की गई है।

XW DC CB NM QP
← ← ← ← ←

अत: शृंखला में P से पहले Q आना चाहिए।

**9. (*c*) :** शृंखला में प्रत्येक चरण में दो सन्निकट अक्षरों के बीच अंतर में एक की वृद्धि होती जाती है।

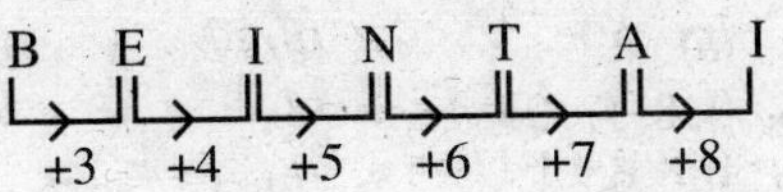


अत: शृंखला में S के स्थान पर T होना चाहिए।

**10. (*b*) :** वर्णमाला के विपरीत क्रम में लिखी गई इस शृंखला में प्रत्येक चरण में दो सन्निकट अक्षरों के बीच अंतर में एक की कमी होती जाती है।

Z T O K H F
−6 −5 −4 −3 −2

अत: P के स्थान पर O होना चाहिए।

# भाग-III संख्या-शृंखला (Number Series)

इस प्रकार की शृंखला में दी गई संख्याओं के समुच्चय एक दूसरे से एक विशेष पैटर्न या रुप में संबंधित होते हैं। संख्याओं के बीच संबंध *(i)* क्रमागत विषम/सम संख्याओं; *(ii)* क्रमागत अविभाज्य संख्याओं; *(iii)* किसी संख्या (या संख्याओं) का वर्गफल/घनफल जिसमें किसी संख्या को जोड़ने या घटाने पर परिवर्तन होता है/नहीं होता; *(iv)* पूर्ववर्ती संख्याओं का योग/गुणनफल/अंतर; *(v)* किसी संख्या से योग/घटाव/गुणा/भाग; और *(vi)* उपर्युक्त संबंधों के अनेक और भी संयोजनों पर आधारित होता है।

## हल किए गए उदाहरण

**1.** नीचे दी गई संख्या-शृंखला को पूरा करने के लिए कौन-सा विकल्प उपयुक्त है?

4, 8, 12, 16, ?

(*a*) 18 (*b*) 20 (*c*) 22 (*d*) 24

**उत्तर (*b*):** शृंखला में अंतर्निहित संख्याएं 4 की गुणज (multiples) हैं। शृंखला में अंतर्निहित अवयवों की एक अन्य व्याख्या यह है कि शृंखला की दो आनुक्रमिक संख्याओं के बीच 4 का अंतर है।

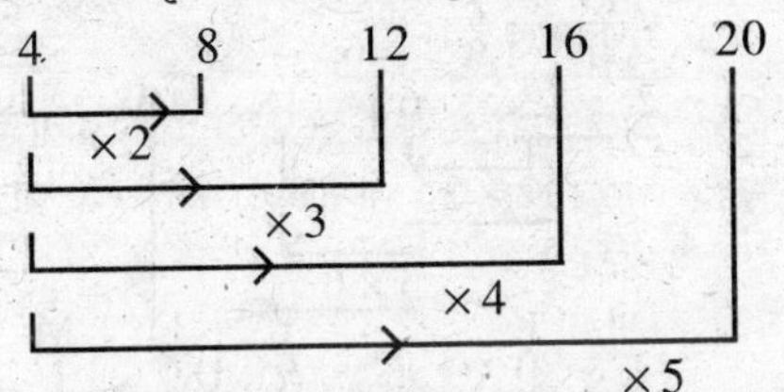


या

4 8 12 16 20
+4 +4 +4 +4

**2.** दी गई शृंखला में प्रश्न चिह्न के स्थान पर क्या होगा?

2, 14, 98, 686, ?

(*a*) 1976 (*b*) 2548 (*c*) 980 (*d*) 4802

**उत्तर (*d*) :** शृंखला में अंतर्निहित संख्याएं 7 की गुणज हैं।

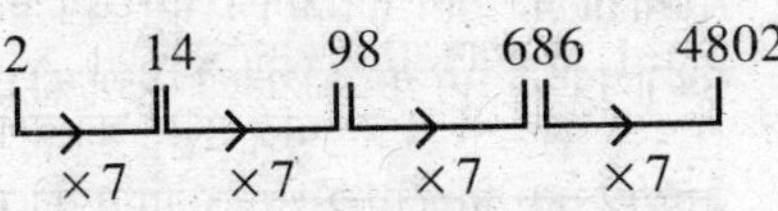


*(किसी दी गई संख्या-शृंखला में बारी-बारी से एकाधिक शृंखलाएं भी अंतर्निहित हो सकती हैं।)*

## अभ्यास

**निर्देश ( प्र.सं. 1–10 ):** *शृंखलाओं को पूरा करने के लिए दिए गए विकल्पों में से लुप्त पद/संख्या ज्ञात करें।*

**1.** 3, 9, 27, 81, 243, ?
(*a*) 486 (*b*) 729
(*c*) 972 (*d*) 359

**2.** 1, 6, 12, 19, 27, ?
(*a*) 38 (*b*) 35
(*c*) 36 (*d*) 54

**3.** 8, 48, 16, 96, 32, ?
(*a*) 192 (*b*) 150
(*c*) 64 (*d*) 288

**4.** 2, 3, 6, 18, 108, ?
(*a*) 1944 (*b*) 1658
(*c*) 648 (*d*) 1008

**5.** 1, 2, 3, 2, 3, 5, 4, 5, ?
(*a*) 9 (*b*) 6
(*c*) 10 (*d*) 7

**6.** 3, 8, 13, 24, 41, ?
(*a*) 65 (*b*) 75
(*c*) 70 (*d*) 80

**7.** 0, 8, 24, 48, 80, ?
(*a*) 110 (*b*) 96
(*c*) 120 (*d*) 140

**8.** 0, 5, 22, 57, ?, 205
(*a*) 198 (*b*) 116
(*c*) 172 (*d*) 92

**9.** 6, 9, 18, 45, 126, 369, ?
(*a*) 1059 (*b*) 1095
(*c*) 1098 (*d*) 1089

**10.** 1, 2, 5, 12, 27, 58, 121, ?
(*a*) 246 (*b*) 247
(*c*) 248 (*d*) 249

## व्याख्यात्मक उत्तर

**1. (*b*) :** शृंखला में निहित संख्याओं को अगली संख्या प्राप्त करने के लिए 3 से गुणा किया गया है।

**2. (*c*) :** शृंखला के आरंभिक पदों अर्थात् 1 और 6 के बीच 5 का अंतर है और तत्पश्चात् शृंखला की आनुक्रमिक संख्याओं के बीच अंतर में क्रमशः 1 की वृद्धि होती जाती है।

1 6 12 19 27 36
+5 +6 +7 +8 +9

**3. (*a*) :** *व्याख्या I* : शृंखला में पहले 6 से गुणा करने और तत्पश्चात् 3 से भाग करने का पैटर्न अपनाया गया है जिसकी पुनरावृत्ति होती है।

8 48 16 96 32 192
×6 ÷3 ×6 ÷3 ×6

*व्याख्या II* : शृंखला में बारी-बारी से दो शृंखलाएं अंतर्निहित हैं और प्रत्येक शृंखला में पहले की संख्या को 2 से गुणा करने पर आनुक्रमिक संख्या प्राप्त होती है।

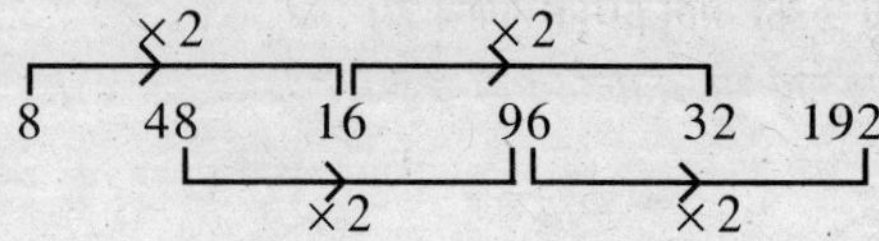


*शृंखला I* : 8, 16, 32

*शृंखला II* : 48, 96, 192

**4. (*a*) :** शृंखला में हर तीसरी संख्या पूर्ववर्ती दो संख्याओं का गुणनफल है।

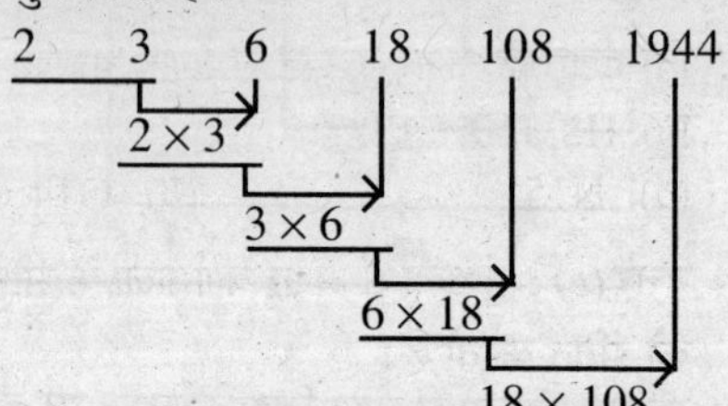


**5. (*a*) :** इस शृंखला में तीन संख्याओं से एक समुच्चय निर्मित होता है जिनमें से प्रत्येक समुच्चय में पहली दो संख्याएं सीधे क्रम में हैं तथा तीसरी संख्या पहली और दूसरी संख्याओं का योग है। अगले समुच्चय की पहली संख्या पूर्ववर्ती समुच्चय की पहली संख्या की दोगुनी है।

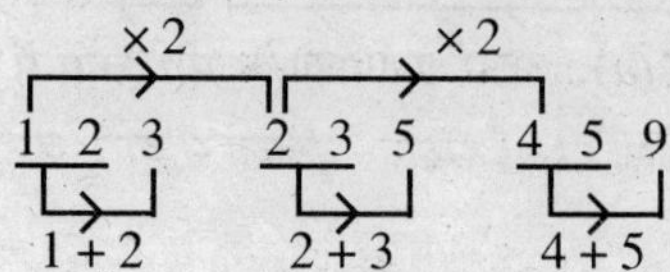

**6. (*c*) :** शृंखला में निम्नलिखित पैटर्न का अनुपालन किया जाता है :
(दी गई संख्या + अगली संख्या) +2 से आरंभ करके प्रत्येक चरण में 1 की वृद्धि करते हुए क्रमागत प्राकृतिक संख्या का योग :

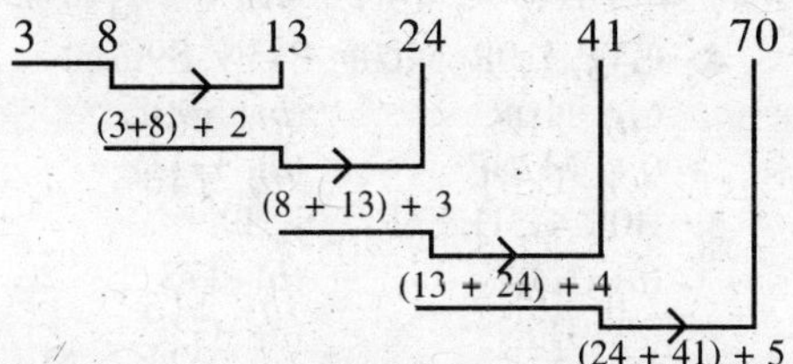


**7. (*c*) :** शृंखला की संख्याएं प्राकृतिक क्रम में दो सम संख्याओं का गुणनफल हैं, अर्थात्

| 0 | 8 | 24 | 48 | 80 | 120 |
|---|---|---|---|---|---|
| ↓ | ↓ | ↓ | ↓ | ↓ | ↓ |
| (0 × 2) | (2 × 4) | (4 × 6) | (6 × 8) | (8 × 10) | (10-× 12) |

**8. (*b*) :** शृंखला निम्नलिखित पैटर्न का अनुपालन करती है : 1 से आरंभ करके प्राकृतिक संख्याओं का घनफल घटा 1 से आरंभ करके एकांतर विषम संख्याएं

| 0 | 5 | 22 | 57 | 116 | 205 |
|---|---|---|---|---|---|
| ↓ | ↓ | ↓ | ↓ | ↓ | ↓ |
| $1^3-1$ | $2^3-3$ | $3^3-5$ | $4^3-7$ | $5^3-9$ | $6^3-11$ |

**9. (*c*) :** शृंखला की आनुक्रमिक संख्याओं के बीच अंतर 3 की घात में वृद्धि के साथ बढ़ता है।

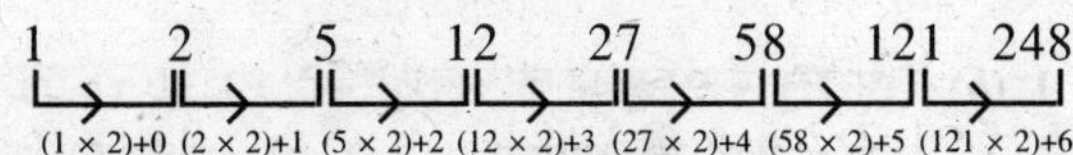


**10. (*c*) :** शृंखला में निहित संख्या को 2 से गुणा करके 0 से आरंभ करके प्राकृतिक क्रम में संख्याओं को जोड़ने पर अगली संख्या प्राप्त होती है।

1 2 5 12 27 58 121 248

(1 × 2)+0 (2 × 2)+1 (5 × 2)+2 (12 × 2)+3 (27 × 2)+4 (58 × 2)+5 (121 × 2)+6

## भाग-IV मिश्रित-शृंखला (Mixed Series)

मिश्रित-शृंखला में अक्षरों और संख्याओं का संयोजन होता है। इस प्रकार की शृंखला में अक्षरों और संख्याओं का एक सर्वनिष्ठ पैटर्न या अलग-अलग अनुक्रम पैटर्न हो सकता है।

### हल किए गए उदाहरण

**1.** निम्नलिखित अक्षर-संख्या संयोजन शृंखला में प्रश्न चिह्न के स्थान पर क्या आएगा?
F6, H8, J10, L12, ?
(*a*) N15 (*b*) O14 (*c*) N14 (*d*) O13

**उत्तर (*c*) :** शृंखला में अक्षर वर्णमाला के सीधे क्रम में दो स्थान आगे की ओर बढ़ते हैं तथा संख्या वर्णमाला में अक्षरों के स्थान को इंगित करती है।

F6 H8 J10 L12 N14

+2 +2 +2 +2

**2.** दिए गए विकल्पों में से कौन-सा विकल्प निम्नलिखित शृंखला को पूरा करता है?
R(2)S, T(4)U, V(6)W, ?
(*a*) X(8)Y (*b*) Y(10)Z (*c*) Z(8)A (*d*) Y(6)Z

**उत्तर (*a*) :** अक्षर वर्णमाला के सीधे क्रम में हैं जबकि संख्याएं 2 की आनुक्रमिक गुणज हैं।

## अभ्यास

**निर्देश ( प्र.सं. 1–3 ):** *नीचे की प्रत्येक शृंखला में प्रश्न चिह्न के स्थान पर क्या आएगा?*

**1.** 2B, 4C, 8E, 14H, ?
(*a*) 20L (*b*) 22L
(*c*) 21I (*d*) 16K

**2.** W(1)A, X(4)Z, Y(9)Y, ?, A(25)W
(*a*) X(11)Z (*b*) Z(21)A
(*c*) Z(16)X (*d*) Z(14)X

**3.** D2, I3, N6, S18, ?
(*a*) V72 (*b*) W36
(*c*) Y90 (*d*) X108

**निर्देश ( प्र.सं. 4 और 5 ):** *नीचे की प्रत्येक अक्षर-संख्या शृंखला में कौन-सा पद बेमेल/शृंखला में उपयुक्त नहीं है?*

**4.** G4T, J10R, M20P, P43N, S90L
(*a*) J10R (*b*) S90L
(*c*) M20P (*d*) G4T

**5.** B0R, G3U, E3P, J7S, H9N
(*a*) E3P (*b*) J7S
(*c*) H9N (*d*) G3U

## व्याख्यात्मक उत्तर

**1. (*b*) :** शृंखला में संख्याओं का अनुक्रम +2, +4, +6 +8 का तथा अक्षरों का अनुक्रम +1, +2, +3, +4 का है।

**2. (*c*) :** शृंखला में दिए गए समूहों में बायीं ओर के अक्षर वर्णमाला के विपरीत क्रम में हैं और दाहिनी ओर के अक्षर वर्णमाला के सीधे क्रम में हैं तथा संख्याएं 1 से आरंभ करके प्राकृतिक क्रम में क्रमागत संख्याओं के वर्ग हैं।

**3. (*d*) :** अक्षर +5 पैटर्न का अनुपालन करते हैं और हर तीसरी संख्या अपनी पूर्ववर्ती दो संख्याओं का गुणनफल है।

**4. (*a*) :** शृंखला में दिए गए समूहों में बायीं ओर के अक्षर +3 पैटर्न का, दायीं ओर के अक्षर –2 पैटर्न का अनुपालन करते हैं तथा संख्याओं द्वारा $(4 \times 2) + 1$, $(9 \times 2) + 2$, $(20 \times 2) + 3$, $(43 \times 2) + 4$ पैटर्न का अनुपालन किया जाता है। अत: J10R के स्थान पर शृंखला में J9R होना चाहिए।

**5. (*b*) :** शृंखला के दिए गए समूहों में बायीं ओर के अक्षर +5, –2 (5 चरण आगे, 2 चरण पीछे) पैटर्न का अनुपालन करते हैं जिसकी आगे भी पुनरावृत्ति होती है। समूहों में दायीं ओर +3, –5 (3 चरण आगे, 5 चरण पीछे) पैटर्न का अनुपालन किया जाता है जिसकी पुनरावृत्ति होती है। शृंखला की संख्याएं शृंखला में अपने पूर्ववर्ती दो संख्याओं के योग के बराबर हैं। अत: J7S के स्थान पर J6S होना चाहिए।

# सादृश्य या संबंध

# (ANALOGIES OR RELATIONSHIPS)

## भाग-I शब्द सादृश्य (Word Analogy)

संबंध या सादृश्य परीक्षा में दिए गए दो शब्दों के बीच संबंध स्थापित किया जाता है और उसी संबंध को दिए गए अन्य शब्दों पर अनुप्रयुक्त किया जाता है। दिए गए दो शब्दों के बीच विभिन्न प्रकार के संबंध हो सकते हैं, अत: इस प्रकार के प्रश्नों को हल करते समय सर्वप्रथम यह ज्ञात करना होता है कि दिए गए दो शब्दों के बीच किस प्रकार का संबंध है। शब्दों के बीच विभिन्न संबंधों पर नीचे चर्चा की गई है :

### हल किए गए उदाहरण

1. क्रिया-साधन संबंध **(Action Object Relationship)**

**उदाहरण :** जैसे गोली चलाना और 'बंदूक' का संबंध है उसी प्रकार 'खाने' से किसका संबंध है?

(*a*) भूख (*b*) प्यास (*c*) रात्रि-भोज (*d*) फल

**उत्तर (*d*) :** दिए गए शब्दों के बीच संबंध यह है कि गोली चलाना एक क्रिया है और 'बंदूक' उस क्रिया को करने का एक विशिष्ट साधन या उपकरण है। इसी प्रकार 'खाना' एक क्रिया है और 'फल' इस क्रिया को करने अर्थात् खाने का साधन या उपकरण है।

2. **साहचर्य संबंध (Association Relationship)**

**उदाहरण :** जो संबंध 'ग्लैमर' और 'प्रसिद्धि' में है, ठीक वैसा ही संबंध 'रंग' का किससे है?

(*a*) इंद्रधनुष (*b*) छाया (*c*) कला (*d*) चित्रकारी

**उत्तर (*d*) :** जिस प्रकार ग्लैमर से प्रसिद्धि प्राप्त होती है उसी प्रकार 'रंग' से चित्रकारी की जाती है।

3. **विपर्याय ( विलोम ) संबंध (Antonym Relationship)**

**उदाहरण :** अंतर्मुखी : बहिर्मुखी

(*a*) कोण : स्पर्श रेखा (*b*) चरम : अंतरिम (*c*) प्रतिकूल : अनुकूल (*d*) क्रिया : नियम

**उत्तर (*c*) :** संबंधित शब्द विपरीतार्थक हैं।

4. **कार्य-कारण संबंध (Cause and Effect Relationship)**

**उदाहरण :** चोट : दर्द

(*a*) कोटि : योग्यता (*b*) बादल गरजना : बिजली चमकना

(*c*) घूमाना : बिलोना (*d*) धन : परिश्रम

**उत्तर (*b*) :** जिस प्रकार चोट के कारण दर्द होता है उसी प्रकार बादल गरजने के कारण बिजली चमकती है।

**5. कोटि या अंश संबंध (Degree Relationship)**

**उदाहरण :** गुनगुना का जो संबंध 'गरम' से वही संबंध बिलखना या विलाप करने का किससे है?

(*a*) सिसकना (*b*) चिल्लाना (*c*) मुस्कराना (*d*) शांत रहना

**उत्तर (*a*) :** 'गुनगुना' का अर्थ है 'थोड़ा गरम'। इसी प्रकार बिलखने या विलाप करने की निम्न कोटि है 'सिसकना'।

## अभ्यास

**निर्देश ( प्र.सं. 1–5 ):** *पूछे गए प्रत्येक प्रश्न में पहले दिए गए दो शब्दों के बीच संबंध स्थापित करें। तत्पश्चात् दिए गए विकल्पों में से उस विकल्प का चयन करें जिसके शब्द और प्रश्न में दिए गए तीसरे शब्द के बीच ठीक वैसा ही संबंध या सादृश्य हो जैसा कि पहले के दो शब्दों के बीच है।*

**1.** जो संबंध 'उन्माद' और 'सनक' में है वही संबंध 'भय' और निम्नलिखित में से किसमें है?

(*a*) इच्छा (*b*) शौक

(*c*) आवश्यकता (*d*) डर

**2.** 'हकलाना' जिस प्रकार 'वाणी' से संबंधित है उसी प्रकार 'बहरापन' का संबंध निम्नलिखित में से किससे है?

(*a*) कान (*b*) सुनना

(*c*) शोर (*d*) चुप्पी

**3.** जिस प्रकार 'नेता', 'अनुयायी' से संबंधित है, उसी प्रकार .... संबंधित है सिपाही से।

(*a*) कैप्टन (*b*) यूनिट

(*c*) सेना (*d*) बैरक

**4.** जिस प्रकार 'चिल्लाहट', 'फुसफुसाहट' से संबंधित है, उसी प्रकार 'मारना' निम्नलिखित में से किससे संबंधित है?

(*a*) थप्पड़ मारने (*b*) छूना

(*c*) क्रोध (*d*) शोरगुल

**5.** जिस प्रकार 'पंजा', 'बिल्ली' से संबंधित है उसी प्रकार 'खुर' निम्नलिखित में से किससे संबंधित है?

(*a*) घोड़ा (*b*) मेमना

(*c*) हाथी (*d*) शेर

**निर्देश ( प्र.सं. 6–10 ):** *नीचे दिए गए प्रत्येक प्रश्न में :: चिह्न की बाईं ओर दो शब्द दिए गए हैं। इन दोनों शब्दों में कुछ संबंध है। वैसा ही संबंध :: चिह्न की दाईं ओर के दो शब्दों में है जिनमें से एक शब्द के स्थान पर प्रश्नवाचक चिह्न ( ?) है। प्रश्नवाचक चिह्न ( ?) के स्थान पर दिए गए विकल्पों में से एक उपयुक्त विकल्प का चयन करें।*

**6.** शिकारी : बंदूक :: लेखक : ?

(*a*) पुस्तक (*b*) कलम

(*c*) कविता (*d*) पृष्ठ

**7.** भोजन : आमाशय :: ईंधन : ?

(*a*) इंजन (*b*) ऑटोमोबाइल

(*c*) रेल (*d*) वायुयान

**8.** जल : रेत :: महासागर : ?

(*a*) द्वीप (*b*) नदी

(*c*) मरुभूमि (*d*) तरंगें

**9.** वयस्क : बच्चा :: फूल : ?

(*a*) बीज (*b*) कली

(*c*) फल (*d*) तितली

**10.** मोती : कंठहार :: फूल : ?

(*a*) पौधा (*b*) बगीचा

(*c*) पँखुड़ी (*d*) गुलदस्ता

## व्याख्यात्मक उत्तर

**1. (*d*) :** संबंधित शब्द पर्यायवाची हैं।

**2. (*b*) :** 'वाणी' के दोष से 'हकलाने' की समस्या उत्पन्न होती है जबकि 'सुनने' में कठिनाई से 'बहरापन' उत्पन्न होता है।

**3. (*a*) :** जिस प्रकार 'अनुयायी' अपने 'नेता' से मार्गदर्शन प्राप्त करते हैं उसी प्रकार 'सिपाही' को अपने 'कैप्टन' से मार्गदर्शन प्राप्त होता है।

**4. *(b)* :** 'चिल्लाहट' की तीव्रता में अत्यधिक कमी कर दी जाए तो वह 'फुसफुसाहट' का रूप ले लेती है और यदि 'मारने' की तीव्रता कम कर दी जाए तो वैसी क्रिया 'छूना' मात्र रह जाएगी।

**5. *(a)* :** 'बिल्ली' के 'पैर में' 'पंजा' होता है जबकि 'घोड़ा' के पैर में 'खुर' होता है।

**6. *(b)* :** 'शिकारी' का हथियार 'बंदूक' है और 'लेखक' का हथियार 'कलम' है।

**7. *(a)* :** 'भोजन', 'आमाशय' में पचता है और 'ईंधन' की खपत 'इंजन' में होती है।

**8. *(c)* :** संबंधित शब्द एक दूसरे के लगभग विपरीतार्थक शब्द हैं।

**9. *(b)* :** 'बच्चा' विकसित होकर 'वयस्क' बनता है और 'कली' खिलकर 'फूल' बनती है।

**10. *(d)* :** बहुत से मोतियों को मिला कर 'कंठहार' और बहुत से फूलों को मिलाकर 'गुलदस्ता' बनाया जाता है।

## भाग-II अक्षर सादृश्य (Letter Analogy)

इस प्रकार के सादृश्य में अक्षरों के दो दिए गए समुच्चयों के बीच संबंध स्थापित किया जाता है और तत्पश्चात् अक्षरों के दिए गए तीसरे समुच्चय पर पहले दो अक्षर समुच्चयों के बीच के संबंध को अनुप्रयुक्त करके अक्षरों के चौथे अपेक्षित समुच्चय को ज्ञात किया जाता है। दिए गए दो अक्षर समुच्चयों में से पहले समुच्चय के अक्षरों को कुछ चरण आगे या पीछे करके, संपूर्ण समुच्चय के अक्षरों को या समुच्चय के कुछ अक्षरों को उलटे क्रम में लिखकर दूसरे समुच्चय के अक्षरों को प्राप्त किया जा सकता है।

### हल किए गए उदाहरण

**निर्देश:** *दिए गए विकल्पों में से कौन-सा अक्षर-समूह प्रश्नचिह्न ( ?) के स्थान पर आएगा?*

**1.** JILK : KLIJ : : MNPQ : ?

(*a*) QNPM (*b*) MPQN (*c*) QPNM (*d*) PNMQ

**उत्तर (*c*) :** :: की बायीं ओर के अक्षर-समूहों में से पहले अक्षर-समूह के अक्षरों को विपरीत क्रम में लिखकर दूसरा अक्षर-समूह प्राप्त किया गया है। यही संबंध :: की दाहिनी ओर के दिए गए अक्षर समूह के अक्षरों पर अनुप्रयुक्त करने पर अपेक्षित अक्षर-समूह प्राप्त होता है।

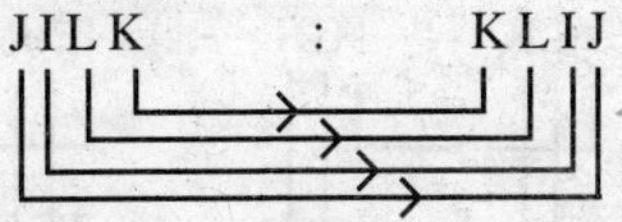


**2.** FLO : DOL : : RDP : ?

(*a*) PGM (*b*) MGP (*c*) GMP (*d*) MPG

**उत्तर (*a*) :** पहले और तीसरे अक्षरों को क्रमशः –2 और –3 चरण पीछे खिसका कर और दूसरे अक्षर को +3 चरण आगे बढ़ा कर :: चिह्न की बायीं ओर का दूसरा अक्षर समुच्चय प्राप्त होता है। यही संबंध :: चिह्न की दायीं ओर के पहले अक्षर समुच्चय पर लगाने पर प्रश्न चिह्न के स्थान पर अक्षर समुच्चय प्राप्त होता है।

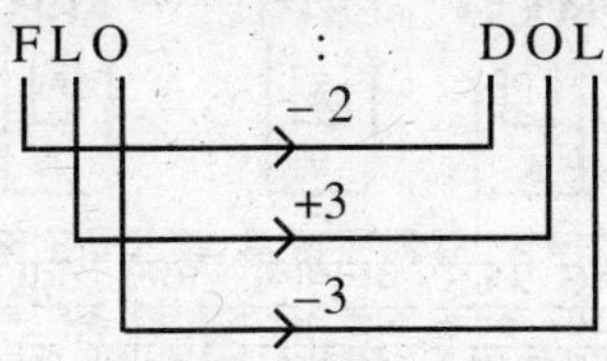


**3.** DumB : BonD : : RusT : ?

(*a*) MOst (*b*) TeNt (*c*) PaTH (*d*) WorK

**उत्तर (*d*) :** प्रत्येक समूह में सिरों पर स्थित दो अक्षर अंग्रेजी वर्णमाला के बड़े अक्षर हैं।

## अभ्यास

**निर्देश ( प्र.सं. 1–10 ):** *नीचे के प्रत्येक प्रश्न में एक लुप्त पद है। प्रश्न में :: चिह्न की बायीं ओर के दो अक्षर-समूहों में जो समानता या सादृश्य है वैसी ही समानता या सादृश्य :: चिह्न की दायीं ओर के दो अक्षर समूहों में है जिनमें से एक अक्षर समूह के स्थान पर प्रश्नवाचक चिह्न ( ?) लगा है। प्रश्नवाचक चिह्न ( ?) के स्थान पर लुप्त पद ज्ञात करें।*

**1.** GFC : CFG : : RPJ : ?
(*a*) JRP (*b*) JPR
(*c*) PJR (*d*) RJP

**2.** BCF : DEG : : MNQ : ?
(*a*) OPR (*b*) PQS
(*c*) OPP (*d*) QRT

**3.** NATION : ANITNO : : HUNGRY : ?
(*a*) HNUGRY (*b*) UNHGYR
(*c*) YRNGUH (*d*) UHGNYR

**4.** ACE : FGH : : LNP : ?
(*a*) QRS (*b*) PQR
(*c*) QST (*d*) MOQ

**5.** BOQD : ERTG : : ANPC : ?
(*a*) DQSF (*b*) FSHU
(*c*) SHFU (*d*) DSQF

**6.** BCDA : STUR : : KLMJ : ?
(*a*) VWXU (*b*) EFHG
(*c*) SRTU (*d*) QSRP

**7.** RUX : TRP : : BEH : ?
(*a*) SQN (*b*) QON
(*c*) QOM (*d*) QNL

**8.** BCDE : WVUT : : QRST : ?
(*a*) EFHG (*b*) JIHG
(*c*) POML (*d*) GEDC

**9.** AKU : AJS : : CRD : ?
(*a*) BQE (*b*) CQB
(*c*) DSB (*d*) APC

**10.** ODL : LOD : : PWN : ?
(*a*) WNP (*b*) NWP
(*c*) NPW (*d*) NMP

## व्याख्यात्मक उत्तर

**1. (*b*) :** पहले समूह के अक्षरों को उलटे क्रम में लिखने पर दूसरा अक्षर-समूह प्राप्त होता है।

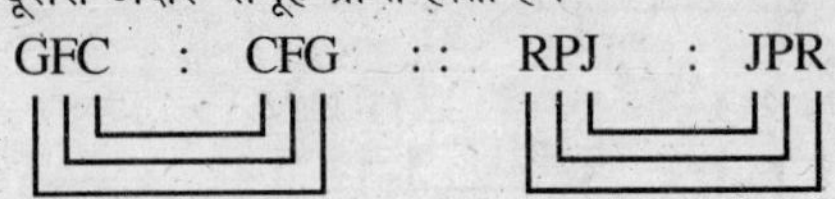


**2. (*a*) :** पहले और दूसरे समूह के तीनों अक्षरों के बीच वर्णमाला के सीधे क्रम में क्रमशः +2, +2 और +1 चरणों का अंतर है।

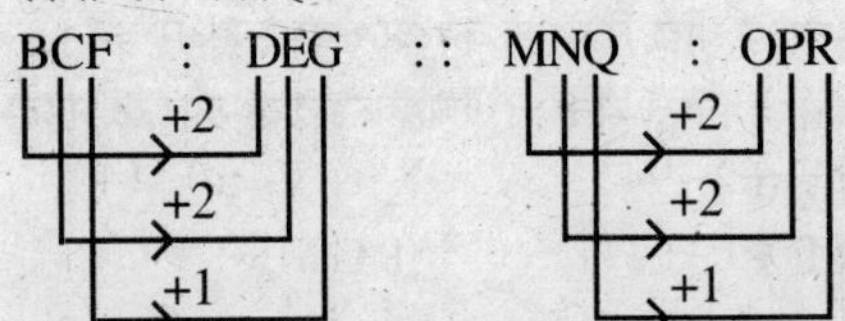


**3. (*d*) :** पहले समूह के अक्षरों को दो-दो अक्षरों के खंडों में विभाजित करके प्रत्येक खंड के अक्षरों को उल्टे क्रम में लिखने पर दूसरा अक्षर-समूह प्राप्त होता है।

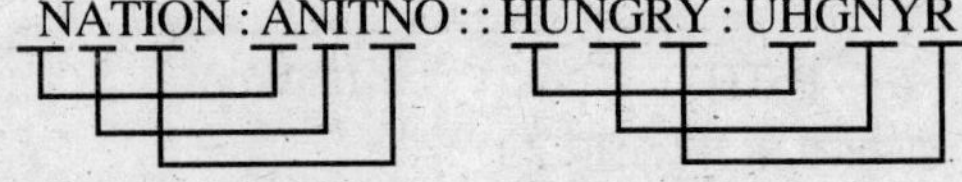


**4. (*a*) :** पहले और दूसरे समूह के तीनों अक्षरों के बीच वर्णमाला के सीधे क्रम में क्रमशः +5, +4, +3 चरणों का अंतर है।

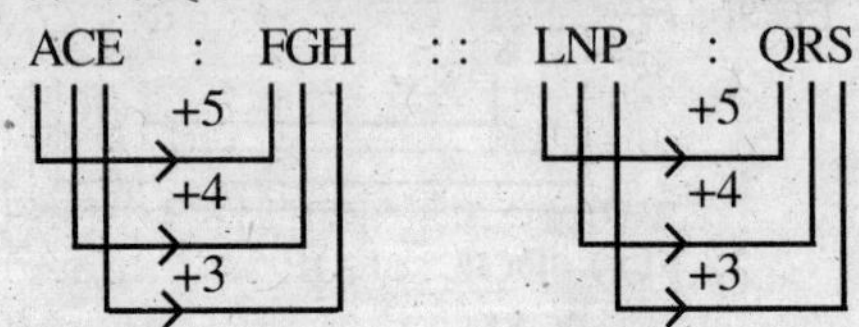


**5. (*a*) :** प्रत्येक अक्षर समूह में पहले और चौथे अक्षरों के बीच एक अक्षर छूटा हुआ है तथा दूसरे और तीसरे अक्षरों के बीच भी एक अक्षर छूटा हुआ है।

BOQD : ERTG : : ANPC : DQSF

P C   S F   O B   R E

**6. (*a*) :** प्रत्येक अक्षर समूह में पहले तीन अक्षर क्रमागत हैं और उनके बाद अनुक्रम का आरंभिक चौथा अक्षर लिखा गया है।

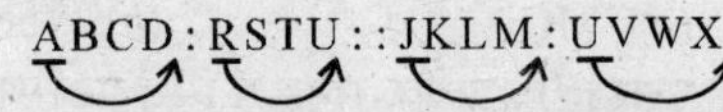

**7. (c) :** पहले समूह के अक्षरों में +3 का और दूसरे समूह के अक्षरों में –2 का अंतर है।

RUX : TRP :: BEH : QOM

+3 +3   –2 –2   +3+3   –2 –2

**8. (b) :** पहले अक्षर–समूह के आनुक्रमिक अक्षर वर्णमाला के सीधे क्रम में हैं और दूसरे अक्षर समूह के आनुक्रमिक अक्षर वर्णमाला के उलटे क्रम में हैं।

BCDE → : WVUT ← :: QRST → : JIHG ←

**9. (b) :** पहले अक्षर समूह के तीन अक्षरों में से पहले अक्षर के स्थान को परिवर्तित किए बिना अन्य दो अक्षरों को वर्णमाला के विपरीत क्रम में क्रमशः –1 और –2 चरण पीछे खिसकाने पर दूसरा अक्षर–समूह प्राप्त होता है।

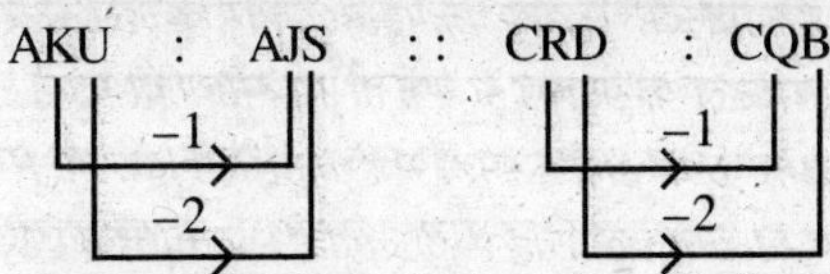


**10. (c) :** पहले अक्षर–समूह के पहले और दूसरे अक्षरों को तीसरे अक्षर के बाद रखने पर दूसरा अक्षर समूह प्राप्त होता है।

ODL : LOD :: PWN : NPW

## भाग-III संख्या सादृश्य (Number Analogy)

संख्या सादृश्य में भी पहले दो दी गई संख्याओं के बीच संबंध स्थापित किया जाता है और तत्पश्चात् इस ज्ञात संबंध को संख्याओं के दूसरे जोड़े पर प्रयुक्त करके उसके लुप्त पद को ज्ञात किया जाता है। संख्याओं के बीच संबंध किसी भी एक पैटर्न पर आधारित हो सकता है, जैसे कि : *(i)* संख्याएं विषम/सम/अभाज्य संख्याएं हो सकती हैं; *(ii)* संख्याएं किसी एक संख्या का गुणज हो सकती हैं; *(iii)* संख्याएं भिन्न–भिन्न संख्याओं का वर्गफल/घनफल हो सकती हैं; *(iv)* दूसरी संख्या प्राप्त करने के लिए पहली संख्या में किसी संख्या को जोड़ा/घटाया/गुणा/ भाग किया जा सकता है; *(v)* दूसरी संख्या पहली संख्या के अंकों का योगफल/गुणनफल/अंतरफल हो सकती है, और *(vi)* दो दी गई संख्याओं के बीच संबंध उपर्युक्त किसी भी गणितीय परिकलनों के संयोजन द्वारा भी ज्ञात किया जा सकता है।

### हल किए गए उदाहरण

**निर्देश :** *निम्नलिखित प्रश्नों में प्रश्न चिह्न ( ?) के स्थान पर लुप्त पद ज्ञात करें।*

**1.** 25 : 81 : : 36 : ?

(*a*) 121   (*b*) 93   (*c*) 65   (*d*) 103

**उत्तर (*a*) :** सभी संख्याएं भिन्न–भिन्न संख्याओं के वर्गफल को सूचित करती हैं।

25 : 81 :: 36 : 121

↓ ↓ ↓ ↓

$5^2$   $9^2$   $6^2$   $11^2$

**2.** 36 : 18 : : 72 : ?

(*a*) 164   (*b*) 134   (*c*) 94   (*d*) 14

**उत्तर (*d*) :** दूसरी संख्या पहली संख्या के अंकों का गुणनफल है।

36 : 18 :: 72 : 14

$3 \times 6$   $7 \times 2$

## अभ्यास

**निर्देश ( प्र.सं. 1–10 ):** *नीचे के प्रत्येक प्रश्न में चिह्न ': :' के पहले दो संख्याएं दी गई हैं जिनमें आपस में एक संबंध है तथा ': :' चिह्न के बाद में एक तीसरी संख्या दी गई है। दिए गए विकल्पों में से उस संख्या का चयन करें जिसका तीसरी संख्या के साथ वैसा ही संबंध हो जैसा संबंध संख्याओं के पहले जोड़े के बीच है।*

**1.** 1 : 11 : : 2 : ?
(*a*) 20 (*b*) 22
(*c*) 24 (*d*) 44

**2.** 18 : 27 : : 22 : ?
(*a*) 42 (*b*) 39
(*c*) 33 (*d*) 54

**3.** 14 : 20 : : 16 : ?
(*a*) 23 (*b*) 10
(*c*) 48 (*d*) 32

**4.** 0.16 : 0.0016 : : 1.02 : ?
(*a*) 10.20 (*b*) 0.102
(*c*) 0.0102 (*d*) 1.020

**5.** 5 : 24 : : 8 : ?
(*a*) 65 (*b*) 63
(*c*) 62 (*d*) 64

**6.** 65 : 30 : : 44 : ?
(*a*) 79 (*b*) 62
(*c*) 28 (*d*) 16

**7.** 30 : 42 : : 56 : ?
(*a*) 92 (*b*) 21
(*c*) 38 (*d*) 72

**8.** 190 : 10 : : 102 : ?
(*a*) 4 (*b*) 7
(*c*) 3 (*d*) 5

**9.** 6 : 18 : : 4 : ?
(*a*) 2 (*b*) 6
(*c*) 8 (*d*) 16

**10.** 2 : 11 : : ?
(*a*) 6 : 17 (*b*) 8 : 43
(*c*) 5 : 41 (*d*) 7 : 35

## व्याख्यात्मक उत्तर

**1. (*b*) :** पहली संख्या के अंक को दो बार लिखने पर दूसरी संख्या प्राप्त होती है।

**2. (*c*) :** पहले जोड़े की संख्याएं 9 का गुणज हैं और दूसरे जोड़े की संख्याएं 11 का गुणज हैं :

18 : 27 : : 22 : 33
↓ ↓ ↓ ↓
$9 \times 2$ $9 \times 3$ $11 \times 2$ $11 \times 3$

**3. (*a*) :** संख्याओं के बीच संबंध निम्नवत् है :

14 : 20 : : 16 : 23
↓ ↓ ↓ ↓
$7 \times 2$ $(7 \times 3) - 1$ $8 \times 2$ $(8 \times 3) - 1$

**4. (*c*) :** पहली दशमलव संख्या को 100 से भाग करने पर दूसरी दशमलव संख्या प्राप्त होती है :

0.16 : 0.0016 : : 1.02 : 0.0102
$\div 100$ $\div 100$

**5. (*b*) :** पहली संख्या के वर्ग से 1 घटाने पर दूसरी संख्या प्राप्त होती है :

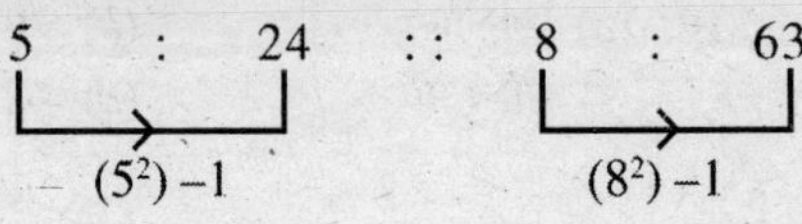


**6. (*d*) :** दूसरी संख्या पहली संख्या के अंकों का गुणनफल है :

$$\frac{65 : 30}{(6 \times 5)} : : \frac{44 : 16}{(4 \times 4)}$$

**7. (*d*) :** संख्याएं विभिन्न संख्याओं के वर्ग में उन्हीं संख्याओं को जोड़ने पर प्राप्त होती हैं :

30 : 42 : : 56 : 72
↓ ↓ ↓ ↓
$5^2 + 5$ $6^2 + 6$ $7^2 + 7$ $8^2 + 8$

**8. (*c*) :** दूसरी संख्या पहली संख्या के अंकों का योगफल है :

$$\frac{190 : 10}{(1 + 9 + 0)} : : \frac{102 : 3}{(1 + 0 + 2)}$$

**9. (*c*) :** पहली संख्या के वर्ग को 2 से भाग करने पर दूसरी संख्या प्राप्त होती है :

6 : 18 : : 4 : 8
$6^2 \div 2$ $4^2 \div 2$

**10. (*c*) :** पहली संख्या दूसरी संख्या के अंकों का योगफल है :

2 : 11 : : 5 : 41
(1 + 1) (4 + 1)

# वर्गीकरण या विजातीय छांटना
# (CLASSIFICATION OR ODD ONE OUT)

## भाग-I विजातीय छांटना – शब्दों पर आधारित समस्याएं

इस प्रकार के वर्गीकरण में चार शब्द दिए जाते हैं जिनमें से तीन शब्द तथ्य या अर्थ की दृष्टि से या अन्य किसी न किसी रूप में आपस में संबंधित होते हुए एक समूह बनाते हैं जबकि शेष केवल एक शब्द अन्य तीनों से भिन्न होता है। परीक्षार्थी को यह पता लगाना होता है कि वह एक कौन-सा शब्द है जो समूह से संबंधित नहीं है और इस कारण विजातीय है।

### हल किए गए उदाहरण

**निर्देश:** *निम्नलिखित चार शब्दों में से उस एक शब्द का चयन करें जो अन्य तीन से भिन्न है :*

**1.** (*a*) पिता (*b*) माता (*c*) मित्र (*d*) भाई

**उत्तर (*c*) :** अन्य सभी के बीच रक्त-संबंध है।

**2.** (*a*) जल (*b*) जेली (*c*) नींबू शरबत (*d*) कॉफी

**उत्तर (*b*) :** अन्य सभी द्रव पदार्थ हैं।

### अभ्यास

**निर्देश ( प्र.सं. 1–10 ):** *यहां दिए गए प्रत्येक प्रश्न में तीन शब्द किसी न किसी प्रकार से समान हैं और इस कारण वे एक समूह बनाते हैं जबकि एक शब्द अन्य तीनों से भिन्न है। इस भिन्न या विजातीय शब्द को ज्ञात करें।*

**1.** (*a*) हरा (*b*) लाल (*c*) रंग (*d*) नारंगी

**2.** (*a*) अस्तबल (*b*) बिल (*c*) डोंगी (*d*) सुअर-बाड़ा

**3.** (*a*) बुध (*b*) चंद्रमा (*c*) बृहस्पति (*d*) मंगल

**4.** (*a*) खुश (*b*) उदास (*c*) प्रसन्नचित्त (*d*) प्रसन्न

**5.** (*a*) शंकु (*b*) वृत्त (*c*) त्रिभुज (*d*) आयत

**6.** (*a*) सीसा (*b*) पारद (*c*) तांबा (*d*) लोहा

**7.** (*a*) पतंग (*b*) चिड़िया (*c*) रेडार (*d*) जेट

**8.** (*a*) अतिवृष्टि (*b*) अनावृष्टि (*c*) भूस्खलन (*d*) युद्ध

**9.** (*a*) सिंहशावक (*b*) चूजा (*c*) सूअर (*d*) पिल्ला

**10.** (*a*) खरगोश (*b*) मगरमच्छ (*c*) केंचुआ (*d*) घोंघा

## व्याख्यात्मक उत्तर

**1. (c) :** अन्य सभी विभिन्न प्रकार के रंग हैं।

**2. (c) :** डोंगी एक छोटी नाव होती है। अन्य सभी पशु-पक्षियों के निवासस्थलों के नाम हैं।

**3. (b) :** अन्य सभी ग्रहों के नाम हैं।

**4. (b) :** अन्य सभी आनन्द की अनुभूति को अभिव्यक्त करते हैं।

**5. (a) :** अन्य सभी आकृतियाँ द्विविमीय आकृतियाँ हैं।

**6. (b) :** अन्य सभी ठोस धातुएं हैं।

**7. (c) :** अन्य सभी हवा में उड़ने वाली वस्तुएं हैं। रेडार हवा में गमन करने वाली वस्तुओं की पहचान करता है।

**8. (d) :** अन्य सभी प्राकृतिक आपदाएं हैं। केवल युद्ध ही मानव द्वारा मानव समाज के समक्ष प्रस्तुत की जाने वाली एक कृत्रिम आपदा है।

**9. (c) :** अन्य सभी शब्द विभिन्न जंतुओं के शिशुओं के नाम हैं।

**10. (a) :** अन्य सभी रेंगने वाले जंतु हैं।

# भाग-II विजातीय छांटना – अक्षरों पर आधारित समस्याएं

इस कोटि के अंतर्गत विकल्प के रूप में चार अक्षर-समूह या अक्षरों की एक श्रृंखला दी जाती है। परीक्षार्थी को इनमें से ऐसे विकल्प का चयन करना होता है जो अन्यों से भिन्न अर्थात् विजातीय हो।

## हल किए गए उदाहरण

**निर्देश:** *निम्नलिखित अक्षर समूहों में से कौन-सा अक्षर समूह भिन्न या विजातीय स्वरूप का है?*

**1.** (*a*) NOP (*b*) RTU (*c*) JKL (*d*) EFG

**उत्तर (*b*) :** प्रत्येक समूह में अक्षर क्रमागत हैं, जबकि विकल्प (*b*) के अक्षर-समूह में पहले दो अक्षरों के बीच एक अक्षर 'S' छूटा हुआ है।

**2.** (*a*) RUX (*b*) CFI (*c*) BDG (*d*) FIL

**उत्तर (*c*) :** प्रत्येक समूह में अक्षरों के बीच समान संख्या में अक्षर छूटे हुए हैं जबकि विकल्प (*c*) में पहले दो अक्षरों B और D के बीच एक अक्षर और अंतिम दो अक्षरों D और G के बीच दो अक्षर छूटे हुए हैं।

## अभ्यास

**निर्देश ( प्र.सं. 1–10 ):** *नीचे के प्रत्येक प्रश्न में अक्षर समूहों के रूप में चार विकल्प दिए गए हैं जिनमें से तीन में किसी न किसी प्रकार की समानता है और इस कारण वे एक समूह बनाते हैं। उस अक्षर समूह का चयन करें जो समूह से संबंधित नहीं है।*

**1.** (*a*) ACE (*b*) LOR (*c*) GIK (*d*) VXZ

**2.** (*a*) TSR (*b*) LKJ (*c*) PQO (*d*) HGF

**3.** (*a*) EF LM (*b*) KJ SR (*c*) XW HG (*d*) ED YX

**4.** (*a*) JOPK (*b*) BOPC (*c*) QOPR (*d*) TOPS

**5.** (*a*) JKkL (*b*) OPpQ (*c*) DEEf (*d*) VWwX

**6.** (*a*) BdfH (*b*) FHJL (*c*) RTvX (*d*) uVwX

**7.** (*a*) DFHEG (*b*) TWXUV (*c*) OQSPR (*d*) JLNKM

**8.** (*a*) MKGA (*b*) PNID (*c*) RPLF (*d*) VTPJ

**9.** (*a*) ABJNM (*b*) QRTUZ (*c*) IXYOQ (*d*) WGFPO

**10.** (*a*) EFGH (*b*) IRST (*c*) ULMN (*d*) JKLO

## व्याख्यात्मक उत्तर

**1. (b) :** शेष सभी अक्षर समूहों में अगला अक्षर अपने पूर्ववर्ती अक्षर से वर्णमाला के सीधे क्रम में 2 अक्षर आगे का है जबकि विकल्प (*b*) के अक्षर समूह में +3 अनुक्रम का पालन होता है।

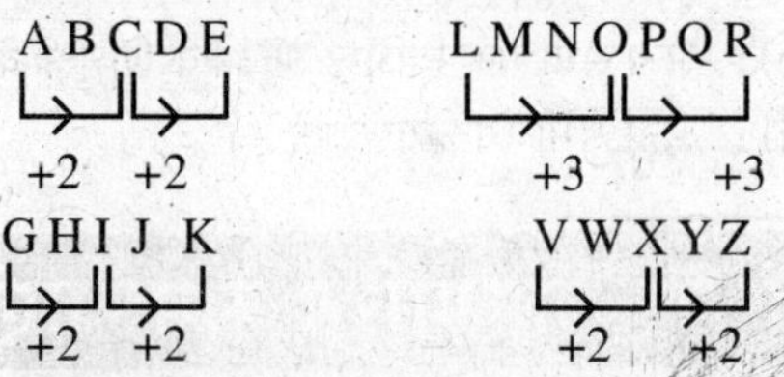


**2. (c) :** प्रत्येक समूह में अक्षर वर्णमाला के उलटे क्रम में हैं। केवल विकल्प (*c*) में अक्षरों का अनुक्रम बाधित हो रहा है।

**3. (a) :** शेष सभी समूहों में क्रमागत अक्षर वर्णमाला के उलटे क्रम में हैं।

KJ SR ; XW HG ; ED YX
−1 −1 −1 −1 −1 −1

केवल विकल्प (*a*) में ही क्रमागत अक्षर वर्णमाला के सीधे क्रम में है।

**4. (d) :** यहां दिए गए सभी अक्षर समूहों में बीच में 'OP' अक्षर हैं। विकल्प (*d*) में दोनों किनारों पर स्थित अक्षर वर्णमाला के उलटे क्रम में हैं, अर्थात्

जबकि शेष सभी अक्षर समूहों में दोनों किनारों पर स्थित अक्षर वर्णमाला के सीधे क्रम में हैं।

JOPK ; BOPC ; QOPR
+1 +1 +1

**5. (c) :** शेष समूहों में तीसरे अक्षर के रूप में दूसरे अक्षर की पुनरावृत्ति की गई है और उसे अंग्रेजी वर्णमाला के छोटे अक्षर के रूप में लिखा गया है जबकि विकल्प (*c*) के तीसरे अक्षर के रूप में दूसरे अक्षर की पुनरावृत्ति तो की जाती है किंतु उसे अंग्रेजी वर्णमाला के बड़े अक्षर के रूप में लिखा जाता है।

**6. (d) :** शेष समूहों में अंग्रेजी वर्णमाला के अक्षर चाहे छोटे हों या बड़े, किंतु दूसरे, तीसरे और चौथे स्थान पर स्थित अक्षर अपने पूर्ववर्ती अक्षरों से वर्णमाला के सीधे क्रम में 2 अक्षर आगे के हैं, अर्थात्

B D f H ; F H J L ; R T v X
+2 +2 +2   +2 +2 +2   +2 +2 +2

केवल विकल्प (*d*) में अक्षर वर्णमाला के सहज क्रम (+1) में हैं, अर्थात्

u V w X
+1 +1 +1

**7. (b) :** शेष समूहों में पहले, चौथे, दूसरे, पांचवें और तीसरे स्थानों पर स्थित अक्षरों से वर्णमाला का सीधा अनुक्रम बनता है। विकल्प (*b*), में पहले, चौथे, पांचवें, दूसरे और तीसरे स्थानों पर स्थित अक्षरों के मेल से वर्णमाला का सीधा अनुक्रम बनता है।

**8. (b) :** शेष समूहों में अक्षरों का अनुक्रम −2, −4, −6 के पैटर्न का पालन करता है, अर्थात्

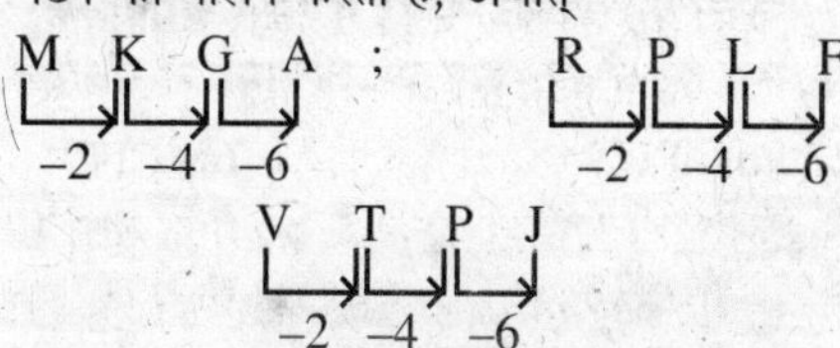


विकल्प (*b*) में अनुक्रम का निम्नलिखित पैटर्न है:

P N I D
−2 −5 −5

अत: सही पैटर्न होना चाहिए → P N J D
−2 −4 −6

**9. (c) :** शेष समूहों में कम से कम दो जोड़े अक्षर वर्णमाला के क्रम में हैं, अर्थात्

ABJNM ; QRTUZ ; WGFPO

विकल्प (*c*) में केवल एक जोड़ा अक्षर–ही वर्णमाला के क्रम में है।

IXYOQ

**10. (d) :** शेष समूहों में पहला अक्षर 'स्वर' है जिसके बाद तीन क्रमागत अक्षर लिखे गए हैं।

# भाग-III विजातीय छांटना – संख्याओं पर आधारित समस्याएं

इस प्रकार के वर्गीकरण में विकल्पों के रूप में विभिन्न संख्याएं दी जाती हैं। इन संख्याओं में से एक को छोड़कर जो अन्य से भिन्न होती है, शेष किसी न किसी रूप में आपस में संबंधित होती हैं और इस प्रकार एक समूह बनाती हैं। परीक्षार्थी को दी गई संख्याओं में यह समानता ज्ञात करनी होती है और तत्पश्चात् समूह से भिन्न संख्या का चयन करना होता है। विकल्पों के रूप में दी गई संख्याएं विषम/सम/क्रमागत संख्याएं, अभाज्य संख्याएं, किसी संख्या का गुणज, एक अंकीय, विभिन्न संख्याओं का वर्ग या घन, किसी अन्य संख्या का जोड़/घटा या किसी भी गणितीय परिकलन का संयोजन हो सकती है।

## हल किए गए उदाहरण

**निर्देश:** *दिए गए विकल्पों में विषम संख्या ज्ञात करें।*

**1.** (*a*) 62 (*b*) 121 (*c*) 36 (*d*) 256

**उत्तर (*a*) :** अन्य संख्याएं क्रमश: 11, 6 और 16 के वर्ग द्वारा सूचित होती हैं।

**2.** (*a*) 27 (*b*) 132 (*c*) 93 (*d*) 154

**उत्तर (*d*) :** शेष संख्याएं 3 से विभाज्य हैं।

## अभ्यास

**निर्देश ( प्र.सं. 1–10 ):** *यहां प्रत्येक प्रश्न में चार विकल्प दिए गए हैं जिनमें से तीन किसी न किसी रूप में आपस में संबंधित होते हुए एक समूह बनाते हैं, जबकि शेष एक संख्या अन्य से भिन्न है। उस भिन्न संख्या का चयन करें जो समूह से संबंधित नहीं है।*

**1.** (*a*) 1948 (*b*) 2401 (*c*) 966 (*d*) 1449

**2.** (*a*) 182 (*b*) 169 (*c*) 130 (*d*) 158

**3.** (*a*) 3215 (*b*) 9309 (*c*) 4721 (*d*) 2850

**4.** (*a*) 1776 (*b*) 2364 (*c*) 1976 (*d*) 3776

**5.** (*a*) 7658 (*b*) 1234 (*c*) 9876 (*d*) 6543

**6.** (*a*) 18 (*b*) 12 (*c*) 30 (*d*) 20

**7.** (*a*) 9875432 (*b*) 98765 (*c*) 98756 (*d*) 9876543

**8.** (*a*) 5243 (*b*) 9251 (*c*) 4256 (*d*) 3257

**9.** (*a*) 2553 (*b*) 1224 (*c*) 7992 (*d*) 3885

**10.** (*a*) 3223 (*b*) 4554 (*c*) 6116 (*d*) 9887

## व्याख्यात्मक उत्तर

**1. (*a*) :** शेष संख्याएं 7 से विभाज्य हैं।

**2. (*d*) :** शेष संख्याएं 13 का गुणज हैं।

**3. (*b*) :** शेष संख्याओं में किसी भी अंक का दो बार प्रयोग नहीं किया गया है।

**4. (*b*) :** शेष संख्याओं में आखिरी दो अंक एक से हैं।

**5. (*a*) :** शेष संख्याओं में उनके अंक गिनती के सीधे या उलटे क्रम में क्रमागत (निरंतर) हैं।

**6. (*a*) :** शेष सभी संख्याएं $3^2 + 3 = 12$, $5^2 + 5 = 30$, $4^2 + 4 = 20$ हैं।

**7. (*c*) :** शेष सभी संख्याओं में 987 के बाद अंक अवरोही या घटते हुए क्रम (decreasing order) में हैं।

**8. (*a*) :** शेष सभी संख्याओं में 25 बीच में है और सिरे के दो अंकों का योग 10 के बराबर है।

**9. (*b*) :** शेष सभी संख्याओं में दो सिरों पर स्थित अंकों का योग बीच में स्थित अंक के बराबर है जिसे दो बार लिखा गया है।

**10. (*d*) :** शेष सभी संख्याओं में अंतिम दो अंक पहले दो अंकों को उलटे क्रम में लिखने पर प्राप्त होते हैं।

# भाग-IV विजातीय छांटना – शब्द समूहों से संबंधित समस्याएं

शब्दों, अक्षरों या संख्याओं के समूह का वर्गीकरण एकल शब्द, अक्षर या संख्या के वर्गीकरण से अधिक भिन्न नहीं होता। इसमें परीक्षार्थी को दो परस्पर संबंधित शब्दों के बीच संबंध की विशिष्टता या प्रकृति ज्ञात करनी होती है और तत्पश्चात् दिए गए विकल्पों में से उस शब्द युग्म का पता लगाना होता है, जो अन्य शब्द-युग्मों के संबंध पैटर्न का अनुपालन नहीं करता हो। संबंधित शब्द विपरीत या सदृश अर्थ या स्वरूप के हो सकते हैं अथवा उनकी अर्थ छटा और अर्थ निरुपण में भिन्नता हो सकती है या फिर उनमें एक विशेष तुकबंदी हो सकती है।

## हल किए गए उदाहरण

**निर्देश:** *निम्नलिखित में से कौन-सा शब्द-युग्म अन्यों से भिन्न है?*

**1.** (*a*) अच्छा-बेहतर (*b*) गुनगुना-गरम (*c*) नफा-लाभ (*d*) फुसफुसाना-चिल्लाना

**उत्तर (*c*) :** अन्य शब्द-युग्मों में युग्म के शब्द सदृश अर्थ वाले हैं किंतु उनमें सादृश्यता या साम्यता की अवस्था या कोटि भिन्न-भिन्न है।

**2.** (*a*) कैंची-कपड़ा (*b*) चाकू-सब्जी (*c*) कुल्हाड़ी-लकड़ी (*d*) हथौड़ा-कील

**उत्तर (*d*) :** हालांकि शब्दों के बीच संबंध ठीक है किंतु कील को काटने के लिए हथौड़े का प्रयोग नहीं किया जाता है। शेष तीन युग्मों में बायीं ओर उपकरण का नाम दिया गया है जिसकी सहायता से दायीं ओर लिखी गई वस्तु को काट सकते हैं।

## अभ्यास

**निर्देश (प्र.सं. 1–20):** *नीचे के प्रत्येक प्रश्न में शब्दों के उस जोड़े का चयन करें जो शेष तीन जोड़ों से भिन्न हो।*

**1.** (*a*) कुर्सी-फर्नीचर (*b*) शर्ट-वस्त्र
(*c*) कंठहार-आभूषण (*d*) बोगी-इंजन

**2.** (*a*) चित्रांकनी-कागज (*b*) पेंसिल-लेड
(*c*) कलम-स्याही (*d*) बुरुश-रंग

**3.** (*a*) युद्ध-शांति (*b*) वास्तविक-सहज
(*c*) अग्रगण्य-प्रथम (*d*) क्रोध-गुस्सा

**4.** (*a*) अंगूली-अंगूठी (*b*) सिर-टोपी
(*c*) कमर-मुकुट (*d*) पांव-जूता

**5.** (*a*) दिन-रात (*b*) चालाक-मूर्ख
(*c*) स्पष्ट-धुंधला (*d*) पहुंचना-आना

**6.** (*a*) क्विंटल-गैलन (*b*) गुलदस्ता-फूल
(*c*) पुस्तक-पृष्ठ (*d*) संसद-सांसद

**7.** (*a*) चिड़िया-चहचहाना (*b*) घोड़ा-भिनभिनाना
(*c*) शेर-गरजना (*d*) सांप-फुफकारना

**8.** (*a*) भतीजी-भतीजा (*b*) भाई-बहन
(*c*) पति-पत्नी (*d*) पिता-माता

**9.** (*a*) पेट्रोल-कार (*b*) तेल-लैम्प
(*c*) डीजल-लकड़ी (*d*) मोम-मोमबत्ती

**10.** (*a*) गंगा-नर्मदा (*b*) थार-गोबी
(*c*) आमाशय-हाथ (*d*) एवरेस्ट-पर्वत

**11.** (*a*) औषधि-चिकित्सक (*b*) फूल-कलाकार
(*c*) जूता-मोची (*d*) त्वचा-त्वचारोग विशेषज्ञ

**12.** (*a*) प्राधिकार-मंजूरी
(*b*) प्रतिकर्षण-आकर्षण
(*c*) तुनकमिजाज-दुस्तोषणीय
(*d*) श्वास-अस्तित्व

**13.** (*a*) पोलो-बर्फ का मैदान (रिंक)
(*b*) गोल्फ-लॉन
(*c*) टेनिस-कोर्ट
(*d*) शतरंज-बोर्ड

**14.** (*a*) उमंग-तरंग (*b*) नीड़-पीड़
(*c*) अपराध-रोकथाम (*d*) आन-बान

**15.** (*a*) सेना-सेनापति (*b*) कॉलेज-प्रिंसिपल
(*c*) जहाज-कैप्टन (*d*) नौसेना-लेफ्टिनेंट

16. (*a*) रेलगाड़ी-पटरी
(*b*) पक्षी-उड़ना
(*c*) हवाई जहाज-आकाश
(*d*) पनडुब्बी-समुद्र

17. (*a*) जेली-सौम्य (*b*) पत्थर-कठोर
(*c*) रोवां-मुलायम (*d*) कांच-चिकना

18. (*a*) शाखा-पेड़ (*b*) मिनट-घंटा
(*c*) वाक्य-पैराग्राफ (*d*) विद्यार्थी-शिक्षक

19. (*a*) कुल-जोड़ (*b*) अभी-वर्तमान
(*c*) बड़ी-धारणा (*d*) हां-सहमत

20. (*a*) चार-चौगुना (*b*) तीन-तेरह
(*c*) दो-दोगुना (*d*) छह-छहगुना

## व्याख्यात्मक उत्तर

**1. (*d*) :** बोगी रेलगाड़ी का एक हिस्सा होता है जो परिवहन का एक साधन है। कुर्सी, शर्ट और कंठहार क्रमशः फर्नीचर, वस्त्र और आभूषण हैं।

**2. (*a*) :** पेंसिल, कलम और ब्रुश से लिखने का माध्यम क्रमशः लेड, स्याही और रंग है। चित्रांकनी (क्रेयॉन) से लिखने या चित्र बनाने का माध्यम मोम होता है।

**3. (*a*) :** शेष सभी शब्द-युग्म समानार्थक शब्दों के युग्म हैं जबकि विकल्प (*a*) में दिया गया शब्द-युग्म विपरीतार्थक शब्दों का युग्म है।

**4. (*c*) :** मुकुट सिर पर पहना जाता है।

**5. (*d*) :** शेष शब्द-युग्म एक दूसरे के विपरीतार्थक हैं।

**6. (*a*) :** शेष सभी शब्द युग्मों में पहला दूसरे का समेकित रूप हैं।

**7. (*b*) :** शेष सभी में दूसरी पहले की बोली है। घोड़े हिनहिनाते हैं।

**8. (*a*) :** संबंधित शब्द-युग्मों में पहला पुल्लिंग और दूसरा स्त्रीलिंग है। विकल्प (*a*) में पहले स्त्रीलिंग और तत्पश्चात् पुल्लिग दिया गया है।

**9. (*c*) :** पेट्रोल का उपयोग कार चलाने में, तेल का उपयोग लैम्प जलाने में और मोम का उपयोग मोमबत्ती जलाने में किया जाता है। डीजल और लकड़ी का आपस में ऐसा कोई संबंध नहीं है।

**10. (*d*) :** संबंधित शब्दों की पहचान एक जैसी है। (*a*) नदियों को, (*b*) मरुभूमि को और, (*c*) शरीर के अंगों को सूचित करते हैं जबकि विकल्प (*d*) में एवरेस्ट एक पर्वत श्रृंखला का नाम है।

**11. (*b*) :** चिकित्सक का औषधि, मोची का जूता और त्वचारोग विशेषज्ञ का संबंध त्वचारोग से है। फूलों की देख-रेख करने वाले व्यक्ति को माली कहते हैं।

**12. (*b*) :** शेष शब्द युग्म समानार्थक हैं जबकि प्रतिकर्षण और आकर्षण शब्द एक दूसरे के विपरीत अर्थ वाले हैं।

**13. (*a*) :** शब्द युग्मों में खेलों और उन्हें खेले जाने वाले स्थानों के बीच संबंध दर्शाया गया है। पोलो मैदान में खेला जाता है।

**14. (*c*) :** शेष शब्द-युग्मों में शब्दों के बीच एक विशेष लय है।

**15. (*d*) :** नौसेना का प्रमुख कमांडर होता है।

**16. (*b*) :** रेलगाड़ी पटरी पर, हवाई जहाज आकाश में और पनडुब्बी समुद्र के जल में चलती है। इसी प्रकार पक्षी हवा में उड़ते हैं और साथ ही ये सजीव प्राणी भी हैं।

**17. (*a*) :** शब्द युग्मों का दूसरा शब्द पहले शब्द की विशेषता बताता है। जेली मुलायम या अस्थिर होती है।

**18. (*d*) :** शेष समूहों में पहला शब्द दूसरे का हिस्सा है।

**19. (*c*) :** शेष समूहों के शब्द परस्पर समानार्थक हैं।

**20. (*b*) :** तीन से तिगुना

# सांकेतिक भाषा परीक्षण
# (CODING AND DECODING)

## भाग-I

कूटलेखन या 'कोडिंग' संवाद-संप्रेषण की एक प्रक्रिया है जिसमें एक गुप्त भाषा का प्रयोग वास्तविक तथ्यों शब्दों/मूल्यों की अभिव्यक्ति या प्रस्तुतिकरण को एक ऐसी भाषा में परिवर्तित करने के लिए किया जाता है जिसे संवाद के प्रेषक और प्राप्तकर्ता के अतिरिक्त कोई तीसरा व्यक्ति समझ न सके। कूटभाषा में लिखने के लिए *(i)* शब्दों के अक्षरों के स्थान पर वर्णमाला के सीधे उलटे क्रम में एक या एकाधिक स्थान आगे या पीछे के अक्षरों को लिखा जाता है; *(ii)* अक्षरों के स्थान पर संख्याओं को या संख्याओं के स्थान पर अक्षरों को लिखा जाता है; *(iii)* दिए गए शब्द के कुछ या सभी अक्षरों को उलटे क्रम में लिखा जाता है; और *(iv)* शब्द के अक्षरों के स्थान पर वर्णमाला के उलटे क्रम में समस्थानिक अक्षरों को लिखा जाता है।

वर्णमाला को सीधे क्रम में लिखने पर प्राप्त शृंखला :

A B C D E F G H I J K L M N O P Q R S T U V W X Y Z

A ↓ प्रथम अक्षर; E ↓ पांचवां अक्षर; J ↓ दसवां अक्षर; O ↓ पंद्रहवां अक्षर; T ↓ बीसवां अक्षर; Y ↓ पच्चीसवां अक्षर

वर्णमाला को उलटे क्रम में लिखने पर प्राप्त शृंखला :

Z Y X W V U T S R Q P O N M L K J I H G F E D C B A

Z ↓ प्रथम अक्षर; V ↓ पांचवां अक्षर; Q ↓ दसवां अक्षर; L ↓ पंद्रहवां अक्षर; G ↓ बीसवां अक्षर; B ↓ पच्चीसवां अक्षर

**टिप्पणी:** Z पर पहुंचने के पश्चात् शृंखला A से पुनः शुरू होती है और A पर पहुंचने के पश्चात् शृंखला Z से पुनः शुरू होती है।

## हल किए गए उदाहरण

**1.** यदि एक विशेष प्रकार की कूट भाषा में शब्द FACE को GBDF की तरह लिखा जाता हो तो इसी कूट भाषा में BADE को कैसे लिखा जाएगा ?

*(a)* CBEF *(b)* CEBF *(c)* CFBE *(d)* CBFE

**उत्तर *(a)* :** शब्द के अक्षरों को वर्णमाला के सीधे क्रम में एक चरण आगे का अक्षर लिखकर कूटबद्ध किया गया है।

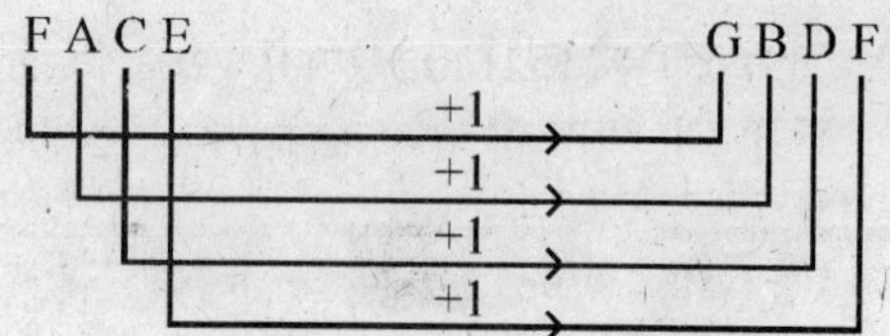 इसी प्रकार, 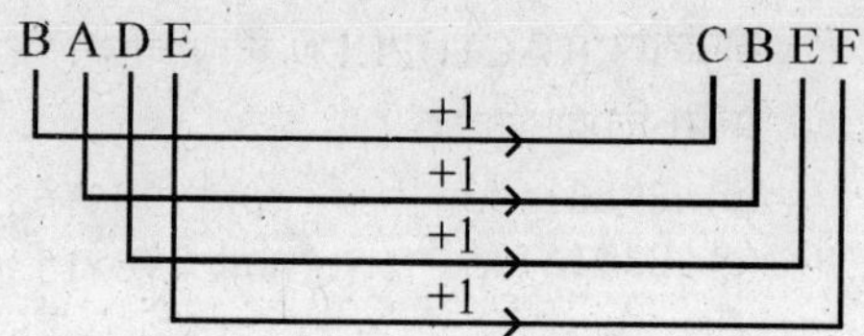

**2.** यदि किसी कूटभाषा में RESULT को 798206 लिखा गया हो तो उसी कूटभाषा में LET किस प्रकार लिखा जाएगा ?

(*a*) 680 (*b*) 092 (*c*) 096 (*d*) 086

**उत्तर (*c*) :** अक्षरों को संख्याओं द्वारा कूटबद्ध किया गया है। दिए गए शब्द को कूटबद्ध करने के लिए संबंधित कूट संख्याएं ज्ञात करें।

R E S U L T → अक्षर

7 9 8 2 0 6 → कूट

अत: LET के लिए कूट संख्याएं निम्नवत् होंगी :

L E T → अक्षर

0 9 6 → कूट

## अभ्यास

**निर्देश ( प्र.सं. 1–10 ):** *निम्नलिखित प्रश्नों में दिए गए शब्दों या अक्षरों के लिए इंगित कूटभाषा के शब्द या अक्षर ज्ञात करें।*

**1.** यदि किसी कूट भाषा में CHAIR को FKDLU के रूप में लिखा जाए तो उसी कूटभाषा में RAID शब्द को किस प्रकार लिखा जाएगा ?

(*a*) ULGD (*b*) ULKG
(*c*) ULDG (*d*) UDLG

**2.** यदि किसी कूटभाषा में CONDEMN को CNODMEN लिखा जाता है तो उसी कूटभाषा में TEACHER को कैसे लिखा जाएगा ?

(*a*) TEACHER (*b*) TAEECHR
(*c*) TCAEEHR (*d*) TAECEHR

**3.** किसी कूटभाषा में COME को XLNV और ABLE को ZYOV लिखा जाता है। इसी कूटभाषा में MOLLY किस प्रकार लिखा जाएगा ?

(*a*) NLOBO (*b*) NLBOO
(*c*) LNOOB (*d*) NLOOB

**4.** यदि किसी कूटभाषा में ACTION को ZXGRLM लिखा जाता हो तो उसी कूटभाषा में HEALTH को कैसे लिखा जाएगा ?

(*a*) SVZOGS (*b*) TVZOGT
(*c*) RUZPGR (*d*) QVGOZQ

**5.** यदि किसी विशेष कूटभाषा में EARTHQUAKE को MOGPENJOSM के रूप में लिखा जाता हो तो उसी कूटभाषा में EQUATE निम्नलिखित में से किस प्रकार लिखा जाएगा ?

(*a*) MENOPM (*b*) MENOMP
(*c*) MJOGPM (*d*) MNJOPM

**6.** किसी विशेष सांकेतिक भाषा में COUNTRY शब्द को EMWLVPA के रूप में कूटबद्ध किया जाता है। इसी विशेष भाषा में ELECTORATE किस रूप में लिखा जाएगा ?

(*a*) CJCEVQPYWC (*b*) GJGERQTYVG
(*c*) CNCERQPCRG (*d*) GJGAVMTYVC

**7.** यदि PHILOSOPHY को HPLISOPOYH लिखा जाता हो तो ORNAMENTAL कैसे लिखा जाएगा ?

(*a*) ROANEMNTLA
(*b*) ONRAMNEALT
(*c*) ROANEMTNLA
(*d*) ROANEMNATL

**8.** यदि किसी कूटभाषा में लिखे गए शब्द OPFGBCST का अर्थवाचन NEAR के रूप में किया जाता हो तो उसी कूटभाषा में कूटबद्ध IJVWHI का अर्थ निम्नलिखित में से क्या होगा ?

(*a*) HAG (*b*) HUG
(*c*) HUT (*d*) KEG

**9.** किसी विशेष कूटलिपि में PUNCTUAL को 16598623 के रूप में कूटबद्ध किया जाता है। इसी

कूटलिपि में ACTUPULN निम्नलिखित में से किस प्रकार लिखा जाएगा?

(*a*) 29861653 (*b*) 29861635
(*c*) 28916135 (*d*) 29851536

**10.** यदि OUT को 152120 के रूप में कूटबद्ध किया जाता हो तो इसी नियम का प्रयोग करके IN को निम्नलिखित में से कैसे लिखा जाएगा?

(*a*) 1015 (*b*) 819
(*c*) 1813 (*d*) 914

## व्याख्यात्मक उत्तर

**1. (*d*) :** शब्द को कूटबद्ध करने के लिए उसके अक्षरों से वर्ण–माला के क्रम में +3 चरण आगे के अक्षर लिए गए हैं।

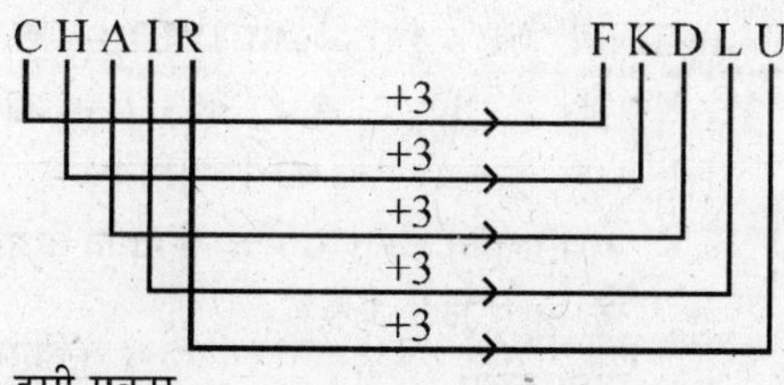


इसी प्रकार,

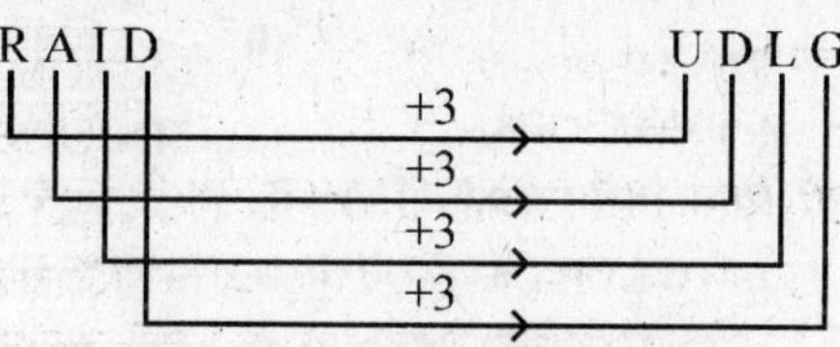


**2. (*d*) :** इस शब्द में दूसरे और तीसरे अक्षर एक दूसरे के स्थान पर आ जाते हैं और पांचवे और छठे अक्षरों द्वारा भी इसी नियम का पालन किया जाता है। शेष अक्षरों का स्थान अपरिवर्तित रहता है।

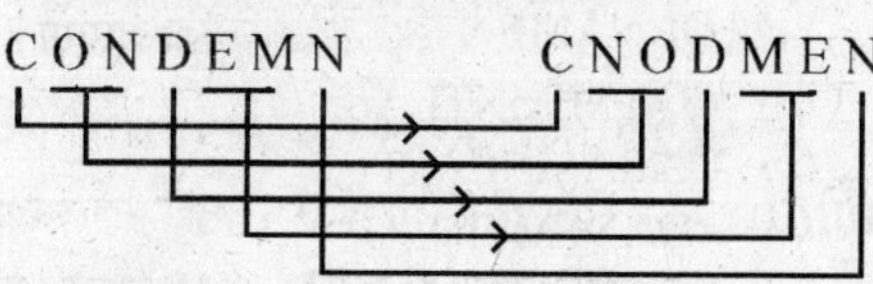


इसी प्रकार,

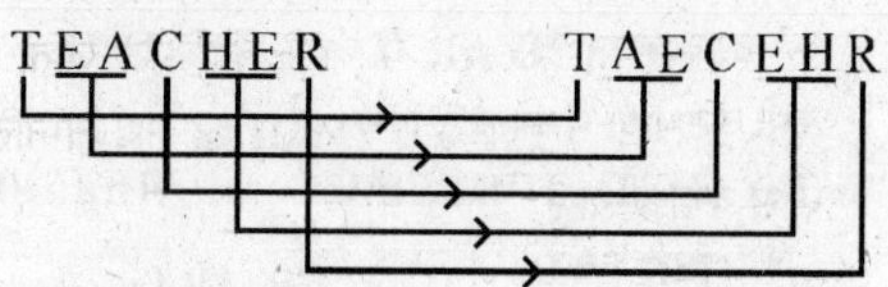


**3. (*d*) :** शब्द के अक्षरों को कूटबद्ध करने के लिए वर्णमाला के उलटे क्रम में समान स्थान वाले अक्षरों को लिया गया है।

C O M E → वर्णमाला के सीधे क्रम में अक्षर
X L N V → वर्णमाला के उलटे क्रम में समान स्थान वाले अक्षर
↓ ↓ ↓ ↓
3रा 15वां 13वां 5वां → वर्णमाला में अक्षरों का स्थान

A B L E → वर्णमाला के सीधे क्रम में अक्षर
Z Y O V → वर्णमाला के उलटे क्रम में समान स्थान वाले अक्षर
↓ ↓ ↓ ↓
1ला 2रा 12वां 5वां → वर्णमाला के अक्षरों का स्थान

इसी प्रकार,

M O L L Y → वर्णमाला के सीधे क्रम में अक्षर
N L O O B → वर्णमाला के उलटे क्रम में समान स्थान वाले अक्षर
↓ ↓ ↓ ↓ ↓
13वां 15वां 12वां 12वां 25वां → वर्णमाला में अक्षरों का स्थान

**4. (*a*) :** शब्द के अक्षरों को कूटबद्ध करने के लिए वर्णमाला के उलटे क्रम में समान स्थान वाले अक्षरों को लिया गया है।

A C T I O N → वर्णमाला के सीधे क्रम में अक्षर
Z X G R L M → वर्णमाला के उलटे क्रम में समान स्थान वाले अक्षर
↓ ↓ ↓ ↓ ↓ ↓
1ला 3रा 20वां 9वां 15वां 14वां वर्णमाला में अक्षरों का स्थान

इसी प्रकार,

H E A L T H → वर्णमाला के क्रम में अक्षर

S V Z O G S → वर्णमाला के उलटे क्रम में समान स्थान वाले अक्षर

8वां 5वां 1ला 12वां 20वां 8वां → वर्णमाला में अक्षरों का स्थान

**5. (*d*) :** EQUATE शब्द के अक्षर EARTHQUAKE शब्द से लिए गए हैं।
उत्तर कूट प्राप्त करने के लिए कूटबद्ध शब्द से अक्षरों का मिलान करें।

E A R T H Q U A K E → अक्षर

M O G P E N J O S M → कूट

E QUA TE→ कूटबद्ध किए जाने वाले अक्षर

M N J O PM→ उत्तर कूट

**6. (*d*) :** शब्द को कूटबद्ध करने के लिए शब्द के अक्षरों से वर्णमाला के क्रम में क्रमशः 2 चरण आगे और दो चरण पीछे के अक्षर लिए गए हैं।

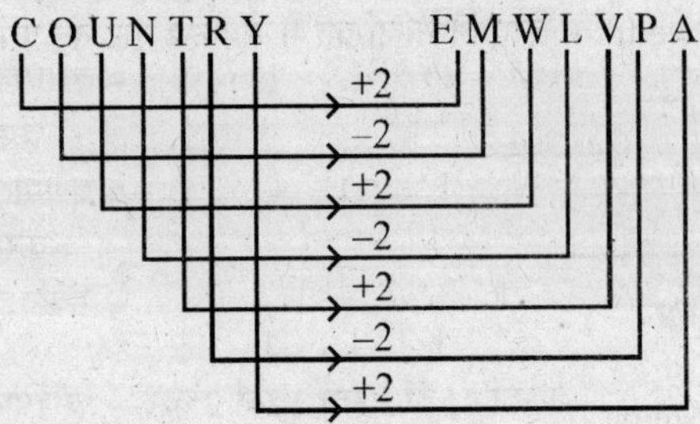


इसी प्रकार,

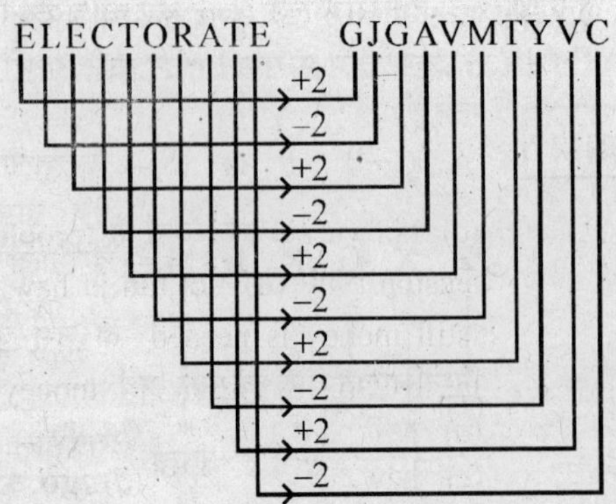


**7. (*c*) :** शब्द को कूटबद्ध करने के लिए उसके दो क्रमागत अक्षरों को एक दूसरे के स्थान पर लिखा जाता है।

इसी प्रकार,

**8. (*b*) :** कूटबद्ध शब्द का अर्थ-निर्वचन निम्नलिखित रूप में किया गया है :

↓ OP ↓ FG ↓ BC ↓ ST → कूट

N E A R → दिया गया शब्द

अतः कूटबद्ध शब्द का अर्थ-निर्वचन करने के लिए वर्णमाला के अनुक्रम में दो क्रमागत अक्षरों से पहले के अक्षर लिए जाते हैं।

इसी प्रकार,

↓ IJ ↓ VW ↓ HI → दिया गया शब्द

H U G → उत्तर शब्द

**9. (*b*) :** शब्द PUNCTUAL के अक्षरों को यादृच्छिक क्रम में लेकर ACTUPULN शब्द लिखा गया है।
इसी प्रकार संख्या कूट भी लिखा जाएगा

P U N C T U A L → दिया गया शब्द

1 6 5 9 8 6 2 3 → कूट

इसी प्रकार,

A C T U P U L N → कूटबद्ध किया जाने वाला शब्द

2 9 8 6 1 6 3 5→ उत्तर कोड

**10. (*d*) :** कूट लेखन के लिए प्रयोग में लाई गई संख्याएं वर्णमाला के सीधे क्रम (ABCD...) में अक्षरों के स्थान को सूचित करती है।

O U T → OUT

15वां 21वां 20वां → 152120

इसी प्रकार,

I N → IN

9वां 14वां → 914

# भाग-II

कूट लेखन विभिन्न प्रकार से किया जाता है। कूटभाषा का प्रयोग न केवल शब्दों और संख्याओं के लिए किया जाता है बल्कि किसी शब्द-समूह, विवरण या कभी-कभी वाक्यों को भी कूटभाषा द्वारा संप्रेषित किया जाता है। इस प्रकार की कूटभाषा से भ्रम की स्थिति उत्पन्न हो सकती है किंतु कुछ प्रश्नों को हल कर लेने के बाद ऐसी कूटभाषा को समझना और हल करना अत्यंत सरल हो जाता है। इस प्रकार की कूटभाषा पर आधारित प्रश्नों को हल करने के लिए अक्षरों को गिनने या छोड़ने अथवा गणितीय परिकलनों की श्रमसाध्य प्रक्रिया को अपनाने की आवश्यकता नहीं होती बल्कि इनके लिए तेजी से मिलान करने या सादृश्यता स्थापित करने की क्षमता ही अपेक्षित होती है। कूट के रूप में अक्षरों या संख्याओं का प्रयोग किया जा सकता है।

## हल किए गए उदाहरण

**1.** यदि किसी कूटभाषा में 'ra mei ket' का अर्थ है 'he is rich'; 'rui pha jeu' का अर्थ है 'run for money'; और 'pha rui ket' का अर्थ है 'money for rich' उस कूटभाषा में 'rich' के लिए निम्नलिखित में से किस कूट का प्रयोग किया गया है?

(*a*) ra (*b*) pha (*c*) ket (*d*) jeu

**उत्तर (*c*) :** दी गई जानकारी है :

| **कूट** | **वाक्य** |
|---|---|
| 1. ra mei *ket* | he is *rich* |
| 2. rui pha jeu | run for money |
| 3. pha rui *ket* | money for *rich* |

कूटों और वाक्यों की तुलना करने पर यह स्पष्ट होता है कि वाक्य 1 और 3 दोनों में 'rich' शब्द है और दोनों ही वाक्यों में इसके लिए 'ket' शब्द का प्रयोग किया गया है।

**2.** यदि किसी कूटभाषा में 'ni ra ge' का अर्थ है 'who are you'; 'boi wo dur' का अर्थ है 'going far away'; और 'wo ge chi' का अर्थ है 'you went away' तो उस कूटभाषा में 'went' के लिए निम्नलिखित में से किस कूट का प्रयोग किया गया है?

(*a*) ra (*b*) chi (*c*) wo (*d*) boi

**उत्तर (*b*) :** दी गई सूचना है :

| **कूट** | **वाक्य** |
|---|---|
| 1. ni ra *ge* | who are *you* |
| 2. boi *wo* dur | going far *away* |
| 3. *wo ge* **chi** | *you* **went** *away* |

'went' शब्द केवल तीसरे वाक्य में है। 'you' शब्द पहले और तीसरे दोनों वाक्यों में है जिसके लिए इन वाक्यों में 'ge' कूट का प्रयोग किया गया है। शब्द 'away' दूसरे और तीसरे दोनों वाक्यों में है जिसके लिए 'wo' कूट का प्रयोग किया गया है। एकमात्र 'chi' कूट ही ऐसा बचता है जिसका अर्थ 'went' है।

## अभ्यास

**निर्देश (प्र.सं. 1–10):** *नीचे के प्रत्येक प्रश्न में कूटलेखन के पैटर्न को ध्यान से देखें और दिए गए विकल्पों में से सही उत्तर का चयन करें।*

**1.** यदि किसी कूटभाषा में (a) 'go ju mi' का अर्थ है 'plenty of money'; (b) pao ju go nei vu' का अर्थ है 'money creates lots of problems'; (c) 'kol vu nei' का अर्थ है 'problems create tension'; और (d) 'sol tun ju haw' का अर्थ है 'still money is needed' तो उस कूट भाषा में निम्नलिखित में से किसका अर्थ 'money' है?

(*a*) nei (*b*) ju
(*c*) haw (*d*) go

**2.** किसी कूटभाषा में (a) 'FOR' का अर्थ है 'old is gold'; (b) 'ROT' का अर्थ है 'gold is pure'; (c) 'ROM' का अर्थ है 'gold is costly'। इसी कूटभाषा में 'pure old gold is costly' कैसे लिखा जाएगा?

(*a*) TFROM (*b*) FOTRM
(*c*) FTORM (*d*) TOMRF

**3.** यदि किसी कूटभाषा में '415' का अर्थ है 'milk is hot'; '18' का अर्थ है 'hot soup'; और '895' का अर्थ है 'soup is tasty' तो उसी कूटभाषा में 'tasty' शब्द किस संख्या द्वारा निरूपित होगा?

(*a*) 9 (*b*) 8
(*c*) 5 (*d*) 4

**4.** यदि किसी कूटभाषा में '643' का अर्थ है 'she is beautiful', '593' का अर्थ है 'he is handsome', और '567' का अर्थ है 'handsome meets beautiful' तो उसी कूटभाषा में 'meets' शब्द निम्नलिखित में से किस संख्या द्वारा सूचित होगा?

(*a*) 5 (*b*) 3
(*c*) 7 (*d*) 6

**5.** किसी कूटभाषा में (a) 'dugo hui mul zo' का अर्थ है 'work is very hard'; (b) 'hui dugo ba ki' का अर्थ है 'Bingo is very smart'; (c) 'nano mul dugo' का अर्थ है 'cake is hard', और (d) 'mul ki qu' का अर्थ है 'smart and hard' इस कूट भाषा में 'Bingo' के लिए किस कूटशब्द का प्रयोग किया गया है?

(*a*) jalu (*b*) dugo
(*c*) ki (*d*) ba

**6.** किसी कूटभाषा में (a) 'pic vic nic' का अर्थ है 'winter is cold'; (b) 'to nic re' का अर्थ है 'summer is hot'; (c) 're pic boo' का अर्थ है 'winter and summer' और (d) 'vic tho pa' का अर्थ है 'nights are cold' इस कूटभाषा में 'summer' के लिए किस कूटशब्द का प्रयोग किया जाता है?

(*a*) nic (*b*) boo
(*c*) to (*d*) re

**7.** किसी कूटभाषा में (a) 'mx das sci' का अर्थ है 'good little frock'; (b) 'jm coz sci' का अर्थ है 'girl behaves good'; (c) 'ngv drs coz' का अर्थ है 'girl makes mischief'; और (d) 'das gp coz' का अर्थ है 'little girl fell' इस कूटभाषा में 'frock' के लिए किस कूट शब्द का प्रयोग किया गया है?

(*a*) mx (*b*) das
(*c*) sci (*d*) gp

**8.** किसी कूटभाषा में 'mu mit es' का अर्थ है 'who is she' और 'elb mu es' का अर्थ है 'where is she' इस कूटभाषा में 'where' के लिए किस कूटशब्द का प्रयोग किया जाता है?

(*a*) es (*b*) elb
(*c*) mu (*d*) mit

**9.** किसी कूटभाषा में '069' का अर्थ है 'grapes are sweet', '476' का अर्थ है 'very sweet fruit' और '509' का अर्थ है 'grapes are ripe'। इस कूटभाषा में निम्नलिखित में से किस अंक से 'ripe' शब्द सूचित होता है?

(*a*) 0 (*b*) 5
(*c*) 9 (*d*) 7

**10.** किसी कूटभाषा में 'roi ja kyo twa' का अर्थ है 'Moody is writing letters', 'pok ju ja twa' का अर्थ है 'Woody is writing cards', 'trn kyo pos un' का अर्थ है 'they are writing letters', और 'koi rus pok' का अर्थ है 'gifts and cards'। इसी कूटभाषा में 'Moody' के लिए किस कूटशब्द का प्रयोग किया गया है?

(*a*) ja (*b*) twa
(*c*) roi (*d*) kyo

## व्याख्यात्मक उत्तर

**1.** (*b*):

| | कूट | वाक्य |
|---|---|---|
| 1. | go *ju* mi | plenty of *money* |
| 2. | pao *ju* go nei vu | *money* creates lots of problems |
| 3. | kol vu nei | problems create tension |
| 4. | sol tun *ju* haw | still *money* is needed |

ऊपर के पहले, दूसरे और चौथे कूटों और संबंधित वाक्यों में 'ju' शब्द और उसके लिए 'money' शब्द लिखा गया है।

**2.** ***(a)*** **:** **कूट** **वाक्य**

1. FOR — old is gold
2. ROT — gold is pure
3. ROM — gold is costly

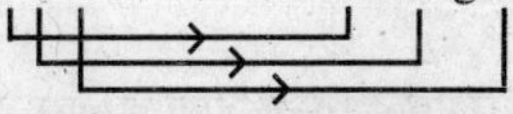

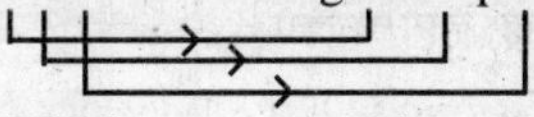

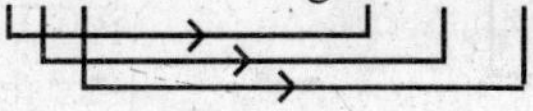

अत:,

| | | |
|---|---|---|
| F | का अर्थ है | old |
| O | का अर्थ है | is |
| R | का अर्थ है | gold |
| T | का अर्थ है | pure |
| M | का अर्थ है | costly |

अत: 'pure old gold is costly' को 'TFROM' द्वारा व्यक्त किया जाएगा।

**3.** ***(a)*** **:**

| कूट | वाक्य |
|---|---|
| 1. 415 | milk is hot |
| 2. 18 | hot soup |
| 3. 895 | soup is *tasty* |

तीसरे कूट और उससे संबंधित वाक्य में दी गई न तो संख्या '9' और न ही शब्द 'tasty' को किसी अन्य कूट और वाक्य में दोहराया गया है।

**4.** ***(c)*** **:**

| कूट | वाक्य |
|---|---|
| 1. 643 | she is beautiful |
| 2. 593 | he is handsome |
| 3. 567 | handsome *meets* beautiful |

तीसरे कूट और उससे संबंधित वाक्य में दी गई न तो संख्या '7' और न ही शब्द 'meets' को किसी अन्य कूट और वाक्य में दोहराया गया है।

**5.** ***(d)*** **:**

| कूट | वाक्य |
|---|---|
| 1. *dugo hui* mul zo | work *is very* hard |
| 2. *hui dugo* **ba** *ki* | **Bingo** *is very smart* |
| 3. nano mul *dugo* | cake is *hard* |
| 4. mul *ki* qu | *smart* and hard |

दूसरे कूट और संबंधित वाक्य में निहित न तो 'ba' और न ही अर्थ शब्द 'Bingo' की पुनरावृत्ति होती है। (जिन शब्दों की पुनरावृत्ति होती है उन्हें तिरछे अक्षरों में लिखा गया है)

**6.** ***(d)*** **:**

| कूट | वाक्य |
|---|---|
| 1. pic vic nic | winter is cold |
| 2. to nic *re* | *summer* is hot |
| 3. *re* pic boo | winter and *summer* |
| 4. vic tho pa | nights are cold |

शब्द 'summer' और कूट 're' की दूसरे और तीसरे वाक्यों में पुनरावृत्ति होती है।

**7.** ***(a)*** **:**

| कूट | वाक्य |
|---|---|
| 1. **mx** *das sci* | *good little* **frock** |
| 2. jm coz *sci* | girl behaves *good* |
| 3. ngv drs coz | girl makes mischief |
| 4. *das* gp coz | *little* girl fell |

शब्द 'frock' केवल पहले वाक्य में है। कूट शब्द 'das' को चौथे वाक्य में और 'sci' को दूसरे वाक्य में दोहराया गया है। अत: स्पष्ट है कि 'frock' के लिए कूट शब्द 'mx' का प्रयोग किया गया है।

**8.** ***(b)*** **:**

| कूट | वाक्य |
|---|---|
| 1. *mu* mit *es* | who *is she* |
| 2. **elb** *mu* es | **where** *is she* |

कूट शब्दों 'mu' और 'es' को दोनों वाक्यों में दोहराया गया है। केवल कूट शब्द 'elb' ही बचता है जिसका अर्थ 'where' है।

**9.** ***(b)*** **:**

| कूट | वाक्य |
|---|---|
| 1. 069 | *grapes are* sweet |
| 2. 476 | very sweet fruit |
| 3. **5**09 | *grapes are* **ripe** |

पहले और तीसरे वाक्यों में कूट संख्याओं '0' और '9' की पुनरावृत्ति होती है। अत: स्पष्ट है कि शेष कूट संख्या '5' का ही 'ripe' के लिए प्रयोग किया गया है।

**10.** ***(c)*** **:**

| कूट | वाक्य |
|---|---|
| 1. **roi** *ja kyo twa* | **Moody** *is writing letters* |
| 2. pok ju *ja twa* | Woody *is writing* cards |
| 3. trn *kyo* pos un | they are writing *letters* |
| 4. koi rus pok | gifts and cards |

'Moody' शब्द केवल पहले वाक्य में है। पहले वाक्य के कूट शब्दों 'ja' और 'twa' की दूसरे वाक्य में पुनरावृत्ति होती है और 'kyo' की तीसरे वाक्य में पुनरावृत्ति होती है। केवल कूट शब्द 'roi' ही बचता है जिसका अर्थ 'Moody' है।

# भाग-III

एक अन्य प्रकार के कूट लेखन में किसी शब्द को कूट नाम दिए जाते हैं जिन्हें आगे भी कूटबद्ध किया जाता है। इस पैटर्न पर आधारित प्रश्न अर्थहीन प्रतीत हो सकते हैं किंतु कूट यथार्थता की बुनियादी बातों से हट कर नहीं होने चाहिए।

## हल किए गए उदाहरण

**1.** यदि किसी कूट भाषा में 'केला' को 'जेली' कहा जाए, 'जेली' को 'हरा' कहा जाए, 'हरा' को 'सेब' कहा जाए, 'सेब' को 'आम' कहा जाए तो उसी कूटभाषा में पत्ते के रंग को क्या कहेंगे?

(*a*) हरा (*b*) आम (*c*) सेब (*d*) केला

**उत्तर (*c*) :** पत्ता हरे रंग का होता है और प्रश्न में उल्लिखित कूटों के अनुसार 'हरा' को 'सेब' कहा जाता है।

**2.** यदि 'धूसर' को 'भूरा', 'सफेद' को 'गुलाबी', 'लाल' को 'धूसर', 'काला' को 'लाल' और 'भूरा' को 'सफेद' कहा जाए तो 'कोयला' किस रंग का है?

(*a*) भूरा (*b*) सफेद (*c*) काला (*d*) लाल

**उत्तर (*d*) :** 'कोयला' काले रंग का होता है और प्रश्न में दिए गए कूटों के अनुसार 'काला' को 'लाल' कहा जाता है।

## अभ्यास

**निर्देश ( प्र.सं. 1–10 ):** *प्रत्येक प्रश्न में दी गई कूटबद्ध सूचना को अच्छी तरह समझें और दिए गए विकल्पों में से सही उत्तर का चयन करें।*

**1.** यदि किसी कूटभाषा में 'पानी' को 'नीला', 'नीला' को 'लाल', 'लाल' को 'सफेद', 'सफेद' को 'आकाश', 'आकाश' को 'वर्षा', 'वर्षा' को 'हरा', 'हरा' को 'हवा' और 'हवा' को 'मेज' कहा जाए, तो इस कूटभाषा में दूध के रंग को क्या कहेंगे?

(*a*) सफेद (*b*) वर्षा
(*c*) आकाश (*d*) हरा

**2.** यदि किसी कूटभाषा में 'प्रकाश' को 'अंधकार', 'अंधकार' को 'हरा', 'हरा' को 'नीला', 'नीला' को 'लाल', 'लाल' को 'सफेद' और 'सफेद' को 'पीला' कहा जाता हो तो इस कूटभाषा में रक्त का रंग क्या कहलाएगा?

(*a*) लाल (*b*) अंधकार
(*c*) सफेद (*d*) पीला

**3.** यदि किसी कूटभाषा में 'आकाश' को 'समुद्र', 'समुद्र' को 'पानी', 'पानी' को 'हवा', 'हवा' को 'बादल' और 'बादल' को 'नदी' कहा जाता हो तो प्यास लगने पर इस कूटभाषा में पीने के लिए किस चीज की मांग करेंगे?

(*a*) आकाश (*b*) हवा
(*c*) पानी (*d*) समुद्र

**4.** यदि किसी कूटभाषा में 'पीला' का अर्थ 'लाल', 'सफेद' का अर्थ 'हरा', 'लाल' का अर्थ 'नारंगी', 'नीला' का अर्थ 'सफेद' और 'हरा' का अर्थ 'नीला' हो तो उस कूटभाषा में आकाश का रंग क्या है?

(*a*) सफेद (*b*) हरा
(*c*) नीला (*d*) पीला

**5.** यदि किसी कूटभाषा में 'घर' को 'झोपड़ी', 'झोपड़ी' को 'नहर', 'नहर' को 'स्कूल', 'स्कूल' को 'मैदान', 'मैदान' को 'सुराही' और 'सुराही' को 'तार' कहा जाए तो इस कूटभाषा में छात्रों के पढ़ने की जगह को क्या कहेंगे?

(*a*) मैदान (*b*) सुराही
(*c*) झोपड़ी (*d*) स्कूल

**6.** यदि किसी कूटभाषा में 'बिल्ली' को 'घोड़ा', 'घोड़ा' को 'चूहा', 'कुत्ता' को 'खरगोश', 'खरगोश' को 'बिल्ली', 'चूहा' को 'कुत्ता' और 'शेर' को 'चींटी' कहा जाए तो इस कूटभाषा मे प्रयुक्त कूटों के आधार पर भौंकने वाले पशु को क्या कहेंगे?

(*a*) कुत्ता (*b*) बिल्ली
(*c*) शेर (*d*) खरगोश

**7.** यदि 'भूमि' को 'झील', 'झील' को 'पत्थर', 'पत्थर' को 'भारी', 'भारी' को 'स्टेडियम', 'स्टेडियम' को 'महासागर', 'महासागर' को 'वर्षा' और 'वर्षा' को 'आग' कहा जाए तो क्रिकेट के टेस्ट मैच खेले जाने वाले स्थान क्या कहलाते हैं ?

(*a*) भारी (*b*) महासागर
(*c*) पत्थर (*d*) भूमि

**8.** यदि किसी कूटभाषा में 'चिड़िया' को 'राजा', 'राजा' को 'फूल', 'फूल' को 'घन', 'घन' को 'मेज', 'मेज' को 'मनुष्य' और 'मनुष्य' को 'चिड़िया' कहा जाए तो इस कूटभाषा में 'गुलाब' क्या है ?

(*a*) मेज (*b*) फूल
(*c*) घन (*d*) मनुष्य

**9.** यदि किसी कूटभाषा में 'पानी' को 'पत्थर', 'पत्थर' को 'तेल', 'तेल' को 'हवा', 'हवा' को 'लकड़ी', 'लकड़ी' को 'गैस' और 'गैस' को 'द्रव' कहा जाए तो इस कूटभाषा में फर्नीचर किस चीज से बनता है ?

(*a*) गैस (*b*) हवा
(*c*) तेल (*d*) द्रव

**10.** यदि किसी कूटभाषा में 'पिंजड़ा' को 'रॉकेट', 'रॉकेट' को 'फंदा', 'फंदा' को 'ग्रह', 'ग्रह' को 'हवाई जहाज', 'हवाई जहाज' को 'साइकिल' और 'साइकिल' को 'कार' कहा जाए तो इस कूटभाषा में पृथ्वी को क्या कहेंगे ?

(*a*) साइकिल (*b*) रॉकेट
(*c*) ग्रह (*d*) हवाई जहाज

## व्याख्यात्मक उत्तर

**1. (*c*) :** दूध का रंग 'सफेद' होता है और इस कूटभाषा में 'सफेद' को 'आकाश' कहते हैं।

**2. (*c*) :** रक्त का रंग 'लाल' होता है और इस कूटभाषा में 'लाल' को 'सफेद' कहते हैं।

**3. (*b*) :** प्यास लगने पर हम 'पानी' पीते हैं और इस कूटभाषा में 'पानी' को 'हवा' कहते हैं।

**4. (*a*) :** आकाश का रंग 'नीला' होता है और नीला का अर्थ 'सफेद' है।

**5. (*a*) :** छात्र 'स्कूल' में पढ़ते हैं और 'स्कूल' को इस कूटभाषा में 'मैदान' कहा जाता है।

**6. (*d*) :** भौंकने वाला पशु 'कुत्ता' है और 'कुत्ता' को इस कूटभाषा में 'खरगोश' कहते हैं।

**7. (*b*) :** टैस्ट मैच 'स्टेडियम' में खेले जाते हैं और 'स्टेडियम' को इस कूटभाषा में 'महासागर' कहा जाता है।

**8. (*c*) :** गुलाब एक 'फूल' है और 'फूल' को इस कूटभाषा में 'घन' कहा जाता है।

**9. (*a*) :** फर्नीचर 'लकड़ी' से बनता है और 'लकड़ी' को इस कूटभाषा में गैस कहते हैं।

**10. (*d*) :** पृथ्वी एक 'ग्रह' है 'ग्रह' को इस कूटभाषा में हवाई जहाज कहते हैं।

# कथन विश्लेषण
# (STATEMENT ANALYSIS)

तर्कबुद्धि परीक्षण से संबंधित इस प्रकार के प्रश्नों में कुछ कथन दिए जाते हैं। इन कथनों में कतिपय तथ्यों को अलग-अलग रूपों में तोड़-मरोड़ कर प्रस्तुत किया जाता है। ऐसे प्रश्नों को हल करने के लिए अभ्यर्थियों से यह अपेक्षा की जाती है कि वे दिए गए कथनों का विश्लेषण करें, दिए गए तथ्यों को सुव्यवस्थित और वर्गीकृत करें तथा तत्पश्चात् दिए गए कथनों से संबंधित प्रश्नों के उत्तर दें।

## हल किए गए उदाहरण

**1.** आइसक्रीम बर्फ के समान ठंडा होता है। बर्फ ओले जितनी ठंडी नहीं होती। हिमकण बर्फ जितने ठंडे नहीं होते किंतु ये आइसक्रीम से अधिक ठंडे होते हैं। इनमें से सर्वाधिक ठंडा क्या है?

(*a*) ओला (*b*) आइसक्रीम (*c*) हिमकण (*d*) हिम

**उत्तर *(a)* :** ठंडक में वृद्धि को दर्शाने वाला क्रम है—आइसक्रीम, बर्फ, हिमकण, हिम, ओला।

**2.** नीचे दिए गए कथन को सावधानीपूर्वक पढ़ें और पूछे गए प्रश्नों *(i)* और *(ii)* के उत्तर दें :

पांच आदमी जिनमें से एक वजनी, दूसरा मोटा, तीसरा दुबला-पतला, चौथा नाटा और पांचवां लंबा है, एक दूसरे के पीछे दौड़ रहे हैं। वजनी और लंबे आदमियों में से एक तो कलाकार है और दूसरा बातुनी। दुबला-पतला आदमी जो बुद्धिमान भी है, बीच में दौड़ रहा है। नाटा आदमी काला नहीं है और गोरे रंग का आदमी दुबले-पतले आदमी से आगे दौड़ रहा है। वजनी आदमी जो कलाकार नहीं है, मोटे आदमी के सामने दौड़ रहा है।

*(i)* गोरा कौन है?

(*a*) लंबा आदमी (*b*) मोटा आदमी (*c*) नाटा आदमी (*d*) वजनी आदमी

**उत्तर : *(b)***

*(ii)* लंबा आदमी क्या है?

(*a*) बुद्धिमान (*b*) बातुनी (*c*) कलाकार (*d*) काला

**उत्तर : *(c)***

पांचों आदमियों के गुणों का चार्ट इस प्रकार है :

वजनी आदमी बातुनी है।
मोटा आदमी गोरा है।
दुबला-पतला आदमी बुद्धिमान है।
नाटा आदमी काला नहीं है।
लंबा आदमी कलाकार है।

## अभ्यास

**1.** A, B, C, D और E पांच मित्र हैं जिनमें से A का वजन B से अधिक है, C का वजन D से कम है, B का वजन D से कम है किंतु E से अधिक है। इनमें से किसका वजन सबसे अधिक है?

(*a*) B (*b*) C
(*c*) A (*d*) कहा नहीं जा सकता

**2.** झांसी की तुलना में पुणे एक बड़ा शहर है, तथा चित्तौड़ की तुलना में सीतापुर एक बड़ा शहर है। रायगढ़ झांसी जितना बड़ा शहर नहीं है किंतु यह सीतापुर की तुलना में बड़ा शहर है। चित्तौड़ सीतापुर जितना बड़ा शहर नहीं है। इनमें से सबसे छोटा शहर कौन है?

(*a*) झांसी (*b*) पुणे
(*c*) चित्तौड़ (*d*) सीतापुर

**3.** राम के मुकाबले अजय अधिक काम करता है। आलोक और राजू दोनों एक जितना काम करते हैं। पंकज आलोक के मुकाबले कम काम करता है। राम आलोक के मुकाबले अधिक काम करता है। इनमें से सबसे अधिक काम कौन करता है?

(*a*) अजय (*b*) राम
(*c*) आलोक (*d*) राजू

**4.** विपुल, हंस से लंबा है। हंस, आनंद से लंबा है। आलोक, अशोक से लंबा है। अशोक, हंस से लंबा है। इन पांचों मित्रों से कौन सबसे अधिक लंबा है?

(*a*) विपुल (*b*) आलोक
(*c*) अशोक (*d*) कहा नहीं जा सकता

**5.** प्रमोद, गोपाल से लंबा है। गोपाल, मधु से कम लंबा है। यह जानने के लिए कि इनमें सबसे अधिक लंबा कौन है, निम्नलिखित में से कौन-सी अतिरिक्त जानकारी आवश्यक है?

(*a*) मधु, गोपाल से लंबी है
(*b*) मधु, प्रमोद के भाई से कम लंबी है
(*c*) प्रमोद, मधु से लंबा है
(*d*) प्रमोद, मधु के भाई से लंबा है

**6.** A की आयु B से अधिक है जबकि C और D की आयु E से अधिक है तथा E की आयु A और B की आयुओं के बीच है। यदि C की आयु B की तुलना में अधिक हो तो बताएं कि निम्नलिखित में से कौन-सा कथन अनिवार्यत: सत्य है?

(*a*) E की आयु B से अधिक है
(*b*) A की आयु C से अधिक है
(*c*) C की आयु D से अधिक है
(*d*) D की आयु C से अधिक है

**7.** विक्रम की लंबाई राजन से अधिक किंतु ऐनी से कम है। जमाल, ऐनी से अधिक लंबा है। सीता, विक्रम से अधिक लंबी है। राजन, सीता से कम लंबा है। इस समूह में सबसे कम लंबाई किसकी है?

(*a*) सीता (*b*) राजन
(*c*) विक्रम (*d*) कहा नहीं जा सकता

**8.** सुरेश की आयु कमल से उतनी ही अधिक है जितनी कि उसकी आयु प्रबोध से कम है। नवीन और कमल की आयु एक जैसी है। निम्नलिखित में से कौन-सा कथन असत्य है?

(*a*) सुरेश की आयु नवीन से अधिक है
(*b*) कमल की आयु सुरेश से कम है
(*c*) प्रबोध सबसे अधिक आयु का नहीं है
(*d*) नवीन की आयु प्रबोध से कम है

**9.** प्रमोद आयु में जयेश और सुधीर से बड़ा है। विकास, अनिल से छोटा है। इनमें किसकी आयु सब से अधिक है, यह जानने के लिए निम्नलिखित में से कौन-सी अतिरिक्त जानकारी अपेक्षित है?

(*a*) सुधीर, जयेश से बड़ा है
(*b*) अनिल, जयेश से बड़ा है
(*c*) विकास, प्रमोद से बड़ा है
(*d*) विकास, प्रमोद से छोटा है

**10.** पांच लड़कों में बसंत, मनोहर से लंबा है किंतु वह राजू जितना लंबा नहीं है। जयंत, दत्ता से लंबा है किंतु मनोहर से उसकी लंबाई कम है। इनमें सबसे अधिक लंबा लड़का कौन है?

(*a*) राजू (*b*) मनोहर
(*c*) बसंत (*d*) कहा नहीं जा सकता

**11.** A और D एक ही कक्षा में पढ़ते हैं। K और L एक ही कक्षा में पढ़ते हैं। D किस कक्षा में पढ़ता है? इस प्रश्न का उत्तर ज्ञात करने के लिए निम्नलिखित A और B कथनों में से किसमें दी गई सूचना आवश्यक है?

A. D, L से एक कक्षा कम में पढ़ता है
B. A का बड़ा भाई K के साथ पढ़ता है

(*a*) उपर्युक्त A और B दोनों में दी गई सूचनाएं पर्याप्त नहीं हैं
(*b*) उपर्युक्त A और B दोनों में दी गई सूचनाएं अपेक्षित हैं

(*c*) केवल A में दी गई सूचना पर्याप्त है

(*d*) केवल B में दी गई सूचना आवश्यक है

**निर्देश ( प्र.सं. 12 और 13 ):** (A) गोपाल की लंबाई अशोक से कम किंतु केशव से अधिक है; (B) नवीन की लंबाई केशव से कम है; (C) जयेश की लंबाई नवीन से अधिक है; (D) अशोक की लंबाई जयेश से अधिक है।

**12.** इनमें सबसे अधिक लंबा कौन है?

(*a*) गोपाल (*b*) अशोक

(*c*) जयेश (*d*) नवीन

**13.** उपर्युक्त प्रश्न का उत्तर देने के लिए निम्नलिखित में से कौन-सी सूचना आवश्यक नहीं है?

(*a*) A (*b*) B

(*c*) C (*d*) D

**निर्देश ( प्र.सं. 14–16 ):** *नीचे दिए गए कथन को ध्यानपूर्वक पढ़ें और इसमें दी गई सूचना के आधार पर पूछे गए प्रश्नों के उत्तर दें:*

रवि, हरी, मनु और जतिन चार मित्र हैं। इनमें से एक कानपुर में रहता है और उसे लिखने-पढ़ने का शौक है। हरी और जतिन लखनऊ में रहते हैं। हरी को डाक टिकटें एकत्रित करने का शौक है। लखनऊ में रहने वाले दोनों मित्रों में से प्रत्येक को सिक्के एकत्रित करने का शौक है। रवि इलाहाबाद में रहता है। लखनऊ में रहने वाला एक लड़का संगीत सुनना भी पंसद करता है। इलाहाबाद में रहने वाले लड़के को यात्रा करने और कॉमिक्स पढ़ने का शौक है। यदि सभी लड़कों में से प्रत्येक को दो शौक हों तो निम्नलिखित प्रश्नों के उत्तर दें :

**14.** कानपुर में कौन रहता है?

(*a*) जतिन (*b*) मनु

(*c*) रवि (*d*) हरी

**15.** सिक्के एकत्रित करने और संगीत सुनने का शौक निम्नलिखित में से किसे है?

(*a*) मनु (*b*) रवि

(*c*) हरी (*d*) जतिन

**16.** निम्नलिखित में से कौन-सा शौक रवि को नहीं है?

(*a*) कॉमिक्स पढ़ना (*b*) पढ़ना

(*c*) यात्रा करना (*d*) कहा नहीं जा सकता

## व्याख्यात्मक उत्तर

**1. (*d*) :** वजन के घटते क्रम में इन मित्रों को निम्नवत् श्रेणीबद्ध किया जा सकता है : A/D, B/C, E या A/D, B, C/E अत: इन मित्रों में से A या D का वजन सबसे अधिक है।

**2. (*c*) :** आकार के घटते क्रम में शहरों के नाम हैं: पुणे, झांसी, रायगढ़, सीतापुर, चित्तौड़।

**3. (*a*) :** इन व्यक्तियों के नामों का इनके द्वारा किए जाने वाले काम की मात्रा के घटते क्रम में निम्नलिखित अनुक्रम होगा :

अजय, राम, आलोक/राजू, पंकज।

**4. (*d*) :** लंबाई के घटते क्रम में इन व्यक्तियों के नाम हैं : विपुल/आलोक, अशोक, हंस, आनंद। अत: विपुल या आलोक में से कोई एक सबसे अधिक लंबा है।

**5. (*c*) :** दी गई सूचना के अनुसार प्रमोद और मधु दोनों ही गोपाल से अधिक लंबे हैं। विकल्प (*c*) में दी गई जानकारी से ही यह पता चलता है कि सबसे अधिक लंबा कौन है।

**6. (*a*) :** आयु के घटते क्रम में इन व्यक्तियों को निम्नवत् विन्यस्त किया जा सकता है :

A/C/D, E, B.

**7. (*b*) :** लंबाई के घटते क्रम में इन व्यक्तियों को निम्नवत् विन्यस्त किया जा सकता है:

जमाल/सीमा, ऐनी, विक्रम, राजन

या

जमाल, सीता/ऐनी, विक्रम, राजन

**8. (*c*) :** आयु के घटते क्रम में इन व्यक्तियों को निम्नवत् विन्यस्त किया जा सकता है :

प्रबोध, सुरेश, कमल/नवीन

**9. (*c*) :** आयु के घटते क्रम में इन व्यक्तियों को निम्नवत् विन्यस्त किया जा सकता है:

1. प्रमोद, जयेश/सुधीर और 2. अनिल, विकास

विकल्प (c) इन दोनों कथनों के बीच संबंध स्थापित करता है।

**10. (*a*) :** लंबाई के घटते क्रम में इन लड़कों को निम्नवत् विन्यस्त किया जा सकता है:

राजू, बसंत, मनोहर, जयंत, दत्ता

**11. (*a*) :** दोनों में से किसी भी कथन में उपयोगी सूचना नहीं दी गई है।

**12. (*b*) :** लंबाई के घटते क्रम में इन व्यक्तियों को निम्नवत् विन्यस्त किया जा सकता है:

अशोक, गोपाल/जयेश, केशव, नवीन

या

अशोक, गोपाल, केशव/जयेश, नवीन

**13. (*c*)** **14. (*b*)** **15. (*d*)** **16. (*b*)**

# स्थान व्यवस्थीकरण

# (PLACE ARRANGEMENT)

स्थान व्यवस्थीकरण का सामान्य अर्थ है दी गई सूचनाओं के आधार पर व्यक्तियों या वस्तुओं का स्थान-क्रम निर्धारित करना। इसके लिए आवश्यक है कि स्थान-क्रम को अच्छी तरह समझा जाए और तत्पश्चात् दिए गए प्रश्नों को उपलब्ध कराई गई सूचना के आधार पर हल करने का प्रयास किया जाए।

## हल किए गए उदाहरण

**1.** पांच लड़के एक सीढ़ी पर चढ़ रहे हैं। सीढ़ी पर डेविड लड़कों के बीच में है। कार्तिक सबसे पीछे है। अनमोल नीतिन से आगे है जो अनमोल और डैनी दोनों के पीछे है। सीढ़ी पर सबसे आगे कौन है?

(*a*) डैनी (*b*) अनमोल

(*c*) डैनी या अनमोल (*d*) कहा नहीं जा सकता

**उत्तर (*c*) :** लड़कों के सीढ़ी पर चढ़ने का निम्नलिखित क्रम है :

| | | |
|---|---|---|
| डैनी | | अनमोल |
| अनमोल | | डैनी |
| डेविड | या | डेविड |
| नीतिन | | नीतिन |
| कार्तिक | | कार्तिक |

अत: इस बात की पूर्ण संभावना है कि सीढ़ी पर सबसे आगे डैनी या अनमोल है।

**2.** पांच व्यक्ति किसी पंक्ति में एक दूसरे के पीछे चल रहे हैं। पंक्ति में सबसे आगे और सबसे पीछे चल रहे व्यक्तियों में एक व्यक्ति बुद्धिमान और दूसरा मूर्ख है। एक नाटे व्यक्ति के पीछे एक मजबूत कद काठी का व्यक्ति चल रहा है। मूर्ख व्यक्ति के सामने एक दुबला व्यक्ति चल रहा है। नाटा व्यक्ति बुद्धिमान व्यक्ति और मजबूत कद काठी के व्यक्ति के बीच में है। पंक्ति में बीचों-बीच कौन चल रहा है?

(*a*) नाटा व्यक्ति (*b*) मजबूत कद-काठी का व्यक्ति

(*c*) दुबला व्यक्ति (*d*) बुद्धिमान व्यक्ति

**उत्तर (*b*) :** पांचों व्यक्तियों का पंक्ति में स्थान-क्रम निम्नवत् है :

मूर्ख, दुबला व्यक्ति, मजबूत कद-काठी का व्यक्ति, नाटा व्यक्ति, बुद्धिमान व्यक्ति।

## अभ्यास

**निर्देश ( प्र.सं. 1–10 ):** *निम्नलिखित प्रश्नों में व्यवस्थीकरण के पैटर्न को समझें और तत्पश्चात् दिए गए विकल्पों में से सही उत्तर का चयन करें:*

**1.** पांच लड़के एक पंक्ति में बैठे हैं। रघु, श्याम या अमित की बगल में नहीं बैठा है। अजय, श्याम की बगल में नहीं बैठा है। रघु, मयंक की बगल में बैठा है। यदि मयंक पंक्ति में बीच में बैठा हो तो अजय निम्नलिखित में से किसकी बगल में बैठा है?

(*a*) अमित (*b*) रघु
(*c*) मयंक (*d*) श्याम

**2.** मिनी, रजनी के दाएं और अनंता के बाएं बैठी है। सत्या, मिनी के दाएं बैठी है किंतु वह जया के बाएं है। यदि सभी लड़कियां उत्तर दिशा की ओर मुंह किए बैठी हों तो इनमें से सबसे बाएं छोर पर कौन बैठी है?

(*a*) जया (*b*) मिनी
(*c*) रजनी (*d*) सत्या

**3.** किट्टू, मोहन,और सोहन के बीच बैठा है। राजू, सोहन की बायीं ओर और श्याम, मोहन की दाहिनी ओर बैठा है। यदि ये सभी मित्र दक्षिण दिशा की ओर मुंह करके बैठे हों, तो सबसे दाहिने छोर पर कौन बैठा है?

(*a*) मोहन (*b*) सोहन
(*c*) किट्टू (*d*) श्याम

**4.** A, B, C, D और E एक दूसरे के पीछे दौड़ रहे हैं। C, E के निकट नहीं है और A, D के निकट नहीं है। B, A के पीछे है और E, D के निकट नहीं है। इनके बीच में कौन व्यक्ति है?

(*a*) B (*b*) E
(*c*) A (*d*) कहा नहीं जा सकता

**5.** O, P, Q, R, S और T एक बेंच पर अपनी लंबाई के घटते क्रम में खड़े हैं। P, O से अधिक लंबा है किंतु S से उसकी लंबाई कम है। केवल S ही T से अधिक लंबा है। R, P से कम लंबा है किंतु वह Q से अधिक लंबा है। इनमें किसकी लंबाई सबसे कम है?

(*a*) O (*b*) Q
(*c*) P (*d*) कहा नहीं जा सकता

**6.** छह मित्र एक गोल घेरे में बैठ कर ताश खेल रहे हैं। केनी, डैनी की बायीं ओर बैठा है। माइकल, बॉब और जॉन के बीच बैठा है। रॉजर, केनी और बॉब के बींच बैठा है। माइकल की दाहिनी ओर कौन बैठा है?

(*a*) डैनी (*b*) जॉन
(*c*) केनी (*d*) बॉब

**7.** चार लड़कियां A, B, C और D एक गोल घेरे में बैठी हैं। B और C का मुंह एक दूसरे की ओर है। निम्नलिखित कथनों में से कौन-सा निश्चित रूप से सत्य है?

(*a*) A, C की बायीं ओर बैठी है
(*b*) D, C की बायीं ओर बैठी है
(*c*) A और D एक दूसरे के आमने-सामने बैठी हैं
(*d*) A, B और C के बीच नहीं बैठी है

**8.** 10 पुस्तकों के एक ढेर में 3 पुस्तकें इतिहास की, 3 हिंदी की, 2 गणित की और 2 अंग्रेजी की पुस्तकें हैं। यदि ऊपर से देखा जाए तो इतिहास और गणित की एक-एक पुस्तकों के बीच अंग्रेजी की एक पुस्तक है, गणित और अंग्रेजी की एक-एक पुस्तकों के बीच इतिहास की एक पुस्तक है, अंग्रेजी और गणित की एक-एक पुस्तकों के बीच एक हिंदी की पुस्तक है, हिंदी की दो पुस्तकों के बीच गणित की एक पुस्तक है तथा गणित और इतिहास की एक-एक पुस्तकों के बीच हिंदी की दो पुस्तकें हैं। इस ढेर में किस विषय की पुस्तक ऊपर से छठे स्थान पर है?

(*a*) अंग्रेजी (*b*) हिंदी
(*c*) इतिहास (*d*) गणित

**9.** पांच व्यक्ति A, B, C, D और E एक पंक्ति में आपकी ओर मुंह करके इस प्रकार बैठे हैं कि D, C की बायीं ओर बैठा है और B, E की दाहिनी ओर बैठा है। A, C की दाहिनी ओर बैठा है और B, D की बायीं ओर बैठा है। यदि E कोने में बैठा हो तो बीच में कौन बैठा है?

(*a*) A (*b*) B
(*c*) C (*d*) D

**10.** छह मित्र A, B, C, D, E और F एक गोल घेरे में खड़े हैं। B, F और C के बीच में है, A, E और D के बीच में है, F, D की बायीं ओर है। A और F के बीच कौन है?

(*a*) C (*b*) B
(*c*) D (*d*) E

**निर्देश ( प्र.सं. 11–13 ):** *नीचे दिए गए कथन को ध्यानपूर्वक पढ़ें और पूछे गए प्रश्नों के उत्तर दें :*

A, B, C, D और E एक पंक्ति में खड़े हैं। पंक्ति के एक छोर पर D और दूसरे छोर पर C है। B, E की दाहिनी ओर खड़ा है। A, C की बायीं ओर खड़ा है तथा E, D और B के बीच खड़ा है।

**11.** पंक्ति के बीच में कौन खड़ा है ?

(*a*) E (*b*) D
(*c*) B (*d*) A

**12.** A निम्नलिखित में से किसके बीच खड़ा है ?

(*a*) B और D (*b*) E और B
(*c*) C और E (*d*) B और C

**13.** B की दाहिनी ओर कौन खड़ा है ?

(*a*) C (*b*) E
(*c*) A (*d*) D

**निर्देश ( प्र.सं. 14 और 15 ):** *निम्नलिखित कथनों को सावधानी पूर्वक पढ़ें और पूछे गए प्रश्नों के उत्तर दें :*

एक शेल्फ में पांच कमीजें एक ढेर में एक के ऊपर एक रखी हुई हैं। इस ढेर में लाल कमीज नीली कमीज के ऊपर रखी गई है और हरे रंग की कमीज नारंगी रंग की कमीज के नीचे रखी गई है। नीली कमीज नारंगी रंग की कमीज के ऊपर तथा सफेद कमीज हरी कमीज के नीचे रखी गई है।

**14.** लाल और नारंगी रंग की कमीजों के बीच रखी कमीज किस रंग की है ?

(*a*) सफेद रंग की (*b*) हरे रंग की
(*c*) नीले रंग की (*d*) आंकड़े अपर्याप्त हैं

**15.** सबसे नीचे किस रंग की कमीज है ?

(*a*) लाल (*b*) सफेद
(*c*) नारंगी (*d*) कहा नहीं जा सकता

**निर्देश ( प्र.सं. 16–18 ):** *निम्नलिखित प्रश्नों को ध्यानपूर्वक पढ़ें और पूछे गए प्रश्नों के उत्तर दें :*

(*i*) A, B, C, D और E एक पांच मंजिली इमारत में रहते हैं।
(*ii*) B और E भूतल पर नहीं रहते।
(*iii*) D, A से एक मंजिल ऊपर और C से एक मंजिल नीचे के तल पर रहता है
(*iv*) E सबसे ऊपर वाली मंजिल पर नहीं रहता।

**16.** D किस मंजिल पर रहता है ?

(*a*) दूसरी (*b*) चौथी
(*c*) पांचवीं (*d*) पहली

**17.** इनमें से कितने व्यक्ति C से ऊपर वाली मंजिल पर रहते हैं ?

(*a*) 3 (*b*) 2
(*c*) 4 (*d*) 1

**18.** उपर्युक्त दोनों प्रश्नों का उत्तर ज्ञात करने के लिए दिए गए चार कथनों में से किसे छोड़ा जा सकता है ?

(*a*) केवल (*iv*) (*b*) केवल (*ii*) और (*iii*)
(*c*) कोई नहीं (*d*) केवल (*i*)

**निर्देश ( प्र.सं. 19 और 20 ):** *निम्नलिखित सूचना को ध्यान से पढ़ें और नीचे पूछे गए प्रश्नों के उत्तर दें :*

(*i*) एक मेज पर एक के ऊपर एक मनोविज्ञान, हिंदी, अंग्रेजी, समाज विज्ञान, अर्थशास्त्र, शिक्षाशास्त्र और लेखाशास्त्र विषयों की सात पुस्तकें रखी हैं।
(*ii*) इनमें समाज विज्ञान की पुस्तक सभी पुस्तकों के ऊपर है।
(*iii*) लेखाशास्त्र की पुस्तक शिक्षाशास्त्र की पुस्तक के ठीक नीचे है जो समाज विज्ञान की पुस्तक के ठीक नीचे रखी गई है।
(*iv*) अर्थशास्त्र की पुस्तक मनोविज्ञान की पुस्तक के ठीक ऊपर किंतु सभी पुस्तकों के बीच में नहीं रखी गई है।
(*v*) हिंदी की पुस्तक मनोविज्ञान की पुस्तक के ठीक नीचे रखी गई है।

**19.** लेखाशास्त्र और हिंदी की पुस्तकों के बीच किन विषयों की तीन पुस्तकें रखी गई हैं ?

(*a*) अर्थशास्त्र, मनोविज्ञान और हिंदी
(*b*) अर्थशास्त्र, मनोविज्ञान और शिक्षाशास्त्र
(*c*) अंग्रेजी, अर्थशास्त्र और मनोविज्ञान
(*d*) कहा नहीं जा सकता

**20.** अर्थशास्त्र की पुस्तक निम्नलिखित में से किन पुस्तकों के बीच रखी गई है ?

(*a*) लेखाशास्त्र और शिक्षाशास्त्र
(*b*) मनोविज्ञान और हिंदी
(*c*) अंग्रेजी और मनोविज्ञान
(*d*) कहा नहीं जा सकता

## व्याख्यात्मक उत्तर

**1. (*b*) :** पांचों लड़कों के पंक्ति में बैठने का निम्नलिखित क्रम है:

अमित, श्याम, मयंक, अजय, रघु

या

अजय, रघु, मयंक, अमित, श्याम

**2. (*c*) :** इन सभी लड़कियों के बैठने का निम्नलिखित क्रम है:

रजनी, मिनी, अनंता, सत्या, जया

या

सत्या, जया, अनंता

या

सत्या, अनंता, जया

**3. (*d*) :** दक्षिण दिशा की ओर मुंह करके बैठने पर इन मित्रों के बैठने का निम्नलिखित क्रम होगा:

श्याम, मोहन, किट्टू, सोहन, राजू

**4.** ***(a)*** **:** दौड़ते समय ये व्यक्ति निम्नलिखित क्रम में एक दूसरे के पीछे होंगे:

| E | | E |
|---|---|---|
| A | | A |
| B | या | B |
| C | | D |
| D | | C |

**5.** ***(d)*** **:** लंबाई के घटते क्रम में ये व्यक्ति बेंच पर निम्नलिखित विन्यास में खड़े होंगे:

| S | | S |
|---|---|---|
| T | | T |
| P | या | P |
| R | | R |
| O | | Q |
| Q | | O |

इनमें या तो O या फिर Q सबसे छोटा है। दी गई सूचना उत्तर ज्ञात करने के लिए पर्याप्त नहीं है।

**6.** ***(d)*** **:** इन छह मित्रों के बैठने का निम्नलिखित क्रम है:

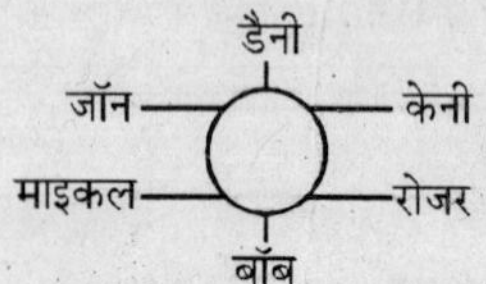


**7.** ***(c)*** **:** इन लड़कियों के बैठने का निम्नलिखित क्रम होगा:

A
B C
D

या

D
B C
A

**8.** ***(b)*** **:** पुस्तकें निम्नलिखित विषय-क्रम में एक दूसरे के ऊपर रखी गई हैं:

पहला — इतिहास
अंग्रेजी
गणित
इतिहास
अंग्रेजी
छठा — हिंदी
गणित
हिंदी
हिंदी
दसवां — इतिहास

**9.** ***(d)*** **:** हमारी ओर मुंह किए बैठे इन व्यक्तियों का निम्नलिखित क्रम होगा:
A, C, D, B, E

**10.** ***(c)*** **:** ये मित्र निम्नलिखित क्रम में एक दूसरे की बगल में खड़े हैं

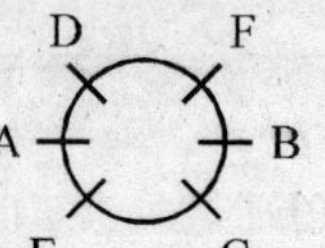


**11.** ***(c)*** **:** प्रश्न संख्या 16 से 18 के संदर्भ में बताए गए पांच व्यक्ति पंक्ति में निम्नलिखित क्रम में खड़े हैं:
D, E, B, A, C.

**12.** ***(d)*** **13.** ***(c)***

**14.** ***(c)*** **:** प्रश्न संख्या 14 और 15 के संदर्भ में शेल्फ में कमीजों को निम्नलिखित क्रम में रखा गया है:

लाल कमीज
नीली कमीज
नारंगी रंग की कमीज
हरे रंग की कमीज
सफेद कमीज

**15.** ***(b)***

प्रश्न संख्या 16 से 18 के संदर्भ में दी गई सूचना के अनुसार पांच मंजिली इमारत में A, B, C, D और E निम्नलिखित क्रम में रहते हैं:

B
E
C
D
A – भूतल

**16.** ***(d)*** **17.** ***(b)*** **18.** ***(c)***

**19.** ***(c)*** **:** पुस्तकें निम्नलिखित क्रम में एक दूसरे के ऊपर रखी गई हैं:

समाज विज्ञान
शिक्षाशास्त्र
लेखाशास्त्र
अंग्रेजी
अर्थशास्त्र
मनोविज्ञान
हिंदी

**20.** ***(c)***

प्रश्न संख्या 21 से 25 के संदर्भ में दिए गए कथनों के अनुसार आवंटित किए गए फ्लैटों की अवस्थिति निम्नवत् है:

| Q | T | S | ↑N | इनका मुख्य दरवाजा उत्तर दिशा में खुलता है |
|---|---|---|---|---|
| U | R | P | ↓S | इनका मुख्य दरवाजा दक्षिण दिशा में खुलता है |

# दिशा ज्ञान परीक्षण
# (DIRECTION SENSE)

इस प्रकार के प्रश्न अभ्यर्थियों की सही दिशा-निर्देशों को समझने की योग्यता की जांच करने हेतु पूछे जाते हैं। ऐसे प्रश्न दिशा-चार्ट पर आधारित होते हैं:

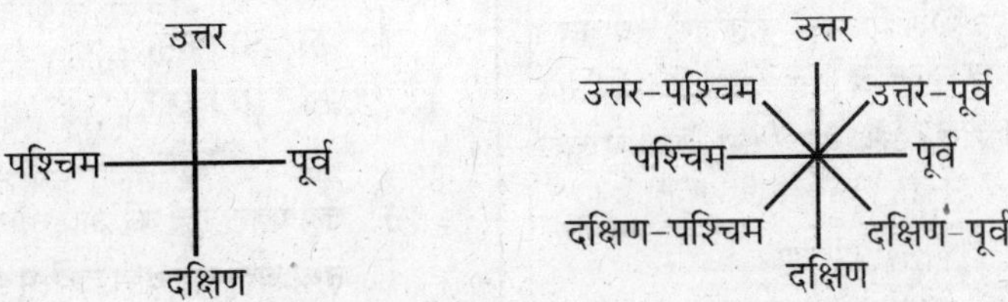


विभिन्न दिशाओं का बोध बाएं या दाएं मोड़ या कोणीय मोड़ों द्वारा निर्देशित होता है।

## हल किए गए उदाहरण

**1.** एक व्यक्ति उत्तर दिशा में चल रहा है। वह दो बार दाहिने मुड़ता है और फिर चलने लगता है अब वह किस दिशा में चल रहा है ?

(*a*) उत्तर (*b*) दक्षिण (*c*) पूर्व (*d*) पश्चिम

**उत्तर (*b*) :**

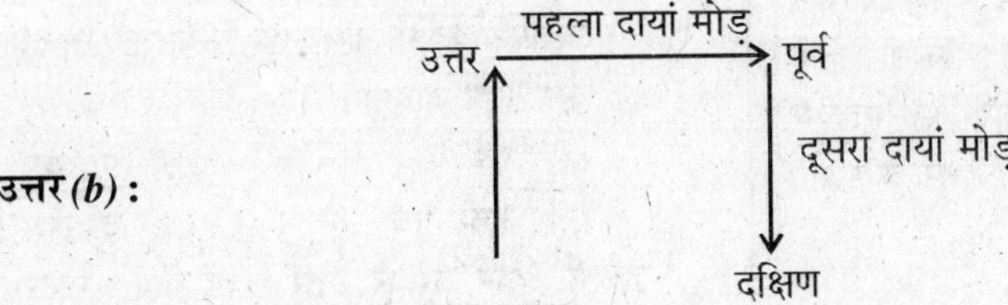


दिशा चार्ट का अनुसरण करने पर यह स्पष्ट होता है कि वह व्यक्ति अब दक्षिण दिशा में चल रहा है।

**2.** एक व्यक्ति पूर्व दिशा में चल रहा है। वह पहले 45° बाएं और तब 90° दाएं मुड़ता है। अब वह किस दिशा में चल रहा है ?

(*a*) उत्तर (*b*) उत्तर-पश्चिम (*c*) दक्षिण-पूर्व (*d*) पश्चिम

**उत्तर (c) :** 45° मोड़ का अर्थ है, सीधी दिशा न होकर दो दिशाओं के बीच में जाना। 90° मोड़ में भी दो दिशाएं शामिल हैं और व्यक्ति उत्तर-पूर्व में न जाकर दक्षिण-पूर्व दिशा में जाने लगता है।

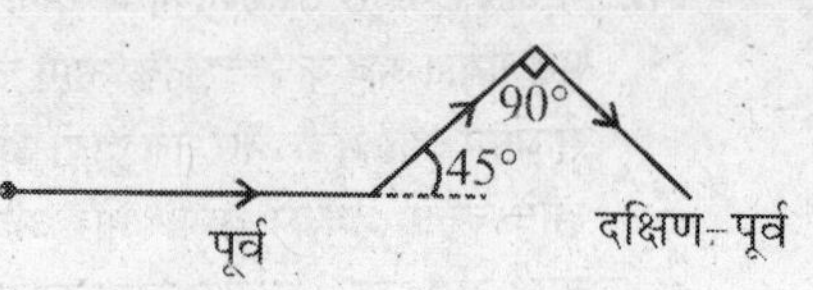


एक दिशा को छोड़कर दूसरी दिशा में जाने पर व्यक्ति किस दिशा में गति कर रहा है, इसे जानने के लिए सही दिशा-निर्देशों को समझने की आवश्यकता है। साथ ही अभ्यर्थियों को कागज पर दिशा की जानकारी होना भी आवश्यक है। दिशा चार्ट की सहायता से दूरियों को भी सरलतापूर्वक मापा जा सकता है।

## अभ्यास

**निर्देश ( प्र.सं. 1–12 ):** *नीचे के प्रत्येक प्रश्न में सही दिशा/दूरी दर्शाने के लिए दिए गए विकल्पों से सही उत्तर का चयन करें।*

**1.** किट्टू पहले पूर्व दिशा में चलता है और तब दक्षिण दिशा में चलता है। दक्षिण दिशा में कुछ दूरी तय करने के बाद वह पश्चिम दिशा में मुड़ जाता है और तब अपने बाएं मुड़ जाता है। अब वह किस दिशा में चल रहा है?

(*a*) उत्तर (*b*) दक्षिण
(*c*) पूर्व (*d*) पश्चिम

**2.** एक व्यक्ति पश्चिम दिशा में अपनी गाड़ी चला रहा है। वह दक्षिण दिशा में चले इसके लिए उसे निम्नलिखित में से कौन से मोड़ मुड़ने चाहिए?

(*a*) बायीं ओर, दायीं ओर, दायीं ओर
(*b*) दायीं ओर, दायीं ओर, बायीं ओर
(*c*) बायीं ओर, बायीं ओर, बायीं ओर
(*d*) दायीं ओर, दायीं ओर, दायीं ओर

**3.** ऋचा अपनी गाड़ी से दक्षिण दिशा में 8 किमी आगे चलकर बायीं ओर मुड़ जाती है और 5 किमी. आगे चलती है। वहां वह एक बार फिर से बायीं ओर मुड़कर 8 किमी. आगे चलती है। अब वह अपने शुरु के स्थान से कितनी दूरी पर है?

(*a*) 3 किमी.
(*b*) 5 किमी.
(*c*) 8 किमी.
(*d*) 13 किमी.

**4.** डिंगी अपनी गाड़ी से उत्तर की ओर 40 किमी. की दूरी तय करती है, वहां वह दायीं ओर मुड़कर 50 किमी आगे जाती है जहां वह एक बार फिर से दायीं ओर मुड़कर 30 किमी. आगे जाती है, और तब फिर से दायीं ओर मुड़कर 50 किमी. और आगे जाती है। यहां वह अपने आरंभिक बिंदु से कितनी दूरी पर है?

(*a*) 90 किमी.
(*b*) 50 किमी.
(*c*) 10 किमी.
(*d*) 5 किमी.

**5.** देबू पहले पूर्व की ओर और तब उत्तर की ओर चलता है तथा वहां वह 45° दायें मुड़कर कुछ देर आगे चलता है और अंततः बायीं ओर मुड़ जाता है। अब वह किस दिशा में चल रहा है?

(*a*) उत्तर
(*b*) पूर्व
(*c*) दक्षिण-पूर्व
(*d*) उत्तर-पश्चिम

**6.** यदि उत्तर का उत्तर-पश्चिम, उत्तर-पश्चिम का पश्चिम, पश्चिम का दक्षिण-पश्चिम और इसी प्रकार अन्य दिशाओं का भी नामकरण किया जाए तो दक्षिण पूर्व को क्या कहा जाएगा?

(*a*) पूर्व (*b*) पश्चिम
(*c*) उत्तर-पूर्व (*d*) दक्षिण-पूर्व

**7.** मैं अपने घर से उत्तर दिशा में 15 मीटर चला, तब पश्चिम दिशा में मुड़कर 10 मीटर और आगे चला, यहां दक्षिण दिशा में मुड़कर मैंने 5 मीटर की एक अन्य दूरी तय की और तब पूर्व की ओर मुड़कर 10 मीटर की दूरी तय की। बताइए कि मैं अपने आरंभिक स्थान से किस दिशा में हूँ?

(*a*) पूर्व (*b*) पश्चिम
(*c*) उत्तर (*d*) दक्षिण

**8.** मैं अपने घर से उत्तर दिशा में चला और तब बायीं ओर मुड़ गया। अब कुछ देर तक आगे चलने के बाद मैं फिर से बायीं ओर मुड़ा और तब दायीं ओर मुड़ गया। बाद में आगे चलते हुए मैं बायीं ओर और एक बार फिर से बायीं ओर मुड़ा। बताइए कि अब मैं किस दिशा में चल रहा हूँ ?

(*a*) उत्तर (*b*) दक्षिण
(*c*) पूर्व (*d*) पश्चिम

**9.** राज पश्चिम दिशा में चल रहा है। वह आगे चलते हुए अपने दाएं, फिर दाएं और तब बाएं, हर बार 135° के कोण पर मुड़ा। बताइए कि अब वह किस दिशा में चल रहा है ?

(*a*) उत्तर-पूर्व (*b*) दक्षिण-पूर्व
(*c*) पूर्व (*d*) पश्चिम

**10.** जतिन अपने घर से उत्तर दिशा में 12 किमी. चलता है। तब वह अपनी दायीं ओर मुड़कर 12 किमी. की एक अन्य दूरी तय करता है। वह एक बार फिर से दायीं ओर मुड़ता है और 12 किमी. की एक अन्य दूरी तय करके बायीं ओर मुड़ता है ओर तब 5 किमी. आगे चलता है। बताइए कि इस समय वह अपने घर से कितनी दूरी पर है और किस दिशा में है ?

(*a*) 7 किमी., पूर्व दिशा
(*b*) 10 किमी., पूर्व दिशा
(*c*) 17 किमी., पूर्व दिशा
(*d*) 24 किमी., पूर्व दिशा

**11.** एक महिला उत्तर दिशा में 12 किमी. चलती है, तब वह दक्षिण दिशा में 6 किमी. चलती है और तत्पश्चात् पूर्व दिशा में 8 किमी चलती है। इस समय वह अपने आरंभिक बिंदु से कितनी दूरी पर है और किस दिशा में चल रही है ?

(*a*) 5 किमी., उत्तर-पूर्व (*b*) 5 किमी., पूर्व
(*c*) 10 किमी., उत्तर-पूर्व (*d*) 10 किमी., पश्चिम

**12.** दिव्या पूर्व दिशा में 10 किमी. की यात्रा करती है, और तब दक्षिण-पश्चिम दिशा में 10 किमी. की यात्रा करती है। वह एक बार फिर से मुड़कर उत्तर-पश्चिम दिशा में 10 किमी. चलती है। बताइए कि अब वह अपने आरंभिक बिंदु से किस दिशा में चल रही है ?

(*a*) दक्षिण (*b*) उत्तर
(*c*) पश्चिम (*d*) पूर्व

## व्याख्यात्मक उत्तर

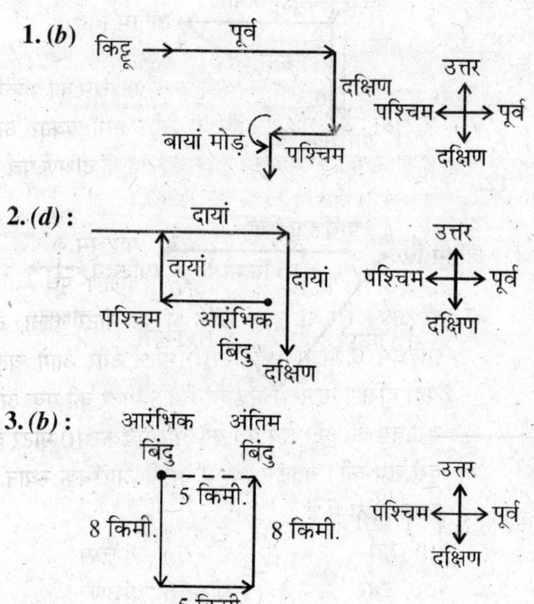


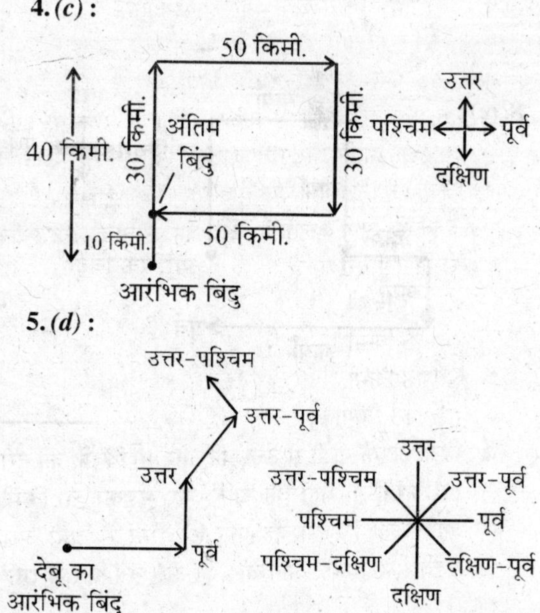

**6. (a) :**

**मूल दिशाएं**

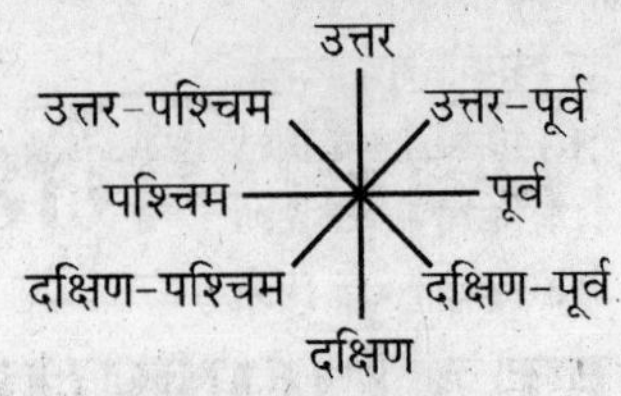


**बदली हुई दिशाएं**

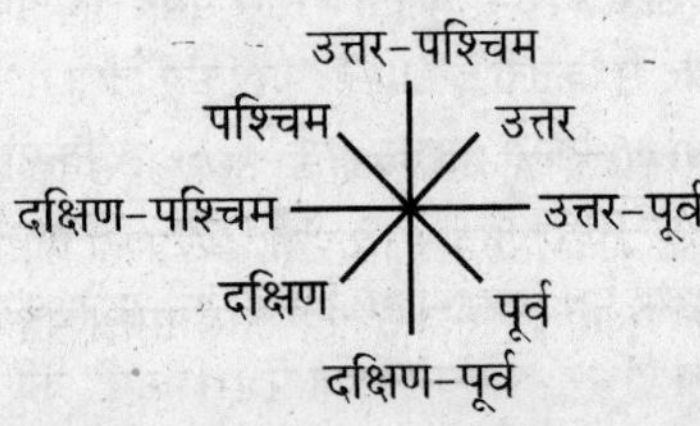


**7. (c) :**

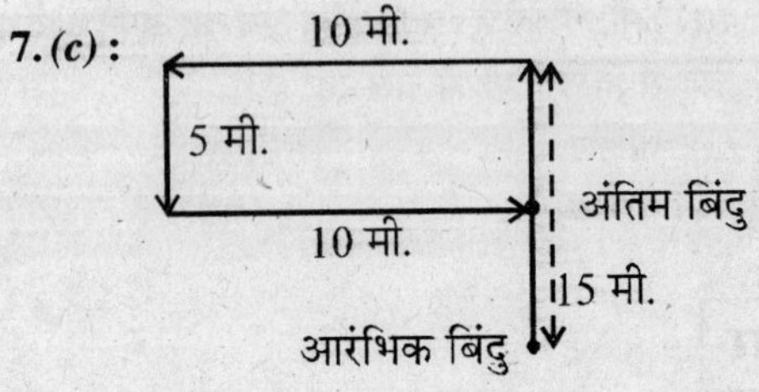


अंतिम बिंदु आरंभिक बिंदु से 10 मीटर उत्तर की ओर है।

**8. (c) :**

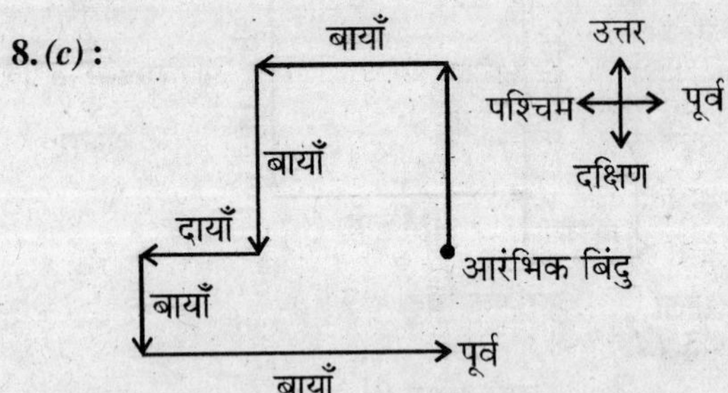


**9. (a) :**

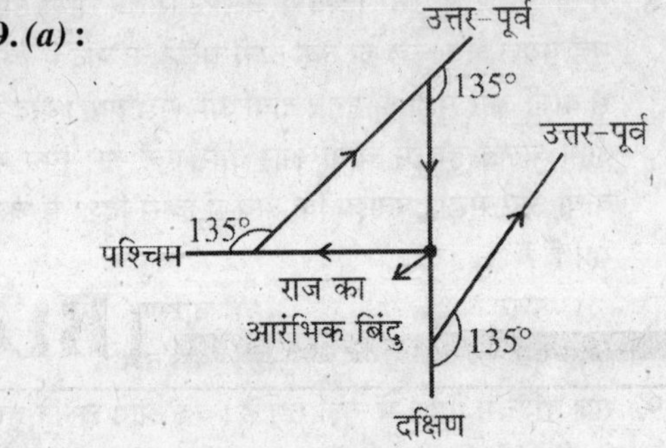


**10. (c) :** (12 किमी. + 5 किमी. = 17 किमी.)

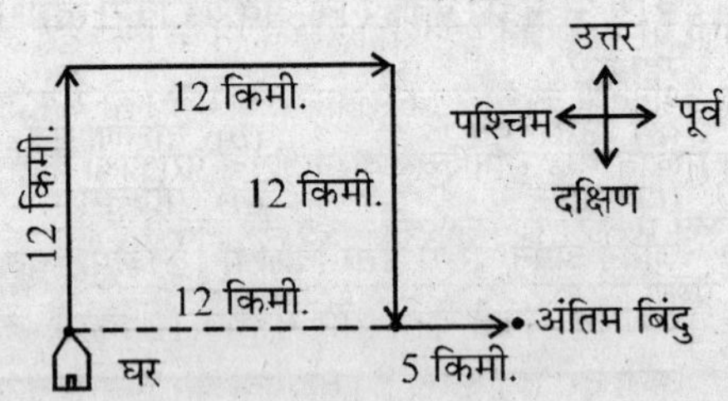


**11. (c) :**

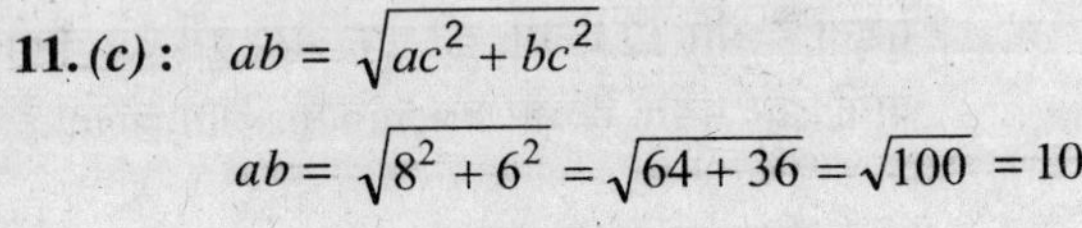

$ab = \sqrt{ac^2 + bc^2}$

$ab = \sqrt{8^2 + 6^2} = \sqrt{64 + 36} = \sqrt{100} = 10$

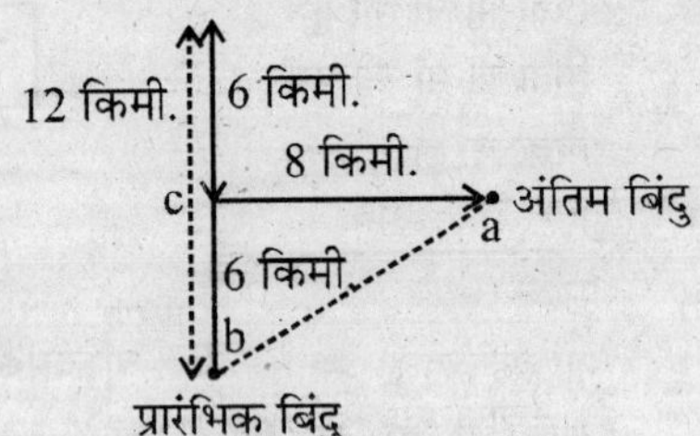


**12. (c) :**

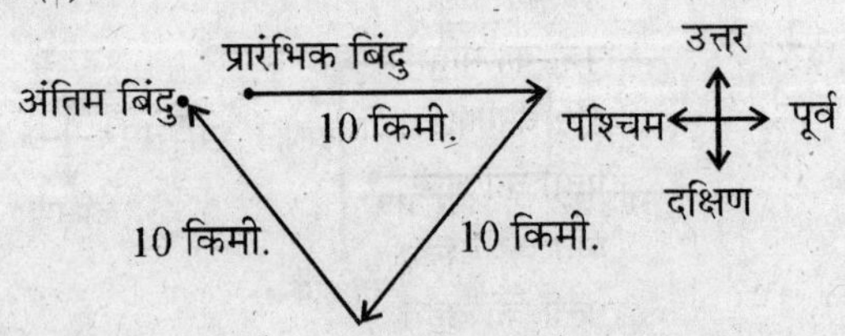

# रक्त संबंधी परीक्षण
# (BLOOD RELATIONSHIPS)

रक्त संबंधों पर आधारित प्रश्नों को हल करने के लिए यह आवश्यक है कि परीक्षार्थी रिश्तों की जटिलता को तत्काल समझ सकें और किन्हीं दो व्यक्तियों के बीच किस प्रकार के संबंध हो सकते हैं, इस बारे में उन्हें स्पष्ट जानकारी हो। इस प्रकार के प्रश्नों को पूछने का अभिप्राय मुख्यत: यह सुनिश्चित करना है कि परीक्षार्थी कतिपय जटिल भाषा में व्यक्त रिश्तों को कितनी तत्परता से समझ सकते हैं और उत्तर के रूप में सही विकल्प का चयन कर सकते हैं।

इन प्रश्नों को हल करने में सहायक कुछ संबंधों के पैटर्न नीचे दर्शाए गए हैं :

| | | |
|---|---|---|
| पिता का पिता | — | दादा |
| मां का पिता | — | नाना |
| पिता की मां | — | दादी |
| मां की मां | — | नानी |
| पिता या मां का पुत्र | — | भाई |
| पिता या मां की पुत्री | — | बहन |
| पिता का भाई | — | चाचा |
| पिता की बहन | — | बुआ |
| मां का भाई | — | मामा |
| मां की बहन | — | मौसी |
| चाचा या चाची का पुत्र या पुत्री | — | चचेरा भाई, चचेरी बहन |
| पुत्र की पत्नी | — | पुत्रवधु |
| पुत्री का पति | — | दामाद |
| पति का भाई | — | देवर |
| पत्नी का भाई | — | साला |
| पति की बहन | — | ननद |
| पत्नी की बहन | — | साली |
| भाई की पत्नी | — | भाभी |
| बहन का पति | — | बहनोई |
| भाई का पुत्र | — | भतीजा |
| भाई की पुत्री | — | भतीजी |

## हल किए गए उदाहरण

**1.** एक फोटो की ओर संकेत करते हुए एक महिला ने कहा ''इस व्यक्ति के पुत्र की बहन मेरी सास है''। उस महिला के पति का उस व्यक्ति से क्या संबंध है जिसका वह फोटो है ?

(*a*) पुत्र (*b*) नाती (*c*) भतीजा (*d*) दामाद

**उत्तर (*b*) :** दिए गए प्रश्न के अनुसार संबंध चार्ट निम्नवत् दर्शाया जा सकता है :

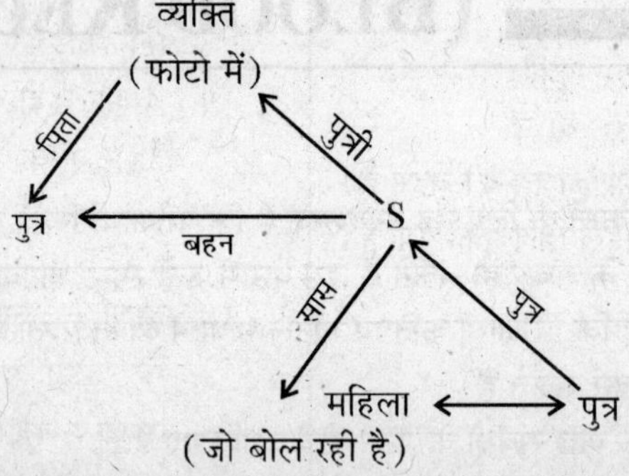


उस व्यक्ति के पुत्र की बहन (मान लें S) उस व्यक्ति की पुत्री है। यदि यह महिला 'S' उस महिला (जो बोल रही है) की सास है तो उसका विवाह 'S' के पुत्र से हुआ है। उस महिला के पति की मां S है और S फोटो वाले व्यक्ति की पुत्री है। अत: उस बोल रही महिला का पति फोटो वाले व्यक्ति का नाती है।

**2.** 'X', 'Y' की पत्नी है और 'Y', 'Z' का भाई है। 'Z', 'P' का पुत्र है। 'P' का 'X' से क्या संबंध है ?

(*a*) बहन (*b*) चाची (*c*) भाई (*d*) श्वसुर

**उत्तर (*d*) :** दिए गए प्रश्न के अनुसार संबंध चार्ट निम्नवत् दर्शाया जा सकता है :

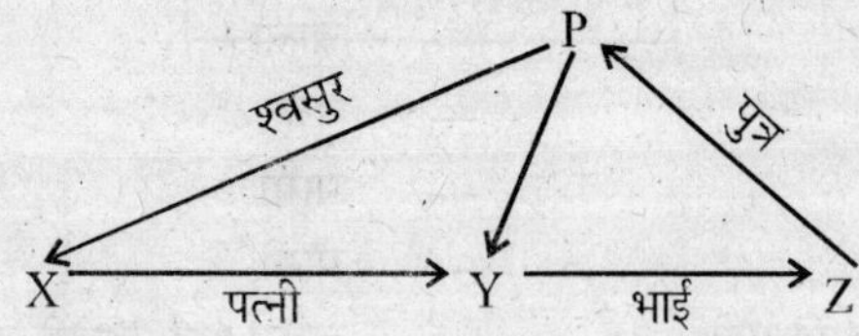


'Y', 'Z' का भाई है जो 'P' का पुत्र है। अत: 'Z' भी 'P' का पुत्र है। चूंकि 'P', 'Y' का पिता है और 'X', 'Y' की पत्नी है अत: 'P', 'X' का श्वसुर है।

## अभ्यास

**निर्देश (प्र.सं. 1–10):** *नीचे के प्रत्येक प्रश्न में व्यक्तियों के बीच उल्लिखित संबंधों को सावधानीपूर्वक समझें और तब दिए गए विकल्पों में से सही उत्तर का चयन करें :*

**1.** A, B और C का पिता है। B, A का पुत्र है किंतु C, A का पुत्र नहीं है। C का A से क्या संबंध है ?

(*a*) पुत्री (*b*) पुत्र
(*c*) भतीजी (*d*) भतीजा

**2.** एक महिला ने कहा, ''वहां खड़ी लड़की मेरे दादा जी के एकमात्र पुत्र की पुत्री है''। उस महिला का उस लड़की से क्या संबंध है ?

(*a*) बहन (*b*) मां
(*c*) चाची (*d*) भतीजा

**3.** रवि अमित के पुत्र के पुत्र का भाई है। अमित, रवि का क्या है ?

(*a*) चचेरा भाई (*b*) पिता
(*c*) दादा (*d*) पुत्र

4. मयंक ने कहा, ''मेरी मां रजत के भाई की बहन है''। रजत का मयंक से क्या संबंध है ?
(*a*) चचेरा भाई (*b*) मामा
(*c*) चाचा (*d*) साला

5. लिली से परिचय कराते हुए राघव ने कहा, ''इसके पिता मेरी मां के एकमात्र पुत्र हैं''। लिली का राघव से क्या संबंध है ?
(*a*) चाची (*b*) पुत्री
(*c*) मां (*d*) बहन

6. अजय, विजय का भाई है। शुभा, अजय की बहन है। संजय, राहुल का भाई है और मेहुल विजय की पुत्री है। संजय का चाचा कौन है ?
(*a*) राहुल
(*b*) अजय
(*c*) मेहुल
(*d*) दी गई सूचना अपर्याप्त है

7. आदित्य, रवि का भाई है। भरत, जयंत के पिता हैं। ईला, रवि की मां है। आदित्य और जयंत आपस में भाई हैं। ईला का भरत से क्या संबंध है ?
(*a*) बहन (*b*) मां
(*c*) पुत्री (*d*) पत्नी

8. एक व्यक्ति ने अपने साथ आ रहे लड़के का परिचय देते हुए कहा, ''यह मेरी पत्नी की पुत्री के पिता का पुत्र है।'' वह लड़का उस व्यक्ति का क्या है ?
(*a*) दामाद (*b*) पुत्र
(*c*) भाई (*d*) पिता

9. A और B दो भाई हैं। C, B की बहन है। D, E की बहन है। E, A का पुत्र है। D का चाचा कौन है ?
(*a*) D (*b*) E
(*c*) B (*d*) C

10. वरुण ने अरुण की ओर संकेत करते हुए कहा, ''वह मेरी बहन के एकमात्र भाई का पुत्र है।'' अरुण का वरूण से क्या संबंध है ?
(*a*) पुत्र
(*b*) भाई
(*c*) भतीजा
(*d*) दी गई सूचना अपर्याप्त है

## व्याख्यात्मक उत्तर

**1. (*a*) :**

पिता
A
B पुत्र
C पुत्री

C, A का पुत्र नहीं है किंतु A, C का पिता है। अत: C, A की पुत्री है।

**2. (*a*) :**

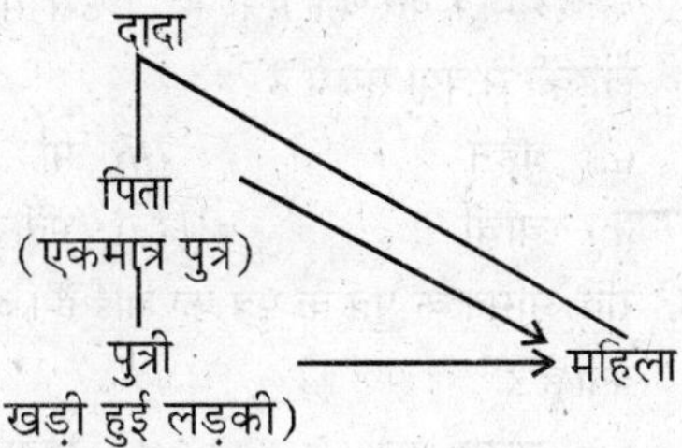


उस महिला के दादा का पुत्र उसके पिता हैं तथा पिता की पुत्री निश्चित ही उस महिला की बहन होगी।

**3. (*c*) :**

अमित
दादा
पुत्र
पुत्र
रवि
भाई

अमित के पुत्र का पुत्र अमित का पोता होगा। रवि अमित के पुत्र के पुत्र का भाई है, अत: अमित रवि के भी दादाजी हैं।

**4. (*b*) :**

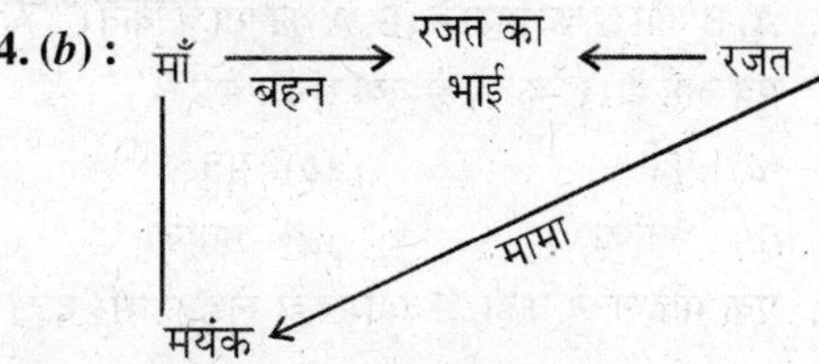

मयंक की मां रजत के भाई की बहन है। अतः रजत भी मयंक की मां का भाई है। इस प्रकार रजत, मयंक का मामा हुआ।

**5. (*b*) :** संबंध चार्ट निम्नवत् है : माँ

↑ पुत्र

राघव

↓ पिता

लिली (पुत्री)

राघव जब कहता है, ''मेरी मां का एकमात्र पुत्र'' तो वह स्वयं अपने बारे में ही कह रहा होता है। इसके पिता का आशय है, 'लिली के पिता' अर्थात् स्वयं राघव। अतः लिली, राघव की पुत्री है।

**6. (*d*) :** 1. शुभा ⟶ अजय ⟶ विजय ↓ मेहुल (पुत्री)

2. संजय ⟶ राहुल (भाई)

यहां दो संबंध-समुच्चयों का उल्लेख किया गया है। दी गई सूचना अपर्याप्त है और इन दो भिन्न संबंध-समुच्चयों के बीच कोई संबंध स्थापित नहीं किया जा सकता।

**7. (*d*) :** प्रश्न पर आधारित संबंध चार्ट है :

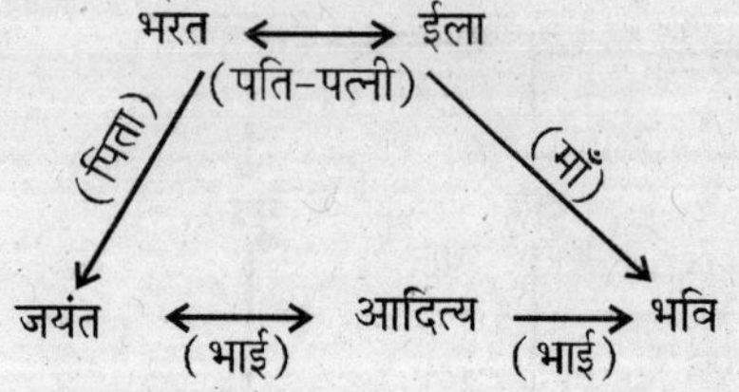


जयंत और आदित्य भाई हैं। यदि आदित्य, रवि का भाई है तो जयंत भी रवि का भाई है। यदि भरत, जयंत का पिता है तो वह आदित्य और रवि का भी पिता है। यदि ईला, रवि की मां है तो वह आदित्य और जयंत की भी मां है। इसका अर्थ है कि भरत और ईला पति-पत्नी हैं और तीनों बच्चों के माता-पिता हैं।

**8. (*b*) :** प्रश्न पर आधारित संबंध-चार्ट है :

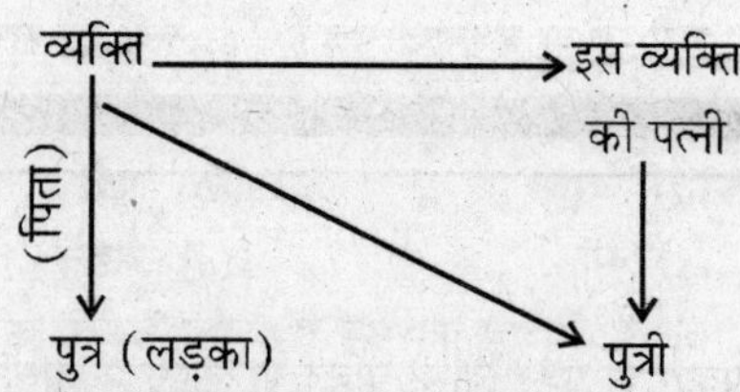


'उस व्यक्ति की पत्नी की पुत्री के पिता' का आशय है कि वह व्यक्ति स्वयं अपने बारे में बात कर रहा है, अतः वह लड़का उस व्यक्ति का पुत्र है।

**9. (*c*) :** प्रश्न पर आधारित संबंध-चार्ट है :

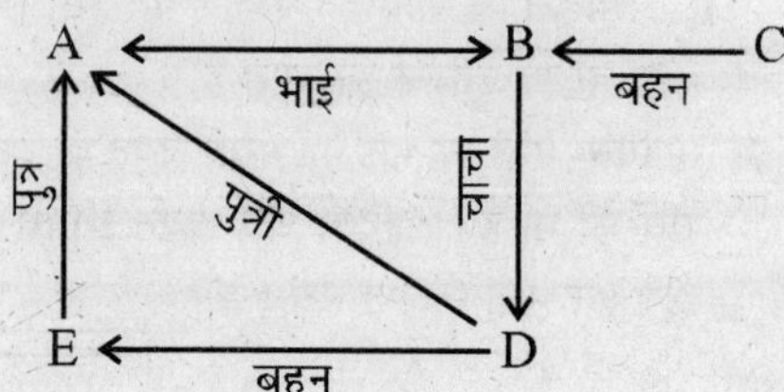


D, E की बहन है और E, A का पुत्र है। अतः D, A की पुत्री है। चूंकि A का भाई B है, अतः B, D का चाचा है।

**10. (*a*) :**

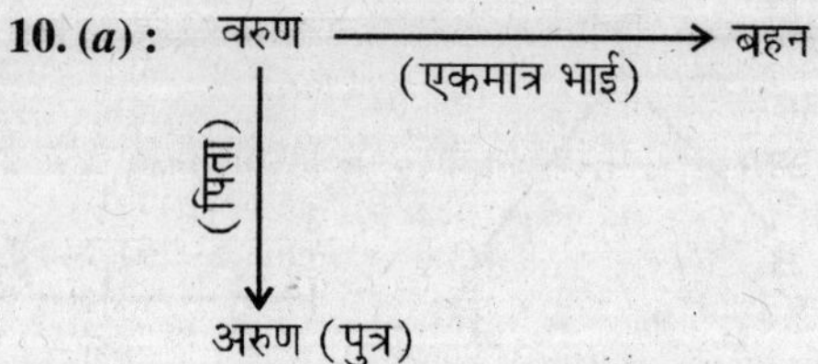


वरुण की बहन का एकमात्र भाई स्वयं वरुण है और उसका पुत्र अरुण है।

# क्रम व्यवस्था और काल परीक्षण

# (Rows and Ranks)

इस प्रकार के प्रश्न किसी पंक्ति या लाइन में व्यवस्थित वस्तुओं की संख्या या कुछ छात्रों की एक कक्षा में किसी छात्र के क्रम-स्थान (कोटि) या कक्षा में छात्रों की कुल संख्या ज्ञात करने के लिए कतिपय सरल गणितीय परिकलनों पर आधारित होते हैं।

## हल किए गए उदाहरण

**1.** पेड़ों की किसी पंक्ति में कोई एक पेड़ किसी एक सिरे से आठवें और दूसरे सिरे से तीसरे स्थान पर है। बताइए कि इस पंक्ति में कुल कितने पेड़ हैं?

(*a*) 11 (*b*) 9 (*c*) 10 (*d*) 12

**उत्तर (*c*) :** इस पंक्ति में पेड़ों की संख्या

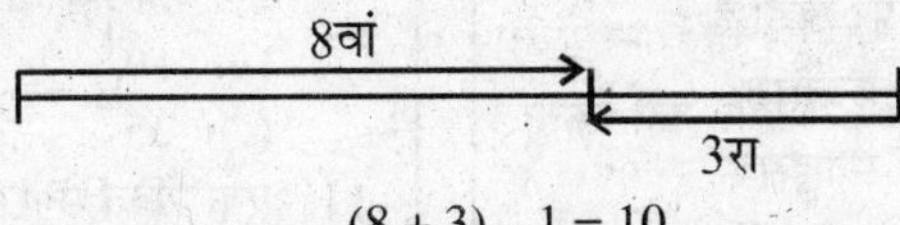


$$(8 + 3) - 1 = 10$$

**2.** यदि किसी कक्षा में योग्यता-क्रम में जानकी, पल्लवी से 12 स्थान आगे है और पल्लवी का कक्षा में 15वां स्थान है तथा जानकी का कक्षा में योग्यता-क्रम में चौथा स्थान है तो बताइए कि इस कक्षा में कुल कितने छात्र हैं?

(*a*) 23 (*b*) 27 (*c*) 31 (*d*) 33

**उत्तर (*c*) :** परिकलन करने पर निम्नलिखित उत्तर प्राप्त होता है :

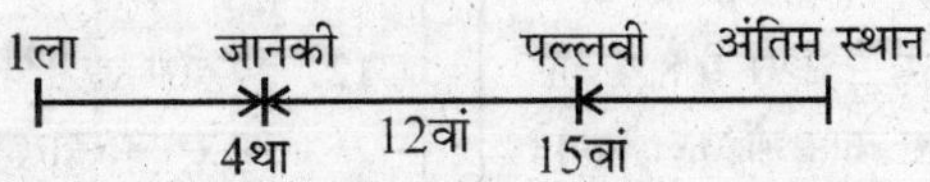


कक्षा में छात्रों की कुल संख्या = 4 + 12 + 15 = 31

## अभ्यास

**1.** पेड़ों की एक पंक्ति में कोई एक पेड़ पंक्ति के दोनों छोरों से पांचवें स्थान पर है। इस पंक्ति में कुल कितने पेड़ हैं?

(*a*) 11 (*b*) 8
(*c*) 10 (*d*) 9

**2.** 53 छात्रों की एक कक्षा में जया का योग्यता-क्रम में 5 वां स्थान है। कक्षा में योग्यता-क्रम में नीचे से उसका क्रम-स्थान क्या है?

(*a*) 49 वां (*b*) 48 वां
(*c*) 47 वां (*d*) 50 वां

**3.** पैंसठ छात्रों की एक कक्षा में योग्यता-क्रम में मोहन का क्रम स्थान इक्कीसवां है। यदि योग्यता-क्रम में सबसे नीचे के छात्र का क्रम-स्थान 1 माना जाए तो योग्यता-क्रम में नीचे से मोहन का क्रम-स्थान क्या होगा?

(*a*) 44 वां

(*b*) 45 वां

(*c*) 46 वां

(*d*) दी गई सूचना अपर्याप्त है

**4.** लड़कों की एक पंक्ति में राहुल दाहिने से 12 वें स्थान पर और बाएं से चौथे स्थान पर खड़ा है। इस पंक्ति में और कितने लड़कों को शामिल करने पर पंक्ति में लड़कों की कुल संख्या 28 हो जाएगी?

(*a*) 12 (*b*) 14

(*c*) 20 (*d*) 13

**5.** लड़कों की एक पंक्ति में राजन दाहिने से दसवें स्थान पर है और सूरज बाएं से दसवें स्थान पर है। यदि राजन और सूरज आपस में अपना स्थान बदल लें तो सूरज बाएं से सताइसवें स्थान पर आ जाएगा। राजन अब पंक्ति में दाहिने से कितने स्थान पर खड़ा है?

(*a*) दसवें (*b*) छब्बीसवें

(*c*) उन्तीसवें (*d*) सताइसवें

**6.** 41 छात्रों की एक कक्षा में महेश और सुरेश योग्यता-क्रम में ऊपर से क्रमश: 11 वें और 12 वें स्थान पर हैं। योग्यता-क्रम में नीचे से इनका क्रम-स्थान क्या है?

(*a*) 32 वां और 33 वां (*b*) 29 वां और 30 वां

(*c*) 30 वां और 31 वां (*d*) 31 वां और 30 वां

**7.** किसी कक्षा में उमा योग्यता-क्रम में ऊपर से 8 वें और नीचे से 37 वें स्थान पर है। इस कक्षा में कुल कितने छात्र हैं?

(*a*) 47 (*b*) 46

(*c*) 45 (*d*) 44

**8.** एक पंक्ति में सादिक सामने से 14 वें स्थान पर और जोसफ अंत से 17 वें स्थान पर खड़ा है जबकि जेन, सादिक और जोसफ के बीच खड़ा है। यदि सादिक, जोसफ से आगे खड़ा है और पंक्ति में कुल 48 व्यक्ति खड़ें हो, तो सादिक और जेन के बीच पंक्ति में कितने व्यक्ति खड़े हैं?

(*a*) 5 (*b*) 6

(*c*) 7 (*d*) 8

**9.** किसी कक्षा में वार्षिक परीक्षा में उत्तीर्ण हुए छात्रों में योग्यता-क्रम में रोहन नीचे से सताइसवें स्थान पर और ऊपर से ग्यारहवें स्थान पर आया। यदि वार्षिक परीक्षा में इस कक्षा के 12 छात्र अनुत्तीर्ण घोषित किए गए हों तो परीक्षा में इस कक्षा के कितने छात्र शामिल हुए थे?

(*a*) 48 (*b*) 49

(*c*) 50 (*d*) कहा नहीं जा सकता

**10.** कुछ लड़के एक पंक्ति में बैठे हैं। P पंक्ति में बाएं से चौदहवें स्थान पर और Q दाहिने से सातवें स्थान पर बैठा है। यदि P और Q के बीच चार लड़के बैठे हों, तो इस पंक्ति में कुल क़ितने लड़के हैं?

(*a*) 19 (*b*) 21

(*c*) 25 (*d*) 23

**11.** एक पंक्ति में A, B, C, D और E कुल पांच मकान बने हैं। A, B की दाहिनी ओर, E, C की बायीं ओर और A की दाहिनी ओर अवस्थित है तथा B, D की दाहिनी ओर अवस्थित है। इनमें से कौन-सा मकान बीच में है?

(*a*) B (*b*) A

(*c*) D (*d*) E

**12.** इकतीस छात्रों की एक कक्षा में योग्यता-क्रम में माधव का स्थान सतरहवां है। योग्यता-क्रम में नीचे से उसका स्थान कितना है?

(*a*) 13 (*b*) 14

(*c*) 15 (*d*) 16

## व्याख्यात्मक उत्तर

**1. (*d*):**

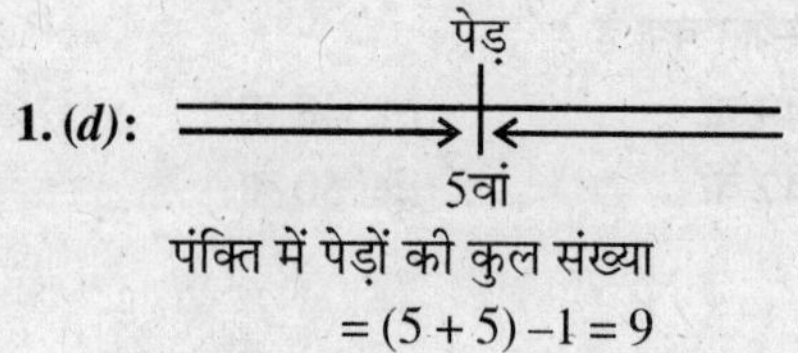


पंक्ति में पेड़ों की कुल संख्या
$= (5 + 5) - 1 = 9$

**2. (*a*):**

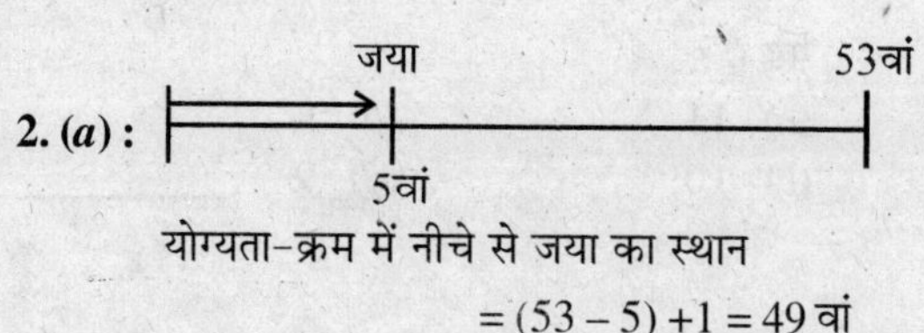


योग्यता-क्रम में नीचे से जया का स्थान
$= (53 - 5) + 1 = 49$ वां

**3. (*b*) :**

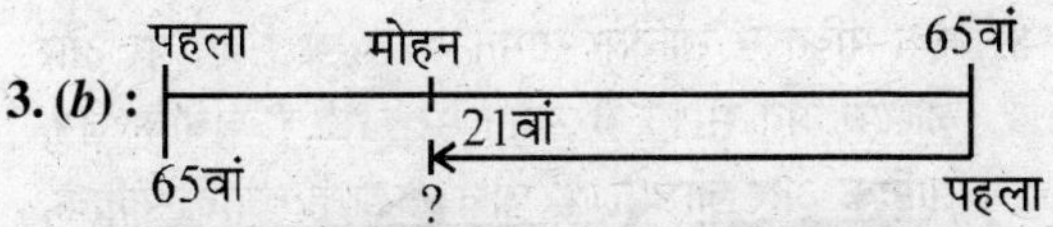


**टिप्पणी :** प्रश्न पूछने का अभिप्राय है कक्षा में योग्यता-क्रम में नीचे से मोहन का स्थान जानना।

मोहन का स्थान है = (65 – 21) +1 = 45 वां

**4. (*d*) :** राहुल — 4था — 12वां

पंक्ति में लड़कों की कुल संख्या :

(4 + 12) – 1 = 15

पंक्ति में लड़कों की कुल संख्या 28 करने के लिए इसमें (28 –15) अर्थात् 13 लड़कों को शामिल करने की आवश्यकता है।

**5. (*d*) :**

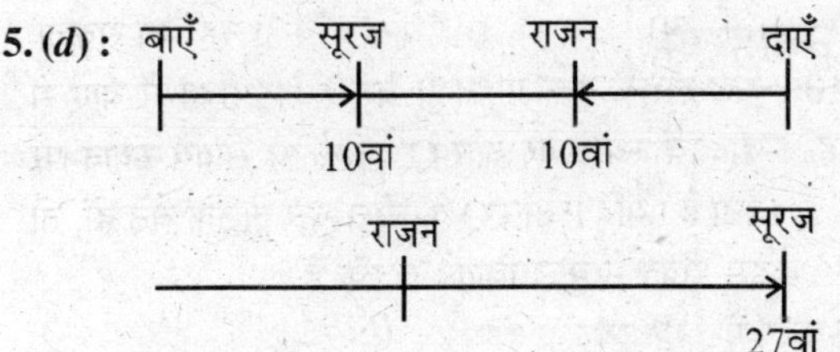


चूंकि लड़कों का क्रम-स्थान दोनों छोरों से समान है, अतः स्थान बदलने के बाद राजन का क्रम स्थान दाहिने से 27 वां होगा।

**6. (*d*) :** पहला — महेश सुरेश — 41वां; 11वां 12वां

योग्यता-क्रम में नीचे से महेश का स्थान

= (41 – 11) + 1 = 31 वां

योग्यता-क्रम में नीचे से सुरेश का स्थान

= (41 – 12) +1 = 30 वां

**7. (*d*) :** उमा — 8वां — 37वां

कक्षा में छात्रों की कुल संख्या

= (8 + 37) – 1 = 44

**8. (*d*) :**

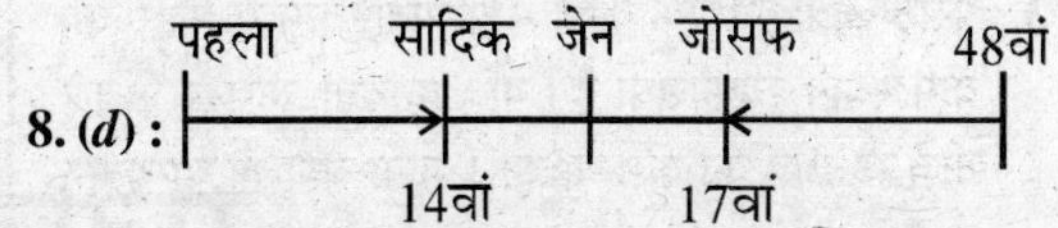


अंत से सादिक का क्रम स्थान:

(48 – 14) + 1 = 35 वां

सादिक और जोसफ के बीच व्यक्तियों की संख्या

= (35 – 17) – 1 = 17

जेन, सादिक और जोसफ के बीच में है, अर्थात् वह दोनों लड़कों से नौवें स्थान पर है।

∴ सादिक और जेन के बीच 8 व्यक्ति हैं।

**टिप्पणी :** (8 + 8) – 1 = 17

**9. (*b*) :** रोहन — 11वां — 27वां

परीक्षा में उत्तीर्ण होने वाले छात्रों की संख्या

= (11+ 27) – 1 = 37

परीक्षा में अनुत्तीर्ण हुए छात्रों की संख्या = 12

परीक्षा में भाग लेने वाले छात्रों की कुल संख्या

= 37 + 12 = 49.

**10. (*c*) :**

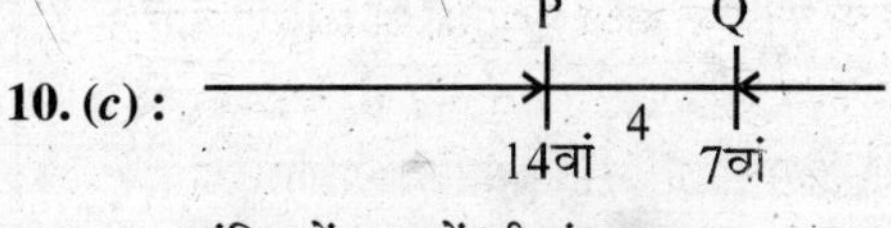


पंक्ति में लड़कों की संख्या

= (14 + 4 + 7) = 25

**11. (*b*) :** पंक्ति में अवस्थित मकान निम्नलिखित क्रम में हैं: D B A E C

**12. (*c*) :**

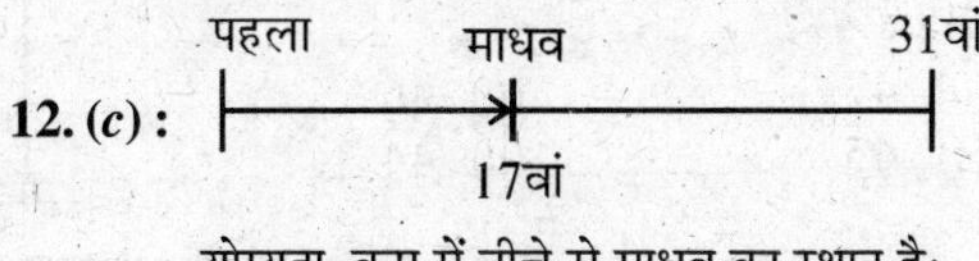


योग्यता-क्रम में नीचे से माधव का स्थान है:

(31 – 17) + 1 = 15 वां

# प्रतीक ( चिह्न ) प्रतिस्थापन
# (SYMBOL SUBSTITUTION)

इस प्रकार के प्रश्नों को हल करना अत्यधिक सरल है। ऐसे प्रश्नों को हल करने की एकमात्र अपेक्षा यह है कि उम्मीदवार दिए गए प्रतीकों या चिह्नों को प्रतिस्थापित करने और परिकलन की विद्या में पारंगत हों और अत्यधिक त्वरित गति से दिए गए प्रश्नों का हल ज्ञात कर सके। इस श्रेणी में पूछे गए कुछ सामान्य प्रकार के प्रश्न नीचे हल किए गए हैं।

## हल किए गए उदाहरण

**1.** यदि '+' का अर्थ '×' हो, '×' का अर्थ '÷' हो, '÷' का अर्थ '–' हो और '–' का अर्थ '+' हो, तो $2 - 8 \times 2 + 6 \div 7$ का मान क्या होगा?

(*a*) 32 (*b*) 19 (*c*) 23 (*d*) 9

**उत्तर (*b*) :** दिए गए व्यंजक में गणितीय चिह्नों को प्रतिस्थापित करने पर नया व्यंजक होगा :

$2 + 8 \div 2 \times 6 - 7$

इस व्यंजक को हल करने के निम्नलिखित चरण होंगे :

$2 + 4 \times 6 - 7$

$2 + 24 - 7$

$26 - 7 = 19$

**2.** यदि '▲' का अर्थ '+' हो,

'■' का अर्थ '–' हो,

'●' का अर्थ '÷' हो,

'✱' का अर्थ '×' हो, तो

13 ▲ 5 ✱ 20 ● 10 ■ 9 = ?

(*a*) 26 (*b*) 37 (*c*) 14 (*d*) 55

**उत्तर (*c*) :** चिह्नों को प्रतिस्थापित करने पर प्राप्त हुआ नया व्यंजक है :

$13 + 5 \times 20 \div 10 - 9$

इस व्यंजक को हल करने के चरण होंगे :

$13 + 5 \times 2 - 9$

$13 + 10 - 9$

$23 - 9 = 14$

## अभ्यास

**1.** यदि "+" का अर्थ "–" हो; "–" का अर्थ "×" हो; "×" का अर्थ "÷" हो और "÷" का अर्थ "+" हो, तो
$15 \times 5 \div 10 + 5 - 3 = ?$
(*a*) 9.5 (*b*) 0
(*c*) –2 (*d*) 24

**2.** यदि "+" का अर्थ "–" हो; "–" का अर्थ "×" हो; "×" का अर्थ "÷" हो; और "÷" का अर्थ "+" हो, तो
$15 \times 3 \div 15 + 5 - 2 = ?$
(*a*) 0 (*b*) 10
(*c*) 20 (*d*) 6

**3.** यदि "+" का अर्थ "÷" हो; "×" का अर्थ "–" हो; "÷" का अर्थ "+" हो और "–" का अर्थ "×" हो, तो
$16 \div 8 \times 6 - 2 + 12 = ?$
(*a*) 22 (*b*) 24
(*c*) 23 (*d*) 20

**4.** यदि "+" का अर्थ "×" हो; "–" का अर्थ "÷" हो; "×" का अर्थ "–" हो और "÷" का अर्थ "+" हो, तो
$5 + 8 - 4 \times 2 \div 9 = ?$
(*a*) 15 (*b*) 13
(*c*) 17 (*d*) 11

**5.** यदि × का आशय जोड़ की संक्रिया से हो, ÷ का आशय घटाव की संक्रिया से हो, + का आशय गुणा की संक्रिया से हो और – का आशय भाग की संक्रिया से हो तो $(20 \times 6 \div 6 \times 4)$ निम्नलिखित में से किसके बराबर है?
(*a*) 5 (*b*) 24
(*c*) 25 (*d*) 80

**6.** यदि A + B > C + D, B + E = 2 C और C + D > B + E हो, तो इसका निश्चित अर्थ यह है कि :
(*a*) A > C (*b*) A + B > 2D
(*c*) A + B > 2C (*d*) A + B > 2E

**7.** यदि A + D > C + E, C + D = 2B और B + E > C + D हो, तो इसका निश्चित अर्थ यह है कि :
(*a*) A + D > B + E (*b*) A + D > B + C
(*c*) A + B > 2D (*d*) B + D > C + E

**8.** यदि "+" का अर्थ "÷" हो; "÷" का अर्थ "–" हो; "–" का अर्थ "×" हो और "×" का अर्थ "+" हो, तो
$10 \div 2 - 15 + 3 \times 5 = ?$
(*a*) 10 (*b*) 15
(*c*) 25 (*d*) 5

**9.** यदि "+" का अर्थ "÷" हो; "×" का अर्थ "–" हो; "÷" का अर्थ "×" हो और "–" का अर्थ "+" हो, तो निम्नलिखित व्यंजक का मान क्या होगा?
$9 + 3 \div 4 - 8 \times 2 = ?$
(*a*) $6\frac{3}{4}$ (*b*) $-1\frac{3}{4}$
(*c*) $-6\frac{1}{4}$ (*d*) 18

**10.** यदि 'a' का आशय '÷' हो, 'b' का आशय '×' हो, 'c' का आशय '+' है और 'd' का आशय '–', हो, तो
5 c 20 a 4 b 2 d 10 = ?
(*a*) 5 (*b*) 10
(*c*) 15 (*d*) 20

## व्याख्यात्मक उत्तर

**1. (*c*) :** $15 \div 5 + 10 - 5 \times 3$
$3 + 10 - 15 = -2$

**2. (*b*) :** $15 \div 3 + 15 - 5 \times 2$
$5 + 15 - 10 = 10$

**3. (*c*) :** $16 + 8 - 6 \times 2 \div 12$
$16 + 8 - 1 = 23$

**4. (*c*) :** $5 \times 8 \div 4 - 2 + 9$
$10 - 2 + 9 = 17$

**5. (*b*) :** $20 + 6 - 6 + 4 = 24$

**6. (*c*) :** A + B > C + D > B + E or 2 C
∴ A + B > 2C

**7. (*b*) :** 1. A + D > C + E
2. B + E > C + D or 2 B
चूँकि 1 और 2 के बीच संबंध स्पष्ट नहीं है, तथापि यह निश्चित है कि A + D > B + C.

**8. (*d*) :** $10 - 2 \times 15 \div 3 + 5$
$10 - 10 + 5 = 5$

**9. (*d*) :** $9 \div 3 \times 4 + 8 - 2$
$12 + 8 - 2 = 18$

**10. (*a*) :** $5 + 20 \div 4 \times 2 - 10$
$5 + 10 - 10 = 5$

# कृत्रिम मान और लुप्त संख्याएँ
# (ARTIFICIAL VALUES AND MISSING NUMBERS)

इस प्रकार के प्रश्नों को हल करने के लिए संख्या संबंधी प्रश्नों को हल करने में निपुणता और गणितीय कौशल का होना अपेक्षित है। उत्तर प्राप्त करने के लिए अभ्यर्थियों के लिए यह अपेक्षित है कि वे अंकगणितीय चिह्नों या प्रतीकों के सही संयोजन का चयन करें जिसे दिए गए प्रश्नों में प्रश्न चिह्न के स्थान पर प्रतिस्थापित किया जा सके।

## हल किए गए उदाहरण

**1.** यहाँ प्रश्न में दिए गए प्रश्न चिह्न ( ?) के स्थान पर प्रतिस्थापित करने के लिए सही विकल्प का चयन करें :

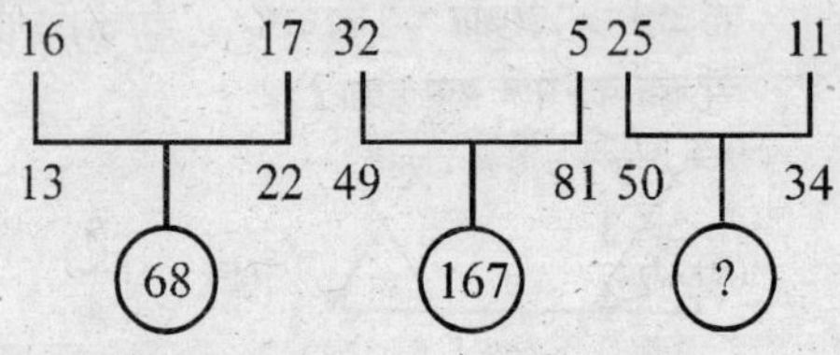


(*a*) 65 (*b*) 120 (*c*) 116 (*d*) 192

**उत्तर (*b*) :** गोल घेरे के भीतर दी गई संख्या शेष चार संख्याओं का योग है, अर्थात्

16 + 17 + 13 + 22 = 68

32 + 5 + 49 + 81 = 167, इसी प्रकार

25 + 11 + 50 + 34 = 120

**2.** यहाँ प्रश्न चिह्न के स्थान पर विकल्पों में दी गई कौन-सी संख्या आएगी ?

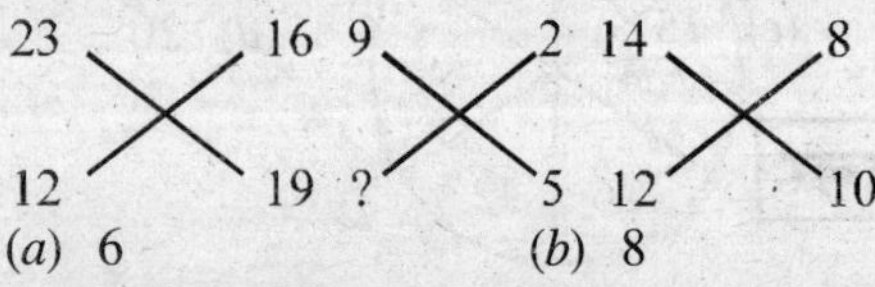


(*a*) 6 (*b*) 8 (*c*) 7 (*d*) 3

**उत्तर (*a*)** : दो सम्मुख संख्याओं का अंतर 4 है, अर्थात्

23 – 19 = 4 और 16 – 12 = 4

14 – 10 = 4 और 12 – 8 = 4, इसी प्रकार

9 – 5 = 4 और 6 – 2 = 4.

***इस प्रकार के प्रश्नों में सही उत्तर ज्ञात करने का कोई निश्चित नियम नहीं है। सही उत्तर प्राप्त करने के विभिन्न तरीकों के बारे में जानने के लिए नीचे दिए गए अभ्यास में निहित प्रश्नों का हल ज्ञात करने का प्रयास करें।***

## अभ्यास

**निर्देश ( प्र.सं. 1–10 ):** *नीचे दिए गए प्रत्येक प्रश्न में बताएँ कि प्रश्न चिह्न ( ? ) के स्थान पर कौन-सी संख्या रखी जा सकती है?*

**1.**

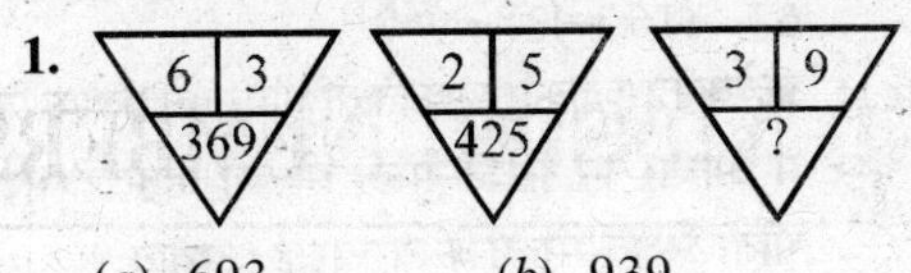


(*a*) 693 (*b*) 939
(*c*) 981 (*d*) 993

**2.**

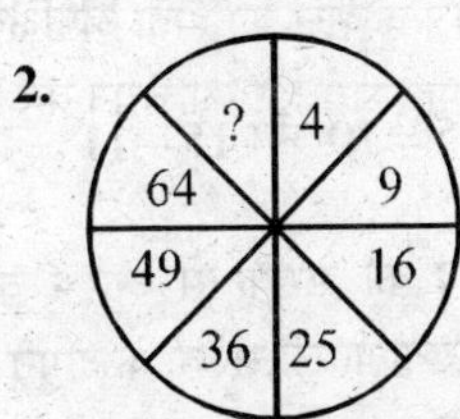


(*a*) 68 (*b*) 100
(*c*) 72 (*d*) 81

**3.**

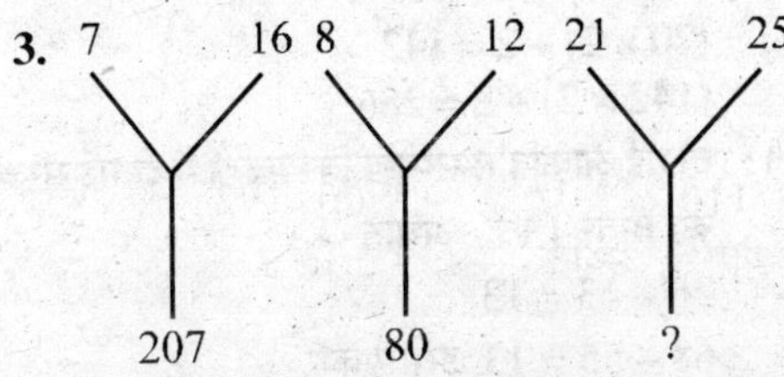


(*a*) 425 (*b*) 184
(*c*) 241 (*d*) 210

**4.**

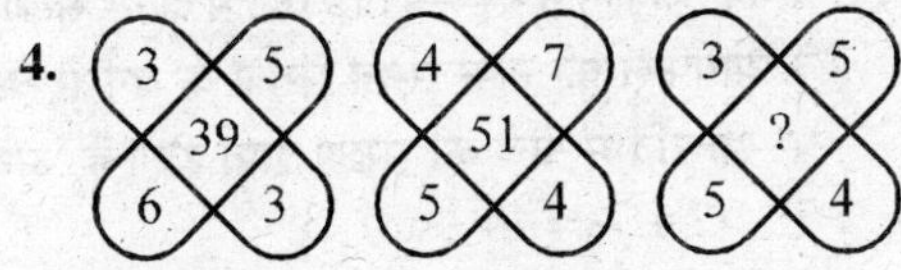


(*a*) 35 (*b*) 37
(*c*) 45 (*d*) 48

**5.**

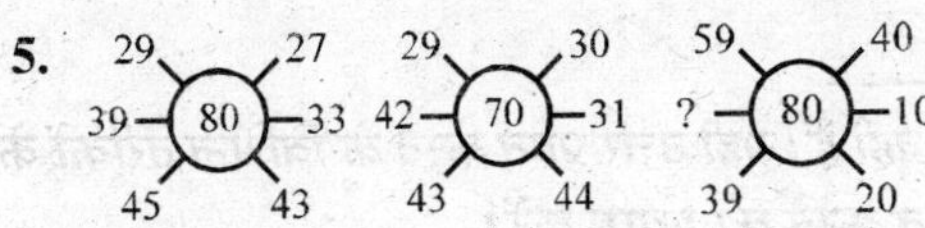


(*a*) 69 (*b*) 49
(*c*) 50 (*d*) 60

**6.**

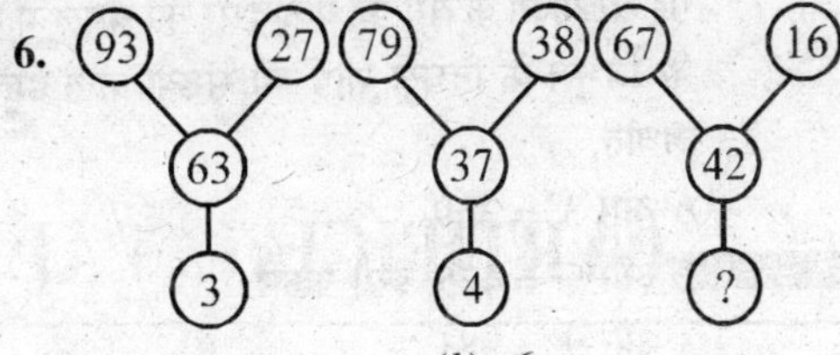


(*a*) 5 (*b*) 6
(*c*) 8 (*d*) 9

**7.**

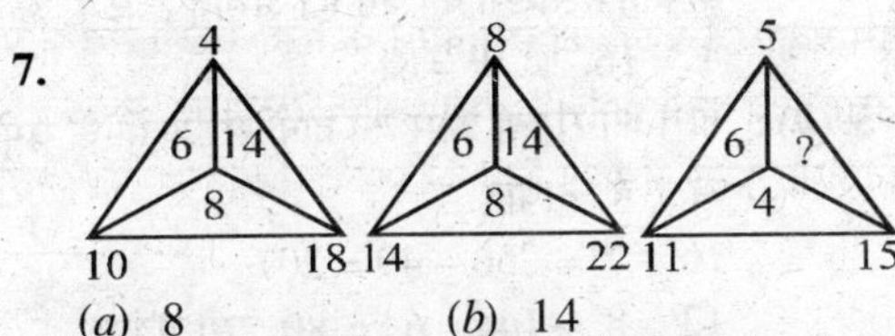


(*a*) 8 (*b*) 14
(*c*) 10 (*d*) 6

**8.**

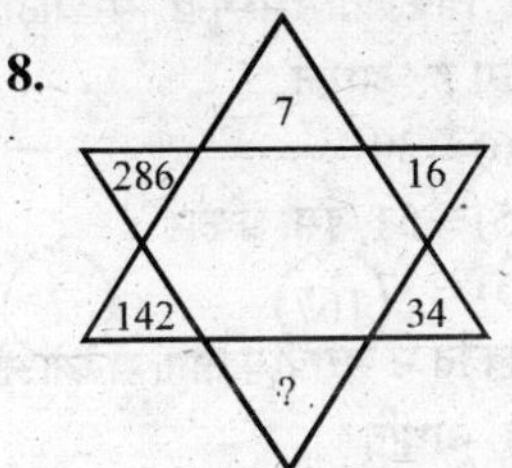


(*a*) 70 (*b*) 68
(*c*) 56 (*d*) 92

**9.**

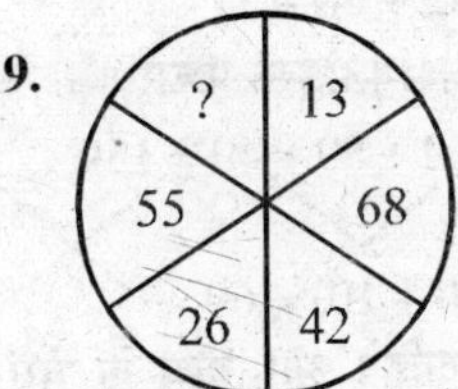


(*a*) 41 (*b*) 37
(*c*) 29 (*d*) 25

**10.**

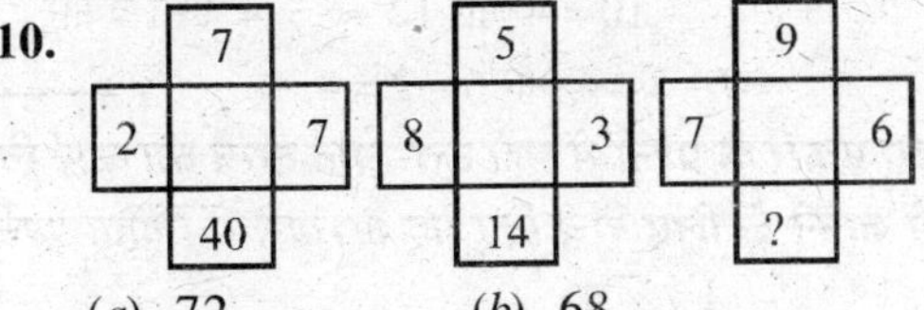


(*a*) 72 (*b*) 68
(*c*) 82 (*d*) 96

## व्याख्यात्मक उत्तर

**1. (*c*) :** उलटे बने त्रिभुज के ऊपरी भाग के दोनों खानों में दी गई संख्याओं के वर्ग को एक दूसरे की बगल में रखने पर त्रिभुज के निचले शीर्ष की संख्या प्राप्त होती है, अर्थात्

$6^2$ और $3^2 = 369$

$2^2$ और $5^2 = 425$, इसी प्रकार

$3^2$ और $9^2 = 981$.

**2. (*d*) :** 4 से आरंभ करके प्रत्येक अनुवर्ती संख्या क्रमागत प्राकृतिक संख्या का वर्ग है। अर्थात् $2^2 = 4$, $3^2 = 9$, $4^2 = 16, \ldots 9^2 = 81$

**3. (*b*) :** नीचे की संख्या ऊपर की दोनों संख्याओं के वर्गों का अंतर है, अर्थात्

$16^2 - 7^2 = 256 - 49 = 207$

$12^2 - 8^2 = 144 - 64 = 80$, इसी प्रकार

$25^2 - 21^2 = 625 - 441 = 184$

**4. (*b*) :** बीच की संख्या विकर्णतः सम्मुख संख्याओं के गुणनफलों का योग है, अर्थात्

$(3 \times 3) + (5 \times 6) = 39$

$(4 \times 4) + (7 \times 5) = 51$, इसी प्रकार

$(3 \times 4) + (5 \times 5) = 37$

**5. (*a*) :** किसी भी एक आकृति में सरेखीय तीनों संख्याओं का योगफल समान है, अर्थात्

$29 + 80 + 43$ या $39 + 80 + 33$

या $45 + 80 + 27 = 152$

$29 + 70 + 44$ या $42 + 70 + 31$

या $43 + 70 + 30 = 143$, इसी प्रकार

$59 + 80 + 20$ या $39 + 80 + 40 = 159$.

अतः लुप्त संख्या है :

$$159 - (80 + 10) = 69$$

**6. (*d*) :** प्रत्येक आकृति में दाहिने और बीच के घेरों की संख्याओं के योगफल को बायीं ओर के घेरे की संख्या से घटाने पर आकृति में सबसे नीचे के घेरे की संख्या प्राप्त होती है, अर्थात्

$93 - (27 + 63) = 3$

$79 - (38 + 37) = 4$, इसी प्रकार

$67 - (16 + 42) = 9$

**7. (*c*) :** प्रत्येक त्रिभुजाकार आकृति के भीतर बने प्रत्येक त्रिभुज में आधार पर स्थित संख्याओं का अंतर त्रिभुज के भीतर स्थित संख्या के बराबर है, अर्थात्

$10 - 4 = 6$, $18 - 4 = 14$ और $18 - 10 = 8$

$14 - 8 = 6$, $22 - 8 = 14$ और $22 - 14 = 8$, इसी प्रकार

$11 - 5 = 6$, $15 - 5 = 10$ और $15 - 11 = 4$.

**8. (*a*) :** दी गई आकृति में 7 की संख्या से आरंभ करके दक्षिणावर्त अगली संख्या पहली संख्या के दोगुने से 2 अधिक है, अर्थात्

$(7 \times 2) + 2 = 16$

$(16 \times 2) + 2 = 34 \ldots$, इसी प्रकार

$(34 \times 2) + 2 = 70$

$(70 \times 2) + 2 = 142$

$(142 \times 2) + 2 = 286$

**9. (*c*) :** दी गई आकृति में सम्मुख त्रिज्यखंडों में दी गई संख्याओं का अंतर 13 है, अर्थात्

$26 - 13 = 13$

$68 - 55 = 13$, इसी प्रकार

अतः लुप्त संख्या है : $42 - 13 = 29$

($42 + 13 = 55$ विकल्पों में नहीं दिया गया है)

**10. (*b*) :** प्रत्येक आकृति में मध्यस्थ ग्रिड रेखा में दी गई संख्याओं के योगफल को ऊपर स्थित संख्या के वर्ग से घटाने पर आकृति में नीचे की संख्या प्राप्त होती है, अर्थात्

$7^2 - (2 + 7) = 40$

$5^2 - (8 + 3) = 14$, इसी प्रकार

$9^2 - (7 + 6) = 68$

# अक्षर–अंक व्यवस्थापक मशीन संबंधी प्रश्न

# (PROBLEMS BASED ON ENGLISH ALPHABET)

अंग्रेजी वर्णमाला पर आधारित प्रश्नों को हल करना अत्यधिक सरल है। इस प्रकार के प्रश्न वर्णमाला के सीधे क्रम में और साथ ही उलटे क्रम में भी दी गई शृंखलाओं पर आधारित होते हैं।

**अंग्रेजी वर्णमाला का सीधा क्रम (Natural Order)**

A B C D E F G H I J K L M N O P Q R S T U V W X Y Z

**अंग्रेजी वर्णमाला का उलटा क्रम (Reverse Order)**

Z Y X W V U T S R Q P O N M L K J I H G F E D C B A

शृंखला Z पर पहुँचने के बाद A से पुन: आरंभ होती है और उलटे क्रम में A पर पहुँचने के बाद Z से पुन: आरंभ होती है। इस शृंखला में A E I O U स्वर और शेष अक्षर व्यंजन कहलाते हैं।

## हल किए गए उदाहरण

**1.** यदि वर्णमाला के पहले दस अक्षरों को उलटे क्रम में लिखा जाए तो निम्नलिखित में से कौन–सा अक्षर उस शृंखला के दाहिने छोर से बारहवें अक्षर की बायीं ओर का सातवाँ अक्षर होगा?

A B C D E F G H I J K L M N O P Q R S T U V W X Y Z

(*a*) H (*b*) C (*c*) I (*d*) B

**उत्तर (*b*) :** वर्णमाला के सीधे क्रम में दी गई शृंखला में पहले दस अक्षरों को उलटे क्रम में लिखने पर निम्नलिखित शृंखला प्राप्त होगी :

JIHGFEDCBAKLMNOPQRSTUVWXYZ

← 7th ← 12th

'Z' से गिनना आरंभ करने पर दाहिने छोर से बारहवाँ अक्षर 'O' है और 'O' की बायीं ओर का 7वाँ अक्षर 'C' है।

## अभ्यास

**निर्देश ( प्र.सं. 1–10 ):** *निम्नलिखित प्रश्न वर्णमाला के सीधे या उलटे क्रम में लिखी गई शृंखला पर तथा दिए गए शब्द में अक्षरों के स्थान परिवर्तन पर आधारित हैं।*

**1.** वर्णमाला के सीधे क्रम में लिखी गई शृंखला में बाएँ छोर से छठे अक्षर के ठीक पहले कौन–सा अक्षर होता है?

(*a*) U (*b*) E
(*c*) F (*d*) V

**2.** वर्णमाला में G और S के ठीक बीच में कौन–सा अक्षर है?

(*a*) L (*b*) N
(*c*) M (*d*) कोई अक्षर नहीं

**3.** यदि अंग्रेजी वर्णमाला में प्रथम अर्द्धांश के अक्षरों को उलटे क्रम में लिखा जाए तो दायीं ओर से नौवें अक्षर की बायीं ओर का नौवाँ अक्षर कौन-सा होगा?

(*a*) I (*b*) D
(*c*) F (*d*) E

**4.** यदि अंग्रेजी वर्णमाला को उलटे क्रम में लिखा जाए, तो दायीं और से सातवें अक्षर की बायीं ओर का आठवाँ अक्षर कौन-सा होगा?

(*a*) O (*b*) P
(*c*) N (*d*) Q

**5.** वर्णमाला में दाहिने छोर से तेरहवें अक्षर की दायीं ओर का पाँचवाँ अक्षर क्या होगा?

(*a*) R (*b*) S
(*c*) I (*d*) O

**6.** यदि अंग्रेजी वर्णमाला को उलटे क्रम में लिखा जाए तो P के दाएँ से छठा अक्षर कौन-सा होगा?

(*a*) J (*b*) W
(*c*) K (*d*) V

**7.** यदि अंग्रेजी वर्णमाला को दो बराबर हिस्सों में बाँट दिया जाए जिनमें पहले अर्द्धांश में A से M तक के और दूसरे अर्द्धांश में N से Z तक के अक्षर निहित **हों, तो** बाद वाले अर्द्धांश का कौन-सा अक्षर पहले वाले अर्द्धांश के J अक्षर के संगत होगा?

(*a*) W (*b*) Q
(*c*) V (*d*) R

**8.** यदि अंग्रेजी वर्णमाला को उलटे क्रम में लिखा जाए तो प्राप्त शृंखला में आपके बाएँ से सोलहवें अक्षर की बायीं ओर का बारहवाँ अक्षर कौन-सा होगा?

(*a*) X (*b*) W
(*c*) D (*d*) V

**9.** अंग्रेजी वर्णमाला में बाएँ से पाँचवें अक्षर से आरंभ करके यदि बारह अक्षरों को उलटे (विपरीत) क्रम में लिखा जाए तो प्राप्त शृंखला में दाएँ से चौदहवें अक्षर की बायीं ओर का सातवाँ अक्षर कौन-सा होगा?

(*a*) N (*b*) H
(*c*) L (*d*) O

**10.** यदि वर्णमाला में B से आरंभ करके सभी एकांतर स्थानों पर आने वाले अक्षरों को छोटे अक्षरों में और शेष अक्षरों को बड़े अक्षरों में लिखा जाए तो प्राप्त शृंखला के अक्षरों का प्रयोग करके 'September' माह को किस प्रकार लिखा जाएगा?

(*a*) SEptEMbEr (*b*) sePTemBeR
(*c*) SEptembER (*d*) SEpteMbeR

## व्याख्यात्मक उत्तर

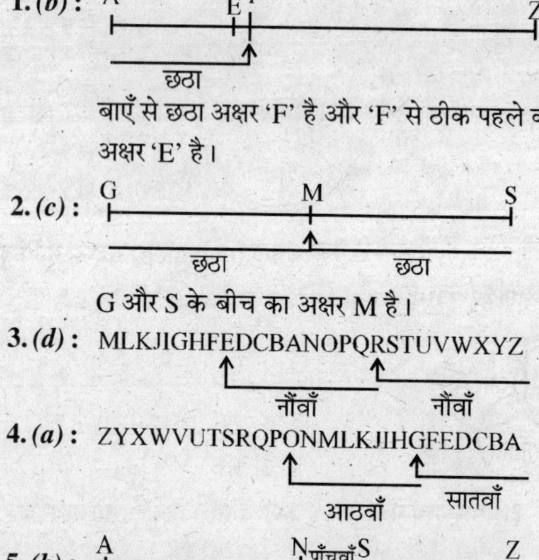


**1. (*b*) :** बाएँ से छठा अक्षर 'F' है और 'F' से ठीक पहले का अक्षर 'E' है।

**2. (*c*) :** G और S के बीच का अक्षर M है।

**3. (*d*) :** MLKJIGHFEDCBANOPQRSTUVWXYZ

**4. (*a*) :** ZYXWVUTSRQPONMLKJIHGFEDCBA

**5. (*b*) :** दाहिने छोर से तेरहवाँ अक्षर 'N' है और 'N' की दायीं ओर का पाँचवाँ अक्षर 'S' है।

**6. (*a*) :** Z — P — J — A (छठा)

अंग्रेजी वर्णमाला के उलटे क्रम में 'P' के दाएँ से छठा अक्षर 'J' है।

**7. (*a*) :** A B C D E F G H I J K L M
N O P Q R S T U V W X Y Z

**8. (*b*) :** Z — W ← बारहवाँ — K — A (सोलहवाँ)

वर्णमाला के उलटे क्रम में बाएँ से सोलहवाँ अक्षर 'K' है और 'K' की बायीं ओर का बारहवाँ अक्षर 'W' है।

**9. (*d*) :** ABCDPONMLKJIHGFEQRSTUVWXYZ

सातवाँ चौदहवाँ

**10. (*a*) :** A b C d E f G h I j K l M n O p Q r S t U v W x Y z

# कथन एवं वेन आरेख
# (LOGICAL DIAGRAMS)

इस प्रकार के प्रश्नों में विकल्प के रूप में पाँच भिन्न-भिन्न आकृतियों का समुच्चय दिया जाता है। प्रत्येक आकृति संबंधित शब्दों के कुछ समूहों का एक तार्किक पैटर्न निरूपित करती है जिनमें प्रत्येक शब्द एक वर्ग को निरूपित करता है। अभ्यर्थी को दिए गए शब्दों के समुच्चय के लिए सर्वाधिक **उपयुक्त** तार्किक आकृति की पहचान करनी है। नीचे इन आरेखों द्वारा निरूपित कुछ संबंध दर्शाए गए हैं। संबंधित पैटर्नों को समझें और तत्पश्चात् दिए गए प्रश्नों के उत्तर दें।

## हल किए गए उदाहरण

**1.** दिए गए वर्गों में कोई सदस्य समान (common) नहीं है।

उदाहरण : दूध, अंडे

दूध अंडे

**2.** दिया गया आरेख यह दर्शाता है कि दोनों वर्गों में कुछ समान सदस्य हैं किंतु कोई भी वर्ग एक-दूसरे में पूर्णत: समाहित नहीं है।

उदाहरण : रंग, लाल

रंग लाल

**3.** दिया गया आरेख यह दर्शाता है कि एक वर्ग दूसरे में पूर्णत: समाहित है किंतु दूसरा वर्ग पहले वर्ग में समाहित नहीं है अर्थात् ये दोनों वर्ग आपस में मिले-जुले नहीं हैं।

फल सेब

उदाहरण : फल, सेब

**4.** आकृति 2 के समान ही यह आकृति भी दर्शाती है कि तीनों वर्गों में कुछ समान (common) सदस्य हैं किंतु इनमें से कोई भी वर्ग एक-दूसरे में पूर्णत: समाहित नहीं है।

उदाहरण : लंबा, आदमी, शिक्षित

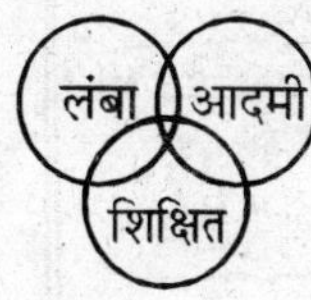

## अभ्यास

**निर्देश ( प्र.सं. 1–5 ):** *नीचे दिए गए पाँच तर्क आरेखों में से उस आरेख (आकृति) का चयन करें जो प्रश्न में दिए गए तीनों वर्गों के बीच संबंध को सर्वाधिक सुस्पष्ट रूप में प्रदर्शित करता है।*

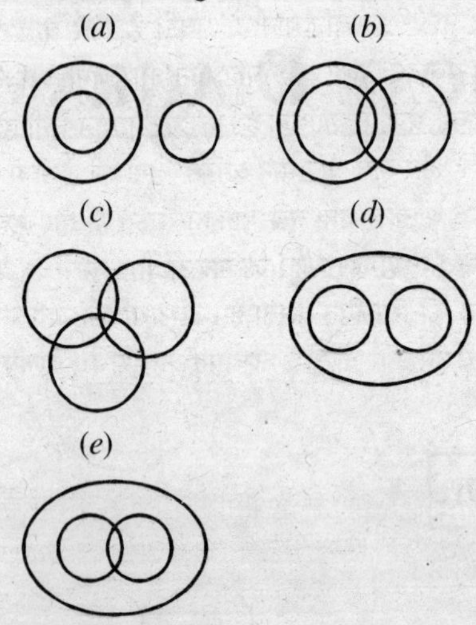


**1.** पक्षी, फल, आम

**2.** अपराधी, वकील, डकैत

**3.** तैराक, कुँआरा, पुरुष

**4.** स्मार्ट, इंजीनियर, महिला

**5.** सब्जियाँ, आलू, बैंगन

**निर्देश ( प्र.सं. 6–10 ):** *नीचे दिए गए पाँच तर्क आरेखों में से उस आरेख (आकृति) का चयन करें जो प्रश्न में दिए गए तीनों वर्गों के बीच संबंध को सर्वाधिक सुस्पष्ट रूप में व्यक्त करता है।*

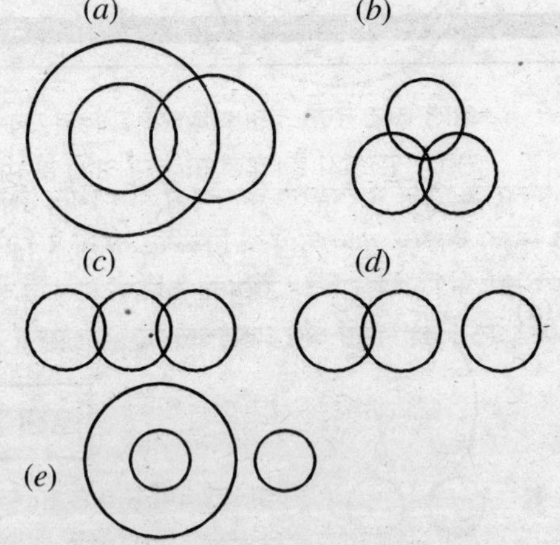


**6.** बहन, चचेरी-ममेरी-फुफेरी बहन, महिलाएँ

**7.** तारा, ग्रह, शनि

**8.** लोग, बुद्धिमान, धनी

**9.** पालतू पशु, बिल्लियाँ, कुत्ते

**10.** अभिनेता, मंच, फिल्म

## व्याख्यात्मक उत्तर

**1. (*a*) :**

फल

आम

पक्षी

सभी आम फल हैं किंतु फल और आम में से कोई भी पक्षी नहीं है।

**2. (*a*) :**

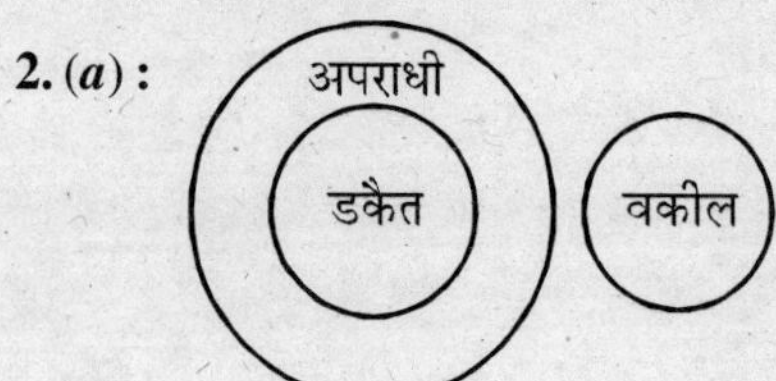


सभी डकैत अपराधी हैं किंतु अपराधी और डकैत में से कोई भी वकील नहीं हो सकता।

**3. (*b*) :**

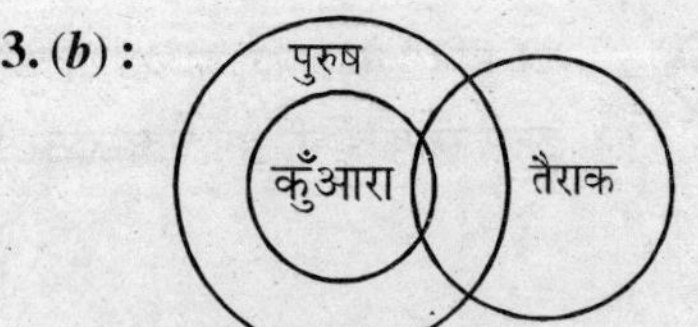


सभी कुँआरे पुरुष होते हैं तथा कुछ पुरुष और कुँआरे तैराक हो सकते हैं।

**4. (*c*) :**

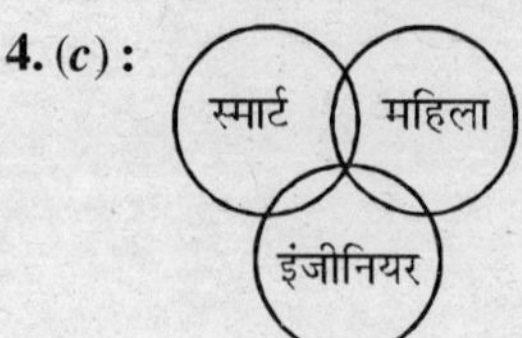

कुछ महिलाएँ स्मार्ट हो सकती हैं और कुछ महिलाएँ इंजीनियर हो सकती हैं तथा कुछ इंजीनियर स्मार्ट भी हो सकते हैं और महिला भी।

**5. (*d*) :**

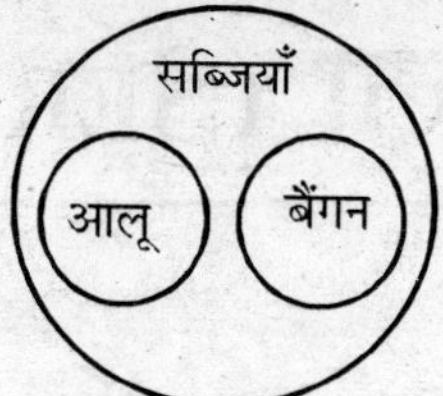


आलू और बैंगन दोनों सब्जियाँ हैं किंतु उनमें कोई समान गुण नहीं है। कुछ सब्जियाँ आलू हैं और कुछ बैंगन।

**6. (*a*) :**

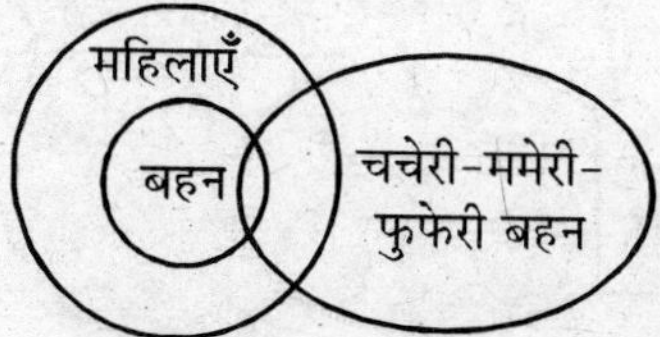


सभी बहनें महिलाएँ होती हैं। कुछ महिलाएँ जो बहनें हैं, चचेरी-ममेरी-फुफेरी बहनें हो सकती हैं या सभी चचेरी-ममेरी-फुफेरी बहनें कुछ महिलाएँ हैं।

**7. (*e*) :**

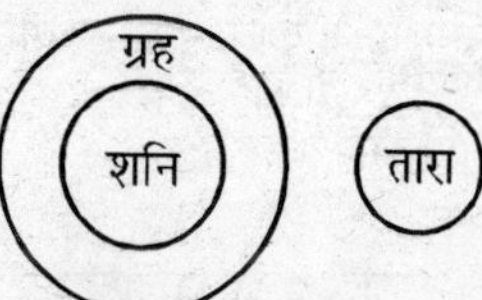


शनि एक ग्रह है। सौरमंडल के ग्रहों में एक ग्रह शनि है। तारा एक भिन्न वर्ग है।

**8. (*b*) :**

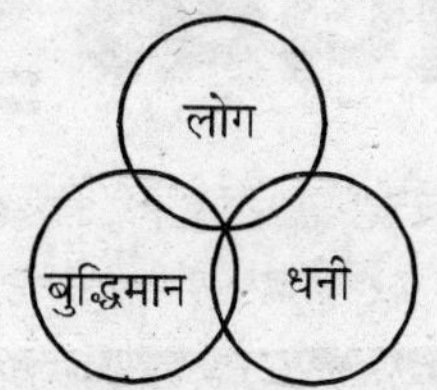


कुछ लोग बुद्धिमान हो सकते हैं और कुछ धनी हो सकते हैं तथा कुछ बुद्धिमान और धनी व्यक्ति लोगों की श्रेणी में शामिल हैं। कुछ बुद्धिमान धनी हो सकते हैं और कुछ बुद्धिमान व्यक्ति लोगों की श्रेणी में शामिल हैं या कुछ धनी बुद्धिमान हो सकते हैं और कुछ लोगों को बुद्धिमान कहा जा सकता है।

**9. (*c*) :**

पालतू पशुओं में कुछ कुत्ते और कुछ बिल्लियाँ हो सकती हैं। कुछ कुत्ते और बिल्लियों को पालतू बनाया जा सकता है। किंतु कुत्ते और बिल्लियों का अलग-अलग वर्ग है।

**10. (*b*) :**

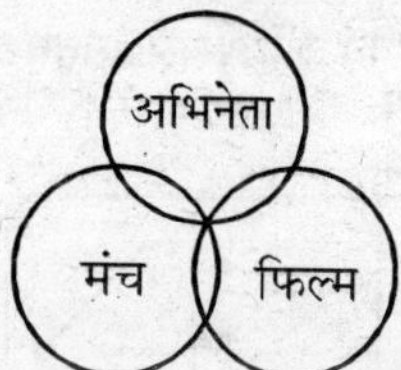


कुछ अभिनेता मंच से जुड़े होते हैं और कुछ फिल्मों से तथा मंच से जुड़े कुछ कलाकार और फिल्म से जुड़े कुछ कलाकार अभिनेता की श्रेणी में आते हैं।

# अभाषिक

## शृंखला (SERIES)

इस प्रकार की अभाषिक शृंखला (Non-Verbal Series) में, जो सर्वाधिक सामान्य प्रकार की शृंखला होती है, चार या पांच आनुक्रमिक प्रश्न आकृतियां एक निश्चित अनुक्रम निर्मित करते हैं और अभ्यर्थियों को दी गई उत्तर आकृतियों के सेट से उस एक आकृति का चयन करना होता है जिससे प्रश्न आकृतियों के समुच्चय की शृंखला सतत् हो जाए।

अभ्यर्थियों को प्रश्न आकृतियों के समुच्चय की शृंखला सतत् बनाने के लिए विभिन्न क्रियाएं, परिवर्तन, विस्थापन, क्रमावर्तन, पुनरावर्तन और बहुत से अन्य परिवर्तन करने की आवश्यकता होती है। निरंतर अभ्यास द्वारा शृंखला विषयक समस्याओं को हल करने में निपुणता प्राप्त की जा सकती है।

### हल किए गए उदाहरण

नीचे पूछे गए प्रत्येक प्रश्न में उत्तर आकृतियों के समुच्चय से उस एक आकृति का चयन करें जिसे प्रश्न आकृतियों के बाद में रखने पर प्रश्न आकृतियों के समुच्चय की शृंखला सतत् हो जाए।

**1. प्रश्न आकृतियां**

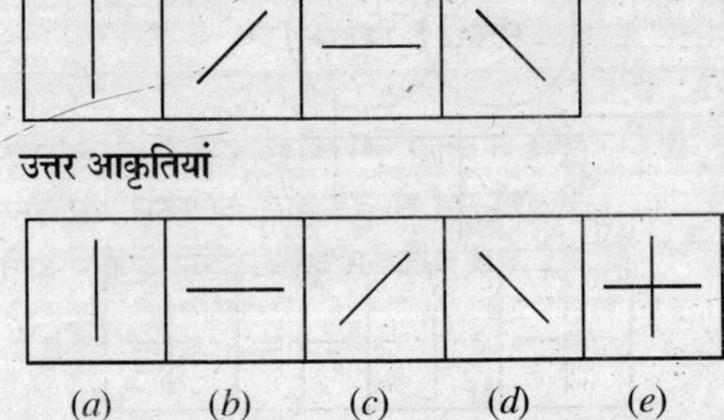

**उत्तर आकृतियां**

(*a*) (*b*) (*c*) (*d*) (*e*)

**उत्तर (*a*):** सभी आकृतियों में समान आकार की सीधी सरल रेखाएं दी गई हैं। उनकी दिशाएं और स्थिति परिवर्तित होती हैं। पहली आकृति में रेखा ऊर्ध्वाधर स्थिति में है। दूसरी आकृति में रेखा दक्षिणावर्त 45° के कोण से मुड़ जाती है और तीसरी आकृति में रेखा दक्षिणावर्त और 45° के कोण से मुड़ जाती है तथा चौथी आकृति में रेखा दक्षिणावर्त और 45° के कोण से मुड़ जाती है। अतः दो बातें स्पष्ट होती हैं: (i) रेखा दक्षिणावर्त घूमती है, और (ii) रेखा प्रत्येक चरण पर 45° के कोण से मुड़ती है।

अब चौथी आकृति (प्रश्न आकृति) भी दक्षिणावर्त 45° के कोण से मुड़नी चाहिए। अतः पांचवीं आकृति एक ऊर्ध्वाधर (उदग्र) रेखा होगी। इस प्रकार हमें ज्ञात होता है कि शृंखला को सतत् बनाने के लिए अगली आकृति एक ऊर्ध्वाधर या उदग्र सरल रेखा होगी।

**2. प्रश्न आकृतियां**

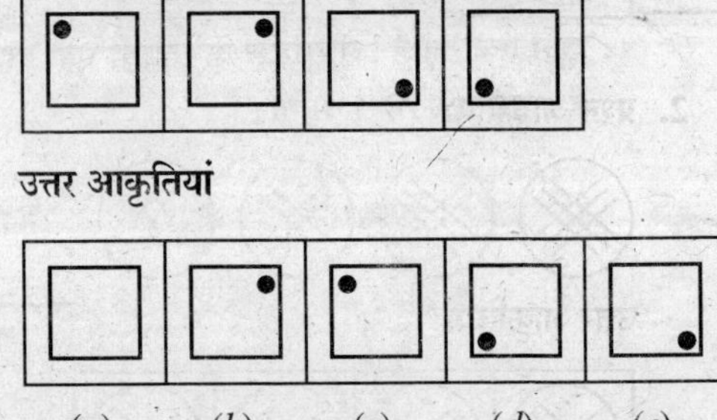

**उत्तर आकृतियां**

(*a*) (*b*) (*c*) (*d*) (*e*)

**उत्तर (*c*):** सभी चारों आकृतियां वर्ग हैं। जिनमें से प्रत्येक के भीतर एक काला बिंदु है। आकृतियों में वर्ग की अवस्थिति में परिवर्तन नहीं होता है बल्कि बिंदु की स्थिति परिवर्तित होती है। पहली आकृति में बिन्दु वर्ग के भीतर ऊपरी बाएं कोने पर अवस्थित है और दूसरी आकृति में बिन्दु वर्ग के भीतर ऊपरी दाएं

कोने पर पहुंच जाती है। तीसरी आकृति में बिन्दु निचले दाहिने कोने पर और चौथी आकृति में निचले बाएं कोने पर पहुंच जाती है। अतः दो तथ्यों का पता चलता हैः (i) बिन्दु की अवस्थिति बाएं से दाएं अर्थात् दक्षिणावर्त परिवर्तित होती है, और (ii) यह प्रत्येक चरण पर वर्ग के एक कोने से दूसरे कोने पर पहुंच जाती है।

चौथी आकृति (प्रश्न आकृति) में बिन्दु निचले बाएं कोने पर अवस्थित है। अगले चरण में यह दक्षिणावर्त अगले कोने पर अर्थात् ऊपरी बाएं कोने पर पहुंच जाएगी। अतः प्रश्न आकृति में दी गई शृंखला को सतत् बनाने के लिए शृंखला की अगली अर्थात् पांचवीं आकृति में एक वर्ग होगा जिसके ऊपरी बाएं कोने पर एक बिन्दु अवस्थित होगा।

## अभ्यास

**निर्देश ( प्र.सं. 1–30 ):** *नीचे के प्रत्येक प्रश्न में आकृतियों के दो समुच्चय दिए गए हैं जिनमें से एक समुच्चय को* **प्रश्न आकृतियों** *का समुच्चय और दूसरे समुच्चय को* **उत्तर आकृतियों** *का समुच्चय कहा गया है। प्रश्न आकृतियों के समुच्चय से किसी न किसी प्रकार से एक शृंखला बनती है। उत्तर आकृतियों के समुच्चय से उस एक आकृति का चयन करें जिससे प्रश्न आकृतियों के समुच्चय की शृंखला संतत हो जाए।*

**1. प्रश्न आकृतियां**

**उत्तर आकृतियां**

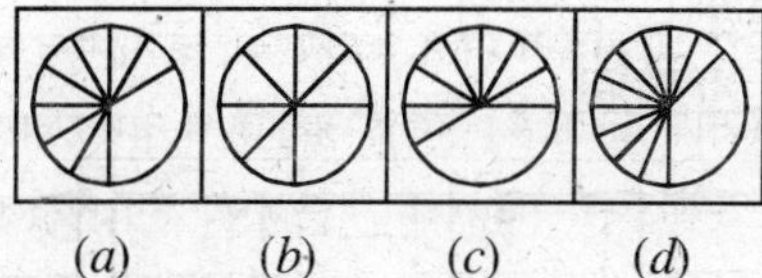

(*a*) (*b*) (*c*) (*d*)

**2. प्रश्न आकृतियां**

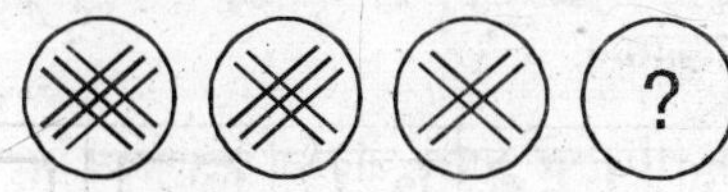

**उत्तर आकृतियां**

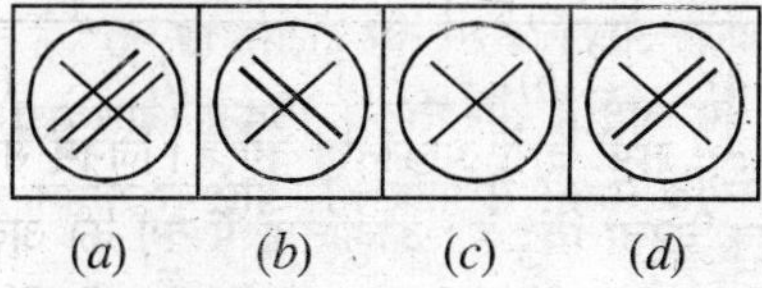

(*a*) (*b*) (*c*) (*d*)

**3. प्रश्न आकृतियां**

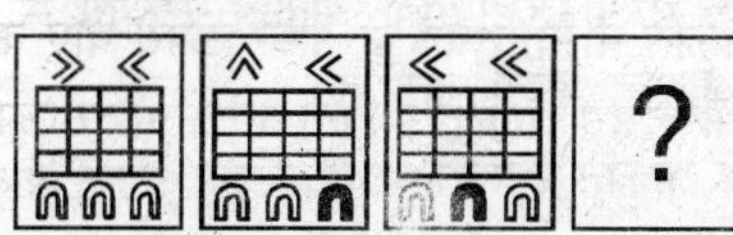

**उत्तर आकृतियां**

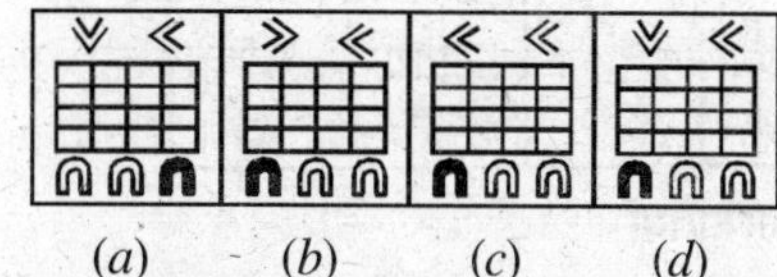

(*a*) (*b*) (*c*) (*d*)

**4. प्रश्न आकृतियां**

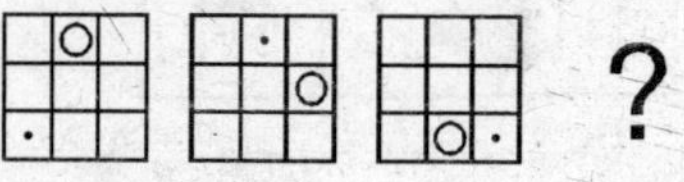

**उत्तर आकृतियां**

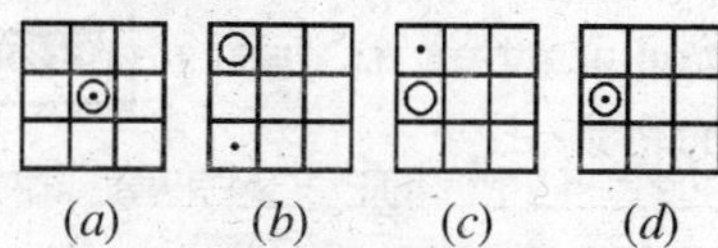

(*a*) (*b*) (*c*) (*d*)

**5. प्रश्न आकृतियां**

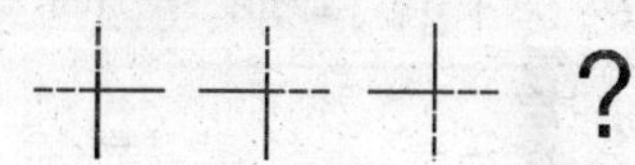

**उत्तर आकृतियां**

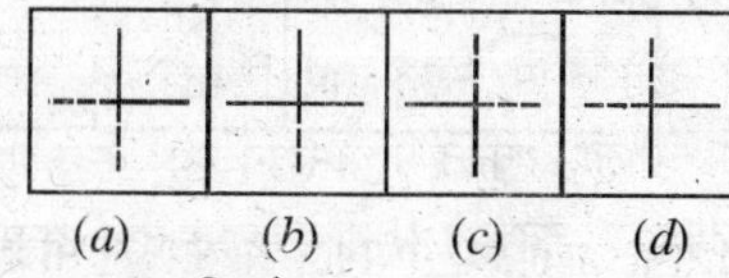

(*a*) (*b*) (*c*) (*d*)

**6. प्रश्न आकृतियां**

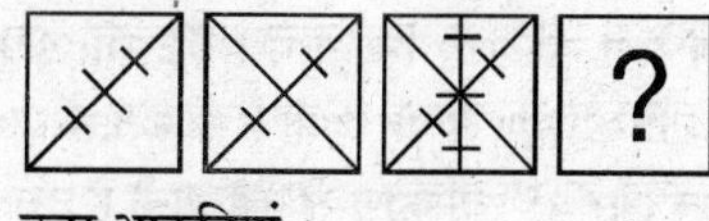

**उत्तर आकृतियां**

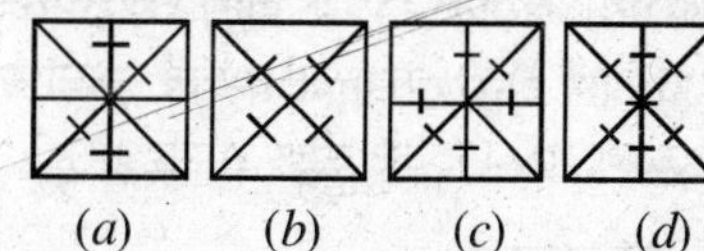

(*a*) (*b*) (*c*) (*d*)

**7. प्रश्न आकृतियां**

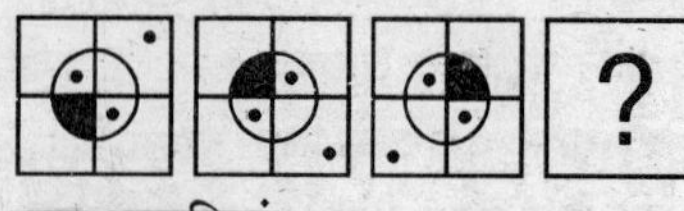

**उत्तर आकृतियां**

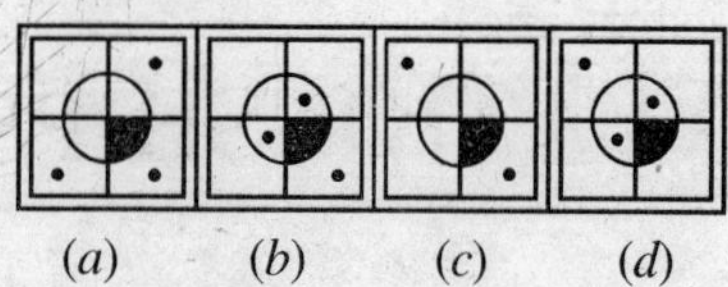

(*a*) (*b*) (*c*) (*d*)

**8. प्रश्न आकृतियां**

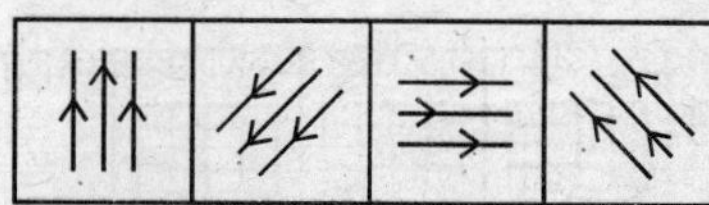

**उत्तर आकृतियां**

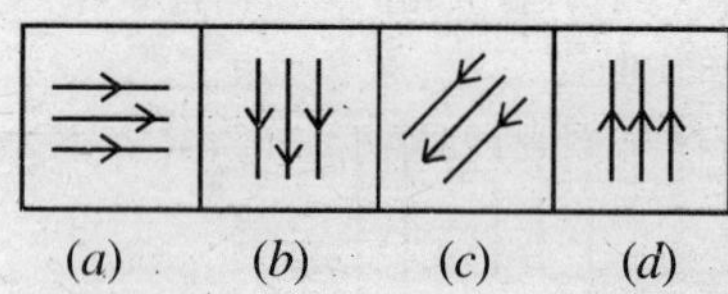

(*a*) (*b*) (*c*) (*d*)

**9. प्रश्न आकृतियां**

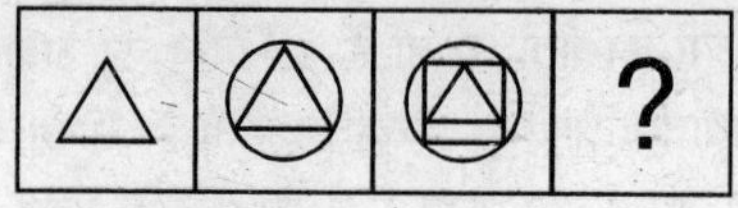

**उत्तर आकृतियां**

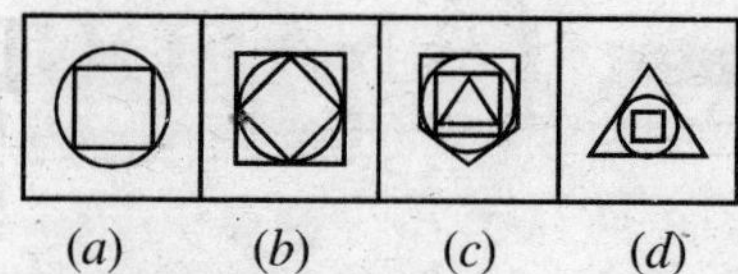

(*a*) (*b*) (*c*) (*d*)

**10. प्रश्न आकृतियां**

**उत्तर आकृतियां**

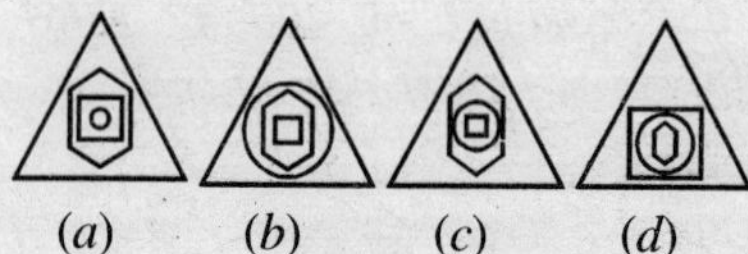

(*a*) (*b*) (*c*) (*d*)

## व्याख्यात्मक उत्तर

**1. (*c*) :** एक आकृति से दूसरी आकृति में वृत्त क्रमशः दक्षिणावर्त 30° के कोण से घूम जाता है और प्रत्येक चरण में वृत्त के भीतर स्थित एक त्रिज्यीय रेखाखण्ड लुप्त होता जाता है।

**2. (*d*) :** तिरछे या विकर्णी रेखाखण्ड एक-एक करके एक निश्चित क्रम में लुप्त होते जाते हैं।

**3. (*d*) :** पहली आकृति में ऊपर बाएं स्थित >> अवयव क्रमशः अगली आकृति में वामावर्त 90° के कोण से घूम जाता है। आकृति में नीचे स्थित तीन अवयवों में से दाहिने ओर का एक अवयव दूसरी आकृति में छायांकित हो जाता है तथा उसके बाद की आकृति में इन तीनों में से दाहिने से बाएं के क्रम में केवल एक अवयव ही छायांकित होता जाता है।

**4. (*d*) :** वृत्त (गोल घेरा) और बिंदु अगली आकृति में दक्षिणावर्त क्रमशः दो और तीन खंड आगे खिसक जाते हैं।

**5. (*a*) :** प्रत्येक चरण में क्रॉस का चिह्न दक्षिणावर्त 90° के कोण से घूम जाता है।

**6. (*a*) :** पहली आकृति में विकर्ण पर बीच में स्थित रेखाखण्ड दूसरी आकृति में आगे बढ़कर वर्ग के सम्मुख कोनों को स्पर्श करता है। अगली आकृति में तीन रेखाखण्डों से युक्त एक नई रेखा जुड़ जाती है। शृंखला में निंरतरता स्थापित करने के लिए मध्यस्थ रेखाखण्ड को आगे बढ़ाकर वर्ग की भुजाओं से स्पर्श कराया जाना चाहिए।

**7. (*d*) :** प्रत्येक चरण पर संपूर्ण आकृति दक्षिणावर्त 90° के कोण से घूम जाती है।

**8. (*b*) :** एकांतर आकृतियों में तीर दक्षिणावर्त 90° के कोण से घूम जाते हैं और तीर के चिह्नों (वाणमुखों) की संस्थिति सामने से पीछे और पीछे से सामने होती जाती है।

**9. (*c*) :** प्रत्येक चरण पर पूर्ववर्ती आकृति-समुच्चय में एक नई आकृति जुड़ती जाती है।

**10. (*a*) :** पहली आकृति में सबसे बाहरी संरचना अगली आकृति में सबसे भीतर चली जाती है।

# सादृश्य या संबंध
# (ANALOGIES OR RELATIONSHIPS)

अभाषिक सादृश्य के प्रश्नों में दो प्रकार की आकृतियां दी जाती हैं जो (i) प्रश्न आकृतियां और (ii) उत्तर आकृतियां कहलाती हैं। प्रश्न आकृतियां दो भागों में विभाजित होती हैं। प्रश्न आकृतियों के नीचे उत्तर आकृतियां दी जाती है।

## हल किए गए उदाहरण

**1. प्रश्न आकृतियां**

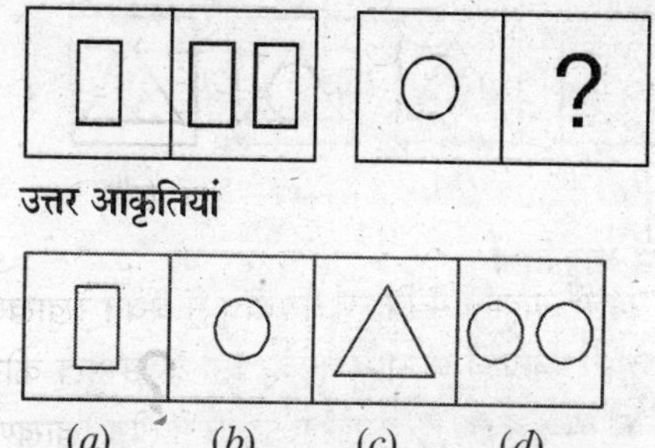


**उत्तर** (*d*): ऊपर दी गई प्रश्न आकृतियों के दो भाग हैं। पहले भाग में दो आकृतियां हैं जबकि दूसरे भाग में एक आकृति दी गई है जिसके बाद एक प्रश्न चिह्न (?) है। पहले भाग की आकृतियों के बीच एक विशेष संबंध है जिसके आधार पर दूसरे भाग की आकृतियों के बीच संबंध स्थापित किया जाना है।

प्रश्न आकृतियों के पहले भाग की दो आकृतियों में क्रमशः एक और दो आयत निहित हैं। पहली आकृति में एक आयत हैं जबकि दूसरी आकृति में दो आयत हैं। इसका अर्थ है कि उनके बीच संबंध यह है कि दूसरी आकृति में पहली आकृति में निहित आयत की संख्या की दोगुनी संख्या में आयत हैं।

दूसरे भाग की दोनों प्रश्न आकृतियों के बीच भी ठीक उसी प्रकार का संबंध होना आवश्यक है जैसा संबंध पहले भाग की दो प्रश्न आकृतियों के बीच है अर्थात् इस सादृश्य के आधार पर जबकि दूसरे भाग में पहली प्रश्न आकृति एक वृत्त है तो दूसरी प्रश्न आकृति में वृत्तों की संख्या दोगुनी अर्थात् 2 होगी।

**2. प्रश्न आकृतियां**

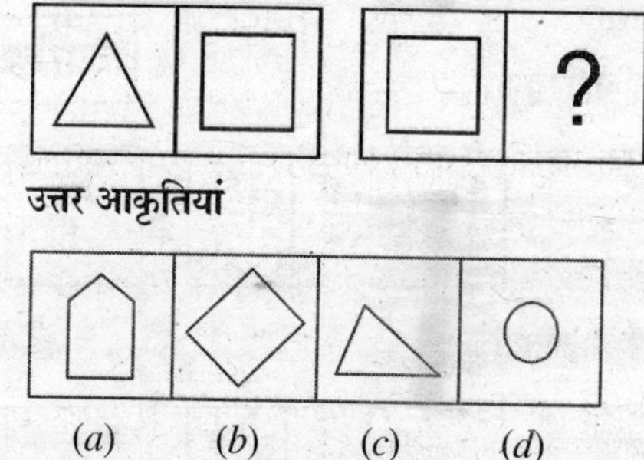


**उत्तर** (*a*): प्रश्न आकृतियों के पहले भाग में दी गई दोनों आकृतियों को देखें। पहली आकृति में एक त्रिभुज और दूसरी आकृति में एक वर्ग है। पहली आकृति (त्रिभुज) में तीन भुजाएं और तीन कोण हैं जबकि दूसरी आकृति (वर्ग) में चार भुजाएं और चार कोण हैं। इन दोनों आकृतियों के बीच संबंध यह है कि दूसरी आकृति में पहली आकृति की तुलना में एक भुजा और एक कोण अधिक है।

इस सादृश्य संबंध के आधार पर प्रश्न चिह्न (?) के स्थान पर रखी जाने वाली आकृति पाँच भुजाओं और पाँच कोणों वाली आकृति होनी चाहिए (जिसमें प्रश्न आकृतियों के दूसरे भाग की पहली आकृति से एक भुजा और एक कोण अधिक हो)।

## अभ्यास

**निर्देश ( प्र.सं. 1–20 ):** *प्रश्न आकृतियों में :: चिह्न के बाएं दी गई दो आकृतियों में से दूसरी आकृति का पहली आकृति के साथ एक विशेष संबंध है। :: चिह्न की दाईं ओर की दो आकृतियों के बीच भी ऐसा ही संबंध है। दिए गए विकल्पों से उस आकृति का चयन करें जिसे प्रश्न आकृतियों में प्रश्न चिह्न के स्थान पर रखा जा सकता है और जिसका :: चिह्न की दाईं ओर की पहली आकृति के साथ ठीक वैसा ही संबंध है जैसा कि :: चिह्न की बाईं ओर की दो आकृतियों के बीच है।*

**1. प्रश्न आकृतियां**

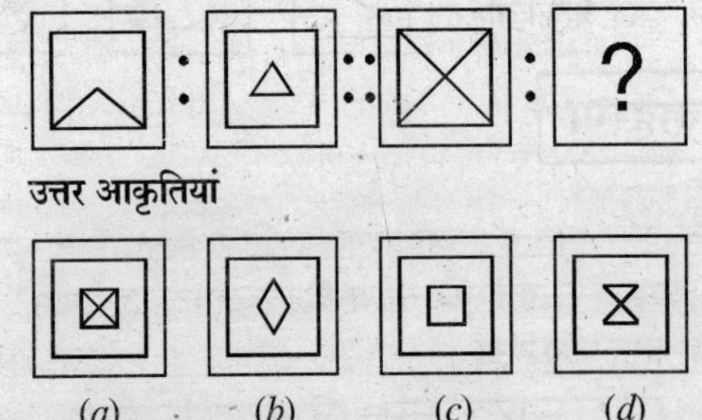

**उत्तर आकृतियां**

(a) (b) (c) (d)

**2. प्रश्न आकृतियां**

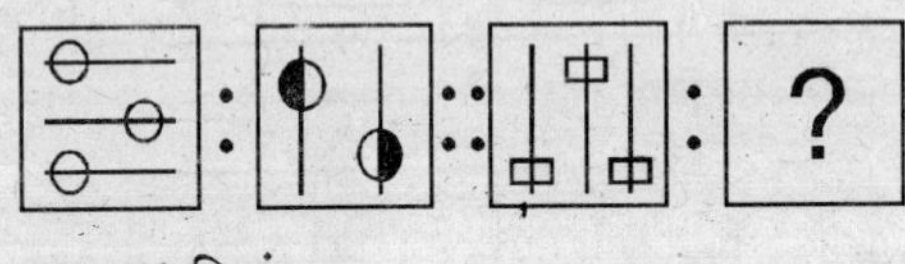

**उत्तर आकृतियां**

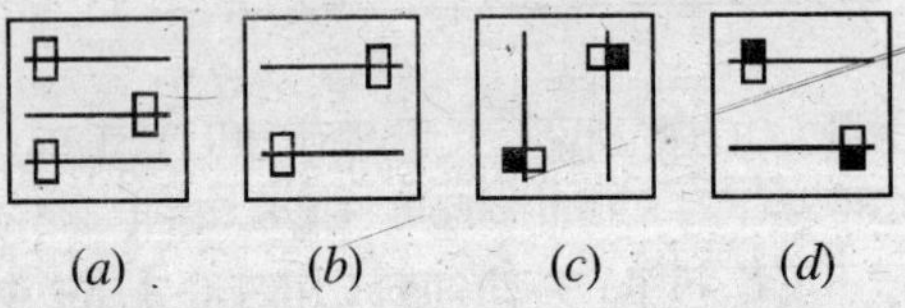

(a) (b) (c) (d)

**3. प्रश्न आकृतियां**

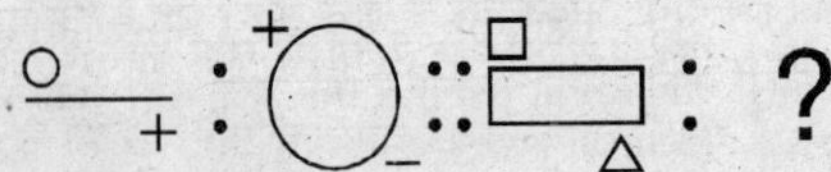

**उत्तर आकृतियां**

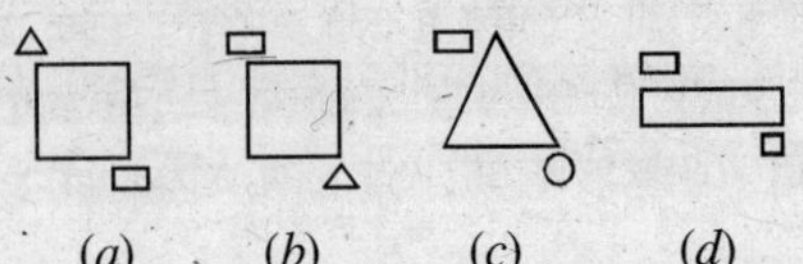

(a) (b) (c) (d)

**4. प्रश्न आकृतियां**

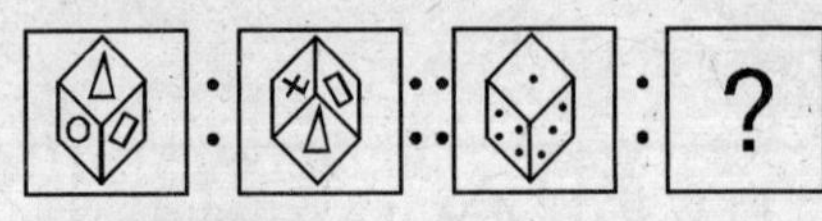

**उत्तर आकृतियां**

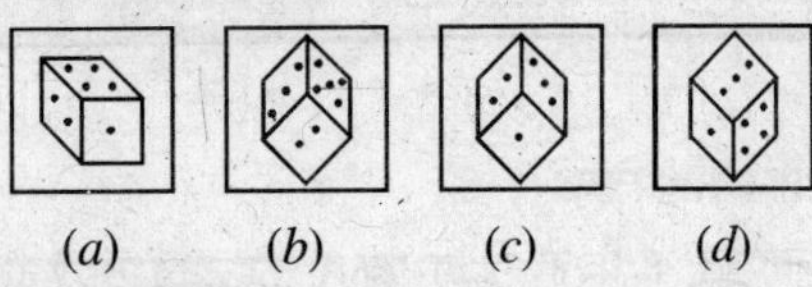

(a) (b) (c) (d)

**5. प्रश्न आकृतियां**

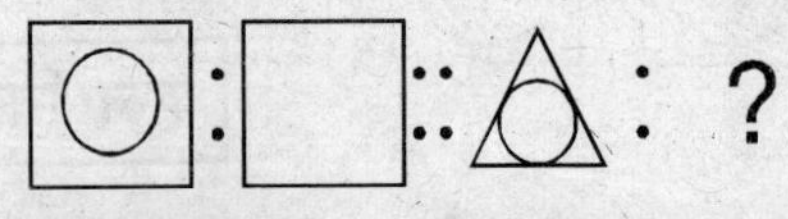

**उत्तर आकृतियां**

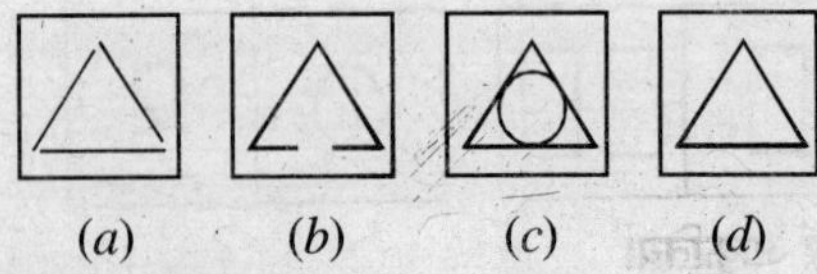

(a) (b) (c) (d)

**6. प्रश्न आकृतियां**

**उत्तर आकृतियां**

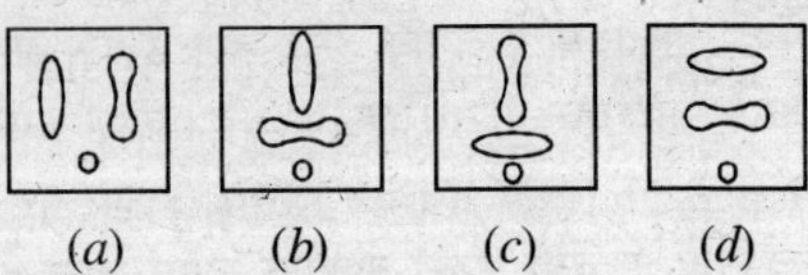

(a) (b) (c) (d)

**7. प्रश्न आकृतियां**

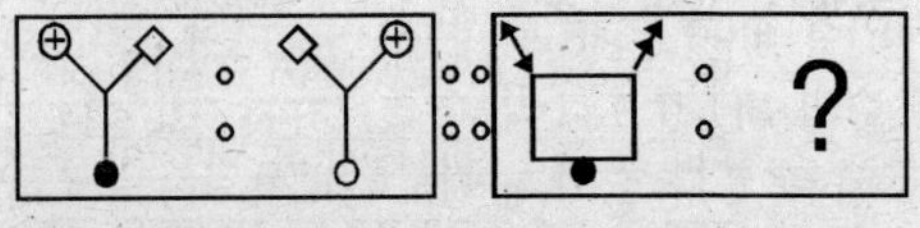

**उत्तर आकृतियां**

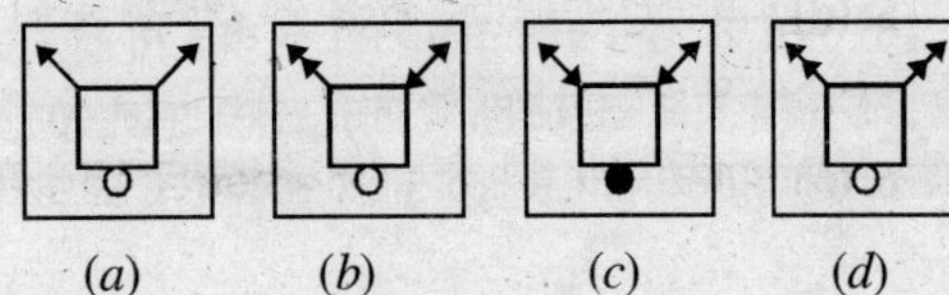

(a) (b) (c) (d)

**8. प्रश्न आकृतियां**

उत्तर आकृतियां

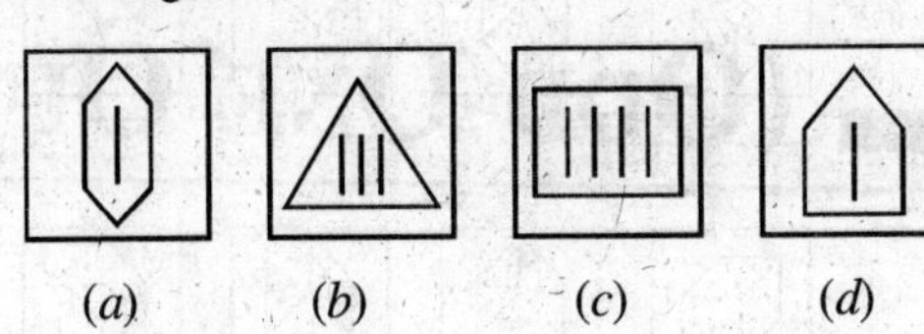

(a) (b) (c) (d)

**9. प्रश्न आकृतियां**

उत्तर आकृतियां

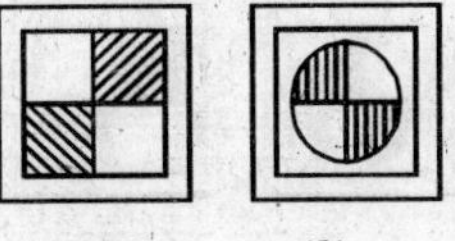
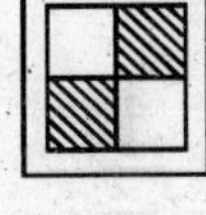
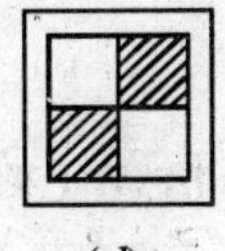

(a) (b) (c) (d)

**10. प्रश्न आकृतियां**

उत्तर आकृतियां

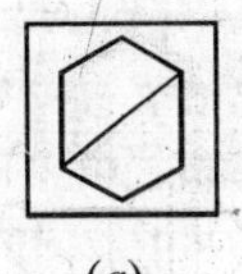
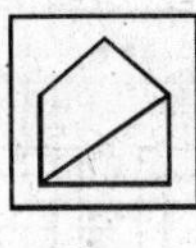

(a) (b) (c) (d)

## व्याख्यात्मक उत्तर

**1. (d) :** पहली आकृति का त्रिभुज दूसरी आकृति में बीच में आ जाता है। इसी प्रकार शीर्ष पर जुड़े दो त्रिभुज भी उत्तर आकृति में बीच में आ जाते हैं।

**2. (d) :** पहली आकृति का संपूर्ण डिजाइन दूसरी आकृति में दक्षिणावर्त 90° के कोण से घूम जाता है और उसका एक अवयव लुप्त हो जाता है तथा रेखिका से जुड़े अवयव के परस्पर विपरीत दिशा वाले हिस्से छायांकित हो जाते हैं।

**3. (a) :** पहली आकृति से दूसरी आकृति में दाईं ओर नीचे का अवयव विकर्णतः सम्मुख कोने पर चला जाता है, बाईं ओर ऊपर का अवयव बड़ा हो जाता है और बीच में आ जाता है तथा बीच का अवयव छोटा होकर नीचे दाएँ कोने पर आ जाता है।

**4. (c) :** पहली आकृति से दूसरी आकृति में पाशे के फलक पर अंकित आकृति ऊपर से नीचे आ जाती है। दाहिनी ओर का डिजाइन अपरिवर्तित रहता है। जबकि बाईं ओर का डिजाइन बदल जाता है।

**5. (d) :** पहली आकृति में भीतर का अवयव दूसरी आकृति में लुप्त हो जाता है।

**6. (b) :** पहली आकृति के दो आधे अवयव दूसरी आकृति में ऊर्ध्वाधरतः पलट कर आपस में जुड जाते हैं और इस प्रकार निर्मित नया अवयव ऊपर शीर्ष पर पहुँच जाता है। पहली आकृति के दो क्षैतिजतः अवस्थित वक्र परस्पर जुड़कर एक नया अवयव निर्मित करते हैं और दूसरी आकृति में बीच में आ जाते हैं। पहली आकृति में दाएँ और बाएँ छोरों के दो सदृश अवयवों में से एक अवयव दूसरी आकृति में नीचे आ जाता है।

**7. (b) :** दूसरी आकृति में ऊपर के दो अवयव अपना स्थान बदल कर एक दूसरे के स्थान पर आ जाते हैं और वृत्त के भीतर का छायांकित भाग छायारहित हो जाता है।

**8. (a) :** पहली आकृति से दूसरी आकृति में एक ऊर्ध्वाधरतः रेखा कम हो जाती है और आकृति को निर्मित करने वाली रेखाओं की संख्या में एक की वृद्धि होती है।

**9. (a) :** पहली आकृति को वामावर्त 90° के कोण से घुमाने पर दूसरी आकृति प्राप्त होती है।

**10. (a) :** पहली आकृति से दूसरी आकृति में आकृति को निर्मित करने वाली रेखाओं की संख्या में एक की वृद्धि होती है।

# विजातीय का चयन (ODD-ONE OUT)

अभाषिक वर्गीकरण संबंधी तर्कबुद्धि परीक्षण विषयक प्रश्नों में आकृतियों का एक समूह दिया जाता है तथा अभ्यर्थियों से यह अपेक्षा की जाती है कि वे दी गई आकृतियों को उनके विशिष्ट गुणों या विशेषताओं के आधार पर अलग-अलग समूहों या वर्गों में वर्गीकृत करें। आकृतियों या मदों को उनकी बनावट, आकार, प्रतिरूप, संरचना, प्रकार, क्रम, रूप-रंग, कोटि, शैली, संघटक अवयवों और अन्य प्रकार की विशेषताओं में समानता के आधार पर समूहों या वर्गों में वर्गीकृत करना होता है और तत्पश्चात् उस समूह से भिन्न अर्थात् विजातीय आकृति की पहचान करनी होती है।

## भाग–I

अभाषिक वर्गीकरण के इस प्रकार के प्रश्नों में प्रश्न आकृतियों और उत्तर आकृतियों के रूप में आकृतियों के दो समुच्चय नहीं दिए जाते बल्कि इनमें चार या पाँच आकृतियों का केवल एक ही समुच्चय दिया जाता है जिन्हें प्रश्न आकृतियाँ कहते हैं। इन प्रश्न आकृतियों में से एक आकृति शेष चार आकृतियों के समान या उनके सदृश नहीं होती। दूसरे शब्दों में तीन या चार आकृतियाँ किसी न किसी रूप में आपस में संबंधित होते हुए एक समूह बनाती हैं जबकि शेष केवल एक आकृति ही अन्यों से भिन्न अथवा विजातीय होता है जिसकी पहचान की जानी होती है।

### हल किए गए उदाहरण

1. 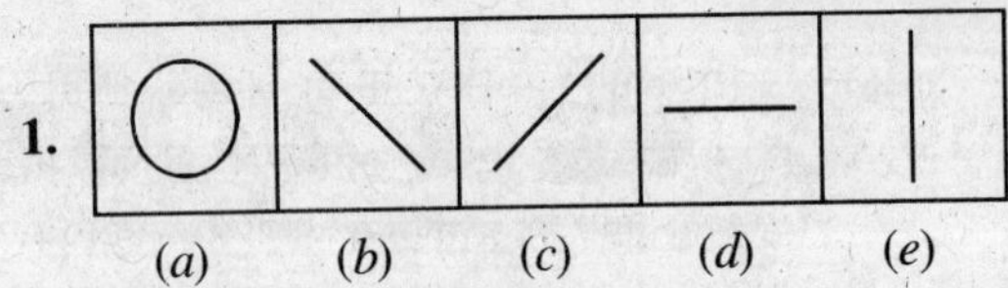

(*a*) (*b*) (*c*) (*d*) (*e*)

**उत्तर** (*a*): दी गई आकृतियों में (*a*) एक वृत्त है जबकि (*b*), (*c*), (*d*) और (*e*) भिन्न-भिन्न दिशाओं को इंगित करने वाली सरल रेखाएं हैं। यहाँ ध्यान दें कि दी गई पाँच आकृतियों में से चार आकृतियों (*b*), (*c*), (*d*) और (*e*) में से प्रत्येक में एक सामान्य (सर्वनिष्ठ) विशेषता यह है कि ये सभी सरल रेखाएं हैं जो भिन्न-भिन्न दिशाओं को इंगित करती हैं, अतः ये चारों आकृतियां एक समूह या वर्ग निर्मित करती हैं। इन आकृतियों के विपरीत (*a*) एक वृत्त है जो अन्य आकृतियों से भिन्न अथवा विजातीय है।

अतः आकृति (*a*) समूह में शामिल न होने वाली आकृति अर्थात् एक विजातीय आकृति है।

2. 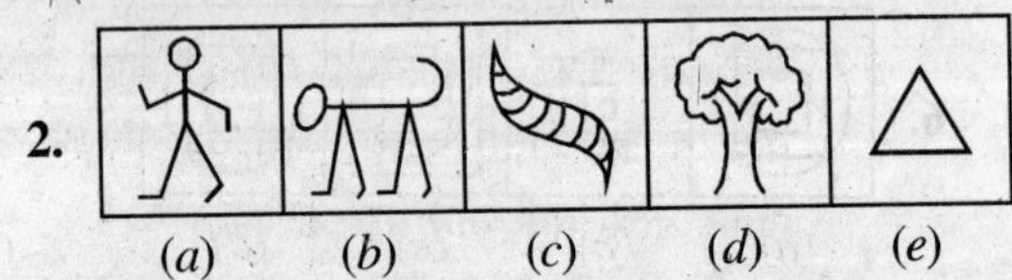

(*a*) (*b*) (*c*) (*d*) (*e*)

**उत्तर** (*e*): आकृति (*a*) एक मानव आकृति है, (*b*) एक चौपाया पशु की आकृति है, (*c*) एक कीट, (*d*) एक पेड़ और (*e*) एक त्रिभुज है। इन पाँच अवयवों में से चार में एक सर्वनिष्ठ विशेषता है और वह यह है कि (*a*), (*b*), (*c*) और (*d*) (मानव, पशु, कीट और पेड़) सजीव जगत् से संबंधित हैं।

आकृति (*e*) एक त्रिभुज है और यह संजीव जगत् से संबंधित नहीं है। अतः आकृति (*e*) इस समूह में शामिल नहीं है।

# अभ्यास

**निर्देश ( प्र.सं. 1–20 ):** *नीचे के प्रत्येक प्रश्न में एक आकृति को छोड़कर अन्य सभी आकृतियाँ किसी-न-किसी रूप में आपस में संबंधित हैं और इस कारण वे एक समूह बनाती हैं। प्रत्येक प्रश्न में उस एक भिन्न आकृति का चयन करें जो अन्यों से संबंधित नहीं है अर्थात् जो भिन्न अथवा विजातीय है।*

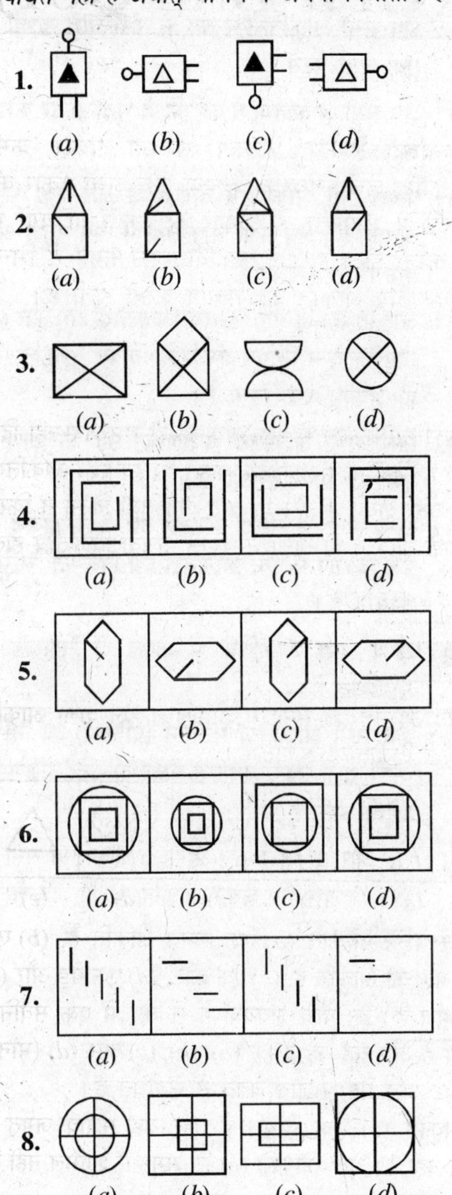


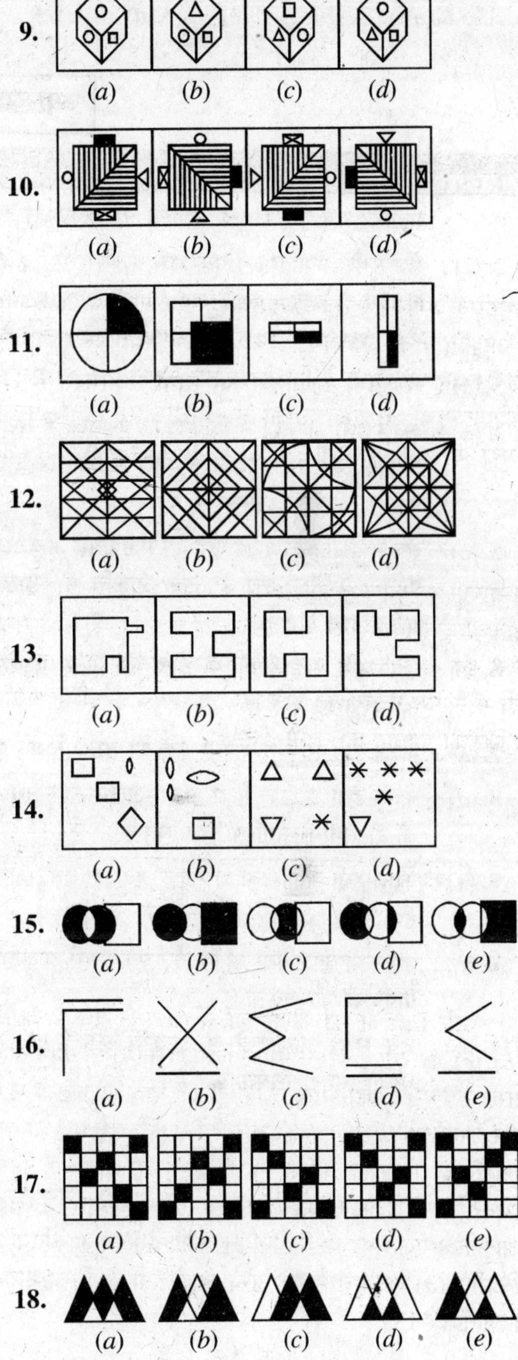

19. 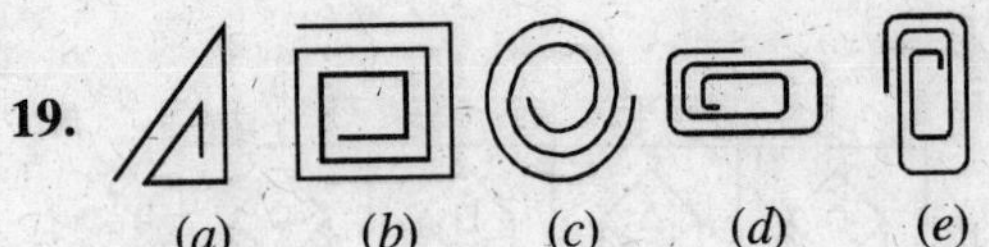

20. 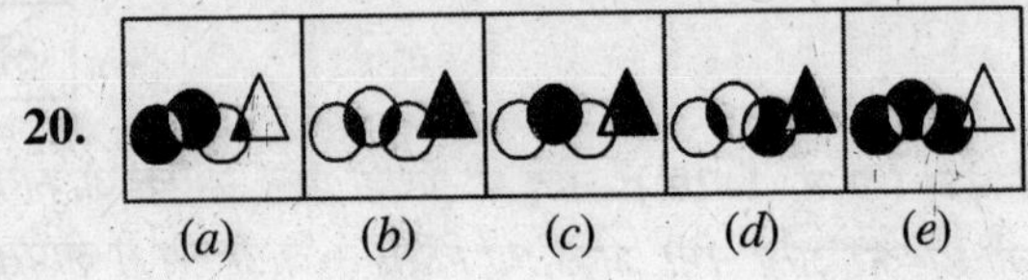

## व्याख्यात्मक उत्तर

**1. (*c*) :** अन्य सभी आकृतियों में वृत्त युक्त रेखा और दो रेखाखंड वर्ग की सम्मुख भुजाओं पर अवस्थित हैं।

**2. (*c*) :** शेष सभी आकृतियों में एक रेखा के सिरों से एक ही दिशा में दो रेखाखंड खींचे जाते हैं। इस आकृति '(*c*)' में दो रेखाखंड दो विपरीत दिशाओं में खींचे जाते हैं।

**3. (*c*) :** शेष सभी आकृतियाँ चार भागों में विभक्त हैं।

**4. (*d*) :** केवल इसी आकृति में ही आकृति के मध्य में स्थित अवयव और दो अवयवों के बीच में स्थित अवयव परस्पर विपरीत दिशाओं में हैं।

**5. (*c*) :** शेष सभी आकृतियों को घुमा कर एक दूसरी आकृतियाँ प्राप्त की जा सकती हैं। इस आकृति में रेखाखंड गलत दिशा में है।

**6. (*c*) :** शेष सभी आकृतियों में बीच का और मध्यस्थ अवयव एक से हैं।

**7. (*a*) :** केवल इसी आकृति में रेखाखंडों की संख्या विषम है।

**8. (*d*) :** केवल इसी आकृति में दो अलग-अलग आकृतियाँ हैं जो दो समान भागों में विभाजित हैं।

**9. (*a*) :** केवल इसी आकृति में दो सदृश अवयव (वृत्त) निहित हैं।

**10. (*c*) :** शेष सभी आकृतियों को घुमाकर एक-दूसरी आकृतियाँ प्राप्त की जा सकती हैं।

**11. (*b*) :** शेष सभी आकृतियों में आकृति का केवल एक चौथाई भाग ही छायांकित है।

**12. (*c*) :** शेष सभी आकृतियों में वर्ग के सभी चारों खण्डों में एक जैसा पैटर्न है।

**13. (*a*) :** शेष सभी आकृतियों में वर्ग की दो भुजाओं पर कटान सदृश हैं।

**14. (*d*) :** केवल इसी आकृति में चार सदृश और एक भिन्न अवयव हैं। शेष सभी आकृतियों में तीन सदृश और एक भिन्न अवयव हैं।

**15. (*d*) :** आकृतियाँ (*a*) और (*e*) तथा आकृतियाँ (*b*) और (*c*) विपरीत युग्म निर्मित करती हैं। केवल आकृति (*d*) ही अकेला बचा रहता है।

**16. (*c*) :** अन्य सभी आकृतियाँ दक्षिणावर्त 90° के कोण से घूमी हुई रोमन संख्याएं हैं।

**17. (*d*) :** अन्य सभी आकृतियों में सदृश वर्ग ही छायांकित है। इस विकल्प में एक छायांकित वर्ग विकर्णतः सम्मुख कोने में है।

**18. (*a*) :** अन्य सभी आकृतियों में केवल दो रेखाखंड ही छायांकित हैं।

**19. (*d*) :** शेष सभी आकृतियों में पैटर्न (प्रतिरूप) को निर्मित करने वाली रेखाएं बाहर से भीतर की ओर दक्षिणावर्त खीची जाती हैं।

**20. (*c*) :** (*a*) और (*d*) तथा (*b*) और (*e*) आकृतियाँ सुमेलित विपरीत युग्म हैं। केवल आकृति (*c*) ही अकेली बच जाती है।

# स्थान अवबोध

# (SPACE VISUALIZATION)

इस प्रकार के प्रश्नों में एक पूर्ण आकृति के कटे हुए टुकड़े दिए जाते हैं जिनके साथ वह पूर्ण आकृति भी दी जाती है अर्थात् वह आकृति भी दी जाती है जिससे विभिन्न टुकड़े काटे गए हैं। कटे हुए टुकड़ों को देखकर यह पता लगाना होता है कि दिए गए टुकड़ों को मिलाकर कौन सी आकृति बनाई जा सकती है अर्थात् वह आकृति ज्ञात करनी होती हैं जिससे दिए गए टुकड़े काटे गए हैं। इस प्रकार के प्रश्नों को हल करने के लिए यह आवश्यक है कि अभ्यार्थी अपनी कल्पना शक्ति और स्थान बोध का भरपूर प्रयोग करें। प्रश्नों को हल करने की संपूर्ण प्रक्रिया एक मानसिक प्रक्रिया होती है, अतः अभ्यर्थियों के लिए यह आवश्यक है कि वे विभिन्न स्थानिक पैटर्नों को अपनी कल्पना की आँखों से निर्धारित करने में विशिष्ट निपुणता का प्रयोग करें। ऐसी विशिष्ट निपुणता किसी भी व्यक्ति के लिए तत्काल विकसित कर पाना संभव नहीं है किंतु यदि निरंतर सजग रहकर अभ्यास किया जाए तो निःसंदेह इसे प्राप्त किया जा सकता है।

## हल किए गए उदाहरण

**1.** दी गई उत्तर-आकृतियों में से कौन-सी एक आकृति कागज के कटे हुए टुकड़ो का उपयोग करके बनाई जा सकती है।

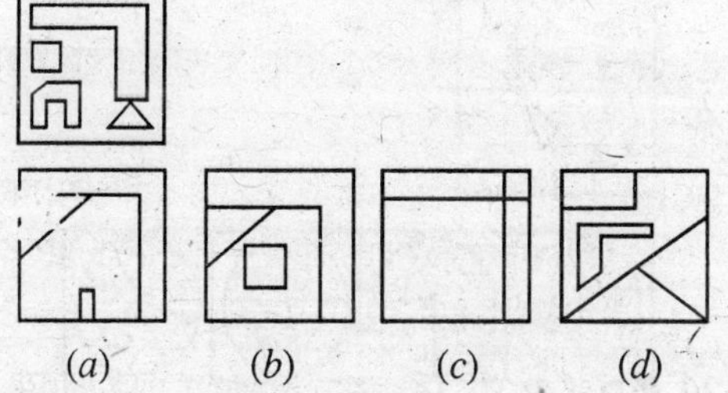

(*a*) (*b*) (*c*) (*d*)

उत्तर **A :** प्रश्न आकृतियों में कागज के दिए गए कटे हुए टुकड़ों को मिलाकर निम्नलिखित रूप में आकृति 'A' निर्मित की जा सकती है।

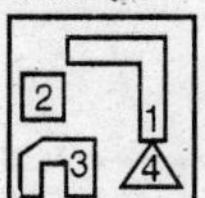

इन्हें व्यवस्थित करने पर नीचे दर्शाई गई आकृति प्राप्त होगी:

**2.** उत्तर-आकृतियों में दी गई कौन-सी आकृति प्रश्न में दी गई इस अनियमित आकृति को पूरा करेगी?

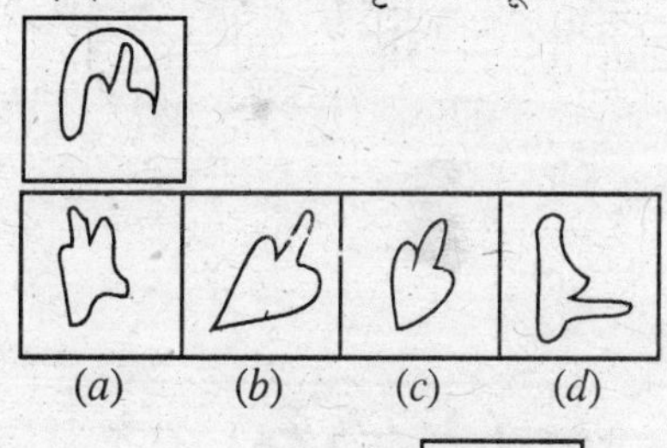

(*a*) (*b*) (*c*) (*d*)

उत्तर **B :** पूर्ण आकृति होगी:

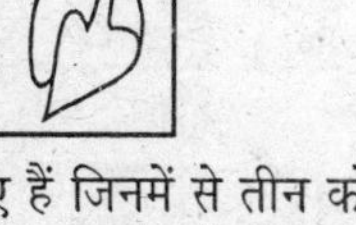

**3.** नीचे पाँच रेखा-चित्र दिए गए हैं जिनमें से तीन को एक साथ मिलाकर एक समबाहु त्रिभुज बनाया जा सकता है। सही विकल्प ज्ञात करें।

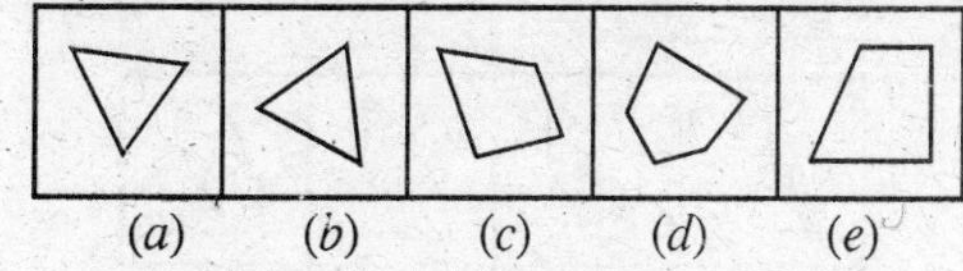

(*a*) (*b*) (*c*) (*d*) (*e*)

A. bca B. abc
C. cde D. bce

उत्तर B : विकल्प 'B' में दी गई आकृतियों को एक साथ मिलाकर नीचे दर्शाए गए अनुसार समबाहु त्रिभुज निर्मित किया जा सकता है।

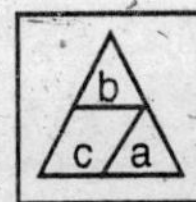


4. नीचे पाँच रेखाचित्र दिए गए हैं जिनमें से तीन को एक साथ मिलाकर एक वर्ग बनाया जा सकता है। दिए गए विकल्पों में से सही विकल्प का चयन करें।

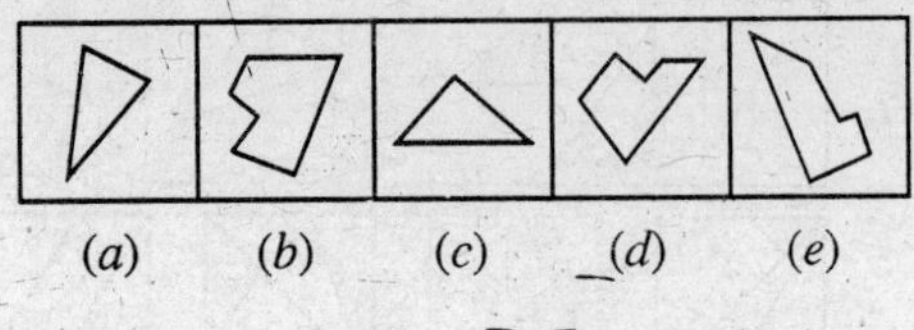

(a) (b) (c) (d) (e)

A. abc B. acd
C. ade D. abe

उत्तर D: विकल्प D में इंगित तीन रेखाचित्रों को निम्नवत् एक साथ रख कर वर्ग निर्मित किया जा सकता है।

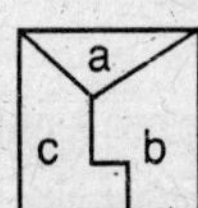


## अभ्यास

निर्देश (प्रश्न 1 - 15) *प्रत्येक प्रश्न में बताएं कि प्रश्न आकृतियों के रूप में कागज के दिए गए सभी टुकड़ों को मिलाकर कौन-सी एक आकृति बनाई जा सकती है?*

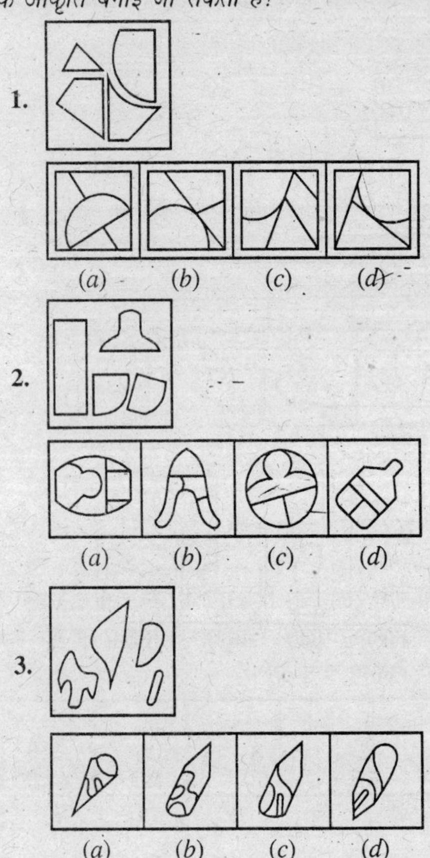


4.

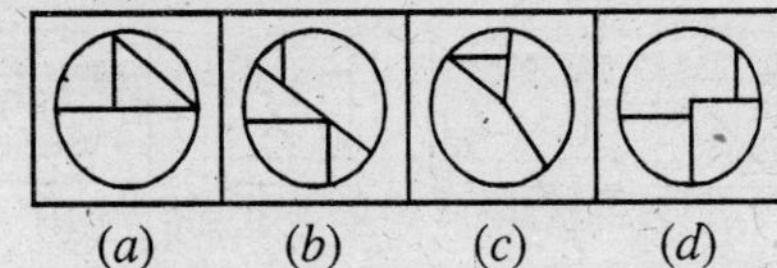

(a) (b) (c) (d)

5.

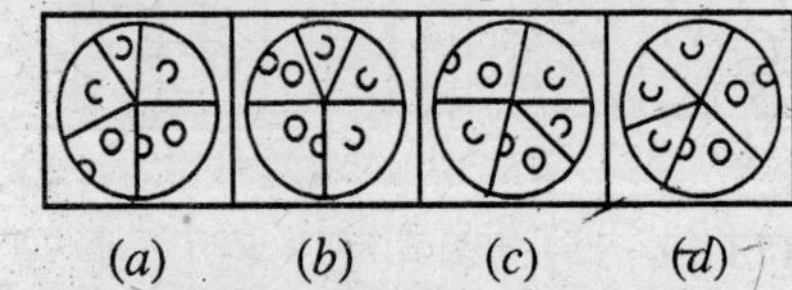

(a) (b) (c) (d)

6.

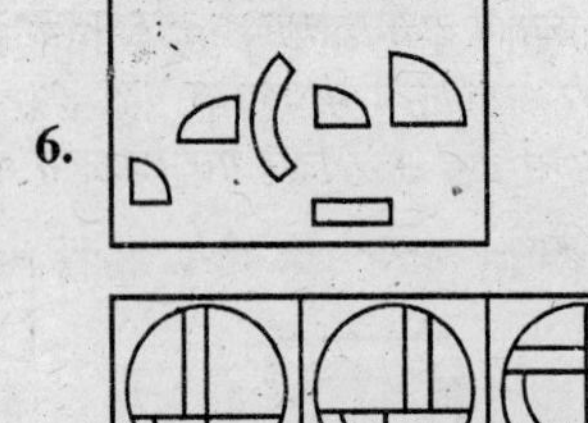

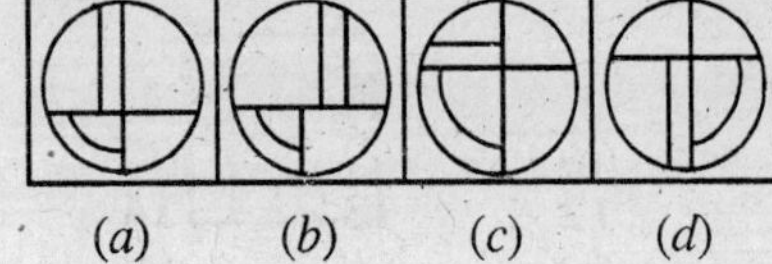

(a) (b) (c) (d)

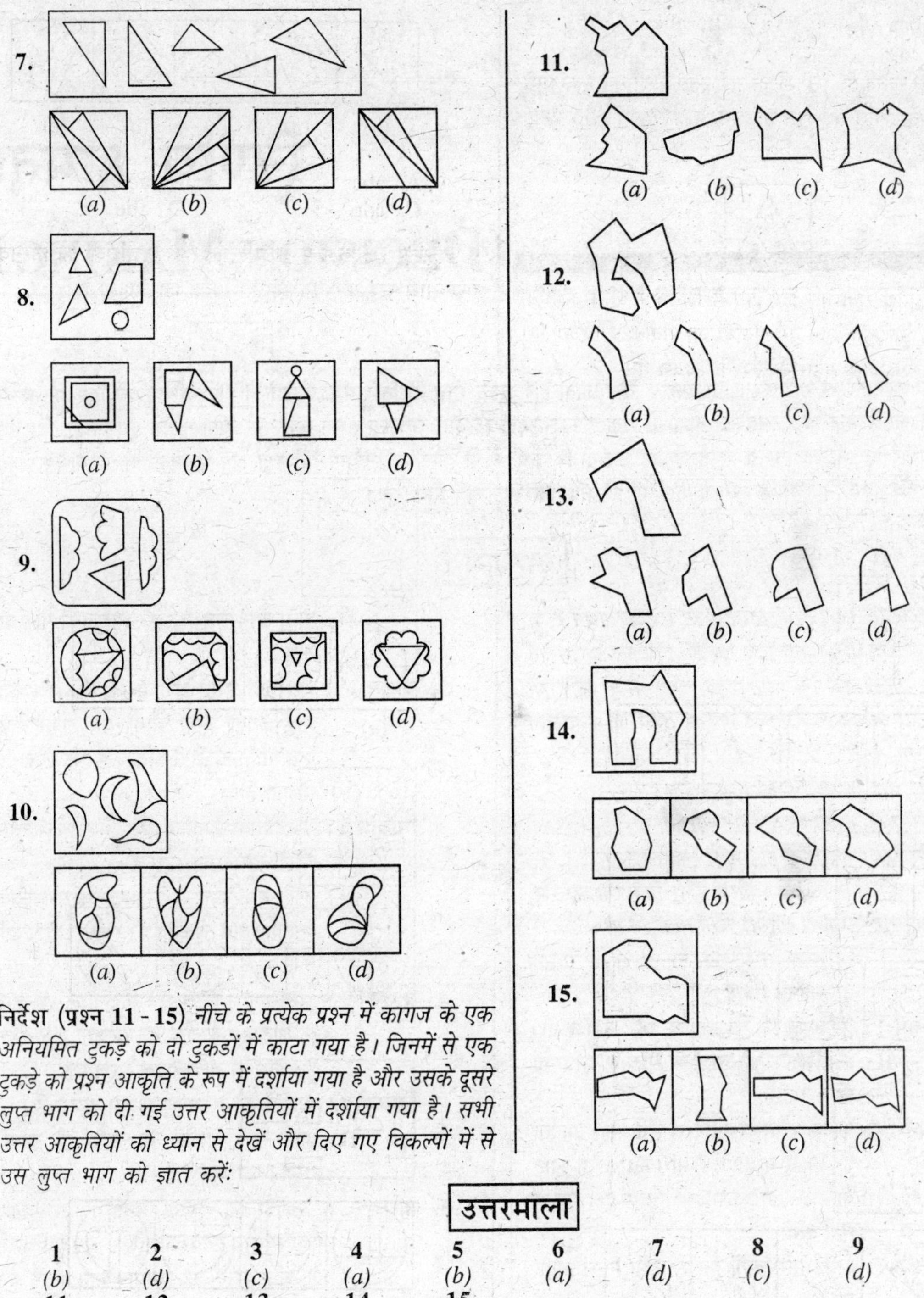


**निर्देश (प्रश्न 11 - 15)** *नीचे के प्रत्येक प्रश्न में कागज के एक अनियमित टुकड़े को दो टुकडों में काटा गया है। जिनमें से एक टुकड़े को प्रश्न आकृति के रूप में दर्शाया गया है और उसके दूसरे लुप्त भाग को दी गई उत्तर आकृतियों में दर्शाया गया है। सभी उत्तर आकृतियों को ध्यान से देखें और दिए गए विकल्पों में से उस लुप्त भाग को ज्ञात करें:*

## उत्तरमाला

| 1 | 2 | 3 | 4 | 5 | 6 | 7 | 8 | 9 | 10 |
|---|---|---|---|---|---|---|---|---|---|
| (b) | (d) | (c) | (a) | (b) | (a) | (d) | (c) | (d) | (d) |
| **11** | **12** | **13** | **14** | **15** | | | | | |
| (c) | (a) | (d) | (c) | (a) | | | | | |

# निर्णय क्षमता
# (DECISION MAKING)

इस तार्किक प्रतिरूप में एक या दो कथन दिया जाता है जिसके साथ दो निष्कर्ष दिए जाते हैं। अभ्यर्थियों को दिए गए कथन को सत्य समझना है भले ही वे सर्वज्ञात तथ्यों से मेल न खाने वाले हों और सर्वज्ञात तथ्यों की ओर ध्यान न देते हुए केवल दिए गए कथन के आधार पर ही यह निर्णय करना है कि उन दो निष्कर्षों में से कौन सा निष्कर्ष निश्चित रूप से निकलता है या फिर क्या दोनों निष्कर्ष तर्कसंगत निकलते हैं अथवा कोई भी निष्कर्ष तर्कसंगत नहीं निकलता।

## अभ्यास

निर्देश : *निम्नलिखित प्रश्नों में प्रत्येक प्रश्न में एक कथन दिया गया है जिसके बाद दो निष्कर्ष दिए गए हैं। दिए गए कथन को सत्य मानकर निर्णय करें कि दिए गए निष्कर्षों में से कौन सा निष्कर्ष दिए गए कथन से निश्चित रूप से तर्कसंगत निकलता है। अपना उत्तर*

*(a) दीजिए यदि केवल निष्कर्ष I निकलता हो;*

*(b) दीजिए यदि केवल निष्कर्ष II निकलता हो;*

*(c) दीजिए यदि निष्कर्ष या तो I या II निकलता हो;*

*(d) दीजिए यदि न तो निष्कर्ष I और न ही II निकलता हो; और*

*(e) दीजिए यदि निष्कर्ष I और II दोनों निकलते हों।*

**1. कथन** : प्रिंसिपल ने शिक्षक को छात्रों के सामने अपमानित किया।

**निष्कर्ष I** : प्रिंसिपल इस शिक्षक को पसंद नहीं करते।

**II** : इस शिक्षक को छात्रों के बीच लोकप्रियता प्राप्त नहीं है।

**2. कथन** : अच्छा स्वास्थ्य खाने संबंधी सही आदतों पर निर्भर करता है। अधिकतर लोग खाने के संबंध में किसी भी नियम का पालन नहीं करते।

**निष्कर्ष I** : अधिकतर लोगों का स्वास्थ्य निम्न कोटि का है।

**II** : लोग खाने संबंधी सही आदतों से परिचित नहीं हैं।

**3. कथन** : जब तक हमारे देश में आर्थिक समानता नहीं आती और लोगों को राजनीतिक स्वतंत्रता प्राप्त नहीं होती तब तक लोकतंत्र बेमानी है।

**निष्कर्ष I** : राजनीतिक स्वतंत्रता और लोकतंत्र के बीच चोली दामन का साथ है।

**II** : आर्थिक समानता से ही वास्तविक राजनीतिक स्वतंत्रता और लोकतंत्र की स्थापना हो सकती है।

**4. कथन** : आसमान में काले घने बादलों के छा जाने के बाद उन बादलों का गरजना शुरू होता है। वर्षा के बाद बादल गरजते हैं।

**निष्कर्ष I** : बादलों की गरजन वर्षा का कारण है।

**II** : काले-घने बादलों का छाना ही इनकी गरजन का कारण है।

**5. कथन** : 'पर उपदेश कुशल बहुतेरे।' अधिकांश चिकित्सक स्वयं अत्यधिक धूम्रपान करते हैं और दूसरों को धूम्रपान नहीं करने की सलाह देते हैं।

**निष्कर्ष I:** अधिकांश चिकित्सक लोगों को धूम्रपान नहीं करने की सलाह नहीं दे सकते।

**II:** चिकित्सक धूम्रपान को स्वास्थ्य के लिए हानिकारक नहीं मानते।

**6. कथन** : यदि श्रमिकों को कंपनियों के प्रबंधन में शामिल किया जाए तो वे अत्यधिक अभिप्रेरित होते हैं।

**निष्कर्ष I:** श्रमिकों को अधिक उत्पादन करने के लिए अभिप्रेरित किया जाना चाहिए।

**II:** श्रमिकों को कंपनियों के प्रबंधन में भाग लेने की अनुमति दी जानी चाहिए।

**7. कथन** : सर्वप्रथम यूरोप में शुरू हुए औद्योगिक आंदोलन से आधुनिक युग का सूत्रपात हुआ।

**निष्कर्ष I:** धनी और निर्धन के बीच असमानता क्रांति का कारण बनती है।

**II:** क्रांति समाज का कायापलट कर देती है।

**8. कथन** : अमेरिकी रक्षा मंत्री ने इस बात पर बल दिया कि वे पाकिस्तान को हथियारों की आपूर्ति जारी रखेंगे।

**निष्कर्ष I:** पाकिस्तान के पास हथियारों को निर्मित करने की क्षमता नहीं है।

**II:** इससे क्षेत्र में शांति स्थापित होगी।

**9. कथन** : धनवानों की तुलना में गरीब व्यक्ति अधिक विश्वास योग्य होता है। उन्हें यदि विश्वास में लिया जाए तो उपलब्धि आश्चर्यजनक हो सकती है।

**निष्कर्ष I:** गरीब लोग बहुत आश्चर्यजनक व्यक्तित्व के स्वामी होते हैं।

**II:** कुल मिलाकर धनी लोग विश्वास के योग्य नहीं होते।

**10. कथन** : सरकार ने अनेक उच्च स्तरीय वित्तीय संस्थाओं में निदेशक के पद पर नौकरशाहों की नियुक्ति करके इन संस्थाओं को लगभग बरबाद कर दिया है।

**निष्कर्ष I:** सरकार को वित्तीय संस्थानों में निदेशक के पद पर नियुक्ति संबंधित व्यक्ति की वित्त के क्षेत्र में विशेषज्ञता पर विचार करके करनी चाहिए।

**II:** वित्तीय संस्थानों के निदेशक को संस्थान द्वारा किए जाने वाले वित्तीय कार्य की अपेक्षाओं के अनुरूप विशेषज्ञता प्राप्त होनी चाहिए।

**11. कथन I:** सभी टमाटर लाल हैं।

**II:** सभी अंगूर टमाटर हैं।

**निष्कर्ष I:** सभी अंगूर लाल हैं।

**II:** कुछ टमाटर अंगूर हैं।

**12. कथन I:** सभी चित्रकार मुस्कराते हैं।

**II:** कुछ लेखक चित्रकार हैं।

**निष्कर्ष I:** सभी मुस्कराने वाले लेखक चित्रकार हैं।

**II:** कुछ लेखक मुस्कराते हैं।

**13. कथन I:** इस कार्यालय के सभी चपरासी दक्ष हैं।

**II:** रामू दक्ष नहीं है।

**निष्कर्ष I:** रामू इस कार्यालय का चपरासी नहीं है।

**II:** रामू को अधिक दक्ष होना चाहिए।

**14. कथन I:** सभी बुनकर कठोर परिश्रमी होते हैं।

**II:** कोई भी कठोर परिश्रमी मूर्ख व्यक्ति नहीं होता।

**निष्कर्ष I:** कोई भी बुनकर मूर्ख नहीं हैं

**II:** कुछ मूर्ख व्यक्ति बुनकर हैं।

**15. कथन I:** सभी मछलियां मोटरकार हैं।

**II:** सभी मोटरकार सब्जियां हैं।

**निष्कर्ष I:** कुछ सब्जियां मोटरकार हैं।

**II:** कुछ सब्जियां मछलियां हैं।

**16. कथन I:** कुछ कुत्ते पिल्ले हैं।

**II:** सभी घोड़े पिल्ले हैं।

**निष्कर्ष I:** कुछ कुत्ते घोड़े हैं।

**II:** कुछ घोड़े कुत्ते हैं।

**17. कथन I:** सभी सुंदर स्त्रियां माताएं हैं।

**II:** सभी माताएं समझदार हैं।

**निष्कर्ष I:** सभी सुंदर स्त्रियां समझदार हैं।

**II:** सभी माताएं सुंदर स्त्रियां हैं।

**18. कथन I:** कुछ खिलौने मेज हैं।

**II:** कोई भी मेज काला नहीं है।

**निष्कर्ष I:** कुछ खिलौने काले हैं।

**II:** कुछ खिलौने काले नहीं है।

**19. कथन I:** सभी नदियां पहाड़ हैं।

**II:** कुछ नदियां रेगिस्तान हैं।

**निष्कर्ष I:** कुछ पहाड़ रेगिस्तान हैं।

**II:** कुछ रेगिस्तान पहाड़ नहीं हैं।

**20. कथन I:** सभी पुरुष घोड़े हैं।

**II:** सभी घोड़े हाथी हैं।

**निष्कर्ष I:** सभी पुरुष हाथी हैं।

**II:** सभी हाथी पुरुष हैं।

## उत्तरमाला

| 1 | 2 | 3 | 4 | 5 | 6 | 7 | 8 | 9 | 10 |
|---|---|---|---|---|---|---|---|---|---|
| (a) | (a) | (b) | (b) | (e) | (e) | (b) | (d) | (b) | (e) |

**11. (e) :** जबकि सभी टमाटर लाल हैं और सभी अंगूर टमाटर हैं तो सभी अंगूर लाल भी हैं। जबकि सभी अंगूर टमाटर हैं तो कुछ टमाटर निश्चित ही अंगूर हैं। अत: निष्कर्ष I और II दोनों सही हैं।

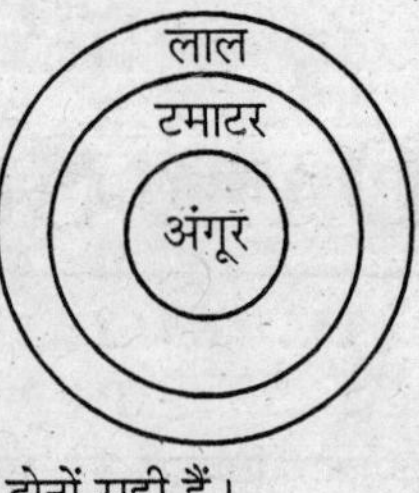


**12. (b) :** जबकि सभी चित्रकार मुस्कराते हैं और कुछ लेखक चित्रकार हैं, तो कुछ लेखक निश्चित ही मुस्कराते हैं, अत: केवल निष्कर्ष II सही है।

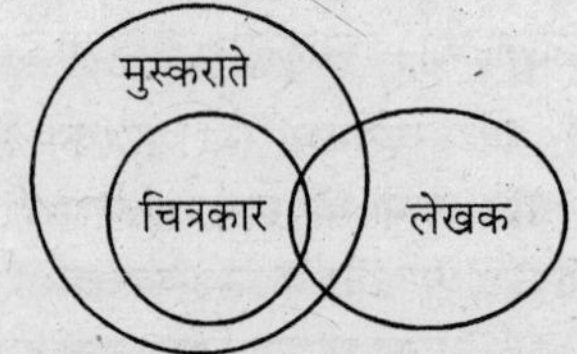


**13. (a) :** जबकि कार्यालय के सभी चपरासी दक्ष हैं; तो रामू इस कार्यालय का चपरासी नहीं हो सकता। अत: केवल निष्कर्ष I सही है।

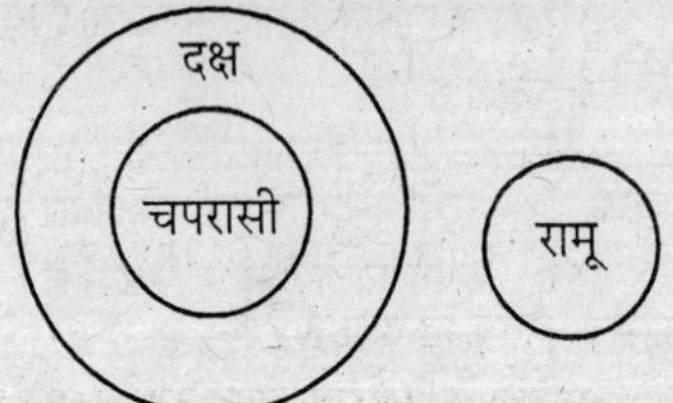


**14. (a) :** जबकि सभी बुनकर कठोर परिश्रमी हैं और कोई भी कठोर परिश्रमी व्यक्ति मूर्ख नहीं होता, तो कोई बुनकर मूर्ख नहीं है। अत: केवल निष्कर्ष I सही है।

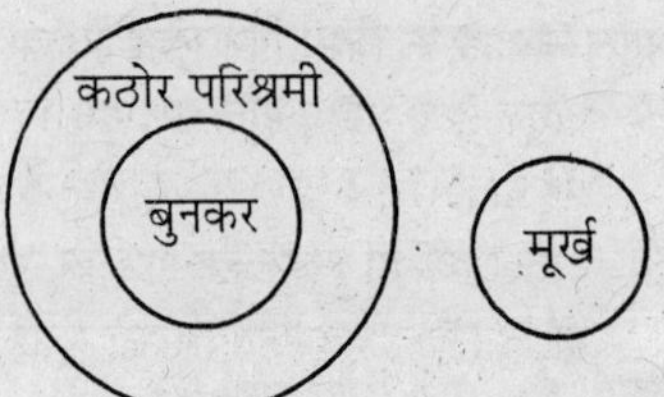


**15. (e) :**

**16. (d) :** दोनों कथनों में कोई संबंध स्थापित नहीं किया जा सकता। अत: न तो निष्कर्ष I और न ही निष्कर्ष II सही है।

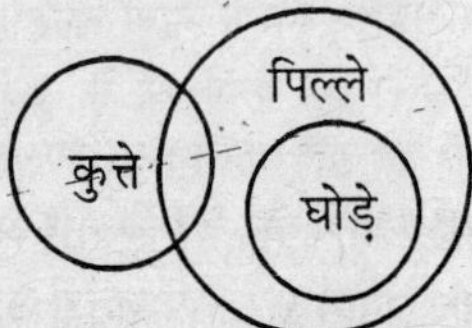


**17. (a) :**

**18. (c) :** जबकि कुछ खिलौने मेज हैं और कोई भी मेज काला नहीं है तो इससे यह सूचित होता है कि कुछ खिलौने काले हो सकते हैं क्योंकि सभी खिलौने मेज नहीं हैं। दूसरी ओर कुछ खिलौने काले नहीं भी हो सकते। अत: इस बात की संभावना है कि कुछ खिलौने काले हो भी सकते हैं और काले नहीं भी हो सकते। अत: निष्कर्ष I या निष्कर्ष II कोई भी सही हो सकता है।

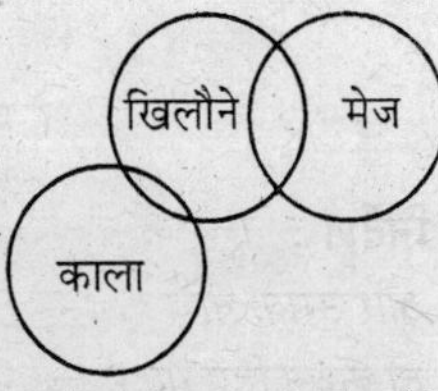


**19. (e) :** जबकि सभी नदियां पहाड़ हैं और कुछ नदियां रेगिस्तान हैं, तो कुछ रेगिस्तान पहाड़ नहीं हो सकते और साथ ही कुछ पहाड़ रेगिस्तान नहीं हो सकते। अत: निष्कर्ष I और II दोनों सही हैं।

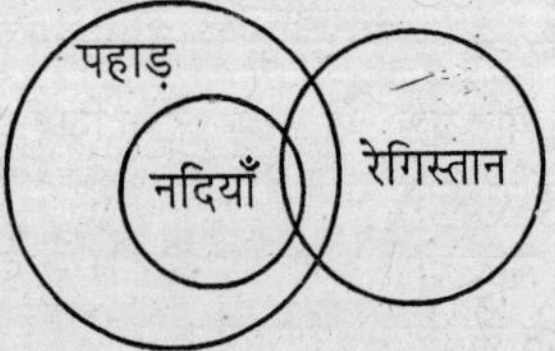


**20. (a) :** जबकि सभी पुरुष घोड़े हैं और सभी घोड़े हाथी हैं तो निश्चित ही सभी पुरुष हाथी हैं, किंतु सभी हाथी पुरुष ही होंगे, यह आवश्यक नहीं है। अत: केवल निष्कर्ष I सही है।

# कथन पर्याप्तता (DATA SUFFICIENCY)

इस प्रकार के प्रश्नों को हल करने के लिए एक सुव्यवस्थित दृष्टिकोण अपनाने की आवश्यकता है। इस प्रकार के परीक्षण में अभ्यर्थियों के लिए आवश्यक है कि वे दिए गए आंकड़ों या सूचनाओं का विश्लेषण करें और तत्पश्चात् यह निर्णय करें कि क्या दी गई सूचनाओं/आंकड़ों का प्रयोग करके प्रश्न का उत्तर ज्ञात किया जा सकता है।

## अभ्यास

**निर्देश :** *नीचे के प्रत्येक प्रश्न में पहले एक प्रश्न दिया गया है और उसके नीचे कुछ सूचना प्रदान करने वाले I और II क्रमांकित दो कथन दिए गए हैं। आपको यह निर्णय करना है कि क्या कथन में दी गई सूचनाएं प्रश्न का उत्तर देने के लिए पर्याप्त हैं अथवा नहीं। दिए गए दोनों कथनों को सावधानीपूर्वक पढ़ें और अपना उत्तर निम्नवत् दें :*

उत्तर (*a*) दें यदि केवल कथन I में दी गई सूचना ही प्रश्न का उत्तर देने के लिए पर्याप्त हो जबकि केवल कथन II में दी गई सूचना प्रश्न का उत्तर देने के लिए पर्याप्त न हो।

उत्तर (*b*) दें, यदि केवल कथन II में दी गई सूचना ही प्रश्न का उत्तर देने के लिए पर्याप्त हो जबकि केवल कथन I में दी गई सूचना प्रश्न का उत्तर देने के लिए पर्याप्त न हो।

उत्तर (*c*) दें, यदि केवल कथन I या फिर केवल कथन II में दी गई सूचना प्रश्न का उत्तर देने के लिए पर्याप्त हो।

उत्तर (*d*) दें, यदि प्रश्न का उत्तर देने के लिए दोनों ही कथनों I और II में दी गई सूचनाएं पर्याप्त न हों, और

उत्तर (*e*) दें यदि दोनों कथनों I और II में दी गई सूचनाएं कथन का उत्तर देने के लिए अनिवार्य हों।

**1.** कमल के पिता कौन हैं ?
   I. कमल और नवीन आपस में भाई हैं।
   II. नवीन की मां अशोक के भाई की पत्नी है।

**2.** सुरेश के कितने पुत्र हैं ?
   I. कमल और सुहांस माला के बच्चे हैं।
   II. माला का विवाह सुरेश से हुआ है।

**3.** किसी विशेष कूटभाषा में '1 3' का अर्थ है 'धूम्रपान छोड़े' और '5 9' का अर्थ 'खतरनाक आदत' है। इस कूटभाषा में '9' और '5' का क्या अर्थ है ?
   I. '1 5 7' का अर्थ है 'गंदी आदत छोड़ें'
   II. '8 3 9' का अर्थ है 'धूम्रपान खतरनाक है'

**4.** इस वर्ष नारायण का जन्मदिन नवंबर में किस तारीख को है ?
   I. उसका जन्मदिन 8 तारीख के बाद किंतु 11 तारीख से पहले है।
   II. उसका जन्मदिन मंगलवार को है।

**5.** राकेश का मासिक वेतन 14,000 रु. है। अनिल का मासिक वेतन कितना है ?
   I. अनिल का मासिक वेतन उसके स्वयं के और राकेश के औसत मासिक वेतन से 500 रु. अधिक है।
   II. राकेश और अनिल का औसत मासिक वेतन 14,500 रु. है।

**6.** अतुल सप्ताह के किस दिन मुंबई पहुंचा ?
   I. अतुल का भाई अतुल से एक दिन पहले मुंबई पहुंचा।
   II. अतुल की मां अतुल के भाई के मुंबई पहुंचने के दो दिन बाद वृहस्पतिवार को मुंबई पहुंची।

7. किसी कमरे में रह रहे बच्चों में से कितने लड़के हैं ?
   I. 50% बच्चे सफेद ड्रेस में हैं।
   II. केवल लड़के ही सफेद ड्रेस में हैं।

8. चार मित्रों A, B, C और D, में से किसका वजन सबसे अधिक है ?
   I. B का वजन A से अधिक है किंतु D से कम है।
   II. C का वजन B से कम है।

9. मोहन ने कल कार्यालय में कितने कप चाय पी थी ? (यह मानें कि उसने जितने कप चाय पी थी उसके लिए स्वयं भुगतान भी किया था।)
   I. उसने उस दिन अपने चाय-नाश्ते पर 15 रु. खर्च किया।
   II. उसके कार्यालय में चाय 1 रु. प्रति कप है।

10. शीला, नुपुर, मोहिनी और चंदा में कौन सबसे अधिक लंबी है ?
   I. शीला, मोहिनी से अधिक लंबी है।
   II. चंदा, नुपुर से अधिक लंबी है।

## व्याख्यात्मक उत्तर

**1. (*e*) :** कथन के अनुसार कमल और नवीन की मां अशोक के भाई की पत्नी है। इसका अर्थ है कि अशोक का भाई कमल का पिता है। अत: प्रश्न का उत्तर देने के लिए दोनों कथन अनिवार्य हैं।

**2. (*d*) :** दोनों कथनों से यह स्पष्ट है कि सुरेश के कमल और सुहास दो बच्चे हैं। किंतु इनमें से किसी भी बच्चे का लिंग ज्ञात नहीं है। अत: दोनों कथन एक साथ भी प्रश्न का उत्तर देने के लिए पर्याप्त नहीं हैं।

**3. (*c*) :** कथन I के अनुसार '157' का अर्थ 'गंदी आदत छोड़ें' है। कूट '59' का अर्थ 'खतरनाक आदत' है। यहां कूट '5' और 'आदत' उभयनिष्ठ हैं, अत: 'खतरनाक' शब्द के लिए कूट '9' का प्रयोग किया गया है। कथन II के अनुसार '839' का अर्थ है 'धूम्रपान खतरनाक है'। कूट '59' का अर्थ 'खतरनाक आदत' है। यहां कूट '9' और खतरनाक उभयनिष्ठ हैं, अत: 'आदत' के लिए कूट '5' का प्रयोग किया गया है। अत: दोनों में से कोई भी एक कथन प्रश्न का उत्तर देने के लिए पर्याप्त है।

**4. (*d*) :** कथन से यह स्पष्ट नहीं है कि मंगलवार को कौन सी तारीख पड़ती है। अत: कथन I और II दोनों में दी गई सम्मिलित सूचना भी प्रश्न का उत्तर देने के लिए पर्याप्त नहीं है।

**5. (*c*) :** कथन I के अनुसार अनिल का मासिक वेतन उसके और राकेश के औसत मासिक वेतन से 500 रु. अधिक अर्थात 4000 + 500 = 4500.

कथन II के अनुसार राकेश और अनिल का औसत मासिक वेतन 14,500 रु. है और कथन I के अनुसार अनिल का मासिक वेतन उसके स्वयं के और राकेश के औसत मासिक वेतन अर्थात 14,500 रु. से 500 अधिक (14,500 + 500) = 15,000 रु. हैं। अत: प्रश्न का उत्तर ज्ञात करने के लिए कथन I और II दोनों आवश्यक हैं।

**6. (*e*) :** अतुल की मां मुंबई बृहस्पतिवार को पहुंची और अतुल का भाई अपनी मां से दो दिन पहले अर्थात् मंगलवार को मुंबई पहुंचा। अतुल का भाई अतुल से एक दिन पहले मुंबई पहुंचा, अत: अतुल बुधवार को मुंबई पहुंचा। अत: उत्तर प्राप्त करने के लिए दोनों कथन आवश्यक हैं।

**7. (*d*) :** 50% बच्चे सफेद ड्रेस में हैं किंतु कमरे में लड़कों की संख्या ज्ञात नहीं की जा सकती। अत: दोनों कथन मिलकर भी प्रश्न का उत्तर नहीं दे सकते।

**8. (*e*) :** दोनों कथनों के अनुसार मित्रों का अवरोही क्रम D>B>A/C है। यहां D का वजन सबसे अधिक है। अत: प्रश्न का उत्तर देने के लिए दोनों कथन आवश्यक हैं।

**9. (*d*) :** चाय और नाश्ते दोनों पर 15 रु. खर्च किए गए। अत: दोनों कथनों का उपयोग करके भी प्रश्न का उत्तर ज्ञात नहीं किया जा सकता।

**10. (*d*) :** दोनों कथन आपस में संबंधित नहीं हैं, अत: दोनों कथनों से भी प्रश्न का उत्तर प्राप्त नहीं किया जा सकता।

# कम्प्यूटर नॉलेज

# 1

# कम्प्यूटर : सामान्य परिचय
# (Computer : General Introduction)

'कम्प्यूटर' शब्द की उत्पत्ति अंग्रेजी भाषा के शब्द 'कम्प्यूट' से हुई है, जिसका अर्थ है 'गणना करना'। यद्यपि प्रारंभ में कम्प्यूटर का उपयोग विशेषतः गणनात्मक कार्यों के लिए किया जाता था, परन्तु अब इसका कार्यक्षेत्र बहुत बढ़ गया है। अतः कम्प्यूटर एक ऐसी इलेक्ट्रॉनिक युक्ति (device) है, जो दिए गए निर्देशन-समूह के आधार पर सूचना को संसाधित (process) करती है। इस निर्देशन-समूह को प्रोग्राम (Program) कहते हैं। 'Computer' में प्रयुक्त आठ अक्षरों का अर्थ इस प्रकार है–

| | | |
|---|---|---|
| C | — | Commonly (समरूपता) |
| O | — | Operator (चालक) |
| M | — | Machine (यंत्र) |
| P | — | Particular (मुख्य) |
| U | — | User (प्रयोग) |
| T | — | Trade (व्यवसाय) |
| E | — | Education (शिक्षा) |
| R | — | Research (अनुसंधान) |

इस प्रकार कम्प्यूटर केवल एक गणक (कैलकुलेटर) ही नहीं है बल्कि यह गणितीय तथा अगणितीय, सभी प्रकार की सूचना को संसाधित करने वाला उपकरण है।

कम्प्यूटर एक इलेक्ट्रॉनिक डिवाइस है, जो इनपुट के माध्यम से आंकड़ों को ग्रहण करता है उन्हें प्रोसेस करता है एवं सूचनाओं को निर्धारित स्थान पर स्टोर करता है। कम्प्यूटरएक क्रमादेश्य मशीन है।

वर्तमान काल के कम्प्यूटर इलेक्ट्रॉनिक और डिजिटल हैं। इनमें मुख्य रूप से तार ट्रांजिस्टर एवं सर्किट का उपयोग

किया जाता है जिसे हार्डवेयर कहा जाता है। निर्देश एवं डाटा को सॉफ्टवेयर कहा जाता है। कम्प्यूटर अपने कामकाज, प्रयोजन या उद्देश्य तथा रूप-आकार के आधार पर विभिन्न प्रकार के होते हैं। वस्तुतः इनका सीधे-सीधे अर्थात् प्रत्यक्षतः (Direct) वर्गीकरण करना कठिन है, इसलिए इन्हें हम निम्नलिखित तीन आधारों पर वर्गीकृत करते हैं :

1. अनुप्रयोग (Application)
2. उद्देश्य (Purpose)
3. आकार (Size)

**1. अनुप्रयोग के आधार पर कम्प्यूटरों के प्रकार (Types of Computers based on Application) :** यद्यपि कम्प्यूटर के अनेक अनुप्रयोग हैं जिनमें से तीन अनुप्रयोगों के आधार पर कम्प्यूटरों के तीन प्रकार होते हैं :

(*a*) एनालॉग कम्प्यूटर (Analog Computer)
(*b*) डिजिटल कम्प्यूटर (Digital Computer)
(*c*) हाइब्रिड कम्प्यूटर (Hybrid Computer)

**2. उद्देश्य के आधार पर कम्प्यूटरों के प्रकार (Types of Computers based on Purpose) :** कम्प्यूटर को दो उद्देश्यों के लिए हम स्थापित कर सकते हैं–सामान्य और विशिष्ट। इस प्रकार कम्प्यूटर उद्देश्य के आधार पर निम्न दो प्रकार के होते हैं :

(*a*) सामान्य-उद्देशीय कम्प्यूटर (General Purpose Computer

(*b*) विशिष्ट-उद्देशीय कम्प्यूटर (Special Purpose Computer)

3. **आकार के आधार पर कम्प्यूटरों के प्रकार (Types of Computers based on Size) :** आकार के आधार पर हम कम्प्यूटरों को निम्न श्रेणियाँ प्रदान कर सकते हैं–

1. माइक्रो कम्प्यूटर (Micro Computer)
2. वर्कस्टेशन (Work Station)
3. मिनी कम्प्यूटर (Mini Computer)
4. मेनफ्रेम कम्प्यूटर (Mainframe Computer)
5. सुपर कम्प्यूटर (Super Computer)

## कम्प्यूटर संबंधी प्रारंभिक शब्द (Computer related word)

1. **डाटा (Data) :** यह अव्यवस्थित आँकड़ा या तथ्य है। यह प्रोसेस के पहले की अवस्था है। साधारणतः डाटा को दो भागों में विभाजित करते हैं–

(*a*) **संख्यात्मक डाटा (Numerical Data)–**इस तरह के डाटा में 0 से 9 तक के अंकों का प्रयोग होता है; जैसे–कर्मचारियों का वेतन, परीक्षा में प्राप्त अंक, जनगणना, रोल नं., अंकगणितीय संख्याएँ आदि।

(*b*) **अल्फान्यूमेरिक डाटा (Alphanumeric Data)–** इस तरह के डाटा में अंकों, अक्षरों तथा चिह्नों का प्रयोग किया जाता है; जैसे–पता (Address) आदि।

2. **सूचना (Information)**–यह अव्यवस्थित डाटा का प्रोसेस करने के बाद प्राप्त परिणाम है जो व्यवस्थित होता है।

## कम्प्यूटर की विशेषताएँ (Properties of Computer)

- **उच्च गति (High Speed)–**कम्प्यूटर में मनुष्यों की अपेक्षा अधिक गति से दैनंदिन के कार्य पूरा करने की क्षमता है। वे जटिल गणनाओं को क्षणभर में कर सकते हैं।
- **परिशुद्धता (Accuracy)–**जब कोई कार्य मैन्युअल रूप से किया जाता है, तो हमेशा मानवीय त्रुटि की सम्भावना होती है। यदि डाटा इनपुट सही है तो कम्प्यूटर का उपयोग उस तरीके से कार्य करने के लिए किया जा सकता है जो परिशुद्धता सुनिश्चित करता है।
- **संग्रहण (Storage)–**कम्प्यूटर बड़ी मात्रा में जानकारी संग्रह कर सकता है। जानकारी का संग्रह करने के बाद, जैसी आवश्यकता हो उसे वापस लाया जा सकता है।
- **स्वचलन (Auto-calculation)–**कम्प्यूटर को जटिल कार्य स्वचालित रूप से करने के लिए कहा जा सकता है।
- **एकरूपता (Uniformality)–**कम्प्यूटर एक ही कार्य को बिना थके बार-बार उसी परिशुद्धता के साथ कर सकता है।
- **बहुविज्ञता (Versatility)–**कम्प्यूटर का उपयोग आसान और जटिल दोनों ही कार्यों को करने के लिए किया जाता है।
- **लागत–प्रभाविता–**कम्प्यूटर्स कागजी कार्यवाही और मानवीय प्रयास की मात्रा को घटाते हैं, इस तरह वे लागत में कटौती कर रहे हैं।

## कम्प्यूटर की सीमाएँ (Limitations of the Computer)

1. **विद्युत पर निर्भरता (Depends on Electricity)** –कम्प्यूटर अपने कार्य के लिए विद्युत पर निर्भर करता है तथा इसके अभाव में कोई भी कार्य सम्पन्न कर पाने में सक्षम नहीं है।
2. **वायरस का खतरा (Immune to virus)–**कम्प्यूटर में वायरस का खतरा बना रहता है जो सूचना और निर्देशों को दूषित या समाप्त कर सकता है। ये वायरस कम्प्यूटर की भंडारण क्षमता को भी प्रभावित करते हैं। हालांकि एंटीवायरस सॉफ्टवेयर (Antivirus Software) का प्रयोग कर इससे बचा जा सकता है।
3. **खर्चीला (Expensive)–**कम्प्यूटर के हार्डवेयर तथा सॉफ्टवेयर काफी महंगे होते हैं तथा इन्हें समय-समय पर आवश्यकता अनुसार परिवर्तित भी करना पड़ता है।
4. **बुद्धिहीन (No mind)–**कम्प्यूटर में स्वयं की सोचने और निर्णय लेने की क्षमता नहीं होती। यह केवल दिए गए दिशा-निर्देशों के अंदर ही कार्य कर सकता है।

## डेटा प्रोसेसिंग और इलेक्ट्रॉनिक डेटा प्रोसेसिंग (Data Processing & Electronic Data Processing)

कम्प्यूटर के निर्माण से पहले निश्चित लक्ष्य को प्राप्त करने के लिए डाटा का संकलन, संचयन संसाधन और निर्गमन हस्तचालित विधि (manual method) से होता था, जिसे डाटा प्रोसेसिंग कहते थे। जैसे-जैसे टेक्नॉलोजी का विकास हुआ इन सभी कार्यों के लिए कम्प्यूटर का उपयोग होने लगा। इसे इलेक्ट्रॉनिक डाटा प्रोसेसिंग (E.D.P.) कहते हैं।

डाटा प्रोसेसिंग का मुख्य लक्ष्य अव्यवस्थित डाटा (Raw Data) से व्यवस्थित डाटा (Information) प्राप्त करना है। जिसका उपयोग निर्णय लेने के लिए होता है।

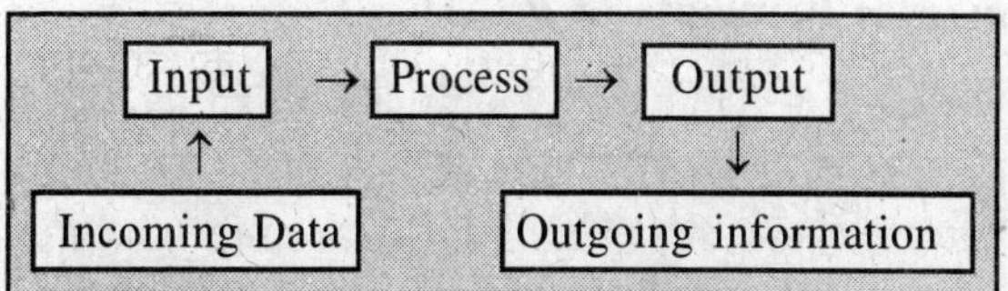


## कम्प्यूटर सिस्टम (Computer System)

यह उपकरणों का एक समूह है जो एक साथ मिलकर डाटा प्रोसेस करते हैं। कम्प्यूटर सिस्टम में अनेक इकाइयाँ होती हैं जिनका उपयोग इलेक्ट्रॉनिक डाटा प्रोसेसिंग में होता है–

1. **इनपुट यूनिट (Input unit)**–वैसी इकाई जो यूजर (User) से डाटा प्राप्त कर सेन्ट्रल प्रोसेसिंग यूनिट को इलेक्ट्रॉनिक पल्स के रूप में प्रवाहित (transmit) करता है। जैसा कि ऑटोमेटिक टेलर मशीन (Automatic Teller Machine—ATM) में जब हम निकासी (Withdraw) के लिए जाते हैं तो हमें पिन नम्बर (Personal Identification Number) डालना होता है। उसके लिए इनपुट इकाई के रूप में कीपैड का उपयोग किया जाता है।

2. **सेन्ट्रल प्रोसेसिंग यूनिट (CPU)**–इसे प्रोसेसर भी कहते हैं। यह एक इलेक्ट्रॉनिक माइक्रोचिप है जो डाटा को इनफॉर्मेशन में बदलते हुए प्रोसेस करता है। इसे 'कम्प्यूटर का ब्रेन' कहा जाता है। यह कम्प्यूटर सिस्टम के सारे कार्यों को नियंत्रित करता है तथा यह इनपुट को आउटपुट में रूपान्तरित करता है। यह इनपुट यूनिट तथा आउटपुट यूनिट से मिलकर पूरा कम्प्यूटर सिस्टम बनाता है। इसके अग्रलिखित भाग होते हैं–

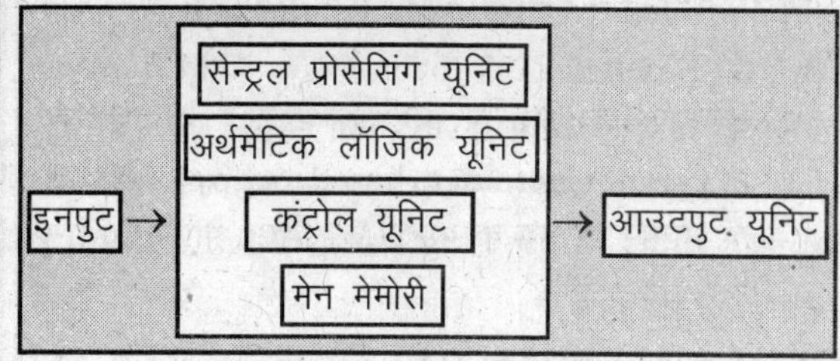


(a) **अर्थमेटिक लॉजिक यूनिट (Arithmetic Logic Unit या ALU)**–इसका उपयोग अंकगणितीय तथा तार्किक गणना में होता है। अंकगणितीय गणना के अन्तर्गत जोड़, घटाव, गुणा और भाग इत्यादि तथा तार्किक गणना के अन्तर्गत तुलनात्मक गणना जैसे, (<, > या =), हाँ या ना (Yes या No) इत्यादि आते हैं।

(b) **कंट्रोल यूनिट (Control Unit)**–यह कम्प्यूटर के सारे कार्यों को नियंत्रित करता है तथा कम्प्यूटर के सारे भागों जैसे; इनपुट, आउटपुट डिवाइसेज, प्रोसेसर इत्यादि की सारी गतिविधियों के बीच तालमेल बैठाता है।

(c) **मेमोरी यूनिट (Memory Unit)**–यह डाटा तथा निर्देशों के संग्रह करने में प्रयुक्त होता है। इसे मुख्यतः दो वर्गों प्राइमरी तथा सेकेंडरी मेमोरी में विभाजित करते हैं। जब कम्प्यूटर कार्यशील रहता है, अर्थात् वर्तमान में उपयोग हो रहे डाटा तथा निर्देशों का संग्रह प्राइमरी मेमोरी में होता है। सेकेंडरी मेमोरी का उपयोग बाद (later) में उपयोग होने वाले डाटा तथा निर्देशों को संग्रहीत करने में होता है।

3. **आउटपुट यूनिट (Output Unit)**–वैसी इकाई जो सेन्ट्रल प्रोसेसिंग यूनिट से डाटा लेकर उसे यूजर को समझने योग्य बनाता है। जैसा कि, जब हम सुपर मार्केट में बिल अदा करते हैं तो हमें रसीद प्राप्त होता है, जो आउटपुट का रूप है। यह आउटपुट उपकरण (output device) प्रिन्टर से प्राप्त होता है।

## पर्सनल कम्प्यूटर (Personal Computer)

पर्सनल कम्प्यूटर माइक्रो कम्प्यूटर समानार्थक से जाने वाले वैसे कम्प्यूटर प्रणाली हैं जो विशेष रूप से व्यक्तिगत अथवा छोटे समूह के द्वारा प्रयोग में लाए जाते हैं। इन कम्प्यूटरों को बनाने में माइक्रोप्रोसेसर मुख्य रूप से सहायक होते हैं। पर्सनल कम्प्यूटर निर्माण विशेष क्षेत्र तथा कार्य को ध्यान में रखकर किया जाता है। उदाहरणार्थ–घरेलू कम्प्यूटर तथा कार्यालय में प्रयोग किए जाने वाले कम्प्यूटर। बाजार में, छोटे स्तर की कम्पनियाँ अपने कार्यालयों के कार्य के लिए पर्सनल कम्प्यूटर को प्राथमिकता देती हैं। पर्सनल कम्प्यूटर के मुख्य कार्यों में क्रीड़ा-करना, इंटरनेट का प्रयोग, शब्द-प्रक्रिया इत्यादि शामिल हैं। पर्सनल कम्प्यूटर के कुछ व्यावसायिक कार्य निम्नलिखित हैं–

1. कम्प्यूटर सहायक रूपरेखा तथा निर्माण
2. इन्वेन्ट्री तथा प्रोडक्शन कन्ट्रोल
3. स्प्रेडशीट कार्य
4. अकाउन्टिंग
5. सॉफ्टवेयर निर्माण
6. वेबसाइट डिजाइनिंग तथा निर्माण
7. सांख्यिकी गणना

## पर्सनल कम्प्यूटर का मुख्य भाग (Important Parts of Personal Computer)

माइक्रोप्रोसेसर वह चिप होती है जिस पर कंट्रोल यूनिट और ए.एल.ए. एक परिपथ होता है। माइक्रोप्रोसेसर चिप तथा अन्य डिवाइस एक इकाई में लगे रहते हैं, जिसे सिस्टम यूनिट कहते हैं। पी.सी. में एक सिस्टम यूनिट, एक मॉनीटर या स्क्रीन, एक की-बोर्ड, एक माउस और अन्य आवश्यक डिवाइसेज, जैसे–प्रिंटर, मॉडेम, स्पीकर, स्कैनर, प्लॉटर, ग्राफिक टेबलेट, लाइच पेन आदि होते हैं।

## पर्सनल कम्प्यूटर का मूल सिद्धान्त (Fundamental Principle of P.C.)

पी.सी. एक प्रणाली है जिसमें डाटा और निर्देशों को इनपुट डिवाइस के माध्यम से स्वीकार किया जाता है। इस इनपुट किए गए डाटा व निर्देशों को आगे सिस्टम यूनिट में पहुँचाया जाता है, जहाँ निर्देशों के अनुसार सी.पी.यू. डाटा पर क्रिया या प्रोसेसिंग का कार्य करता है और परिचय को आउटपुट यूनिट मॉनीटर या स्क्रीन पर भेज देता है। यह प्राप्त परिणाम आउटपुट कहलाता है।

पी.सी. में इनपुट यूनिट में प्रायः की-बोर्ड और माउस काम आते हैं जबकि आउटपुट यूनिट के रूप में मॉनीटर और प्रिंटर काम आते हैं।

## कम्प्यूटर का इतिहास (History of Computer)

| विकास | वर्ष | मुख्य तथ्य |
|---|---|---|
| अबैकस | 3000-2000 ई. पूर्व | प्रथम मशीनी कैलकुलेटर |
| पासकल्स कैलकुलेटर | 1642 ए.डी. | प्रथम मशीन जो जोड़, घटाव और गिनती करने में सक्षम था। |
| जैक्वार्ड विविंग लूम | 1801 | बुनाई के पैटर्न को कंट्रोल करने के लिए धातु प्लेट पंच होल के साथ उपयोग किया गया था। |
| बैबेज एनालिटिकल इंजन | 1834-1871 | प्रथम जनरल परपस कम्प्यूटर बनाने की कोशिश की; परन्तु बैबेज के जीवनकाल में ये संभव न हो सका। |
| हरमन टैबुलेटिंग | 1887-1896 | डाटा को कार्ड में पंच करने तथा संग्रहीत डाटा को सारणीकृत (tabulate) करने हेतु कूट (code) और यंत्र (device) का निर्माण किया गया। |
| हावर्ड आइकेन मार्क 1 | 1937-1944 | इलेक्ट्रोमैकेनिकल कम्प्यूटर का निर्माण हुआ, जिनमें डाटा संग्रह के लिए पंच पेपर टेप का प्रयोग हुआ। |

| | | |
|---|---|---|
| इनियक (ENIAC) | 1943-1950 | प्रथम सम्पूर्ण इलेक्ट्रॉनिक गणना यंत्र जिसमें प्रोग्राम (Program) स्थायी रूप से समाहित था। |
| वॉन न्यूमेन स्टोर्ड प्रोग्राम कॉन्सेप्ट | 1945-1942 | कम्प्यूटर के मेमोरी में निर्देश और डाटा (Instruction and Data) स्टोर करने की अवधारणा (concept) का विकास हुआ। डाटा और निर्देश को बाइनरी में कूटबद्ध (Coding) करने की शुरूआत हुई। |
| एडजैक (EDSAC) | 1946-1952 | प्रथम कम्प्यूटर जो सूचनाओं (Data) और निर्देशों (Instructions) को अपने मेमोरी में संग्रहीत करने में सक्षम था। |
| यूनिवैक-1 (UNIVAC-I) | 1951-1954 | प्रथम कम्प्यूटर जो व्यवसायिक रूप से उपलब्ध था। |

## कम्प्यूटर की पीढ़ियाँ (Computer's Generations)

| पीढ़ी | हार्डवेयर | सॉफ्टवेयर | उदाहरण | विशेषताएँ |
|---|---|---|---|---|
| प्रथम (1942-1955) | निर्वात, ट्यूब, पंचकार्ड, विद्युत और यांत्रिक मशीन | मशीनी भाषा, असेम्बली भाषा, स्टोर प्रोग्राम | एनियक; इडवैक; यूनीवैक-1 | बड़ा आकार, खर्चीला, केवल वैज्ञानिक अनुप्रयोग |
| द्वितीय (1955-1964) | ट्रांजिस्टर, चुम्बकीय मेमोरी | उच्च स्तरीय भाषा; बैच ऑपरेटिंग सिस्टम | आईबीएम; यूनीवैक | अपेक्षाकृत छोटा, तीव्र, खर्चीला, वैज्ञानिक और व्यावसायिक उपयोग |
| तृतीय (1964-1975) | इंटीग्रेटेड चिप, SSI व MSI; चुम्बकीय भंडारण क्षमता में वृद्धि | उच्च स्तरीय भाषा का मानकीकरण; टाइम शेयरिंग ऑपरेटिंग सिस्टम' हार्डवेयर व सॉफ्टवेयर की अलग अलग बिक्री | आईबीएम-360; पीडीपी-8 | तीव्र, छोटे, सस्ते, विश्वसनीय, उपयोग में आसान |
| **पीढ़ी** | **हार्डवेयर** | **सॉफ्टवेयर** | **उदाहरण** | **विशेषताएँ** |
| चतुर्थ (1975-1989) | VLSI, माइक्रोप्रोसेसर सेमीकंडक्टर मेमोरी; पीसी; उच्च क्षमता वाले नेटवर्क | पीसी के लिए ऑपरेटिंग सिस्टम, ग्राफिकल यूजर, इंटरफेस, यूनिक्स, 'C' प्रोग्राम भाषा; एक साथ कई कार्य करने की क्षमता | आईबीएम-पीसी एप्पल-II | सस्ते, उच्च क्षमतायुक्त उपयोग में आसान, व्यावसायिक उत्पादन तथा व्यक्तिगत उपयोग |
| पंचम (1989-अब तक) | ULSI; ऑप्टीकल डिस्क; कम जगह में अधिक भंडारण, नोटबुक, कम्प्यूटर, इंटरनेट, मल्टीमीडिया | इंटरनेट तथा मल्टीमीडिया सॉफ्टवेयर www | आईबीएम नोटबुक पेंटियम पीसी, सुपर कम्प्यूटर | अति छोटे, अति तीव्र उपयोग में आसान; प्लग और प्ले |

## कम्प्यूटर की कार्यप्रणाली (Working of Computer)

कम्प्यूटर की अपनी कोई बुद्धिमता नहीं होती है, न ही इसमें कोई सोचने-विचारने की समझ या निर्णय लेने या तर्क करने की शक्ति होती है। यह शक्ति तो उसे मानव द्वारा ही प्रोग्राम के रूप में प्रदान की जाती है। यद्यपि कम्प्यूटर की तुलना मस्तिष्क से की जाती है परन्तु कम्प्यूटर मानव की ही कृति है, इसलिए यह मानव से श्रेष्ठ कार्य करने के लिए अभिकल्पित तो किया ही जा सकता है क्योंकि उसमें समस्त मानव सभ्यता की सबसे अधिक श्रेष्ठ एवं परिष्कृत तथा आधुनिकतम अभियान्त्रिकी एवं प्रतिभा का उपयोग किया जा रहा है।

कम्प्यूटर की कार्य प्रणाली के चार मुख्य अवयव होते हैं। इन्हें कम्प्यूटर का रचना-शिल्प भी कहते हैं। इनके नाम हैं–

1. निवेश (Input)
2. केन्द्रीय संसाधन एकक (CPU)
3. बाह्य स्मृति (External Memory)
4. निर्गम (Output)

निवेश एवं निर्गम एककों (Input and output units) के द्वारा कम्प्यूटर एवं मानव के बीच सम्पर्क स्थापित होता है। चूँकि ये एकक कम्प्यूटर को चारों तरफ घेरे हुए होती हैं, इसलिए इन्हें परिधीय युक्तियाँ (Peripheral devices) भी कहा जाता है।

## इनपुट डिवाइसेज (Input Devices)

एक कम्प्यूटर में इनपुट तथा आउटपुट दोनों उपकरण होते हैं। जिन यंत्रों के द्वारा डाटा इनपुट किया जाता है अर्थात् जिन यंत्रों से आँकड़ें, शब्द या निर्देश मेमोरी में डाले जाते हैं, इनपुट डिवाइसेस कहलाते हैं। दूसरे शब्दों में ये ऐसे यंत्र हैं जिनके द्वारा हम कम्प्यूटर को निर्देश देते हैं और कम्प्यूटर उन पर प्रोग्राम के अनुरूप कार्य करता है। जैसे कि की-बोर्ड, माउस आदि।

कुछ प्रमुख इनपुट डिवाइसेस निम्नलिखित हैं :

1. की-बोर्ड (Key-Board)
2. माउस (Mouse)
3. ट्रैकबॉल (Trackball)
4. जॉयस्टिक (Joystick)
5. स्कैनर (Scanner)
6. माइक्रोफोन (Microphone)
7. वेब कैम (Web Cam)
8. बार कोड रीडर (Bar Code Reader)
9. ओ.सी.आर. (OCR–Optical Character Reader)
10. एम.आई.सी.आर. (MICR–Magnetic Ink Character Reader)
11. ओ.एम.आर. (OMR–Optical Mark Reader)
12. किमबॉल टैग रीडर (Kimball Tag Reader)
13. स्पीच रेकग्निशन सिस्टम (Speech Recognition System)
14. लाइट पेन (Light Pen)
15. टच स्क्रीन (Touch Screen)

## आउटपुट डिवाइस (Output Devices)

ये ऐसे उपकरण हैं जो प्रोसेस के उपरांत रिजल्ट देते या प्रदर्शित करते हैं। इसके द्वारा कम्प्यूटर द्वारा प्रोसेस्ड जानकारी को देखते या ग्रहण करते हैं।

कुछ आउटपुट डिवाइस निम्नलिखित हैं–

1. मॉनीटर (Monitor)
2. प्रिन्टर (Printer)
3. स्पीकर (Speaker)
4. प्लॉटर (Plotter)
5. स्क्रीन इमेज प्रोजेक्टर (Screen Image Projector)

## मेमोरी यूनिट (Memory Unit)

मेमोरी कम्प्यूटर का बुनियादी घटक है। यह कम्प्यूटर का आंतरिक भंडारण (Internal storage) क्षेत्र है। केन्द्रीय प्रोसेसिंग इकाई (CPU) को प्रोसेस करने के लिए इनपुट डाटा एवं निर्देश (Instruction) चाहिए, जो कि मेमोरी में संग्रहीत रहता है। मेमोरी में ही संग्रहीत डाटा तथा निर्देश का प्रोसेस होता है, तथा आउटपुट प्राप्त होता है। अतः मेमोरी कम्प्यूटर का एक आवश्यक अंग है।

## मेमोरी के प्रकार (Types of Memory)

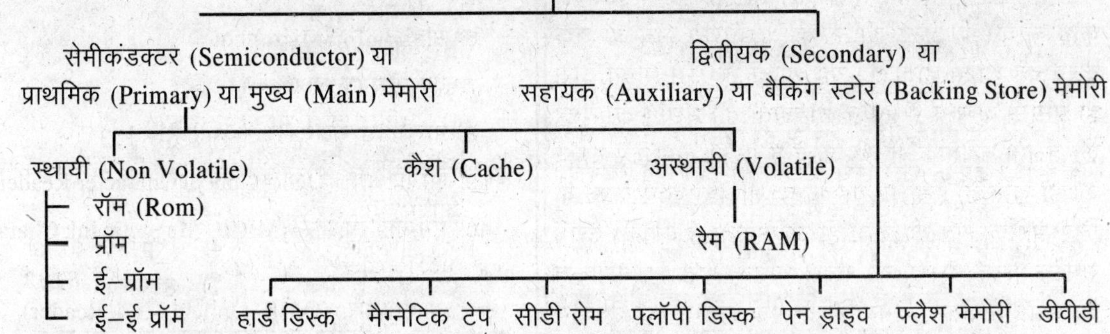


## प्रोग्रामिंग भाषाएँ (Programming Languages)

### परिचय (Introduction)

प्रोग्रामिंग भाषा कम्प्यूटर को निर्देश देने तथा इच्छानुसार कार्य करवाने का एक माध्यम है। यह एक कृत्रिम भाषा है जिसे कम्प्यूटर को एक निश्चित क्रमानुसार चलाने या काम करने के लिए प्रयोग में लाया जाता है। यह की-बोर्ड, सिंवाल्स का एक सेट और स्टेटमेंट कन्स्ट्रक्ट करने के लिए नियमों का एक सेट है, जिसके द्वारा मानव कम्प्यूटर द्वारा निष्पादित किए जाने वाले अनुदेशों को संप्रेषित कर सकता है।

मुख्यतः प्रोग्रामिंग भाषा दो प्रकार के होते हैं–

(*a*) निम्न स्तरीय भाषा (Low Level Language)

(*b*) उच्च स्तरीय भाषा (High Level Language)

- मशीन भाषा (Machine Language) (निम्न स्तरीय भाषा)
- असेम्बली भाषा (Assembly Language)
- उच्च स्तरीय भाषा
  - कोबोल (COBOL)
  - बेसिक (BASIC)
  - अल्गॉल (ALGOL)
  - PL1
  - पास्कल (PASCAL)
  - लिस्प (LISP)
  - प्रोलॉग (PROLOG)
- 4th पीढ़ी भाषा

## वस्तुनिष्ठ प्रश्नोत्तर

**1.** कम्प्यूटर क्या है?

A. इलेक्ट्रॉनिक मशीन

B. पावर मशीन

C. मानव मशीन

D. विद्युत मशीन

**2.** कम्प्यूटर की विशेषताएँ या कार्य निम्नलिखित में से एक नहीं है–

A. डाटा-संकलन  B. डाटा संचयन

C. डाटा संसाधन  D. डाटा-निर्गमन

**3.** A.L.U. का पूरा नाम क्या है?

A. अरिथमैटिक लॉजिक यूनिट (Arithmetic Logic Unit)

B. अरिथमैटिक लार्ज यूनिट (Arithmetic large unit)

C. अरिथमैटिक लांग यूनिट (Arithmetic long unit)

D. उपर्युक्त सभी

**4.** कम्प्यूटर का दिमाग कहलाता है–

A. सीपीयू  B. मॉनिटर

C. मोडेम  D. सॉफ्टवेयर

**5.** माइक्रोप्रोसेसर जो कम्प्यूटर का मस्तिष्क होता है, उसे .......... भी कहा जाता है।

A. माइक्रोचिप B. मैक्रोचिप

C. माइक्रोप्रोसेसर D. कैलक्युलेटर

**6.** सीपीयू (CPU) का प्रमुख कार्य है.........

A. प्रोग्राम अनुदेशों पर अमल करना

B. डाटा/जानकारी भावी प्रयोग हेतु स्टोर करना

C. डाटा और जानकारी प्रोसेस करना

D. इनमें से कोई नहीं

**7.** माइक्रोप्रोसेसर के लिए निम्नलिखित सही है–

A. वह चिप होती है जिस पर कंट्रोल यूनिट और ए.एल.यू. व एक परिपथ होता है

B. माइक्रोप्रोसेसर चिप तथा अन्य उपकरण एक इकाई में लगे रहते हैं, जिसे सिस्टम यूनिट कहते हैं

C. उपर्युक्त दोनों सही हैं

D. कोई सही नहीं है

**8.** कम्प्यूटर–

1. आँकड़ों के भंडारण करनेवाली एक सक्षम युक्ति है।
2. आँकड़ों के विश्लेषण करने के लिए सक्षम है।
3. पूर्ण गोपनीयता बनाए रखने में सक्षम है।
4. कभी-कभी वायरस द्वारा संक्रमित होता है।

नीचे दिए गए कूट में से सही उत्तर का चयन कीजिए–

A. 1 और 2 B. 1, 2 और 3

C. 1, 2 और 4 D. सभी चारों

**9.** ATM क्या होते हैं?

A. बैंकों की शाखाएँ

B. बैंकों के स्टाफ-युक्त काउंटर

C. बिना स्टाफ के, नकदी देने वाला

D. ये सभी

**10.** सी.पी.यू. के कार्य हैं–

A. इनपुट तथा आउटपुट डिवाइस को नियंत्रित करना

B. डाटा को तात्कालिक रूप से स्टोर करना

C. निर्देशों को पढ़ना और आदेश देना

D. ये सभी

**11.** इनपुट का आउटपुट में रूपान्तरण किया जाता है–

A. मेमोरी द्वारा

B. पेरिफेरल्स द्वारा

C. सी.पी.यू. द्वारा

D. इनपुट तथा आउट्पुट द्वारा

**12.** निम्नलिखित में से कम्प्यूटर का जनक किसे कहा जाता है?

A. मारकोनी B. एडीसन

C. चार्ल्स बैबेज D. हरमन होलेरिथ

**13.** भारत में निर्मित प्रथम कम्प्यूटर का क्या नाम है?

A. आर्यभट्ट B. सिद्धार्थ

C. बुद्ध D. अशोक

**14.** माइक्रोप्रोसेसर किस पीढ़ी का कम्प्यूटर है?

A. प्रथम B. द्वितीय

C. तृतीय D. चतुर्थ

**15.** तृतीय पीढ़ी के कम्प्यूटर में मुख्य घटक है–

A. इलेक्ट्रॉन ट्यूब B. ट्रांजिस्टर

C. इंटिग्रेटेड सर्किट D. एल.आई.सी.

**16.** आधुनिक डिजिटल कम्प्यूटर में किस पद्धति का उपयोग किया जाता है?

A. द्विआधारी अंक पद्धति

B. दशमलव अंक पद्धति

C. अनुरूप गणना पद्धति

D. उपर्युक्त तीनों

**17.** ऑपरेटिंग सिस्टम है, का प्रयोग हुआ–

A. प्रथम पीढ़ी कम्प्यूटर B. द्वितीय पीढ़ी कम्प्यूटर

C. तृतीय पीढ़ी कम्प्यूटर D. चतुर्थ पीढ़ी कम्प्यूटर

**18.** सुपर कम्प्यूटर–

A. एक साथ बहुत सारे प्रयोक्ता के डाटा प्रोसेस करता है

B. यह तीव्र तथा महंगी कम्प्यूटर सिस्टम है

C. बड़े संगठनों में उपयोग होता है

D. ये सभी

**19.** CRAY क्या है?

A. मिनी कम्प्यूटर B. माइक्रो कम्प्यूटर

C. मेनफ्रेम कम्प्यूटर D. सुपर कम्प्यूटर

**20.** प्रथम पीढ़ी के कम्प्यूटर में मुख्य इलेक्ट्रॉनिक घटक ........ है।

A. ट्रांजिस्टर B. वृहद् एकीकृत सर्किट

C. बॉल (निर्वात ट्यूब) D. इण्टिग्रेटेड सर्किट

**21.** सबसे पहला संग्रहित प्रोग्राम कम्प्यूटर था–

A. EDSAC B. ENIAC

C. MARK – I D. EDRAC

**22.** आस्की (ASCII) कोड क्या है?

A. कम्प्यूटर का कंट्रोल कोड

B. स्पीड मेजरमेंट कोड

C. सूचनाओं का आदान-प्रदान करने का मानक कोड

D. ए.एल.यू. (ALU) कोड

**23.** ............... संपूर्ण कम्प्यूटर प्रणाली के लिए संप्रेषण नियंत्रण करता है।

A. अंकगणित तार्किक यूनिट

B. सेमी कंडक्टर

C. मदरबोर्ड

D. कोप्रोसेसर

**24.** बाइट है–

A. यह कम्प्यूटर की स्मृति की मानक इकाई है

B. 8 बिट मिलकर 1 बाइट बनती है

C. उपर्युक्त दोनों गलत हैं

D. A तथा B दोनों सही हैं

**25.** द्वि-अंकीय प्रणाली–

A. इस प्रणाली के अन्तर्गत आँकड़ों को मुख्य रूप से केवल दो अंकों के संयोजन द्वारा दर्शाया जाता है

B. ये दो अंक उपर्युक्त '0' तथा '1' होते हैं

C. उपर्युक्त दोनों गलत हैं

D. A तथा B दोनों सही हैं

**26.** मदरबोर्ड के कंपोनेन्ट्स के बीच इन्फार्मेशन.......... के माध्यम से ट्रेवल करता है।

A. फ्लैश मेमोरी B. CMOS

C. बेज D. बसेज (Bus)

**27.** MICR में C का पूरा रूप क्या है?

A. कोड B. कलर

C. कम्प्यूटर D. कैरेक्टर

**28.** कम्प्यूटर प्रिंटर किस प्रकार का डिवाइस है?

A. इनपुट B. आउटपुट

C. सॉफ्टवेयर D. स्टोरेज

**29.** OCR का पूर्ण रूप क्या है?

A. Optical Character Recognition

B. Optical CPU Recognition

C. Optimal Character Rendering

D. Other Character Restoration

**30.** ........... और ............. सर्वाधिक सामान्य इनपुट डिवाइस हैं।

A. माइक्रोफोन, प्रिन्टर

B. स्कैनर, मॉनीटर

C. डिजिटल कैमरा, स्पीकर्स

D. की-बोर्ड, माउस

**31.** की-बोर्ड में 'फंक्शन-की' की संख्या कितनी होती है?

A. 14 B. 13

C. 12 D. 15

**32.** रीड ओनली मेमोरी (ROM) की कौन-सी विशेषता उसे उपयोगी बनाता है?

A. ROM जानकारी को आसानी से अपडेट किया जा सकता है

B. ROM में डाटा को खतरा नहीं होता, बिजली न होने पर भी वह उसमें रहता है

C. ROM विशाल सस्ता डाटा स्टोरेज उपलब्ध कराता है

D. ROM चिपों की अलग-अलग ब्रांड के कम्प्यूटरों में आसानी से अदला-बदली की जा सकती है

**33.** डीवीडी (DVD)............ का उदाहरण है।

A. हार्ड डिस्क

B. ऑप्टिकल डिस्क

C. आउटपुट डिवाइस

D. सॉलिड-स्टेट स्टोरेज डिवाइस

**34.** कम्प्यूटर के संदर्भ में RAM का तात्पर्य है–

A. रीसेन्ट एंड एन्शियेन्ट मेमोरी

B. रैन्डम एक्सेस मेमोरी

C. रीड एण्ड मेमोरी

D. रिकॉल ऑल मेमोरी

**35.** CD-RW डिस्क............

A. का इंटर्नल डिस्क की तुलना में तेज एक्सेस होता है

B. ऑप्टिकल डिस्क के रूप में है इसलिए इसे एक ही बार राइट किया जा सकता है

C. में फ्लॉपी डिस्क की तुलना में कम डाटा आता है

D. को इरेज और रीराइट किया जा सकता है

**36.** स्थाई स्टोरेज डिवाइस कौन-सी है?

A. फ्लॉपी डिस्क B. मॉनीटर

C. RAM D. कैश

**37.** अंग्रेजी भाषा के समान उच्चस्तरीय कम्प्यूटर भाषा है–

A. FORTRAN B. PASCAL

C. COBOL D. C++

**38.** FORTRAN, ALGOL, PASCAL आदि भाषाओं को सिखाने के लिए किस भाषा को 'नींव का पत्थर' कहा जाता है?

A. C++ B. BASIC

C. COBOL D. उपर्युक्त तीनों

**39.** C, BASIC, COBOL और जावा ........... भाषाओं के उदाहरण हैं।

A. लो-लेवल B. कम्प्यूटर

C. सिस्टम प्रोग्रामिंग D. हाई-लेवल

**40.** प्रोग्रामिंग हेतु विकसित की गई सर्वप्रथम भाषा कौन है?

A. कोबोल B. फोरट्रॉन

C. सी D. सी++

**41.** निम्नलिखित में कौन एक कम्प्यूटर की भाषा नहीं है?

A. BASIC B. C

C. FAST D. FORTRAN

**42.** .............. संख्या के द्विआधारी कोड में विद्युत स्पन्दन का 'न होना' दर्शाता है।

A. 1 B. 0

C. 3 D. 2

**43.** 10010110 या 01100101 जो आठ बिट्स का समूह है, ................कहलाता है।

A. निबल B. बाइट

C. बिट D. रोबोट

**44.** एक मेगाबाइट (1 MB) किसके तुल्य होता है?

A. 1000 बाइट B. 1024 किलोबाइट

C. 10000 बाइट D. 102400 बाइट

**45.** बाइनरी चॉइस में कितने विकल्प होते हैं?

A. कोई नहीं

B. एक

C. दो

D. यह कम्प्यूटर में मेमोरी की मात्रा पर निर्भर करता है

**46.** कितना बाइट मिलाकर एक किलोबाइट बनता है?

A. 612 B. 1024

C. 2048 D. 4096

## उत्तरमाला

| 1 | 2 | 3 | 4 | 5 | 6 | 7 | 8 | 9 | 10 |
|---|---|---|---|---|---|---|---|---|---|
| A | D | A | A | A | D | C | D | C | D |
| **11** | **12** | **13** | **14** | **15** | **16** | **17** | **18** | **19** | **20** |
| C | C | B | D | C | A | C | D | D | C |
| **21** | **22** | **23** | **24** | **25** | **26** | **27** | **28** | **29** | **30** |
| A | B | C | D | D | D | D | B | A | D |
| **31** | **32** | **33** | **34** | **35** | **36** | **37** | **38** | **39** | **40** |
| C | B | B | B | D | D | C | B | D | B |
| **41** | **42** | **43** | **44** | **45** | **46** | | | | |
| C | B | B | B | C | B | | | | |

❋❋❋

2

# माइक्रोसॉफ्ट ऑफिस (Microsoft Office)

Microsoft Office, 2007, Office से जुड़ी हुई तमाम तरह के कामों में आने वाली एप्लीकेशन और औजारों का एक पैकेज है, इसमें आपको Microsoft Word 2007, Microsoft Excel 2007, Microsoft Outlook 2007, Microsoft Power Point 2007, Microsoft Publisher 2007 आदि एप्लीकेशन प्राप्त होती है, जो आपके ऑफिस और घर के साधारण और विशिष्ट कार्यों को करने के काम आते हैं।

## कौन-सी एप्लीकेशन किस काम आती है-

**Microsoft Word 2007**–यह कोई भी Letter, School Project आदि बनाने के लिए डिजाइन किया गया है।

**Microsoft Excel 2007**–किसी भी प्रकार के कठिन हिसाब–किताब Book keeping को करने के लिए, टेबल आदि बनाने के लिए Excel से बेहतर एप्लीकेशन नहीं है।

**Microsoft Access 2007**–इसका प्रयोग Database applications बनाने के लिए किया जाता है, अगर आप Access जानते हैं, तो आप प्रतिदिन के एक जैसे कार्यों के लिए अपना खुद का Program बना सकते हैं।

**Microsoft Outlook 2007**–आउटलुक के प्रयोग से आप अपने कई सारे E-mail account को एक ही जगह अपने कम्प्यूटर में बिना Browser को खोले प्रयोग कर सकते हैं। इसके अलावा Phonebook, Diary आदि का Office Maintenance कर सकते हैं।

**Microsoft PowerPoint 2007**–अगर आपको अपने किसी Project का Projector की सहायता से Presentation देना है, तो Power Point इसमें आपकी पूरी–पूरी मदद करता है, इसकी help से आप बड़ी ही आसानी से Slideshow तैयार कर सकते हैं।

## माइक्रोसॉफ्ट ऑफिस की विशेषताएँ

माइक्रोसॉफ्ट ऑफिस के 2007 वर्जन से पहले मार्केट में Office 1.0 से Office 2003 आ चुके हैं। Office 1.0 नवम्बर 19, 1990 को लांच किया गया था और Office 2007 इसके 16 वर्ष बाद जनवरी 30, 2007 को लांच किया गया। लेकिन पिछले 16 वर्षों में Microsoft Office ने पूरी दुनियाभर के कम्प्यूटरों पर अपना राज कर लिया। वैसे तो Microsoft Office पहले से सुविधाओं से युक्त था, किन्तु इसके 2007 वर्जन में इसके मूलभूत लुक और सुविधाओं में क्रान्तिकारी बदलाव किया गया, जिससे यह पहले से भी ज्यादा सरल और तेज बन गया। इसमें पहली बार मेन्यू को समाप्त कर रिबन को जोड़ा गया, मेन्यू के अन्दर छिपे हुए सारे महत्वपूर्ण टूल अब Office 2007 में रिबन पर ही यूजर के सामने दिखने लगे। जिससे काम करने में और भी आसानी हो गई।

## माइक्रोसाफ्ट वर्ड

Microsoft word, Microsoft office का एक part है और यह माइक्रोसॉफ्ट ऑफिस का सबसे बड़े पैमाने पर इस्तेमाल होने वाले Computer के एक अनुप्रयोगों में से एक है।

यह माइक्रोसॉफ्ट कम्पनी द्वारा बनाया गया। यह सबसे पहले सन् 1983 में पहली बार Multi-Word tool के नाम से xenix system से जारी किया गया था। बाद में DOS (1983) व Apple Macintosh (1984) के सहित कई अन्य प्लेटफार्म के लिए इसे लिखा गया था। Windows Operating System के लिए MS-Word का first version 1989 में आया।

Microsoft word को शॉर्ट रूप में MS-Word कहा जाता है। इसके जरिए हम कम्प्यूटर में एक टेक्स्ट फाइल बना सकते हैं जिसमें हम राइटिंग का, एडिटिंग का और ड्राइंग का काम कर सकते हैं। MS-Word के Document को हम आसानी से शेयर कर सकते हैं। इसके डॉक्यूमेंट को सिस्टम से दूसरे सिस्टम में आसानी से ले जाया जा सकता है।

## MS-Word के लाभ

- MS-Word में टेक्स्ट को आसानी से लिखा जा सकता है।
- यह आसान और लगभग तत्काल शाब्दिक (alphabets, numbers) को इनपुट कर सकता है।
- MS-Word में बहुत ही बड़ी संख्या में फॉर्मेटिंग टूल्स हैं। जैसे–Fonts weight (regular/bold) से टेक्स्ट को रेगूलर या बोल्ड में बदलने की क्षमता टेक्स्ट के नीचे अंडरलाइन खींचना आदि सहित स्वरूप विकल्पों की एक विशाल रेंज इसमें है।
- MS–Word में images को मेन्युअली डाला जा सकता है या फिर इसको वर्ड आर्ट गैलरी से आयात भी किया जा सकता है।
- इसमें सूचियों को आसानी से बनाया और प्रारूपित किया जा सकता है।
- MS-Word में सामग्री (content), Standard मानक HTML में होते हैं जिनको हम आसानी से नियंत्रित कर सकते हैं।
- इसमें Self-Explanatory dialogue boxes और Menu option हैं।
- MS-Word में हम आसानी से ग्राफिक वर्क भी कर सकते हैं।
- इसमें टेबल बना सकते हैं और डाटा को टेबल फॉर्म में रख सकते हैं।

**सारणी–1 : स्टैंडर्ड टूलबार**

| टूल्स का नाम | की-बोर्ड ऑपरेशन | विवरण |
|---|---|---|
| New Blank Document | Ctrl + N | एक नई फाइल या टेम्पलेट आधारित फाइल बनाता है। |
| Open (File menu) | Ctrl + O | चयनित (selected) फाइल को खोलता है। |
| Save (File menu) | Ctrl + S | सक्रिय फाइल को इसके वर्तमान फाइल नाम, स्थान तथा स्वरूप (Format) के साथ सेव (Save) है। |
| Mail Recipient | | दस्तावेज को (Content of Document) को ई–मेल संदेश के ढाँचे (Body) के रूप में भेजता है। |
| Print (File menu) | Ctrl + P | सक्रिय फाइल या चयन करने के लिए फाइल मेन्यू में प्रिंट करता है। प्रिंट विकल्प का चयन करने के लिए फाइल मेन्यू में प्रिंट विकल्प पर क्लिक करते हैं। |
| Print Preview (File Menu) | Ctrl + F2 | जब हम फाइल प्रिंट करने में हों तो यह कैसा दिखेगा यह बताता है। |

| टूल्स का नाम | की-बोर्ड ऑपरेशन | विवरण |
|---|---|---|
| Spelling and Grammar (Tools menu) | F7 | सक्रिय दस्तावेज में वर्तनी तथा व्याकरण जाँच तथा लेखन शैली त्रुटियाँ बताता है। उन्हें ठीक करने के लिए सुझाव देता है। |
| Cut (Edit Menu) | Ctrl + X | सक्रिय दस्तावेज से चयनित चित्र या टेक्स्ट को हटाकर क्लिपबोर्ड में रखता है। |
| Copy (Edit Menu) | Ctrl + C | क्लिपबोर्ड में चयनित चित्र या टेक्स्ट की प्रतिलिपि (Copy) बनाकर रखता है। |
| Paste (Edit Menu) | Ctrl + V | क्लिपबोर्ड के सामग्री को प्रविष्टि बिन्दु (Insertion Point) पर पेस्ट करता है। |
| Undo (Edit Menu) | Ctrl + Z | अंतिम आदेश को विफल करता है तथा अंतिम में टाइप किए गए टेक्स्ट को हटा देता है। |
| Redo (Edit menu) | Ctrl + Y | Undo आदेश के क्रिया (action) को विफल करता है। |
| Hyperlink | Ctrl + K | नए हाइपरलिंक को डालता है या चयनित हाइपरलिंक को एडिट (Edit) करता है। |
| Tables and Borders | | टेबल और बॉर्डर (Tables and Borders) टूलबार प्रदर्शित करता है। |
| Insert Table | | टेबल बनाता है। |
| Insert Excel Worksheet | | दस्तावेज में एक्सल स्प्रेडशीट जोड़ता है। |
| Zoom | | सक्रिय दस्तावेज के प्रदर्शन (Display) को 10% से 400% तक बढ़ा–घटा सकता है। |
| Office Assistant | F1 | यह हेल्प टॉपिक और युक्तियाँ (Help Topic and Tips) प्रदान करता है जिसकी सहायता से हम अपने कार्य को पूरा करते हैं। |

**सारणी–2 : फार्मेटिंग टूलबार**

| टूल्स का नाम | की-बोर्ड ऑपरेशन | विवरण |
|---|---|---|
| Style | Ctrl + Shift + S | चयनित टेक्स्ट की शैली (Style) में परिवर्तन कर उसे अपने अनुरूप शैली में ढालना संभव करता है। |
| Font | Ctrl + Shift + F | चयनित टेक्स्ट के लिखावट (Font) में परिवर्तन करता है। |
| Font size | Ctrl + Shift + P | चयनित टेक्स्ट के फॉन्ट के आकार में परिवर्तन करना संभव करता है। |

| टूल्स का नाम | की-बोर्ड ऑपरेशन | विवरण |
|---|---|---|
| Bold | Ctrl + B | चयनित टेक्स्ट को बोल्ड अर्थात् थोड़ा मोटे अक्षरों में परिवर्तित करता है। |
| Italic | Ctrl + I | चयनित टेक्स्ट को तिरछे टाइप (Italics) में परिवर्तित करता है। |
| Underline | Ctrl + U | चयनित टेक्स्ट को लगातार अंडरलाइन करता है। |
| Align Left | Ctrl + L | टेक्स्ट या पैराग्राफ को बाएं हाशिये (Margin) से भरता है या लिखना शुरू करता है। |
| Centre | Ctrl + E | टेक्स्ट या पैराग्राफ को दायें तथा बायें हाशिये के बीच रखता है। |
| Align Right | Ctrl + R | टेक्स्ट या पैराग्राफ को दायें हाशिये से भरता है या लिखना शुरू करता है। |
| Justify | Ctrl + J | टेक्स्ट को बायें तथा दाहिने हाशिये के बीच हर शब्दों के बीच की जगह को बढ़ा या घटाकर समान रूप से फैलाता है। |
| Numbering | | वर्तमान डिफाल्ट के आधार पर संख्यात्मक लिस्ट बनाता है अर्थात् हर पंक्ति या पैराग्राफ को श्रेणीबद्ध संख्या देता है। जैसे–1, 2, 3 आदि। |
| Bullets | | वर्तमान डिफाल्ट बुलेट के आधार पर बुलेटेड सूची बनाता है। |
| Decrease Indents | | यह बायें हाशिये (Left Margin) को घटाता है। |
| Increase Indents | | यह बायें हाशिये को बढ़ाता है। |
| Outside Borders | | चयनित टेक्स्ट, पैराग्राफ, चित्र या दूसरे वस्तु के चारों ओर बॉर्डर बनाता या हटाता है। |
| Highlight | | चयनित टेक्स्ट के टुकड़े को अपने अनुरूप चुने हुए रंग से हाइलाइट करता है। |
| Font Colour | | टेक्स्ट के लिखावट के रंग को परिवर्तित करना संभव करता है। |

## सारणी–3 : टेबल्स एंड बॉर्डर्स टूलबार

| टूल्स का नाम | विवरण |
|---|---|
| Draw Table | दस्तावेज में जहाँ भी चाहें टेबल बना सकते हैं, उसके बाद रो तथा कॉलम माउस ड्रैग कर बना सकते हैं। |
| Eraser | टेबल के खानों के लाइन को हटाता है तथा उन खानों की सारी सामग्री को मिला (Merge) देता है। |

| टूल्स का नाम | विवरण |
|---|---|
| Line Weight | टेबल के रेखाओं को मोटा या पतला (Thick or Thin) करना संभव करता है। |
| Line Style | भिन्न–भिन्न तरह की रेखा खींचना (Draw Line) संभव करता है। |
| Border Coiour | टेबल के बॉर्डर के रंग को परिवर्तन करने में सक्षम बनाता है। |
| Outside Border | चयनित टेक्स्ट, पैराग्राफ या चित्र इत्यादि के चारों ओर बॉर्डर बनाता तथा हटाता है। |
| Fill Colour | चयनित वस्तु पर रंग भरता है तथा पहले से भरे हुए रंग को हटाना, बदलना संभव करता है। |
| Insert Table | दस्तावेज में रो तथा कॉलम की संख्या पूछकर टेबल बनाता है। |
| Merge Cells | दो लगातार चयनित खानों के सामग्री को संयुक्त कर देता है। |
| Split Cells | चयनित टेबल के खानों को रो तथा कॉलम में विभक्त कर देता है। |
| Align Top Left | टेबल के खानों की सामग्री बायें ऊपर से लिखना शुरू करता है। |
| Distribute Rows Evently | चयनित रो तथा खानों को समान ऊँचाई में परिवर्तित करता है। |
| Distribute Columns Evently | चयनित सारे कॉलम या खानों को सामान चौड़ाई में बदल देता है। |
| Table Auto | पूर्व निर्धारित बॉर्डर फार्मेट तथा शेडिंग का उपयोग कर टेबल बनाता है। टेबल के खाने सामग्री (Content) के अनुसार स्वतः परिवर्तित हो जाते हैं। |
| Change Text Direction | टेक्स्ट की दिशा में परिवर्तन करने में सक्षम बनाता है। |
| Sort Ascending | चयनित चीजों (Selected items) को बढते हुए क्रम में या A से Z के रूप में श्रेणीबद्ध करता है। |
| Sort Descending | चयनित चीजों को घटते हुए क्रम में या Z to A के रूप में श्रेणीबद्ध करता है। |
| Auto Sum | एक सूत्र क्षेत्र बनाता है जो टेबल के खानों के मान को जोड़कर प्रदर्शित करता है। |

**सारणी–4 : ड्राइंग टूलबार**

| टूल्स का नाम | विवरण |
|---|---|
| Draw | ड्राइंग में कोई परिवर्तन करने में सक्षम बनाता है। जैसे–फ्लिप (Flip), घुमाना (Rotate), टेक्स्ट रैपिंग (Text wrapping) etc. |
| Select Objects | किसी विशेष ड्राइंग वस्तु को चयन करने में सक्षम बनाता है। |
| Free Rotate Auto Shapes | Autoshapes बटन पर Click करने पर कई आकारों की सूची प्राप्त होती है। सूची से एक सेट का चयन कर माउस Drag कर प्राप्त सूची से एक आकार का चयन करते हैं। |
| Line | यह रेखा खींचने (Draw) के लिए उपयोग होता है। |
| Arrow | यह भी रेखा खींचने में प्रयुक्त होता है परन्तु खींची गई रेखा के एक ओर तीर का निशान बन जाता है। (Arrow head Line) |

| टूल्स का नाम | विवरण |
|---|---|
| Rectangle | आयत (Rectangle) बनाने में प्रयुक्त होता है। |
| Oval | अंडाकार वृत्त (Oval) या वृत्त (Circle) बनाने में प्रयुक्त होता है। |
| Text Box | एक टेक्स्ट बॉक्स बनाने में प्रयोग होता है, जिनके अंदर हम कोई टेक्स्ट लिख सकते हैं। |
| Word Art | Word Art डालने में प्रयुक्त होता है। |
| Fill Colour | ड्राइंग किए गए चित्र या आकार में रंग भरने में प्रयुक्त होता है। |
| Clip Art | क्लिप आर्ट डालने में प्रयुक्त होता है। |
| Font Colour | चयनित (Selected) टेक्स्ट को हमारे द्वारा चुने गए रंग में परिवर्तित करता है। |
| Line Colour | बनाए गए वस्तु (Draw Object) के लाइन का रंग में परिवर्तन करने में प्रयुक्त होता है। |
| Line Style | इसके द्वारा ड्राइंग में प्रयोग किए गए रेखा (Line) के रूप, (जैसे–रेखा की मोटाई, डबल रेखा आदि) में परिवर्तन किया जा सकता है। |
| Dash Style | इसके प्रयोग से रेखा को भिन्न–भिन्न बिन्दु (Dotted) स्टाइल में परिवर्तित किया जा सकता है। |
| Arrow Style | Arrow युक्त लाइन के स्टाइल में परिवर्तन करने में प्रयुक्त होता है। |
| Shadow | चयनित (Selected) वस्तु को छाया शैली (Shadow Style) में परिवर्तन करने में प्रयुक्त होता है। |
| 3-D | चयनित वस्तु (Selected Object) को 3-D शैली में परिवर्तन करने में प्रयुक्त होता है। |

**एम.एस. एक्सल** (M.S. Excel)

माइक्रोसॉफ्ट एक्सल एक इलेक्ट्रॉनिक स्प्रेडशीट है, जो सांख्यिक गणना करने तथा चार्ट बनाने में सहायता करता है। स्प्रेडशीट सांख्यिकी विश्लेषण के लिए एक युक्ति (Tool) है तथा विश्लेषण क्या कहता है, यह बताने के लिए रिपोर्ट और प्रेजेन्टेशन तैयार करता है। जिन लोगों को संख्या का विश्लेषण, रिकॉर्ड तथा व्यवस्थित करने की आवश्यकता होती है, वे लोग स्प्रेडशीट का प्रयोग करते हैं।

स्प्रेडशीट रो तथा कॉलम के हर वर्ग या खाने (cell) को एक सेल एड्रेस (address) देता है तथा प्रयोक्ता को सूचना डालने की अनुमति देता है। कॉलम में टेक्स्ट प्रायः लेफ्ट अलाइन होता है। यह सेल एड्रेस का कॉलम तथा रो लेबल है। यह जल्द सांख्यिक गणना करने, वार्षिक या मासिक आँकड़े संग्रहीत करने, वित्तीय विवरण (statement) तैयार करने के लिए तथा कर (Tax) वर्कशीट तैयार करने इत्यादि के लिए उपयोग होता है।

इलेक्ट्रॉनिक स्प्रेडशीट कम्प्यूटर मेमोरी में तार्किक वर्कशीट है जो कॉलम तथा रो में बँटा है। यह यूटिलिटी सॉफ्टवेयर पैकेज है। एक बार सूत्र (Formula) का निर्धारण करने के बाद गणना स्वतः होती रहती है तथा परिणाम उपयोगकर्ता को दिखता रहता है। एम.एस. एक्सल वर्क बुक (Work book) चार्टों का संग्रह है।

## एम.एस. पॉवर प्वाइंट (MS-Power Point)

यह माइक्रोसॉफ्ट द्वारा विकसित, एम.एस. ऑफिस (MS-Office) का एक भाग है। यह प्रस्तुतीकरण तथा स्लाइड शो (Presentation and slide show) को तैयार करने के लिए शक्तिशाली उपकरण है।

## पॉवर प्वाइंट के उपयोग (Use of Power Point)

1. व्यवसाय अनुप्रयोग प्रस्तुतीकरण (Business Application Presentation) का स्लाइड तैयार करना।
2. एनिमेशन के द्वारा ग्राफिकल चीजों (Graphical Object) को तैयार करना।
3. सामान्य उपयोग के लिए आर्ट गैलरी के द्वारा कलात्मक स्लाइड तैयार करना।
4. व्यवसाय जगत में ट्रेनिंग देने के लिए।

## एम.एस. एक्सेस (MS-Access)

माइक्रोसॉफ्ट एक्सेस डाटाबेस बनाने तथा प्रबंधन के लिए शक्तिशाली प्रोग्राम है। इनमें डाटा को देखने तथा निर्माण में सहायता करने के लिए कई सुविधाएँ हैं। सर्वप्रथम हमें यह पता होना चाहिए कि MS-एक्सेस का डाटाबेस को तोड़ने में कैसे उपयोग होता है।

**डाटाबेस फाइल**—यह मुख्य फाइल है जो संपूर्ण डाटाबेस है तथा हार्ड ड्राइव या फ्लॉपी डिस्क में सुरक्षित है। जैसे—Student database.mdb.

**टेबल**—रिलेशनल डाटाबेस में टेबल एक डाटा स्ट्रक्चर है जो सूचनाओं को कॉलम तथा रो में व्यवस्थित करता है। यह एक विशिष्ट विषय (Specific Topic) के डाटा का संग्रह है। एक डाटाबेस में कई टेबल हो सकते हैं। टेबल डाटा को रो (Rows) तथा कॉलम (Fields) में व्यवस्थित करता है। जैसे—1. छात्र, 2. शिक्षक।

**फील्ड**—एक टेबल में फील्ड की विभिन्न श्रेणियाँ हैं। जैसे—1. छात्र Last Name, 2. छात्र First Name।

**डाटा टाइप**—यह हर फील्ड का गुण है। एक फील्ड एक ही डाटा टाइप के हो सकते हैं। जैसे—फील्ड—छात्र (Last Name), डाटा टाइप—टेक्स्ट।

## वस्तुनिष्ठ प्रश्नोत्तर

**1.** बाई डिफॉल्ट डॉक्यूमेंट................मोड में प्रिंट होता है।

A. लैंडस्केप  B. पोर्ट्रेट
C. पेज सेटअप  D. प्रिंट व्यू

**2.** वर्ड प्रोसेसिंग प्रोग्रामों से किस प्रकार की फाइल बनाई जा सकती है?

A. डाटाबेस फाइल  B. स्टोरेज फाइल
C. वर्कशीट फाइल  D. डॉक्यूमेंट फाइल

**3.** प्रयोक्ता डॉक्यूमेंट को जो नाम देता है उसे क्या कहते हैं?

A. फाइलनेम  B. प्रोग्राम
C. रिकॉर्ड  D. डाटा

**4.** मौजूदा डॉक्यूमेंट को भिन्न नाम से सेव करना हो तो क्या करना होगा?

A. डॉक्यूमेंट को फिर से टाइप करें और भिन्न नाम दें

B. सेव ऐज कमांड का प्रयोग करें

C. मूल डॉक्यूमेंट को नए डॉक्यूमेंट में कॉपी व पेस्ट करें और फिर सेव करें

D. डॉक्यूमेंट को भिन्न लोकेशन पर कॉपी करने के लिए विंडोज एक्सप्लोरर का प्रयोग करें और फिर इसे रीनेम करें

**5.** जब आपको कोई पाठ (Text) एक पृष्ठ से अलग पृष्ठ पर ले जाना हो, तब सबसे अच्छा तरीका है... ............

A. ड्रैग और ड्रॉप करें

B. कट और पेस्ट करें

C. डिलीट और री टाइप करें

D. फाइंड और रिप्लेस करें

**6.** सेविंग यह ................ की प्रक्रिया है।

A. मेमोरी से स्टोरेज माध्यम तक दस्तावेज कॉपी करना

B. दस्तावेज की वर्तमान स्थिति में बदलाव लाना

C. दस्तावेज का चेहरा अथवा समग्र स्वरूप को बदल देना

D. कुंजी पटल के प्रयोग से पाठ/टेक्स्ट को दर्ज करके दस्तावेज विकसित करना

**7.** डायरेक्टरी में डायरेक्टरी को ............. कहा जाता है।

A. मिनि डायरेक्टरी

B. जूनियर डायरेक्टरी

C. पार्ट डायरेक्टरी

D. सब डायरेक्टरी

**8.** जूम आज्ञा/कमांड चयनित किए जाने से............

A. अलग दर्शन (व्यू) में दस्तावेज की कॉपी खोलता है

B. प्रदर्शित दस्तावेज की कॉपी प्रिंट करता है

C. प्रदर्शित दस्तावेज को विस्तारण में बदलाव लाता है

D. प्रदर्शित दस्तावेज की कापी सेव करता है

**9.** यदि पहले सेव किया गया फाइल एडिट किया जाए, तब.............

A. परिवर्तन को स्टोर करने हेतु फाइल फिर से सेव करना जरूरी है

B. परिवर्तन अपने आप फाइल में सेव किए जाएंगे

C. एक पेज से ज्यादा लंबाई हो जाने पर ही फाइल सेव करनी होगी

D. इसका नाम बदलना होगा

**10.** बजट सृजित किए जाने हेतु इस्तेमाल किए जानेवाले सॉफ्टवेयर को ............. कहा जाता है।

A. वर्ड प्रोसेसिंग सॉफ्टवेयर

B. ग्राफिक सॉफ्टवेयर

C. यूटिलिटी सॉफ्टवेयर

D. स्प्रेडशीट सॉफ्टवेयर

**11.** सेल में दर्ज किए गए अंकों और सूत्रों/फार्मूलों को ................... कहा जाता है।

A. लेबल्स

B. आंकिक प्रविष्टियां/न्यूमरिक एंट्रीज

C. इंटरसेक्शन/छेदन

D. टेक्स्ट/पाठ

**12.** माइक्रोसॉफ्ट ऑफिस यह ............. का उदाहरण है।

A. क्लोज–सोर्स सॉफ्टवेयर

B. ओपन–सोर्स सॉफ्टवेयर

C. क्षितिज समानांतर मार्केट सॉफ्टवेयर

D. वर्टिकल मार्केट सॉफ्टवेयर

**13.** आप..............का प्रयोग चयनित पाठ/टैक्स्ट को कापी करने और ..............दस्तावेज में पेस्ट करने हेतु होता है।

A. Ctrl + C, Ctrl + V

B. Ctrl + C, Ctrl + P

C. Ctrl + S, Ctrl + S

D. Ctrl + D, Ctrl + A

**14.** माइक्रोसॉफ्ट ऑफिस है–

A. डेस्कटॉप अनुप्रयोग  B. ऑपरेटिंग सिस्टम

C. विंडो कमांड  D. इनमें से कोई नहीं

**15.** माइक्रोसॉफ्ट ऑफिस बनाया गया है–
A. माइक्रोसॉफ्ट Windows ऑपरेटिंग सिस्टम
B. मैक ओएस एक्स ऑपरेटिंग सिस्टम
C. A और B दोनों सही हैं
D. कोई भी सत्य नहीं है

**16.** माइक्रोसॉफ्ट Word, माइक्रोसॉफ्ट Excel और माइक्रोसॉफ्ट Power Point हिस्सा हैं–
A. माइक्रोसॉफ्ट ऑफिस सूट
B. माइक्रोसॉफ्ट Windows
C. मैक ओएस एक्स
D. इनमें से कोई नहीं

**17.** इस संस्करण के लिए पहले माइक्रोसॉफ्ट ऑफिस जारी किया गया था–
A. विंडोज ऑपरेटिंग सिस्टम
B. Apple Macintosh OS
C. Unix
D. इनमें से कोई नहीं

**18.** MS ऑफिस का पहला संस्करण किस माइक्रोसॉफ्ट Windows ऑपरेटिंग सिस्टम के लिए है।
A. माइक्रोसॉफ्ट ऑफिस 3.0
B. माइक्रोसॉफ्ट ऑफिस 2003
C. माइक्रोसॉफ्ट ऑफिस 2007
D. माइक्रोसॉफ्ट XP

**19.** यह MS ऑफिस का हिस्सा है–
A. माइक्रोसॉफ्ट Word
B. माइक्रोसॉफ्ट Excel
C. माइक्रोसॉफ्ट Power Point
D. इनमें से कोई नहीं

**20.** माइक्रोसॉफ्ट वर्ड में शब्द संसाधक का प्रारूप है–
A. .doc B. .pdf
C. .txt D. इनमें से कोई नहीं

**21.** माइक्रोसॉफ्ट ऑफिस सूट का स्प्रैडशीट प्रोग्राम है–
A. माइक्रोसॉफ्ट Excel
B. माइक्रोसॉफ्ट Word
C. माइक्रोसॉफ्ट Power Point
D. इनमें से कोई नहीं

**22.** एक प्रमुख प्रतिस्पर्धी लोटस 1–2–3 का है–
A. माइक्रोसॉफ्ट Excel
B. माइक्रोसॉफ्ट Word
C. माइक्रोसॉफ्ट Power Point
D. इनमें से कोई नहीं

**23.** एक व्यक्तिगत जानकारी प्रबन्धक और ई–मेल से संचार में MS ऑफिस सॉफ्टवेयर है–
A. माइक्रोसॉफ्ट Outlook
B. माइक्रोसॉफ्ट Word
C. माइक्रोसॉफ्ट Power Point
D. इनमें से कोई नहीं

**24.** स्लाइड–शो चलाने के बनाने के लिए पाठ, ग्राफिक्स, फिल्मों और अन्य वस्तुओं, जो दिखाया जा सकता है और Navigated के माध्यम से परदे पर प्रस्तुतकर्ता द्वारा या मुद्रित या transparencies स्लाइड पर एक का उपयोग करता है–
A. माइक्रोसॉफ्ट Word
B. माइक्रोसॉफ्ट Power Point
C. माइक्रोसॉफ्ट Access
D. इनमें से कोई नहीं

**25.** डाटाबेस के प्रबन्धन के लिए उपयोग करते हैं–
A. माइक्रोसॉफ्ट Access
B. माइक्रोसॉफ्ट Power point
C. माइक्रोसॉफ्ट Word
D. इनमें से कोई नहीं

**26.** यह सॉफ्टवेयर समाचार–पत्र, व्यवसाय कार्डस्, flyers ग्रीटिंग कार्ड या पोस्टकार्डों को बनाने के लिए काम आता है–
A. माइक्रोसॉफ्ट प्रकाशक
B. माइक्रोसॉफ्ट Power Point
C. माइक्रोसॉफ्ट Access
D. इनमें से कोई नहीं

**27.** प्राइमरी-की है–
A. यूनिक-की
B. कॉमन-की
C. Tuples
D. उपरोक्त सभी

**28.** Ms-Access किस language को integrate करता है?

A. Java B. Visual Basic

C. C++ D. C

**29.** Ms-Access में टेबल तैयार करने के लिये कौन-कौन सी पद्धतियां हैं?

A. Data table

B. Create table by design view

C. Wizard

D. उपरोक्त सभी

**30.** Ms-Access निम्न में किस सुविधा को नहीं देता है?

A. Report B. Firm

C. Table D. Programme

**31.** प्रिन्ट के लिए कौन–सा मेनू सिलेक्ट किया जाता है?

A. एडिट B. स्पेशल

C. फाइल D. टूल्स

**32.** प्रयोक्ता दस्तावेज को जो नाम देता है उसे........ कहते हैं।

A. फाइल नेम B. प्रोग्राम

C. रिकॉर्ड D. डाटा

**33.** कट, कॉपी और पेस्ट करने के लिए कौन–सा मेनू सिलेक्ट किया जाता है?

A. फाइल B. टूल्स

C. स्पेशल D. एडिट

**34.** रिलेटेड फाइलों के कलेक्शन को ............कहा जाता है।

A. कैरेक्टर B. फील्ड

C. डाटाबेस D. रिकॉर्ड

**35.** विद्यमान डॉक्यूमेंट को परिवर्तित करना डॉक्यूमेंट की .............कहलाता है।

A. क्रिएटिंग B. एडिटिंग

C. मोडीफाइंग D. एडजेस्टिंग

**36.** वर्ड में टेक्स्ट की फार्मेटिंग करते समय किस ग्रुपिंग में काम किया जाता है?

A. टेबल्स, पैराग्राफ्स और इन्डेक्सेज

B. पैराग्राफ्स, इन्डेक्सेज और सेक्शन्ज

C. कैरेक्टर्स, सेक्शन्ज और पैराग्राफ्स

D. इन्डेक्सेज, कैरेक्टर्स और टेबल्स

**37.** माइक्रोसॉफ्ट ऑफिस..........

A. शेयरवेयर है

B. पब्लिक–डोमेन सॉफ्टवेयर है

C. ओपन–सोर्स सॉफ्टवेयर है

D. एक एप्लिकेशन स्यूट है

**38.** नए नाम सहित या नए लोकेशन पर किसी विद्यमान फाइल को सेव करने के लिए आपको ............ कमांड का प्रयोग करना चाहिए।

A. सेव

B. सेव एंड रिप्लेस

C. सेव एज

D. न्यू फाइल

**39.** नीचे दिए गए सभी पद स्प्रेडशीट सॉफ्टवेयर संबद्ध हैं, सिवाय–

A. वर्कशीट B. सेल

C. फार्मूला D. वायरस डिटेक्शन

**40.** माइक्रोसॉफ्ट ऑफिस एक्सेल डॉक्यूमेंट में प्रत्येक सेल अपने सेल एड्रेस से रिफर किया जाता है, जो ............... है।

A. सेल का कॉलम लेबल

B. सेल का कॉलम लेबल और वर्कशीट टैब नाम

C. सेल का रो लेबल

D. सेल का रो और कॉलम लेबल

**41.** रिलेशन डाटाबेस में, यह एक डाटा स्ट्रक्चर है, जो एक सिंगल टॉपिक सम्बन्धी इनफार्मेशन को रॉ और कॉलमों में आर्गेनाइज करता है–

A. ब्लॉक B. रिकॉर्ड

C. ट्यूपल D. टेबल

**42.** माइक्रोसॉफ्ट ऑफिस एक्सेल डॉक्यूमेंट में सेल एड्रेस में क्या होता है?

A. कॉलम का नाम

B. रो का नाम

C. पहले रो फिर कॉलम का नाम

D. पहले कॉलम फिर रो का नाम

**43.** किस कमांड की सहायता से हम किसी दस्तावेज को बचा सकते हैं?
A. Ctrl + S B. Ctrl + X
C. Ctrl + A D. Shift + F

**44.** विंडोज आधारित पर्सनल कम्प्यूटरों पर निम्नांकित में से कौन–सा पैकेज डाटाबेस के रूप में अधिक पाया जाता है?
A. एम.एस. एक्सेस
B. वर्ड–स्टार
C. लोटस
D. वेन्चुरा

**45.** कम्प्यूटर में संचित फाइलों के समूह को क्या कहा जाता है?
A. डिक्शनरी B. इन्डेक्स
C. सूची D. डायरेक्टरी

**46.** किसी डाटाबेस के डाटा फाइलों की सूची को क्या कहा जाता है?
A. डाटा डायरी B. डाटा कोष
C. डाटा डिस्क D. डाटा डिक्शनरी

**47.** निम्नलिखित में से कौन–सा एप्लिकेशन सॉफ्टवेयर एम.एस. ऑफिस के अन्तर्गत नहीं आता है?
A. वर्ड B. एक्स्प्लोर
C. एक्सेल D. इलस्ट्रेटर

**48.** MS-एक्सेल क्या है?
A. विंडो पर आधारित प्रोसेसर पैकेज
B. विंडो पर आधारित स्प्रेड शीट पैकेज
C. डॉस पर आधारित स्प्रेडशीट पैकेज
D. डॉस पर आधारित प्रोसेसर पैकेज

**49.** स्प्रेडशीट में डाटा कैसे ऑर्गेनाइज होता है?
A. लाइन्स एंड स्पेसेज
B. लेयर्स एंड प्लेन्स
C. हाइट एंड विड्थ
D. रोस एंड कॉलम्स

**50.** 'एक्सेल वर्कबुक' संग्रह है–
A. चार्ट B. वर्ड बुक
C. वर्क शीट D. A तथा C दोनों

**51.** वर्ड प्रोसेस्ड डॉक्यूमेंट क्रिएट करते समय इस चरण में यूजर स्क्रीन और प्रिन्टेड फार्म दोनों में पेज पर दिखते वर्ड्स चेंज करता है।
A. एडिटिंग टेक्स्ट
B. प्रूफिंग डॉक्यूमेन्ट्स
C. फार्मेटिंग टेक्स्ट
D. इनसर्टिंग टेबल्स और इंडेक्सेस

**52.** किसका संबंध टेक्स्ट की फॉर्मेटिंग से नहीं है?
A. लाइन स्पेसिंग B. टेक्स्ट स्पेसिंग
C. मार्जिन चेंज D. सर्चिंग

**53.** MS-Word में स्पेलिंग को सही करने के लिए किस प्रोग्राम का उपयोग होता है?
A. स्पेलप्रो B. स्पेल चेक
C. आउटलुक एक्सप्रेस D. उपर्युक्त सभी

**54.** स्प्रेडशीट प्रोग्राम में ............ संबंध वर्कशीट और डॉक्यूमेंट होते हैं।
A. वर्कबुक B. कॉलम
C. सेल D. फार्मूला

**55.** डॉक्यूमेंट क्रियेट करने के लिए आप फाइल मेनू पर ............कमांड का प्रयोग करते हैं।
A. ओपेन B. क्लोज
C. न्यू D. सेव

**56.** .................. के प्रयोग से आप MS-Word आरंभ कर सकते हैं।
A. न्यू B. स्टार्ट
C. प्रोग्राम D. कंट्रोल पैनल

**57.** फाइल एक्सटेंशन किसलिए इस्तेमाल होते हैं?
A. फ़ाइल को नाम देने के लिए
B. फाइल को आइडेंटिफाई करने के लिए
C. यह सुनिश्चित करने के लिए कि फाइल का नाम गुम न हो जाए
D. फाइल टाइप को आइडेंटिफाई करने के लिए

**58.** सारे वर्ड डॉक्यूमेंट का डिफाल्ट फाइल एक्सटेंशन क्या है?
A. TXT B. WRD
C. FIL D. DOC

**59.** किसी कॉलम में टेक्स्ट प्रायः ................ अलाइन (Align) होते हैं।

A. लेफ्ट B. राइट
C. सेन्टर D. जस्टिफाइड

**60.** एक्सल में किस विकल्प के प्रयोग से चार्ट बनाए जा सकते हैं?

A. चार्ट विजर्ड B. पिवट टेबल
C. पाइ चार्ट D. बार चार्ट

**61.** Ms-Access table को default रूप से क्या provide करता है–

A. Primary Key
B. Secondary Key
C. उपरोक्त सभी
D. उपरोक्त में कोई भी नहीं

**62.** Access निम्न में से किसका भाग है–

A. ऑफिस का B. SQL का
C. Oracle का D. प्रोसेसर का

## उत्तरमाला

| 1 | 2 | 3 | 4 | 5 | 6 | 7 | 8 | 9 | 10 |
|---|---|---|---|---|---|---|---|---|---|
| B | D | A | B | B | A | D | C | A | D |
| **11** | **12** | **13** | **14** | **15** | **16** | **17** | **18** | **19** | **20** |
| B | C | A | A | C | A | B | A | D | A |
| **21** | **22** | **23** | **24** | **25** | **26** | **27** | **28** | **29** | **30** |
| A | A | A | B | A | A | A | B | D | D |
| **31** | **32** | **33** | **34** | **35** | **36** | **37** | **38** | **39** | **40** |
| C | A | D | C | B | A | D | C | D | D |
| **41** | **42** | **43** | **44** | **45** | **46** | **47** | **48** | **49** | **50** |
| D | D | A | A | D | D | D | B | D | C |
| **51** | **52** | **53** | **54** | **55** | **56** | **57** | **58** | **59** | **60** |
| A | D | B | A | C | B | D | D | A | A |
| **61** | **62** | | | | | | | | |
| A | A | | | | | | | | |

❋❋❋

# 3

# डाटा संचार एवं नेटवर्किंग
# (Data Communication and Networking)

## डाटा संचार (Data Communication)

डाटा संचार दो या दो से अधिक कम्प्यूटर केन्द्रों के बीच डिजिटल (ऐसी प्रणाली जिसमें मुख्यता से डाटा आदान–प्रदान के लिए अंक का उपयोग किया जाता है) या एनालॉग (ऐसी प्रणाली जिसमें विद्युत संकेतों का प्रयोग डाटा आदान–प्रदान के लिए किया जाता है) डाटा का स्थानान्तरण है, जो आपस में संचार चैनल से जुड़ा होता है।

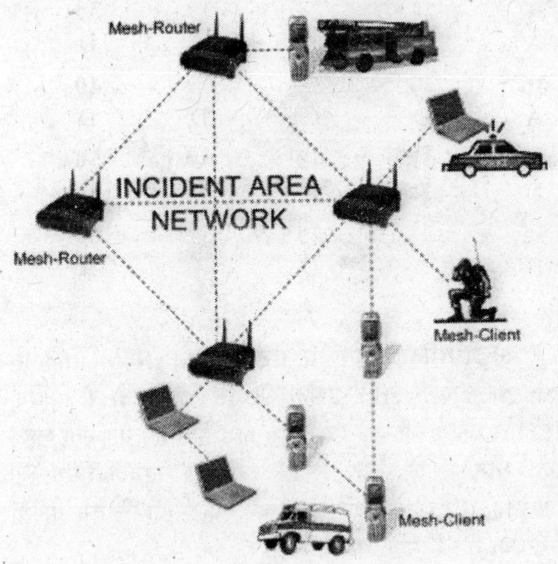


## डाटा संचार के लाभ

- डाटा को भौतिक रूप से भेजने में तथा सेट तैयार करने में लगने वाले समय की बचत।
- आधुनिक कम्प्यूटर के प्रोसेसिंग शक्ति तथा संग्रहण क्षमता का पूर्ण उपयोग।
- फाइल से सूचनाओं की तीव्र प्राप्ति।
- फाइलों के नकल से बचाव।
- कम खर्च में डाटा का आदान–प्रदान।

## संचार चैनल के प्रकार

1. **सिम्पलेक्स चैनल** (Simplex Channel)–

   A ⟶ B

   इसमें डाटा का प्रवाह बस एक ही दिशा में होता है। जैसे–रेडियो स्टेशन से रेडियो सिग्नल श्रोताओं के पास पहुँचता है, पर श्रोता वापस उस सिग्नल को रेडियो स्टेशन नहीं भेज सकता। इसमें सिग्नल बस A से B की दिशा में ही जाता है।

2. **अर्द्ध डुप्लेक्स चैनल** (Half Duplex Channel)–

   ⟶<br>A B<br>⟵

   इस चैनल में डाटा का प्रवाह दोनों दिशाओं में होता है। परन्तु एक समय में किसी एक ही दिशा में डाटा का प्रवाह होता है। अर्थात् A से B की ओर या फिर B से A की ओर। जैसा टेलीफोन में होता है।

3. **पूर्ण डुप्लेक्स चैनल** (Full Duplex Channel)–

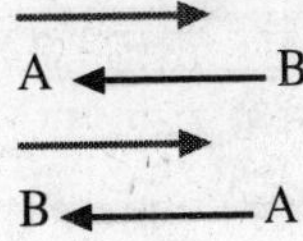

इस चैनल में डाटा का प्रवाह दोनों दिशाओं में एक साथ होता है। एक ही समय में डाटा A या B की ओर या B से A की ओर भेजा जाता है। जैसा कि कम्प्यूटर इन्टरनेट सेवा में होता है।

## डाटा कम्युनिकेशन माध्यम

डाटा कम्युनिकेशन माध्यम (Data Communication Medium)–एक कम्प्यूटर से टर्मिनल या टर्मिनल से कम्प्यूटर तक डाटा के प्रवाह के लिए किसी माध्यम की आवश्यकता होती हैं जिसे कम्युनिकेशन लाइन या डाटा लिंक कहते हैं। ये निम्न प्रकार के होते हैं–

- स्टैंडर्ड टेलीफोन लाइन (Standard Telephone Line)
- को–एक्सेल केबल (Coaxial-Cable)
- माइक्रोवेव ट्रांसमिशन (Microwave Transmission)
- उपग्रह संचार (Satellite Communication)
- प्रकाशीय तंतु (Optical Fiber)

## कम्प्यूटर नेटवर्क

आज के युग में उपयोगकर्ता को इलेक्ट्रॉनिक संचार की आवश्यकता है। लोगों के परस्पर सूचना के संचार के लिए तकनीक की आवश्यकता है। एक अच्छी सूचना संचार पद्धति प्रत्येक संस्थानों के लिए आवश्यक है। संस्थाएँ सूचना की प्रक्रिया के लिए परस्पर जुड़े हुए कम्प्यूटर पर निर्भर रहती हैं। इलेक्ट्रॉनिकी की सहायता से एक स्थान से दूसरे स्थान पर सूचना प्रेषित करने की क्रिया को दूरसंचार कहते हैं। एक या एक से अधिक कम्प्यूटर और विविध प्रकार के टर्मिनलों के बीच आंकड़ों को भेजना या प्राप्त करना डाटा संचार कहलाता है।

## कम्प्यूटर नेटवर्क के प्रकार

कम्प्यूटर नेटवर्क आपस में जुड़े कम्प्यूटरों का समूह है जो एक–दूसरे से संचार स्थापित करने तथा सूचनाओं, संसाधनों को साझा इस्तेमाल करने में सक्षम होते हैं।

नेटवर्क के निम्नलिखित प्रकार होते हैं–

**लोकल एरिया नेटवर्क** (LAN–Local Area Network)–यह एक कम्प्यूटर नेटवर्क है जिसके अंदर भौगोलिक परिधि सीमित होती है। जैसे–घर, ऑफिस, भवनों का छोटा समूह आदि का कम्प्यूटर नेटवर्क। वर्तमान लेन इथर्नेट तकनीक पर आधारित होता है। इस नेटवर्क का आकार छोटा परन्तु डाटा संचारण की तीव्र गति होती है।

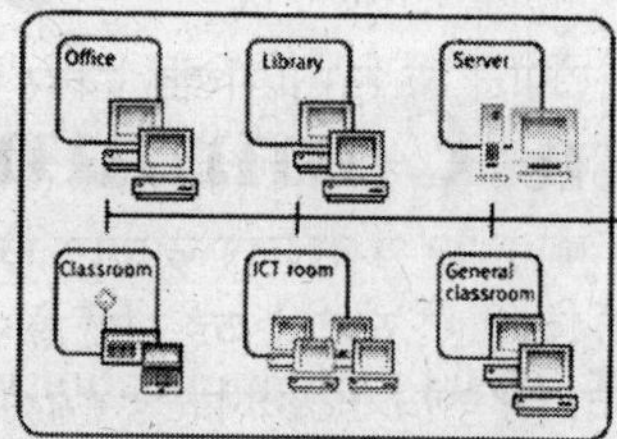


**वाइड एरिया नेटवर्क** (WAN–Wide Area Network)–इस नेटवर्क में कम्प्यूटर आपस में लीज्ड लाइन या स्विच सर्किट के द्वारा जुड़े रहते हैं। इस नेटवर्क की भौगोलिक परिधि बड़ी होती है जैसे पूरा शहर, देश या महादेश में फैला नेटवर्क का जाल। इंटरनेट इसका एक अच्छा उदाहरण है। बैंकों की ATM सुविधा वाइड एरिया नेटवर्क का उदाहरण है।

**मेट्रोपोलिटन एरिया नेटवर्क** (MAN–Metropolitan Area Network)–इसके अंतर्गत दो या दो से अधिक लोकल एरिया नेटवर्क एक साथ जुड़े होते हैं। यह एक शहर की सीमाओं के भीतर स्थित कम्प्यूटर नेटवर्क होता है। राउटर, स्विच और हब्स मिलकर एक मेट्रोपोलिटन एरिया नेटवर्क का निर्माण करता है।

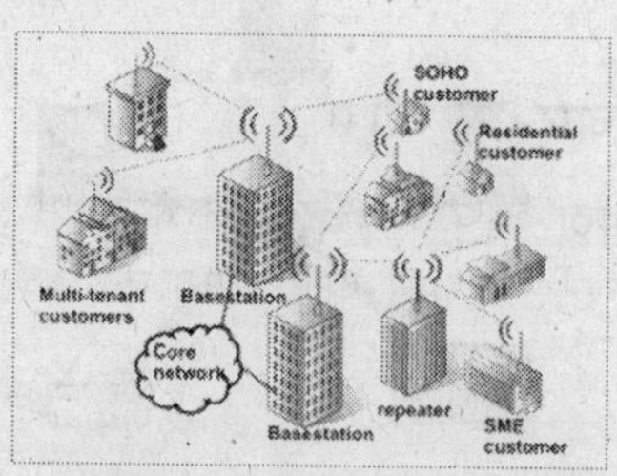

## नेटवर्क टोपोलॉजी

नेटवर्क टोपोलॉजी विभिन्न नोड्स या टर्मिनल (कम्प्यूटर) को आपस में जोड़ने का तरीका है। यह विभिन्न नोड्स के बीच भौतिक संरचना को दर्शाता है।

नेटवर्क टोपोलॉजी निम्नलिखित प्रकार के होते हैं–

1. **मेस नेटवर्क**–यह नेटवर्क उच्च ट्रैफिक स्थिति में मार्ग को ध्यान में रखकर उपयोग किया जाता है। इसमें किसी भी स्रोत से कई मार्गों से संदेश भेजा जा सकता है। पूर्णतः इंटरकनेक्टेड मेस नेटवर्क खर्चीला है, क्योंकि इसमें ज्यादा केबल और हर नोड पर इंटेलीजेंस की आवश्यकता होती है। इस नेटवर्क में उच्च सुरक्षा अनुप्रयोग में डाटा प्रेषित किया जाता है।

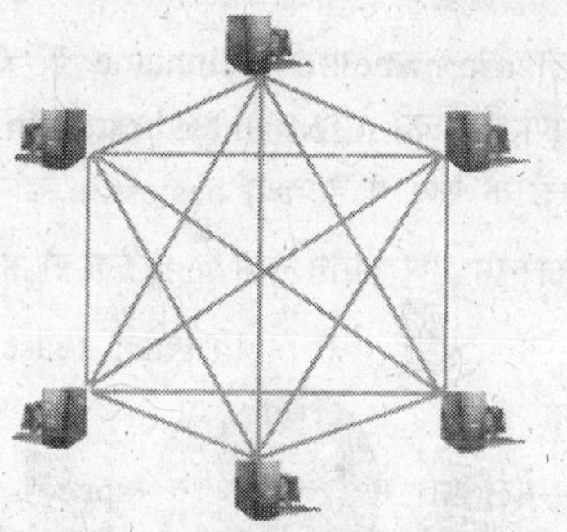

2. **स्टार नेटवर्क**–इस नेटवर्क में एक केन्द्रीय नोड होता है जो इंटेलीजेंस से युक्त होता है। बाकी नोड्स इससे जुड़ा होता है। इस केन्द्रीय नोड को हब कहा जाता है। कोई एक केबल में कोई समस्या आने पर नोड विफल होता है। परन्तु हब में कोई समस्या आने पर सारा नेटवर्क विफल हो जाता है। इसका स्वरूप तारे के समान होने के कारण इसे स्टार नेटवर्क के नाम से जाना जाता है।

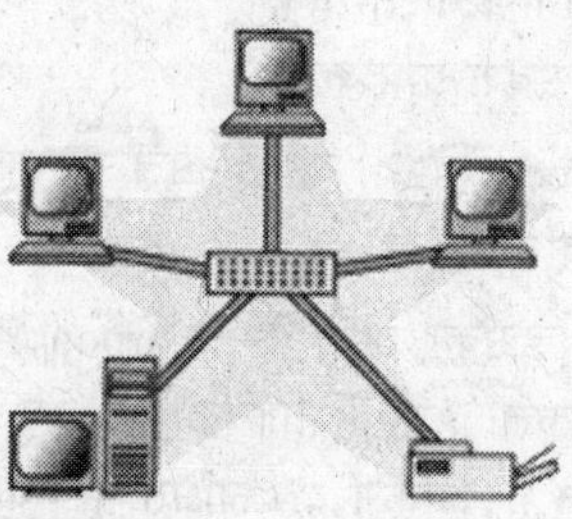

3. **रिंग नेटवर्क**–इस नेटवर्क में सभी नोड्स में इंटेलीजेंस होता है। डाटा का प्रवाह हमेशा एक ही दिशा में होता है परन्तु किसी भी एक केबल या नोड में समस्या आने पर दूसरी दिशा में डाटा का प्रवाह संभव है। इसका स्वरूप रिंग (गोले) के समान होने के कारण इसे रिंग नेटवर्क के नाम से जाना जाता है।

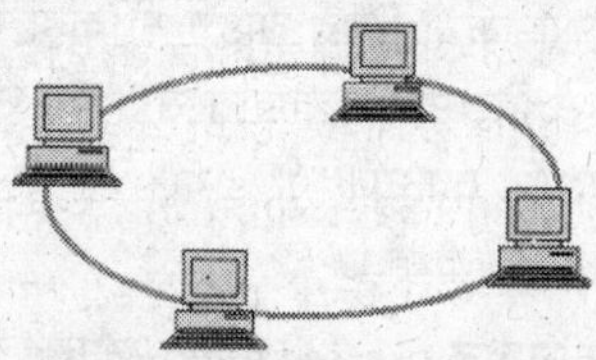

4. **बस नेटवर्क**–इस नेटवर्क के सभी नोड एक ही केबल से जुड़े होते हैं। कोई भी नोड किसी दूसरे नोड को डाटा प्रेषित करना चाहता है तो उसे देखना होता है कि बस में कोई डाटा प्रवाहित तो नहीं हो रहा है। बस खाली रहने पर नोड डाटा प्रेषित कर सकता है। डाटा प्राप्त करने के लिए हर नोड के पास इतनी इंटेलीजेंस होनी चाहिए कि बस से अपने पता ज्ञात कर डाटा प्राप्त कर सके। इसमें कम केबल की आवश्यकता होती है तथा कोई नया नोड जोड़ना आसान होता है।

## डाटा ट्रांसमिशन सेवा (Data Transmission Service)

डाटा को एक स्थान से दूसरे स्थान पर भेजने के लिए जिस सेवा का उपयोग होता है उसे डाटा ट्रांसमिशन सेवा कहते हैं। इस सेवा को देने वाले को डाटा ट्रांसमिशन सेवा प्रदाता (Data Transmission Service Provider) कहते हैं। जैसे–

1. VSNL–विदेश संचार निगम लिमिटेड
2. BSNL–भारत संचार निगम लिमिटेड
3. MTNL–महानगर टेलीफोन निगम लिमिटेड

डाटा ट्रांसमिशन सेवा निम्नलिखित हैं–

1. **डायल अप लाइन** (Dialup Line)–डायल अप लाइन टेलीफोन कनेक्शन से सम्बन्धित हैं जो एक सिस्टम में बहुत सारे लाइनों तथा यूजर्स से जुड़ा होता है। इसका उपयोग टेलीफोन की तरह नंबर डायल कर संचार स्थापित करने में किया जाता है। इसे कभी–कभी स्विच लाइन भी कहा जाता है। यह पहले से विद्यमान टेलीफोन सेवा का उपयोग करता है। ब्रॉडबैंड तकनीक भी डायल उप कनेक्शन का ही उपयोग करता है।
2. **लीज्ड लाइन** (Leased Line)–लीज्ड लाइन आवाज और डाटा दूरसंचार सेवा के लिए दो स्थानों को जोड़ती हैं। यह एक सिर्फ, समर्पित लाइन (Dedicated Line) नहीं हैं, बल्कि यह वास्तव में दो बिंदु के बीच आरक्षित सर्किट है। इसका सबसे ज्यादा उपयोग उद्योगों द्वारा अपनी शाखाओं को जोड़ने के लिए किया जाता है क्योंकि यह नेटवर्क ट्रैफिक के लिए बैंडविड्थ की गारंटी देता है।
3. **एकत्रित सेवा डिजिटल नेटवर्क** (ISDN–Integrated Services Digital Network)–एकत्रित सेवा डिजिटल नेटवर्क सर्किट स्विच टेलीफोन नेटवर्क के माध्यम से आवाज, डाटा और इमेज का स्थानान्तरण है। इस सेवा के अंतर्गत आवाज, डाटा और इमेज को डिजिटल रूप में भेजा जाता है और जरूरत के अनुरूप इस्तेमाल किया जाता है। इस सेवा में मोडेम की जरूरत नहीं होती क्योंकि डाटा का आदान–प्रदान केवल डिजिटल रूप में होता है।

## इलेक्ट्रानिक मेल (Email)

ई–मेल एक सेवा है, जो हमें इंटरनेट पर इलेक्ट्रोनिक मोड में संदेश भेजने के लिए अनुमति देता है। यह एक ऐसा इलेक्ट्रानिक संदेश होता है, जो किसी नेटवर्क से जुड़े विभिन्न कंप्यूटरों के बीच भेजा व प्राप्त किया जाता है, जो कि भौगोलिक रूप से हजारों मील दूर भी हो सकते हैं। ई–मेल का मेल सर्वर के माध्यम से भेजा जाता और प्राप्त किया जाता है। मेल सर्वर ऐसा कंप्यूटर होता है, जिसका कार्य ई–मेल का प्रोसेस करके उचित क्लाइंट कंप्यूटर तक भेजना होता है।

वेब पते की तरह हमारे ई–मेल पते भी होते हैं, जिस पर ई–मेल भेजी जाती है। ब्राउज़र प्रोग्राम की तरह ई–मेल भेजने और प्राप्त करने के लिए विशेष ई–मेल प्रोग्राम या सॉफ्टवेयर होते हैं, जैसे–माइक्रोसॉफ्ट आउटलुक तथा आउटलुक एक्सप्रेस, आदि। हम कुछ वेबसाइट की सहायता से भी अपना ई–मेल भेज तथा प्राप्त कर सकते हैं।

## ई-मेल की संरचना (Email Structure)

### ई-मेल पता (Email Address)

ई–मेल के प्रत्येक उपयोगकर्त्ता को अपने ई–मेल खाते के लिए एक अनूठा नाम मिलता है। इस नाम को ई–मेल पते (Email address) के रूप में जाना जाता है। विभिन्न उपयोगकर्त्ता ई–मेल पते के अनुसार संदेश भेजने और प्राप्त कर सकते हैं।

ई–मेल username@domainname के रूप में होता है। उदाहरण के लिए, username@bestest.in में student उपयोगकर्त्ता के रूप में है तथा bestest.in डोमेन नाम है।

1. यूज़रनेम और डोमेन नाम @ प्रतीक से अलग होते हैं।
2. ई–मेल पता केस संवेदनशील (case sensitive) नहीं है।
3. ई–मेल पते में रिक्त स्थान (space) की अनुमति नहीं होती है।

### ई-मेल संदेश अवयव

इन घटकों को निम्न आरेख में वर्णित किया गया है:

### *ई-मेल हैडर (Email Header)*

ई–मेल संदेश की पहली पाँच या छः पंक्तियों को ई–मेल हैडर कहा जाता है। इसमें निम्नलिखित फील्ड होते हैं:

- From: प्रेषक का पता
- Date: तिथि / दिनांक
- To: संदेश प्राप्तकर्त्ता
- Subject: विषय, यह ई–मेल के सटीक उद्देश्य को इंगित करता है
- CC: इसका अर्थ है– Carbon Copy, इसमें वे प्राप्तकर्त्ता होते हैं जिनको भी हम जानकारी देना चाहते हैं, लेकिन वह लक्षित प्राप्तकर्त्ता नहीं है।

- BCC: Black Carbon Copy— वे लोग जो संदेश प्राप्त कर पाते हैं, लेकिन इसकी जानकारी संदेश प्रेषक दूसरों को नहीं देना चाहता।
- Greeting—अभिवादन
- Text—पत्र संदेश
- Signature—हस्ताक्षर, यह एक ई–मेल संदेश का अंतिम भाग है। इसमें प्रेषक का नाम, पदवी, भौतिक पता और संपर्क नंबर, आदि हैं।

## ई-मेल के लाभ (Benefits of Email)

ई–मेल संचार का एक शक्तिशाली और विश्वसनीय माध्यम प्रमाणित हुआ है। ई–मेल के निम्नलिखित लाभ हैं:

1. **विश्वसनीयः** यह सुरक्षित है। इसमें संदेश उसी व्यक्ति तक पहुँचता है, जिस तक हम पहुँचाना चाहते हैं।
2. **सुविधाजनकः** इसमें, स्टेशनरी या स्टैम्प्स की आवश्यकता नहीं होती।
3. **गतिः** यह नेटवर्क पर भी निर्भर करती है।
4. **सस्ताः** इसके लिए सिर्फ नेटवर्क कनेक्शन की आवश्यकता होती है।
5. **छापने योग्यः** संदेश का प्रिंट भी लिया जा सकता है।
6. **व्यापकताः** इससे विश्व के किसी भी भाग में बैठे व्यक्ति को कुछ भी सेकंडों में संदेश भेजा जा सकता है।

## वस्तुनिष्ठ प्रश्नोत्तर

**1.** व्यापक क्षेत्र नेटवर्किंग निम्नांकित किसके लिए उपयोगी नहीं है?
A. विदेश मंत्रालय B. नगर विमानन विभाग
C. विदेशी बैंक D. नगर निगम

**2.** ..............एक सेन्ट्रल कम्प्यूटर है जो बहुत से PCs, वर्क–स्टेशन और अन्य कम्प्यूटरों के लिए डाटा और प्रोग्रामों के संग्रह को होल्ड करता है।
A. सुपर कम्प्यूटर B. मिनी कम्प्यूटर
C. लैपटॉप D. सर्वर

**3.** .............एक बहुत ही सीमित भौगोलिक क्षेत्र, सामान्यतः एक ही बिल्डिंग में पर्सनल कम्प्यूटरों को टिपिकली कनेक्ट करता है।
A. LAN B. BAN
C. TAN D. NAN

**4.** प्रथम नेटवर्क जिससे इंटरनेट की नींव पड़ी–
A. ARPA NET B. NSF NET
C. V NET D. I NET

**5.** जब कई कम्प्यूटरों को एक ही जगह पर ज़ोड़ना होता है, तो उसे क्या कहा जाता है?
A. LAN B. WAN
C. INFINET D. WON

**6.** डम्ब टर्मिनल क्या है?
A. माइक्रो कम्प्यूटर
B. नगण्य इंटेलिजेंस वाला टर्मिनल
C. सेंट्रल कम्प्यूटर
D. CPU के साथ टर्मिनल

**7.** बैंकों द्वारा उपलब्ध कराई गई एटीएम की सुविधा किस नेटवर्किंग का उदाहरण है?
A. स्थानीय नेटवर्किंग
B. व्यापक क्षेत्रीय नेटवर्किंग
C. मिश्रित नेटवर्किंग
D. बहुउद्देशीय नेटवर्किंग

**8.** कम्प्यूटर नेटवर्क में कौन–से प्रकार का संसाधन सामान्यतः शेयर किया जाता है?
A. प्रिंटर्स B. स्पिकर्स
C. फ्लॉपी डिस्क ड्राइव D. कुंजीपटल

**9.** निम्नांकित में से कौन समान समूह का नहीं है?
A. इंटरनेट B. एप्पल टॉक
C. बस D. रिंग

**10.** .............नियमों का एक सैट है।
A. संसाधन/रिसोर्स लोकेटर
B. डोमेन

C. हाइपरटेक्स्ट
D. प्रोटोकॉल

**11.** मेनफ्रेम या सुपर कम्प्यूटर में एक्सेस के लिए यूजर्स अक्सर ............... का उपयोग करते हैं।
A. टर्मिनल B. नोड
C. डेस्कटॉप D. हैंडहेल्ड

**12.** पर्सनल कम्प्यूटर.............बनाने के लिए साथ कनेक्ट किए जा सकते हैं।
A. सर्वर B. सुपर कम्प्यूटर
C. इंटरप्राइज D. नेटवर्क

**13.** टिपिकल नेटवर्क में सबसे महत्वपूर्ण या शक्तिशाली कम्प्यूटर कौन–सा है?
A. डेस्कटॉप B. नेटवर्क क्लाइंट
C. नेटवर्क सर्वर D. नेटवर्क स्टेशन

**14.** .............हार्डवेयर और सॉफ्टवेयर का एक कांबिनेशन है जो कम्प्यूटिंग डिवाइसों के बीच सूचना के आदान–प्रदान की सुविधा प्रदान करता है।
A. नेटवर्क B. पेरिफरल
C. एक्सपैंशन बोर्ड D. डिजिटल डिवाइस

**15.** सर्वर्स वे कम्प्यूटर हैं जो .......... से कनेक्टेड दूसरे कम्प्यूटरों को रिसोर्सेस प्रोवाइड करते हैं–
A. नेटवर्क B. मेनफ्रेम
C. सुपरकम्प्यूटर D. क्लाइंट

**16.** डायल–अप इंटरनेट एक्सेस का एक लाभ निम्नलिखित है–
A. यह ब्रॉडबैंड टेक्नोलॉजी का उपयोग करता है
B. यह विद्यमान टेलीफोन सेवा का उपयोग करता है
C. यह सुरक्षा के लिए राऊटर का उपयोग करता है
D. मॉडेम स्पीड बहुत तेज होती है

**17.** .........टेपोलोजी में नेटवर्क कम्पोनेन्ट एक ही केबल से कनेक्ट किए जाते हैं।
A. स्टार B. रिंग
C. बस D. मेश

**18.** सूचना शेयर करने के लिए एक–दूसरे से कनेक्टेड दो या अधिक कम्प्यूटर से .............बनता है।
A. नेटवर्क B. राऊटर
C. सर्वर D. टनल

**19.** बड़े पैमाने पर भौगोलिक रूप से अलग–अलग फैले हुए ऑफिस LANs एक कॉर्पोरेट ...........के उपयोग से कनेक्ट किए जा सकते हैं।
A. CAN B. LAN
C. DAN D. WAN

**20.** निम्नलिखित में से कौन–सा एक छोटा सिंगल–साइट नेटवर्क है?
A. LAN B. DSL
C. RAM D. USB

**21.** टर्मिनल क्या है?
A. कम्प्यूटर को पावर सप्लाई देने वाला उपकरण
B. वह बिंदु जिस पर डाटा कम्प्यूटर में प्रवेश करता है या निकलता है
C. किसी प्रोग्राम का अंतिम अनुदेश
D. कोई भी इनपुट/आउटपुट उपकरण

**22.** उस डिवाइस को क्या कहते हैं जो केबल के प्रयोग के बिना नेटवर्क से कनेक्ट कर देती है?
A. डिस्ट्रीब्यूटिड B. वायरलेस
C. सेंट्रलाइज्ड D. ओपन सोर्स

**23.** कम्प्यूटर................में दो या अधिक कम्प्यूटर और अन्य डिवाइसेस होते हैं जो डाटा और प्रोग्राम शेयर करने के लिए कनेक्टेड होते हैं।
A. नेटवर्क B. सिस्टम
C. वर्क स्टेशन D. डिवाइस

**24.** इलेक्ट्रॉनिक्स की सहायता से एक स्थान से दूसरे स्थान पर सूचना प्रेषित करने की क्रिया को........ कहते हैं।
A. दूरसंचार B. डाटा संचार
C. सुगम संचार D. कोई भी नहीं

**25.** एक या एक से अधिक कम्प्यूटर और विविध प्रकार के टर्मिनलों के बीच आँकड़ों को भेजना या प्राप्त करना ..............कहलाता है।
A. दूरसंचार B. डाटा संचार
C. सुगम संचार D. कोई भी नहीं

**26.** किसी भी नेटवर्क के मूल अंग हैं–
A. टर्मिनल
B. दूरसंचार प्रोसेसर
C. दूरसंचार चैनल एवं माध्यम
D. उपर्युक्त तीनों

**27.** निम्नलिखित कथन सही है–
A. टर्मिनल मुख्य रूप से वीडियो टर्मिनल एवं वर्क–स्टेशन का समावेश होता है
B. इनपुट एवं आउटपुट उपकरण नेटवर्क में डाटा भेजने एवं प्राप्त करने का कार्य करते हैं
C. उपर्युक्त दोनों गलत
D. A तथा B दोनों सही

**28.** निम्नलिखित में से कौन–सा कथन दूरसंचार प्रोसेसर के लिए सही है–
A. यह टर्मिनल और कम्प्यूटर के बीच रहते हैं
B. ये डाटा भेजने एवं प्राप्त करने में सहायता करते हैं
C. उपर्युक्त दोनों गलत
D. A तथा B दोनों सही

**29.** दूरसंचार प्रोसेसर है–
A. मोडेम मल्टीप्लेक्सर
B. फ्रन्ट एंड प्रोसेसर
C. उपर्युक्त दोनों
D. कोई भी नहीं

**30.** दूरसंचार चैनल एवं माध्यम के लिए सही है–
A. वे माध्यम जिनके ऊपर डाटा प्रेषित एवं प्राप्त किया जाता है
B. दूरसंचार नेटवर्क के विभिन्न अंगों को जोड़ने के लिए इनका उपयोग करते हैं
C. उपर्युक्त दोनों गलत
D. A तथा B दोनों सही

**31.** कम्प्यूटर नेटवर्क के लिए सही है–
A. सभी प्रकार के कम्प्यूटर को आपस में जोड़ता है जिससे वे उसकी सूचना पर प्रक्रिया कर सके
B. डाटा संग्रह करता है
C. डाटा प्रोसेस करता है
D कोई भी नहीं

**32.** LAN (लोकल एरिया नेटवर्क) से जुड़े कम्प्यूटर ... ..........
A. तेज चल सकते हैं
B. ऑनलाइन जा सकते हैं
C. इनफर्मेशन और/या पेरिफरल उपकरण शेयर कर सकते हैं
D. ई–मेल कर सकते हैं

**33.** स्थानीय क्षेत्र नेटवर्किंग (LAN) किसके लिए उपयोगी है?
A. रेलवे
B. बैंक
C. व्यापारी
D. मोटर–वाहन दफ्तर

**34.** टेलीफोन ब्रॉडकास्ट किस प्रकार के ट्रांसमिशन का उदाहरण है?
A. सिमप्लेक्स
B. हाफ डुप्लेक्स
C. फुल डुप्लेक्स
D. ऑटोमेटिक

**35.** ब्रॉडबैण्ड तकनीक का उपयोग निम्नलिखित में से किस प्रकार के इंटरनेट कनेक्शन द्वारा किया जाता है?
A. लीज्ड लाइन कनेक्शन
B. डायल–अप कनेक्शन
C. A और B दोनों
D. ISDN कनेक्शन

**36.** विश्व का प्रथम कम्प्यूटर नेटवर्क किसे माना जाता है?
A. I net
B. NSF Net
C. ARPANET
D. V net

**37.** निम्नलिखित में से किस तकनीक में डाटा ट्रांसफर करने के लिए सोर्स डिवाइस और डेस्टिनेशन डिवाइस का लाइन ऑफ साइट में होना आवश्यक है–
A. LAN　　B. ब्लूटूथ
C. WAN　　D. इन्फ्रारेड

# उत्तरमाला

| 1 | 2 | 3 | 4 | 5 | 6 | 7 | 8 | 9 | 10 |
|---|---|---|---|---|---|---|---|---|---|
| D | B | A | A | A | B | B | A | B | D |
| **11** | **12** | **13** | **14** | **15** | **16** | **17** | **18** | **19** | **20** |
| A | D | C | A | A | A | C | A | D | A |
| **21** | **22** | **23** | **24** | **25** | **26** | **27** | **28** | **29** | **30** |
| B | B | A | A | B | D | D | D | C | D |
| **31** | **32** | **33** | **34** | **35** | **36** | **37** | | | |
| A | C | C | B | B | C | D | | | |

❋❋❋

# 4

# इंटरनेट एवं वेब ब्राउजर (Internet and Web Browser)

इंटरनेट शब्द को अगर दो भागों में बाँट दिया जाए तो इंटरनेशनल + नेटवर्क दो शब्द बनते हैं और दोनों शब्दों का मतलब निकाला जाए तो इसका अर्थ आता है अन्तर्राष्ट्रीय जाल अर्थात् ऐसा जाल जिसमें सम्पूर्ण संसार शामिल हो। इंटरनेट दुनियाभर में सार्वजनिक रूप से सुलभ कम्प्यूटर के सुपर नेटवर्क है। इंटरनेट नेटवर्क में हजारों की संख्या में पूरी दुनिया के कम्प्यूटर जुड़े हुए हैं।

इंटरनेट का सफर, 1970 के दशक में, विंट सर्फ (Vint Cerf) और बाब काहन् (Bob Kanh) ने शुरू किया। उन्होंने एक ऐसे तरीके का आविष्कार किया, जिसके द्वारा कम्प्यूटर पर किसी सूचना को छोटे–छोटे पैकेट में तोड़ा जा सकता था और दूसरे कम्प्यूटर में इस प्रकार से भेजा जा सकता था कि वे पैकेट दूसरे कम्प्यूटर पर पहुँच कर पुनः उस सूचना की प्रतिलिपि बना सकें–अर्थात् कम्प्यूटरों के बीच संवाद करने का तरीका निकाला। इस तरीके को ट्रांसमिशन कंट्रोल प्रोटोकॉल {Transmission Control Protocol (TCP)} कहा गया।

सूचना का इस तरह से आदान–प्रदान करना तब भी दुहराया जा सकता है जब किसी भी नेटवर्क में दो से अधिक कम्प्यूटर हों। क्योंकि किसी भी नेटवर्क में हर कम्प्यूटर का खास पता होता है। इस पते को इंटरनेट प्रोटोकॉल पता [Internet Protocol (I.P.) Address] कहा जाता है। इंटरनेट प्रोटोकॉल (I.P.) पता वास्तव में कुछ नम्बर होते हैं जो एक–दूसरे से एक बिंदु के द्वारा अलग–अलग किए गए हैं।

सूचना को जब छोटे–छोटे पैकेटों में तोड़कर दूसरे कम्प्यूटर में भेजा जाता है तो यह पैकेट एक तरह से एक चिट्ठी होती है जिसमें भेजने वाले कम्प्यूटर का पता और पाने वाले कम्प्यूटर का पता लिखा होता है। जब वह पैकेट किसी भी नेटवर्क कम्प्यूटर के पास पहुँचता है तो कम्प्यूटर देखता है कि वह पैकेट उसके लिए भेजा गया है या नहीं। यदि वह पैकेट उसके लिए नहीं भेजा गया है तो वह उसे आगे उस दिशा में बढ़ा देता है जिस दिशा में वह कम्प्यूटर है जिसके लिए वह पैकेट भेजा गया है। इस तरह से पैकेट को एक जगह से दूसरी जगह भेजने को इंटरनेट प्रोटोकॉल [Internet Protocol (I.P.)] कहा जाता है।

अक्सर कार्यालयों के सारे कम्प्यूटर आपस में एक–दूसरे से जुड़े रहते हैं और वे एक–दूसरे से संवाद कर सकते हैं। इसको Local Area Network (LAN) लेन कहते हैं। लेन में जुड़ा कोई कम्प्यूटर या कोई अकेला कम्प्यूटर, दूसरे कम्प्यूटरों के साथ टेलीफोन लाइन या सेटेलाइट से जुड़ा रहता है। अर्थात् दुनियाभर के कम्प्यूटर एक–दूसरे से जुड़े हैं। इंटरनेट, दुनियाभर के कम्प्यूटर का ऐसा नेटवर्क है जो एक–दूसरे से संवाद कर सकता है।

### मोडेम (MODEM–Modulator Demodulator)

जब इंटरनेट को टेलीफोन लाइन के माध्यम से कनेक्ट करते हैं तो मोडेम की आवश्यकता होती है। यह कम्प्यूटर में चल रहे इंटरनेट ब्रोजर और इंटरनेट सर्विस प्रदाता के बीच आवश्यक लिंक हैं। टेलीफोन लाइन पर एनालोग सिग्नल भेजा जा सकता हैं, जबकि कम्प्यूटर डिजिटल सिग्नल देता

है। अतः इन दोनों के बीच सामंजस्य स्थापित करने के लिए मोडेम की आवश्यकता होती है, जो डिजिटल सिग्नल को एनालॉग में और एनालॉग सिग्नल को डिजिटल सिग्नल में रूपांतरित करता है। मोडेम के दोनों ओर कम्प्यूटर और टेलीफोन लाइन से जुड़ा होना आवश्यक होता है। मोडेम से स्पीड को Bit Per Second (BPS), Kilobyte Per Second (KBPS), Megabyte Per Second (MBPS) में मापा जाता है।

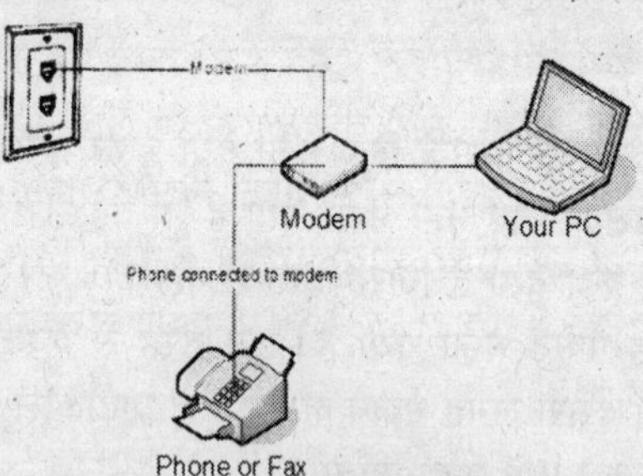


मोडेम मुख्यतः दो प्रकार के होते हैं–

(*a*) **इंटरनल (आंतरिक) मोडेम**–ऐसा मोडेम जो डेस्कटॉप या लैपटॉप में अंदर से ही लगा होता है। ऐसा मोबाइल जिसमें हम इंटरनेट का प्रयोग करते हैं, उसमें इसी प्रकार के मोडेम का इस्तेमाल किया जाता है।

(*b*) **एक्स्टर्नल (बाह्य) मोडेम**–ऐसा मोडेम जिसे डेस्कटॉप या लैपटॉप में बाहर से लगाना पड़ता है। डाटा कार्ड (Photon, IDIA etc) या PCMCI में इस प्रकार के मोडेम का उपयोग किया जाता है।

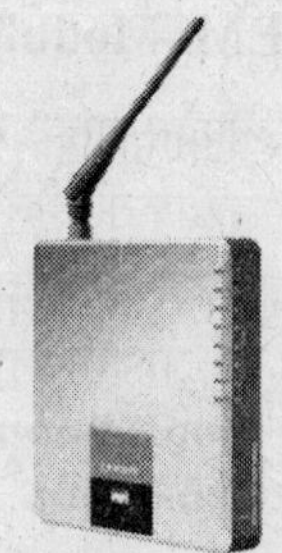

अतः मोडेम एक ऐसा डिवाइस है जो डाटा को पल्स में परिवर्तित करता है तथा उन्हें टेलीफोन लाइन पर संप्रेषित करता है।

## इंटरनेट सॉफ्टवेयर या वेब ब्राउजर

वेब एक विशाल पुस्तक की तरह है तथा वेब ब्राउजर एक सॉफ्टवेयर है जो कम्प्यूटर को इंटरनेट से जोड़ता है। कुछ वेब ब्राउजर निम्नलिखित हैं–

1. नेटस्केप नेविगेटर
2. माइक्रोसॉफ्ट इंटरनेट एक्सप्लोरर
3. मोजिला फायरफोक्स
4. गूगल क्रोम
5. ओपेरा आदि

इन सॉफ्टवेयर का उपयोग कर हम लोग इंटरनेट से जुड़ सकते हैं तथा वेब से अपनी पसंद की जानकारियाँ प्राप्त कर सकते हैं। वेब ब्राउजर का प्रयोग कर हम लोग किसी विशेष पेज या लोकेशन पर उसके पता (Address) को टाइप कर जा सकते हैं। URL (Universal Resources Locater) में प्रयुक्त हो रहे टूल्स और इंटरनेट पता दोनों रहते हैं। जैसे–URL http://www.samidhafoundation.co.cc में टूल्स http (hypertext transfer protocol यह एक प्रोटोकॉल अर्थात् एक पूर्व से निर्धारित नियम है जिसका काम संकेत को दिए गए इंटरनेट पता पर भेजना है) है और इंटरनेट पता www.samidhafoundation.co.cc है।

## इंटरनेट के लिए आवश्यक उपकरण

हम देखेंगे कि कम्प्यूटर पर इंटरनेट शुरू करने से पहले हमें किन–किन चीजों की आवश्यकता होती हैं–

- कम्प्यूटर या मोबाइल (जो G.P.R.S. सपोर्ट करता हो)
- टेलीफोन या मोबाइल सिम कार्ड
- मोडेम

• सॉफ्टवेयर जिसकी मदद से इंटरनेट पर काम किया जाता है।

**कम्प्यूटर या मोबाइल** (जो G.P.R.S. सपोर्ट करता हो)–बाजार में मिलने वाले घरेलू उपयोग वाले सभी कम्प्यूटर को इंटरनेट से जोड़ा जा सकता है। अगर आप अपने मोबाइल में इंटरनेट का उपयोग करना चाहते हैं तो मोबाइल लेने से पहले यह सुनिश्चित कर लेना जरूरी है कि वह मोबाइल फोन G.P.R.S. सपोर्ट करता है या नहीं। बस जो फोन G.P.R.S. सपोर्ट कर सकता है उसी में इंटरनेट का उपयोग किया जा सकता है।

**टेलीफोन या मोबाइल सिम कार्ड**–कम्प्यूटर द्वारा बनने वाले डिजिटल सिग्नल को टेलीफोन लाइन वाले एनालॉग सिग्नल के माध्यम से ही एक जगह से दूसरी जगह भेजा जाता है। इस कारण इंटरनेट के इस्तेमाल के लिए एक फोन लाइन का होना अति आवश्यक होता है। नया फोन लेते वक्त कुछ खास बातों पर ध्यान देना होता है।

• हम जिस कंपनी का फोन लेने जा रहे हैं। वह इंटरनेट सेवा प्रदान करता है या नहीं।
• कंपनी स्वयं मोडेम प्रदान करता है या नहीं।
• कंपनी किस प्रकार की सेवा मुहैया करवाता है जैसे ब्रॉडबैंड, डायलअप, लीज्ड लाइन आदि।
• फोन प्रदाता कम्पनी किस प्रकार अपना बिल लेता है। मसलन मासिक चार्ज कितना लेती है, उसमें कितना डाउनलोड्स मुफ्त मिलता है। अतिरिक्त डाउनलोड होने पर चार्ज कितना लिया जाता है आदि।

मोबाइल में डिजिटल सिग्नल को टेलीफोन लाइन वाले एनालॉग सिग्नल के माध्यम से एक जगह से दूसरी जगह भेजने के लिए सिम कार्ड का उपयोग किया जाता है। मोबाइल में सिम कार्ड लेते वक्त ये जानकारी प्राप्त करना जरूरी होता है कि सिम कार्ड वाली कंपनी इंटरनेट सेवा देती है या नहीं और देती है तो उसके चार्ज कितने होते हैं।

**मोडेम**–अगर फोन प्रदाता कंपनी आपको मोडेम प्रदान नहीं कर रही हैं तो आपको बाजार से मोडेम खरीदना होगा। यहाँ आपको इस बात पर ध्यान देना होगा कि फोन सेवा देने वाली कंपनी अधिकतम कितने स्पीड का इंटरनेट सेवा प्रदान करती है। उसी के आधार पर आपको मोडेम लेना पड़ता है।

मोबाइल फोन जिसमें G.P.R.S. सुविधा होती है। मोडेम आंतरिक तौर पर ही लगा होता है। इस कारण हम मोबाइल में तो इंटरनेट उपयोग कर ही सकते हैं। इसके साथ ही हम मोबाइल को कम्प्यूटर से जोड़कर फोन और मोडेम जैसा भी उपयोग कर सकते हैं।

इसके साथ ही बाजार में बहुत डाटा कार्ड भी उपलब्ध है जिसका उपयोग हम सीधे तौर पर मोडेम और टेलीफोन जैसा कर सकते हैं। इसमें भी मोबाइल जैसे टेलीफोन और मोडेम दोनों का एक साथ उपयोग करने के लिए सिम कार्ड की जरूरत होती है। डाटा कार्ड भी मोबाइल जैसा मुख्यतः दो प्रकार का होता है।

(*a*) GSM (ग्रुप स्पेशल मोबाइल)

(*b*) CDMA (कोड डिवीजन मल्टीपल एक्सेस)

सॉफ्टवेयर जिसकी मदद से इंटरनेट पर काम किया जाता है–

इंटरनेट पर काम करने के लिए एक विशेष प्रकार के एप्लीकेशन सॉफ्टवेयर की आवश्यकता होती है। जिसके उपयोग से ही हम इंटरनेट पर काम कर सकते हैं। जब उपरोक्त सभी सामग्री उपलब्ध हो जाए तब ही इंटरनेट प्रारम्भ करना सम्भव हो सकता है।

## इंटरनेट का उपयोग (Use of Internet)

1. वर्ल्ड वाइट वेव (World Wide Web)
2. ई–कॉमर्स (E-Commerce)
3. ऑनलाइन शॉपिंग (Online Shopping)
4. इलेक्ट्रॉनिक मेल (Electronic mail)
5. बातचीत करना (Chatting)
6. यूजनेट (Usenet)
7. फाइल ट्रांसफर प्रोटोकॉल (FTP–File Transfer Protocol)
8. वीडियो कॉन्फरेसिंग (Video Conferencing)
9. टेलीनेट (Telenet)
10. मनोरंजन (Entertainment)

## इंटरनेट संबंधित प्रोटोकॉल (Internet Related Protocols)

किसी नेटवर्क पर सूचनाओं का आदान–प्रदान करने के लिए कुछ निश्चित नियम होते हैं, जिन्हें प्रोटोकॉल (Protocol) कहा जाता है। इंटरनेट भी इसका अपवाद नहीं है, क्योंकि यह संसार का सबसे बड़ा नेटवर्क है। इसका भी अपना एक प्रोटोकॉल है, जिसको TCP/IP कहा जाता है, जिसका पूरा नाम Transmission Control Protocol/Internet Protocol है।

TCP/IP एक डाक विभाग की तरह कार्य करता है। कंप्यूटरों का परस्पर त्रुटिहीन संचार सुनिश्चित करने के लिए दो प्रकार की आवश्यकताएँ होती हैं: (1) पता, (2) सूचना पहुँचाने या प्राप्त करने के लिए एक सुरक्षित माध्यम। TCP मूलतः सूचना के आदान–प्रदान के लिए उसको छोटे–छोटे पैकेट्स में विभाजित करने, उनके पुनः संयोजन (reassemble) और सुरक्षित पहुँचाने के लिए नियम है।

IP उस पर गंतव्य स्थान का पता लिखने की औपचारिकता को पूरा करता है। पते को हम मानकीकृत रूप में use@host.domain के रूप में लिखते हैं। इसमें इन्टरनेट से जुड़े सभी कंप्यूटर्स अथवा websites का एक Main Adress दिया जाता है, जिसकों IP address कहते हैं। यह कंप्यूटर की पहचान है। इसके चार भाग होते हैं, तथा ये दशमलव से अलग होते हैं, जिसमें सभी भाग में 0 से 255 तक की एक संख्या होती है। उदाहरण के लिए, 192.168.210.15. किसी भी दो कंप्यूटर्स या वेबसाइटों का IP पता एक जैसा नहीं हो सकता है। यह सभी प्रकार के हार्डवेयर एवं सॉफ्टवेयर पर लागू होता है। प्रत्येक डिवाइस (जैसे, कंप्यूटर, सर्वर, प्रिंटर, स्मार्टफोन) का एक यूनिक एड्रेस होता है और कम्युनिकेशन के लिए वे इंटरनेट प्रोटोकॉल का उपयोग करते हैं।

TCP/IP के डिजाइनर ने IP ऐड्रेस को एक 32 बिट नम्बर के रूप में परिभाषित किया और इंटरनेट प्रोटोकॉल वर्जन 4 या IPv4 के नाम से जानी जाने वाली यह प्रणाली, आज भी उपयोग में है। बाद में इंटरनेट के व्यापक विकास और इसके परिणामस्वरूप उपलब्ध पतों की कमी के कारण, 1995 में एड्रेस के लिए 128 बिट का उपयोग करके एक नया परिचयन सिस्टम (IPv6) विकसित किया गया।

TCP के स्थान पर User Datagram Protocol (UDP) का भी प्रयोग किया जा सकता है। IP एवं UDP को कनेक्शनलेस प्रोटोकॉल्स भी कहा जाता है।

## अन्य महत्त्वपूर्ण प्रोटोकॉल्स

- **HTTP (HyperText Transfer Protocol):** वेब ब्राउजर और वेबसर्वर के मध्य संचार को स्थापित करने हेतु।
- **IMAP (Internet Message Access Protocol):** ई–मेल सर्वर और उपभोगकर्त्ता के मध्य संचार हेतु। इसके स्थान पर कई जगह Post Office प्रोटोकॉल का भी प्रयोग किया जाता है।
- **SSL (Secure Sockets Layer):** इंटरनेट के द्वारा निजी दस्तावेजों को सम्प्रेषित करने हेतु।
- **FTP (File Transfer Protocol):** डेटा फाइलों को एक कंप्यूटर से दूसरे कंप्यूटर पर भेजने हेतु।
- **TFTP (Trivial File Transfer Protocol):** नेटवर्क यंत्रों के बीच डेटा फाइलों को स्थानान्तरित करने हेतु।
- **SMTP (Simple Mail Transfer Protocol):** नेटवर्क आधारित ई–मेल को पहले APRANET पर FTP की सहायता से प्रेषित किया जाता था, अब यही कार्य SMTP के द्वारा किया जाता है।
- **SGML (Standardised General Markup Language):** इसकी एक भाषा कहना ठीक नहीं है। वस्तुतः एक मेटा भाषा है, जो कि एक दस्तावेज के आयोजन और टैगिंग के लिए दिशा निर्देश के बारे में है। SGML को वर्ष 1986 में International Organization for Standards (ISO) ने विकसित किया था। यह किसी विशेष फॉर्मेटिंग को परिभाषित नहीं करता। यह टैगिंग तत्वों के लिए नियमों को निर्दिष्ट करता है।

**टेलनेट (TelNet):** इस सुविधा से कोई व्यक्ति इंटरनेट से जुड़े दूरस्थ दूसरे कंप्यूटर से डेटा प्राप्त कर सकता है। इसको 'रिमोट लोग इन' भी कहा जाता है।

**यूजनेट (UseNet):** इस सेवा का प्रयोग लोगों के सूमह द्वारा अपनी पसन्द के किसी विषय पर अपनी राय या सूचना देने के लिए किया जा सकता है। इस सम्बद्ध में हम न्यूज ग्रुप तथा न्यूज सर्वर शब्दों का प्रयोग करते हैं।

**पुश नेट (Push Net):** इससे संदेश इलेक्ट्रॉनिक बुलेटिन बोर्ड पर भेजा जा सकता है, जहाँ पर वह सबके लिए उपलब्ध रहता है।

## सर्च इंजन (Search Engine)

सर्च इंजन एक ऐसा प्रोग्राम है, जो इंटरनेट पर उपलब्ध सूचनाओं में से किसी विशेष सूचना को ढूँढकर कंप्यूटर स्क्रीन पर प्रदर्शित करता है। हमें किसी संस्थान, वस्तु, व्यक्ति, विषय आदि किसी के बारे में कुछ भी सूचना प्राप्त करनी है, तो हम इस सर्च टूल का प्रयोग करते हैं। गूगल, याहू, अल्टाविस्टा, लाइकोस, होटबोट, आदि अनेक उदाहरण हैं।

मेटासर्च इंजन (Metasearch engine) या जिसको एग्रीगेटर (aggregator) एक ऐसा सर्च उपकरण है जो अपने स्वयं के परिणाम दर्शाने के लिए दूसरे सर्च इंजन के डेटा का उपयोग करता है। मेटाक्रॉलेर, हॉटबोट, डॉगपाइल, आदि मेटा सर्च इंजन के उदाहरण हैं।

## वेबसाइट (Website)

यह वेब पेज और अन्य जानकारी (चित्र, ध्वनि और वीडियो फाइल, आदि) का समूह है, जो कि एकल वेब सर्वर के माध्यम से हमें उपलब्ध होती हुई प्रतीत होती है। दूसरी तरफ यूआरएल, इंटरनेट पर किसी संसाधन का पता है। वर्ल्ड वाइड वेब URL की शुरुआत http:// से होती है।

## पोर्टल (Portal)

इसका अर्थ Gateway होता है, जो कि एक वेब ब्राउजिंग का प्रारम्भिक चरण है। प्रायः ऐसे सर्च इंजन या वेबसाइटों की बड़ी डायरेक्टरियाँ होती हैं। पोर्टल का मुख्य कार्य यूजर को उसकी रुचि अनुसार कुछ वेबसाइटों की सूची प्रदान करना है, परन्तु आजकल ये बहुत सारी सूचनाएँ एवं सेवाएँ भी उपलब्ध कराते हैं।

## पोर्टल्स के प्रकार

1. Web Searching Portals
2. E-Commerce Portals
3. E-Learning Portals
4. Government Portals, आदि

## ब्लॉग (Blog)

ब्लॉग शब्द का उद्‌गम लाग अर्थात डायरी है। ब्लॉग एक तरह की वेबसाइट होती है, हम अपने विचार, अनुभव और सुझाव दूसरों के समक्ष ब्लॉग के माध्यम से क्रमिक रूप से रख सकते हैं।

आप अगर ब्लॉग में काम करते हैं, तो उसे ब्लॉगिंग (blogging) कहते हैं और जो ब्लॉग लिखता है उसे ब्लॉगर (blogger) कहते हैं। ब्लॉगस्पॉट (blogspot) गूगल के द्वारा ही जारी किया गया एक प्लेटफार्म है। गूगल आपको फ्री में ब्लॉग डालने की अनुमति देता है।

ब्लॉग के माध्यम से तत्काल प्रतिपुष्टि एवं सहभागिता सुनिश्चित की जा सकती है।

एक शिक्षक एडुबलोग्स के माध्यम से शिक्षण अधिगम प्रक्रिया को और प्रभावी बना सकता है, इसमें शिक्षा के नीति निर्धारकों का भी योगदान हो सकता है। इससे विद्यार्थी परस्पर चर्चा कर सकते हैं जिसमें शिक्षक की भूमिका एक सुगमकर्त्ता की बन जाती है। कुछ ब्लॉग सबके लिए मुक्त (open) है, कुछ को पासवर्ड से सुरक्षित किया जा सकता है।

**फ्री ब्लॉग होस्टिंग (Free Blog Hosting):** wordpress selva, blogger, tumblr

**ब्लॉग होस्ट्स विद फीस (Blog Hosting with Fees):** GoDaddy, Bluehost, Hostgator, hostmonster

**आरएसएस (RSS):** इस वेब उपकरण की सहायता से आप सूचना को दूसरी कुछ वेबसाइटों से एकत्रित कर अपनी वेबसाइट पर दिखा सकते हैं। इससे शिक्षक और विद्यार्थी के पास कई विषय–वस्तुओं के बारे में विस्तृत जानकारी इकट्ठी हो जाती है, विशेषतया समसामयिक घटनाओं के बारे में। यह एक प्रकार से किसी विषय–वस्तु पर अनुसन्धान जैसा बन जाता है, जिसमें कई पहलू कवर किए जा सकते हैं। आप

इसके बारे में और अधिक जानकारी प्राप्त करने हेतु rssfeedreader.com पर जा सकते हैं।

## इंटरनेट चैटिंग (Internet Chatting)

चैटिंग इंटरनेट पर की जाने वाली एक रोचक क्रिया है। **यह** टेलीफोन पर बात करने के समान है। अंतर केवल **यह है कि** बोलने की जगह हम अपनी बात या संदेश की बोर्ड **पर टाइप** करते हैं, तो तत्काल ही प्राप्तकर्ता के मॉनीटर की स्क्रीन पर तुरंत ही दिया जाता है। तब प्राप्तकर्त्ता अपने कीबोर्ड पर उसका उत्तर टाइप करता है, जो हमारे मॉनीटर की स्क्रीन पर तुरंत ही दिखा दिया जाता है। इस प्रकार बातचीत तब तक चलती रहती है जब तक आप चाहते हैं। इस तरह चैटिंग को टेक्स्ट चैट कहा जाता है।

चैटिंग चैट समूहों में की जाती है। किसी चैट समूह को चैनल भी कहा जाता है। चैनल सामान्यतः विशेष विषयों पर केन्द्रित होते हैं जैसे– राजनीति, खेल, संगीत, फिल्म आदि। प्रत्येक चैनल का नाम '#' चिन्ह से प्रारंभ होता है। उदाहरण के लिये #politics एक चैनल भी हो सकता है, जो राजनीति पर केन्द्रित हो। यदि कोई उपनाम '@' चिन्ह से प्रारंभ हो रहा हो, जैसे– @robotman, तो वह किसी व्यक्ति के बजाय उस प्रोग्राम का नाम होता है, जो उस चैट समूह को संचालित या व्यवस्थित करता है।

## वीडियो कॉन्फ्रेंसिंग (Video Conferencing)

वीडियो कॉन्फ्रेंसिंग के द्वारा दो या दो से अधिक व्यक्ति विश्व के किसी भी भाग में बैठकर audio-video रूप में आपस में Interaction कर सकते हैं, अर्थात् आसानी से एक–दूसरे से बातचीत कर सकते हैं। वीडियो कॉन्फ्रेंसिंग कम्युनिकेशन की एक आधुनिक एवं नई टेक्नोलोजी है। इसमें कई दूर सम्प्रेषण (Remote communication) तकनीकियों का उपयोग किया जाता है। वीडियो कॉन्फ्रेंसिंग अन्य दूर सम्प्रेषण विधियों से अलग है क्योंकि जहाँ दूर सम्प्रेषण तकनीकों में केवल ध्वनि को ही एक स्थान से दूसरे स्थान पर संचारित किया जाता है वहीं वीडियो कॉन्फ्रेंसिंग से आवाज के साथ चित्र भी दिखाई देते हैं। वीडियो कॉन्फ्रेंसिंग में ऐसा लगता है कि जैसे दो व्यक्ति आमने–सामने बैठकर ही बातें कर रहे हैं।

## वीडियो कॉन्फ्रेंसिंग के लाभ (Advantages of Video Conferencing):

वीडियो कॉन्फ्रेंसिंग के मुख्य लाभ निम्न हैं:

1. Teleseminars
2. Teacher's Conference
3. E-Learning
4. Help From Experts
5. Guest Lectures
6. Study during Vacations
7. E-Tutor
8. Helpful in Research
9. Directing and consulting

## वीडियो कॉन्फ्रेंसिंग के दोष (Disadvantages of Video Conferencing):

वीडियो कॉन्फ्रेंसिंग के उपर्युक्त कई लाभ हैं लेकिन फिर भी तकनीक के कुछ दोष हैं जो निम्न हैं–

1. Costly technique
2. Complex process
3. Use of Internet
4. Proper training requirement

## ई-बैंकिंग (e-Banking)

ई–बैंकिंग एक अदृश्य है जो किसी को नजर नहीं आता है। परंतु यह बहुत काम की चीज है। जिस प्रकार भूत किसी को नजर नहीं आता है। जब भी किसी को भी डरा देता है। बिल्कुल ई–बैंकिंग भी ठीक वैसा ही है। किसी को नजर नहीं आता है, जब भी यह पूरा काम कर देता है। अब ई–बैंकिंग क्या है इसकी परिभाषा बता रहा हूँ।

किसी भी बैंक द्वारा प्रदान की जा रही सेवाओं को किसी भी स्थान से कंप्यूटर, मोबाइल के द्वारा इन्टरनेट के माध्यम से प्रयोग करना ई–बैंकिंग कहते हैं। इस ई–बैंकिग को कई नामों से जानते है जैसे ई–बैंकिंग, इंटरनेट बैंकिंग, मोबाइल बैंकिंग।

## बैंकिग के प्रकार

बैंकिंग के निम्नलिखित प्रकार होते हैं–

- **इंटरनेट बैंकिंग:** यह बैंकिंग इंटरनेट के माध्यम से होती है इसलिए इसे इंटरनेट बैंकिंग कहते है। इसे ई बैंकिंग के नाम से भी जानते है।
- **मोबाइल बैंकिंग:** बैंकिंग कार्य को किसी मोबाइल एप्प पर करते है तो इस बैंकिंग को मोबाइल बैंकिंग कहते है। मोबाइल बैंकिंग को बढ़ावा देने के लिये सभी बैंक अपना–अपना एप्प निकालते हैं। जिससे मोबाइल बैंकिग बहुत तेजी से आगे बढ़ रहा है।
- **टेलीफोन बैंकिंग:** यह भी बैंकिंग का एक रूप है। परंतु एक पुराना तरीका है। इसका इस्तेमाल बहुत कम होता है। यह बैंकिंग टेलीफोन पर होता था।
- **एसएमएस बैंकिंग:** जिस बैंकिंग कार्य को एसएमएस के द्वारा किया जाता है, उसे एसएमएस बैंकिंग कहते हैं।

## ई–बैंकिग के कार्य:

- ई–बैंकिंग से एक खाते से किसी अन्य के खाते में पैसे भेज सकते हैं।
- ई–बैंकिग से अपने खाते की शेष राशि की जानकारी प्राप्त कर सकते हैं।
- ई–बैंकिंग की मदद से आप अपने बैंक खाते के लेन–देन के स्टेटमेंट देख सकते हैं।
- शेयर बाजार और अन्य विभिन्न निवेश ऑनलाइन कर सकते हैं।
- बस, रेल व अन्य टिकट इंटरनेट से बुक करवा सकते हैं।
- ऑनलाइन DD डिमांड ड्राफ्ट के लिये फॉर्म भर सकते हैं।
- अपने लोन और अन्य खातों का विवरण देख सकते हैं।

## वस्तुनिष्ठ प्रश्नोत्तर

**1.** w.w.w. से शुरू होने वाला पता किससे सम्बन्ध रखता है?

A. मोडेम से B. इंटरनेट से
C. टेलीफोन से D. वेबसाइट से

**2.** दूर बैठे व्यक्ति इंटरनेट के द्वारा सम्पर्क कर वस्तुओं एवं सेवाओं की खरीद–बिक्री तथा लेन–देन का कार्य किस तरह से करते हैं?

A. ई–कॉमर्स के माध्यम से
B. इंटरनेट के माध्यम से
C. ई–मेल के माध्यम से
D. वेबसाइट के माध्यम से

**3.** वेबसाइट का address निम्नलिखित में से कहलाता है–

A. User ID
B. URL
C. Time Stamp
D. उपर्युक्त सभी

**4.** एक कम्प्यूटर का डाटा दूर स्थित किसी अन्य कम्प्यूटर पर इंटरनेट से भेजने के लिए निम्न में किसका प्रयोग किया जाता है?

A. टैलेक्स B. मॉडेम
C. फैक्स D. टेलीग्राफ

**5.** भारत में इंटरनेट की सेवाएँ किसके द्वारा उपलब्ध हो रही हैं?

A. BSNL के द्वारा
B. MTNL के द्वारा
C. उपर्युक्त दोनों के द्वारा
D. WLL के द्वारा

**6.** मोडेम का पूरा नाम क्या है?

A. मोडूलेटर डिमोडूलेटर
B. मोडूलेटर डिमोडूलेशन
C. मोडूलेटर डिस्कशन
D. उपर्युक्त सभी

**7.** ई–मेल का पूरा नाम क्या है?

A. इंग्लिश मेल B. इलेक्ट्रिक मेल

C. इलेक्ट्रॉनिक मेल D. इसेन्सियल मेल

**8.** इंटरनेट का पूरा नाम है–

A. इंटरकांटिनेंटल नेटवर्क

B. इंटरनेशनल नेटवर्क

C. इंटरनल नेटवर्क

D. इंटरकॉम नेटवर्क

**9.** वह युक्ति जिसके द्वारा आंकड़ों को टेलीफोन के माध्यम से बाइनरी सिग्नलों की सहायता से भेजा जाता है, कहलाता है–

A. मोडेम B. मॉनीटर

C. माउस D. O.C.R.

**10.** 'सूचना राजपथ' किसे कहते हैं?

A. ई–मेल को B. पेजर को

C. सेल्यूलर फोन को D. इंटरनेट को

**11.** ई–मेल (E-Mail) का जन्मदाता किसे माना जाता है?

A. बिल गेट्स B. टिमोथी बिल

C. लिंकन गोलिटसबर्ग D. रे टॉमलिंसन

**12.** www. का पूर्ण रूप है–

A. वेब वर्किंग विंडो B. विंडो वर्ल्ड वाइड

C. वर्ल्ड वाइड वेब D. वर्ल्ड वर्किंग वेब

**13.** www. के आविष्कारक तथा प्रवर्तक हैं–

A. बिल गेट्स B. ली.एन. फियोंग

C. एन रसेल D. टिमबर्नर्स ली

**14.** याहू, गूगल एवं MSN हैं–

A. इंटरनेट साइट्स

B. कम्प्यूटर ब्राण्ड

C. स्विट्जरलैंड निर्मित घड़ियाँ

D. शनि ग्रह के छल्ले

**15.** निम्नलिखित में कौन–सी सूचना प्रौद्योगिकी शब्दावली नहीं है?

A. साइबर स्पेस B. अपलोड

C. प्रकाश भण्डारण D. मोडेम

**16.** वेब पेज/पृष्ठ को रीलोड करने हेतु.........बटन दबाएं।

A. रीडू B. रीलोड

C. रिस्टोर D. सीटीआरएल (Ctrl)

**17.** इंटरनेट के जरिये लिंकों के संग्रहण से एक इंटर कनेक्टेड नेटवर्क सृजित हो जाता है, उसे ........... कहा जाता है।

A. डब्ल्यू डब्ल्यू डब्ल्यू

B. वेब

C. वर्ल्डवाइड वेब

D. उपर्युक्त सभी

**18.** .............में कई कम्प्यूटर्स का समावेश है जो संसाधन और डाटा शेयर करने हेतु एकत्रित जोड़े जाते हैं।

A. इंटरनेट B. नेटवर्क

C. बैंकबोन D. हाइपरलिंक

**19.** क्लासरूम में न जाते हुए कम्प्यूटरों के विषय में अध्ययन के लोकप्रिय तरीके को ......... कहा जाता है।

A. आइ–लर्निंग B. आइसोलेटेड लर्निंग

C. ई–लर्निंग D. क्लोज लर्निंग

**20.** एक व्यक्ति जिसकी विशेषज्ञता अन्य व्यक्तियों के कम्प्यूटर्स से जानकारी गैरकानूनी तरीके से या उसे डैमेज करने हेतु..............से एक्सेस प्राप्त किया जाता है।

A. स्पैमर B. हैकर

C. तत्काल संदेशवाहक D. प्रोग्रामर

**21.** .............फोल्डर संदेशों की कापियाँ रखता है जिन्हें आपने आरंभ किया है तथापि भेजने हेतु तैयार नहीं है–

A. इन बॉक्स

B. आउट बॉक्स

C. ड्रॉफ्ट्स

D. सेंट/भेजे गए आइटम्स

**22.** उनकी पहचान/आइडेंटिटी को गलत दिखलाने/झुठलाने के जरिए व्यक्तियों द्वारा ..............प्रयास है, ताकि आपसे गोपनीय सूचनाएं प्राप्त की जा सकें।

A. फिशिंग ट्रिप्स B. कम्प्यूटर वायरस्पेस

C. स्पायवेयर स्कैम्स D. फिशिंग स्कैन्स

**23.** निम्न में से कौन–सा सत्य नहीं है?

A. चैटिंग ई–मेल के समान है

B. चैटिंग केवल एक व्यक्ति के साथ की जा सकती है

C. चैटिंग में बहुत से लोग शामिल हो सकते हैं

D. चैटिंग इलेक्ट्रॉनिक संवाद है

**24.** ई–मेल पते के दो भाग कौन–से हैं?

A. यूजर नाम और गली का नाम

B. विधिक नाम और फोन नंबर

C. इनीशियल और पासवर्ड

D. यूजर नाम और डोमेन नाम

**25.** ई–मेल भेजना किसके समान है?

A. पत्र लिखना B. तस्वीर बनाना

C. फोन पर बात करना D. पैकेज भेजना

**26.** ब्राउजर क्या करता है?

A. पुस्तकालय में पत्रिकाओं और किताबों में ढूँढता है

B. सामग्री को वास्तव में तेजी से पढ़ता है

C. आपका समय बर्बाद करता है

D. यह वेब पेज देखने के लिए प्रयुक्त एक सॉफ्टवेयर है

**27.** अधिकांश वेबसाइट में मेन पेज, .............. होता है जो शेष वेब साइट पेजेज के डोरवे का काम करता है।

A. सर्च इंजन B. होम पेज

C. ब्राउजर D. URL

**28.** ई–मेल अकाउंट में एक स्टोरेज एरिया होता है जिसे अक्सर ..........कहते हैं।

A. अटैचमेंट B. हाइपरलिंक

C. मेल–बॉक्स D. IP एड्रेस

**29.** मॉडेम किससे जुड़ा होता है?

A. प्रोसेसर B. मदर बोर्ड

C. प्रिंटर D. फोन लाइन

**30.** आप इंटरनेट से ............

A. इलेक्ट्रॉनिक मेल भेज सकते हैं

B. वेब पेज देख सकते हैं

C. पूरे विश्व में सर्वर से जुड़ जाते हैं

D. उपरोक्त सभी

**31.** 'स्पैम' (Spam) किस विषय से सम्बन्धित शब्द है?

A. कम्प्यूटर B. कला

C. संगीत D. खेल

**32.** निम्नांकित में से कौन–सी सूचना प्रौद्योगिकी पारिभाषिकीय नहीं है?

A. लॉग इन B. मोडेम

C. पासवर्ड D. पिनाका

**33.** भारत में सर्वप्रथम दिखाई देने वाला कम्प्यूटर वायरस है–

A. सी–ब्रेन B. कोलम्बस

C. मैक बग D. इनमें से कोई नहीं

**34.** जब इंटरनेट का उपयोग संदेश प्रेषित करने में किया जाता है तो यह सुविधा कहलाती है–

A. साइबर स्पेस

B. निकनेट

C. ई–मेल

D. आईनेट

**35.** इनमें से कौन–से कम्प्यूटर में वायरस नहीं है?

A. बनहाफ B. मंकी

C. चंगू–मंगू D. मनोज

**36.** .................में माइकेल एंजेलो नामक वायरस विश्व में चिन्ता का कारण बना हुआ था।

A. 1999 B. 1992

C. 1994 D. 1993

**37.** ई–मेल क्या है?

A. एक इंटरनेट स्टैण्डर्ड जो यूजर को फाइल्स अपलोड और डाउनलोड करने देता है

B. एक ऑनलाइन एरिया जिसमें यूजर किसी खास विषय के बारे में लिखित रूप से चर्चा करता है

C. कम्प्यूटर नेटवर्क के माध्यम से संदेशों तथा फाइलों का ट्रांसमिशन

D. एक रियल टाइम टाइप्ड कनवर्सेसन

**38.** चैट क्या है?
A. एक इंटरनेट स्टैण्डर्ड जो यूजर को फाइल्स अपलोड और डाउनलोड करने देता है
B. एक ऑनलाइन एरिया जिसमें यूजर किसी खास विषय के बारे में लिखित रूप से चर्चा करता है
C. कम्प्यूटर नेटवर्क के माध्यम से संदेशों तथा फाइलों का ट्रांसमिशन
D. एक रियल टाइम टाइप्ड कनवर्सेसन

**39.** गोपनीय कोड जो कुछ प्रोग्रामों में प्रविष्टि प्रतिबंधित करता है..............
A. पासवर्ड B. पासपोर्ट
C. एन्ट्रीकोड D. एक्सेस कोड

**40.** इंटरनेट पर सर्वर से सूचना पाने के कम्प्यूटर के प्रोसेस को .............. कहते हैं।
A. पुलिंग B. पुशिंग
C. डाउनलोडिंग D. ट्रांसफरिंग

**41.** ई–मेल भेजना निम्नलिखित के समान है–
A. किसी घटना का चित्र बनाना
B. कहानी सुनाना
C. पत्र लिखना
D. चित्र का सृजन करना

**42.** पासवर्ड से प्रयोक्ता–
A. जल्दी से सिस्टम में जा सकते हैं
B. समय का दक्ष प्रयोग कर सकते हैं
C. गोपनीयता बरकरार रख सकते हैं
D. ढाचों को सरल कर सकते हैं

**43.** यूजर IDs और पासवर्ड के संबंध में निम्न में से कौन–सा सत्य नहीं है?
A. जब आप अपना यूजर ID और पासवर्ड एंटर करते हैं तो कम्प्यूटर जानता है कि यह आप हैं
B. यदि आपका कम्प्यूटर यूजर ID और पासवर्ड मांगता है तो आप स्वयं का बना सकते हैं
C. सुरक्षा कारणों से कभी–कभी आपको यूजर ID और पासवर्ड एसाइन किया जाता है
D. आपको अपने यूजर ID और पासवर्ड को कम–से–कम एक व्यक्ति के साथ शेयर करना चाहिए।

**44.** वेब ................ में एक से ज्यादा वेब पेज होते हैं जो वेब सर्वर पर स्थित होते हैं।
A. हब B. साइट
C. स्टोरी D. टेम्पलेट

**45.** खरीदारों के लिए अपने कम्प्यूटर का प्रयोग करते हुए..............के माध्यम से खरीददारी करना संभव है।
A. ई–वर्ल्ड B. ई–कॉमर्स
C. ई–स्पेंड D. ई–बिजनेस

**46.** ............वह डिवाइस है जो दो या अधिक नेटवर्कों को जोड़ता है।
A. गेटवे B. पाथवे
C. रोडवे D. बस

**47.** ............HTTP का उपयोग करती है।
A. वर्कबुक B. सर्वर
C. वर्कशीट D. वेबपेज

**48.** w.w.w............. प्रोटोकॉल का उपयोग करता है।
A. FTP B. HTTP
C. WBC D. MTP

**49.** एक वेबसाइट समूह है............।
A. HTML डॉक्यूमेंट का
B. ग्राफिक फाइलों का
C. लॉक कुंजी
D. उपर्युक्त सभी

**50.** 'स्पैम' निम्नलिखित में से किसे कहते हैं?
A. डिलीटेड ई–मेल
B. अनसॉलिसिटेड ई–मेल
C. इनकमिंग ई–मेल
D. व्यूड ई–मेल

**51.** कोई वेबसाइट एक्सेस करने पर सबसे पहले जो पेज या मेन पेज दिखाई पड़ता है उसे क्या कहते हैं?
A. Master Page B. Home Page
C. First Page D. Banner Page

**52.** निम्नलिखित में से कौन–सा कथन सत्य है?
A. इंटरनेट से जुड़ा कोई कम्प्यूटर इंटरनेट से जुड़े किसी अन्य कम्प्यूटर से जुड़ सकता है।

B. हाइपरटेक्स्ट को हाइपरलिंक के नाम से भी जाना जाता है।

C. प्रोटोकॉल नियमों एवं कानूनों का एक सेट नहीं है।

D. इंटरनेट एक Commercial Information Service भी है।

**53.** नेटवर्क पर दस्तावेजों की अदला–बदली के लिए जरूरी नहीं है–

A. फ्लॉपी B. टेलीफोन लाइन
C. कनेक्टर D. उपग्रह

**54.** कम्प्यूटर को इंटरनेट में जोड़ने में मदद करता है–

A. ब्राउजर B. नेट फिट
C. विंडोज–95 D. केबल

**55.** '.org' का सम्बन्ध किस क्षेत्र से है?

A. शिक्षा B. गैर–व्यावसायिक
C. व्यावसायिक D. संगठन

**56.** '.com' डोमेन का संबंध है:

A. व्यक्तिगत विशेषता B. कला से संबंधित
C. व्यापारिक संस्था D. सूचना से संबंधित

**57.** भारत में इंटरनेट की शुरुआत कब हुई?

A. 15 अगस्त, 1995 B. 9 अगस्त, 1955
C. 8 अगस्त, 1994 D. 7 अगस्त, 1996

**58.** भारत में इंटरनेट की सुविधा कब से प्रारम्भ हुई थी?

A. अगस्त, 1992 B. 1993
C. 1994 D. 1995

**59.** संचार के उद्देश्य से कम्प्यूटर में क्या प्रयोग होता है?

A. नेटसर्फिंग B. सॉफ्टवेयर
C. भाषा D. मॉडम

**60.** इंटरनेट से सम्बन्धित एफ.टी.पी. शब्द का पूरा मतलब क्या है?

A. फाइल ट्रांसफर प्रोटोकाल
B. फाइल ट्रांसफर प्रॉब्लम
C. फाइल ट्रांसफर प्रीवियस
D. फाइल ट्रांसफर परफेक्ट

**61.** वेब पेज का एक वर्ड जिसे क्लिक करने पर दूसरा डॉक्यूमेंट खुलता है, उसे .......... कहते हैं।

A. एंकर B. हाइपरलिंक
C. रेफरेन्स D. URL

**62.** इंटरनेट बैंकिंग का क्या अर्थ है?

A. नेट पर बैंकों की बैठक
B. नेट प्रैक्टिस
C. इंटरनेट के जरिए बैंकिंग
D. विदेशों के साथ संव्यवहार

**63.** निम्नलिखित में से कनेक्टिविटी का उदाहरण कौन–सा है?

A. इंटरनेट B. फ्लॉपी डिस्क
C. पॉवर कॉर्ड D. डाटा

**64.** ई–मेल भेजते समय .............. की लाइन संदेश की विषय–वस्तु के बारे में बता देती है।

A. टू B. सब्जेक्ट
C. कन्टेन्ट्स D. CC

**65.** ...............ऐसे डिवाइस हैं जिनका प्रयोग टेलीकम्युनिकेशन लाइनों पर डाटा ट्रान्समिट करने के लिए किया जाता है–

A. ड्राइव्स B. ड्राइव बेज
C. मॉडेम D. प्लेटफॉर्म

**66.** निम्नलिखित में से कौन–सा पद केवल नेटवर्क का कनेक्शन है जिसे साथ जोड़ा जा सकता है?

A. वर्चुअल प्राइवेट नेटवर्क
B. इंटरनेट
C. इंट्रानेट
D. एक्स्ट्रानेट

**67.** अनसॉलिसिटेड ई–मेल को क्या कहते हैं?

A. न्यूज ग्रुप B. यूजनेट
C. बैकबोन D. स्पैम

**68.** ............का प्रयोग करते हुए वेब पेज का कोड लिखा जाता है।

A. फिफ्थ जनरेशन लैंग्वेज
B. विनजिप (Winzip)
C. पर्ल (Perl)
D. हाइपरटेक्स्ट मार्कअप लैंग्वेज

**69.** छोटे एप्लिकेशन प्रोग्राम, जो वेब पेज पर चलते हैं और यह सुनिश्चित करते हैं कि फॉर्म ठीक से पूरा हो गया है या एनिमेशन प्रोवाइड करते हैं उन्हें ...... कहते हैं।

A. फ्लैश B. स्पाइडर्स
C. क्रूकीज D. एप्लेट्स

**70.** एक पॉइंटर ............ पर पोजीशन किया जाता है, तब इसका आकार हाथ जैसा होता है।

A. ग्रामर एरर B. हाइपरलिंक
C. स्क्रीन टिप D. स्पेलिंग एरर

**71.** आपको ऐसे किसी से ई–मेल प्राप्त होता है जिसे आप नहीं जानते हैं, आपको क्या करना चाहिए?

A. इसे सीधा पुलिस को भेजना चाहिए
B. बिना खोले इसे मिटा देना चाहिए
C. खोलकर आप उन्हें नहीं जानते हैं बताते हुए उसका उत्तर देना चाहिए
D. उत्तर देकर उनकी वैयक्तिक जानकारी माँगनी चाहिए

**72.** भारत की पहली राजनीतिक पार्टी का नाम बताएं जिसने इंटरनेट पर अपना वेबसाइट बनाया।

A. भारतीय जनता पार्टी
B. लोक जनशक्ति पार्टी
C. राष्ट्रीय जनता दल
D. समाजवादी पार्टी

**73.** भारत में सर्वप्रथम किस राज्य ने इंटरनेट पर टेलीफोन डायरेक्टरी उपलब्ध कराई है?

A. सिक्किम B. अरुणाचल प्रदेश
C. आंध्र प्रदेश D. बिहार

**74.** HTML का पूरा नाम है–

A. Hyper Transfer Mail Language
B. High Tech Mail Language
C. Hyper Text Mark Up Language
D. Hyper Tech Make up Language

**75.** इंटरनेट निम्नलिखित में से किसके द्वारा चलाया जाता है?

A. I & B B. IETF
C. Inter NIC D. इनमें से कोई नहीं

**76.** इंटरनेट एक्सप्लोरर जैसे प्रोग्रामों को क्या कहते हैं जो वेब में नेविगेबल विंडो का काम देते हैं–

A. हाइपरटेक्स्ट B. नेटवर्क
C. इंटरनेट D. वेब ब्राउजर

**77.** निम्नलिखित में से कौन–सा ऐसा कम्युनिकेशन प्रोटोकॉल है जो, वेब–बेस्ड इनफॉर्मेशन को एक्सेस करने वाले प्रत्येक कम्प्यूटर द्वारा प्रयुक्त स्टैंडर्ड सेट करता है?

A. XML B. DML
C. HTTP D. HTML

**78.** ............इंटरनेट का स्टैंडर्ड प्रोटोकॉल है।

A. TCP/IP B. Java
C. HTML D. फ्लैश

**79.** जिस सॉफ्टवेयर से प्रयोक्ता इंटरनेट सर्फ कर लेते हैं उसे .......... कहते हैं।

A. सर्च इंजन
B. इंटरनेट सर्विस प्रोवाइडर
C. मल्टीमीडिया एप्लिकेशन
D. ब्राउजर

**80.** टपल क्या होता है?

A. टेबल का कॉलम B. दो आयामी टेबल
C. टेबल की एक रो D. टेबल की एक कुंजी

**81.** मोडम...........

A. एक कम्प्यूटर से एनॉलॉग सिग्नलों को डिजिटल सिग्नलों में ट्रांसलेट करता है जो पारंपरिक टेलीफोन लाइनों से ट्रेवल कर सकते हैं
B. एक कम्प्यूटर से डिजिटल सिग्नलों को एनॉलॉग सिग्नलों में ट्रांसलेट करता है जो पारंपरिक टेलीफोन लाइनों से ट्रेवल कर सकते हैं
C. कम्प्यूटर से डिजिटल सिग्नलों को डीमॉड्यूलेट करता है
D. एनॉलॉग टेलीफोन लाइन से सिग्नलों को मॉड्यूलेट करता है

**82.** वेबसाइट एड्रेस एक यूनिक नाम होता है जो वेब पर एक विशिष्ट .................को आइडेंटिफाई करता है।

A. वेब ब्राउजर B. PDA
C. वेब साइट D. लिंक

**83.** ...............से बातचीत की ध्वनि इंटरनेट पर यात्रा कर लेती है।

A. इंटरनेट टेलीफोनी B. इन्स्टेंट मैसेजिंग
C. ई–मेल D. ई–कॉमर्स

**84.** अधिकांश मेल प्रोग्राम किसी ई–मेल के निम्नलिखित दो भागों को अपने आप पूरा कर लेते हैं..............

A. फ्रॉम : एंड बॉडी :
B. फ्रॉम : एंड डेट :
C. फ्रॉम : एंड टू :
D. फ्रॉम : एंड सब्जेक्ट :

**85.** एक ई–मेल एड्रेस में सामान्यतः एक यूजर ID और उसके बाद ............का चिह्न और उस ई–मेल सर्वर का नाम होता है जो यूजर के इलेक्ट्रॉनिक पोस्ट बॉक्स का प्रबंध करता है।

A. @ B. #
C. & D. ★

**86.** चैट क्या है?

A. एक इंटरनेट मानक जिससे प्रयोक्ता फाइलों को अपलोड और डाउनलोड कर सकते हैं
B. टाइप की हुई बातचीत जो कम्प्यूटर पर घटित होती है
C. एक ऑनलाइन एरिया जिसमें प्रयोक्ता किसी खास विषय के बारे में लिखित चर्चा करते हैं
D. कम्प्यूटर नेटवर्क के जरिए संदेशों व फाइलों का संचार

**87.** इंटरनेट क्या है?

A. नेटवर्कों का बड़ा नेटवर्क
B. किसी बिजनेस के लिए आंतरिक सम्प्रेषण प्रणाली
C. भारत सरकार के लिए सम्प्रेषण प्रणाली
D. ये सभी

**88.** वेब पर सूचना देखने हेतु आपके पास...........होना चाहिए।

A. केबल मोडेम B. वेब ब्राउजर
C. डोमेन नेम सर्वर D. हाइपर टेक्स्ट व्हयूवर

**89.** वेब पेज में वह कौन–सा शब्द है जिसे क्लिक किया जाए तो दूसरा डॉक्यूमेंट खुलता है?

A. एंकर B. URL
C. हाइपरलिंक D. रेफरेंस

**90.** अनजाने ई–मेल अनुलग्नकों को क्यों निकाला जाता है?

A. आप जेल जा सकते हैं
B. वह व्यक्ति आपको पहचान कर जख्मी / नुकसान कर सकता है
C. यह गलत तौर–तरीके (मैनर्स) है
D. इसमें वायरस हो सकता है जो आपके कम्प्यूटर को नुकसान पहुँचा सकता है

**91.** ............यह सबसे लोकप्रिय इंटरनेट गतिविधि है।

A. आर्ट / कला B. शॉपिंग
C. सर्चिंग / शोध D. सम्प्रेषण

**92.** ई–कॉमर्स क्या है?

A. अंतर्राष्ट्रीय माल की खरीद और बिक्री
B. इंटरनेट पर उत्पादों तथा सेवाओं का क्रय व विक्रय
C. स्टोर्स में न मिलने वाले उत्पादों और सेवाओं का क्रय व विक्रय
D. कम्प्यूटर से संबद्ध उत्पादों और सेवाओं का क्रय व विक्रय

**93.** इंटरनेट जोड़ने के लिए कौन–सी चार चीजें आवश्यक हैं?

A. टेलीफोन लाइन, मॉडेम कम्प्यूटर और आईएसपी (ISP)
B. मॉडेम, कम्प्यूटर, पीडीए (PDA) और आईएसपी (ISP)
C. टेलीफोन लाइन, पीडीए (PDA) मॉडेम और कम्प्यूटर
D. कम्प्यूटर, आईएसपी (ISP) मॉडेम और संप्रेषण सॉफ्टवेयर

**94.** एक कम्प्यूटर से इंटरनेट पर आपके कम्प्यूटर में फाइल अंतरण करनेवाली प्रक्रिया को ........... कहा जाता है।

A. डाउनलोड B. अपलोड
C. एफटीपी (FTP) D. जेपीइजी (JPEG)

# उत्तरमाला

| 1 | 2 | 3 | 4 | 5 | 6 | 7 | 8 | 9 | 10 |
|---|---|---|---|---|---|---|---|---|---|
| D | A | B | B | C | A | C | B | A | D |
| 11 | 12 | 13 | 14 | 15 | 16 | 17 | 18 | 19 | 20 |
| D | C | D | A | C | B | D | A | C | B |
| 21 | 22 | 23 | 24 | 25 | 26 | 27 | 28 | 29 | 30 |
| C | D | B | D | A | D | B | C | D | D |
| 31 | 32 | 33 | 34 | 35 | 36 | 37 | 38 | 39 | 40 |
| A | D | D | C | D | D | C | B | A | C |
| 41 | 42 | 43 | 44 | 45 | 46 | 47 | 48 | 49 | 50 |
| C | C | D | B | B | A | D | B | A | B |
| 51 | 52 | 53 | 54 | 55 | 56 | 57 | 58 | 59 | 60 |
| B | A | A | A | D | C | A | D | D | A |
| 61 | 62 | 63 | 64 | 65 | 66 | 67 | 68 | 69 | 70 |
| B | C | A | B | C | B | D | D | A | B |
| 71 | 72 | 73 | 74 | 75 | 76 | 77 | 78 | 79 | 80 |
| B | A | A | C | D | D | C | A | D | C |
| 81 | 82 | 83 | 84 | 85 | 86 | 87 | 88 | 89 | 90 |
| B | C | A | B | A | B | A | A | C | D |
| 91 | 92 | 93 | 94 | | | | | | |
| D | B | D | A | | | | | | |

❋❋❋

# सामान्य ज्ञान

## भारत : एक दृष्टि में

| | | |
|---|---|---|
| राजधानी | – | नई दिल्ली |
| क्षेत्रफल | – | 32,87,263 वर्ग कि.मी. |
| क्षेत्रफल की दृष्टि से विश्व में स्थान | – | सातवां |
| स्थित | – | भूमध्य रेखा के उत्तर में 8°4′ और 37°6′ उत्तरी अक्षांश और 68°7′ तथा 97°25′ पूर्वी देशांतर के मध्य |
| विस्तार | – | उत्तर से दक्षिण तक 3,214 किमी.<br>पूर्व से पश्चिम तक 2,933 किमी. |
| भूमि सीमा | – | 15,200 किमी. |
| समुद्री तट | – | 7,516.6 किमी. |
| सीमावर्ती देश | – | उत्तर-पश्चिम में पाकिस्तान और अफगानिस्तान, उत्तर में चीन, नेपाल और भूटान, पूर्व में म्यांमार और बंगलादेश, दक्षिण में मन्नार की खाड़ी और पाक-जलडमरूमध्य श्रीलंका से अलग करते हैं। |
| प्राकृतिक संरचना | – | मुख्य भूमि चार भागों में विभक्त–विस्तृत पर्वतीय क्षेत्र, सिंधु और गंगा के मैदान, रेगिस्तानी क्षेत्र, दक्षिणी प्रायद्वीप |
| प्रमुख नदियाँ | – | (क) हिमालय समूह : गंगा, यमुना, सिन्धु तथा ब्रह्मपुत्र; (ख) दक्षिणी नदियाँ : कृष्णा, कावेरी, गोदावरी, महानदी, दामोदर, भारत पुष्पा, नर्मदा, ताप्ती, पम्बा, पेरियार, पेण्णार, शरावती, नेत्रवती |
| जलवायु | – | ऊष्ण कटिबंधीय चार ऋतुएँ–शीत ऋतु, ग्रीष्म ऋतु, वर्षा ऋतु, शरद ऋतु |
| जीव-जंतु | – | लगभग 89,451 किस्म के |
| जनसंख्या (2011) | – | 121,08,54,977 |
| साक्षरता (2011) | – | 73.0% |
| राजभाषा | – | हिन्दी |
| मान्य भाषाएं | – | 22 |
| राज्यों की संख्या | – | 28 |
| संघशासित प्रदेशों की संख्या | – | 8 |
| उच्च न्यायालयों की संख्या | – | 25 |

## भारतीय संघ : राज्य व संघीय प्रदेश

| संघ राज्य एवं संघीय प्रदेश | राजधानी | क्षेत्रफल (वर्ग कि॰मी॰) | मुख्य भाषाएँ |
|---|---|---|---|
| भारत | नई दिल्ली | 32,87,263 | हिन्दी-राजभाषा |
| | | **राज्य** | |
| आंध्र प्रदेश | अमरावती | 1,60,229 | तेलुगू, उर्दू, हिंदी |
| असम | दिसपुर | 78,438 | असमिया, बोडो |
| ओडिशा | भुवनेश्वर | 1,55,707 | ओडिया |
| उत्तर प्रदेश | लखनऊ | 2,40,928 | हिन्दी |
| केरल | तिरुवनन्तपुरम् | 38,863 | मलयालम |
| गुजरात | गांधीनगर | 1,96,024 | गुजराती |
| तमिलनाडु | चेन्नई | 1,30,058 | तमिल |
| त्रिपुरा | अगरतला | 10,492 | बांग्ला और कबोरक |
| नगालैण्ड | कोहिमा | 16,579 | अंग्रेजी, नागामी |
| पंजाब | चण्डीगढ़ | 50,362 | पंजाबी |
| प. बंगाल | कोलकाता | 88,752 | बांग्ला, उर्दू, हिन्दी |
| बिहार | पटना | 94,163 | हिन्दी, मैथिली, भोजपुरी, मगही |
| मध्य प्रदेश | भोपाल | 3,08,000 | हिन्दी, उर्दू |
| महाराष्ट्र | मुम्बई | 3,07,713 | मराठी |
| मेघालय | शिलांग | 22,429 | खासी, गारो तथा अंग्रेजी |
| मणिपुर | इम्फाल | 22,327 | मणिपुरी, अंग्रेजी |
| राजस्थान | जयपुर | 3,42,239 | हिन्दी, राजस्थानी |
| हरियाणा | चण्डीगढ़ | 44,212 | हिन्दी, हरियाणवी |
| हिमाचल प्रदेश | शिमला | 55,673 | हिन्दी, पहाड़ी |
| कर्नाटक | बेंगलुरू | 1,91,791 | कन्नड़ |
| सिक्किम | गंगटोक | 7,096 | लेपचा, नेपाली, भूटिया, लिंबू, सिक्किमी |
| मिजोरम | आइजोल | 20,987 | मिजो, अंग्रेजी |
| अरुणाचल प्रदेश | ईटानगर | 83,743 | न्यीशी, अदी, वांचो, मिशमी |
| गोवा | पणजी | 3,702 | कोंकणी, मराठी, हिन्दी |
| छत्तीसगढ़ | रायपुर | 1,35,191 | हिन्दी |
| झारखण्ड | रांची | 79,714 | हिन्दी, संथाली, बांग्ला तथा ओडिया |
| उत्तराखंड | देहरादून | 53,483 | हिन्दी, गढ़वाली, कुमायुँनी |
| तेलंगाना | हैदराबाद | 1,14,840 | तेलुगू, उर्दू |
| | | **संघ शासित प्रदेश** | |
| अण्डमान निकोबार द्वीप समूह | पोर्टब्लेयर | 8,249 | निकोबारी, हिन्दी |
| चण्डीगढ़ | चण्डीगढ़ | 114 | हिन्दी, पंजाबी |
| दिल्ली | दिल्ली | 1,483 | हिन्दी, पंजाबी |
| दादरा-नागर हवेली और दमन-दीव | दमन | 603 | गुजराती, हिन्दी, अंग्रेजी |
| पुडुचेरी | पुडुचेरी | 480 | तमिल, हिन्दी |
| लक्षद्वीप | कावारत्ती | 32 | मलयालम |
| जम्मू-कश्मीर | श्रीनगर (ग्रीष्म काल में) जम्मू (शीत काल में) | 2,22,236* | कश्मीरी, उर्दू, डोगरी |
| लद्दाख | लेह | — | लद्दाखी |

* पाकिस्तान तथा चीन के अवैध कब्जे वाले क्षेत्र तथा लद्दाख के क्षेत्रफल सहित।

## विभिन्न राज्यों में मिलने वाली जनजातियां

| प्रदेश | जनजातियां | प्रदेश | जनजातियां |
|---|---|---|---|
| उत्तर प्रदेश, उत्तराखंड | बुक्सा, थारू, बिड़कोल भोटिया खरवार, जौनसारी, राजी | केरल | कडर, इरुला, मुथुवन, कनिक्कर, मलायन, मलनकुरावन, मलयारायन, मलावेतन, मन्नान, उल्लातन, यूराली, पनियां, पुलायन, मल्लार, कुरुम्बा |
| पश्चिम बंगाल, बिहार, झारखंड | संथाल, भुइया, कोरबा, उरांव, हो, विरहोर, असुर, मुंडा, कोल | महाराष्ट्र, आन्ध्र प्रदेश, तेलंगाना। | भील, गोंड, अगरिया, असुरा, भारिया, कोया, वर्ली, कोली, डुका, बैगा, गडावास, कामर, खडिया, खोंडा, कोल, कोलम, कोरबा, मुन्डा |
| राजस्थान | मीणा, भील, गरासिया, सहरिया, सांसी, दमोर, मेव, रावत, मेरात,कोली | मध्य प्रदेश, छत्तीसगढ़ | कोरकू, भील, बैगा, गोंड, अगरिया, भारिया, कोरबा, कोल, उरांव, प्रधान, नगेशिया, हल्वा, भतरा, माड़िया, सहरिया, कमार, कंवर |
| अण्डमान-निकोबार द्वीप रामूह | ओंग, सोपन, आरबा, अण्डमानी, निकोबारी | त्रिपुरा | लुभाई, माग, हलम, खशिया, भूटिया, मुन्डा, संथाल, भील, जमनिया, रियांग, उचाई |
| हिमाचल प्रदेश, जम्मू एवं कश्मीर, लद्दाख | बकरवाल, गद्दी, गुर्जर, लाहौल लांबा, पंगवाला, किन्नर | कर्नाटक | गौडालू, हक्की, पिक्की, इरुगा, जेनु, कुरुव, मलाईकुड, भील, गोंड, टोडा, वर्ली, चेन्यू, कोया, अर्नादन, चेरवा, होलेया, कोरमा |
| असम, अरुणाचल प्रदेश, नगालैंड, मेघालय, मणिपुर मिजोरम | न्याशी, गुरूंग, रियांग, चकमा, मिनीपोंग, पासी, ग्लोंग, सिंगपो, रेंगमा, सेंगमा, यांग, नागा, गारो खासी | पंजाब | गद्दी, स्वांगला, भोट |
| गुजरात | टोड़िया, भील, डाफर, रैवारी, पटेलिया, डूबला, कथोड़ी, सिद्दीस | | |
| तमिलनाडु, ओडिशा | जुवांग, खोंड, गोंड, बड़गा, बोंडो, जुआंग, परजा, भूमिज | | |

## भारत में प्रथम

| | |
|---|---|
| नोबेल पुरस्कार प्राप्तकर्ता | 1. **साहित्यः** रवीन्द्रनाथ टैगोर (1913) 2. **भौतिकीः** सी॰वी॰ रमन (1929) 3. **शान्तिः** मदर टेरेसा (1979) 4. **अर्थशास्त्रः** अमर्त्य सेन (1998) |
| स्वतंत्र भारत के भारतीय गवर्नर जनरल (अन्तिम भी) | चक्रवर्ती राजगोपालाचारी |
| महिला राष्ट्रपति | प्रतिभा पाटिल |
| महिला राज्यपाल | श्रीमती सरोजिनी नायडू |
| सुप्रीम कोर्ट की महिला न्यायाधीश | श्रीमती मीरा साहिब फातिमा बीबी |
| महिला प्रधानमंत्री | श्रीमती इंदिरा गांधी |
| भारतीय सेनापति | जनरल के॰ एम॰ करियप्पा |
| महिला मुख्यमंत्री | श्रीमती सुचेता कृपलानी |
| संयुक्त राष्ट्र महासभा की महिला अध्यक्ष | श्रीमती विजयालक्ष्मी पंडित (1954) |
| अंतर्राष्ट्रीय न्यायालय के भारतीय अध्यक्ष | डॉ॰ नगेन्द्र सिंह |
| इंगलिश चैनल तैरकर पार करने वाली भारतीय महिला | आरती गुप्ता |
| इंगलिश चैनल तैरकर पार करने वाला भारतीय पुरुष | मिहिर सेन |
| ब्रिटिश पार्लियामेंट के भारतीय सदस्य | दादा भाई नौरोजी |
| फील्ड मार्शल | एस॰एच॰एफ॰जे॰ मानेकशा |
| एवरेस्ट शिखर पर चढ़ने वाला भारतीय | शेरपा तेंजिंग (29 मई, 1953) |
| एवरेस्ट पर चढ़ने वाली भारतीय महिला | कु॰ बछेन्द्रीपाल (23 मई, 1984) |
| भारतीय अंतरिक्ष यात्री (पुरुष) | राकेश शर्मा (3 अप्रैल, 1984) |

| | |
|---|---|
| भारतीय अंतरिक्ष यात्री (महिला) | कल्पना चावला (19 नवम्बर, 1997) |
| भारत रत्न से विभूषित महिला | श्रीमती इंदिरा गांधी |
| भारतीय महिला मिस यूनिवर्स | कु॰ सुष्मिता सेन |
| भारतीय महिला मिस वर्ल्ड | रीता फरिया |
| समाचार-पत्र | बंगाल गजट (27 जनवरी, 1780) |
| डाक टिकट | 1852 |
| तार लाइन | 1851 (कलकत्ता-डायमंड हार्बर) |
| रेल | 16 अप्रैल, 1853 (बम्बई-थाणे) |
| विद्युत रेल | 1925 (बम्बई-कुर्ला) |
| उपग्रह | आर्यभट्ट (1975) |
| रॉकेट | रोहिणी (1967) |
| आणविक रियेक्टर | अप्सरा (1956) |
| आणविक बिजलीघर | तारापुर आणविक बिजलीघर (1969) |
| भारतीय वायु सेना की महिला पायलट | हरित कौर देओल |
| फास्ट ब्रीडर आणविक रियेक्टर | कलपक्कम |
| बिना ऑक्सीजन एवरेस्ट की चोटी पर पहुंचने वाला भारतीय | फु दोरजी (1987) |
| मेट्रो रेलवे | कोलकाता (1984) |
| फिल्म (मूक) | राजा हरिश्चन्द्र (1913) |
| फीचर फिल्म (बोलती हुई) | आलम आरा (1931) |
| इंडियन नेशनल कांग्रेस की प्रथम महिला अध्यक्ष | श्रीमती एनी बेसेंट |
| इंडियन नेशनल कांग्रेस के प्रथम अध्यक्ष | व्योमेशचन्द्र बनर्जी (1888) |
| आई॰सी॰एस॰ में सफल होने वाला प्रथम भारतीय | सत्येन्द्र नाथ टैगोर |

## भारत में सबसे बड़ा/लम्बा/ऊँचा आदि

| | |
|---|---|
| सबसे ऊंची चोटी* | के-2 |
| सर्वाधिक आबादी वाला शहर | मुम्बई |
| सबसे लम्बी नदी | गंगा (2525 कि.मी.) |
| सबसे बड़ा राज्य (क्षेत्रफल में) | राजस्थान |
| सबसे बड़ा राज्य (आबादी में) | उत्तर प्रदेश |
| सबसे बड़ा पुल (सड़क) | असम में लोहित नदी पर भूपेन हजारिका सेतु (9.15 कि.मी.) |
| सर्वाधिक जनसंख्या घनत्व वाला राज्य | बिहार (1,106 प्रति वर्ग कि.मी.) |
| सर्वाधिक साक्षर राज्य | केरल (साक्षरता लगभग 94%) |
| सबसे बड़ा अजायबघर | इण्डिया म्यूजियम, कोलकाता |
| सबसे लम्बा पुल (रेल) | वेम्बानद पुल, केरल (4.62 किमी.) |
| सबसे लम्बा बांध | हीराकुड (ओडिशा) |
| सबसे लंबी सुरंग (सड़क) | डॉ. श्यामा प्रसाद मुखर्जी सुरंग (जम्मू-कश्मीर, 9.28 किमी.) |
| सबसे लम्बी सुरंग (रेलवे) | पीर पंजाल रेल सुरंग, जम्मू-कश्मीर में बनिहाल एवं काजीगुंड स्टेशनों के मध्य, (11.21 कि.मी.) |
| सबसे बड़ा चिड़ियाघर | जुलोजिकल गार्डन्स, कोलकाता |
| सबसे लम्बी सड़क | ग्राण्ड ट्रंक रोड (1500 मील) |
| सबसे ऊंची मीनार | कुतुबमीनार, दिल्ली (72.5 मी.) |
| सबसे बड़ी मस्जिद | जामा मस्जिद, दिल्ली |
| बहादुरी के लिए सबसे बड़ा पुरस्कार | परमवीर चक्र |

| | |
|---|---|
| सबसे बड़ा रेगिस्तान | थार (राजस्थान) |
| सबसे बड़ा डेल्टा | सुन्दरवन डेल्टा, (75,000 वर्ग कि.मी.) |
| सबसे बड़ा गुम्बज | गोल गुम्बज (बीजापुर-42 मी॰ व्यास) |
| सबसे ऊँचा बांध | टिहरी बांध (261 मी.) |
| सबसे ऊँचा दरवाजा | बुलंद दरवाजा (फतेहपुर सीकरीः 176 फीट) |
| सबसे बड़ी मीठे पानी की झील | वुलर झील (जम्मू-कश्मीर) |
| सबसे बड़ा प्लेटफार्म | श्री सिद्धारुढ़ा स्वामी रेलवे स्टेशन*** (हुब्बल्लि, कर्नाटक; 1507 मी. लम्बा) |
| सर्वाधिक वर्षा (वार्षिक औसत) | चेरापूंजी के निकट मासिनराम (12,000 मि.मी.) |
| झरना, सबसे ऊँचा | कुंचिकल (कर्नाटक : 455 मी.) |
| सबसे बड़ा पशुओं का मेला | सोनपुर (बिहार) |
| सबसे बड़ा गुफा मंदिर | कैलाश मंदिर (एलोरा) |
| सबसे अधिक वन क्षेत्रफल वाला राज्य | मध्य प्रदेश |
| सबसे बड़ी कृत्रिम झील | गोविन्द सागर (भाखड़ा) |

* विश्व की सबसे ऊंची चोटी मांउट एवरेस्ट है जो नेपाल में है। के-2 विश्व की दूसरी सबसे ऊँची और भारत की सबसे ऊँची (8611 मी॰) चोटी है।

*** उत्तर प्रदेश में गोरखपुर प्लेटफार्म (1355.4 मी. लम्बा) अब दूसरे स्थान पर है।

# राष्ट्रीय प्रतीक

**राष्ट्रीय ध्वज :** भारत का राष्ट्रीय ध्वज **तिरंगा** है। यह आयताकार तीन पट्टियों से बना है। इसमें सबसे ऊपर केसरिया, मध्य में श्वेत और नीचे हरा रंग है। केसरिया शक्ति, श्वेत शांति और हरा समृद्धि का प्रतीक माना जाता है। झण्डे की लम्बाई-चौड़ाई का अनुपात 3 : 2 है। श्वेत पट्टी के मध्य नीले रग का एक चक्र है। चक्र में 24 तीलियाँ हैं। झण्डा फहराने के संबंध में भारत सरकार ने कुछ नियम बनाए हैं जिनका पालन करना अति आवश्यक है। संविधान सभा ने इसे 22 जुलाई 1947 को अंगीकार किया था।

**राजचिह्न :** भारत का राजचिह्न सारनाथ में अशोक निर्मित सिंह स्तम्भ की अनुकृति है। इस चिह्न में चार सिंह हैं, जो एक दूसरे के विपरीत दिशा में घूम कर बैठे हुए हैं। इन चार में से केवल तीन सिंह दिखाई देते हैं, चौथा पीछे की ओर छिपा हुआ है और दिखाई नहीं देता। नीचे चौरस पट्टी के मध्य में उभरी हुई नक्काशी में एक चक्र है, जिसके दाईं ओर एक सांड़ और बाईं ओर एक घोड़ा है। नीचे मुण्डकोपनिषद से लिया गया सूत्र 'सत्यमेव जयते' देवनागरी लिपि में लिखा गया है। इसका अर्थ है 'सत्य की ही विजय होती है'। सरकार ने राजचिहन को 26 जनवरी 1950 को स्वीकृत किया।

**राष्ट्र गीत :** श्री बंकिम चन्द्र चटर्जी द्वारा रचित गीत 'वन्दे मातरम्' को राष्ट्र गान के समकक्ष स्थान दिया गया है। उनके विख्यात उपन्यास 'आनन्द मठ' से उदधृत यह गीत राष्ट्रीय आन्दोलन में एक महान प्रेरणा-स्रोत रहा है। इस गीत को सबसे पहले 1896 में भारतीय राष्ट्रीय कांग्रेस के अधिवेशन में गाया गया था।

**राष्ट्र गान :** रवीन्द्र नाथ टैगोर के गीत 'जन गण मन' को 24 जनवरी, 1950 को राष्ट्र गान के रूप में स्वीकार किया गया। यह गीत 'भारत-विधाता' शीर्षक से सर्वप्रथम 'तत्व-बोधिनी' पत्रिका के जनवरी 1912 के अंक में प्रकाशित हुआ था। यह गीत पहली बार 27 दिसम्बर 1911 को भारतीय कांग्रेस के कलकत्ता (कोलकाता) अधिवेशन में गाया गया था। पूरे गीत के 5 पद हैं। इसमें से प्रथम पद को राष्ट्र गान स्वीकार किया गया है। इसे गाने का निर्धारित समय लगभग 52 सेकण्ड है।

**राष्ट्रीय पंचांग :** सरकारी कार्यों में प्रयोग हेतु राष्ट्रीय पंचांग 22 मार्च, 1957 से अपनाया गया है। यह पंचांग शक संवत् पर आधारित है। 78 ई. में प्रारम्भ हुए शक संवत् का पहला महीना चैत्र है और वर्ष 365 दिन का है। इस पंचांग के दिन स्थायी रूप से ग्रेगेरियन कैलेंडर से सम्बद्ध दिनों के अनुरूप बैठते हैं। इस प्रकार सामान्य वर्षों में इस पंचांग का पहला दिन 22 मार्च के दिन आता है और लौंद (लीप) वर्ष में 21 मार्च के दिन।

राष्ट्रीय पंचांग के माह इस प्रकार हैंः 1. चैत्र, 2. बैशाख, 3. ज्येष्ठ, 4. आषाढ़, 5. श्रावण, 6. भाद्रपद, 7. आश्विन, 8. कार्तिक, 9. मार्गशीर्ष, 10. पौष, 11. माघ, 12. फाल्गुन।

**राष्ट्रीय पशु :** बाघ (पैंथरा टाइग्रिस-लिन्नायस); **राष्ट्रीय पक्षी :** मोर (पावो क्रिस्टेटस); **राष्ट्रीय पुष्प :** कमल।

# हमारी पृथ्वी

## पृथ्वी : तथ्य और आँकड़े

| | |
|---|---|
| पृथ्वी का द्रव्यमान | $5.882 \times 10^{21}$ टन |
| पृथ्वी का घनत्व | पानी की अपेक्षा 5.517 गुणा |
| पृथ्वी का आयतन | $1.083 \times 10^{11}$ घन किमी. |
| भूमध्यरेखीय परिधि | $4.007 \times 10^{4}$ किमी. |
| ध्रुवीय व्यास | 12,714 किमी. |
| विषुवतीय व्यास | 12,756 किमी. |
| ध्रुवीय परिधि | $4.0 \times 10^{4}$ किमी. |
| अनुमानित आयु | लगभग 4600 करोड़ वर्ष |
| भू-पृष्ठ | 148,951,000 वर्ग किमी. |
| जलीय सतह | 361,150,000 वर्ग किमी. |
| भू-सतह का सबसे उच्च बिन्दु | माउंट एवरेस्ट (8,848 मीटर) |
| भू-सतह का सबसे निम्न बिन्दु | मृत सागर का तट (समुद्र तल से 396 मीटर नीचे) |
| महासागर की सर्वाधिक गहराई | फिलीपींस के पूर्व में मेरियाना ट्रेंच (समुद्र तल से 11,033 मीटर नीचे) |

## सौरमण्डल

| | | | |
|---|---|---|---|
| सबसे बड़ा ग्रह | बृहस्पति (Jupiter) | सबसे अधिक गर्म ग्रह | शुक्र (Venus) |
| सबसे छोटा ग्रह | बुध (Mercury) | रात्रि में लाल दिखाई देने वाला ग्रह | मंगल (Mars) |
| पृथ्वी का उपग्रह | चन्द्रमा (Moon) | सबसे बड़ा उपग्रह | गैनीमेड (Gannymede) |
| सूर्य के सबसे निकट ग्रह | बुध (Mercury) | सबसे छोटा उपग्रह | डिमोस (Deimos) |
| सूर्य से सबसे दूर स्थित ग्रह | वरुण (Neptune) | नीला ग्रह | पृथ्वी (Earth) |
| पृथ्वी के सबसे निकट स्थित ग्रह | शुक्र (Venus) | भोर का तारा | शुक्र (Venus) |
| सबसे अधिक चमकीला ग्रह | शुक्र (Venus) | साँझ का तारा | शुक्र (Venus) |
| सबसे अधिक चमकीला तारा | साइरस (Dog Star) | पृथ्वी की बहन | शुक्र (Venus) |
| सबसे अधिक उपग्रहों वाला ग्रह | शनि (Saturn) | हरा ग्रह | वरुण (Neptune) |
| सबसे अधिक ठण्डा ग्रह | वरुण (Neptune) | विशाल लाल धब्बे वाला ग्रह | बृहस्पति (Jupiter) |

# विश्व बोध

## विभिन्न देशों के राष्ट्रीय प्रतीक

| देश | प्रतीक | देश | प्रतीक | देश | प्रतीक |
|---|---|---|---|---|---|
| ऑस्ट्रेलिया | कंगारू | कनाडा | सफेद लिली | डेनमार्क | वुलिन |
| फ्रांस | लिली | जर्मनी | कार्न फ्लावर | भारत | सिंह स्तम्भ |
| ईरान | गुलाब | आयरलैंड | तीन पत्ती वाली घास | इटली | सफेद लिली |
| जापान | गुलदाउदी | पाकिस्तान | अर्द्धचंद्र | स्पेन | बाज |
| यूनाइटेट किंगडम | गुलाब | यू.एस.ए. | सुनहरी छड़ी | | |

## महत्त्वपूर्ण सीमा रेखाएं

- **डूरंड लाइन :** यह भारत और अफगानिस्तान के बीच सीमा के विभाजन को परिलक्षित करती थी। इसका सीमांकन सर मोर्टीमर डूरंड ने 1896 में किया था। अब यह पाकिस्तान और अफगानिस्तान के बीच की सीमा रेखा है।
- **हिंडेनवर्ग लाइन :** यह वह रेखा है जहां से विश्व युद्ध के दौरान जर्मनी की सेना वापस लौट गई थी। यह रेखा पोलैण्ड और जर्मनी के बीच की सीमा रेखा है।
- **मैकमोहन रेखा :** यह भारत और चीन के बीच सीमा रेखा है जिसका सीमांकन सर हेनरी मैकमोहन ने किया था।
- **मैगिनोट रेखा :** यह फ्रांस और जर्मनी के बीच सीमा रेखा है।
- **रेडक्लिफ रेखा :** यह भारत और पाकिस्तान के बीच सीमा रैखा है जिसका सीमांकन सर सिरिल रेडक्लिफ ने किया था।
- **17वां पैरेलल :** यह उत्तरी एवं दक्षिणी वियतनाम के बीच की सीमा रेखा है।
- **38वां पैरलल :** यह उत्तर और दक्षिण कोरिया के बीच सीमा रेखा है।
- **49वां पैरलल :** यह यू.एस. और कनाडा के बीच सीमा रेखा है।
- **अदूर निसे रेखा :** ग्ह रेखा पोलैण्ड और पूर्वी जर्मनी के बीच की सीमा रेखा है जो द्वितीय विश्व युद्ध में खींची गई थी।
- **सिंगफ्रेड रेखा :** प्रथम विश्व युद्ध में फ्रांस और जर्मनी के बीच की सीमा रेखा।

## विश्व की प्रमुख नदियाँ

| नाम | उद्गम स्थल | गिरने का स्थान | लम्बाई (किमी) | प्रमुख स्थान |
|---|---|---|---|---|
| नील (विश्व की सबसे लम्बी नदी) | विक्टोरिया झील | भूमध्य सागर | 6670 | आस्वान बाँध व नासिर झील स्थित है। |
| अमेजन (आयतन की दृष्टि से विश्व की सबसे बड़ी नदी) | एण्डीज पर्वत | अटलांटिक महासागर | 6448 | |
| मिसीसिपी मिसौरी | अलास्का झील | मैक्सिको की खाड़ी | 6300 | पक्षीपाद डेल्टा बनाती है। |
| यांग्टिसीक्यांग | तिब्बत का पठार | चीन सागर | 5494 | |
| ह्मग हो | कुललुन पर्वत | चीन की खाड़ी | 4840 | |
| कांगो / जायरे | लुआलिया और लुआपुआ का संगम | अटलाण्टिक महासागर | 4800 | विषुवत् रेखा को दो बार काटती है। |
| अमूर | शिल्का रूस, आरगून का संगम | टार्टइ स्ट्रेट | 4510 | चीन और रूस की सीमा बनाती है। |
| वोल्गा | बल्डाई पठार | कैस्पियन सागर | 3700 | यूरोप की सबसे लम्बी नदी |
| डेन्यूब | ब्लैक फॉरेस्ट | काला सागर | 2820 | बेलग्रेड, बुखारेस्ट, बुडापेस्ट और वियना शहर स्थित है। |
| सेंट लारेंस | आण्टेरियो झील | सेंट-लॉरेंस की खाड़ी | 3058 | नियाग्रा जल प्रपात स्थित है। |
| कोलोरेडो | ग्रैण्ड कंट्री | कैलीफोर्निया की खाड़ी | 2333 | ह्यूबर बाँध स्थित |
| नाइजर | गिनी | गिनी की खाड़ी | 4800 | तेल नदी कहलाती है। |
| मेकांग | तिब्बत का पठार | दक्षिण चीन सागर | 4023 | द.पू. एशिया की सबसे लम्बी नदी। |
| सिन्धु | मानसरोवर झील के पास | अरब सागर | 3180 | |
| ब्रह्मपुत्र | मानसरोवर झील | बंगाल की खाड़ी | 2900 | |
| डार्लिंग-मर्रे | ऑस्ट्रेलिया आल्पस | हिन्द महासागर | 3720 | ऑस्ट्रेलिया की सबसे बड़ी नदी। |

## विश्व की प्रमुख झीलें

| झील का नाम | भौगोलिक क्षेत्र | क्षेत्रफल (वर्ग.किमी.) | विशेष तथ्य |
|---|---|---|---|
| कैस्पियन सागर | पूर्व सोवियत संघ तथा ईरान | 3,94,299 | खारे पानी की सबसे बड़ी झील |
| सुपीरियर झील | संयुक्त राज्य अमेरिका एवं कनाडा | 82,414 | ताजे पानी की सबसे बड़ी झील |
| विक्टोरिया झील | केन्या, युगाण्डा तथा तंजानिया | 69,485 | |
| अरल सागर झील | कजाकिस्तान एवं उज्बेकिस्तान | 64,457 | |
| ह्यूरन झील | संयुक्त राज्य अमेरिका तथा कनाडा | 59,600 | |
| मिशीगन झील | संयुक्त राज्य अमेरिका | 57,800 | |
| बैकाल झील | रूस | 31,500 | यह सबसे गहरी (1940 मी॰) झील है। |
| ग्रेट बेरियर झील | कनाडा | 31,080 | |
| ग्रेट स्लेव झील | कनाडा | 28,438 | |
| विनीपेग झील | कनाडा | 24,341 | |
| ओण्टेरियो झील | सं.रा. अमेरिका तथा कनाडा | 19,529 | |
| टिटिकाका | पेरू-बोलीविया | 9,065 | यह विश्व की सबसे ऊँची (3811 मी॰) झील है। |
| आयर झील | ऑस्ट्रेलिया | 9,583 | |

## नदियों के तट पर बसे विश्व के प्रमुख नगर

| नगर | नदी | नगर | नदी | नगर | नदी |
|---|---|---|---|---|---|
| लन्दन (इंग्लैंड) | टेम्स | कैन्टन (चीन) | सीक्यांग | मास्को (रूस) | मस्कोवा |
| न्यूयार्क (सं.रा.अ.) | हडसन | बर्लिन (जर्मनी) | स्प्री | बेलग्रेड | डेन्यूब |
| पेरिस (फ्रांस) | सीन | बुडापेस्ट (हंगरी) | डेन्यूब | पर्थ (ऑस्ट्रेलिया) | स्वान |
| वाशिंगटन | पोटोमेक | बगदाद (इराक) | टाइग्रिस | वियना (ऑस्ट्रिया) | डेन्यूब |
| आस्वान (मिस्र) | नील | टोकियो (जापान) | अराकावा | सेंट लुईस (अमेरिका) | मिसिसिपी |
| शंघाई (चीन) | यांग्टिसीक्यांग | रोम (इटली) | टाइबर | यंगून (म्यांमार) | इरावदी |
| प्राग | विंतावा | ओटावा (कनाडा) | सेंट लारेंस | सिडनी (ऑस्ट्रेलिया) | डार्लिंग |
| मैड्रिड (स्पेन) | मैजेनसेस | लिस्बन | टेगस | लिस्बन (पुर्तगाल) | टंगस |
| अंकारा (तुर्की) | किजिल | लाहौर (पाकिस्तान) | रावी | मॉण्ट्रियल (कनाडा) | सेंट लारेंस |
| कराची (पाकिस्तान) | सिंधु | बोन (जर्मनी) | राइन | डबलिन (आयरलैंड) | लीफें |
| काहिरा (मिस्र) | नील | दिल्ली (भारत) | यमुना | ब्यूनस आयर्स (अर्जेंटीना) | लाप्लाटा |
| शिकागो (सं.रा.अ.) | शिकागो | लिवरपुल (इंग्लैंड) | मर्सी | ब्रिस्टल (इंग्लैंड) | एवन् |
| बसरा (इराक) | दजला एवं फरात | कीव (यूक्रेन) | नीपर | | |

## विश्व के प्रमुख औद्योगिक नगर

| नगर | उद्योग | नगर | उद्योग | नगर | उद्योग |
|---|---|---|---|---|---|
| बेलफास्ट | जहाज निर्माण | चेलियाबिंस्क | लोहा इस्पात | बर्मिंघम | लोहा इस्पात |
| डेट्रायट | ऑटोमोबाइल | एसेन (जर्मनी) | लोहा इस्पात | ग्लासगो | जहाज निर्माण |
| हवाना | सिगार | हॉलीवुड | फिल्म उद्योग | लॉस एंजिल्स | पेट्रोलियम, फिल्म |
| कंशास | मांस उद्योग | कोबे | लोहा इस्पात | कीव | इंजीनियरिंग उद्योग |
| लियोन्स (फ्रांस) | सिल्क उद्योग | मैनचेस्टर | सूती वस्त्र उद्योग | मिलान | सिल्क वस्त्र उद्योग |
| फिलाडेल्फिया | लोकोमोटिव | प्लेमाउथ | जहाज निर्माण | पिट्सबर्ग | लोहा एवं इस्पात |
| शेफील्ड (ब्रिटेन) | कैंची, छुरी | सिएटल | वायुयान निर्माण | वेनिस | काँच उद्योग |
| ब्लाडीवोस्टक | जहाज निर्माण | बेलिंगटन | डेयरी उद्योग | मुल्तान | मिट्टी के बर्तन |
| ढाका | कालीन उद्योग | म्युनिख (जर्मनी) | लेंस निर्माण | नागोया | जहाज निर्माण |

# विश्व के विभिन्न देशों की राजधानियाँ एवं मुद्राएँ

## एशिया

| क्रम | देश | राजधानी | राष्ट्रीय मुद्रा |
|---|---|---|---|
| 1. | अफगानिस्तान | काबुल | अफगानी |
| 2. | चीन | बीजिंग | युआन |
| 3. | ब्रुनेई | बन्दरसेरी | ब्रुनेई डॉलर |
| 4. | इण्डोनेशिया | जकार्ता | इण्डोनेशिया रुपहि |
| 5. | भारत | नई दिल्ली | भारतीय रुपया |
| 6. | गुआम | अगाना | यूनाइटेड स्टेट डॉलर |
| 7. | साइप्रस | निकोसिया | साइप्रस पाउण्ड |
| 8. | भूटान | थिम्पु | नुलट्रम |
| 9. | बांग्लादेश | ढाका | टका |
| 10. | बहरीन | मनामा | बहरीन दिनार |
| 11. | मंगोलिया | उलानबटोर | तुगरिक |
| 12. | मालदीव | माले | मालदीवियन रुपिया |
| 13. | मलेशिया | क्वालालम्पुर | मलेशियन डॉलर या रिंगगिट |
| 14. | मकाऊ | मकाऊ | पटाका |
| 15. | लेबनान | बेरूत | लेबनीज पाउण्ड |
| 16. | लाओस | वियन्तियाने | न्यूकिपलाओ |
| 17. | कुवैत | कुवैत सिटी | कुवैत दिनार |
| 18. | दक्षिणी कोरिया | सियोल | वॉन |
| 19. | उत्तरी कोरिया | प्योंगपांग | वॉन |
| 20. | कम्बोडिया | नोमपेन्ह | रिएल |
| 21. | जोर्डन | अम्मान | जोर्डन दिनार |
| 22. | जापान | टोकियो | येन |
| 23. | इजरायल | जेरुसलम | न्यू शेकेल |
| 24. | इराक | बगदाद | इराकी दिनार |
| 25. | ईरान | तेहरान | रियाल |
| 26. | ताइवान | ताइपे | न्यू ताइवानी डॉलर |
| 27. | सीरिया | दमिश्क | सीरियन पाउण्ड |
| 28. | श्रीलंका | कोलम्बो | श्रीलंकाई रुपया |
| 29. | सिंगापुर | सिंगापुर | सिंगापुरी डॉलर |
| 30. | सऊदी अरब | रियाद | सऊदी रियाल |
| 31. | कतर | दोहा | रियाल |
| 32. | किर्गिस्तान | बिशकेक | रूबल |
| 33. | कजाकिस्तान | अस्ताना | रूबल |
| 34. | उज्बेकिस्तान | ताशकन्द | रूबल |
| 35. | यमन (गणराज्य) | साना | यमनी रियाल |
| 36. | म्यांमार | ने पी ता | क्यात |
| 37. | नेपाल | काठमाण्डू | नेपाली रुपया |
| 38. | ओमान | मस्कट | ओमानी रियाल |
| 39. | पाकिस्तान | इस्लामाबाद | पाकिस्तानी रुपया |
| 40. | फिलीपीन्स | मनीला | फिलीपाइन पेसो |
| 41. | थाईलैण्ड | बैंकाक | थाईबहत |
| 42. | टर्की | अंकारा | तुर्की लीरा |
| 43. | संयुक्त अरब अमीरात | आबू धाबी | दिरहम |
| 44. | वियतनाम | हनोई | डाग |
| 45. | पूर्वी तिमोर | डिली | यू.एस.डॉलर |

## अफ्रीका

| क्रम | देश | राजधानी | राष्ट्रीय मुद्रा |
|---|---|---|---|
| 1. | अंगोला | लुआण्डा | क्वान्जा |
| 2. | अल्जीरिया | अल्जीयर्स | अल्जीरियन दिनार |
| 3. | मेडागास्कर | अन्ताननरीवो | फ्रेन्क |
| 4. | लीबिया | हन | लीबियन दिनार |
| 5. | केप बर्डे | प्रैआ | ऐस्कुडो |
| 6. | केमरून | याओण्डे | फ्रेन्क |
| 7. | बरुण्डी | बुजुमबुरा | बरुण्डी फ्रेन्क |
| 8. | बर्किनो फासो | क्वागादौगौ | फ्रेन्क |
| 9. | बोत्सवाना | गबोरोने | पुला |
| 10. | बेनिन | पोर्टो नोवो | फ्रेन्क |
| 11. | नाइजर | नियामी | फ्रेन्क |
| 12. | नामीबिया | विण्डहॉक | दक्षिणी अफ्रीकी रेन्ड |
| 13. | मोजाम्बिक | मपूतो | मेटीकल |
| 14. | मोरोक्को | रबात | मोरोक्कन दिरहम |
| 15. | मॉरीशस | पोर्ट लुइस | मॉरीशियन रुपया |
| 16. | मारीतानिया | नौकचोट्ट | मारीटानियन ओगुवा |
| 17. | माली | बमाको | फ्रेन्क |
| 18. | मलावी | लिलॉन्गवे | मलावी क्वाचा |
| 19. | इक्वेटोरियल गुयाना | मालाबो | फ्रेन्क |
| 20. | मिस्र | काहिरा | इजिप्सीयन पाउण्ड |
| 21. | जिबूती | जिबूती | जिबूती फ्रेन्क |
| 22. | कोटे द आइवरी | आबिदजान | फ्रेन्क |
| 23. | कांगो | ब्राजाविले | फ्रेन्क |
| 24. | कोमोरोस | मोरोनी | कोमोरियन फ्रेन्क |
| 25. | चाड | एनजमेना | फ्रेन्क |
| 26. | सेण्ट्रल अफ्रीकन गणराज्य | बांगुई | फ्रेन्क |

| क्रम | देश | राजधानी | राष्ट्रीय मुद्रा |
|---|---|---|---|
| 27. | लाइबेरिया | मोनरोबिया | लाइबीरियन डॉलर |
| 28. | लेसोथो | मसेरु | लोती |
| 29. | केन्या | नैरोबी | केन्याई शिलिंग |
| 30. | गिनी बिसाऊ | बिसाऊ | पैसो |
| 31. | गिनी | कोनाक्री | गुयनियन फ्रेन्क |
| 32. | घाना | अक्रा | केडी |
| 33. | गाम्बिया | बन्जुल | दलासी |
| 34. | गबोन | लिवरविले | फ्रेन्क |
| 35. | इथियोपिया | अदिस अबाबा | इथोपियन बिर्र |
| 36. | नाइजीरिया | लागोस | नाइजीरियन नेरा |
| 37. | इरीट्रिया | अस्मीरा | बिर्र |
| 38. | जिम्बाब्वे | हरारे | जिम्बाब्वे डॉलर |
| 39. | जाम्बिया | लुसाका | जाम्बियन क्वाचा |
| 40. | कांगो | किन्शासा | कांगो फ्रेन्क |
| 41. | युगाण्डा | कम्पाला | युगाण्डा शिलिंग |
| 42. | ट्यूनीसिया | टयूनिस | दिनार |
| 43. | टोगो | लोमे | फ्रेन्क |
| 44. | तंजानिया | दारेस्सलाम | तंजानियन शिलिंग |
| 45. | स्वाजीलैण्ड | म्बाबने | लिलान्गनी |
| 46. | सूडान | खारतूम | सूडानी पाउण्ड |
| 47. | दक्षिण अफ्रीका | प्रिटोरिया | रेन्ड |
| 48. | सोमालिया | मोगादिशू | सोमाली शिलिंग |
| 49. | सियारा लिओन | फ्रीटाउन | लिओने |
| 50. | सेशीलीस | विक्टोरिया | सेशीलीस रुपया |
| 51. | सेनेगल | डकार | फ्रेन्क |
| 52. | साओ तोम और प्रिन्सिप | साओ तोम | डोब्रा |
| 53. | रवाण्डा | किगाली | रवाण्डा फ्रेन्क |
| 54. | रियूनियन | सेन्ट–डेनिस | फ्रेन्क |
| 55. | दक्षिण सूडान | जूबा | साउथ सूडानी पाउंड |

## यूरोप

| क्रम | देश | राजधानी | राष्ट्रीय मुद्रा |
|---|---|---|---|
| 1. | अजरबैजान | बाकू | मनात |
| 2. | ऑर्मेनिया | येरेवान | रूबल |
| 3. | ऑस्ट्रिया | वियना | यूरो |
| 4. | अन्डोरा | अन्डोरा ला विले | फ्रेन्क, पेसेता |
| 5. | अल्बानिया | तिराना | लेक |
| 6. | जार्जिया | तेविल्सी | रूबल |
| 7. | जर्मनी | बर्लिन | यूरो |
| 8. | फ्रांस | पेरिस | यूरो |
| 9. | फिनलैंड | हेलसिंकी | यूरो |
| 10. | डेनमार्क | कोपेनहेगन | क्रोन |
| 11. | स्लोवाक गणराज्य | ब्रातिस्लावा | स्लोवाक क्राउन |
| 12. | चेक गणराज्य | प्राग | कोरुना |
| 13. | बेलारूस | मिन्स्क | बेलारूसी रूबल |
| 14. | बुल्गारिया | सोफिया | लेवा |
| 15. | बेल्जियम | ब्रसेल्स | यूरो |
| 16. | एस्तोनिया | बाल्लिन | क्रूत |
| 17. | पोलैण्ड | वारसा | ज्लोती |
| 18. | नार्वे | ओसलो | नार्वेनियन क्रोन |
| 19. | नीदरलैंड | एमस्टरडम | यूरो |
| 20. | मोलदोवा | किशीनोव | रूबल |
| 21. | माल्टा | वलेट्टा | यूरो |
| 22. | लग्जेमबर्ग | लग्जेमबर्ग | लग्जेमबर्ग फ्रेन्क |
| 23. | लिचटेन्सटीन | बादुज | स्विस फ्रेन्क |
| 24. | लिथुआनिया | विल्नियस | लितास |
| 25. | लाटविया | रीगा | रूबल |
| 26. | इटली | रोम | यूरो |
| 27. | आयरलैंड | डबलिन | यूरो |
| 28. | आइसलैंड | रिकजाविक | क्रोना |
| 29. | हंगरी | बुडापेस्ट | फोरिन्ट |
| 30. | ग्रीक (यूनान) | एथेन्स | यूरो |
| 31. | सर्बिया | बेलग्रेड | यूगोस्लाव दिनार |
| 32. | यूक्रेन | कीव | हिरविनिया |
| 33. | यू.के. | लन्दन | पाउण्ड स्टर्लिंग |
| 34. | स्विट्जरलैंड | बर्न | स्विस फ्रेन्क |
| 35. | स्वीडन | स्टॉकहोम | स्वेडिश क्रोना |
| 36. | स्पेन | मेड्रिड | यूरो |
| 37. | सान मारिनो | सान मारिनो | इटेलियन लीरा |
| 38. | रूस | मास्को | रूबल |
| 39. | रूमानिया | बुखारेस्ट | रुमानियन ल्यू |
| 40. | पुर्तगाल | लिस्बन | यूरो |
| 41. | तुर्कमेनिस्तान | आशखाबाद | रूबल |
| 42. | ताजिकिस्तान | दुशानवे | रूबल |
| 43. | मेसेडोनिया | स्कोप्जे | दिनार |
| 44. | बोस्निया हर्जेगोविना | सरायेवो | यूगोस्लाव दिनार |
| 45. | स्लोवेनिया | ल्यूकिल्यान | यूगोस्लाव दिनार |
| 46. | क्रोएशिया | जाग्रेब | क्रोशियन दिनार |

## उत्तरी अमेरिका

| क्रम | देश | राजधानी | राष्ट्रीय मुद्रा |
|---|---|---|---|
| 1. | अल सल्वाडोर | सान सल्वाडोर | कोलन |
| 2. | डोमिनिकन | सेन्टो | डोमिनिकन पेसो |
| 3. | डोमिनिका | रोसेऊ | कैरीबियन डॉलर (ईस्ट) |
| 4. | क्यूबा | हवाना | पेसो |
| 5. | कोस्टारिका | सानजोस | कोस्टारिकन कोलन |
| 6. | कनाडा | ओटावा | कैनेडियन डॉलर |
| 7. | बरमुडा | हेमिल्टन | बरमुडा डॉलर |
| 8. | बेलिजे | बेलमोपान | बेलिजे डॉलर |
| 9. | बारबाडोज | ब्रिजटाउन | बारबाडोज डॉलर |
| 10. | बहामाज | नसाऊ | बहमियन डॉलर |
| 11. | एन्टीगुआ एवं बरबुडा | सेन्ट जॉन्स | कैरीबियन डॉलर (ईस्ट) |
| 12. | हैटी | पोर्ट ओ प्रिन्स | गोर्डे |
| 13. | ग्वाटेमाला | ग्वाटेमाला सिटी | ग्वाटेमाला क्वाटडाल |
| 14. | ग्वाडेलोप | बस्से–तेरे | फ्रेन्क |
| 15. | ग्रेनाडा | सेन्ट जॉर्ज | कैरीबियन डॉलर (ईस्ट) |
| 16. | ग्रीनलैंड | नुक (गोडथाब) | डेनिश क्रोन |
| 17. | पोर्टोरिको | सेन जुआन | डॉलर |
| 18. | पनामा | पनामा सिटी | बानबोआ |
| 19. | निकारागुआ | मानागुआ | निकारागुआन न्यू कोरडोबा |
| 20. | मेक्सिको | मेक्सिको सिटी | पेसो |
| 21. | मार्टिनीक | फोर्ट–डे फ्रांस | फ्रेन्क |
| 22. | जमैका | किंगस्टन | जमैका डॉलर |
| 23. | होन्डुरास | तेगुसिगल्पा | होन्डुरास लेम्पारा |
| 24. | वर्जिन समूह | द्वीप चोरलोटे (यू॰ अमाली एस॰) | यू॰ एस॰ डॉलर |
| 25. | सं. रा. अमेरिका | वाशिंगटन | डॉलर |
| 26. | सेन्ट विन्सेन्ट और ग्रेनेडाइन्स | किंग्सटाउन | पूर्वी कैरीबियन डॉलर |
| 27. | सेन्ट ल्यूसिया | कैस्टिज | पूर्वी कैरीबियन डॉलर |
| 28. | सेन्ट किट्स एण्ड नेविस | बस्सेतेरे | पूर्वी कैरीबियन डॉलर |

## दक्षिण अमेरिका

| क्रम | देश | राजधानी | राष्ट्रीय मुद्रा |
|---|---|---|---|
| 1. | अर्जेन्टीना | ब्यूनसआयर्स | आस्ट्रल |
| 2. | अरूबा | ओरन्जेस्टेड | अरुबन गिल्डर |
| 3. | गुयाना | जॉर्ज टाउन | गुयाना डॉलर |
| 4. | फ्रेन्च गुयाना | कायेन्ने | फ्रेन्क |
| 5. | इक्वेडोर | क्विटो | सुक्रे |
| 6. | कोलम्बिया | बोगोटा | पेसो |
| 7. | चिली | सेन्टियागो | पेसो |
| 8. | ब्राजील | ब्राजीलिया | क्रुजादो |
| 9. | बोलीविया | लापाज | बोलिवियानो |
| 10. | वेनेजुएला | काराकस | बोलिविया |
| 11. | यूरुग्वे | मोन्टेवीडिओ | यूरुग्वेन न्यू पेसो |
| 12. | त्रिनिदाद और टोबेगो | पोर्ट ऑफ स्पेन | त्रिनिदाद और टोबेगो डॉलर |
| 13. | सूरीनाम | परामरिबो | सूरीनाम गिल्डर |
| 14. | पेरू | लीमा | न्यू सोल |
| 15. | पेराग्वे | असनश्यान | पेराग्वेन गौरानी |

## ओसनिया

| क्रम | देश | राजधानी | राष्ट्रीय मुद्रा |
|---|---|---|---|
| 1. | ऑस्ट्रेलिया | केनबरा | ऑस्ट्रेलियन डॉलर |
| 2. | पापुआ न्यूगिनी | पोर्ट मोरेस्वी | पापुआ न्यू गिनी किना |
| 3. | न्यूजीलैंड | विलिंगटन | न्यूजीलैंड डॉलर |
| 4. | न्यू केलेडोनिया | नोमिया | फ्रेन्च |
| 5. | नौरु | यारेन नौरु | ऑस्ट्रेलियन डॉलर |
| 6. | मार्शल द्वीप | दलफ्उलीगा डरिट | डॉलर |
| 7. | माइक्रोनेशिया | पालिकिर | यू॰ एस॰ डॉलर |
| 8. | किरिबाती | बैरिकी आन तरावा एटॉल | ऑस्ट्रेलियन डॉलर |
| 9. | फ्रेचन पोलिनेशिया | पापीते | फ्रेन्क |
| 10. | फिजी | सूवा | फिजी डॉलर |
| 11. | पलाऊ (बेलाऊ) | कोडोर | |
| 12. | प॰ समोआ | एपिआ | ताला |
| 13. | बनुआटू | विला | वातू |
| 14. | तुवालू | फोंगाफाले | तुवालू डॉलर |
| 15. | टोन्गा | नुकोलोफा | पांगा |
| 16. | सोलोमन द्वीप समूह | होनिया समूह | सोलोमन द्वीप डॉलर |

## महत्त्वपूर्ण आवास

- बकिंघम पैलेस (लंदन) — ब्रिटेन के सम्राट/सम्राज्ञी का निवास
- 10, डाउनिंग स्ट्रीट (लंदन) — ब्रिटेन के प्रधानमंत्री का निवास
- एलीसी पैलेस (पेरिस) — फ्रांस के राष्ट्रपति का निवास
- राष्ट्रपति भवन (नई दिल्ली) — भारत के राष्ट्रपति का निवास
- ह्वाइट हाउस (वाशिंगटन) — अमेरिका के राष्ट्रपति का निवास
- वेटिकन (रोम) — पोप का निवास

## विश्व के प्रमुख राजनीतिक दल

| देश | राजनीतिक दल |
|---|---|
| • ब्रिटेन | लेबर पार्टी, कंजर्वेटिव पार्टी |
| • अमेरिका | डेमोक्रेटिक पार्टी, रिपब्लिकन पार्टी |
| • चीन | कम्युनिस्ट पार्टी |
| • भारत | कांग्रेस पार्टी, भारतीय जनता पार्टी |
| • पाकिस्तान | पाकिस्तान पीपुल्स पार्टी, तहरीके इंसाफ |
| • बांग्लादेश | जातीय पार्टी, बंगलादेश नेशनलिस्ट पार्टी, अवामी लीग |
| • श्रीलंका | यूनाइटेड नेशनल पार्टी |
| • नेपाल | नेपाली कांग्रेस, नेपाल कम्युनिस्ट पार्टी |
| • जापान | लिबरल डेमोक्रेटिक पार्टी, जापान न्यू पार्टी |
| • द. अफ्रीका | अफ्रीकन नेशनल कांग्रेस, नेशनल पार्टी, इन्काथा नेशनल पार्टी |

## विभिन्न देशों के राष्ट्रीय प्रतीक

| देश | प्रतीक | देश | प्रतीक |
|---|---|---|---|
| • ऑस्ट्रेलिया | कंगारू | • कनाडा | सफेद लिली |
| • डेनमार्क | वुलिन | • फ्रांस | लिली |
| • जर्मनी | कार्न फ्लावर | • भारत | सिंह स्तम्भ |
| • ईरान | गुलाब | • इटली | सफेद लिली |
| • जापान | गुलदाउदी | • पाकिस्तान | अर्द्धचंद्र |
| • स्पेन | बाज | • यू.एस.ए. | सुनहरी छड़ी |
| • आयरलैंड | तीन पत्ती वाली घास | • यूनाइटेड किंगडम | गुलाब |

## विश्व की प्रमुख भाषाएँ

| भाषा | बोलने वाली जनसंख्या (मिलियन में) |
|---|---|
| चीनी (मंदारिन) | 1298.6 |
| स्पेनिश | 442.4 |
| अंग्रेजी | 378.3 |
| अरबी | 315.3 |
| हिन्दी | 260.0 |
| पुर्तगाली | 222.7 |
| बंगाली | 242.7 |
| रूसी | 153.9 |
| जापानी | 128.2 |
| जर्मन | 76.0 |
| फ्रेंच | 76.8 |
| उर्दू | 69.2 |
| वियतनामी | 68.0 |
| इटालवी | 64.8 |

**Source:** *The World Almanac 2019.*

## सरकारी दस्तावेज

| नाम | देश |
|---|---|
| ह्वाइट पेपर (White Paper) | ब्रिटिश और भारत सरकार की किसी विशेष विषय पर सरकारी रिपोर्ट। |
| ब्लू बुक (Blue Book) | ब्रिटिश सरकार की सरकारी रिपोर्ट। |
| ह्वाइट बुक (White Book) | जर्मनी, पुर्तगाल और चीन के सरकारी प्रकाशन। |
| यैलो बुक (Yellow Book) | फ्रांस की सरकार का सरकारी प्रकाशन। |
| ग्रे बुक (Grey Book) | जापान और बेल्जियम सरकारों की सरकारी रिपोर्ट। |
| ग्रीन बुक (Green Book) | इटली और ईरान के सरकारी प्रकाशन। |
| ओरेंज बुक (Orange Book) | नीदरलैण्ड्स सरकार का सरकारी प्रकाशन। |

## विश्व की प्रमुख गुप्तचर संस्थाएँ

| देश | गुप्तचर संस्थाएँ |
|---|---|
| भारत | रिसर्च एण्ड एनालिसिस विंग (रॉ), इंटेलीजेंस ब्यूरो (आई॰बी॰), सेन्ट्रल ब्यूरो ऑफ इनवेस्टीगेशन (सी॰बी॰आई॰) |
| पाकिस्तान | इंटर सर्विसेज इंटेलीजेंस (आई॰एस॰ आई॰) |
| सं॰ रा॰ अमेरिका | सेन्ट्रल इन्टेलीजेन्स एजेन्सी, फेडरल ब्यूरो ऑफ इनवेस्टीगेशन |
| ब्रिटेन | एम॰ आई॰ (मिलिट्री इंटेलीजेंस)–5 एवं 6, स्पेशल ब्रान्च, अल्ट्रा, ज़ायंट इंटेलीजेंस आर्गेनाइजेशन |
| इजरायल | मोसाद |
| मिस्र | मुखबरात |
| जापान | नाइचो |
| रूस | के॰जी॰बी॰ (कोमितेत गोसुदरस्तवेन्नोई बेजोपास्तनोस्ती / जी॰आर॰यू॰) |
| कनाडा | सिक्यूरिटी इंटेलीजेंस सर्विस |
| दक्षिणी अफ्रीका | ब्यूरो ऑफ स्टेट सिक्यूरिटी |
| ईरान | साबाक |
| इराक | अल मुखबरात |
| जर्मनी | बी॰एन॰डी॰ |
| आस्ट्रेलिया | आस्ट्रेलियन सिक्यूरिटी एण्ड इंटेलीजेंस आर्गेनाइजेशन |
| फ्रांस | एस॰डी॰ई॰सी॰ई॰ |
| स्पेन | सी॰ई॰एस॰आई॰डी॰ |
| क्यूबा | डी॰जी॰आई॰ |
| चीन | सेन्ट्रल एक्सटर्नल लेजां डिपार्टमेण्ट |

## कुछ प्रमुख देशों की संसदों के नाम

| देश | संसद |
|---|---|
| अफगानिस्तान | शोरा |
| आस्ट्रेलिया | फेडरल पार्लियामेंट |
| बांग्लादेश | जातीय संसद |
| भारत | संसद (लोकसभा, राज्यसभा) |
| भूटान | तसोंग्डू |
| ब्रिटेन | हाउस ऑफ कॉमन्स व हाउस ऑफ लॉर्ड्स |
| कनाडा | हाउस ऑफ कॉमन्स और सीनेट |
| चीन | नेशनल पीपुल्स कांग्रेस |
| डेनमार्क | फोकेटिंग |
| ईरान | मजलिस |
| इराक | नेशनल असेम्बली |
| इज़रायल | नेसेट |
| जापान | डाइट |
| म्यांमार | प्यीथू हयालूटाव |
| नेपाल | राष्ट्रीय पंचायत |
| नीदरलैंड | स्टे्टस जनरल |
| नार्वे | स्टोटिंग |
| पोलैंड | सेजम |
| रूस | ड्यूमा |
| दक्षिण अफ्रीका | हाउस ऑफ असेंबली |
| स्पेन | क्रोटर्स |
| स्वीडन | रिक्सदाग |
| स्विट्जरलैंड | फेडरल असेंबली |
| उत्तरी कोरिया | सुप्रीम पीपुल्स असेंबली |
| संयुक्त राज्य अमेरिका | कांग्रेस (सीनेट व हाउस ऑफ रिप्रजेंटेटिव्स) |
| इथियोपिया | शेरगो |
| आइसलैंड | आलवींजी |
| बुल्गारिया | नरोद्ना सुबरानी |
| क्यूबा | नेशनल एसेम्बली ऑफ पीपुल्स पावर |
| अर्जेंटीना | नेशनल कांग्रेस |
| आस्ट्रिया | नेशनल एसेम्बली |

## विश्व के प्रमुख समाचार–पत्र

| समाचार पत्र | देश |
|---|---|
| • वाशिंगटन पोस्ट | वाशिंगटन (अमेरिका) |
| • लास एंजिल्स टाइम्स | लास एंजिल्स (अमेरिका) |
| • शिकागो ट्रिब्यून | शिकागो (अमेरिका) |
| • वाल स्ट्रीट जर्नल | न्यूयॉर्क (अमेरिका) |
| • फिलाडेल्फिया इन्क्वायरर | फिलाडेल्फिया (अमेरिका) |
| • टोरेंटो सन | टोरेंटो (कनाडा) |
| • डेली टेलीग्राफ मिरर | सिडनी (ऑस्ट्रेलिया) |
| • गार्जियन | लंदन (ब्रिटेन) |
| • दि टाइम्स | लंदन (ब्रिटेन) |
| • दि टाइम्स ऑफ इण्डिया | भारत |
| • ला रिपब्लिका | रोम (इटली) |
| • ला मांद | पेरिस (फ्रांस) |
| • बर्लिन जेतुंग | बर्लिन (जर्मनी) |
| • इजवेस्तिया | मास्को (रूस) |
| • अल अहराम | काहिरा (मिस्त्र) |
| • डान | कराची (पाकिस्तान) |
| • हिन्दुस्तान टाइम्स | भारत |
| • मर्डेका | जकार्ता (इंडोनेशिया) |
| • योमुरी | टोकियो (जापान) |
| • पीपुल्स डेली | बीजिंग (चीन) |
| • ईस्टर्न सन | सिंगापुर |
| • इन्डिपेंडेंट | ढाका (बांग्लादेश) |

## विश्व की प्रमुख समाचार एजेंसियां

| एजेंसी | देश |
|---|---|
| एजेंसी फ्रांस प्रेस (AFP) | फ्रांस |
| अंटारा | इन्डोनेशिया |
| एसोसिएट प्रेस (AP) | यू.एस.ए. |
| एसोसिएटेड प्रेस ऑफ पाकिस्तान (APP) | पाकिस्तान |
| ऑस्ट्रेलियन एसोसिएटेड प्रेस (AAP) | ऑस्ट्रेलिया |
| बांग्लादेश संघबाद संस्थान (BSS) | बांग्लादेश |
| कनेडियन प्रेस (CP) | कनाडा |
| सेतका | चेकोस्लोवाकिया |
| एक्सटेल | ब्रिटेन |
| ग्लोब न्यूज एजेंसी | फ्रांस |
| इन्टरनेशनल न्यूज सर्विस | यू.एस.ए. |
| न्यू चाइना न्यूज एजेंसी (NCNA) | चीन |
| फिलीस्तीन न्यूज एजेंसी | फिलीस्तीन |
| प्रेस ट्रस्ट ऑफ इंडिया (PTI) | भारत |
| रायटर | ब्रिटेन |
| रीटा (रसियन इन्फारमेशन टेलीग्राफ एजेंसी) | रूस |
| सऊदी प्रेस एजेंसी (SPA) | सऊदी अरब |
| यूनाइटेड न्यूज ऑफ इंडिया (UNI) | भारत |
| यूनाइटेड प्रेस ऑफ़ अमेरिका (UPA) | यू.एस.ए. |
| वियतनाम न्यूज एजेंसी (VNA) | वियतनाम |

# संयुक्त राष्ट्र

**स्थापनाः** 24 अक्टूबर, 1945; **संस्थापक सदस्यः** 50; **मुख्यालयः** न्यूयार्क; **वर्तमान सदस्य संख्याः** 193 (इस संगठन का सदस्य बनने वाला अन्तिम देश दक्षिण सूडान है)। **लक्ष्य और उद्देश्यः** शान्ति-सुरक्षा, कल्याण और मानव अधिकार; **ध्वजः** ध्वज की पृष्ठभूमि हल्की नीली है और उस पर श्वेत रंग से राष्ट्र संघ का प्रतीक बना हुआ है। **कार्यकारी भाषाएँ:** अंग्रेजी तथा फ्रेंच; **अन्य मान्यता प्राप्त भाषाएँ:** रशियन, अरबी, स्पेनिश तथा चीनी।

**संयुक्त राष्ट्र के प्रमुख अंगः** प्रमुख अंग 6 हैं–

**1.** साधारण महासभा
**2.** सुरक्षा परिषद्
**3.** आर्थिक व सामाजिक परिषद्
**4.** अंतर्राष्ट्रीय न्यायालय
**5.** प्रन्यास परिषद्
**6.** सचिवालय

## प्रमुख अंतर्राष्ट्रीय संगठनों के मुख्यालय और स्थापना वर्ष

| अंतर्राष्ट्रीय संगठन | मुख्यालय | स्थापना वर्ष | अंतर्राष्ट्रीय संगठन | मुख्यालय | स्थापना वर्ष |
|---|---|---|---|---|---|
| संयुक्त राष्ट्र (UN) | न्यूयार्क | 1945 | अंतर्राष्ट्रीय दूर संचार संघ (ITU) | जेनेवा | 1932 |
| अंतर्राष्ट्रीय मुद्रा कोष (IMF) | वाशिंगटन | 1945 | अरब लीग | कैरो | 1945 |
| विश्व स्वास्थ्य संगठन (WHO) | जेनेवा | 1948 | राष्ट्रमंडल (COMMONWEALTH) | लंदन | 1931 |
| खाद्य एवं कृषि संगठन (FAO) | रोम | 1945 | विश्व व्यापार संगठन (WTO) | जेनेवा | 1995 |
| अंतर्राष्ट्रीय श्रम संगठन (ILO) | जेनेवा | 1919 | अंतर्राष्ट्रीय पुनर्निर्माण एवं विकास बैंक (विश्व बैंक) (IBRD) | वाशिंगटन | 1945 |
| यूनेस्को (UNESCO) | पेरिस | 1946 | | | |
| विश्व डाक संघ (UPU) | बर्न | 1874 | विश्व बौद्धिक संपदा संगठन (WIPO) | जेनेवा | 1967 |
| सं.रा. औद्यो. विकास संगठन (UNIDO) | वियना | 1966 | मुस्लिम राष्ट्रों का संघ (OIC) | मक्का (सऊदी अरब) | 1969 |
| अंतर्राष्ट्रीय परमाणु ऊर्जा अभिकरण (IAEA) | वियना | 1957 | यूरोपीय संघ (EU) | ब्रुसेल्स | * |
| अंतर्राष्ट्रीय वित्त निगम (IFC) | वाशिंगटन | 1956 | रेडक्रास | जेनेवा | 1863 |
| सं. रा. विकास कार्यक्रम (UNDP) | न्यूयार्क | 1965 | इंटरपोल (INTERPOL) | लियोन | 1923 |
| यूनिसेफ (UNICEF) | न्यूयार्क | 1946 | एशियाई विकास बैंक (ADB) | मनीला | 1966 |
| अंतर्राष्ट्रीय समुद्री संगठन (IMO) | लंदन | 1948 | उत्तरी अटलांटिक संधि संगठन (NATO) | ब्रुसेल्स | 1949 |
| विश्व मौसम विज्ञान संगठन (WMO) | जेनेवा | 1950 | आसियान (ASEAN) | जकार्ता | 1967 |

* 1958 में स्थापित EEC का परिवर्तित रूप

# भारत का भूगोल

## प्रसिद्ध पर्वत शिखर

| पर्वत शिखर | समुद्र तल से ऊंचाई ( मीटर में ) | पर्वत शिखर | समुद्र तल से ऊंचाई ( मीटर में ) |
|---|---|---|---|
| 1. $K_2$ | 8,611 पाकिस्तान के कब्जे में | 6. डिस्तगिल सर | 7,885 पाकिस्तान के कब्जे में |
| 2. कंचनजंगा | 8,598 | 7. माशेर ब्रुम (पूर्वी) | 7,821 |
| 3. नंगा पर्वत | 8,126 | 8. नंदा देवी | 7,817 |
| 4. गशेर ब्रुम | 8,068 पाकिस्तान के कब्जे में | 9. माशेर ब्रुम (पश्चिम) | 7,806 पाकिस्तान के कब्जे में |
| 5. ब्रॉड पीक | 8,047 पाकिस्तान के कब्जे में | 10. राकापोशी | 7,788 पाकिस्तान के कब्जे में |

## भारत के प्रमुख दर्रे

| दर्रे | राज्य/केंद्रशासित प्रदेश | दर्रे | राज्य/केंद्रशासित प्रदेश | दर्रे | राज्य/केंद्रशासित प्रदेश |
|---|---|---|---|---|---|
| काराकोरम | लद्दाख | माना | उत्तराखण्ड | जोजिला | लद्दाख |
| नीति | उत्तराखण्ड | पीरपंजाल | जम्मू-कश्मीर | नाथूला | सिक्किम |
| बनिहाल | जम्मू-कश्मीर | जैलेप्ला | सिक्किम | बुर्जिल | जम्मू-कश्मीर |
| बोम्डिला | अरुणाचल प्रदेश | शिपकी | हिमाचल प्रदेश | यांग्याप | अरुणाचल प्रदेश |
| रोहतांग | हिमाचल प्रदेश | दिफू | अरुणाचल प्रदेश | बड़ालाचा | हिमाचल प्रदेश |
| तुजु | मणिपुर | लिपुलेख | उत्तराखण्ड | | |

## भारत की प्रमुख नदियाँ

| नदी | उद्‌गम | मुहाना | लम्बाई (किमी.) |
|---|---|---|---|
| सिन्धु | मानसरोवर झील (तिब्बत) | अरब सागर | 3100 (भारत में 1114) |
| सतलज | राक्षसताल | चिनाब | 1450 (भारत में 1050) |
| गंगा | गंगोत्री के पास गोमुख से | बंगाल की खाड़ी | 2525 |
| यमुना | यमुनोत्री के पास बंदरपूंछ से | गंगा | 1376 |
| चम्बल | महूँ (जानपाव पहाड़ी) | यमुना | 1050 |
| गण्डक | धौलाधार पर्वत | गंगा | 300 |
| सोन | अमरकंटक पहाड़ी | गंगा | 784 |
| ब्रह्मपुत्र | मानसरोवर झील (तिब्बत) | बंगाल की खाड़ी | 2900 (भारत में 916) |
| नर्मदा | अमरकंटक | अरब सागर | 1290 |
| ताप्ती | मुलताई (बैतूल) | खम्भात की खाड़ी | 720 |
| महानदी | सिहावा के समीप | बंगाल की खाड़ी | 890 |
| कृष्णा | पश्चिमी घाट की पहाड़ी (महाबलेश्वर के पास) | बंगाल की खाड़ी | 1290 |
| गोदावरी | त्रयम्बक गाँव की पहाड़ी | बंगाल की खाड़ी | 1450 |
| कावेरी | ब्रह्मगिरि की पहाड़ी | बंगाल की खाड़ी | 760 |
| तुंगभद्रा | कर्नाटक के पश्चिमी घाट | कृष्णा | 331 |
| माही | विन्ध्याचल पर्वत | खम्भात की खाड़ी | 533 |

## प्रमुख बहुउद्देशीय नदी घाटी परियोजनाएँ

| परियोजना का नाम | नदी | लाभान्वित राज्य |
|---|---|---|
| दामोदर घाटी परियोजना | दामोदर | झारखंड, पश्चिम बंगाल |
| टिहरी बाँध परियोजना | भागीरथी | उत्तराखंड |
| नागार्जुन सागर परियोजना | कृष्णा | आन्ध्र प्रदेश |
| कोसी परियोजना | कोसी | बिहार तथा नेपाल |
| हीराकुड बाँध परियोजना | महानदी | ओडिशा |
| व्यास परियोजना | व्यास | राजस्थान, पंजाब, हरियाणा, हिमाचल प्रदेश |
| चम्बल परियोजना | चम्बल | राजस्थान, मध्य प्रदेश |
| मयूराक्षी परियोजना | मयूराक्षी | पश्चिम बंगाल |
| तुंगभद्रा परियोजना | तुंगभद्रा | आन्ध्र प्रदेश, कर्नाटक |
| गण्डक परियोजना | गण्डक | बिहार, नेपाल |
| फरक्का परियोजना | गंगा, भागीरथी | पश्चिम बंगाल |
| काकरापारा परियोजना | ताप्ती | गुजरात |

| परियोजना का नाम | नदी | लाभान्वित राज्य |
|---|---|---|
| नागपुर शक्तिगृह परियोजना | कोराडी | महाराष्ट्र |
| इन्दिरा गाँधी नहर परियोजना | सतलज | राजस्थान, पंजाब तथा हरियाणा |
| रिहन्द परियोजना | रिहन्द | उत्तर प्रदेश |
| महानदी डेल्टा परियोजना | महानदी | ओडिशा |
| कुण्डा परियोजना | कुण्डा | तमिलनाडु |
| इडुक्की परियोजना | पेरियार | केरल |
| कोयना परियोजना | कोयना | महाराष्ट्र |
| सतलज परियोजना | चिनाब | जम्मू-कश्मीर, लद्दाख |
| रंजीत सागर बाँध परियोजना | रावी | पंजाब |
| नाथपा-झाकरी परियोजना | सतलज | हिमाचल प्रदेश |
| शरावती परियोजना | शरावती | कर्नाटक |
| नर्मदा सागर परियोजना | नर्मदा | मध्य प्रदेश, गुजरात |
| जवाहर सागर परियोजना | चम्बल | राजस्थान |
| तुलबुल परियोजना | झेलम | जम्मू कश्मीर, लद्दाख |
| सरदार सरोवर परियोजना | नर्मदा | गुजरात, मध्य प्रदेश, महाराष्ट्र एवं राजस्थान |
| दुलहस्ती परियोजना | चिनाब | जम्मू-कश्मीर, लद्दाख |
| तिलैया परियोजना | बराकर | झारखंड |

## राष्ट्रीय उद्यान और अभयारण्य

कुछ महत्त्वपूर्ण अभयारण्यों और उद्यानों के नाम नीचे दिए गए हैं।

- कान्हा राष्ट्रीय उद्यान (म.प्र.)
- जलदापाड़ा अभयारण्य (प. बंगाल)
- मानस अभयारण्य (असम)
- पलामू राष्ट्रीय उद्यान (झारखंड)
- सेमलीपाल राष्ट्रीय पार्क (ओडिशा)
- भरतपुर वन्य जीव अभयारण्य (राजस्थान)
- कॉर्बेट राष्ट्रीय उद्यान (उत्तराखंड)
- डाचीगाम अभयारण्य (जम्मू-कश्मीर)
- नन्दा देवी कस्तूरी मृग वन (उत्तराखंड)
- रणथम्भौर वन्य जीव अभयारण्य (राजस्थान)
- रंगथिट्टू पक्षी अभयारण्य (कर्नाटक)
- डंडेली अभयारण्य (कर्नाटक)
- पेरियार अभयारण्य (केरल)
- गिरि वन (गुजरात)
- मोलेम क्रीड़ा अभयारण्य (गोवा)
- नागजीरा वन्य जीव अभयारण्य (महाराष्ट्र)
- घाट प्रभा पक्षी अभयारण्य (कर्नाटक)
- पेंच राष्ट्रीय उद्यान (महाराष्ट्र)
- सुल्तानपुर सरोवर पक्षी अभयारण्य (हरियाणा)
- मुदमलाई अभयारण्य (तमिलनाडु)
- नाल सरोवर पक्षी अभयारण्य (गुजरात)
- तनसा झील वन्य जीव अभयारण्य (महाराष्ट्र)
- ईराविकुलम राजमल्ली राष्ट्रीय उद्यान (केरल)
- शिवपुरी राष्ट्रीय उद्यान (म.प्र.)
- काजीरंगा अभयारण्य (असम)
- हजारीबाग राष्ट्रीय उद्यान (झारखंड)
- डालमा वन्य जीव अभयारण्य (झारखंड)
- वनकटना वन्य जीव अभयारण्य (उ.प्र.)
- डर्राह वन्य जीव अभयारण्य (राजस्थान)
- चन्द्रप्रभा अभयारण्य (उ.प्र.)
- दुधवा राष्ट्रीय उद्यान (उ.प्र.)
- माउंट आबू वन्य जीव अभयारण्य (राजस्थान)
- सरिस्का क्रीड़ा अभयारण्य (राजस्थान)
- बांदीपुर अभयारण्य (कर्नाटक)
- महावीर अभयारण्य (गोवा-कर्नाटक सीमा)
- वेदान्त-गाल पक्षी अभयारण्य (तमिलनाडु)
- बोरीवल्ली राष्ट्रीय उद्यान (महाराष्ट्र)
- कोट्टीगांव क्रीड़ा अभयारण्य (गोवा)
- वान्धवगढ़ राष्ट्रीय उद्यान (मध्य प्रदेश)
- खगचन्दजेन्दा राष्ट्रीय उद्यान (सिक्किम)
- रोहिया राष्ट्रीय उद्यान (हिमाचल प्रदेश)
- तोदोवा राष्ट्रीय उद्यान (महाराष्ट्र)
- नगर होल अभयारण्य (कर्नाटक)
- बोंडला क्रीड़ा अभयारण्य (गोवा)
- बनारघट्टा राष्ट्रीय उद्यान (कर्नाटक)

# रक्षा

भारत की रक्षा सेनाओं का सर्वोच्च कमाण्डर भारत का राष्ट्रपति होता है। भारत की सशस्त्र सेनाओं में तीन मुख्य सेनाएं हैं–थल सेना, नौ सेना और वायु सेना। तीनों सेनाओं के प्रमुख क्रमशः थल सेनाध्यक्ष, नौ सेनाध्यक्ष और वायु सेनाध्यक्ष होते हैं। वर्ष 2019 में रक्षा स्टाफ प्रमुख (CDS) का पद गठित किया गया है।

## सेना में कमीशंड पद (Commissioned Ranks)

| | | | | |
|---|---|---|---|---|
| **थल सेना** | 1. जनरल<br>5. कर्नल<br>9. लेफ्टिनेंट | 2. लेफ्टिनेंट जनरल<br>6. लेफ्टिनेंट कर्नल | 3. मेजर जनरल<br>7. मेजर | 4. ब्रिगेडियर<br>8. कैप्टन |
| **वायु सेना** | 1. एयर चीफ मार्शल<br>5. ग्रुप कैप्टन<br>9. फ्लाइंग ऑफिसर | 2. एयर मार्शल<br>6. विंग कमाण्डर | 3. एयर वाइस मार्शल<br>7. स्क्वाड्रन लीडर | 4. एयर कॉमोडोर<br>8. फ्लाइट लेफ्टिनेंट |
| **नौ सेना** | 1. एडमिरल<br>5. कैप्टन<br>9. सब लेफ्टिनेंट | 2. वाइस एडमिरल<br>6. कमाण्डर | 3. रियर एडमिरल<br>7. लेफ्टिनेंट कमाण्डर | 4. कॉमोडोर<br>8. लेफ्टिनेंट |

# परिवहन

## रेलवे

**महत्वपूर्ण तथ्य**

- रेलवे भारत का सबसे बड़ा उपक्रम है।
- भारत में पहली रेलगाड़ी 16 अप्रैल, 1853 को मुंबई और थाणे के बीच (34 कि॰मी॰) चली।
- स्वतंत्रता मिलने के बाद भाप से चलने वाले रेल इंजन बनाने का कारखाना चितरंजन में स्थापित किया गया (26 जनवरी, 1950)। लेकिन अब इस कारखाने में बिजली से चलने वाले रेल इंजन बनाए जाते हैं।
- मार्च, 2021 तक देश में रेलवे स्टेशनों की संख्या 7,337 है।
- मार्च, 2021 तक भारतीय रेल मार्गों की कुल लंबाई 68,103 कि॰मी॰ है।
- मार्च, 2021 तक भारतीय रेल के पास 12,734 इंजन, 79,835 यात्री डिब्बे तथा 3,02,624 माल के डिब्बे हैं।
- मार्च, 2021 के अन्त तक भारत के कुल रेलमार्ग के लगभग 65.78% भाग का विद्युतीकरण किया जा चुका था।
- रेल वित्त को 1924-25 से सामान्य राजस्व से अलग रखा जाता था, लेकिन वर्ष 2017-2018 से इसे पुनः सामान्य राजस्व में मिला दिया गया है।
- देश का एकमात्र सबसे पुराना चालू हालत इंजन 'फेयरी क्वीन' है।
- भारतीय रेल की पहली विद्युत चालित गाड़ी 3 फरवरी, 1925 को मुंबई और कुर्ला के बीच चली।
- कोलकाता मैट्रो देश की सबसे पहली और एकमात्र भूमिगत रेलवे है।
- दिल्ली में मैट्रो रेल का चालन 24 दिसम्बर, 2002 को, बेंगलुरु में 20 अक्टूबर, 2011 को, मुंबई में 8 जून, 2014 को, जयपुर में 3 जून, 2015 को तथा चेन्नई में 29 जून, 2015 को शुरू हुआ।
- भारतीय रेल की सबसे लम्बी रेल यात्रा डिब्रूगढ़ से कन्या कुमारी के बीच 4,286 किमी. की है। इस दूरी को तय करने में 82.30 घंटे का समय लगता है।

- गोरखपुर रेलवे स्टेशन का प्लेटफार्म विश्व का सबसे लम्बा प्लेटफॉर्म है। इसकी लम्बाई 1355.4 मीटर है।
- भारतीय रेल की सबसे लम्बी सुरंग जम्मू कश्मीर में बनिहाल एवं काजीगुंड स्टेशनों के मध्य पीर पंजाल सुरंग 11.21 किमी. लम्बी है।
- भारतीय रेलवे बोर्ड की स्थापना 1905 में हुई थी।
- भारतीय रेलों के तीन गेज हैं–ब्रॉड गेज, मीटर गेज, और नैरो गेज। रेलवे में वातानुकूलित, प्रथम श्रेणी और द्वितीय श्रेणी हैं। तृतीय श्रेणी 1974 से समाप्त कर दी गई।
- देश में कुल 95% स्थानों पर कम्प्यूटर रिजर्वेशन की व्यवस्था है।

## सड़क परिवहन

**महत्वपूर्ण तथ्य**

- भारत दुनिया की सबसे बड़ी सड़क प्रणाली वाले देशों में से एक है।
- मार्च, 2021 तक देश में सड़कों की कुल लंबाई 63.71 लाख किलोमीटर है।
- देश के सड़क नेटवर्क में राष्ट्रीय राजमार्ग, राज्यों के राजमार्ग, प्रमुख/अन्य जिला सड़कें और ग्रामीण/देहाती सड़कें शामिल हैं।
- देश में 1,40,995 कि॰मी॰ (दिसम्बर, 2021 तक) लम्बे राष्ट्रीय राजमार्ग की जिम्मेदारी केन्द्र सरकार पर है।
- सीमा सड़क संगठन का गठन 1960 में किया गया था।
- देश में राष्ट्रीय राजमार्गों की लंबाई, सड़कों की कुल लंबाई का मात्र दो प्रतिशत है, मगर 40 प्रतिशत सड़क यातायात इनसे होकर गुजरता है।
- देश में महाराष्ट्र में सड़कों की लम्बाई सबसे ज्यादा और सबसे कम लक्षद्वीप में है।
- देश के चारों कोनों को चार या छह लेन के राजमार्ग के एक नेटवर्क से जोड़ने हेतु राष्ट्रीय राजमार्ग विकास परियोजना बनाई गई है। जिसके अन्तर्गत चार महानगरों कोलकाता, दिल्ली, चेन्नई और मुम्बई को 5,882 कि॰मी॰ लम्बे स्वर्ण चतुर्भुज से जोड़ा जाएगा।

## वायु परिवहन

वायु परिवहन का प्रारंभ देश में 1911 में प्रारंभ हुआ। 1953 के एयर कॉर्पोरेशन अधिनियम के तहत सभी वैमानिक कम्पनियों का राष्ट्रीयकरण कर दो नवनिर्मित निगमों के अधीन रखा गयाः (1) इंडियन एयरलाइंस; (2) एयर इंडिया लिमिटेड। एयर इंडिया लिमिटेड और इंडियन एयरलाइंस का विलय कर एक नई कंपनी भारतीय राष्ट्रीय विमानन कंपनी बनाई गई है। इस विलय के बाद अस्तित्व में आई नई कंपनी को एयर इंडिया के नाम से जाना जाता है।

## एयर इंडिया का निजीकरण

सार्वजनिक क्षेत्र की इकलौती विमान सेवा कम्पनी एयर इंडिया का जनवरी 2022 में पूर्ण निजीकरण कर दिया गया है। इस हेतु मार्ग अक्टूबर 2021 में उस समय प्रशस्त हो गया था जब इसके लिए टाटा संस की ₹ 18,000 करोड़ की उच्चतम बोली को सरकार ने स्वीकार कर लिया था तथा इसके 100 प्रतिशत शेयरों की टाटा समूह को बिक्री के लिए शेयर परचेज एग्रीमेंट पर हस्ताक्षर 26 अक्टूबर, 2021 को सम्पन्न किए थे। इससे एयर इंडिया का स्वामित्व एक बार पुनः अब टाटा संस के हाथ में आ गया है। भारी घाटे में चल रही इस एयरलाइंस में अपनी 100 प्रतिशत हिस्सेदारी निजी क्षेत्र को बेचने के लिए इच्छुक निवेशकों से अभिरुचि पत्रा (Expression of interest) सरकार ने वर्ष 2020 में आमंत्रित किए थे। देश की अन्य प्राइवेट एयरलाइन्स इंडिगो, विस्तारा, स्पाइस जेट और गो एयर आदि हैं।

**प्रमुख अन्तर्राष्ट्रीय हवाई अड्डेः कोलकाताः** नेताजी सुभाषचन्द्र बोस हवाई अड्डा; **मुंबईः** छत्रपति शिवाजी हवाई अड्डा; **दिल्लीः** इंदिरा गाँधी हवाई अड्डा, **चेन्नईः** अन्ना हवाई अड्डा; **तिरूवनंतपुरमः** त्रिवेन्द्रम हवाई अड्डा; **हैदराबादः** राजीव गांधी हवाई अड्डा; **गुवाहाटीः** लोकप्रिय गोपीनाथ बारदोलोई हवाई अड्डा; **अमृतसरः** श्री गुरु रामदास जी हवाई अड्डा; **बेंगलुरुः** केम्पेगौड़ा हवाई अड्डा; **अहमदाबादः** सरदार वल्लभभाई पटेल हवाई अड्डा; **लखनऊः** चौधरी चरण सिंह हवाई अड्डा।

## जहाजरानी

**महत्वपूर्ण तथ्य**

- परिवहन क्षेत्र में देश की अर्थव्यवस्था को मजबूत करने में जहाजरानी की प्रमुख भूमिका है। लगभग 95 प्रतिशत माल समुद्री रास्ते से ही ढोया जाता है।

- विकासशील देशों में भारत के पास व्यापारिक जहाजों का सबसे बड़ा बेड़ा है। भारत व्यापारिक जहाजरानी बेड़े की दृष्टि से विश्व में 16वें स्थान पर है।
- सार्वजनिक क्षेत्र की सरकारी जहाजरानी कंपनी, शिपिंग कारपोरेशन ऑफ इंडिया लिमिटेड की स्थापना 2 अक्टूबर, 1961 को हुई थी।
- भारत में 13 बड़े और 200 अन्य बंदरगाह हैं। बड़े बंदरगाह केन्द्र सरकार के अधीन आते हैं, जबकि अन्य बंदरगाह सम्बद्ध राज्य सरकारों के क्षेत्राधिकार में आते हैं।
- भारत के संपूर्ण समुद्र तट की लंबाई 7,517 किलोमीटर है।

### देश के बड़े बंदरगाह

1. श्यामा प्रसाद मुखर्जी (कोलकाता), 2. मुंबई, 3. जवाहर लाल नेहरू बंदरगाह (न्हावासेवा), 4. वी.ओ. चिदंबरनार (तूतीकोरिन), 5. चेन्नई, 6. मझगांव, 7. न्यू मंगलौर, 8. पारा द्वीप, 9. दीन दयाल (कांडला), 10. विशाखापट्टनम, 11. कोच्चि, 12. कामराजार (एन्नौर), 13. पोर्ट ब्लेयर।

### राष्ट्रीय जलमार्ग

| जलमार्ग | लम्बाई | विस्तार | नदी |
|---|---|---|---|
| एन. डब्ल्यु-1 | 1629 किमी | प्रयागराज से हल्दिया तक | गंगा |
| एन डब्ल्यू-2 | 819 किमी | सादिया से धुबरी पट्टी तक | ब्रह्मपुत्र |
| एन डब्ल्यू-3 | 186 किमी | कोल्लम से कोट्टापुरम तक | चम्पाक्कारा |
| एन डब्ल्यू-4 | 1100 किमी | काकीनाडा से मरक्कानम तक | कृष्णा-गोदावरी |

# संविधान एवं राजव्यवस्था

### भारतीय संविधान की प्रस्तावना

"हम भारत के लोग, भारत को एक सम्पूर्ण प्रभुत्व सम्पन्न समाजवादी*, पंथ निरपेक्ष*, लोकतांत्रिक गणराज्य बनाने के लिए तथा उसके समस्त नागरिकों को सामाजिक, आर्थिक और राजनीतिक न्याय, विचार, अभिव्यक्ति, विश्वास, धर्म और उपासना की स्वतंत्रता, प्रतिष्ठा और अवसर की समता प्राप्त करने के लिए तथा उन सब में व्यक्ति की गरिमा और राष्ट्र की एकता और अखण्डता सुनिश्चित करने वाली बंधुता बढ़ाने के लिए, दृढ़ संकल्प होकर इस संविधान सभा में आज दिनांक 26 नवम्बर, 1949 ई॰ को एतद् द्वारा इस संविधान को अंगीकृत, अधिनियमित और आत्मार्पित करते हैं।"

*42वें संविधान संशोधन (1976) द्वारा जोड़े गए।

### नागरिकों के मौलिक अधिकार

भारतीय संविधान नागरिकों के निम्न अधिकारों की गारन्टी करता है:

1. **समानता का अधिकारः** किसी को कोई विशेषाधिकार नहीं है। धर्म, जाति, विश्वास और लिंग के आधार पर किसी के साथ कोई भेदभाव नहीं किया जाता है।
2. **धार्मिक स्वतंत्रता का अधिकारः** हर नागरिक को अपने धर्म में विश्वास, उसका पालन एवं उसके प्रचार का अधिकार है। केवल सार्वजनिक शान्ति, नैतिकता, स्वास्थ्य की दृष्टि से ही इसमें हस्तक्षेप किया जा सकता है।
3. **संस्कृति एवं शिक्षा सम्बंधी अधिकारः** हर समुदाय के लोग अपनी संस्कृति और भाषा की रक्षा के लिए अपनी संस्थायें बना सकते हैं।
4. **शोषण के विरुद्ध अधिकारः** मनुष्यों का क्रय-विक्रय, बेगार प्रथा और कारखानों व खानों में 14 वर्ष से कम आयु के बच्चों को नौकरी में लगाना दण्डनीय अपराध है।
5. **स्वतंत्रता का अधिकारः** ये अधिकार निम्नलिखित हैं: (*i*) विचार प्रकट करने की स्वतंत्रता, (*ii*) शान्तिपूर्ण ढंग से सभा करने की स्वतंत्रता, (*iii*) संगठन या यूनियन बनाने की स्वतंत्रता, (*iv*) देश के किसी भाग में बसने की स्वतंत्रता, (*v*) देश के हर भाग में आने-जाने की स्वतंत्रता, (*vi*) कोई भी काम-धंधा या व्यापार-व्यवसाय करने की स्वतंत्रता।

6. **संवैधानिक उपचारों का अधिकारः** यदि कोई नागरिक समझता है कि उसके किसी मूल अधिकार पर आक्रमण हुआ है, तो वह अपने मूल अधिकार की रक्षा के लिए न्यायालय की सहायता ले सकता है। (अनुच्छेद-32)

## नागरिकों के मौलिक कर्त्तव्य

42वें संविधान संशोधन, 1976 के द्वारा संविधान में नागरिकों के लिए दस मूल कर्त्तव्य सम्मिलित किए गए थे। 86वें संविधान संशोधन, 2002 के द्वारा इनकी संख्या 11 कर दी गई है। ये कर्त्तव्य हैं- **1.** संविधान का पालन करें और उसके आदर्शों, संस्थाओं, राष्ट्रध्वज और राष्ट्रगान का आदर करें। **2.** स्वतंत्रता के लिए हमारे राष्ट्रीय आंदोलन को प्रेरित करने वाले उच्च आदर्शों को हृदय में संजोए रखें और उनका पालन करें। **3.** भारत की संप्रभुता, एकता और अखण्डता की रक्षा करें और उसे अक्षुण्ण रखें। **4.** देश की रक्षा करें और आह्वान किए जाने पर राष्ट्र की सेवा करें। **5.** भारत के सभी लोगों में समरसता और समान भ्रातृत्व की भावना का निर्माण करें जो धर्म, भाषा और प्रदेश या वर्ग पर आधारित सभी भेदभाव से परे हो तथा ऐसी प्रथाओं का त्याग करें, जो स्त्रियों के सम्मान के विरुद्ध हैं। **6.** अपनी सामासिक संस्कृति की गौरवशाली परम्परा का महत्व समझें और उसको सुरक्षित रखें। **7.** प्राकृतिक पर्यावरण की, जिसके अंतर्गत वन, झील, नदी और वन्यजीव भी शामिल हैं, रक्षा करें और उसका संवर्धन करें तथा प्राणिमात्र के प्रति दयाभाव रखें। **8.** वैज्ञानिक दृष्टिकोण, मानववाद और ज्ञानार्जन तथा सुधार की भावना का विकास करें। **9.** सार्वजनिक सम्पत्ति को सुरक्षित रखें और हिंसा से दूर रहें। **10.** व्यक्तिगत और सामूहिक गतिविधियों के सभी क्षेत्रों में उत्कर्ष की ओर बढ़ने का सतत् प्रयास करें जिससे राष्ट्र निरन्तर आगे बढ़ते हुए उपलब्धि की नयी ऊंचाइयों को छू सके। **11.** छह साल से 14 साल तक की आयु के बच्चे के माता-पिता या अभिभावक अथवा संरक्षक को अपने बच्चे को शिक्षा दिलाने के लिए अवसर उपलब्ध कराने चाहिए।

## राज्य के नीति-निदेशक तत्व

राज्य के नीति निदेशक तत्व संविधान में भाग-4 के अनुच्छेद 36 से 51 तक में शामिल किए गए हैं। इन निदेशक तत्त्वों को न्यायालय द्वारा लागू नहीं किया जा सकता है। इनका उद्देश्य लोक-कल्याणकारी राज्य की स्थापना करना है।

**कुछ प्रमुख नीति-निदेशक तत्व एवं उनके अनुच्छेद**

- जीविका के पर्याप्त साधन का तत्व (अनु॰ 39)
- काम पाने का तत्व (अनु॰ 41)
- प्रसूति सहायता का तत्व (अनु॰ 42)
- उद्योगों में कर्मकारों के लिए जीविकाक्षम वेतन का तत (अनु 43)
- समान सिविल संहिता का तत्व (अनु॰ 44)
- मद्यपान प्रतिषेध का तत्व (अनु॰ 47)
- दुधारू पशु हत्या प्रतिषेध का तत्व (अनु॰ 48)
- पंचायती राज्य के गठन का तत्ब (अनु॰ 40)
- कार्यपालिका एवं न्यायपालिका के पृथक्करण का तत (अनु॰ 50)
- राष्ट्रीय महत्व के स्थानों के संरक्षण का तत्व (अनु॰ 4
- अंतर्राष्ट्रीय सुरक्षा एवं शांति की वृद्धि करने का तत (अनु॰ 51)

## संसद

भारतवर्ष के विधानमण्डल अर्थात् संसद में राष्ट्रपति एवं संस के दोनों सदन-राज्य सभा और लोक सभा सम्मिलित हैं।

- **राज्य सभाः** इसके चुनाव अप्रत्यक्ष रूप से होते हैं। इस अधिकतम 250 सदस्य हो सकते हैं, जिनमें से राष्ट्रपा द्वारा नियुक्त 12 सदस्य ऐसे होते हैं जिन्होंने साहित्य विज्ञान, कला एवं समाज सेवा में विशेष ख्याति अर्जित क हो। इसकी वर्तमान सदस्य संख्या 245 है। राज्य सभा क सदस्य बनने के लिए भारत का नागरिक और 30 वर्ष क आयु का होना आवश्यक है। राज्य सभा को भंग नहीं किय जा सकता, परंतु इसके एक-तिहाई सदस्य प्रति दूसरे व रिटायर हो जाते हैं। लोक सभा के भंग हो जाने पर राज सभा का महत्व बढ़ जाता है। उस समय राज्य सभा ह राष्ट्र के हितों की रक्षा के लिए संसद के दायित्व को निभात है। उपराष्ट्रपति राज्य सभा का पदेन सभापति होता है तथ राज्य सभा का उप-सभापति राज्य सभा के सदस्यों में चुना जाता है। धन विधेयक को छोड़कर इसकी स्थि लोकसभा के बराबर है। इसे ऊपरी सदन भी कहते हैं
- **लोक सभाः** लोक सभा की वर्तमान सदस्य संख्या 54 है–जो राज्यों और केन्द्रशासित प्रदेशों से निर्वाचित हैं 104वें संविधान संशोधन अधिनियम, 2019 द्वारा एंग्ल इंडियन समाज के दो व्यक्तियों के राष्ट्रपति द्वारा मनोनय की व्यवस्था को समाप्त कर दिया गया है। इसक

गठन राज्यों में प्रादेशिक निर्वाचन क्षेत्रों से प्रत्यक्ष निर्वाचन द्वारा चुने गए सदस्यों द्वारा होता है। संसद का मुख्य कार्य देश के लिए कानून बनाना एवं सरकार के व्यय के लिए आवश्यक धन की स्वीकृति देना है। लोक सभा का सदस्य बनने के लिए भारत का नागरिक तथा 25 वर्ष की आयु होना आवश्यक है। लोकसभा का सामान्य कार्यकाल 5 वर्ष है। इसके सदस्य सीधे जनता द्वारा चुने जाते हैं। लोक सभा के अध्यक्ष तथा उपाध्यक्ष उसके सदस्यों में से ही चुने जाते हैं।

**संसदीय समितियाँः** भारत में दो प्रकार की संसदीय समिति होती है–पहली स्थायी समिति तथा दूसरी तदर्थ समिति। इनके सदस्य लोकसभा तथा राज्य सभा दोनों से लिए जाते हैं। स्थायी समितियाँ प्रत्येक वर्ष नियमित रूप से गठित की जाती हैं। कुछ प्रमुख समितियां–**स्थायी समितिः** प्राक्कलन समिति, लोक लेखा समिति, विषयगत समितियाँ (कृषि, पर्यावरण, विज्ञान), कार्य मंत्रणा समिति, सार्वजनिक उद्योग समितिः **तदर्थ समितिः** प्रवर समिति।

## राष्ट्रपति

ट्रपति का पद देश में सर्वोच्च है। वह संघ शासन का प्रधान र सेनाओं का सर्वोच्च कमाण्डर होता है। इस पद के लिए चुनाव त्यक्ष रूप से होता है। इस चुनाव में संसद की दोनों सभाओं और राज्यों की विधान सभाओं के निर्वाचित सदस्य भाग लेते इस पद के प्रत्याशी के लिए अनिवार्य योग्यताएं इस प्रकार (1) वह भारत का नागरिक होना चाहिए। (2) उसकी आयु 35 से कम न हो। (3) वह सरकारी पदाधिकारी न हो। (4) वह कसभा सदस्य चुने जाने योग्य हो।

**राष्ट्रपति के अधिकारः** राष्ट्रपति राज्यपालों, उच्च न्यायालयों र्वोच्च न्यायालय के न्यायाधीशों, विदेशों में राजदूतों एवं य वरिष्ठ सरकारी अधिकारियों की नियुक्ति करते हैं। वे क सभा में बहुमत दल के नेता को प्रधानमंत्री नियुक्त करते संसद में पास समस्त बिल उनकी मंजूरी के बिना कानून बन सकते तथा प्रत्येक आर्थिक बिल उनकी अनुमति से श होता है। देश में संकट के मौके पर वे आपातकालीन ति की घोषणा करते हैं और राज्य के शासन की बागडोर ने हाथ में ले सकते हैं। वे किसी भी अपराधी को क्षमा कर ते हैं।

## उप-राष्ट्रपति

अनुच्छेद-66 के अनुसार उप-राष्ट्रपति का निर्वाचन होता है। उप-राष्ट्रपति राज्यसभा का पदेन सभापति होता है। उसका निर्वाचन एक निर्वाचक-मण्डल द्वारा होता है जिसमें संसद की दोनों सभाओं के सदस्य होते हैं। वह आनुपातिक प्रतिनिधित्व प्रणाली से एकल संक्रमणीय मत द्वारा चुना जाता है। उप-राष्ट्रपति पद के लिए उम्मीदवार भारत का नागरिक, आयु 35 वर्ष से कम नहीं और राज्यसभा का सदस्य चुने जाने के योग्य होना चाहिए। इसके निर्वाचन विवाद का निर्णय उच्चतम न्यायालय द्वारा किया जाता है।

## प्रधानमंत्री

भारत के संविधान में कहा गया है कि राष्ट्रपति को उसके कार्यों में सहायता और सलाह देने के लिए एक मंत्रिपरिषद् होगी। प्रधानमंत्री मंत्रिमण्डल का मुखिया होता है। अन्य मंत्री प्रधानमंत्री की सिफारिश पर राष्ट्रपति द्वारा नियुक्त किए जाते हैं। प्रधानमंत्री लोकसभा में बहुमत दल का नेता होता है।

## महान्यायवादी

इसकी नियुक्ति राष्ट्रपति द्वारा केन्द्रीय मंत्रिमंडल की सलाह पर की जाती है। यह भारत सरकार का सर्वप्रथम विधि अधिकारी है। अतएव, यह राष्ट्रपति के निर्देश पर भारत सरकार को विधि सम्बन्धी मामलों पर सलाह देता है।

## नियंत्रक-महालेखा परीक्षक

यह संघ तथा राज्यों दोनों के सभी वित्तीय प्रणाली पर नियंत्रण करता है। इसकी नियुक्ति मंत्रिमंडल की सलाह पर राष्ट्रपति द्वारा की जाती है। इसका कार्यकाल 6 वर्षों के लिए या 65 वर्ष की आयु सीमा तक होता है।

## राज्यपाल

राष्ट्रपति द्वारा राज्यों में इसकी नियुक्ति की जाती है। इसकी नियुक्ति पाँच सालों के लिए होती है, लेकिन राष्ट्रपति उसे पांच वर्ष से पूर्व भी हटा सकता है। इसकी नियुक्ति में सरकारिया समिति की अनुशंसा को ध्यान में रखा जाता है।

**मुख्य कार्यः** मुख्यमंत्री की नियुक्ति करता है एवं उसकी सलाह पर अन्य मंत्रियों की नियुक्ति करता है। इसे मुख्यमंत्री से सूचना प्राप्त करने का तथा संविधानिक तंत्र के अनुसार शासन नहीं चलने पर धारा 356 की सिफारिश करने का अधिकार है।

### संविधान की अनुसूचियाँ

**पहली अनुसूचीः** 1. राज्य, 2. संघ राज्य क्षेत्र; **दूसरी अनुसूचीः** राष्ट्रपति, लोकसभा अध्यक्ष, न्यायालयों के न्यायाधीशों से संबंधित उपबंध; **तीसरी अनुसूचीः** शपथ प्रारूप; **चौथी अनुसूचीः** राज्य सभा की सीटों का आवंटन; **पांचवी अनुसूचीः** अनुसूचित क्षेत्रों और अनुसूचित जनजातियों से सम्बंधित; **छठी अनुसूचीः** असम, मेघालय, त्रिपुरा और मिजोरम राज्यों के जनजाति क्षेत्रों के प्रशासन के बारे में उपबंध; **सातवीं अनुसूचीः** 1. संघ सूची, 2. राज्य सूची, 3. समवर्ती सूची; **आठवीं अनुसूचीः** भाषायें; **नवीं अनुसूचीः** अनुच्छेद 31 'B' द्वारा रक्षित कानून; **दसवीं अनुसूचीः** दल बदल से संबंधित प्रावधान; **ग्यारहवीं अनुसूचीः** पंचायत-राज; **बारहवीं अनुसूची-** नगरपालिकाओं से सम्बन्धित उपबंध।

### सर्वोच्च न्यायालय

सर्वोच्च न्यायालय देश का सबसे बड़ा न्यायालय है। इसमें मुख्य न्यायाधीश के अतिरिक्त 33 न्यायाधीश और होते हैं। इन सबकी नियुक्ति राष्ट्रपति करता है। वे 65 वर्ष की आयु तक कार्य कर सकते हैं। सर्वोच्च न्यायालय में जज के पद पर नियुक्ति के लिए व्यक्ति को भारतीय नागरिक होना आवश्यक है। उसे कम से कम पाँच साल के लिए उच्च न्यायालय का जज या दस साल के लिए उच्च न्यायालय का वकील होना भी आवश्यक है। मुख्य न्यायाधीश को 2.80 लाख रुपए और अन्य न्यायाधीशों को 2.50 लाख रुपए मासिक वेतन मिलता है।

# भारत का इतिहास

### सिंधु सभ्यता के प्रमुख स्थल

| स्थल | खुदाई वर्ष | नदी/सागर तट | खोजकर्ता |
|---|---|---|---|
| हड़प्पा (मांटगुमरी-पाकिस्तान) | 1921 | रावी नदी | दयाराम साहनी |
| मोहनजोदड़ो (लरकाना-पाकिस्तान) | 1922 | सिन्धु नदी | राखल दास बनर्जी |
| सुतकागेडोर (बलूचिस्तान) | 1927 | दाश्क नदी | ऑरेल स्टीन |
| चन्हुदड़ो (सिन्ध-पाकिस्तान) | 1931 | सिन्धु नदी | एन.जी. मजूमदार |
| आलमगीर (मेरठ-उत्तर प्रदेश) | 1952-55 | हिन्डन नदी | यज्ञदत्त शर्मा |
| रोपड़ (पंजाब-सतलज तट) | 1953 | सतलज नदी | यज्ञदत्त शर्मा |
| रंगपुर (काठियावाड़-गुजरात) | 1953 | भाबर नदी | माधोस्वरूप वत्स, रंगनाथ राव |
| कोटदीजी (सिंध-पाकिस्तान) | 1953 | सिंधु नदी | फजल अहमद खान |
| लोथल (अहमदाबाद-गुजरात) | 1954 | भोगवा नदी | रंगनाथ राव |
| कालीबंगा (गंगानगर-राजस्थान) | 1961 | घग्घर नदी | ब्रजवासी लाल |
| सुरकोतड़ा (कच्छ-गुजरात) | 1967 | घग्घर नदी | जगपति जोशी |
| बनवाली (हिसार-हरियाणा) | 1973 | घग्घर नदी | रविन्द्र सिंह विष्ट |
| बालाकोट | 1979 | अरब सागर | जॉर्ज एफ. डेल्स |
| धौलावीरा (गुजरात) | 1963-68 | — | जे.पी. जोशी |
| | 1990-91 | — | डॉ. आर.एस. विष्ट |

### बौद्ध प्रतीक

| घटना | प्रतीक |
|---|---|
| जन्म | कमल एवं सांड |
| गृह-त्याग | घोड़ा |
| ज्ञान | पीपल (वृक्ष) |
| निर्वाण | पद चिह्न |
| मृत्यु | स्तूप |

### अष्टांगिक मार्ग

- सम्यक् दृष्टि
- सम्यक् वाणी
- सम्यक् संकल्प
- सम्यक् व्यायाम
- सम्यक् आजीव
- सम्यक् स्मृति
- सम्यक् कर्म
- सम्यक् समाधि

## प्रमुख विदेशी यात्री

| मूल देश | अवधि | शासक |
|---|---|---|
| मेगस्थनीज (यूनानी) | 305 ई.पू. | चन्द्रगुप्त मौर्य |
| डाइमेकस (सीरिया) | 298 ई. | बिन्दुसार |
| फाह्यान (चीन) | 399 ई. | चन्द्रगुप्त द्वितीय |
| ह्वेनसाँग (चीन) | 630 ई. | हर्षवर्द्धन |
| इत्सिंग (चीन) | 675 ई. | |
| मार्कोपोलो (इटली) | 1288 ई. | कायाल (पाण्ड्य) |
| इब्नबतूता (मोरक्को) | 1333 ई. | मुहम्मद बिन तुगलक |

## प्रमुख रचनाएँ एवं रचनाकार

| पुस्तक | लेखक |
|---|---|
| बुद्धचरित | अश्वघोष |
| कुमारसम्भव, ऋतुसंहार, मेघदूत, मालविकाग्निमित्रम् | कालिदास |
| अर्थशास्त्र | चाणक्य |
| गीतगोविन्द | जयदेव |
| राजतरंगिणी | कल्हण |
| हर्षचरित | बाणभट्ट |
| चरक संहिता | चरक |
| वृहतसंहिता, पंचसिद्धान्तिका | वराहमिहिर |
| अष्टाध्यायी | पाणिनी |
| महाभाष्य | पतंजलि |
| सूर्यसिद्धान्त | आर्यभट्ट |

## महत्वपूर्ण संवत् एवं उनके प्रवर्तक

| समय | संवत् | प्रवर्तक |
|---|---|---|
| 58 ई.पू. | विक्रम | मालवा नरेश विक्रमादित्य |
| 78 ई. | शक | कनिष्क |
| 248 ई. | कलचुरि | ईश्वरसेन |
| 319 ई. | वल्लभी | वल्लभ |
| 319–20 ई. | गुप्त | चन्द्रगुप्त प्रथम |
| 606 ई. | हर्ष विक्रम | हर्षवर्द्धन |
| 1076 ई. | चालुक्य विक्रम | विक्रमादित्य षष्ठ |
| 1119 ई. | सेन | लक्ष्मणसेन |

## मुगलकालीन पुस्तकें एवं उनके लेखक

| पुस्तकें | लेखक |
|---|---|
| बाबरनामा | बाबर |
| हुमायूँनामा | गुलबदन बेगम |
| आइन-ए-अकबरी | अबुल फजल |
| मुन्तखिब-उत-तवारीख | अब्दुल कादिर |
| तुजुक-ए-जहाँगीरी | जहाँगीर |
| बादशाहनामा | अब्दुल हमीद लाहौरी |
| मासिरे-आलमगीरी | मुस्तयाद खाँ |
| रुकात-ए-आलमगीरी | औरंगजेब |
| तबकात-ए-नासिरी | मिनहाज-उल-सिराज |
| मुन्तखिब-उल-तवारीख | बदायूँनी |
| तारीख-ए-फरिश्ता | फरिश्ता |
| मुन्तखब-उल-लुबाव | खफी खाँ |
| पद्मावत | मलिक मुहम्मद जायसी |
| तारीख-ए-रशीदी | मिर्जा हैदर दोगलत |
| तोहफा-ए-अकबरशाही | अब्बास खाँ सरवानी |
| अकबरनामा | अबुल फजल |

## भारतीय इतिहास के प्रमुख युद्ध

| युद्ध | वर्ष | परिणाम |
|---|---|---|
| कलिंग का युद्ध | 261 ई.पू. | अशोक द्वारा कलिंग पर विजय |
| तराइन का दूसरा युद्ध | 1192 ई. | मोहम्मद गौरी से पृथ्वीराज चौहान पराजित |
| पानीपत का प्रथम युद्ध | 1526 ई. | बाबर ने दिल्ली के शासक इब्राहिम लोदी को हराया |
| खानवाँ का युद्ध | 1527 ई. | राणा साँगा बाबर से पराजित हुए |
| कन्नौज का युद्ध | 1540 ई. | शेरशाह से हुमायूँ पराजित हुआ |
| पानीपत का दूसरा युद्ध | 1556 ई. | दिल्ली के शासक हेमू को अकबर ने हराया |
| हल्दी घाटी का युद्ध | 1576 ई. | कुछ इतिहासकारों के अनुसार यह युद्ध अनिर्णायक रहा लेकिन कुछ के अनुसार इसमें राणा प्रताप की अकबर से हार हुई। |
| वांडीवाश का युद्ध | 1760 ई. | फ्रांसीसी सेना, अंग्रेज सेना से पराजित |

| युद्ध | वर्ष | परिणाम |
|---|---|---|
| प्लासी का युद्ध | 1757 ई. | क्लाइव के नेतृत्व में अंग्रेजों की सिराजुद्दौला को हराकर बंगाल विजय |
| पानीपत का तीसरा युद्ध | 1761 ई. | अफगान (अहमद शाह अब्दाली) द्वारा मराठा पराजित |
| बक्सर का युद्ध | 1764 ई. | अंग्रेजों ने मुगल शासक, अवध के नवाब एवं मीर कासिम की संयुक्त सेना को हराया |
| चतुर्थ मैसूर युद्ध | 1799 ई. | टीपू सुल्तान अंग्रेजों से पराजित |
| द्वितीय सिख युद्ध | 1849 ई. | पंजाब पर अंग्रेजों का अधिकार |
| भारत-चीन युद्ध | 1962 ई. | चीन का भारत पर आक्रमण |
| भारत-पाक युद्ध (I) | 1965 ई. | सुरक्षा परिषद् के प्रस्ताव से युद्ध विराम |
| भारत-पाक युद्ध (II) | 1971 ई. | बांग्ला देश का स्वतंत्र अस्तित्व |

## प्रसिद्ध स्थान, नगर, भवन आदि

- **माउंट आबू (राजस्थान)** : अरावली की पहाड़ियों में स्थित एक सुरम्य पर्वतीय स्थल (हिल स्टेशन) है। इसी के निकट दिलवाड़ा मंदिर है।
- **आदम का पुल** : भारत और श्रीलंका के बीच रेत और चट्टान का बना पुल।
- **अजमेर (राजस्थान)** : ख्वाजा मुईनुद्दीन चिश्ती की दरगाह, मुसलमानों का तीर्थस्थान।
- **अमरनाथ (जम्मू और कश्मीर)** : पहलगाम से 45 कि.मी. दूर 13030 फीट की ऊंचाई पर प्रसिद्ध शिव मंदिर है; हिन्दू तीर्थ स्थल।
- **मुम्बई (महाराष्ट्र की राजधानी)** : गेटवे ऑफ इण्डिया, प्राकृतिक बन्दरगाह और तेल शोधक कारखाना।
- **मुम्बई हाई (महाराष्ट्र)** : खम्बात की खाड़ी में मुम्बई से 120 कि.मी. दूर तेल के कुएं पाए गए हैं। 1978 से यहां से तेल निकाला जा रहा है।
- **बोकारो (झारखंड)** : सरकारी इस्पात संयंत्र के लिए विख्यात।
- **बीजापुर (कर्नाटक)** : ऐतिहासिक नगर, विख्यात गोल गुम्बद।
- **बोध गया (बिहार)** : यहां गौतम बुद्ध को ज्ञान प्राप्त हुआ था।
- **बुलन्द दरवाजा (फतेहपुर सीकरी)** : सीकरी मार्ग पर उच्चतम प्रवेश द्वार (176 फीट ऊंचा, जिसे अकबर ने दक्षिण–विजय की यादगार में बनवाया था।
- **भिलाई (छत्तीसगढ़)** : रूसी सहयोग से बना विशाल इस्पात कारखाना।
- **कोलकाता (पश्चिम बंगाल की राजधानी)** : भवनों, नेशनल लाइब्रेरी, विक्टोरिया मेमोरियल तथा अपने विशाल बन्दरगाह के लिए प्रसिद्ध; जूट, कपास, कागज, चावल मिलों का एक वृहत् औद्योगिक केन्द्र।
- **चार मीनार (तेलंगाना)** : हैदराबाद में कुतुबशाह द्वारा निर्मित सुन्दर इमारत।
- **दार्जिलिंग (पश्चिम बंगाल)** : हिल स्टेशन और चाय उत्पादन केन्द्र।
- **कन्याकुमारी (तमिलनाडु)** : भारत का दक्षिणी सिरा; बंगाल की खाड़ी, अरब सागर और हिन्द महासागर का संगम; प्राकृतिक सौन्दर्य का स्थान; सूर्योदय और सूर्यास्त दोनों दर्शनीय; विवेकानन्द रॉक मेमोरियल।
- **डांडी (गुजरात)** : यहीं 1930 में महात्मा गांधी ने नमक सत्याग्रह शुरु किया था।
- **चितरंजन (पश्चिम बंगाल)** : रेल इंजन बनाने का कारखाना।
- **धनबाद (झारखंड)** : कोयला खानों के लिए प्रसिद्ध; भारतीय खान संस्थान और राष्ट्रीय ईंधन अनुसंधान संस्थान।
- **डिगबोई (असम)** : तेल के कुओं के लिए विख्यात है।
- **दिल्ली (भारत की राजधानी)** : विश्वविद्यालय, लाल किला, जामा मस्जिद, कुतुबमीनार, अक्षरधाम मंदिर, रेल संग्रहालय, राजघाट, शांति वन एवं विजयघाट।

- **धारीवाल (पंजाब) :** ऊनी वस्त्र उद्योग के लिए विख्यात।
- **दिलवाड़ा (राजस्थान) :** माउण्ट आबू के पास जैन मंदिरों के लिए विख्यात।
- **दुधवा राष्ट्रीय उद्यान (उत्तर प्रदेश) :** सिंहों का राष्ट्रीय उद्यान।
- **दुर्गापुर (प. बंगाल) :** सरकारी क्षेत्र का इस्पात कारखाना है।
- **द्वारिका (गुजरात) :** जामनगर जिले में हिन्दुओं का तीर्थ स्थान है। कृष्ण द्वारिका के राजा थे।
- **फतेहपुर सीकरी (उत्तर प्रदेश) :** आगरा से लगभग 35 किलोमीटर दूर ऐतिहासिक इमारतों के लिए विख्यात; बुलन्द दरवाजा यहां की विशिष्ट इमारत है।
- **फिरोजाबाद (उत्तर प्रदेश) :** कांच उद्योग के लिए प्रसिद्ध है।
- **ग्वालियर (मध्य प्रदेश) :** प्रसिद्ध गायक तानसेन की कब्र और महारानी लक्ष्मीबाई की छतरी।
- **हल्दिया (पश्चिम बंगाल) :** बन्दरगाह, सरकारी तेल शोधक कारखाना, लुब्रिकेटिंग संयंत्र तथा खाद का कारखाना।
- **हल्दी घाटी (राजस्थान) :** उदयपुर के निकट एक ऐतिहासिक युद्ध–स्थल, जहां महाराणा प्रताप ने मुगल सेना से टक्कर ली थी।
- **हरिद्वार (उत्तराखंड) :** गंगा तट पर हिन्दुओं का एक पवित्र तीर्थ स्थान, निकट ही रानीपुर में हैवी इलैक्ट्रिकल उद्योग।
- **हैदराबाद (तेलंगाना की राजधानी):** 4000 वर्ष पुराना शहर, प्राचीन कुटीर उद्योगों, काष्ठ शिल्प, चांदी के काम के लिए प्रसिद्ध; एशिया की सबसे महत्वपूर्ण और दुर्लभ वस्तुओं का संग्रहालय–सालारजंग म्यूजियम, सीमेंट कारखाना और एच.एम.टी. कारखाना।
- **जन्तर–मन्तर (दिल्ली) :** महाराजा जयसिंह द्वारा निर्मित वेधशाला।
- **जयपुर (राजस्थान की राजधानी) :** पिंक सिटी; हवा महल, जयसिंह द्वारा निर्मित वेधशाला, महाराजा के महल, नागरा जूतों, संगमरमर की वस्तुओं, कशीदाकारी आदि के लिए प्रसिद्ध।
- **जगाधरी (हरियाणा) :** औद्योगिक नगर, पेपर मिल एवं चीनी के कारखानों के लिए प्रसिद्ध।
- **जलियांवाला बाग (पंजाब) :** 13 अप्रैल, 1919 को जनरल डायर ने इस बाग में हो रही सभा पर अन्धाधुन्ध गोलियां चलवाईं और निहत्थे लोगों की हत्या करवाई।
- **जोग फाल्स (प्रपात) (कर्नाटक) :** संसार के सबसे ऊंचे जल–प्रपातों में से एक।
- **जमशेदपुर (झारखंड) :** लोहा एवं इस्पात उद्योग, टाटा आयरन एण्ड स्टील फैक्ट्री और राष्ट्रीय धातु विज्ञान संस्थान।
- **झरिया (झारखंड) :** कोयला खानों का महत्त्वपूर्ण केन्द्र है।
- **जोगिन्दरनगर (हि.प्र.) :** हाइड्रो–इलेक्ट्रिक प्लांट (पन–बिजलीघर)।
- **कानपुर (उत्तर प्रदेश) :** औद्योगिक नगर, चीनी मिलों, ऊनी–सूती वस्त्रों की मिलों, चमड़े के कारखानों, हवाई जहाज निर्माण उद्योग और उर्वरक संयंत्र के केन्द्र के रूप में महत्वपूर्ण।
- **कान्हा राष्ट्रीय उद्यान (मध्य प्रदेश) :** अति सुन्दर राष्ट्रीय उद्यान।
- **कटनी (मध्य प्रदेश) :** सीमेंट कारखाना।
- **केदारनाथ (उत्तराखंड) :** गढ़वाल जिले में हिन्दुओं का तीर्थ स्थान।
- **खड्गवासला (महाराष्ट्र) :** पूना के निकट राष्ट्रीय सुरक्षा अकादमी।
- **खजुराहो (मध्य प्रदेश) :** प्रमुख पर्यटन–स्थल; मध्यकालीन मन्दिरों में मूर्ति निर्माण कला भव्य, दर्शनीय और सुप्रसिद्ध है।
- **कोडाईकनाल (तमिलनाडु) :** पर्वतीय स्थल (हिल स्टेशन)
- **कोलार (कर्नाटक) :** सोने की खानें।
- **कोणार्क (ओडिशा) :** पुरी के निकट एक दर्शनीय स्थल, सूर्य मंदिर एवं पैगोडा विश्वविख्यात।
- **ककरापारा (गुजरात) :** ताप्ती के तट पर सूरत से 86 किलोमीटर की दूरी पर यहां भारत का पांचवां अणु बिजलीघर है।

- **कलपक्कम (तमिलनाडु) :** चेन्नई से 60 कि.मी. दूर यहां फास्ट ब्रीडर रिऐक्टर है जो 1985 से चालू हो गया था।
- **कांडला (गुजरात) :** बड़ा बन्दरगाह और औद्योगिक केन्द्र।
- **कपिलवस्तु :** प्राचीन काल में उत्तर भारत का एक प्रमुख नगर।
- **कोवलम (केरल) :** मालाबार तट पर पर्यटकों के लिए 'बीच रिजॉर्ट'।
- **लेह (लद्दाख) :** लद्दाख केन्द्रशासित प्रदेश की राजधानी।
- **नेपानगर (मध्य प्रदेश) :** 1955 में यहां भारत का पहला अखबारी कागज का कारखाना स्थापित किया गया था।
- **राष्ट्रीय विज्ञान केन्द्र (नई दिल्ली) :** यह प्रगति मैदान में है और 15 करोड़ रुपये की लागत से बना है।
- **निकोबार :** भारत का एक द्वीप, कोको एवं टिम्बर का उत्पादन केन्द्र।
- **ओबरा (उत्तर प्रदेश) :** भारत का सबसे बड़ा ताप बिजलीघर।
- **पानीपत (हरियाणा) :** ऐतिहासिक स्थान, जहां क्रमशः 1526, 1556 और 1761 में पानीपत के युद्ध लड़े गए।
- **पुडुचेरी :** पूर्वी तट पर स्थित केन्द्रशासित क्षेत्र, यहां 'अरोविल' अरविन्द आश्रम है।
- **पन्ना (मध्य प्रदेश) :** हीरे की खानें।
- **पोखरन (राजस्थान) :** भारत ने यहां मई, 1974 में जमीन के नीचे पहला परमाणु विस्फोट किया था। बाद में मई 1998 में भारत ने यहां पांच और परमाणु परीक्षण किए।
- **पिम्परी (महाराष्ट्र) :** एण्टीबायोटिक दवाओं का कारखाना।
- **पोर्ट ब्लेयर :** अण्डमान–निकोबार द्वीप समूह की राजधानी; यहां भारतीय नौ सेना का एयर स्टेशन भी है।
- **प्लासी (प. बंगाल) :** यहां नवाब सिराजुद्दौला और क्लाइव के मध्य सन् 1757 में प्लासी का युद्ध लड़ा गया था।
- **पुणे (महाराष्ट्र) :** सूती कपड़े, चीनी, सिल्क व चावल का उत्पादन केन्द्र, सैन्य केन्द्र, नेशनल केमिकल लेबोरेटरी।
- **पोरबन्दर (गुजरात) :** महात्मा गांधी का जन्म–स्थान।
- **पुरी (ओडिशा) :** हिन्दुओं का एक पवित्र तीर्थ स्थल; जगन्नाथ जी का प्रसिद्ध मंदिर।
- **पुष्कर (राजस्थान) :** अजमेर के निकट हिन्दुओं का तीर्थ स्थान, ब्रह्मा का प्राचीन मंदिर।
- **राउरकेला (ओडिशा) :** यहां जर्मनी के सहयोग से बना भारत सरकार का सरकारी क्षेत्र का इस्पात कारखाना है।
- **राजघाट (दिल्ली) :** यमुना तट पर महात्मा गांधी की समाधि।
- **रामेश्वरम् (तमिलनाडु) :** पवित्र हिन्दू तीर्थ स्थान; विशाल एवं प्राचीन शिव मंदिर।
- **रांची (झारखंड) :** प्रसिद्ध पर्वतीय पर्यटन स्थल; हैवी मशीन टूल्स कारखाना और हैवी इंजीनियरिंग कॉर्पोरेशन लि. का मुख्यालय।
- **रणथम्भौर (राजस्थान) :** सवाई माधोपुर के निकट ऐतिहासिक किला।
- **श्रीहरिकोटा (आन्ध्र प्रदेश) :** सेटेलाइट लांच केन्द्र; 18 जुलाई, 1980 को भारत ने एस.एल.वी..3 नामक राकेट द्वारा रोहिणी उपग्रह इसी केन्द्र से अंतरिक्ष में भेजा था।
- **तन्जौर (तमिलनाडु) :** यह स्थान मंदिरों और संग्रहालयों के लिए प्रसिद्ध है। श्री वृहदेश्वर मंदिर विश्वविख्यात है।
- **थुम्बा (केरल) :** तिरुवनन्तपुरम के निकट राकेट लांचिंग स्टेशन।
- **तीनमूर्ति (दिल्ली) :** नेहरू स्मारक संग्रहालय।
- **ताजमहल (उत्तर प्रदेश) :** आगरा में जमुना के तट पर शाहजहां द्वारा बनवाया गया सफेद संगमरमर का विश्वविख्यात मकबरा।
- **तिरुपति (आन्ध्र प्रदेश) :** भगवान वेंकटेश्वर का मंदिर।
- **ट्राम्बे (महाराष्ट्र) :** तेलशोधक केन्द्र, एटॉमिक रिएक्टर्स और खाद का कारखाना।
- **त्रिवेणी (उत्तर प्रदेश) :** प्रयागराज में गंगा, यमुना व सरस्वती का संगम, हिन्दुओं का प्रसिद्ध तीर्थ स्थान।
- **उदयपुर (राजस्थान) :** झीलों और जलमहलों के लिए विख्यात पर्यटन केन्द्र।

- **उज्जैन (मध्य प्रदेश)** : विद्या, कला और मंदिरों के लिए प्रख्यात। महाराज विक्रमादित्य की राजधानी। भगवान महाकाल का सुप्रसिद्ध शिव मंदिर।
- **वैशाली (बिहार)** : प्राचीन वैशाली राजवंश की राजधानी।
- **विवेकानन्द शिला (तमिलनाडु)** : कन्याकुमारी के निकट एक चट्टान पर स्वामी विवेकानन्द की स्मृति में एक भव्य मंदिर।
- **विजय घाट (दिल्ली)** : यमुना के तट पर स्वर्गीय लाल बहादुर शास्त्री का स्मारक स्थल।
- **विशाखापट्टनम (आन्ध्र प्रदेश)** : इस्पात कारखाना।
- **वृन्दावन गार्डन (कर्नाटक)** : बेंगलुरु में दर्शनीय बाग।

# भारतीय अर्थव्यवस्था

स्वाधीनता मिलने के बाद मार्च, 1950 में योजना आयोग का गठन हुआ। पहली पंचवर्षीय योजना दिसम्बर, 1952 में संसद में प्रस्तुत की गई। इसका मुख्य उद्देश्य देश में विकास-कार्य आरम्भ करना रखा गया, जिससे लोगों के रहन-सहन का स्तर ऊँचा उठे। जनवरी 2015 में योजना आयोग को समाप्त कर उसके स्थान पर नीति आयोग का गठन किया गया। इसका अध्यक्ष प्रधानमंत्री होता है। अब तक की पंचवर्षीय योजनाओं के कुछ प्रमुख तथ्य निम्नलिखित हैं–

**पंचवर्षीय योजनाएँ: एक दृष्टि में**

| योजनाएँ | कार्यकाल | राष्ट्रीय लक्ष्य | विकास दर उपलब्धि | प्रमुख उद्देश्य |
|---|---|---|---|---|
| पहली योजना | 1951-56 | 2.1 | 3.6 | कृषि को प्राथमिकता |
| दूसरी योजना | 1956-61 | 4.5 | 4.2 | आधारभूत एवं भारी उद्योगों पर बल |
| तीसरी योजना | 1961-66 | 5.6 | 2.7 | खाद्यान्नों में आत्म निर्भरता प्राप्त करना |
| चौथी योजना | 1969-74 | 5.7 | 2.0 | स्थिरता के साथ विकास |
| पांचवीं योजना | 1974-79 | 5.4 | 4.8 | निर्धनता उन्मूलन एवं रोजगार संवर्धन |
| छठी योजना | 1980-85 | 5.2 | 5.5 | लघु एवं कुटीर उद्योगों को बढ़ावा |
| सातवीं योजना | 1985-90 | 5.0 | 6.0 | ऊर्जा का विकास, आधुनिकीकरण |
| आठवीं योजना | 1992-97 | 5.6 | 6.6 | रोजगार संवर्धन, निर्यात में पर्याप्त वृद्धि |
| नौवीं योजना | 1997-2002 | 6.5 | 5.5 | वृद्धि के साथ सामाजिक न्याय और समानता |
| दसवीं योजना | 2002-07 | 8.0 | 7.7 | मानव विकास |
| ग्यारहवीं योजना | 2007-12 | 9.0 | – | साक्षरता, रोजगार, ग्राम, विकास, परिवहन विकास |
| बारहवीं योजना | 2012-17 | 8.0 | – | त्वरित, सतत् और समावेशी विकास |

**15 वर्षीय दृष्टिकोण :** भारत की 12वीं पंचवर्षीय योजना 31 मार्च, 2017 को पूरी होने के साथ ही देश में पंचवर्षीय योजनाओं की व्यवस्था समाप्त हो गई है। इसके स्थान पर 15 वर्षीय दृष्टिकोण, सात वर्षीय रणनीति व तीन वर्षीय कार्य योजना नीति आयोग द्वारा तैयार की गई है। 15 वर्षीय दृष्टिकोण (Vision) 2031-32 में ऐसे भारत की कल्पना की गई है, जिसमें पूरी तरह शिक्षित समाज हो तथा सभी को स्वास्थ्य सुविधा उपलब्ध हो।

## कृषि के प्रकार

- एपीकल्चर — मधुमक्खी पालन
- फ्लोरीकल्चर — फलों की कृषि
- वर्मीकल्चर — केंचुआ पालन
- मैरीकल्चर — समुद्री जीवों का उत्पादन
- हॉर्टीकल्चर — बागवानी
- विटीकल्चर — अंगूर कृषि
- पिसीकल्चर — मत्स्य पालन
- आर्वरीकल्चर — वृक्षों तथा झाड़ियों की कृषि

# सामान्य विज्ञान

## विज्ञान की विविध शाखाएं

| नाम | अध्ययन | नाम | अध्ययन |
|---|---|---|---|
| एरोनॉटिक्स | वैमानिकी का अध्ययन | एन्टोमोलॉजी | कीट-पतंगों का अध्ययन |
| एनाटोमी | मानव शरीर की रचना | फिलाटेली | टिकट संग्रह कला |
| आर्कियोलॉजी | पुरातत्व अध्ययन | हार्टीकल्चर | बागवानी |
| एकॉस्टिक | ध्वनि से संबंधित अध्ययन | सीस्मोलॉजी | भूकंप का अध्ययन |
| | | ऑस्टोलॉजी | हड्डियों का अध्ययन |
| एस्ट्रोनामी | खगोल अध्ययन | जेनेटिक्स | आनुवंशिकी का अध्ययन |
| एण्टोमोलॉजी | कीटाणुओं का अध्ययन | जूलॉजी | जन्तु विज्ञान |
| एस्ट्रोफिजिक्स | ग्रह-मंडल का अध्ययन | बायलॉजी | प्राणी विज्ञान |
| कैलिस्थेनिक्स | व्यायाम विद्या का अध्ययन | जिओलॉजी | भूगर्भ की बनावट का अध्ययन |
| क्रोनोलॉजी | ऐतिहासिक क्रम का अध्ययन | पैथॉलाजी | रोगों का अध्ययन |
| बॉटनी | वनस्पति का अध्ययन | फिजिक्स | भौतिक विज्ञान |
| केमिस्ट्री | रसायन का अध्ययन | बायोकेमिस्ट्री | प्राणी का रासायनिक अध्ययन |
| सेरामिक्स | चीनी के बर्तनों के निर्माण का अध्ययन | युजेनिक्स | नस्ल सुधार का अध्ययन |
| इकोलॉजी | जीव एवं पर्यावरण संबंधों का अध्ययन | एटिमोलॉजी | शब्द व्युत्पत्ति का अध्ययन |

## आविष्कार और आविष्कारक

| आविष्कार | आविष्कारक | देश | सन् |
|---|---|---|---|
| वायुयान | ओरविल और विलबर राइट | अमेरिका | 1903 |
| बॉल-पाइंट | जॉन जे॰ लाउड | अमेरिका | 1888 |
| बैरोमीटर | इवेंजलिस्ता टौरीसेली | इटली | 1644 |
| बाईसिकिल | कर्कपैट्रिक मैकमिलन | इंग्लैंड | 1839-40 |
| बाईफोकल लेंस | बेन्जामिन फ्रैंकलिन | अमेरिका | 1780 |
| बनसेन बर्नर | आर॰ विल्हेम वोन बनसेन | जर्मनी | 1855 |
| कार (पेट्रोल) | कार्ल बेन्ज | जर्मनी | 1888 |
| सीमेंट (पोर्टलैंड) | जोसेफ एस्पडिन | इंग्लैंड | 1824 |
| सिनेमा | निकोलस और जीन लूमियर | फ्रांस | 1895 |
| क्लॉक (मैकेनिकल) | आई.सिंग और लियांग लिंग-तसान | चीन | 1725 |
| डीजल इंजन | रूडोल्फ डीजल | जर्मनी | 1895 |
| डायनेमो | हाइपोलाइट पिक्सी | फ्रांस | 1832 |
| इलैक्ट्रिक लैम्प | थॉमस अल्वा एडिसन | अमेरिका | 1879 |
| सेफ्टी पिन | वाल्टर हन्ट | अमेरिका | 1849 |
| सिलाई मशीन | बार्थलेमी थिम्मोनियर | फ्रांस | 1829 |
| जहाज (भाप) | जे॰सी॰ पेरियर | फ्रांस | 1775 |
| जहाज (टरबाइन) | होन॰ सर सी॰ पारसंस | इंग्लैंड | 1894 |
| स्लाइड रूल | विलियम ऑग्ट्रेड | इंग्लैंड | 1621 |

| आविष्कार | आविष्कारक | देश | सन् |
|---|---|---|---|
| भाप का इंजन | जेम्स वॉट | इंग्लैंड | 1765 |
| स्टेनलेस स्टील | हेरि ब्रियरले | इंग्लैंड | 1913 |
| समुद्री जहाज | डेविड बुशनेल | अमेरिका | 1776 |
| टैंक | सर अर्नस्ट स्विनटन | इंग्लैंड | 1914 |
| टेलीग्राफ | एम० लम्मोंड | फ्रांस | 1787 |
| टेलीग्राफ कोड | सैमुअल एफ० बी० मोर्स | अमेरिका | 1837 |
| टेलीफोन (परफैक्टेड) | अलेक्जैण्डर ग्राहम बेल | अमेरिका | 1876 |
| टेलीस्कोप | हेन्स लिप्परशे | नीदरलैंड्स | 1608 |
| टेलीविजन (मैकेनिकल) | जे०एल० बेयर्ड | इंग्लैंड | 1926 |
| टेलीविजन (इलेक्ट्रॉनिक) | पी०टी० फार्न्सवर्थ | अमेरिका | 1927 |
| थर्मामीटर | गैलिलियो गैलिली | इटली | 1593 |
| ट्रांसफार्मर | माइकल फैराडे | इंग्लैंड | 1831 |
| ट्रांजिस्टर | बरडीन, शोकले तथा ब्राट्टेन | अमेरिका | 1948 |
| टाइपराइटर | पेलेग्रिन टेर्री | इटली | 1808 |
| कपड़ा धोने की मशीन (विद्युत) | हर्ले मशीन कम्पनी | अमेरिका | 1907 |
| घड़ी | बारथोलोम्यू मैनफ्रेडी | इटली | 1462 |

## विटामिन की कमी से होने वाले रोग

| विटामिन | रोग | स्रोत | विटामिन | रोग | स्रोत |
|---|---|---|---|---|---|
| विटामिन A | रतौंधी | गाजर, दूध, अंडा | विटामिन $B_{12}$ | अरक्तता | कलेजी, अंडा |
| विटामिन $B_1$ | बेरी-बेरी | दाल, अंडा, मूंगफली | विटामिन C | स्कर्वी | संतरा, टमाटर |
| विटामिन $B_2$ | मुँह की त्वचा | कलेजी, दूध, मांस | विटामिन D | सूखा रोग | सूर्य का प्रकाश, |
| विटामिन $B_6$ | एनीमिया | कलेजी, दूध, मांस | | | मछली का तेल |
| | और होंठ फटना | | विटामिन E | बांझपन | हरी सब्जियाँ, दूध, कलेजी |
| विटामिन $B_3$ | पेलाग्रा | मछली, अंडा | विटामिन K | रक्त का थक्का | हरी सब्जी |
| | | | | जमने में कमी | |

## प्रमुख बीमारियों द्वारा प्रभावित अंग

| बीमारी | प्रभावित अंग | बीमारी | प्रभावित अंग |
|---|---|---|---|
| निमोनिया | फेफड़े | टायफाइड | आँत |
| डिप्थीरिया | श्वसन नलिका | सिफलिस | जनन अंग |
| मेनिनजाइटिस | मस्तिष्क | आर्थ्राइटिस | जोड़ों की सूजन |
| एग्जीमा | चमड़ी | पीलिया | यकृत |
| अतिसार | आँत का अग्रभाग | सुजाक, श्वेत प्रदर | मूत्र मार्ग |
| प्लूरिसी | छाती | पायरिया | दाँत तथा मसूड़े |
| गठिया या ट्यूमैटिज्म | जोड़ों में | टिटनेस | तंत्रिका तंत्र, मांसपेशी |
| कुष्ठ | त्वचा, तंत्रिकाएं | हैजा | आँत, आहार नाल |
| रिकेट्स | हड्डियाँ | गोइटर (गण्डमाला) | थाइराइड ग्रंथि |

| बीमारी | प्रभावित अंग | बीमारी | प्रभावित अंग |
|---|---|---|---|
| काली खाँसी | श्वसन तंत्र | बॉट्यूलिज्म | तंत्रिका-तंत्र |
| एड्स | सम्पूर्ण शरीर | प्लेग | फेफड़े, लाल रक्त कणिकाएं |
| रेबीज या हाइड्रोफोबिया | तंत्रिका तंत्र | खसरा | सम्पूर्ण शरीर |
| कालाजार | रुधिर, प्लीहा व अस्थि मज्जा | हरपीस | त्वचा, श्लेष्मकला |
| | | क्षय रोग | शरीर का कोई भी अंग, विशेषकर फेफड़े |
| केटेरेक्ट, ग्लाइकोमा, ट्रेकोमा, मायोपिया | आँख | चेचक | सम्पूर्ण शरीर, विशेषकर चेहरा तथा हाथ-पैर |

# परमाणु शक्ति एवं अंतरिक्ष अनुसंधान

- **परमाणु शक्तिः** अगस्त, 1948 में परमाणु-शक्ति आयोग की स्थापना की गयी। यह परमाणु-शक्ति के शांतिपूर्ण उपयोग पर बल देता है। परमाणु-शक्ति की खोज और विकास के लिए मुंबई के निकट ट्राम्बे (महाराष्ट्र) में भाभा परमाणु-शक्ति अनुसंधान केंद्र (बी॰ए॰आर॰सी॰) की स्थापना की गई है। ट्राम्बे में छः परमाणु भट्टियाँ हैं– (1) 'अप्सरा', (2) 'साइरस', (3) 'जरलीना', (4) 'पूर्णिमा' I, (5) 'पूर्णिमा' II, (6) ध्रुव। देश के सबसे बड़े परमाणु रिएक्टर ध्रुव ने 8 अगस्त, 1985 से काम करना शुरू कर दिया है। देश में सात परमाणु विद्युत केन्द्र हैं–(1) कलपक्कम (तमिलनाडु), (2) रावतभाटा (राजस्थान), (3) तारापुर (महाराष्ट्र), (4) नरौरा (उ॰प्र॰), (5) काकरापारा (गुजरात), (6) कैगा (कर्नाटक) और (7) कुडनकुलम (तमिलनाडु)।

## अन्तरिक्ष में प्रथम

| | |
|---|---|
| अन्तरिक्ष उड़ानों से सम्बन्धित नियमों का प्रथम प्रणेता | आइजक न्यूटन |
| अन्तरिक्ष में भेजा गया प्रथम कृत्रिम उपग्रह | स्पूतनिक-1 (1957) |
| अन्तरिक्ष में जाने वाला प्रथम जीव | 'लाइका', एक कुत्ता |
| मानव चालित प्रथम अन्तरिक्ष यात्रा | वास्टोक-1 (1961) |
| अन्तरिक्ष में प्रथम व्यक्ति | यूरी गैगरिन, सोवियत संघ, (1961) |
| प्रथम महिला अन्तरिक्ष यात्री | वेलेन्तीना तेरेश्कोवा (सोवियत संघ, जून 1963) |
| अन्तरिक्ष में यान से बाहर विचरण करने वाला प्रथम व्यक्ति | एलेक्सी लियोनोव (सोवियत संघ, जून 1965) |
| चाँद पर कदम रखने वाला प्रथम मानव | नील आर्मस्ट्रांग (अमेरिका, 21 जुलाई, 1969) |
| चाँद पर प्रथम मानवरहित बग्घी | ल्यूनोखेव-1 (सोवियत संघ, 1970) |
| कक्षा में प्रथम अन्तरिक्ष प्रयोगशाला | स्काईलैब (अमेरिका, 1973) |
| प्रथम अन्तरिक्ष शटल | कोलम्बिया (अमेरिका, 1981) |
| अन्तरिक्ष में प्रथम भारतीय (पुरुष) | स्क्वाड्रन लीडर राकेश शर्मा (13 अप्रैल, 1984) |
| अन्तरिक्ष में प्रथम भारतीय (महिला) | कल्पना चावला (19 नवम्बर, 1997) |
| प्रथम अमेरिकी महिला अन्तरिक्ष यात्री | सैलीराइड (1983) |
| मंगल ग्रह पर पहला अन्तरिक्ष यान | पाथफाइंडर (6 जुलाई, 1997) |
| प्रथम महिला जिसने अन्तरिक्ष यान का नेतृत्व किया | एलीन कोलिस (अमेरिका) |
| प्रथम मानव रहित अन्तरिक्ष यान | शेन्जू (चीन) 20 नवम्बर, 1999 |

- **भारत द्वारा परमाणु विस्फोटः** भारत ने 18 मई, 1974 को प्रातः 8 बजकर 5 मिनट पर राजस्थान के रेगिस्तानी इलाके के पोखरण क्षेत्र में जमीन के 100 मीटर नीचे एक आणविक विस्फोट किया।

  यह पहला भारतीय परमाणु विस्फोट प्लूटोनियम पर आधारित 100% भारतीय सामग्री, तकनीक व कौशल का प्रमाण था। विशुद्ध अनुसंधान व अध्ययन के लिए किए गए इस विस्फोट ने, जिसका उद्देश्य शांति-कार्यों के लिए अणु शक्ति का प्रयोग करना है, भारत को विश्व की छठी अणु-शक्ति बना दिया। अन्य पाँच देश हैं–संयुक्त राज्य अमेरिका, रूस, इंग्लैंड, फ्राँस व चीन। भारत ने पोखरण में ही पांच परमाणु परीक्षण क्रमशः 11 मई और 13 मई 1998 को किए। भारत ने अभी तक NPT और CTBT पर हस्ताक्षर नहीं किए हैं।
- **अंतरिक्ष अनुसंधानः** भारत में अंतरिक्ष अनुसंधान का कार्य 1969 में स्थापित 'भारतीय अंतरिक्ष अनुसंधान संगठन' (Indian Space Research Organisation—ISRO) के अधीन है। जून, 1972 में अंतरिक्ष आयोग (Space Commission) की स्थापना की गई। थुम्बा इक्वेटोरियल राकेट लांचिंग स्टेशन (केरल में थुम्बा नामक स्थान पर) से बहुत से राकेट सफलतापूर्वक छोड़े जा चुके हैं। इस केंद्र को 1968 में अंतर्राष्ट्रीय सहयोग के लिए राष्ट्र संघ को समर्पित कर दिया गया था। आंध्र प्रदेश में श्रीहरिकोटा नामक स्थान पर सैटेलाइट लांचिंग स्टेशन स्थापित किया गया है।

# कम्प्यूटर ज्ञान

## कम्प्यूटर : एक परिचय

- कंप्यूटर एक ऐसी इलेक्ट्रॉनिक युक्ति है जो दिए गए निर्देशन समूह के आधार पर सूचना को संसाधित करती है। इस निर्देशन समूह को प्रोग्राम कहते हैं।
- कंप्यूटर का हिन्दी रूपांतर 'संगणक' है।
- कंप्यूटर के विकास की दिशा में प्रथम प्रयास 19वीं शताब्दी में चार्ल्स बैवेज ने किया था, इसलिए उन्हें कम्प्यूटर का पितामह कहा जाता है।
- विश्व के प्रथम कम्प्यूटर मार्क–I का विकास वर्ष 1944 में हार्वर्ड विश्वविद्यालय में किया गया था।
- भारत में बना पहला कम्प्यूटर सिद्धार्थ है।
- कंप्यूटर में प्रयुक्त उच्चस्तरीय भाषाएं–फोरट्रॉन, कोबोल, बेसिक, अल्गोल, पास्कल, कोमाल, लोगो, प्रोलॉग तथा फोर्थ हैं।
- कंप्यूटर की भाषा में जानकारी को 'डाटा' और हिदायतों को 'प्रोग्राम' कहा जाता है।

## कंप्यूटर के प्रकार

**(*a*) आकार आधारित**

(*i*) **माइक्रो कम्प्यूटरः** ये वस्तुतः एक ही व्यक्ति द्वारा उपयोग में लाए जाने के कारण व्यक्तिगत कम्प्यूटर (PC) के नाम से जाने जाते हैं।

(*ii*) **मिनी कम्प्यूटरः** आकार तथा कार्यक्षमता की दृष्टि से ये छोटे होते हैं तथा एक बड़ी मेज पर आ सकते हैं। इन पर एक साथ बीस–तीस टर्मिनल पर कार्य किया जाता है।

(*iii*) **मेन फ्रेम कम्प्यूटरः** ये बड़े आकार के कम्प्यूटर होते हैं जिनका डिजाइन स्टील के फ्रेम में लगाकर किया जाता है। इसकी मेमोरी उपर्युक्त दोनों से अधिक होती है।

(*iv*) **सुपर कम्प्यूटरः** ये कम्प्यूटर बहुत अधिक शक्तिशाली होते हैं तथा जटिल संक्रियाओं को भी बहुत शीघ्र गति से करते हैं। इसकी संग्रहण क्षमता भी अधिक होती है।

**(*b*) कार्य पद्धति आधारित**

(*i*) **अंकीय कम्प्यूटरः** इस प्रकार के कम्प्यूटर सभी प्रकार की सूचनाओं को द्विआधारी पद्धति में बदलकर अपना कार्य करते हैं। ये सभी प्रकार की गणनाएं गिनकर या जोड़कर करते हैं।

(*ii*) **अनुरूप कम्प्यूटरः** इस प्रकार के कम्प्यूटर में किसी भौतिक विधि या राशि को इलेक्ट्रॉनिक परिपथों की सहायता से विद्युत संकेतों में अनुरूपित किया जाता है। यह गिनकर नहीं बल्कि मापकर या नापकर अपना कार्य करता है।

(*iii*) **संकर कम्प्यूटर**: इस प्रकार के कम्प्यूटर में अंकीय एवं अनुरूप दोनों की विशेषताओं को उपयोग में लाया जाता है। इनका उपयोग स्वचालित उपकरणों में होता है, रोबोट इसी प्रकार का स्वचालित उपकरण है।

(*iv*) **प्रकाशीय कम्प्यूटर**: इस प्रकार के कम्प्यूटर में एक अवयव को दूसरे से जोड़ने का कार्य ऑप्टिकल फाइबर के तन्तु से किया जा रहा है एवं गणना अवयव प्रकाशीय पद्धति पर बनाए जा रहे हैं। ये पंचम पीढ़ी के कम्प्यूटर हैं।

## कम्प्यूटर के मुख्य घटक

कंप्यूटर के मुख्य रूप से चार घटक होते हैं–

- **हार्डवेयर**: हार्डवेयर कम्प्यूटर के वे घटक होते हैं, जिन्हें हम देख और छू सकते हैं। हार्डवेयर के अंतर्गत सेन्ट्रल प्रोसेसिंग यूनिट (CPU), डीवीडी ड्राइव, मॉनीटर, की–बोर्ड, मॉउस, स्पीकर्स आदि आते हैं।
- **सॉफ्टवेयर**: सॉफ्टवेयर कंप्यूटर के उन घटकों को कहा जाता है जिन्हें हम देख और छू नहीं सकते हैं किन्तु उनकी सहायता से कंप्यूटर के द्वारा वांछित परिणाम प्राप्त कर सकते हैं। ये निर्देशों के समुच्चय होते हैं, जिनके द्वारा कंप्यूटर एक या एक से अधिक कार्यों को सम्पन्न करता है।
- **ऑपरेटिंग सिस्टम**: कंप्यूटर सिस्टम के हार्डवेयर रिसोर्सेज जैसे मेमोरी, प्रोसेसर तथा इनपुट–आउटपुट डिवाइसेस को व्यवस्थित करने के लिए बनाए गए सॉफ्टवेयर को ऑपरेटिंग सिस्टम कहते हैं।
- **एप्लीकेशन प्रोग्राम**: उन सॉफ्टवेयर्स को एप्लीकेशन प्रोग्राम कहा जाता है जिनकी सहायता से हम कंप्यूटर को दिए गए किसी निश्चित आदेश का पालन करवाते हैं। उदाहरण के तौर पर वर्ड प्रोसेसर्स जैसे कि एमएस ऑफिस, एकाउंटिंग सॉफ्टवेयर्स, टैली आदि।

## कम्प्यूटर के मुख्य कार्य

कंप्यूटर मुख्य रूप से चार प्रकार के कार्य करता है–

(1) डाटा का संकलन तथा निवेशन

(2) डाटा का संचयन

(3) डाटा संसाधन

(4) डाटा/इन्फॉर्मेशन का निर्गमन या पुनर्निर्गमन

## कम्प्यूटर के विभिन्न भाग

(*i*) **सीपीयू (CPU):** यह सेन्ट्रल प्रोसेसिंग यूनिट का संक्षिप्त रूप है। यह कम्प्यूटर का सबसे प्रमुख भाग है, जो कि निर्देशों का उपयोग कर संपूर्ण कंप्यूटर प्रणाली को संचालित करता है। इसे कम्प्यूटर का मस्तिष्क कहा जाता है।

(*ii*) **रैम (RAM):** यह रैण्डम एक्सेस मेमोरी का संक्षिप्त रूप है। यह कम्प्यूटर की मेन मेमोरी का एक महत्वपूर्ण हिस्सा होता है। कम्प्यूटर में संप्रेषित सभी डाटा रैम में ही जमा होते हैं।

(*iii*) **रोम (ROM):** यह रीड ऑनली मेमोरी का संक्षिप्त रूप है। रोम स्थायी स्मृति है, जो कम्प्यूटर के निर्माण के समय ही स्थापित कर दी जाती है। इसमें मौजूद डाटा को केवल पढ़ा जा सकता है।

(*iv*) **मदर बोर्ड (Mother Board):** यह सर्किट बोर्ड होता है, जिसमें कम्प्यूटर के प्रत्येक भाग को जोड़ा जाता है।

(*v*) **सीडी रोम (CD-ROM):** सीडी रोम यानी कॉम्पैक्ट डिस्क छोटे–से आकार में होते हुए भी बहुत बड़ी मात्रा में आंकड़ों एवं चित्रों को ध्वनियों के साथ संग्रहित करने में सक्षम होता है।

(*vi*) **कम्प्यूटर वायरस (Computer Virus):** यह एक प्रकार का इलेक्ट्रॉनिक कोड है, जिसका उपयोग कम्प्यूटर में समाहित सूचनाओं को समाप्त करने के लिए होता है। कुछ मुख्य कम्प्यूटर वायरस हैं–माइकेल एंजेलो, डार्क एवेंजर, फिलिप, सी ब्रेन, ब्लडी आदि।

## इन्टरनेट (Internet)

- दुनिया के विभिन्न स्थानों पर स्थापित टेलिफोन लाइनों अथवा उपग्रहों की सहायता से एक–दूसरे के साथ जुड़े कम्प्यूटर नेटवर्क 'इंटरनेट' कहलाते हैं।
- ई–मेल, ईलर्निंग, ई–कॉमर्स, वर्ल्ड वाइड वेब इंटरनेट की सेवाएं हैं।

## नेटवर्किंग (Networking)

- इसका अर्थ विभिन्न कम्प्यूटरों को आपस में जोड़ना है, जिसमें ये सर्वर से जुड़े होते हैं। प्रत्येक कम्प्यूटर का अपना प्रोसेसर होता है।
- नेटवर्किंग के अनेक लाभ हैं जैसे–डाटा का आदान–प्रदान, फाइलों का स्थानान्तरण फ्लॉपीज के बिना सम्भव होना, चिकित्सा, अभियन्त्रण आदि में स्पष्ट लाभ, डाटा, सुरक्षा, कम स्मृति संग्राहक का उपयोग आदि।

- नेटवर्किंग के मुख्यतः तीन प्रकार होते हैं–
  **लैन**: स्थानीय क्षेत्र (लोकल एरिया) नेटवर्क
  **मैन**: महानगर क्षेत्र (मेट्रोपोलिटन एरिया)
  **वैन**: व्यापक क्षेत्र (वाइड एरिया) नेटवर्क

## कंप्यूटर का आधुनिक विकास

- **स्मार्ट फोन**: यह एक ऐसा मोबाइल फोन है, जिसमें कंप्यूटर की क्षमता तथा फोन की सभी सुविधा एक साथ उपलब्ध है।
- **आई पैड (i-Pad)**: यह टैबलेट है, जिसे Apple द्वारा डिजाइन तथा विकसित किया गया है।
- **टैबलेट**: यह एक प्रकार का लैपटॉप पीसी है जिसमें आकर्षक टूल्स तथा टच–स्क्रीन लगा होता है।
- **ब्लूटूथ**: यह एक वायरलैस तकनीक है, ज़िसका प्रयोग कम दूरी पर डाटा आदान–प्रदान के लिए किया जाता है।

## जैविक कम्प्यूटर

- यह एक ऐसा कम्प्यूटर है, जिनमें इनपुट और आउटपुट दोनों ही जीवन्त हैं। डीएनए-प्रयुक्त यह नैनो कंप्यूटर जीवित प्रणाली से संचालित है। इसमें डीएनए चिप का प्रयोग होता है। इजराइल स्थित वेजमान इंस्टीट्यूट ऑफ साइंस के वैज्ञानिक इहुड शोप्रियो के नेतृत्व में पहला जैविक कंप्यूटर तैयार किया गया है।

## कम्प्यूटर शब्दावली

- **एप्लीकेशन प्रोग्राम**: एक ऐसा प्रोग्राम जो कोई निश्चित कार्य ही करता हो जैसे–वर्ड प्रोसेसिंस या डेटाबेस प्रबंधन अथवा एकाउंटिंग का कार्य करने वाला सॉफ्टवेयर। इनमें वर्ड प्रोसेसिंग के लिए M.S. Word, डेटाबेस प्रबंधन के लिए Visual FOX PRO, डिजायनिंग के लिए Adobe Photoshop अथवा एकाउंटिंग के लिए Tally एवं Busy प्रसिद्ध एप्लीकेशनल प्रोग्राम है।
- **बिट (Bit):** इलेक्ट्रॉनिक डेटा को मापने की एक यूनिट बिट कहलाती है। 8 बिट मिलकर एक बाइट का निर्माण करती है।
- **बूट (Boot):** कम्प्यूटर को कार्यावस्था में लाने के लिए आपरेटिंग सिस्टम द्वारा किया जाने वाला प्रारम्भिक कार्य बूट कहलाता है।
- **चिप (Chip):** प्रायः सिलिकन की बनी हुई यह एक पतली चिप्पी है, जिस पर विशेष प्रक्रिया से सर्किट बनाए जाते हैं।
- **कम्पाइलर (Compiler):** वह प्रोग्राम जो उच्चस्तरीय भाषा को मशीनी भाषा में परिवर्तित करता है, कम्पाइलर कहा जाता है।
- **कर्सर 'की' (Cursor 'Key'):** की–बोर्ड पर पाये जाने वाले वे बटन जिन पर तीर के निशान बने होते हैं, कर्सर 'की' कहलाता है।
- **एरर मैसेज (Error Message):** किसी सॉफ्टवेयर द्वारा किसी गड़बड़ी के बारे में दर्शाया जाने वाला संदेश एरर मैसेज कहलाता है।
- **फाइल (File):** डेटा का वह संग्रह जिसे किसी नाम से सेव किया जाता है, फाइल कहलाता है।
- **प्रोग्राम (Program):** कम्प्यूटर के कार्य निर्देशन के लिए निम्न या उच्चस्तरीय भाषा में लिखे गए आदेशों की शृंखला, कम्प्यूटर प्रोग्राम कहलाता है।

# कला एवं साहित्य

भारत में कला और संस्कृति की समृद्ध परंपरा रही है। भारतीय राजे–महाराजे कला और संस्कृति के बड़े पारखी और हितैषी थे। उन्होंने न सिर्फ कला की विविध शाखाओं को आश्रय दिया, उनके फलने–फूलने में मदद की बल्कि कलाकारों, फनकारों को भी भरपूर समर्थन एवं पुरस्कार प्रदान किया। संस्कृति विचारने और क्रिया करने की पद्धति है जो सीखी जाती है अपनायी जाती है। इनमें मूल्य, रहन–सहन के तौर–तरीके, विचारने की पद्धतियां, भाषा, शिक्षा, कलाकारिता, सामाजिक संरचना की संस्थाएँ आदि शामिल हैं।

## ललित कला

विजुअल आर्ट के जरिए चित्रों को उकेरने, कर्मकांडों को सामने रखने और भावनाओं को अभिव्यक्त करने की परंपराएं उतनी ही पुरानी हैं जितनी कि प्राचीन भारत की सभ्यता। पत्थरों पर नक्काशी करने और चिकनी मिट्टी के नमूने तैयार करने का कार्य आरंभिक

दिनों में विकसित हुआ। बाद में धातु की मूर्तियाँ बनाने, धातु की वस्तुएँ बनाने, चित्रकारी करने और बेल-बूटों की कढ़ाई करने का कार्य विकसित हुआ।

## संगीत

भारत में चार प्रकार के संगीत-साज मिलते हैं—तंतु या तार वाले, समीर या वायु वाले, अवनाद अथवा थाप से संचालित होने वाले और घन जिसमें घंटियाँ, मंजीरे, घड़ियाल आदि शामिल हैं। तंतु या तार वाले सामान्य साज हैं जैसे—वीणा, सितार, सारंगी, सरोद, दिलरुबा, इसराज, एकतारा, तानपुरा और मयूरी। वायु संचालित साज हैं शहनाई, बाँसुरी, नादस्वरम, निनकिर्नस और पोंगी। थाप अथवा संघात से संचालित होने वाले साज हैं: तबला, मृदंग, ढोलक, पखावज, घटाम तथा कंजीरा-मंजीरा। करतल, जल तरंग आदि अन्य भारतीय साज हैं।

गायन के क्षेत्र में विष्णु नारायण भातखण्डे, बेगम अख्तर, बड़े गुलाम अली, हीराबाई बरोडकर, भीमसेन जोशी, केसरभाई केलकर, ओंकारनाथ ठाकुर, सिद्धेश्वरी देवी, त्यागराज, विष्णु दिगंबर पलुसकर, पंकज मलिक, एम.एस. सुब्बालक्ष्मी, पंडित जसराज, गंगूभाई हंगल, मल्लिकार्जुन मंसूर, डागर बंधु, डी.के. जयरामन, के.जे. यशुदास, गुलाम मुस्तफा खान, कुमार गंधर्व, के.एल. वसंधा कुमारी, किशोरी अमोनकर, गिरिजा देवी, वी.के. नारायण स्वामी दीक्षित, तानसेन, श्यामा शास्त्री, स्वाति तिरूनल आदि साजपरक संगीत के कुछ दिग्गज कलाकार रहे हैं।

## भारत के प्रमुख चित्रकार एवं उनकी कृतियां

| | |
|---|---|
| **अवनीन्द्र नाथ टैगोर** | शाहजहाँ का ताज को देखना, बुद्ध और सुजाता, वन साम्राज्ञी, औरंगजेब का बुढ़ापा, भारतमाता आदि। |
| **गगनेन्द्र नाथ टैगोर** | माँ से विदा लेते चैतन्य, कल्कि अवतार आदि। |
| **राजा रवि वर्मा** | दुष्यन्त को प्रेम-पत्र लिखती शकुन्तला, नायर लेडी, शकुन्तला वियोग आदि। |
| **नन्द लाल बोस** | उमा की तपस्या, घायल बकरी को ले जाते भगवान बुद्ध, कृष्णार्जुन, प्रणाम, बसन्त, गोपिनी आदि। |
| **के॰ वेंकटप्पा** | हनुमान द्वारा लंका दहन, स्वर्ण मृग, राम और मृग तृष्णा आदि। |
| **जॉर्ज कीट** | कृष्ण जन्म, कर्ण जन्म, यम मार्कण्डेय, निराभरण गोपियाँ आदि। |
| **भवेश चन्द्र सन्याल** | आश्रयहीन लड़की, गोल मार्केट के भिखारी आदि। |
| **मनीषी डे** | नारी-श्रृंगार, पनघट की ओर, बंगाली शरणार्थी। |
| **अमृता शेरगिल** | एलिफेन्ट्स बाथिंग इन ग्रीन पुल, हिल साईड, भारतीय लड़कियाँ आदि। |
| **नारायण श्रीधर बेन्द्रे** | स्टेशन पर यात्री, बुद्ध पूजा आदि। |
| **देवी प्रसाद राय चौधरी** | लेपचा कुमारी, भौटिया आदि। |
| **शोभा सिंह** | हीर-रांझा |
| **सतीश गुजराल** | काला चांद |

## भारत के प्रमुख शास्त्रीय नृत्य

| नृत्य का नाम | संबंधित राज्य | प्रख्यात कलाकार |
|---|---|---|
| भरतनाट्यम | तमिलनाडु | यामिनी कृष्णमूर्ति, रुक्मिणी देवी अरुणडेल, स्वप्न सुन्दरी, सोनल मान सिंह, वैजंती माला, मृणालिनी साराभाई, चंद्रलेखा, इंद्राणी, राम गोपाल, बाल सरस्वती |
| कथकली | केरल | गोपीनाथ, के.के. नायर, कुंजु-कुरुप, टी.के. चंदू |
| कुचिपुड़ी | आंध्र प्रदेश | स्वप्न सुंदरी, राजा रेड्डी, राधा रेड्डी, शोभा नायर, वेदांतम सत्यनारायण, विम्पन्ति चिन्ना सत्यम |
| मोहिनीअट्टम | केरल | भारती शिवाजी, तंकमणि शांताराव |
| कत्थक | उत्तरी भारत | बिरजू महाराज, गोपीकृष्ण, शंभू महाराज, सितारा देवी, विष्णु शर्मा, दुर्गा लाल, शोभना नारायण |
| मणिपुरी | मणिपुर | उदय शंकर, दरोहरा झावेरी, चोतम्बी सिंह, विपिन सिंह, सूर्यमुखी |
| ओडिसी | ओडिशा | केलुचरण महापात्र, इंद्राणी रहमान, माधवी मुद्गल, प्रोतिमा बेदी, संयुक्ता पाणिग्रही, सोनल मान सिंह, देबूदास |

## प्रमुख वाद्य यंत्र एवं सम्बद्ध कलाकार

| वाद्य यंत्र | कलाकार |
|---|---|
| बांसुरी | हरि प्रसाद चौरसिया, पन्ना लाल घोष, टी. आर.महालिंगम, एन. रमानी, विजय राघव राव |
| तबला | अल्लारखा, गुदई महाराज, लतीफ खाँ, जाकिर हुसैन |
| वायलिन | लालगुडी जयरामन, एल. सुब्रह्मण्यम, एम. एस. गोपाल कृष्णन, एस. सुब्रह्मण्यम, वी.जी. जोग, एन. राजन |
| शहनाई | बिस्मिल्ला खान, सुरबहार इमरत खान |
| सरोद | अली अकबर खान, अमजद अली खान, अलाउद्दीन खान, सरेन रानी, ब्रिज नारायण |
| सितार | पंडित रविशंकर, बिलायत खान, देबू चौधरी, अब्दुल हलीम जफर खान |
| संतूर | शिव कुमार शर्मा |
| रुद्रवीणा | जिया मोहिउद्दीन डागर |
| पखावज | गोविन्द राव, अनोखे लाल, कंठी महाराज |
| मृदंग | पालघात आर. रघु, यू.एस. वर्मन |
| हारमोनियम | पुरुषोत्तम वालावाकर, एम. धौलपुरी |
| गिटार | पं. विष्णु मोहन भट्ट, मोहन भट्ट, बृजभूषण कालरा |
| घटाम | टी.एच. विनयाकरम |
| जंजीरा | वी. नागराजन |
| सिम्फनी | जुबिन मेहता |

## भारत के प्रमुख लोकनृत्य

| राज्य/केन्द्रशासित प्रदेश | लोक नृत्य |
|---|---|
| महाराष्ट्र | तमाशा, दही हण्डी, गोफ, दीपक डिंडी |
| गुजरात | गरबा, रासलीला, तिप्पनी, डांडिया |
| ओडिशा | छऊ, माया शबरी, दलचाई |
| राजस्थान | घूमर, कठपुतली, तेरा ताली |
| मध्य प्रदेश | लोटा नृत्य, जवारा |
| हिमाचल प्रदेश | दशहरा नृत्य, हिकत, नोतियो |
| पंजाब | गिद्धा, भांगड़ा, पणिहारी |
| उत्तर प्रदेश | रासलीला, नौटंकी, थाली, धुरंग, झुमेला, हुरका बोल |
| नगालैंड | बांस नृत्य |
| असम | बिहू, केली गोपाल, सतरिया |
| पश्चिम-बंगाल | कीर्तन, कालत्री, असुरवध, वृता, काली नाच |
| बिहार | मगही, दुर्गा नृत्य |
| तमिलनाडु | तेरुकलथु, कबलतम, कर्गम, पुली वेशम |
| केरल | मोहिनी अट्टम, पदायुनी |
| कर्नाटक | यक्षगाण, डोलू कुनिथा |
| जम्मू और कश्मीर | दुम्हल |
| त्रिपुरा | हजागिरि |
| आंध्र प्रदेश | डंडारिया, बंजारा |
| गोवा | गोडे मोदिनी, ढ़कनी |
| मेघालय | नोंगकरेम |
| मणिपुर | ढोल चोलम |
| हरियाणा | धमयाल, लहूर |
| झारखंड | छऊ, घुमकुडिया, जदूर, सरहुल सोहराई, करमा, बैमा, लूझरी, जाट-जाटिन, विदायत |
| उत्तराखंड | कजरी और करन |
| छत्तीसगढ़ | सैला, करमा, भगोरिया |

# पुस्तकें और उनके लेखक

| पुस्तकें | लेखक |
|---|---|
| आधे-अधूरे | मोहन राकेश |
| आग का दरिया | कुर्रतुल-एन-हैदर |
| ए मिलियन म्युटिनीज नाऊ | वी.एस. नायपॉल |
| ए सूटेबल ब्वाय | विक्रम सेठ |
| ए पैसेज टू इंग्लैंड | नीरद सी-चौधरी |
| ए वॉयस ऑफ फ्रीडम | नयनतारा सहगल |
| एक्सेशन टू इंस्टिंक्शन | डॉ. आर. मनेकर |
| आदि ग्रंथ | गुरु अर्जुन देव |
| बिट्विन द लाइंस | कुलदीप नैयर |
| भगवत गीता, महाभारत | वेदव्यास |
| भारत भारती | मैथिलीशरण गुप्त |
| विसर्जन | रवीन्द्रनाथ टैगोर |
| ब्रोकन विंग | सरोजिनी नायडू |
| बुद्ध चरित | अश्वघोष |
| बाय गाड्स डिक्री | कपिल देव |
| चंडालिका | रवीन्द्रनाथ टैगोर |

| पुस्तकें | लेखक | पुस्तकें | लेखक |
|---|---|---|---|
| चैमिन | शिवशंकर पिल्लई | गुल-ए-नग्मा | रघुपति सहाय ''फिराक'' |
| चिदंबरा | सुमित्रानंदन पंत | हर्ष चरित | बाणभट्ट |
| चिकवीरा राजेन्द्र | मस्ती वेंकटेश आयंगर 'श्री निवास' | हिंदू व्यू ऑफ लाइफ | राधाकृष्णन |
| | | हिन्दुइज्म | नीरद सी. चौधरी |
| देवदास | शरत चंद्र | हितोपदेश | नारायण भट्ट |
| डिस्कवरी ऑफ इंडिया | जवाहरलाल नेहरू | हंग्री स्टोन्स | रवीन्द्र नाथ टैगोर |
| डिवाइन लाइफ | शिवानंद | आई एम नॉट एन आइलैंड | ख्वाजा अहमद अब्बास |
| दुर्गेश नन्दिनी | बंकिम चन्द्र चटर्जी | आइडोल्स | सुनील गावस्कर |
| गीत गोविन्द | जयदेव | लौरिंगन | वी.के. भट्टाचार्य |
| घासीराम कोतवाल | विजय तेंदुलकर | जूही की कली | सूर्यकांत त्रिपाठी ''निराला'' |
| गीतांजलि | रवीन्द्रनाथ टैगोर | जुग बदल गया | सोहन सिंह शीतल |
| ग्लिम्पसेज ऑफ वर्ल्ड हिस्ट्री | जवाहरलाल नेहरू | जाब्स फॉर मिलियंस | वी.वी. गिरि |
| गोदान | मुंशी प्रेमचंद | कादंबरी | बाणभट्ट |
| द गॉड ऑफ स्माल थिंग्स | अरुंधति राय | कामसूत्र | वात्स्यायन |
| गोल्डन गेट | विक्रम सेठ | कामायनी | जयशंकर प्रसाद |
| गोरा | रवीन्द्र नाथ टैगोर | कपाल-कुंडला | बंकिम चंद्र चटर्जी |
| द गाइड | आर.के. नारायण | कर्पूर मंजरी | राजशेखर |
| पंचतंत्र | विष्णु शर्मा | खाक-ए-दिल | जां निसार अख्तर |

## महान व्यक्तियों के वास्तविक व लोकप्रिय उपनाम

| लोकप्रिय नाम | वास्तविक नाम | लोकप्रिय नाम | वास्तविक नाम |
|---|---|---|---|
| आन्ध्र केसरी | टी॰ प्रकाशम | राष्ट्रपिता | महात्मा गांधी |
| अन्ना | सी॰ एन॰ अन्नादुराई | फ्यूहरर | एडोल्फ हिटलर |
| बापू | महात्मा गांधी | जी॰ बी॰ एस | जार्ज बर्नार्ड शॉ |
| लोकमान्य | बाल गंगाधर तिलक | मिसाइलमैन | डॉ॰ ए.पी.जे. अब्दुल कलाम |
| लोकनायक | जय प्रकाश नारायण | महामना | पंडित मदन मोहन मालवीय |
| बादशाह खाँ व सीमान्त गांधी | खान अब्दुल गफ्फार खाँ | कुमारी साम्राज्ञी | एलिजाबेथ प्रथम |
| | | भारत कोकिला | सरोजनी नायडू |
| बंग बंधु | शेख मुजीबुर रहमान | मैन ऑफ डेस्टिनी | नेपोलियन बोनापार्ट |
| लिटिल कॉरपोरल | नेपोलियन | उत्तर का जादूगर | वाल्टर स्काट |
| पंजाब केसरी | लाला लाजपत राय | अंकल हो | होचीमिन्ह |
| बार्ड ऑफ एवन | विलियम शेक्सपियर | शास्त्री जी | लाल बहादुर शास्त्री |
| सी॰ आर॰ | सी॰ राजगोपालाचारी | पंडित जी | जवाहर लाल नेहरू |
| लाल, बाल, पाल | लाला लाजपत राय, बाल गंगाधर तिलक, बिपिन चन्द्र पाल | भारत के पितामह | दादा भाई नौरोजी |
| | | ब्रिटेन के वयोवृद्ध नेता | ग्लैडस्टोन |
| गुरुजी | एम॰ एस॰ गोलवलकर | भारत के लौह पुरुष | सरदार पटेल |
| दीन बन्धु | सी॰ एफ॰ एण्ड्रूज | चाचा जी | जवाहरलाल नेहरू |
| डेजर्ट फॉक्स | जनरल रोमेल | मैन ऑफ पीस | लाल बहादुर शास्त्री |
| लेडी विद द् लैम्प | फ्लोरेंस नाइटिंगेल | लौह पुरुष | बल्लभ भाई पटेल |

| कप्रिय नाम | वास्तविक नाम | लोकप्रिय नाम | वास्तविक नाम |
|---|---|---|---|
| र कोकिला | लता मंगेशकर | राजाजी | चक्रवर्ती राजगोपालाचारी |
| ड़नपरी | पी.टी. ऊषा | देशरत्न | डॉ. राजेन्द्र प्रसाद |
| र्मल हृदय | मदर टेरेसा | युवा तुर्क | श्री चन्द्रशेखर |
| की के जादूगर | ध्यानचन्द | शेरे कश्मीर | शेख अब्दुल्ला |
| टिल मास्टर | सुनील गावस्कर | राजर्षि | पुरुषोत्तम दास टंडन |
| श्व कवि | रवीन्द्रनाथ टैगोर | बिहार केशरी | डॉ. श्रीकृष्ण सिंह |
| रत का शेक्सपियर | महाकवि कालिदास | देश प्रिय | यतीन्द्र मोहन सेन गुप्त |
| श्मीर का अकबर | जैनुल आबदीन | विद्रोही कवि | काजी नजरूल इस्लाम |
| रत का नेपोलियन | समुद्रगुप्त | ताऊ | चौधरी देवीलाल |

## शब्द-संक्षेप

| | | | |
|---|---|---|---|
| **C** | ऑडिट ब्यूरो ऑफ सरकुलेशन्स | **INSAT** | इण्डियन नेशनल सैटेलाइट |
| **B** | एशियन डेवलपमेण्ट बैंक | **ISD** | इण्टरनेशनल सब्सक्राइबर डायलिंग |
| **)S** | एक्वायर्ड इम्यूनो डेफिसियेन्सी सिण्ड्रोम | **JPC** | ज्वाइंट पार्लियामेण्टरी कमेटी |
| **MS** | ऑल इण्डिया इन्स्टीट्यूट ऑफ मेडिकल साइंसेज | **Lbw** | लेग बिफोर विकेट |
| **C** | ब्रिटिश ब्रॉडकास्टिंग कॉरपोरेशन | **NCC** | नेशनल कैडेट कॉर्पस |
| | ब्लड प्रेशर | **NCERT** | नेशनल काउन्सिल ऑफ एजूकेशन रिसर्च एण्ड ट्रेनिंग |
| | बॉर्डर सिक्योरिटी फोर्स | **PIN** | पोस्टल इण्डेक्स नम्बर |
| | चार्टर्ड एकाउण्टेण्ट | **RBI** | रिजर्व बैंक ऑफ इण्डिया |
| **G** | कॉम्पट्रोलर एण्ड ऑडिटर जनरल | **SSC** | स्टाफ सलेक्शन कमीशन |
| **I** | सेण्ट्रल ब्यूरो ऑफ इन्वेस्टीगेशन | **SSP** | सीनियर सुपरिन्टेण्डेन्ड ऑफ पुलिस |
| **BT** | कम्प्रेहेन्सिव टेस्ट बैन ट्रीटी | **VAT** | वैल्यू एडेड टैक्स |
| | जनरल इंश्योरेन्स कॉरपोरेशन | **WHO** | वर्ल्ड हेल्थ ऑर्गेनाइजेशन |
| | ह्यूमेन इम्युनो-डेफिशिएंसी वाइरस | **ZIP** | जोनल एम्प्रूवमेण्ट प्लान |

## महत्वपूर्ण दिवस

| स | महत्व | दिवस | महत्व |
|---|---|---|---|
| नवरी | प्रवासी दिवस | 8 मार्च | अन्तर्राष्ट्रीय महिला दिवस |
| जनवरी | थल सेना दिवस | 15 मार्च | विश्व उपभोक्ता अधिकार दिवस, विश्व विकलांगता दिवस |
| जनवरी | भारतीय पर्यटन दिवस | 22 मार्च | विश्व जल दिवस |
| जनवरी | भारतीय गणतंत्र दिवस | 23 मार्च | शहीद दिवस, विश्व मौसम विज्ञान दिवस |
| जनवरी | शहीद दिवस, विश्व कुष्ठ निवारण दिवस (महात्मा गाँधी की पुण्य तिथि) | 24 मार्च | विश्व तपेदिक दिवस |
| रवरी | तटरक्षक दिवस, डाक जीवन बीमा दिवस | 7 अप्रैल | विश्व स्वास्थ्य दिवस |
| रवरी | विश्व कैंसर दिवस | 22 अप्रैल | विश्व पृथ्वी दिवस |
| फरवरी | पल्स पोलियो दिवस | 1 मई | मई दिवस (अन्तर्राष्ट्रीय श्रम दिवस) |

| दिवस | महत्व |
|---|---|
| 8 मई | विश्व रेडक्रॉस दिवस |
| 24 मई | कॉमनवेल्थ दिवस |
| 31 मई | धूम्रपान विरोध दिवस |
| 5 जून | विश्व पर्यावरण दिवस |
| 21 जून | अन्तर्राष्ट्रीय योग दिवस |
| 11 जुलाई | विश्व जनसंख्या दिवस |
| 6 अगस्त | विश्व शांति दिवस, हिरोशिमा दिवस |
| 10 अगस्त | अंतर्राष्ट्रीय युवा दिवस |
| 29 अगस्त | राष्ट्रीय खेल दिवस |
| 5 सितम्बर | शिक्षक दिवस |
| 8 सितम्बर | विश्व साक्षरता दिवस |
| 14 सितम्बर | हिन्दी दिवस |
| 21 सितम्बर | अन्तर्राष्ट्रीय शांति दिवस |

| दिवस | महत्व |
|---|---|
| 27 सितम्बर | विश्व पर्यटन दिवस |
| 2 अक्टूबर | गाँधी जयन्ती/अन्तर्राष्ट्रीय अहिंसा दिवस |
| 3 अक्टूबर | विश्व पर्यावास दिवस |
| 5 अक्टूबर | विश्व आवास दिवस |
| 9 अक्टूबर | विश्व डाक दिवस |
| 16 अक्टूबर | विश्व खाद्य दिवस |
| 17 अक्टूबर | विश्व गरीबी उन्मूलन दिवस |
| 24 अक्टूबर | संयुक्त राष्ट्र दिवस |
| 14 नवम्बर | बाल दिवस |
| 19 नवम्बर | अन्तर्राष्ट्रीय नागरिक दिवस |
| 26 नवम्बर | विश्व पर्यावरण संरक्षण दिवस |
| 1 दिसम्बर | विश्व एड्स दिवस |
| 10 दिसम्बर | अन्तर्राष्ट्रीय मानवाधिकार दिवस |

# खेल जगत

## खेलों से जुड़ी शब्दावली

- **बेसबॉल (Baseball):** बेस, टैपर, पिचर, कैचर, डायमंड, पुलआउट, पुटइन, स्ट्राइक, हिटर, पिंच, प्लेट, इन फिल्ड।
- **बास्केटबॉल (Basketball):** बॉल, ब्लाकिंग, शिफ्टिंग, होल्डिंग, हेल्ड बॉल, जम्प बॉल।
- **बैडमिंटन (Badminton):** ड्यूस, ड्रॉप, लेट, स्मैश, लव ऑल, डबल फाल्ट, मिक्सड डबल।
- **बिलियर्ड्स (Billiards):** क्यू, जिगर, पॉट, इनऑफ, इन बॉक, कैनन, ब्रेक, स्कैच, पोस्टमैन नॉक, बॉल लाइन।
- **शतरंज (Chess):** किंग, क्वीन, नाईट, पॉन, रूक, कैशल, बिशप, गैमबिट, चेकमेट, स्टेलमेट।
- **क्रिकेट (Cricket):** क्रीज, एल.बी.डब्लू., ब्रेक, बाई, लेगबाई, नो बॉल, सिली प्वाइंट, सिली मीडऑन, हिट विकेट।
- **हॉकी (Hockey):** बुली, कैरी, कॉर्नर, ड्रिब्बल, हैट्रिक, ऑफसाइड, स्कूप, शार्ट, कॉर्नर, स्ट्रिक, स्ट्राइकिंग।
- **फुटबॉल (Football):** कॉर्नर, किंक, डायरेक्ट फ्री कीक, ड्रिब्बल, गोल किक, हैट्रिक, ऑफ साइड, पेनाल्टी किक।
- **गोल्फ (Golf):** पुट, बंकर, कैडी, बॉगी, टी पार, निब्लिक, लिंक्स, बेस्टबॉल, फेरसाम, प्रीमस, ग्रीडहोल्स।
- **वॉलीबॉल (Volleyball):** लव, हीव, बॉली प्वाईंट, सर्विस ब्लैकिंग, होल्डिंग, डब्बलिंग, बुस्टर, स्पाइकर, ड्यूस।
- **लॉन टेनिस (Lawn Tennis):** ड्यूस, फॉल्ट, डबल फॉल्ट लेट स्मैश, वॉली, हाफ वॉली, ग्राउण्ड स्ट्रोक।
- **नौकायन (Rowing):** बो, वुकेट, काऊ, फीदर, पैडल रेगेटा, कॉक्स, ईर्गेमीटर।
- **तैराकी (Swimming):** क्रॉल, ब्रेस्ट स्ट्रॉक।
- **कुश्ती (Wrestling):** हेड लॉक, हीव होल्ड, रीबाउट्स, हॉफ नेशेस, ए फुल नेल्सन सीजर।
- **पोलो (Polo):** बंकर, चुकर, मैलेट।
- **वाटर पोलो (Water Polo):** दो एवं चार मीटर लाईन गोल लाईन, होल्ड, सिंकपुल, बॉलअंडर।
- **निशानेबाजी (Shooting):** मजल, प्लग, बैग, टारगेट, बुल आई।
- **खो-खो (Kho-Kho):** क्रॉसलेन, फ्रीजो, पोल, चेज, एक्टिव चेजर, रनर्स।
- **कबड्डी (Kabaddi):** मार्च लाईन, वकलाईन, बैटिंग ब्लॉक लाबी, रेडर, एण्टीरेडर।
- **तलवारबाजी (Fencing):** टच

### प्रसिद्ध खेल मैदान एवं उनसे सम्बन्धित खेल

| खेल-मैदान | खेल | स्थान |
|---|---|---|
| इन्द्रप्रस्थ स्टेडियम | इन्डोर गेम | दिल्ली |
| जवाहरलाल नेहरू स्टेडियम | एथलेटिक्स | दिल्ली |
| अरुण जेटली स्टेडियम | क्रिकेट | दिल्ली |
| अम्बेडकर स्टेडियम | फुटबॉल | दिल्ली |
| शिवाजी स्टेडियम | हॉकी | दिल्ली |
| नेशनल स्टेडियम | हॉकी | दिल्ली |
| हेनले | रेगाटा | इंग्लैंड |
| नरेन्द्र मोदी स्टेडियम | क्रिकेट | अहमदाबाद |
| वानखेडे स्टेडियम | क्रिकेट | मुम्बई |
| ब्रेबोर्न स्टेडियम | क्रिकेट | मुम्बई |
| ईडन गार्डन | क्रिकेट | कोलकाता |
| ग्रीन पार्क स्टेडियम | क्रिकेट | कानपुर |
| कीनन स्टेडियम | क्रिकेट | जमशेदपुर |
| नेहरू (चेपक) स्टेडियम | क्रिकेट | चेन्नई |
| वाराबती स्टेडियम | क्रिकेट | कटक |
| हेडिंग्ले मानचेस्टर | क्रिकेट | ब्रिटेन |
| लार्ड्स, ओवल, लीड्स | क्रिकेट | ब्रिटेन |
| ब्लैक हीथ | रग्बी फुटबॉल | लन्दन |
| विम्बलडन | लॉन टेनिस | लन्दन |
| वेम्बले स्टेडियम | फुटबॉल | लन्दन |
| ब्रुकलैण्ड | फुटबॉल | इंग्लैंड |
| टिबंकहम | रग्बी फुटबॉल | इंग्लैंड |
| पटनी मार्टलेक | नौका दौड़ | इंग्लैंड |
| टेंट ब्रिज | क्रिकेट | इंग्लैंड |
| एण्ट्री | घुड़दौड़ | इंग्लैंड |
| हरलिघम | पोलो | इंग्लैंड |
| पर्थ, ब्रिस्बेन, मेलबोर्न | क्रिकेट | आस्ट्रेलिया |
| यांकी स्टेडियम | बॉक्सिंग | न्यूयार्क |
| ब्रूकलिन | बेसबॉल | न्यूयार्क |
| फोरस्ट हिल | टेनिस | न्यूयार्क |

### विश्व के प्रसिद्ध कप और ट्राफियाँ

| | |
|---|---|
| • अमेरिकन कप | याच रेसिंग |
| • एशेज | क्रिकेट (इंग्लैंड बनाम आस्ट्रेलिया) |
| • कनाडा कप | गोल्फ (विश्व चैम्पियनशिप) |
| • कोलम्बो कप | सॉकर |
| • चैम्पियन ट्रॉफी | हॉकी (पुरुष) विश्व की 6 श्रेष्ठ टीमों के मध्य |
| • कोरबिलन कप | टेबल टेनिस (महिला) विश्व कप |
| • डेविस कप | लॉन टेनिस (पुरुष) |
| • डर्बी | घुड़ दौड़ (इंग्लैंड) |
| • जुल्स रिमेट कप | सॉकर—विश्व कप (पुरुष) |
| • किंग्स कप | एयर रेसेज (इंग्लैंड) |
| • मर्डेका कप | सॉकर (पुरुष) (मलेशिया) |
| • प्रिंस ऑफ वेल्स कप | गोल्फ (इंग्लैंड) |
| • रोथमेंस कप | क्रिकेट |
| • रायडर कप | गोल्फ (इंग्लैंड) |
| • स्वेथलिंग कप | विश्व टेबल टेनिस (पुरुष) |
| • थॉमस कप | विश्व बैडमिंटन (पुरुष) |
| • टुंकु अब्दुल रहमान कप | बैडमिंटन |
| • उबेर कप | विश्व बैडमिंटन (महिला) |
| • वाकर कप | गोल्फ (इंग्लैंड) |
| • विटमैन कप | लॉन टेनिस (महिला) |
| • विम्बलडन कप | लॉन टेनिस (इंग्लैंड) |

## ओलंपिक

- प्राचीन काल में अपने नागरिकों को स्वस्थ एवं फिट बनाए रखने के लिए यूनानवासी प्रतियोगी खेल स्पर्द्धाओं का आयोजन करते थे। जौस देवता के सम्मान में प्रथम ओलम्पिक खेलों का आयोजन ओलम्पस माउंट में ईसा पूर्व 776 में किया गया था। इसके बाद 394 ईस्वी जबकि यूनानी सभ्यता का पतन हो गया, प्रत्येक 4 वर्षों के अंतराल के बाद ओलम्पिक खेलों का आयोजन किया जाता रहा।
- आधुनिक समय में फ्रांस के धनकुबेर पियरे डी कुबर्टिन ने आधुनिक खेलों को पुनर्जीवित किया। प्रथम आधुनिक ओलम्पिक खेल का आयोजन 1896 में एथेंस (यूनान) में

किया गया। इसके बाद से विश्व युद्धों को छोड़कर प्रत्येक 4 वर्ष के अंतराल पर ओलम्पिक खेलों का आयोजन होता रहा है। ओलम्पिक खेलों का ध्वज श्वेत रंग का है जिस पर 5 रंगीन छल्ले बने हैं। प्रत्येक रिंग एक महादेश का प्रतिनिधित्व करता है। एक ही वर्ष में ग्रीष्मकालीन और शीतकालीन ओलंपिक खेलों का आयोजन किया जाता है।

### एशियाई खेल

- द्वितीय विश्व युद्ध के पश्चात् अनेकों एशियाई देशों ने स्वतंत्रता प्राप्त की। ओलंपिक खेलों की तर्ज पर प्रत्येक चार वर्षों बाद एशियाई खेलों के आयोजन की योजना बनायी गई। भारत ने 1951 में नई दिल्ली में प्रथम एशियाई खेलों का आयोजन किया।

### राष्ट्रमंडल खेल

- राष्ट्रमंडल खेल भी प्रत्येक चार वर्ष बाद आयोजित किए जाते हैं उसी वर्ष में जिसमें एशियाई खेल आयोजित होते हैं।
- सभी राष्ट्रमंडल देश (ब्रिटेन के पूर्व उपनिवेश) इसमें भाग ले सकते हैं। प्रथम राष्ट्रमंडल खेल 1930 में हैमिल्टन (कनाडा) में आयोजित हुआ।
- पहले राष्ट्रमंडल खेल, जो 1930 में कनाडा के हैमिल्टन में आयोजित किये गये थे, को ''ब्रिटिश अम्पायर गेम'' के नाम से जाना गया। 1954 में इनका नाम बदलकर ''ब्रिटिश अम्पायर एण्ड कॉमनवेल्थ गेम्स'' कर दिया गया। 1970 में एक बार फिर इनका नाम परिवर्तन कर 'ब्रिटिश कॉमनवेल्थ गेम्स' किया गया। वर्ष 1978 से इन्हें कामनवेल्थ गेम्स अथवा राष्ट्रमंडल खेलों के नाम से जाना जा रहा है।

# पुरस्कार एवं सम्मान

## राष्ट्रीय पुरस्कार

- **भारत रत्नः** यह भारत का सर्वोच्च असैनिक सम्मान है। यह कला, साहित्य, विज्ञान एवं खेलकूद के क्षेत्र में अतिविशिष्ट सेवाओं तथा सार्वजनिक क्षेत्र में उत्कृष्टतम योगदान के लिए प्रदान किया जाता है। सरकारी सेवाओं में लगे व्यक्तियों को यह पुरस्कार नहीं दिया जाता।
- **पद्म विभूषणः** यह अलंकरण सभी क्षेत्रों में उल्लेखनीय योगदान के लिए दिया जाता है। सरकारी सेवाओं में लगे व्यक्ति भी इसके पात्र माने जाते हैं।
- **पद्म भूषणः** सभी क्षेत्रों में उल्लेखनीय योगदान के लिए यह उपाधि प्रदान की जाती है। सरकारी सेवाओं में रत व्यक्ति भी इसे पाने के हकदार हैं।
- **पद्म श्रीः** विविध क्षेत्रों में उत्तम कार्य करने के उपलक्ष्य में यह उपाधि प्रदान की जाती है। सरकारी सेवा में लगे लोगों को भी इस उपाधि से अलंकृत किया जा सकता है।

### शौर्य पदक

- **परमवीर चक्रः** शत्रु के समक्ष दृढ़ता से वीरता-प्रदर्शन के फलस्वरूप दिया जाने वाला यह सबसे बड़ा पुरस्कार है। यह अत्यन्त वीरतापूर्ण कार्य जल, थल तथा नभ में से किसी भी सेना के कर्मचारी द्वारा किये जाने पर दिया जाता है।
- **महावीर चक्रः** यह दूसरा सर्वोच्च पदक है जो शत्रु के समक्ष अद्वितीय शौर्य प्रदर्शन के फलस्वरूप प्रदान किया जाता है। इस प्रकार का वीरतापूर्ण कार्य थल, जल एवं नभ सेनाओं में से किसी के भी द्वारा किया गया हो सकता है।
- **वीर चक्रः** यह तीसरी श्रेणी का सेना पदक है जो शत्रु के समक्ष वीरता-प्रदर्शन करने के उपलक्ष्य में प्रदान किया जाता है। यह पदक जल, थल और नभ सेना के किसी भी वर्ग के कर्मचारी को वीरतापूर्ण कार्य के लिए प्राप्त हो सकता है।
- **अशोक चक्रः** यह ऐसा पदक है जो जल, थल और नभ कहीं पर भी उत्कृष्ट वीरतापूर्ण कार्य करने अथवा आत्म-बलिदान होने के फलस्वरूप प्रदान किया जाता है। लेकिन इस प्रकार का काम शत्रु के समक्ष होना आवश्यक नहीं। गुणों के आधार पर इस पदक के तीन वर्ग हैं–प्रथम, द्वितीय तथा तृतीय। द्वितीय पदक का नाम कीर्ति चक्र तथा तृतीय पदक का नाम शौर्य चक्र है।

## अन्य राष्ट्रीय पुरस्कार/सम्मान

- **ज्ञानपीठ पुरस्कारः** यह पुरस्कार सांस्कृतिक एवं साहित्यिक संस्था 'भारतीय ज्ञानपीठ' द्वारा वर्ष 1965 से प्रदान किया जाता है। प्रत्येक वर्ष यह पुरस्कार संविधान की आठवीं अनुसूची में सम्मिलित 22 भारतीय भाषाओं तथा अंग्रेजी में से चयनित भारतीय लेखकों को प्रदान किया जाता है। इस पुरस्कार से पुरस्कृत साहित्यकार को 11 लाख रुपए नकद, एक स्मृति चिह्न, एक प्रशस्ति-पत्र तथा वाग्देवी (सरस्वती) की प्रतिमा प्रदान की जाती है।
- **दादा साहब फाल्के पुरस्कारः** इस पुरस्कार की स्थापना भारतीय फिल्म उद्योग के संस्थापक दादा साहब फाल्के की याद में भारत सरकार के सूचना एवं प्रसारण मंत्रालय द्वारा की गई है। इस पुरस्कार की धनराशि 10 लाख रुपए है।
- **जमनालाल बजाज पुरस्कारः** यह पुरस्कार रचनात्मक सामाजिक कार्य क्षेत्र में महत्त्वपूर्ण योगदान, ग्रामीण विकास हेतु विज्ञान एवं प्रौद्योगिकी के उपयोग तथा महिलाओं एवं बच्चों के उत्थान व कल्याण कार्यों हेतु प्रदान किया जाता है।
- **मेजर ध्यानचंद खेल रत्न पुरस्कारः** 1992 में स्थापित यह पुरस्कार भारत सरकार द्वारा खेलों में सराहनीय प्रदर्शन करने वाले खिलाड़ियों को प्रदान किया जाता है। इसमें 25 लाख रुपये की धनराशि, एक पदक और एक प्रशस्ति पत्र प्रदान किया जाता है। इस पुरस्कार का नाम पहले राजीव गांधी खेल रत्न पुरस्कार था।
- **अर्जुन पुरस्कारः** 1961 में स्थापित यह पुरस्कार भारत सरकार द्वारा विभिन्न खेलों में विशेष उपलब्धि प्राप्त करने वाले खिलाड़ियों को प्रदान किया जाता है। इसमें अर्जुन की काँस्य प्रतिमा, प्रशस्ति–पत्र तथा 15 लाख रुपये की धनराशि और समारोह परिधान प्रदान किया जाता है।
- **द्रोणाचार्य पुरस्कारः** 1985 में स्थापित यह पुरस्कार भारत सरकार द्वारा खेल प्रशिक्षकों द्वारा की गयी उत्कृष्ट सेवाओं के लिए प्रदान किया जाता है। यह पुरस्कार दो वर्गों लाइफ टाइम एवं नियमित में प्रदान किया जाता है। लाइफ टाइम वर्ग में 15 लाख रुपए तथा नियमित वर्ग में 10 लाख रुपए गुरु द्रोणाचार्य की प्रतिमा, प्रशस्ति–पत्र, तथा समारोह परिधान प्रदान किया जाता है।

## अंतर्राष्ट्रीय पुरस्कार

**नोबेल पुरस्कारः** इस पुरस्कार का प्रवर्तन सन् 1901 में डाइनामाइट के आविष्कारक अल्फ्रेड बर्नहर्ड नोबेल (1833-1896 ई॰) द्वारा व्यक्त की गई इच्छा के परिणामस्वरूप किया गया था। नोबेल पुरस्कार प्रति वर्ष रसायन शास्त्र, भौतिकी, साहित्य, चिकित्सा, शान्ति-प्रोत्साहन और अर्थशास्त्र (अर्थशास्त्र के लिए यह पुरस्कार 1969 से दिया जाना शुरू किया गया) के क्षेत्र में दिये जाते हैं।

- **रेमन मैग्सेसे पुरस्कारः** एशिया महाद्वीप का सबसे बड़ा पुरस्कार फिलीपीन्स के भूतपूर्व राष्ट्रपति की स्मृति में वर्ष 1957 से प्रदान किया जाता है। इसमें एक स्वर्ण पदक तथा नगद पुरस्कार प्रदान किये जाते हैं। इसे एशिया का नोबेल पुरस्कार भी कहा जाता है।
- **शान्ति, निःशस्त्रीकरण व विकास के लिए इन्दिरा गांधी पुरस्कारः** 1986 में स्थापित यह पुरस्कार अन्तर्राष्ट्रीय शान्ति, निरस्त्रीकरण एवं विकास के क्षेत्र में उल्लेखनीय योगदान हेतु प्रदान किया जाता है। इसमें नगद पुरस्कार व साथ में एक स्मृति-चिन्ह दिया जाता है।
- **महात्मा गांधी अन्तर्राष्ट्रीय शांति पुरस्कारः** एक करोड़ रु॰ की राशि का यह पुरस्कार भारत सरकार का सर्वोच्च असैनिक अन्तर्राष्ट्रीय पुरस्कार है जो 1995 में शुरू किया गया था। यह पुरस्कार अहिंसा के जरिए सामाजिक, आर्थिक और राजनीतिक परिवर्तन के लिए काम करने वाले व्यक्ति को दिया जाता है।
- **मैन बुकर पुरस्कारः** ब्रिटेन की संस्था बुकर मैकोनल कंपनी एंड पब्लिशर्स एसोसियेशन के द्वारा यह पुरस्कार 1969 में स्थापित हुआ। यह प्रतिवर्ष दुनियाभर के देशों के किसी लेखक को अंग्रेजी भाषा की उत्कृष्ट रचना हेतु प्रदान किया जाता है।
- **ऑस्कर पुरस्कारः** संयुक्त राज्य अमेरिका की 'नेशनल एकेडमी ऑफ मोशन पिक्चर आर्ट्स एण्ड साइंसेज' द्वारा फिल्म जगत का अत्यन्त प्रतिष्ठित यह पुरस्कार प्रतिवर्ष प्रदान किया जाता है।
- **अन्तर्राष्ट्रीय नेहरू पुरस्कारः** भारत सरकार द्वारा 1964 में स्थापित यह पुरस्कार प्रत्येक वर्ष ऐसे व्यक्ति को प्रदान किया जाता है, जिसने विश्व में अन्तर्राष्ट्रीय सद्भावना और मित्रता का प्रसार करने में उल्लेखनीय भूमिका अदा की हो। वर्ष 1965 में पहला नेहरू सद्भावना पुरस्कार यू थांट (संयुक्त राष्ट्र संघ के तृतीय महासचिव) को प्रदान किया गया था।

# महत्त्वपूर्ण तथ्य

- भारत की राजधानी **दिल्ली** है। इसके चारों ओर **हरियाणा** और **उत्तर प्रदेश** राज्य स्थित हैं।
- **नेपाल, भूटान, बांग्लादेश, म्यांमार, श्रीलंका, पाकिस्तान, अफगानिस्तान,** और **चीन,** भारत के पड़ोसी देश हैं। ये सारे देश एशिया महाद्वीप के भाग हैं।
- महाद्वीप धरती के उस विशाल क्षेत्र को कहते हैं जिसमें कई देश सम्मिलित होते हैं। पृथ्वी पर **सात** महाद्वीप हैं।
- महासागर खारे पानी के उस बड़े जल भण्डार को कहते हैं जिसे महाद्वीप अलग–अलग जल समूह में बाँटते हैं। पृथ्वी पर पांच महासागर हैं।
- पृथ्वी पर सबसे बड़ा महासागर **प्रशांत महासागर** है।
- महासागर पृथ्वी के लगभग 70 प्रतिशत भाग को ढकते हैं।
- विश्व में सबसे ऊँचा पर्वत शिखर **एवरेस्ट पर्वत** जिसकी ऊँचाई 8848 मीटर है तथा विश्व की बड़ी खाड़ियों में से एक **बंगाल की खाड़ी** एशिया महाद्वीप में स्थित है।
- विश्व का सबसे बड़ा रेगिस्तान **सहारा रेगिस्तान** तथा विश्व की सबसे लंबी नदी **नील नदी** (लम्बाई 6690 किमी) अफ्रीका महाद्वीप में स्थित है।
- 349 किमी. लम्बी **ग्रैण्ड कैनियन घाटी** उत्तरी अमेरिका महाद्वीप के **संयुक्त राज्य अमेरिका** में स्थित है।
- शक्तिशाली जानवर **गवल** उत्तरी अमेरिका महाद्वीप में पाया जाता है।
- विश्व की सबसे लम्बी पर्वतमाला ऐण्डीज तथा विश्व का सर्वाधिक क्षेत्रफल तथा चौड़ी नदी अमेजन दक्षिणी अमेरिका महाद्वीप में स्थित है।
- विश्व की सबसे गहरी गुफा फ्रांस में तथा **रेंडीयर** नामक जानवर यूरोप महाद्वीप में पाया जाता है।
- **ऑस्ट्रेलिया महाद्वीप** सबसे छोटा महाद्वीप है। जिसमें **ऑस्ट्रेलिया** तथा **न्यूजीलैण्ड** केवल दो देश हैं। कंगारू तथा विश्व का सबसे बड़ा मूंगा चट्टान इसी महाद्वीप में है।
- अंटार्कटिका महाद्वीप को सफेद महाद्वीप कहा जाता है। क्योंकि यहाँ पानी का दो तिहाई हिस्सा बर्फ के रूप में जमा हुआ है। इस महाद्वीप में केवल **पैंगुइन** रहते हैं।
- आलू, टमाटर और मूँगफली भारत में **दक्षिण अमेरिका** से आए। बासमती चावल, प्याज, लहसुन, हींग अफगानिस्तान की देन हैं।
- अंग्रेज भारत में **चाय** अपने साथ लाए तथा एक **पीर बाबा** अफ्रीका से कॉफी लेकर आए।
- सबसे पुराना नक्शा लगभग 2500 वर्ष पूर्व इराक में बनाया गया था जो मिट्टी की पट्टी के रूप में है।
- जिस प्रकार के नक्शों का प्रयोग आज हम करते हैं वह 400 वर्ष पूर्व फ्रांस में बनने शुरू हुए थे।
- हमारी पृथ्वी पूरी तरह गोल नहीं है। यह ऊपर और नीचे से थोड़ी सी चपटी है।
- पृथ्वी को अपनी धुरी पर एक चक्कर लगाने में 24 घंटे का समय लगता है। पृथ्वी पर दिन और रात परिक्रमण के कारण होता है।
- पृथ्वी एक दीर्घवृत्ताकार पथ पर पश्चिम से पूर्व दिशा में सूर्य के चारों ओर घूमती है। इसे परिभ्रमण कहते हैं। पृथ्वी को सूर्य के चारों ओर एक चक्कर लगाने में 365¼ दिन का समय लगता है।
- भूमध्य रेखा (विषुवत् रेखा) पृथ्वी को दो गोलार्द्धों में बाँटती है : (1) उत्तरी गोलार्द्ध और (2) दक्षिणी गोलार्द्ध
- प्रत्येक दिन 23 घंटे, 56 मिनट 41 सेकंड का होता है।
- पृथ्वी सूर्य का तीसरा ग्रह है। इसके दो तिहाई भाग में पानी है।
- आर्कटिक रेखा के ऊपर आर्कटिक प्रदेश हैं। इसे **मध्यरात्रि सूर्य** का प्रदेश कहते हैं।
- भूमध्य रेखा 0° अक्षान्तर पर है। दोनों ध्रुव 90° अक्षांश पर हैं। कर्क रेखा जो उत्तरी गोलार्द्ध 23½° अक्षांश में स्थित है। मकर रेखा जो दक्षिणी गोलार्द्ध 23½° अक्षांश में स्थित है। आर्कटिक रेखा उत्तरी गोलार्द्ध में 66½° अक्षांश में स्थित है। अंटार्कटिक रेखा दक्षिण गोलार्द्ध में 66½° अक्षांश में स्थित है।
- जो सूर्य की किरणें भूमध्य रेखा पर पड़ती है उन्हें लम्बवत् किरणें कहते हैं। पृथ्वी से कम दूरी तय करने के कारण ये अधिक गर्मी पैदा करती हैं।

- विश्व में सबसे बड़ा वन अमेजन घाटी में है। जो कि दक्षिण अमेरिका में है।
- रूस में साइबेरिया के शंकुधारी वनों को **टैगा** कहा जाता है। ये चीड़, स्प्रूस और देवदार के वन हैं।
- एक 190 पन्ने वाली पुस्तक की 270 प्रतियाँ बनाने में एक पेड़ का उपयोग होता है।
- चीड़ और सिकोइया जैसे पेड़ को आग से कोई नुकसान नहीं पहूँचता है। ये अग्निसह होते हैं।
- शंकुधारी पेड़ों का हर एक हिस्सा उपयोगी है। इसकी लकड़ी से फर्नीचर और माचिस बनते हैं। लकड़ी के गुदे से कागज और प्लास्टिक बनते हैं। सुई के आकार वाले चीड़ के पत्तों से तेल बनता है जिसका प्रयोग साबुन में होता है। इनसे विटामिन 'ए' और 'ई' भी प्राप्त होते हैं।
- **सवाना** : पश्चिमी अफ्रीका की घास भूमि को सवाना कहते हैं।
- **ग्रानचाको** : दक्षिण अमेरिका में स्थित बोलविया और पैरागुए के घास के मैदानों को ग्रानचाको कहते हैं।
- **स्टेपीज** : मध्य एशिया में घास के मैदानों को स्टेपीज कहते हैं।
- **पम्पाज** : दक्षिण अमेरिकी देशों में घास के मैदान को पम्पाज़ कहते हैं।
- **प्रेयरी** : उत्तर अमेरिका में घास के मैदानों को प्रेयरी कहते हैं।
- **वेल्ड** : दक्षिण अफ्रीका में घास के मैदानों को वेल्ड कहते हैं।
- **रैंच** : पश्चिमी प्रेयरी के पहाड़ी इलाके में मिट्टी मोटी और कम उपजाऊ है। वर्षा भी कम होती है। जबकि कुछ किसान आलू उगाते हैं, अन्य किसान खुली घास भूमि में मवेशी पालते हैं। इन्हें **रैंच** कहते है।
- रेगिस्तान ऐसा क्षेत्र है जहाँ साल भर 25 सेमी. से कम बारिश होती है।
- पृथ्वी पर 10 मुख्य रेगिस्तान है। गर्म रेगिस्तान उत्तर अफ्रीका में सहारा, पश्चिमी अफ्रीका में **नामिव या कालाहारी,** सउदी अरब में **अरब**, ईरान में **ईरानी** दक्षिण अमेरिका के चिली में **आटाकामा** और मध्य ऑस्ट्रेलिया में **ऑस्ट्रेलियाई** रेगिस्तान है।
- शीत मरूस्थल है :

| **शीत मरूस्थल** | **स्थिति** |
|---|---|
| गोबी | मंगोलिया (एशिया) |
| तुर्किस्तान | तुर्किस्तान (एशिया) |
| पेटागोनिया | अर्जेन्टीना (दक्षिणी अमेरिका) |
| मौत की घाटी | संयुक्त राज्य अमेरिका (उत्तरी अमेरिका) |

- सागर या समुद्र महासागर का वह पानी है, जो महाद्वीपों के तटीय क्षेत्र छूता है। जैसे–हिन्द महासागर का पानी जो भारत के पश्चिमी तट से मिलता है अरब सागर कहलाता है।
- सागर की वनस्पतियों के कारण ही पृथ्वी पर जीवन संभव हो सका। लाखों साल पहले पृथ्वी पर जीवन की शुरूआत यहीं से हुई थी।
- प्राचीन काल में भारत में केवल राजा ही नमक बना सकते थे। तिब्बत में 700 साल पहले लोग नमक की थैलियों को पैसे के रूप में इस्तेमाल करते थे।
- विश्व का पाँचवा भाग तेल समुद्र के नीचे बनाए कुओं से प्राप्त होता है।
- हमारी पृथ्वी पर प्रथम जीव महासागर से आए।
- पृथ्वी का सबसे गहरा स्थान **प्रशांत महासागर में मैरियाना खाई** (ट्रेंच) है। यह 11 किमी. से अधिक गहरी है।
- विशाल ब्लू व्हेल क्रील नामक छोटे–छोटे जन्तुओं को खाती है। क्रील केवल 6 सेमी. लम्बी होती है, लेकिन ये विशाल कॉलोनियों में रहती है जिन्हें शोल कहा जाता है।
- ब्लू व्हेल 70 से 100 फीट तक लम्बी होती है जो पृथ्वी का सबसे बड़ा जीव है।
- हमलावर से बचने के लिए स्टार फिश अपने कुछ अंग छोड़ जाती है। सभी स्टारफिशों पर नए अंग उग आते हैं और कुछ में अंग के एक छोटे से टुकड़े से पूरा नया शरीर बन सकता है।
- **हिम युग** : ऐसा भी समय था, जब हजारों वर्ष तक पृथ्वी का अधिकांश भाग बर्फ से ढ़का हुआ था। इसे हिम युग कहते हैं।
- **नर वानर** : जो स्तनधारी किसी चीज को अपने हाथों से कस कर पकड़ सकते हैं उन्हें **'नर वानर'** या प्राईमेटस कहते हैं। बंदर, वानर, गोरिल्ला, चिम्पैंजी और मनुष्य

सभी नर वानर हैं। स्तनधारियों में नर वानरों का स्थान सबसे ऊपर है।

- लगभग 35000 वर्ष पूर्व बिल्कुल हमारी तरह के मानव अफ्रीका, एशिया और यूरोप में रहते थे।
- आदि मानव अपने से बड़े जानवरों का शिकार समूह में करते थे। इन जानवरों में **गवल या बाईसन** और **वुली मैमथ** जैसे विशाल जानवर थे। वुली मैमथ एक लम्बी सूंड वाले हाथी के समान था।
- लगभग 15000 वर्ष पूर्व तीर और कमान का प्रयोग होता था।
- आदि मानव द्वारा बनाए गये चित्र मध्य प्रदेश में भीम बेटका, फ्रांस, स्पेन और ऑस्ट्रेलिया की गुफाओं में पाए गए हैं।
- पश्चिमी एशिया में प्रारंभिक खेती हुई। इस क्षेत्र में आज तुर्की, जॉर्डन और इराक स्थित हैं।
- मेसोपोटामिया (वर्त्तमान इराक) सभ्यता टिगरिस और यूफ्रेटीज (दजला–फरात) नदियों के बीच उपजाऊ जमीन पर पनपी। यहाँ के रहने वाले लोग सुमेरियन कहलाते थे। वे सुमेर शहर के रहने वाले थे।
- सुमेरवासियों ने **पहला कैलेंडर, अंक प्रणाली,** प्रथम **लिपि** और **प्रथम विद्यालय** आरंभ किया।
- सुमेर धातुकारों ने पहली बार टिन और ताँबे के मिश्रण से कांसे का उत्पादन किया।
- सुमेरवासी ने सर्वप्रथम **एक घंटे** को **60 मिनट** में विभक्त किया।
- मिस्र सभ्यता नील नदी के किनारे, हड़प्पा सभ्यता सिंधु नदी के किनारे और चीन की शांध सभ्यता ह्वांगहो नदी (पीली नदी) के किनारे विकसित हुए।
- प्राचीन मिस्रवासी अपने राजाओं के लिए बड़े–बड़े मकबरे बनाते थे जिन्हें **पिरामिड** कहते हैं।
- चित्रात्मक शब्दों की समस्या को सुलझाने के लिए मनुष्य ने अलग–अलग ध्वनियों के लिए अक्षरों का आविष्कार किया। यह हमारे **पहले वर्ण** थे।
- सुमेरवासी ने लिपि का आविष्कार किया। वे सरकंडे से इस लिपि को चिकनी मिट्टी पर लिखते थे और उन्हें धूप में सुखाते थे।
- सिंधु नदी के पास हड़प्पा सभ्यता में भी मिट्टी की पट्टियों पर इसी प्रकार की लिपि पाई गई है।
- प्राचीन मिस्र में लिखित भाषा ऐसी थी कि प्रत्येक चित्र का संबंध किसी न किसी विचार या ध्वनि से था।
- प्राचीन चीन की लिपि लगभग 4000 वर्ष पुरानी है। इसका प्रत्येक अक्षर किसी विचार जैसे कि पेड़, चांद या सूर्य का प्रतीक था।
- भारत और यूरोप की अनेक भाषाओं का स्रोत एक ही है। मूल भाषा को इंडो–यूरोपियन भाषा का नाम दिया गया है।
- दक्षिण भारत की भाषाएँ जैसे कि तमिल, तेलगु, कन्नड़ और मलयालम का उद्‌गम **द्रविड़** नाम की एक अन्य मूल भाषा से हुआ है।
- भारत के उत्तर–पूर्वी राज्य जैसे मिजोरम, मणिपुर, नागालैंड, त्रिपुरा, मेघालय आदि भाषाओं का संबंध **सिनो तिब्बती** भाषा समूह से है।
- कागज का आविष्कार लगभग 2000 वर्ष पूर्व चीन में हुआ।
- जब कोई भी सूचना एक ही समय में बहुत से लोगों तक पहुँचती है तो उसे जनसंचार कहते हैं। इसका प्रारंभ 500 वर्ष से भी पहले, जर्मन सुनार **मोहान्स गुटन बर्ग** ने किया।
- थर्मामीटर का आविष्कार 1593 में इटली में हुआ।
- 1960 में फेल्ट टिप पैन या फेल्ट पैन का आविष्कार हुआ।
- गुटन बर्ग ने सबसे पहले जो पुस्तक छापी वह ईसाई धार्मिक ग्रंथ **बाईबल** थी।
- महात्मा गांधी ने **यंग इंडिया** पत्रिका और **हरिजन** समाचार पत्र का सम्पादन किया।
- 1608 में टेलिस्कोप का आविष्कार नीदरलैंड में हुआ।
- अमेरिका के एक इंजीनियर ने 1849 में सेफ्टी पिन का आविष्कार किया।
- भारत में दिल्ली के शासक अलाउद्दीन खिलजी ने 700 वर्ष पूर्व घोड़ों और धावकों की नियमित डाक सेवा शुरू की। प्रत्येक मील के बाद धावक बदल जाते थे और इस प्रकार एक निश्चित समय के अन्दर डाक पहुँच जाती थी।
- भारत में पहला डाकघर ब्रिटिश ईस्ट इंडिया कंपनी ने स्थापित किया था।
- केवल महात्मा गांधी ऐसे व्यक्ति थे ज़िनके चित्र विश्व के लगभग 80 देशों के डाक टिकटों पर छपे हैं। ऐसे 250 से भी अधिक डाक टिकट हैं जिनमें से एक दक्षिणी अफ्रीका के गणराज्य का है।
- भारत ही एक ऐसा देश है जहाँ राजस्थान में ऊंट डाक सेवा, ओडिशा में **कबूतर डाक सेवा** और हिमालय की

- ऊँचाई पर स्थित **सियाचिन** ग्लेशियर में कुत्तों द्वारा डाक सेवा आज भी इस्तेमाल होती है।
- पहला संकेत यंत्र सेमाफोर था जिसका आविष्कार करीब 200 साल पहले हुआ।
- **सैम्यूल मोर्स** ने टेलिग्राफ के लिए एक संकेत पद्धति तैयार की जिसे **मोर्स कोड** का नाम दिया गया।
- एलेक्जेंडर ग्राहम बैल ने 1876 में टेलीफोन की खोज की।
- एडीसन ने ही टेलीफोन पर **हैलो** करने की प्रथा शुरू की।
- फ्रांसीसी आविष्कारक **लुई डागेर ने पहले कैमरे** का आविष्कार किया था।
- अमेरिकी आविष्कारक जार्ज ईस्टमैन ने एक ऐसे कैमरे का आविष्कार किया जिसमें पहली बार फिल्म का रोल प्रयोग किया गया।
- **लुमियर भाइयों** ने दुनिया की पहली लघु फिल्म फ्रांस की राजधानी पेरिस में दिखाई थी।
- **घुंडीराज गोविन्द फाल्के** या **दादा साहिब फाल्के** पहले भारतीय थे जिन्होंने पहली मूक फिल्म **राजा हरिश्चन्द्र** बनाई।
- 1931 में अर्देशीर ईरानी ने पहली भारतीय टॉकीज या बोलने वाली फिल्म **''आलम आरा''** बनाई।
- आज दुनिया भर में भारत सबसे बड़ा फिल्म निर्माता है। भारतीय फिल्म निर्माताओं ने 50000 से ज्यादा फिल्में बनाई हैं।
- भारत में टेलीविजन की शुरूआत **1959** में हुई। वर्ष 1975 तक छः शहरों में टेलीविजन केन्द्र थे। वर्ष 1982 में रंगीन टेलीविजन आ गए।
- वर्ष 1906 में विश्व का पहला रेडियो प्रसारण हुआ।
- 1927 में भारत में रेडियो प्रसारण प्राइवेट कम्पनियों द्वारा शुरू हुआ। ब्रिटिश सरकार ने इन ट्रांसमीटरों का प्रचालन शुरू कर दिया जिसे ऑल इंडिया रेडियो (A.I.R) कहा जाने लगा।
- भारत की स्वतंत्रता के पश्चात् A. I. R को **आकाशवाणी** का नाम दिया गया।
- कम्प्यूटर नैटवर्क जिसे इंटरनेट कहते हैं, 1 जनवरी 1983 को संयुक्त राज्य अमेरिका में प्रारंभ हुआ।
- सुमेरवासियों ने 5000 वर्ष पूर्व **पहिए** का आविष्कार किया।
- पहियों वाली बैलगाड़ी का प्रयोग भारत में 4000 वर्ष पूर्व होता था।
- वर्ष 1895 में एक्स–रे का आविष्कार जर्मनी में हुआ।
- अरब व्यापारी करीब 1200 साल पहले **''ढो''** नामक जहाज में भारत के केरल राज्य में पहली बार आए।
- सबसे पहले जर्मनी में पटरी का आविष्कार हुआ।
- ब्रिटिश इंजीनियर **जॉर्ज स्टीफन्सन** द्वारा भाप लोकोमोटिव या इंजन का आविष्कार किया गया।
- भारत में पहली रेलगाड़ी अंग्रेजों ने चलाई। 16 अप्रैल 1853 को 400 यात्री सहित 14 डिब्बे वाली रेलगाड़ी **बंबई से ठाणे** गई।
- विश्व की पहली भूमिगत रेल–सेवा वर्ष 1863 में लंदन में शुरू हुई।
- अमेरिका के **जॉर्ज पुलमैन** ने स्लीपिंग कार या बर्थ का आविष्कार किया और जब 1865 में इसे अमेरिकी राष्ट्रपति अब्राहम लिंकन का शव ले जाने के लिए प्रयोग किया गया तो यह और भी प्रसिद्ध हो गया।
- वेदों की संख्या चार है–ऋग्वेद, यजुर्वेद, सामवेद, अथर्ववेद तथा वेदांग के अन्तर्गत शिक्षा, कल्प, ज्योतिष, व्याकरण, निरुक्त तथा छन्द आते हैं।
- सूर्य का सबसे नजदीकी ग्रह बुध है। यह सबसे छोटा ग्रह भी है।
- वर्ष 1971 में रूस ने पहला अंतरिक्ष स्टेशन स्थापित किया।
- भारत ने वर्ष 1983 में अपना पहला उपग्रह 'इंसैट 1 बी भेजा। इस इंसैट से दूर संचार, टेलीविजन प्रसारण, मौसम विज्ञान संबंधी सूचनाएँ और विपत्ति की चेतावनी संबंधी सेवाएँ निरन्तर प्राप्त होती रहती है।
- 1984 में रूस के सोयुज टी 11 अंतरिक्ष यान में अंतरिक्ष में जाने वाले पहले **भारतीय राकेश शर्मा** थे। 1996 में संयुक्त राज्य अमेरिका के अंतरिक्ष शटल में जाने वाली पहली भारतीय महिला **कल्पना चावला** थीं। 1 फ़रवरी 2003 को संयुक्त राज्य अमेरिका के अंतरिक्ष शटल के टूट जाने के कारण इसमें सवार कल्पना चावला सहित सभी सवार व्यक्तियों की मृत्यु हो गई थी।
- 3000 वर्ष पूर्व चीन के लोगों ने ऐसी पतंगों का आविष्कार किया जिनको पकड़कर लोग उड़ सकते थे।

✧✧✧✧✧

# वस्तुनिष्ठ प्रश्नोत्तर

**1.** प्रधानमंत्री बनने के लिए निम्नतम आयु सीमा कितनी होनी चाहिए?
A. 30 वर्ष B. 25 वर्ष
C. 35 वर्ष D. 40 वर्ष

**2.** राज्य सभा के सदस्यों का कार्यकाल कितना होता है?
A. 5 वर्ष B. 6 वर्ष
C. 7 वर्ष D. 4 वर्ष

**3.** विश्व का सबसे बड़ा मरुस्थल कौन है?
A. सहारा मरुस्थल B. गोबी मरुस्थल
C. थार मरुस्थल D. इनमें से कोई नहीं

**4.** मानवाधिकार दिवस कब मनाया जाता है?
A. 10 दिसम्बर B. 10 जनवरी
C. 10 जून D. 10 नवम्बर

**5.** 'लाल ग्रह' के नाम से कौन-सा ग्रह जाना जाता है?
A. मंगल B. शुक्र
C. पृथ्वी D. बुध

**6.** पंचवर्षीय योजना का प्रारम्भ कब से हुआ?
A. 1951 B. 1952
C. 1953 D. 1950

**7.** पोंगल किस राज्य का चर्चित पर्व है?
A. तमिलनाडु B. कर्नाटक
C. केरल D. आंध्र प्रदेश

**8.** SEBI का पूरा रूप है–
A. सेविंग्स एण्ड एक्सचेन्ज बैंक ऑफ इण्डिया
B. सिक्यूरिटीज एण्ड एक्सचेन्ज बैंक ऑफ इण्डिया
C. सर्वे ऑफ इसेन्शल बिजनेस इन इण्डिया
D. सिक्यूरिटीज एण्ड एक्सचेन्ज बोर्ड ऑफ इण्डिया

**9.** भारत का राष्ट्रीय पक्षी है–
A. मोर B. कोयल
C. बुलबुल D. मोनाल

**10.** भारत का संविधान कब लागू हुआ?
A. 26 जनवरी, 1950 B. 26 दिसम्बर, 1950
C. 15 अगस्त, 1947 D. 26 अगस्त, 1947

**11.** सुब्रतो कप कौन-से खेल से संबंधित है?
A. फुटबाल B. हॉकी
C. बैडमिंटन D. टेनिस

**12.** भारत में श्वेत क्रांति के जनक हैं–
A. डॉ. वर्गीज कुरियन B. एम.एस. स्वामीनाथन
C. डॉ. राजा रामन्ना D. जगदीश चन्द्र बसु

**13.** बक्सर का युद्ध कब हुआ था?
A. 1765 B. 1768
C. 1764 D. 1763

**14.** रिजर्व बैंक की स्थापना कब की गई थी?
A. 1 अप्रैल, 1935 को
B. 1 अप्रैल, 1936 को
C. 1 अप्रैल, 1937 को
D. 1 अप्रैल, 1938 को

**15.** स्वर्ण मंदिर कहाँ स्थित है?
A. अमृतसर B. लुधियाना
C. चंडीगढ़ D. भटिंडा

**16.** कत्थक किस राज्य का लोकनृत्य है?
A. तमिलनाडु B. केरल
C. उत्तर प्रदेश D. असम

**17.** 'सत्यमेव जयते' कहाँ से लिया गया है?
A. मुंडक उपनिषद से B. अर्थशास्त्र से
C. रामायण से D. महाभारत से

**18.** सिखों के अन्तिम गुरु कौन थे?
A. गुरु रामदास B. गुरु गोविन्द सिंह
C. गुरु अर्जुन देव D. गुरु तेग बहादुर

**19.** विटामिन K की कमी से कौन-सा रोग होता है?
A. स्कर्वी
B. रक्त का थक्का न बनना
C. रतौंधी
D. बेरी-बेरी

**20.** विक्रम साराभाई अनुसंधान केंद्र कहाँ स्थित है?
A. चेन्नई में B. दिल्ली में
C. तिरुवनन्तपुरम् में D. कोलकाता में

**21.** लोकपाल बिल किससे संबंधित है?
A. भ्रष्टाचार B. चोरी
C. छद्म रूप धारण करना D. चुनाव

**22.** भेल (BHEL) का पूर्ण रूप क्या है?
A. भारत हैवी इलेक्ट्रिकल लिमिटेड
B. भाभा हीलियम इमीशन लिमिटेड
C. भारत हैवी इलेक्ट्रॉनिक्स लिमिटेड
D. भारत हॉलैंड इलेक्ट्रिकल लिमिटेड

**23.** उच्च न्यायालय के मुख्य न्यायाधीश और अन्य न्यायाधीश कितनी आयु तक पद पर बने रहते हैं?
A. 64 वर्ष B. 65 वर्ष
C. 60 वर्ष D. 62 वर्ष

**24.** 'टका' कहाँ की मुद्रा (करेंसी) है?
A. कम्बोडिया B. श्रीलंका
C. भूटान D. बांग्लादेश

**25.** नैसेट कहाँ की संसद है?
A. इजराइल B. टर्की
C. जापान D. पोलैंड

**26.** सूर्य के सबसे पास कौन-सा ग्रह है?
A. बुध B. बृहस्पति
C. शुक्र D. मंगल

**27.** भारतीय सेना का सर्वोच्च पद कौन-सा है?
A. लेफ्टिनेंट जनरल B. ब्रिगेडियर
C. जनरल D. मेजर जनरल

**28.** निम्नलिखित में से कौन-सा खेल टीम खेल नहीं है?
A. हॉकी B. कुश्ती
C. खो-खो D. कबड्डी

**29.** महात्मा गांधी ने अपनी दांडी यात्रा कहाँ से शुरू की थी?
A. दांडी B. पोरबंदर
C. अहमदाबाद D. साबरमती आश्रम

**30.** हास्य गैस है–
A. नाइट्रिक ऑक्साइड B. नाइट्रस ऑक्साइड
C. नाइट्रोजन ट्राइऑक्साइड D. नाइट्रोजन पेन्टॉक्साइड

**31.** गुरु शिखर चोटी किस राज्य में स्थित है?
A. राजस्थान B. गुजरात
C. मध्य प्रदेश D. महाराष्ट्र

**32.** भारत में पहली महिला राष्ट्रपति बनने का श्रेय किसे प्राप्त है?
A. ममता बनर्जी B. प्रतिभा पाटिल
C. सुषमा स्वराज D. जयललिता

**33.** सुनीता विलियम्स हैं–
A. अन्तरिक्ष यात्री B. राजनीतिक नेता
C. अभिनेत्री D. टेनिस खिलाड़ी

**34.** महात्मा गांधी के राजनैतिक गुरु कौन थे?
A. गोपाल कृष्ण गोखले B. रबीन्द्र नाथ टैगोर
C. बाल गंगाधर तिलक D. दादाभाई नौरोजी

**35.** 'अर्थशास्त्र' के लेखक कौन थे?
A. कालिदास B. कार्ल मार्क्स
C. कौटिल्य D. एडम स्मिथ

**36.** शिक्षक दिवस कब मनाया जाता है?
A. 7 सितम्बर को B. 14 नवम्बर को
C. 5 सितम्बर को D. 8 मार्च को

**37.** 'ऑपरेशन फ्लड' संबंधित है–
A. दूध से B. वर्षा से
C. बांध से D. नदी से

**38.** उस्ताद अमजद अली खाँ संबंधित हैं–
A. सरोद से B. सितार से
C. तबला से D. सन्तूर से

**39.** 'डेविस कप' किस खेल से संबंधित है?
A. मुक्केबाजी से B. हॉकी से
C. फुटबाल से D. टेनिस से

**40.** 'बटरफ्लाई' शब्द किस खेल से संबंधित है?
A. हॉकी B. फुटबाल
C. गोताखोरी D. तैराकी

**41.** विटामिन 'ए' की कमी को पूरा किया जा सकता है?
A. गाजर से B. मूली से
C. शलजम से D. सन्तरे से

**42.** बाबर का मकबरा कहाँ स्थित है?
A. लाहौर में B. काबुल में
C. दिल्ली में D. अयोध्या में

**43.** हमारे शरीर को ऊर्जा निम्नलिखित में से कौन देता है?
A. विटामिन B. जल
C. कार्बोहाइड्रेट D. प्रोटीन

**44.** 'करो या मरो' का प्रसिद्ध नारा किसने दिया था?
A. महात्मा गांधी B. वल्लभभाई पटेल
C. जवाहर लाल नेहरू D. राजीव गांधी

**45.** 'खालसा पंथ' के संस्थापक कौन थे?
A. गुरुनानक B. गुरु रामदास
C. गुरुगोविन्द सिंह D. गुरु तेग बहादुर

**46.** 'कवितावली' किसकी कृति है?
A. सूरदास B. रसखान
C. तुलसीदास D. मीराबाई

**47.** विश्व बैंक का मुख्यालय कहाँ पर है?
A. मनीला B. वाशिंगटन डी.सी.
C. न्यूयार्क D. लन्दन

**48.** भारत की प्रथम महिला आई.पी.एस. अफसर कौन है?
A. किरण बेदी B. अन्ना चाँदनी
C. लैला सेठ D. पी.के. थ्रेसीया

**49.** भारत का राष्ट्रीय फूल क्या है?
A. कमल B. गुलाब
C. गेंदा D. लिली

**50.** भारत का सबसे पुराना अखबार कौन-सा है?
A. मुंबई समाचार B. बंगाल गजेट
C. द टाइम्स ऑफ इंडिया D. मलयाला मनोरमा

**51.** उस्ताद अल्लारक्खा क्या बजाते हैं?
A. सरोद B. तबला
C. वायलिन D. सितार

**52.** माउण्ट एवरेस्ट पर चढ़ने वाली प्रथम भारतीय महिला कौन थी?
A. आरती साहा B. सन्तोष यादव
C. बुला चौधरी D. बछेन्द्री पाल

**53.** भारत की प्रथम महिला प्रधानमंत्री कौन थीं?
A. इन्दिरा गांधी B. सुचेता कृपलानी
C. सरोजिनी नायडू D. विजयलक्ष्मी पंडित

**54.** 'सानिया मिर्जा' किस खेल से संबंधित हैं?
A. क्रिकेट B. लॉन टेनिस
C. शूटिंग D. बैडमिण्टन

**55.** गीतांजलि के लेखक कौन हैं?
A. सत्येन्द्र नाथ टैगोर B. अरविन्द घोष
C. सरोजनी नायडू D. रबीन्द्रनाथ टैगोर

**56.** कौन-सा देश 'उगते सूर्य की भूमि' कहलाता है?
A. कनाडा B. नॉर्वे
C. जापान D. फिनलैंड

**57.** हिमाचल प्रदेश की राजधानी है–
A. मण्डी B. शिमला
C. कुल्लू D. मनाली

**58.** इटली की राजधानी है–
A. मिलान B. रोम
C. तुरीन D. फ्लोरेन्स

**59.** ध्वनि की गति सबसे तेज होती है–
A. पानी में B. लोहा में
C. हवा में D. केरोसिन तेल में

**60.** 'सिक मैन ऑफ यूरोप' किसका उपनाम है?
A. रोम B. तुर्की
C. इटली D. ऑक्सफोर्ड

**61.** किस देश की संसद का नाम शोरा है?
A. पाकिस्तान B. ईरान
C. अफगानिस्तान D. बांग्लादेश

**62.** कथकली, मोहनीअट्टम और ओट्टम किस राज्य के प्रख्यात नृत्य हैं?
A. केरल B. कर्नाटक
C. ओडिशा D. तमिलनाडु

**63.** पीलिया किस अंग की बीमारी है?
A. गुर्दा B. अग्नाशय
C. यकृत D. ग्रहणी

**64.** भगवान बुद्ध की मृत्यु कहाँ पर हुई थी?
A. कपिलवस्तु B. सारनाथ
C. बोधगया D. कुशीनगर

**65.** जलियाँवाला बाग हत्याकांड कौन-से शेहर में हुआ था?
A. आगरा B. मेरठ
C. अमृतसर D. लाहौर

**66.** 'जय जवान जय किसान' का नारा किसने दिया था?
A. महात्मा गांधी B. जवाहरलाल नेहरू
C. लाल बहादुर शास्त्री D. सरदार पटेल

**67.** निम्नलिखित में से किसमें कानून बनाने की शक्ति है?
A. राष्ट्रपति B. संसद
C. प्रधानमंत्री D. गवर्नर

**68.** भारत के राष्ट्रीय चिह्न में स्थित चक्र में तीलियों की संख्या होती है–
A. 12 B. 16
C. 24 D. 20

**69.** विधान परिषद् के सदस्य का कार्यकाल है–
A. 6 वर्ष B. 5 वर्ष
C. 2 वर्ष D. 7 वर्ष

**70.** बेरी-बेरी रोग किस विटामिन की कमी से होता है?
A. C B. D
C. $B_1$ D. A

**71.** न्यूटन किसकी इकाई है?
A. कार्य B. ऊर्जा
C. बल D. त्वरण

**72.** 'इन्कलाब जिन्दाबाद' का नारा किसने दिया था?
A. चन्द्रशेखर आजाद B. सुभाषचन्द्र बोस
C. सरदार भगत सिंह D. इकबाल

**73.** एक विद्युत बल्ब का तन्तु बना होता है–
A. कॉपर (ताँबा) B. लोहा
C. सीसा D. टंगस्टन

**74.** सबसे पुराना वेद कौन-सा है?
A. यजुर्वेद B. ऋग्वेद
C. सामवेद D. अथर्ववेद

**75.** 'ईवनिंग स्टार' के नाम से किसे जाना जाता है?
A. बुध B. शुक्र
C. शनि D. मंगल

**76.** रेडक्रॉस की स्थापना किसने की थी?
A. हेनरी ड्यूनान्ट B. बेडेन पावेल
C. फ्रेडरिक मैसी D. यू-थान्ट

**77.** 'अग्नि गृह' किस धर्म का पूजास्थल है?
A. ईसाई B. यहूदी
C. मुस्लिम D. पारसी

**78.** शिवाजी की माताजी का क्या नाम था?
A. अहिल्या बाई B. जोधाबाई
C. जीजाबाई D. पन्ना बाई

**79.** 'झीलों का शहर' किसे कहा जाता है?
A. उदयपुर B. जबलपुर
C. जम्मू D. मुम्बई

**80.** निम्नलिखित में से कौन-सी नदी अरब सागर में गिरती है?
A. कृष्णा B. सिन्धु
C. यमुना D. गोमती

**81.** 'उबेर कप' किस खेल से संबंधित है?
A. बेसबाल B. बैडमिंटन
C. फुटबाल D. बास्केटबाल

**82.** लोकसभा के प्रथम अध्यक्ष कौन थे?
A. हुकुम सिंह B. जी.वी. मावलंकर
C. के.एम. मुंशी D. यू.एन. ढेबर

**83.** किसकी कमी से मधुमेह का रोग होता है?
A. चीनी B. इन्सुलिन
C. कैल्सियम D. आयरन

**84.** 'मिसाइल मैन ऑफ इंडिया' किसे कहा जाता है?
A. अर्जुन सिंह
B. डॉ. सी.वी. रमन
C. डॉ. एपीजे अब्दुल कलाम
D. एच. जे. भाभा

**85.** शरीर की सबसे बड़ी ग्रन्थि कौन-सी है?
A. यकृत B. अग्नाशय
C. पिट्यूटरी D. एड्रीनल

**86.** काजीरंगा सैन्चुरी (अभयारण्य) किस प्राणी को बचाने के लिए है?
A. पक्षी B. चीता
C. गैंडा D. हाथी

**87.** एफिल टॉवर कहाँ स्थित है?
A. लंदन B. बर्लिन
C. पेरिस D. वाशिंगटन

**88.** भगवान बुद्ध का जन्म कहाँ हुआ था?
A. वैशाली B. लुम्बिनी
C. कपिलवस्तु D. पाटलीपुत्र

**89.** 'कम्प्यूटर का जनक' किसे कहा जाता है?
A. ब्लेज पास्कल
B. चार्ल्स बैबेज
C. ए.पी.जे. अब्दुल कलाम
D. होमी भाभा

**90.** 'लेडी विद द लैम्प' के नाम से किस महिला को जाना जाता है?

A. सरोजनी नायडू B. जोन ऑफ ऑर्क
C. मदर टेरेसा D. फ्लोरेंस नाइटेंगिल

**91.** 'गरबा' किस राज्य का प्रतिनिधि नृत्य है?

A. पंजाब B. हरियाणा
C. गुजरात D. ओडिशा

**92.** 'अल्फ्रेड नोबेल' किस योगदान के लिए जाने जाते हैं?

A. माइक्रोफोन B. टाइप-राइटर
C. डाइनामाइट D. ग्रामोफोन

**93.** 'संयुक्त राष्ट्र संघ' किस वर्ष में अस्तित्व में आया?

A. 1946 B. 1945
C. 1947 D. 1950

**94.** 'ग्रान्ड ओल्ड मैन ऑफ इंडिया' के नाम से कौन प्रसिद्ध है?

A. सुभाषचन्द्र बोस B. गोपाल कृष्ण गोखले
C. दादाभाई नौरोजी D. महात्मा गांधी

**95.** कम्प्यूटर शब्दावली में सी.डी. से तात्पर्य है—

A. कम्पैक्ट डिस्क B. कम्प्रैस्ड डिस्क
C. कम्प्यूटराइज्ड डाटा D. कम्प्रैस्ड डाटा

**96.** टेलीविजन का आविष्कार किसने किया?

A. एडीसन B. गैलीलियो
C. बेयर्ड D. फ्रेंकलिन

**97.** विश्वनाथन आनंद किस खेल के प्रसिद्ध खिलाड़ी हैं?

A. क्रिकेट B. शतरंज
C. हॉकी D. गोल्फ

**98.** भारत में विकसित टैंक का नाम निम्नलिखित में से कौन-सा है?

A. अग्नि B. अर्जुन
C. शक्ति D. बसंत

**99.** ऑस्कर पुरस्कार किस क्षेत्र में दिए जाते हैं?

A. अर्थशास्त्र B. समाजसेवा
C. साहित्य D. फिल्म

**100.** चन्द्रमा पर कदम रखने वाला पहला व्यक्ति कौन था?

A. नील आर्मस्ट्राँग B. एडविन
C. गैगेरीन D. जॉन कोलिन्स

**101.** भारत में जनगणना की जाती है, हर—

A. 10 साल बाद B. 5 साल बाद
C. 7 साल बाद D. 2 साल बाद

**102.** चिल्का झील किस राज्य में स्थित है?

A. पश्चिम बंगाल B. आंध्र प्रदेश
C. ओडिशा D. तमिलनाडु

**103.** रामकृष्ण मिशन की स्थापना किसने की थी?

A. रामकृष्ण परमहंस B. स्वामी दयानन्द सरस्वती
C. स्वामी विवेकानन्द D. शंकराचार्य

**104.** सिखों के प्रथम गुरु कौन थे?

A. गुरु अमरदास B. गुरु नानक देव
C. गुरु अर्जुन देव D. गुरु तेग बहादुर

**105.** भारत की प्रथम महिला शासक कौन थी?

A. नूरजहाँ B. रजिया सुल्तान
C. चाँदबीबी D. दुर्गावती

**106.** विश्व की सबसे बड़ी खाड़ी कौन-सी है?

A. कैम्बे की खाड़ी B. मैक्सिको की खाड़ी
C. फारस की खाड़ी D. होर्मुज जलडमरू

**107.** अरुणाचल प्रदेश की राजधानी कहाँ है?

A. ईटानगर B. दिसपुर
C. हैदराबाद D. भुवनेश्वर

**108.** भारत में थल सेना दिवस किस तिथि को मनाया जाता है?

A. 15 जनवरी B. 15 फरवरी
C. 15 मार्च D. 15 अप्रैल

**109.** 'त्रिपिटक' किस धर्म का प्रसिद्ध धर्मग्रन्थ है?

A. जैन B. बौद्ध
C. यहूदी D. हिंदू

**110.** सबसे छोटा ग्रह कौन-सा है?

A. बुध B. शुक्र
C. मंगल D. शनि

**111.** विश्व की सबसे बड़ी नदी कौन-सी है?

A. नील B. ह्वांगहो
C. कांगो D. लीना

**112.** लखनऊ किस नदी के किनारे बसा है?

A. गंगा B. यमुना
C. गोमती D. शारदा

**113.** क्षेत्रफल के हिसाब से विश्व का सबसे छोटा देश कौन-सा है?

A. वेटिकन सिटी B. मोनाको

C. नौरू D. टुवालु

**114.** विश्व का सबसे बड़ा महाद्वीप कौन है?

A. एशिया B. अफ्रीका

C. यूरोप D. उत्तरी अमेरिका

**115.** क्षेत्रफल के हिसाब से भारत का सबसे बड़ा राज्य कौन है?

A. उत्तर प्रदेश B. मध्य प्रदेश

C. राजस्थान D. महाराष्ट्र

**116.** जनसंख्या के हिसाब से भारत का सबसे छोटा राज्य कौन-सा है?

A. गोवा B. सिक्किम

C. नगालैंड D. मिजोरम

**117.** भारत के राष्ट्रीय गान 'जन गण मन' के रचयिता कौन हैं?

A. रबीन्द्र नाथ टैगोर B. बंकिम चंद चटर्जी

C. भारतेन्दु हरिश्चन्द्र D. श्यामलाल गुप्त

**118.** दादा साहेब फाल्के पुरस्कार किस क्षेत्र में दिया जाता है?

A. खेल B. फिल्म

C. साहित्य D. पत्रकारिता

**119.** भारत का सर्वोच्च नागरिक सम्मान कौन है?

A. भारत-रत्न B. पद्म विभूषण

C. पद्म भूषण D. पद्मश्री

**120.** 'ई.वी.एम.' किसको कहते हैं?

A. इलेक्ट्रिक वेंडिंग मशीन

B. इलेक्ट्रॉनिक वेंडिंग मशीन

C. इलेक्ट्रॉनिक वोटिंग मशीन

D. उपर्युक्त में से कोई नहीं

**121.** सायना नेहवाल संबंधित है–

A. ब्रिज से B. गोल्फ से

C. टेनिस से D. बैडमिंटन से

**122.** द्रोणाचार्य पुरस्कार प्रदान किया जाता है–

A. खिलाड़ी को B. संस्था को

C. निर्णायक को D. प्रशिक्षक को

**123.** आर्य समाज के संस्थापक कौन थे?

A. राजा राममोहन राय B. स्वामी दयानन्द सरस्वती

C. महादेव गोविंद रानाडे D. ज्योतिबा फूले

**124.** भारतीय राष्ट्रीय कांग्रेस के संस्थापक थे–

A. ए.ओ. ह्यूम B. एस.एन. बनर्जी

C. डब्ल्यू.सी. बनर्जी D. दादाभाई नौरोजी

**125.** देशबन्धु किसे कहा जाता है?

A. आचार्य नरेन्द्र देव B. राजेन्द्र प्रसाद

C. चितरंजन दास D. जी.एस. खारपड़े

**126.** भारत-पाकिस्तान सीमा किस नाम से जानी जाती है?

A. डुरण्ड लाइन B. मैकमोहन लाइन

C. रेडक्लिफ लाइन D. इनमें से कोई नहीं

**127.** दुर्योधन की माँ कौन थी?

A. कुन्ती B. गांधारी

C. सत्यवती D. माद्री

**128.** 'गायत्री मंत्र' किस वेद में लिखित है?

A. ऋग्वेद B. सामवेद

C. यजुर्वेद D. अथर्ववेद

**129.** राज्यपाल की नियुक्ति कौन करता है?

A. राष्ट्रपति B. प्रधानमंत्री

C. मुख्यमंत्री D. गृहमंत्री

**130.** विश्व का सबसे बड़ा महासागर है–

A. प्रशान्त B. हिन्द

C. आर्कटिक D. अटलांटिक

**131.** भारत का केन्द्रीय बैंक है–

A. स्टेट बैंक ऑफ इंडिया

B. सेंट्रल बैंक ऑफ इंडिया

C. आई.सी.आइ.सी.आई. बैंक

D. रिजर्व बैंक ऑफ इंडिया

**132.** 'हिटलर' का उपनाम क्या था?

A. नेता जी B. फ्यूहरर

C. द किलर D. इनमें से कोई नहीं

**133.** भारत का 'लौह पुरुष' किसे कहा जाता है?

A. सरदार वल्लभ भाई पटेल

B. सरदार स्वर्ण सिंह

C. लाला लाजपत राय

D. बाल गंगाधर तिलक

**134.** एक रुपए के नोट पर किसके हस्ताक्षर होते हैं?
A. वित्तमंत्री
B. भारतीय रिजर्व बैंक के गवर्नर
C. वाणिज्य मंत्री
D. वित्त सचिव

**135.** कुतुब मीनार कहाँ स्थित है?
A. नई दिल्ली B. लखनऊ
C. हैदराबाद D. बेंगलुरु

**136.** पूरे राष्ट्रगान को गाने में सामान्यतः कितना समय लगता है?
A. 2 मिनट B. 1 मिनट
C. 52 सेकेण्ड D. 50 सेकेण्ड

**137.** भूकम्प की तीव्रता को नापने की इकाई क्या है?
A. अर्थक्वेक स्केल B. फैराडे स्केल
C. सीस्मोग्राफ स्केल D. रिएक्टर स्केल

**138.** आयोडीन की कमी से कौन-सी बीमारी हो जाती है?
A. घेंघा रोग B. फाइलेरिया
C. टी.बी. D. रिकेट्स

**139.** यूरिया उर्वरक से पौधों को क्या प्राप्त होता है?
A. पोटैशियम B. फॉस्फोरस
C. नाइट्रोजन D. जिंक

**140.** 'नीली क्रान्ति' किससे संबंधित है?
A. दुग्ध उत्पादन B. मत्स्य उत्पादन
C. गेहूँ उत्पादन D. अण्डा उत्पादन

**141.** लोकसभा का कार्यकाल होता है–
A. 5 वर्ष B. 6 वर्ष
C. 7 वर्ष D. 8 वर्ष

**142.** भारत का राष्ट्रीय पशु क्या है?
A. हाथी B. घोड़ा
C. बाघ D. मोर

**143.** भारत के प्रथम प्रधानमंत्री कौन थे?
A. जवाहर लाल नेहरू B. गुलजारी लाल नंदा
C. लालबहादुर शास्त्री D. डॉ. जाकिर हुसैन

**144.** पहली भारतीय फिल्म का क्या नाम था?
A. राजा रामचन्द्र B. राजा सुरेशचन्द्र
C. राजा शिवछत्रपती D. राजा हरिश्चन्द्र

**145.** महात्मा गांधी के समाधि स्थल का क्या नाम है?
A. शान्ति वन B. विजय घाट
C. राजघाट D. शक्ति स्थल

**146.** भारत में सबसे लम्बे बाँध का क्या नाम है?
A. रिहंद B. तुंगभद्रा
C. हीराकुड D. मेट्टूर

**147.** भारत में राष्ट्रपति के कार्यकाल की अवधि कितनी होतीहै?
A. दो वर्ष B. पाँच वर्ष
C. सात वर्ष D. नौ वर्ष

**148.** विश्व में सबसे अधिक सोना उत्पादन करने वाला देश कौन-सा है?
A. जिम्बाब्वे B. रूस
C. चीन D. अमेरिका

**149.** ताजमहल किस शहर में स्थित है?
A. आगरा B. जयपुर
C. लखनऊ D. हैदराबाद

**150.** भारत में पहली रेलगाड़ी किस वर्ष चली थी?
A. 1850 B. 1853
C. 1860 D. 1863

**151.** बाल दिवस कब मनाया जाता है?
A. 10 नवंबर B. 14 नवंबर
C. 8 अक्टूबर D. 14 दिसम्बर

**152.** शहादत दिवस कब होता है?
A. 15 जनवरी B. 30 जनवरी
C. 15 फरवरी D. 28 फरवरी

**153.** पंजाब की राजधानी क्या है?
A. चंडीगढ़ B. शिमला
C. जयपुर D. लखनऊ

**154.** जनसंख्या की दृष्टि से कौन-सा राज्य सबसे बड़ा है?
A. उत्तर प्रदेश B. बिहार
C. महाराष्ट्र D. आन्ध्र प्रदेश

**155.** भारत में सबसे ऊँचा जलप्रपात कौन है?
A. हुँडरू B. शिवसमुद्रम
C. कुंचिकल D. रकीमकुंड

**156.** रूस की मुद्रा का क्या नाम है?
A. रूबल B. यूरो
C. दिरहम D. डोंग

**157.** सबसे बड़ा ग्रह कौन-सा है?
A. बुध B. मंगल
C. बृहस्पति D. शनि

**158.** किस शहर को 'महलों का शहर' कहा जाता है?
A. लखनऊ B. कोलकाता
C. जयपुर D. हैदराबाद

**159.** 'गुलाबी शहर' के नाम से कौन प्रसिद्ध है?
A. जयपुर B. भोपाल
C. पटना D. रायपुर

**160.** 'गेटवे ऑफ इंडिया' कहाँ स्थित है?
A. दिल्ली B. मुंबई
C. बेंगलुरु D. चेन्नई

**161.** किस स्थान पर भारत का प्रथम भूमिगत परमाणु परीक्षण किया गया था?
A. पोखरण B. जोधपुर
C. उदयपुर D. चुरू

**162.** टेलीफोन का आविष्कार किसने किया था?
A. जी. मारकोनी B. ओवसी
C. ग्राहम बेल D. आइंसटीन

**163.** रेडियम की खोज किसने की थी?
A. मैडम क्यूरी B. न्यूटन
C. गैलिलियो D. क्लेपोर्थ

**164.** 'थामस कप' किस खेल में प्रदान किया जाता है?
A. क्रिकेट B. बैडमिंटन
C. हॉकी D. फुटबाल

**165.** 'डूरंड कप' किस खेल से संबंधित है?
A. फुटबाल B. टेनिस
C. बिलियर्ड्स D. वाटर पोलो

**166.** मानव शरीर में कितनी हड्डियाँ होती हैं?
A. 200 B. 206
C. 216 D. 225

**167.** मानव शरीर में रक्त की मात्रा कितनी होती है?
A. लगभग 4.5 लीटर B. लगभग 5 लीटर
C. लगभग 5.5 लीटर D. लगभग 6 लीटर

**168.** अहमदाबाद शहर किस नदी के किनारे स्थित है?
A. ताप्ती B. तावी
C. ब्यास D. साबरमती

**169.** जबलपुर शहर किस नदी के किनारे स्थित है?
A. नर्मदा B. मूसी
C. ब्रह्मपुत्र D. सतलज

**170.** भारत के प्रथम राष्ट्रपति कौन थे?
A. डॉ. राजेन्द्र प्रसाद B. डॉ. राधाकृष्णन
C. सी. राजगोपालाचारी D. सरदार पटेल

**171.** किसी भारतीय राज्य की पहली महिला राज्यपाल कौन थीं?
A. सरोजनी नायडू B. राजकुमारी अमृतकौर
C. इन्दिरा गांधी D. विजय लक्ष्मी पंडित

**172.** भारत में सबसे लम्बा प्लेटफार्म कहाँ स्थित है?
A. जबलपुर B. प्रयागराज
C. हुब्बल्लि (कर्नाटक) D. कोलकाता

**173.** जॉर्ज वाशिंगटन कौन थे?
A. अमेरिका के प्रथम राष्ट्रपति
B. रूस के प्रथम राष्ट्रपति
C. चीन के प्रथम राष्ट्रपति
D. फ्रांस के प्रथम राष्ट्रपति

**174.** भारत कब गणतंत्र बना?
A. 15 अगस्त 1947 B. 26 जनवरी, 1950
C. 26 नवम्बर, 1949 D. 15 नवम्बर, 1950

**175.** भारत का प्रथम मुगल शासक कौन था?
A. बाबर B. हुमायूँ
C. जहाँगीर D. अकबर

**176.** ब्रह्म समाज की स्थापना किसने की थी?
A. राजा राममोहन राय B. स्वामी विवेकानन्द
C. स्वामी दयानन्द D. स्वामी परमानन्द

**177.** उच्चतम न्यायालय कहाँ स्थित है?
A. नई दिल्ली B. चंडीगढ़
C. जयपुर D. कोलकाता

**178.** भारत में वयस्क मतदान की आयु कितनी है?
A. 18 वर्ष B. 19 वर्ष
C. 20 वर्ष D. 21 वर्ष

**179.** किस नदी को 'राष्ट्रीय नदी' घोषित किया गया है?
A. ब्रह्मपुत्र B. महानदी
C. गंगा D. कोसी

**180.** भारत की पहली बोलती फीचर फिल्म कौन थी?
A. आलमआरा B. क्रान्ति
C. बरसात D. ताजमहल

**181.** विराट कोहली किससे संबंधित हैं?
A. फुटबाल B. क्रिकेट
C. बैडमिन्टन D. तीरंदाजी

**182.** विश्व की पहली महिला प्रधानमंत्री कौन थीं?
A. इंदिरा गांधी B. मारग्रेट थैचर
C. श्रीमावो भण्डारनायके D. गोल्डामायर

**183.** लोकप्रिय गाना 'सारे जहाँ से अच्छा' किसने लिखा था?
A. मिर्जा गालिब B. मोहम्मद इकबाल
C. नक्श लायलपुरी D. शकील बदायूँनी

**184.** भारत का पहला मुख्य चुनाव आयुक्त कौन था?
A. एस.पी. सेन वर्मा B. सुकुमार सेन
C. डॉ. नागेन्द्र सिंह D. के.वी.के. सुंदरम

**185.** क्रिकेट टीम में कितने खिलाड़ी होते हैं?
A. नौ B. दस
C. ग्यारह D. बारह

**186.** अभिनव बिन्द्रा किस खेल से संबंधित हैं?
A. वॉलीबाल B. कुश्ती
C. शतरंज D. निशानेबाजी

**187.** पायरिया रोग शरीर के किस अंग में होता है?
A. दाँत B. गला
C. आँख D. कान

**188.** ध्यानचंद किस खेल के प्रसिद्ध खिलाड़ी थे?
A. वॉलीबाल B. फुटबाल
C. क्रिकेट D. हॉकी

**189.** निम्नलिखित में से किसने दिल्ली में लालकिला बनवायाथा?
A. अकबर B. जहाँगीर
C. शाहजहाँ D. औरंगजेब

**190.** भारतीय रिजर्व बैंक (RBI) का मुख्यालय कहाँ स्थित है?
A. दिल्ली B. मुंबई
C. कोलकाता D. चेन्नई

**191.** बौद्ध धर्म का संस्थापक कौन था?
A. महात्मा बुद्ध B. अशोक
C. आनंद D. इनमें से कोई नहीं

**192.** नीरज चोपड़ा किस खेल के प्रसिद्ध खिलाड़ी हैं?
A. बैडमिंटन B. शूटिंग
C. भाला फेंक D. शतरंज

**193.** निम्नलिखित में से कौन एंटी टैंक मिसाइल है?
A. अग्नि B. नाग
C. पृथ्वी D. त्रिशूल

**194.** किसका जन्मदिन शिक्षक दिवस के रूप में मनाया जाताहै?
A. जवाहरलाल नेहरू B. एस. राधाकृष्णन
C. राजेन्द्र प्रसाद D. महात्मा गांधी

**195.** निम्नलिखित में से कौन भारत का पड़ोसी देश नहीं है?
A. चीन B. पाकिस्तान
C. नेपाल D. ईरान

**196.** हरारे किस देश की राजधानी है?
A. न्यूजीलैण्ड B. जिम्बाब्वे
C. नाइजीरिया D. नामीबिया

**197.** विम्बलडन कप का संबंध किस खेल से है?
A. क्रिकेट B. फुटबाल
C. हॉकी D. लॉन टेनिस

**198.** निम्न में से कौन प्रसिद्ध क्रिकेटर नहीं है?
A. विराट कोहली B. गौतम गंभीर
C. एम.एस. धोनी D. पंकज अडवाणी

**199.** 'बड़ा इमामबाड़ा' कहाँ स्थित है?
A. आगरा B. लखनऊ
C. पटना D. प्रयागराज

**200.** 'कॉर्बेट नेशनल पार्क' स्थित है?
A. मध्य प्रदेश में B. गुजरात में
C. उत्तराखंड में D. असम में

**201.** भारत के किसी राज्य की प्रथम महिला मुख्यमंत्री कौनथीं?
A. सुचेता कृपलानी B. विजयलक्ष्मी पंडित
C. शीला दीक्षित D. नन्दिनी सत्पथी

**202.** रक्त शुद्ध करने वाला अंग कौन है?
A. यकृत B. वृक्क
C. हृदय D. फेफड़े

**203.** "तुम मुझे खून दो, मैं तुम्हें आजादी दूँगा" यह नारा किसने दिया था?
A. सुभाषचन्द्र बोस B. भगत सिंह
C. रासबिहारी बोस D. बटुकेश्वर दत्त

**204.** लिएण्डर पेस किस खेल से संबंधित हैं?
A. टेनिस B. क्रिकेट
C. बिलियर्ड D. हॉकी

**205.** नगालैंड की राजधानी क्या है?
A. आइजोल B. इम्फाल
C. अगरतला D. कोहिमा

**206.** बांग्लादेश किस वर्ष अस्तित्व में आया था?
A. 1970 B. 1971
C. 1972 D. 1973

**207.** एक वर्ष में कितने महीने होते हैं?
A. 9 B. 10
C. 11 D. 12

**208.** किस पशु को 'रेगिस्तान का जहाज' कहा जाता है?
A. हाथी B. घोड़ा
C. ऊँट D. हिरण

**209.** कौन-सा पशु मानव का सबसे अच्छा मित्र माना जाता है?
A. हाथी B. घोड़ा
C. कुत्ता D. बिल्ली

**210.** 'बाईबल' किस धर्म का प्रसिद्ध ग्रन्थ है?
A. हिन्दू B. इस्लाम
C. ईसाई D. सिख

**211.** दीनदयाल (कांडला) बन्दरगाह किस राज्य में स्थित है?
A. गुजरात B. महाराष्ट्र
C. आन्ध्र प्रदेश D. तमिलनाडु

**212.** निम्नलिखित में से कौन-सा नगर किसी भी राज्य की राजधानी नहीं है?
A. लखनऊ B. मेरठ
C. भोपाल D. दिसपुर

**213.** 'नासिक' शहर किस राज्य में स्थित है?
A. महाराष्ट्र B. केरल
C. कर्नाटक D. आन्ध्रप्रदेश

**214.** चित्तरंजन किस राज्य में स्थित है?
A. तमिलनाडु B. पश्चिम बंगाल
C. गोवा D. मिजोरम

**215.** 'लोकनायक' किस महान विभूति को कहा जाता है?
A. जयप्रकाश नारायण B. राजनारायण
C. सरदार पटेल D. चितरंजन दास

**216.** हिटलर किस देश का निवासी था?
A. इटली B. रूस
C. जर्मनी D. जापान

**217.** न्यूयॉर्क किस देश में स्थित है?
A. रूस B. अमेरिका
C. ब्रिटेन D. फ्रांस

**218.** ईसाई धर्म के संस्थापक कौन थे?
A. ईसा मसीह B. नाजरेथ
C. पोप फ्रांसिस D. ईसा मूसा

**219.** सबसे तेज भागने वाला जानवर कौन है?
A. हिरण B. चीता
C. घोड़ा D. शेर

**220.** हॉकी की टीम में कितने सदस्य होते हैं?
A. 9 B. 10
C. 11 D. 12

**221.** निम्न में से किसका उपनाम 'नेताजी' था?
A. जवाहरलाल नेहरू B. महात्मा गांधी
C. सुभाषचन्द्र बोस D. मदनमोहन मालवीय

**222.** भाखड़ा नांगल बांध किस राज्य में स्थित है?
A. पश्चिम बंगाल B. पंजाब
C. महाराष्ट्र D. ओडिशा

**223.** भारत के द्वितीय प्रधानमंत्री कौन थे?
A. लाल बहादुर शास्त्री B. इन्दिरा गांधी
C. मोरारजी देसाई D. जयप्रकाश नारायण

**224.** राजस्थान की राजधानी का क्या नाम है?
A. जयपुर B. जोधपुर
C. उदयपुर D. जैसलमेर

**225.** भारत के प्रथम उपराष्ट्रपति कौन थे?
A. डॉ. एस. राधाकृष्णन B. सी. राजगोपालाचारी
C. जे.बी. कृपलानी D. वी.वी. गिरि

**226.** भूदान आन्दोलन के संस्थापक कौन थे?
A. विनोबा भावे B. रबीन्द्रनाथ टैगोर
C. चौ. चरण सिंह D. लाल बहादुर शास्त्री

**227.** अयोध्या किस नदी के किनारे बसा है?
A. गंगा B. यमुना
C. सरयू D. गोमती

**228.** महाभारत की रचना किसने की है?
A. वेदव्यास B. तुलसीदास
C. सूरदास D. कालिदास

**229.** रामायण का रचनाकार कौन है?
A. वाल्मीकि B. कबीरदास
C. कालिदास D. सूरदास

**230.** भारत का राष्ट्रपिता किसे कहा जाता है?
A. महात्मा गांधी B. जवाहरलाल नेहरू
C. सरदार पटेल D. सुभाष चन्द्र बोस

**231.** बराक ओबामा किस देश के हैं?
A. अमेरिका B. ब्रिटेन
C. रूस D. जर्मनी

**232.** कौन-सा देश भारत की पूर्व दिशा में स्थित है?
A. म्यांमार B. नेपाल
C. पाकिस्तान D. चीन

**233.** भारत के किस राज्य में राउरकेला स्टील कारखाना अवस्थित है?
A. झारखंड B. ओडिशा
C. पंजाब D. मध्य प्रदेश

**234.** श्री लाल बहादुर शास्त्री की समाधि का क्या नाम है?
A. शक्ति स्थल B. वीर भूमि
C. राजघाट D. विजय घाट

**235.** लैग बिफोर विकेट (LBW) किस खेल से संबद्ध है?
A. क्रिकेट B. हॉकी
C. फुटबाल D. टेनिस

**236.** गांधी जयंती किस तिथि को मनाई जाती है?
A. 2 अक्टूबर B. 14 नवम्बर
C. 15 अगस्त D. 26 जनवरी

**237.** संसद भवन कहाँ स्थित है?
A. लखनऊ B. पटना
C. जयपुर D. नई दिल्ली

**238.** 'माउण्ट आबू' किस राज्य में स्थित है?
A. तमिलनाडु B. राजस्थान
C. मध्य प्रदेश D. गोवा

**239.** भारतीय राष्ट्रीय कांग्रेस के प्रथम अध्यक्ष कौन थे?
A. व्योमेश चन्द्र बनर्जी B. दादाभाई नौरोजी
C. बरकत अली D. मदनमोहन मालवीय

**240.** 'मिस वर्ल्ड' बनने वाली प्रथम भारतीय महिला कौन थी?
A. कु. रीता फारिया B. ऐश्वर्या राय
C. सुष्मिता सेन D. युक्ता मुखी

**241.** 'बेंगलुरु' किस राज्य की राजधानी है?
A. कर्नाटक B. आन्ध्र प्रदेश
C. तमिलनाडु D. महाराष्ट्र

**242.** मिल्खा सिंह किस खेल से जुड़े हुए थे?
A. क्रिकेट B. कुश्ती
C. दौड़ D. हॉकी

**243.** 'एरियल' किस उत्पाद का प्रसिद्ध ब्रान्ड है?
A. धुलाई का पाउडर व टिकिया
B. सेल्युलर फोन
C. बाल पेन
D. इलेक्ट्रॉनिकी उत्पाद

**244.** फ्रांस की राजधानी का क्या नाम है?
A. पेरिस B. बर्लिन
C. स्टॉकहोम D. फ्रीटाऊन

**245.** भारत के किस राज्य का समुद्री तट सबसे लम्बा है?
A. गुजरात B. आन्ध्रप्रदेश
C. महाराष्ट्र D. तमिलनाडु

**246.** "भारत कोकिला" (Nightingale of India) किसको कहा जाता है?
A. लता मंगेशकर B. सुचेता कृपलानी
C. सरोजनी नायडू D. इन्दिरा गांधी

**247.** अजन्ता और एलोरा की गुफाएँ किस राज्य में अवस्थितहैं?
A. मध्यप्रदेश B. महाराष्ट्र
C. छत्तीसगढ़ D. राजस्थान

**248.** किस देश को "विश्व का चीनी का कटोरा" कहा जाताहै?
A. क्यूबा B. भारत
C. अमेरिका D. डेनमार्क

**249.** सरसों के फूल का क्या रंग होता है?
A. लाल B. पीला
C. हरा D. नीला

**250.** फुटबाल के खेल की अवधि क्या होती है?
A. 30 मिनट B. 45 मिनट
C. 60 मिनट D. 90 मिनट

**251.** किसने कहा था, ''स्वराज मेरा जन्मसिद्ध अधिकार है?''
A. महात्मा गांधी
B. लोकमान्य तिलक
C. लाला लाजपत राय
D. मदनमोहन मालवीय

**252.** सूर्य से पृथ्वी पर प्रकाश के पहुँचने में लगभग कितना समय लगता है?
A. 1 दिन B. 12 दिन
C. 8 मिनट D. 1 घण्टा

**253.** राष्ट्रीय रक्षा अकादमी (NDA) कहाँ स्थित है?
A. देहरादून में B. खड़कवासला में
C. बैरकपुर में D. बेंगलुरु में

**254.** भारत की सबसे ऊँची पर्वत चोटी कौन है?
A. के-2 B. कंचनजंघा
C. मैकालू D. धौलागिरि

**255.** जनसंख्या की दृष्टि से विश्व में भारत का कौन-सा स्थान है?
A. प्रथम B. द्वितीय
C. तृतीय D. चतुर्थ

**256.** विश्व में दूध का सबसे बड़ा उत्पादक देश कौन है?
A. डेनमार्क B. स्कॉटलैण्ड
C. ब्राजील D. भारत

**257.** सौरमण्डल का सबसे चमकीला ग्रह कौन है?
A. शुक्र B. मंगल
C. यूरेनस D. बुध

**258.** 'काला सोना' के नाम से किसे जाना जाता है?
A. नरम लोहा B. खनिज तेल
C. यूरेनियम D. कोयला

**259.** संसार का सबसे छोटा महाद्वीप कौन है?
A. अफ्रीका B. दक्षिण अमेरिका
C. यूरोप D. ऑस्ट्रेलिया

**260.** शंकराचार्य कौन थे?
A. महान गणितज्ञ B. महान दार्शनिक
C. महान विजेता D. महाभारत के रचयिता

**261.** सिख धर्म के पवित्र ग्रंथ का क्या नाम है?
A. बाइबिल B. धम्मपद
C. गुरु ग्रंथ साहिब D. महाभारत

**262.** भाखड़ा नांगल परियोजना का निर्माण किस नदी पर किया गया है?
A. व्यास B. महानदी
C. झेलम D. सतलज

**263.** प्रधानमंत्री की नियुक्ति कौन करता है?
A. राज्यपाल
B. संसद
C. राष्ट्रपति
D. सर्वोच्च न्यायालय के मुख्य न्यायाधीश

**264.** जिले का शासन चलाता है–
A. वरिष्ठ पुलिस अधीक्षक
B. जिला एवं सत्र न्यायाधीश
C. जिला विद्यालय निरीक्षक
D. जिलाधिकारी

**265.** भारत में राज्य सभा का सभापति कौन होता है?
A. उपराष्ट्रपति
B. राष्ट्रपति
C. विपक्षी दल का नेता
D. राज्यसभा द्वारा निर्वाचित व्यक्ति

**266.** 'दिल्ली चलो' का नारा किसने दिया था?
A. जवाहरलाल नेहरू B. सुभाष चन्द्र बोस
C. लाल बहादुर शास्त्री D. महात्मा गांधी

**267.** निम्नलिखित में से किसे 'प्राण वायु' कहा जाता है?
A. कार्बन डाइऑक्साइड B. ऑक्सीजन
C. हाइड्रोजन D. नाइट्रोजन

**268.** भारतीय उड़न सिख किसका उपनाम है?
A. करतार सिंह B. बूटा सिंह
C. बहादुर सिंह D. मिल्खा सिंह

**269.** निम्नलिखित में से किसमें विटामिन 'सी' है?
A. आलू B. प्याज
C. टमाटर D. अदरक

**270.** भारत के प्रथम उप-प्रधानमंत्री कौन थे?
A. मोरारजी देसाई B. सरदार पटेल
C. देवीलाल D. चरण सिंह

**271.** भारत का 'राष्ट्रीय वृक्ष' कौन-सा है?
A. नीम B. वटवृक्ष
C. पीपल D. आम

**272.** खजुराहो किस राज्य में स्थित है?

A. राजस्थान B. मध्य प्रदेश
C. ओडिशा D. महाराष्ट्र

**273.** किस वर्ष में मनुष्य चन्द्रमा पर उतरा था?

A. 1968 B. 1969
C. 1970 D. 1971

**274.** थीन बांध जिसे रणजीत सागर बांध भी कहते हैं किस नदी पर है?

A. व्यास B. चिनाब
C. रावी D. सतलज

**275.** भारत का राष्ट्रगान कौन-सा है?

A. वन्देमातरम्
B. जन गण मन
C. सारे जहाँ से अच्छा हिन्दोस्तां हमारा
D. झण्डा ऊँचा रहे हमारा

**276.** भारत की सबसे बड़ी खाड़ी है–

A. खम्भात B. मन्नार
C. कच्छ D. बंगाल की खाड़ी

**277.** मणिपुर राज्य की राजधानी कौन है?

A. शिलांग B. कोहिमा
C. इटानगर D. इम्फाल

**278.** भारतीय संविधान सभा के अध्यक्ष कौन थे?

A. डॉ. राजेन्द्र प्रसाद B. इन्दिरा गांधी
C. महात्मा गांधी D. डॉ. भीमराव अम्बेडकर

**279.** नारायण कार्तिकेयन का सम्बन्ध किस खेल से है?

A. फॉर्मूला वन रेस B. टेनिस
C. बैडमिंटन D. टेबल टेनिस

**280.** ऐश्वर्या राय निम्नलिखित में से किससे जुड़ी हुई हैं?

A. पेंटिंग B. नृत्य
C. फिल्म उद्योग D. फाइन आर्ट

**281.** पं. रविशंकर कौन-सा वाद्ययंत्र बजाते थे?

A. सितार B. तबला
C. शहनाई D. सरोद

**282.** निम्न में से कौन भारत के किसी राज्य की राजधानी नहीं है?

A. लखनऊ B. जयपुर
C. जबलपुर D. रायपुर

**283.** 'कैटेरेक्ट' बीमारी शरीर के किस अंग से संबंधित है?

A. आँख B. फेफड़े
C. यकृत D. नाक

**284.** भारत का कौन-सा स्मारक दुनिया के सात अजूबों में शामिल है?

A. कुतुब मीनार B. ताजमहल
C. जन्तर-मन्तर D. हवामहल

**285.** दिल्ली शहर से कौन-सी नदी गुजरती है?

A. गंगा B. यमुना
C. व्यास D. सतलज

**286.** भारत में किस राज्य की साक्षरता दर सबसे ज्यादा है?

A. दिल्ली B. महाराष्ट्र
C. तमिलनाडु D. केरल

**287.** हमारे राष्ट्रीय ध्वज में 'धर्म चक्र' का रंग कौन-सा है?

A. काला B. हरा
C. नीला D. लाल

**288.** गुरुदेव के नाम से कौन व्यक्ति प्रसिद्ध है?

A. गोलवलकर B. वीर सावरकर
C. रवीन्द्रनाथ टैगोर D. दादाभाई नौरोजी

**289.** सबसे बुद्धिमान जानवर कौन-सा माना जाता है?

A. घोड़ा B. जिराफ
C. लोमड़ी D. चिम्पैजी (बन्दर)

**290.** महात्मा गांधी की पत्नी का नाम क्या था?

A. कस्तूरबा B. रम्भा
C. मेनका D. उर्वशी

**291.** महात्मा बुद्ध को कहाँ ज्ञान प्राप्त हुआ था?

A. बोधगया B. वैशाली
C. सारनाथ D. लुम्बिनी

**292.** लद्दाख किस वर्ष एक केन्द्रशासित प्रदेश बना?

A. 2017 B. 2018
C. 2019 D. 2020

**293.** भारतीय रक्षा सेनाओं का सुप्रीम कमांडर कौन है?

A. प्रधानमंत्री
B. राष्ट्रपति
C. रक्षामंत्री
D. कमांडर-इन-चीफ

**294.** सुप्रीम कोर्ट के मुख्य न्यायाधीश का मासिक वेतन कितना है?
A. ₹ तीन लाख
B. ₹ दो लाख अस्सी हजार
C. ₹ एक लाख अस्सी हजार
D. ₹ दो लाख पच्चीस हजार

**295.** 'ज्ञानपीठ पुरस्कार' किस कार्य के लिए दिया जाता है?
A. खेल B. सामाजिक कार्य
C. साहित्य D. संगीत

**296.** पंचतंत्र के लेखक कौन थे?
A. विष्णु शर्मा B. रघुवंश
C. अश्वघोष D. पतंजलि

**297.** 'मधुशाला' किसकी कृति है?
A. मैथिलीशरण गुप्त B. रबीन्द्र नाथ टैगोर
C. हरिवंश राय बच्चन D. जयशंकर प्रसाद

**298.** देश में निर्मित पहली परमाणु पनडुब्बी का क्या नाम है?
A. नाग B. पृथ्वी
C. परम D. अरिहंत

**299.** क्षेत्रफल की दृष्टि से विश्व का सबसे बड़ा देश कौन है?
A. रूस B. चीन
C. कनाडा D. भारत

**300.** भारत के किस राज्य से सबसे ज्यादा लोकसभा सदस्य चुने जाते हैं?
A. बिहार B. महाराष्ट्र
C. उत्तर प्रदेश D. तमिलनाडु

**301.** निम्न में से किसे 'कंगारू का देश' कहा जाता है?
A. ऑस्ट्रेलिया B. कनाडा
C. जापान D. नॉर्वे

**302.** 'सीलोन' किस देश का पुराना नाम है?
A. म्यांमार B. श्रीलंका
C. थाईलैंड D. इण्डोनेशिया

**303.** 'मद्रास' किस शहर का पुराना नाम है?
A. चेन्नई B. कोच्चि
C. पुडुचेरी D. तिरुअनन्तपुरम

**304.** किस नेता का उपनाम 'चाचा जी' था?
A. लालबहादुर शास्त्री B. जवाहरलाल नेहरू
C. सुभाषचन्द्र बोस D. महात्मा गांधी

**305.** भारत में स्वतंत्रता दिवस किस तिथि को मनाया जाता है?
A. 14 अगस्त B. 15 अगस्त
C. 10 अगस्त D. 20 अगस्त

**306.** सिखों के पूजा स्थल को क्या कहा जाता है?
A. मंदिर B. गुरुद्वारा
C. सिनेगॉंव D. चर्च

**307.** किस ग्रह को 'हरा ग्रह' कहा जाता है?
A. वरुण B. शुक्र
C. मंगल D. बुध

**308.** भारत का राजचिह्न क्या है?
A. अशोक चक्र B. शेर
C. चाँद-तारा D. गरुड़ पक्षी

**309.** सफेद झंडा किसका प्रतीक है?
A. क्रान्ति B. खतरा
C. संधि या समर्पण D. प्रगति

**310.** झारखण्ड राज्य की राजधानी कहाँ है?
A. पटना B. देहरादून
C. रांची D. रायपुर

**311.** भारत की राजभाषा कौन है?
A. हिन्दी B. संस्कृत
C. मैथिली D. अंग्रेजी

**312.** ''सरफरोशी की तमन्ना, अब हमारे दिल में है? किसने कहा था?
A. सुभाष चन्द्र बोस B. भगत सिंह
C. मुहम्मद इकबाल D. राम प्रसाद बिस्मिल

**313.** हल्दीघाटी का प्रसिद्ध युद्ध किसके मध्य लड़ा गया था?
A. महाराणा प्रताप–अकबर
B. शेरशाह–हुमायूँ
C. बाबर–इब्राहीम लोदी
D. हेमू–अकबर

**314.** चिपको आन्दोलन से कौन जुड़ा हुआ है?
A. हेमवतीनन्दन बहुगुणा B. जयप्रकाश नारायण
C. सुन्दर लाल बहुगुणा D. आचार्य नरेन्द्र देव

**315.** 'मिस यूनिवर्स' चुनी जाने वाली पहली भारतीय महिला कौन हैं?
A. सुष्मिता सेन B. लारा दत्ता
C. नेहा धूपिया D. प्रियंका चोपड़ा

**316.** निम्न में से कौन राष्ट्रपति द्वारा नियुक्त नहीं होता–
A. चुनाव आयुक्त B. राज्यपाल
C. प्रधानमंत्री D. मुख्यमंत्री

**317.** वायुसेना में सर्वोच्च पद कौन-सा होता है?
A. एयर चीफ मार्शल B. एयर मार्शल
C. एयर कॉमोडोर D. कैप्टन

**318.** नौसेना का सर्वोच्च पद कौन-सा होता है?
A. एडमिरल B. कमाण्डर
C. रियर एडमिरल D. कैप्टन

**319.** राजीव गांधी के समाधि स्थल का क्या नाम है?
A. अभय घाट B. नारायण घाट
C. एकता स्थल D. वीरभूमि

**320.** वाराणसी शहर किस नदी के किनारे बसा हुआ है?
A. गंगा B. यमुना
C. गोमती D. सरयू

**321.** अन्तरिक्ष में जाने वाला प्रथम भारतीय कौन था?
A. राकेश शर्मा B. राजेश शर्मा
C. रमेश शर्मा D. रत्नेश शर्मा

**322.** भारत के पहले उपग्रह का क्या नाम था?
A. आर्यभट्ट B. भास्कर-1
C. रोहिणी D. एप्पल

**323.** निमोनिया किस अंग की बीमारी है?
A. फेफड़े B. आँत
C. मस्तिष्क D. दाँत

**324.** 'टायफाइड' से हमारे शरीर का कौन-सा अंग प्रभावित होता है?
A. श्वसन नलिका B. आँत
C. चमड़ी D. यकृत

**325.** भारत की खोज किसने किया था?
A. वास्कोडिगामा B. कोलम्बस
C. मार्कोपोलो D. रॉबर्ट पियरे

**326.** प्रसिद्ध पुस्तक 'भगवद्गीता' का लेखक कौन है?
A. तुलसीदास B. वेदव्यास
C. सूरदास D. कबीरदास

**327.** रणजी ट्रॉफी किस खेल से संबंधित है?
A. क्रिकेट B. हॉकी
C. फुटबाल D. बैडमिंटन

**328.** क्रिकेट का ' सिद्ध वानखेड़े स्टेडियम कहाँ स्थित है?
A. दिल्ली B. मुंबई
C. चेन्नई D. कानपुर

**329.** ईडन गार्डन (कोलकाता) किस खेल का प्रसिद्ध मैदान है?
A. क्रिकेट B. हॉकी
C. फुटबाल D. टेनिस

**330.** मारिया शारापोवा किस खेल से संबंधित हैं?
A. हॉकी B. फुटबॉल
C. टेनिस D. क्रिकेट

**331.** निम्नलिखित में से किसे पीली धातु कहा जाता है?
A. ताँबा B. सोना
C. चाँदी D. प्लैटिनम

**332.** भारत में निम्नलिखित में से किस स्थल को 'संतरों का शहर' कहा जाता है?
A. मुम्बई B. जयपुर
C. लखनऊ D. नागपुर

**333.** निम्नलिखित में से कौन एक प्रसिद्ध क्रिकेट खिलाड़ी है?
A. रवीन्द्र जडेजा B. गगन नारंग
C. महेश भूपति D. पंकज आडवाणी

**334.** 'ब्लैक बॉक्स' उपकरण कहाँ लगा होता है?
A. रडार में B. वायुयान में
C. एक्स-रे मशीन में D. रेल इंजन में

**335.** निम्नलिखित में से कौन-सी नदी भारत में नहीं बहती है?
A. यमुना B. गोमती
C. सरयू D. नील

**336.** निम्नलिखित में से कौन भारतीय फिल्मों की प्रसिद्ध अदाकारा हैं?
A. इंद्रा नूयी B. प्रियंका चोपड़ा
C. सायना नेहवाल D. झूलन गोस्वामी

**337.** अंतर्राष्ट्रीय अहिंसा दिवस किस तिथि को मनाया जाता है?
A. 2 अक्टूबर B. 29 अगस्त
C. 16 सितम्बर D. 7 दिसम्बर

**338.** निम्नलिखित में से कौन राष्ट्र नहीं है?
A. पाकिस्तान B. नेपाल
C. सिक्किम D. श्रीलंका

**339.** तुलसीदास किसके लेखक थे?
A. रामचरितमानस B. आदिग्रन्थ
C. सूरसागर D. भागवत पुराण

**340.** 'सीमान्त गांधी' के नाम से मशहूर व्यक्ति का वास्तविक नाम क्या है?
A. सरदार पटेल
B. महात्मा गांधी
C. खान अब्दुल गफ्फार खान
D. राजीव गांधी

**341.** क्रिकेट में एकदिवसीय मैचों में सर्वाधिक रन बनाने का विश्व रिकॉर्ड किसके नाम पर है?
A. सचिन तेन्दुलकर B. कपिल देव
C. राहुल द्रविड़ D. वीरेन्द्र सहवाग

**342.** निम्नलिखित में से कौन किसी राज्य का मुख्यमंत्री नहीं रहा है?
A. मायावती B. जयललिता
C. ममता बनर्जी D. प्रतिभा पाटिल

**343.** 'जय जवान जय किसान' का नारा किसके द्वारा दिया गया था?
A. महात्मा गांधी B. जवाहरलाल नेहरू
C. लाल बहादुर शास्त्री D. जयप्रकाश नारायण

**344.** अमरनाथ कहाँ स्थित है?
A. जम्मू एवं कश्मीर B. हिमाचल प्रदेश
C. उत्तर प्रदेश D. उत्तराखंड

**345.** भारत में कितने वर्ष के अन्तराल पर जनगणना की जाती है?
A. 5 वर्ष B. 10 वर्ष
C. 12 वर्ष D. 15 वर्ष

**346.** प्रथम दादा साहेब फाल्के पुरस्कार विजेता कौन था?
A. सत्यजीत रे B. दिलीप कुमार
C. संजीव कुमार D. देविका रानी

**347.** 'नवाबों का शहर' नाम से किसे जाना जाता है?
A. लखनऊ B. हैदराबाद
C. श्रीनगर D. मुर्शिदाबाद

**348.** 'शान्तिनिकेतन' के जन्मदाता कौन हैं?
A. रबीन्द्रनाथ टैगोर B. महात्मा गांधी
C. विवेकानन्द D. अरविन्द घोष

**349.** ताजमहल का निर्माण किसकी यादगार में किया गया था?
A. नूरजहाँ B. अनारकली
C. मुमताज महल D. शाहजहाँ

**350.** भारत में पहली मेट्रो रेलवे का संचालन किस शहर में शुरू हुआ?
A. कोलकाता B. मुंबई
C. नई दिल्ली D. चेन्नई

**351.** 'गुगली' किस खेल से सम्बद्ध है?
A. फुटबाल B. क्रिकेट
C. हॉकी D. वॉलीबाल

**352.** 'वन्दे मातरम्' गीत किस पुस्तक से लिया गया है?
A. गीत गोविन्द B. आनन्दमठ
C. गीतांजलि D. देशप्रेम

**353.** काशी हिन्दू विश्वविद्यालय की स्थापना किसने की थी?
A. सर तेजबहादुर सप्रू B. गोपालकृष्ण गोखले
C. वीर सावरकर D. मदन मोहन मालवीय

**354.** 'सती प्रथा' उन्मूलन का श्रेय किसको जाता है?
A. बी.जी. तिलक B. गोपाल कृष्ण गोखले
C. राजा राममोहन राय D. महात्मा गांधी

**355.** भारत में किस प्रकार की शासन व्यवस्था है?
A. राजतंत्र B. लोकतंत्र
C. तानाशाही D. सैन्यशासन

**356.** भारतीय संविधान के अनुसार प्रदत्त मूल अधिकार हैं
A. आठ B. सात
C. छः D. चार

**357.** 'पंचशील' किन दो देशों के बीच का समझौता है?
A. भारत-नेपाल B. भारत-पाकिस्तान
C. भारत-चीन D. भारत-श्रीलंका

**358.** निम्नलिखित में कौन-सी खाद्य फसल नहीं है?
A. चावल B. गेहूँ
C. चाय D. मकई

**359.** 'दीन-ए-इलाही' धर्म किसने चलाया था?
A. शाहजहाँ B. औरंगजेब
C. अकबर D. जहाँगीर

**360.** 'रेडियो' का आविष्कार किसने किया था?
A. जी. मार्कोनी B. माइकल फैराडे
C. जेम्स डेवर D. ग्राहम बेल

**361.** अमेरिका की खोज किसने की थी?
A. वास्को-डि-गामा B. कोलम्बस
C. जॉर्ज वाशिंगटन D. अलेक्जेंडर

**362.** किस खेल के लिए सबसे बड़े मैदान की आवश्यकता होती है?
A. क्रिकेट B. हैण्डबाल
C. फुटबाल D. पोलो

**363.** हमारे राष्ट्रीय चिह्न के नीचे कौन-सा आदर्श वाक्य लिखा है?
A. सत्यं, शिवं B. सत्यं, सर्वत्र, सुदरं
C. सत्यमेव जयते D. जय हिंद

**364.** ''पवनार आश्रम'' संबंधित है–
A. विनोबा भावे से B. रवीन्द्रनाथ टैगोर से
C. महावीर स्वामी से D. गौतम बुद्ध से

**365.** अकबर के दरबार के प्रसिद्ध कवि कौन थे?
A. बीरबल B. तुलसीदास
C. बैरमखाँ D. अब्दुर्रहीम खानखाना

**366.** लक्षद्वीप की राजधानी क्या है?
A. कावारत्ती B. सिलवासा
C. गंगटोक D. ईटानगर

**367.** भारत की राजधानी का क्या नाम है?
A. नई दिल्ली B. चंडीगढ़
C. लखनऊ D. पटना

**368.** क्षेत्रफल की दृष्टि से भारत का विश्व में कौन-सा स्थान है?
A. दूसरा B. चौथा
C. सातवाँ D. आठवाँ

**369.** अमेरिका के राष्ट्रपति आवास का क्या नाम है?
A. एलेसी पैलेस B. राष्ट्रपति भवन
C. व्हाइट हाउस D. 10, डाउनिंग स्ट्रीट

**370.** पारसी धर्म का संस्थापक कौन था?
A. जरथुस्त्र B. मूसा
C. मुहम्मद साहब D. जीसस क्राइस्ट

**371.** 'हवा महल' कहाँ स्थित है?
A. जयपुर B. जोधपुर
C. कोलकाता D. मुंबई

**372.** निम्न में से किसे 'पोप का शहर' कहते हैं?
A. रोम B. लंदन
C. येरुशलम D. बेलग्रेड

**373.** पेरिस किस देश की राजधानी है?
A. अमेरिका B. फ्रांस
C. चीन D. जापान

**374.** बांग्लादेश का पुराना नाम क्या था?
A. पूर्वी पाकिस्तान B. पश्चिमी पाकिस्तान
C. उत्तरी पाकिस्तान D. दक्षिणी पाकिस्तान

**375.** भारत में शिक्षक दिवस कब मनाया जाता है?
A. 5 सितम्बर B. 5 अक्टूबर
C. 5 नवम्बर D. 5 दिसम्बर

**376.** आई.एस.आई. किस देश की गुप्तचर एजेंसी का नाम है?
A. भारत B. पाकिस्तान
C. श्रीलंका D. अमेरिका

**377.** 'महामना' किस लोकप्रिय नेता का उपनाम है?
A. गोपालकृष्ण गोखले B. मदन मोहन मालवीय
C. लालबहादुर शास्त्री D. दादाभाई नौरोजी

**378.** ब्रिटेन की राजधानी का क्या नाम है?
A. लंदन B. वाशिंगटन
C. टोकियो D. मांट्रियल

**379.** अमेरिका के पहले अश्वेत राष्ट्रपति कौन थे?
A. बराक ओबामा B. मार्टिन लूथर किंग
C. माइकल जॉर्ज D. कोंडालिजा राइज

**380.** अन्तर्राष्ट्रीय न्यायालय का मुख्यालय कहाँ स्थित है?
A. न्यूयॉर्क B. जेनेवा
C. द हेग D. वियना

**381.** भारत का सबसे बड़ा बैंक कौन है?
A. पंजाब नेशनल बैंक
B. बैंक ऑफ बड़ौदा
C. भारतीय स्टेट बैंक
D. यूनाइटेड बैंक ऑफ इंडिया

**382.** शंघाई नगर किस देश में स्थित है?
A. जापान B. रूस
C. भारत D. चीन

**383.** हमारे सौरमंडल में कितने ग्रह हैं?
A. 7 B. 8
C. 10 D. 12

**384.** 'भोर का तारा' किसे कहते हैं?
A. शुक्र B. बुध
C. शनि D. मंगल

**385.** 'आराम हराम है' का नारा किसने दिया था?
A. जवाहरलाल नेहरू B. महात्मा गांधी
C. लालबहादुर शास्त्री D. सरदार पटेल

**386.** पंकज आडवाणी किस खेल के प्रसिद्ध खिलाड़ी हैं?
A. बिलियर्ड्स B. गोल्फ
C. स्क्वैश D. शतरंज

**387.** फुटबॉल की एक टीम में कितने खिलाड़ी होते हैं?
A. 9 B. 10
C. 11 D. 12

**388.** पहला ओलंपिक खेल कहाँ हुआ था?
A. एथेन्स B. पेरिस
C. सेंटलुइस D. लंदन

**389.** निम्न में से कौन भारत का राष्ट्रपति नहीं रहा है?
A. राजेन्द्र प्रसाद B. भीमराव अम्बेडकर
C. प्रतिभा पाटिल D. वी.वी. गिरि

**390.** निम्न में से कौन भारत का उपराष्ट्रपति नहीं रहा है?
A. डॉ. जाकिर हुसैन B. बी.डी. जत्ती
C. लालकृष्ण आडवाणी D. कृष्णकांत

**391.** हरिप्रसाद चौरसिया का संबंध किस वाद्य यंत्र से है?
A. बांसुरी B. तबला
C. वायलिन D. शहनाई

**392.** पं. जवाहरलाल नेहरू का पैतृक घर 'आनंद भवन' कहाँ स्थित है?
A. लखनऊ B. प्रयागराज
C. नई दिल्ली D. देहरादून

**393.** साबरमती आश्रम किस प्रसिद्ध नेता से संबंधित है?
A. महात्मा गांधी B. सरदार पटेल
C. जवाहरलाल नेहरू D. विनोबा भावे

**394.** प्रसिद्ध पर्वतीय स्थल 'मसूरी' किस राज्य में स्थित है?
A. हिमाचल प्रदेश B. मेघालय
C. महाराष्ट्र D. उत्तराखंड

**395.** अमजद अली खाँ किस वाद्ययंत्र से संबंधित हैं?
A. सरोद B. सितार
C. वीणा D. तबला

**396.** एम.सी. मैरीकॉम का संबंध किस खेल से है?
A. मुक्केबाजी B. टेनिस
C. हॉकी D. क्रिकेट

**397.** भोजन में लोहे की कमी से कौन-सा रोग हो जाता है?
A. एनीमिया B. बेरी-बेरी
C. स्कर्वी D. टाइफाइड

**398.** राष्ट्रपति का रिक्त स्थान कितने समय में भर लिया जाना चाहिए?
A. एक वर्ष में B. 90 दिनों में
C. छः माह में D. नौ माह में

**399.** 'न्यूमोनिया' रोग मानव शरीर के किस अंग को ग्रसित करता है?
A. आंत B. अस्थि संधि
C. यकृत D. फेफड़ा

**400.** सर्वाधिक लिंगानुपात वाला राज्य कौन है?
A. केरल B. पश्चिम बंगाल
C. उत्तरप्रदेश D. मिजोरम

**401.** भारत के किस राज्य का समुद्री तट सबसे अधिक लम्बा है?
A. आंध्र प्रदेश B. महाराष्ट्र
C. गुजरात D. तमिलनाडु

**402.** भारत का दक्षिणतम बिन्दु कहाँ है?
A. कन्याकुमारी B. बड़ा निकोबार
C. लक्षद्वीप D. चेन्नई

**403.** क्षेत्रफल की दृष्टि से भारत का सबसे बड़ा राज्य है :
A. बिहार B. पंजाब
C. राजस्थान D. उत्तर प्रदेश

**404.** निम्नलिखित अक्षांशों में से कौन भारत से होकर गुजरता/गुजरती है?
A. भूमध्य रेखा
B. उत्तर ध्रुवीय वृत्त
C. मकर रेखा
D. कर्क रेखा

**405.** कर्क रेखा :

A. भारत के ऊपर से गुजरती है

B. भारत के नीचे से गुजरती है

C. भारत के मध्य से गुजरती है

D. भारत से कोई सम्बन्ध नहीं है

**406.** भारत की सबसे लम्बी भू-सीमा निम्न में से किस देश के साथ लगती है?

A. पाकिस्तान B. चीन

C. नेपाल D. बांग्लादेश

**407.** भारतीय मानक समय और ग्रीनविच समय में कितना अन्तर है?

A. 4½ घण्टे का B. 5 घण्टे का

C. 5½ घण्टे का D. 6 घण्टे का

**408.** भारत का क्षेत्रफल की दृष्टि से विश्व में कौन-सा स्थान है?

A. पाँचवाँ B. सातवाँ

C. दसवाँ D. बारहवाँ

**409.** निम्नलिखित में से वह राज्य कौन-सा है, जिसकी अन्तर्राष्ट्रीय सीमाएँ तीन देशों से मिलती हैं?

A. अरुणाचल प्रदेश B. हिमाचल प्रदेश

C. छत्तीसगढ़ D. झारखण्ड

**410.** निम्न में से किस राज्य की सीमा बांग्लादेश से नहीं मिलती?

A. मेघालय B. त्रिपुरा

C. मणिपुर D. मिजोरम

**411.** निम्नलिखित भारतीय राज्यों में से कौन भूमिबद्ध है?

A. पश्चिम बंगाल B. बिहार

C. गुजरात D. केरल

**412.** भारत और चीन की उत्तर-पूर्वी सीमा का सीमांकन कौन-सी रेखा करती है?

A. डूरंड रेखा

B. मैकमोहन रेखा

C. रैडक्लिफ रेखा

D. उपर्युक्त में से कोई नहीं

**413.** पश्चिमी घाटों के मालाबार तट पर स्थित माहे निम्नलिखित में से किसका भाग है?

A. केरल B. महाराष्ट्र

C. पुडुचेरी D. तमिलनाडु

**414.**

| | भौगोलिक उपनाम | | स्थान |
|---|---|---|---|
| (*a*) | बंगाल का शोक | 1. | दामोदर घाटी |
| (*b*) | महलों का शहर | 2. | कोलकाता |
| (*c*) | सात टापुओं का नगर | 3. | मुम्बई |
| (*d*) | मंदिर एवं घाटों का नगर | 4. | वाराणसी |

| | (*a*) | (*b*) | (*c*) | (*d*) |
|---|---|---|---|---|
| A. | 4 | 3 | 2 | 1 |
| B. | 1 | 4 | 3 | 2 |
| C. | 1 | 2 | 3 | 4 |
| D. | 4 | 2 | 1 | 3 |

**415.** न्यूमूर द्वीप कहाँ स्थित है?

A. अरब सागर B. हिन्द महासागर

C. बंगाल की खाड़ी D. मन्नार की खाड़ी

**416.** भारत का प्राचीनतम पर्वत कौन-सा है?

A. हिमालय B. विन्ध्याचल

C. अरावली D. नीलगिरि

**417.** भारत की सर्वोच्च पर्वत चोटी कौन-सी है?

A. $K_2$ गाडविन आस्टिन

B. कंचनजंगा

C. नन्दा देवी

D. एवरेस्ट

**418.** निम्नांकित युग्मों में से किसका सुमेल नहीं है?

A. बोमडीला - अरुणाचल प्रदेश

B. नाथूला - सिक्किम

C. भोरघाट - हिमाचल प्रदेश

D. पालघाट - केरल

**419.** निम्नलिखित में से कौन-सा दर्रा श्रीनगर को लेह से जोड़ता है?

A. जोजिला दर्रा B. बनिहाल दर्रा

C. बुर्जिल दर्रा D. बोलन दर्रा

**420.** 'सुन्दरवन' का विश्व प्रसिद्ध डेल्टा किन नदियों से सम्बन्धित है?

A. गंगा-ब्रह्मपुत्र B. गंगा-दामोदर

C. कृष्णा D. पद्मा-सुरमा

**421.** निम्नलिखित में से वह नदी कौन-सी है, जिसका उद्गम भारतीय क्षेत्र में नहीं है?

A. महानदी B. ब्रह्मपुत्र

C. रावी D. चिनाब

**422.** भारत में सबसे लम्बी नदी (भारत में बहने के अनुसार) कौन-सी है?
A. यमुना B. सिन्धु
C. गंगा D. ब्रह्मपुत्र

**423.** भारत का वह कौन-सा राज्य है जिसका वन आच्छादित क्षेत्रफल सर्वाधिक है?
A. मध्य प्रदेश B. पश्चिम बंगाल
C. केरल D. असम

**424.** भारत में उष्णकटिबन्धीय सदाबहार वन कहाँ पाए जाते हैं?
A. आन्ध्र प्रदेश B. मध्य प्रदेश
C. केरल D. ओडिशा

**425.** भारत में 'मरुस्थल की राजधानी' किसे कहते हैं?
A. उदयपुर B. जैसलमेर
C. जयपुर D. पालामऊ

**426.** निम्नांकित में से कौन-सा राज्य भारत का सबसे बड़ा चाय उत्पादक है?
A. असम B. तमिलनाडु
C. अरुणाचल प्रदेश D. पश्चिम बंगाल

**427.** भारत में कौन-सी नकदी फसल से अधिकतम विदेशी मुद्रा निर्यात से प्राप्त होती है?
A. तम्बाकू B. जूट
C. गेहूँ D. चाय

**428.** रबर के उत्पादन में भारत का अग्रणी राज्य कौन-सा है?
A. तमिलनाडु B. असम
C. केरल D. कर्नाटक

**429.** काँच की चूड़ियों के उद्योग के लिए :
A. मुर्शिदाबाद प्रसिद्ध है B. फिरोजाबाद प्रसिद्ध है
C. आगरा प्रसिद्ध है D. सिकन्दराबाद प्रसिद्ध है

**430.** रेनुकूट क्यों प्रसिद्ध है?
A. एल्युमीनियम उद्योग के लिए
B. दुग्ध उत्पादन उद्योग के लिए
C. सिल्क उद्योग के लिए
D. सोने की खान के लिए

**431.** खेतड़ी स्थित मुख्य उद्योग कौन-सा है?
A. एल्युमीनियम B. ताँबा
C. इस्पात D. अखबारी कागज

**432.** डिग्बोई क्यों प्रसिद्ध है?
A. पॉलिथीन के लिए B. एल्युमीनियम के लिए
C. पेट्रोलियम के लिए D. यूरेनियम के लिए

**433.** 'पोंग बाँध' किस नदी पर बनाया गया है?
A. सतलज B. रावी
C. चिनाव D. व्यास

**434.** भारत के किस राज्य में नागार्जुन सागर परियोजना है?
A. तेलंगाना B. मध्य प्रदेश
C. उत्तर प्रदेश D. तमिलनाडु

**435.** सुमेलित कीजिए :

| | |
|---|---|
| (*a*) गिर वन | 1. राजस्थान |
| (*b*) भरतपुर बर्ड सेंक्चुरी | 2. मध्य प्रदेश |
| (*c*) बांधवगढ़ सेंक्चुरी | 3. असम |
| (*d*) काजीरंगा सेंक्चुरी | 4. गुजरात |

**कूट :**
A. (*a*)-1, (*b*)-2, (*c*)-4, (*d*)-3
B. (*a*)-4, (*b*)-1, (*c*)-2, (*d*)-3
C. (*a*)-2, (*b*)-4, (*c*)-3, (*d*)-1
D. (*a*)-2, (*b*)-3, (*c*)-1, (*d*)-4

**436.** 'फूलों की घाटी' से किस राज्य का सम्बन्ध है?
A. उत्तराखण्ड B. कश्मीर
C. हिमाचल D. मेघालय

**437.** निम्नलिखित में से कौन एक सुमेलित नहीं है?
A. सुन्दरवन – पश्चिम बंगाल
B. भीतर कनिका – ओडिशा
C. पिचवरम् – तमिलनाडु
D. वैम्बानद – कर्नाटक

**438.** भारत का सबसे उत्तरी बिन्दु है :
A. इन्दिरा कॉल B. इन्दिरा पॉइन्ट
C. किबिथु D. सर क्रिक

**439.** हमारी आकाश गंगा की आकृति है :
A. वृत्ताकार B. दीर्घवृत्ताकार
C. स्पाइरल D. उपर्युक्त में से कोई नहीं

**440.** विज्ञान के किस क्षेत्र में आप 'व्हाइट ड्वार्फ' के बारे में सीखेंगे?
A. खगोलशास्त्र B. कृषि
C. जेनेटिक्स D. एन्थ्रोपोलॉजी

**441.** मानक समय क्या होता है?
A. किसी देशांतर का सूर्य के अनुसार समय
B. देश के लगभग बीच से गुजरने वाले देशान्तर का स्थानीय समय
C. ग्रीनविच औसत का समय
D. उपरोक्त में से कोई नहीं

**442.** किसी एक स्थान का अक्षांश निम्नलिखित में से किसका संकेतक है?
A. समय का B. ऊँचाई का
C. वर्षा की मात्रा का D. तापमान का

**443.** ओजोन पर्त अवस्थित है :
A. क्षोभमण्डल में B. क्षोभसीमा में
C. समतापमण्डल में D. प्रकाशमण्डल में

**444.** दीर्घ रेडियो तरंगें पृथ्वी की किस सतह से परावर्तित होती हैं?
A. क्षोभमण्डल B. आयनमण्डल
C. क्षोभ सीमा D. समतापमण्डल

**445.** गोबी मरुस्थल स्थित है :
A. ऑस्ट्रेलिया में B. भारत में
C. मंगोलिया में D. प. अफ्रीका में

**446.** विश्व में तम्बाकू का सबसे बड़ा उत्पादक देश कौन है?
A. संयुक्त राज्य अमेरिका
B. चीन
C. भारत
D. भूतपूर्व सोवियत संघ

**447.** 'रिंग ऑफ फायर' से जुड़ी भूकम्पीय गतिविधियों का सम्बन्ध है :
A. प्रशांत के चारों ओर का क्षेत्र
B. मध्य महाद्वीपीय क्षेत्र
C. मध्य अटलांटिक क्षेत्र
D. हिंद महासागर क्षेत्र

**448.** विश्व की सबसे लम्बी पर्वत शृंखला कौन-सी है?
A. एंडीज B. आल्पस
C. हिमालय D. पामीर

**449.** विक्टोरिया जलप्रपात किस नदी से सम्बन्धित है?
A. अमेजन B. मिस्सोरी
C. सेंट लॉरेन्स D. जैम्बैजी

**450.** निम्न देशों में से किस एक की सीमा कैस्पियन सागर से नहीं लगी है?
A. आर्मेनिया
B. अजरबैजान
C. कजाकिस्तान
D. तुर्कमेनिस्तान

**451.** भारत में खोजा गया सबसे पहला पुराना शहर था :
A. हड़प्पा B. पंजाब
C. मोहनजोदड़ो D. सिंध

**452.** हड़प्पा सभ्यता किस काल से संबंधित थी?
A. कांस्य युग B. पाषाण युग
C. लोह युग D. उपरोक्त सभी

**453.** कालीबंगा कहाँ स्थित है?
A. हरियाणा में B. राजस्थान में
C. गुजरात में D. पंजाब में

**454.** सिन्धु घाटी के लोगों का सम्बन्ध था :
A. मिस्र से B. सुमेरिया से
C. चीन से D. ईरान से

**455.** आर्य भारत में सर्वप्रथम कहाँ आए?
A. पंजाब B. दिल्ली
C. दक्षिण भारत D. गांगेय प्रदेश

**456.** सबसे पुराना वेद कौन-सा है?
A. यजुर्वेद B. ऋग्वेद
C. सामवेद D. अथर्ववेद

**457.** आरंभिक वैदिक साहित्य में सर्वाधिक वर्णित नदी है :
A. सिंधु B. शुतुद्री
C. सरस्वती D. गंगा

**458.** उपनिषद पुस्तकें हैं :
A. धर्म पर B. योग पर
C. विधि पर D. दर्शन पर

**459.** बुद्ध को ज्ञान की प्राप्ति कहाँ हुई थी?
A. बोधगया B. पाटलिपुत्र
C. राजगृह D. लुम्बिनी

**460.** निम्नलिखित स्थानों में से किस स्थान पर महावीर का महानिर्वाण हुआ?
A. कुशीनगर B. वैशाली
C. राजगृह D. पावापुरी

**461.** जैन धर्म में 'पूर्णज्ञान' के लिए क्या शब्द है?
A. जिन B. रत्न
C. कैवल्य D. निर्वाण

**462.** निम्न में से कौन-सा एक त्रिपिटक का अंग नहीं था?
A. जातक B. विनय
C. सुत्त D. अभिधम्म

**463.** झेलम नदी के किनारे प्रसिद्ध 'वितस्ता का युद्ध' किन-किन शासकों के बीच लड़ा गया था?
A. चन्द्रगुप्त मौर्य एवं सेल्यूकस
B. घनानंद एवं चन्द्रगुप्त मौर्य
C. पोरस एवं सिकन्दर
D. सिकन्दर एवं आम्भी

**464.** भारत में सिकन्दर की सफलता का कारण क्या था?
A. वह शक्तिशाली था
B. भारत में कोई केंद्रीय शक्ति नहीं था
C. वह अच्छा प्रशासक था
D. उसे भारतीय शासकों ने सहायता दी

**465.** निम्न में से किस स्थान पर सिकन्दर की मृत्यु हुई?
A. पटाला B. तक्षशिला
C. बेबीलोन D. जेड्रोसिया

**466.** निम्न में से किसने 'कल्पसूत्र' की रचना की?
A. भद्रबाहु
B. स्थलबाहु
C. गोपाल
D. गोसाल मक्खलिपुत्र

**467.** चाणक्य का अन्य नाम था :
A. भट्टस्वामी B. विष्णुगुप्त
C. राजशेखर D. विशाखदत्त

**468.** मुद्राराक्षस का लेखक निम्न में से कौन है?
A. अश्वघोष B. विशाखदत्त
C. कालिदास D. भास

**469.** अशोक के शिलालेखों को सर्वप्रथम किसने पढ़ा था?
A. बूहलर B. रॉबर्ट सेबेल
C. जेम्स प्रिन्सेप D. कॉड्रिगटन

**470.** विक्रम संवत् कब से प्रारम्भ हुआ?
A. 78 ई० B. 57 ईसा पूर्व
C. 72 ईसा पूर्व D. 56 ईसा पूर्व

**471.** चरक कौन था?
A. एक चिकित्सक/कनिष्क काल
B. एक ज्योतिषी/चन्द्रगुप्त द्वितीय काल
C. एक खगोलशास्त्री/समुद्रगुप्त काल
D. उपरोक्त में से कोई नहीं

**472.** चीनी यात्री फाह्यान निम्नलिखित के शासनकाल में भारत आया था :
A. कनिष्क B. चन्द्रगुप्त प्रथम
C. चन्द्रगुप्त द्वितीय D. हर्षवर्धन

**473.** निम्न में से किसने नालन्दा विश्वविद्यालय का भ्रमण व वहाँ अध्ययन किया था?
A. ह्वेनसांग B. फाह्यान
C. मेगस्थनीज D. उपरोक्त में से कोई नहीं

**474.** खगोलशास्त्र में गुप्तकाल में सबसे प्रसिद्ध नाम है :
A. वराहमिहिर B. ब्रह्मगुप्त
C. आर्यभट्ट D. पतंजलि

**475.** तराइन या थानेश्वर का द्वितीय युद्ध कब हुआ?
A. 1225 ई० B. 1191 ई०
C. 1192 ई० D. 1105 ई०

**476.** पृथ्वीराज चौहान के दरबारी कवि का नाम क्या था?
A. अमीर खुसरो B. चन्दबरदाई
C. बिहारी D. भूषण

**477.** कुतुबमीनार का नाम किस सूफी संत के नाम पर रखा गया है?
A. निजामुद्दीन औलिया
B. मोइनुद्दीन चिश्ती
C. कुतुबुद्दीन बख्तियार काकी
D. सलीम चिश्ती

**478.** 'राजा को अपनी प्रजा से मुक्ति मिली और प्रजा को अपने राजा से' किसके निधन पर बदायूंनी ने इस प्रकार की टिप्पणी की थी :
A. बलबन B. अलाउद्दीन खिलजी
C. मोहम्मद-बिन-तुगलक D. फिरोजशाह तुगलक

**479.** निम्नलिखित में से किस भक्ति संत ने अपने संदेश के प्रचार के लिए सबसे पहले हिन्दी का प्रयोग किया?
A. दादू B. कबीर
C. रामानंद D. तुलसीदास

**480.** चैतन्य महाप्रभु किस संप्रदाय से संबद्ध हैं?
A. वैष्णव B. शैव
C. बौद्ध D. सूफी

**481.** भारत में चिश्तिया सूफी मत को स्थापित किया :
A. ख्वाजा बदरुद्दीन ने
B. ख्वाजा मुईनुद्दीन ने
C. शेख अहमद सरहिन्दी ने
D. शेख बहाउद्दीन जकरिया ने

**482.** कबीर के गुरु कौन थे?
A. रामानुज B. रामानन्द
C. वल्लभाचार्य D. नामदेव

**483.** निम्नांकित में से किस युद्ध में एक पक्ष द्वारा प्रथम बार तोपों का उपयोग किया गया था?
A. पानीपत का प्रथम युद्ध
B. खानवा का युद्ध
C. प्लासी का युद्ध
D. पानीपत का तीसरा युद्ध

**484.** मुगल काल में सेना का प्रधान निम्न में से कौन था?
A. शहना-ए-पील B. मीर बक्शी
C. वजीर D. सवाहेनिगर

**485.** शेरशाह सूरी का मकबरा स्थित है :
A. आगरा B. सासाराम
C. दिल्ली D. औरंगाबाद

**486.** हुमायूँ एवं शेरशाह के बीच चौसा का युद्ध कब हुआ?
A. 1543 ई॰ में B. 1539 ई॰ में
C. 1556 ई॰ में D. 1565 ई॰ में

**487.** अंग्रेजों ने अपनी प्रथम फैक्ट्री कहाँ पर स्थापित की थी?
A. कलकत्ता में B. अहमदाबाद में
C. भड़ौच में D. मछलीपट्टनम में

**488.** रैयतवाड़ी प्रथा प्रारम्भ की थी :
A. टामस मुनरो ने B. मार्टिन बर्ड ने
C. कार्नवालिस ने D. लार्ड डलहौजी ने

**489.** 'सहायक सन्धि' के सिद्धान्त का किससे सम्बन्ध था?
A. वारेन हेस्टिंग्स B. लार्ड कार्नवालिस
C. लार्ड बैंटिंक D. लार्ड वेलेजली

**490.** टीपू सुल्तान की राजधानी थी :
A. बैलूर B. द्वार समुद्र
C. सेरीगापटम D. श्रीरंगम (श्रीरंगपट्टनम्)

**491.** भारत में अंग्रेजों के समय में प्रथम जनगणना हुई :
A. लार्ड डफरिन के कार्यकाल में
B. लार्ड लिटन के कार्यकाल में
C. लार्ड मेयो के कार्यकाल में
D. लार्ड रिपन के कार्यकाल में

**492.** भारत में प्रथम रेल लाइन का निर्माण हुआ था?
A. हावड़ा और सेरामपुर के बीच
B. बम्बई और थाणे के बीच
C. मद्रास और गुन्टूर के बीच
D. दिल्ली तथा आगरा के बीच

**493.** ब्रिटिश काल में दिल्ली से पहले भारत को राजधानी कहाँ थी?
A. कलकत्ता B. बम्बई
C. पटना D. लखनऊ

**494.** सती प्रथा का अन्त करने तथा ठगी को समाप्त करने का श्रेय किसको जाता है?
A. लार्ड डलहौजी B. लार्ड विलियम बैंटिंक
C. लार्ड ऑकलैंड D. लार्ड कैनिंग

**495.** भारतीय राष्ट्रीय कांग्रेस के सर्वप्रथम मुस्लिम अध्यक्ष थे :
A. अबुल कलाम आजाद B. रफी अहमद किदवई
C. एम. ए. अन्सारी D. बदरुद्दीन तैयब जी

**496.** दक्षिण अफ्रीका से लौटने के पश्चात् गाँधी जी ने प्रथम सफल सत्याग्रह (Satyagraha) आरम्भ किया :
A. चौरी-चौरा में B. दाण्डी में
C. चम्पारन में D. बारदोली में

**497.** 1943 में आजाद हिन्द फौज (I.N.A.) अस्तित्व में आई :
A. जापान में B. तत्कालीन बर्मा में
C. सिंगापुर में D. तत्कालीन मलाया में

**498.** गदर पार्टी का नेता कौन था?
A. भगत सिंह B. लाला हरदयाल
C. बाल गंगाधर तिलक D. वी. डी. सावरकर

**499.** अखिल भारतीय राष्ट्रीय कांग्रेस की प्रथम महिला अध्यक्ष कौन थीं?
A. नेली सेन गुप्ता B. सरोजिनी नायडू
C. ऐनी बेसेन्ट D. कादम्बिनी बोस

**500.** महात्मा गाँधी को सर्वप्रथम 'राष्ट्रपिता' किसने कहा था?

A. सरोजिनी नायडू B. सरदार पटेल

C. जे. एल. नेहरू D. सुभाष चंद्र बोस

**501.** भारत का संविधान पूर्ण रूप से तैयार हुआ था :

A. 26 जनवरी, 1950

B. 26 नवम्बर, 1949

C. 11 फरवरी, 1948

D. उपर्युक्त में से कोई नहीं

**502.** भारतीय संविधान सभा की प्रारूप समिति के अध्यक्ष थे :

A. डॉ. राजेन्द्र प्रसाद B. जवाहर लाल नेहरू

C. बी. आर. अम्बेडकर D. पुरुषोत्तमदास टण्डन

**503.** राष्ट्रीय ध्वज के चक्र में कितने स्पोक हैं?

A. 24 B. 30

C. 20 D. 25

**504.** भारत :

A. संघ राज्य है B. गणतन्त्र है

C. राज्यों का संघ है D. एकात्मक है

**505.** भारतीय संविधान के किस भाग को उसकी 'आत्मा' की संज्ञा प्रदान की गई है?

A. प्रस्तावना

B. मौलिक अधिकार

C. राज्य के नीति-निदेशक तत्व

D. संविधान के सभी अनुच्छेद

**506.** 'भारत एक गणतंत्र है' इसका अर्थ है :

A. सभी मामलों में अन्तिम अधिकार जनता के पास है

B. भारत में संसदीय शासन व्यवस्था है

C. भारत में वंशानुगत शासन नहीं है

D. भारत राज्यों का संघ है

**507.** भारतीय संविधान में ब्रिटिश संविधान से निम्न में से कौन-से तत्व लिए गए हैं?

1. विधि का शासन
2. न्यायपालिका की स्वतन्त्रता
3. कानून निर्माण की प्रक्रिया
4. संसदीय सरकार

A. 1, 3 एवं 4 B. 1, 2 एवं 3

C. 2, 3 एवं 4 D. 2 एवं 4

**508.** संविधान में संघ को .......... नाम दिया गया है :

A. हिन्दुस्तान या भारतवर्ष

B. इण्डिया या हिन्दुस्तान

C. इण्डिया या भारत

D. भारत देश या इण्डिया

**509.** निम्नलिखित में से कौन-सा मूल अधिकारों में सम्मिलित नहीं है?

A. सम्पत्ति का अधिकार

B. संघ गठित करने का अधिकार

C. सभा करने का अधिकार

D. देश के किसी भाग में जाने और निवास का अधिकार

**510.** केंद्र-राज्य संबंध किस अनुसूची में है?

A. 7वीं B. 8वीं

C. 6वीं D. 9वीं

**511.** भारतीय संविधान निम्न में से कौन-सी नागरिकता प्रदान करता है?

A. दोहरी नागरिकता B. एकल नागरिकता

C. उपर्युक्त दोनों D. उपर्युक्त में से कोई नहीं

**512.** केन्द्र एवं राज्यों के बीच वैधानिक शक्तियों का बँटवारा दिया हुआ है :

A. पाँचवीं अनुसूची में B. छठीं अनुसूची में

C. सातवीं अनुसूची में D. आठवीं अनुसूची में

**513.** राष्ट्रीय आपातकाल की उद्घोषणा स्वतः निलम्बित करती है :

A. सभी मौलिक अधिकारों को

B. स्वतन्त्रता के अधिकार को

C. संवैधानिक उपचार के अधिकार को

D. किसी भी मौलिक अधिकार को नहीं

**514.** संविधान में कितने प्रकार के आपातकालों का प्रावधान है?

A. 1 B. 2

C. 3 D. 5

**515.** निम्नलिखित में से कौन-सा भारत के राष्ट्रपति के निर्वाचक गण का तो भाग है, परन्तु उसके महाभियोग अधिकरण का भाग नहीं है?

A. लोक सभा

B. राज्य सभा

C. राज्यों की विधान परिषदें

D. राज्यों की विधान सभाएं

**516.** राष्ट्रपति के उम्मीदवार के लिए क्या आवश्यक नहीं है?
A. आयु 35 वर्ष हो
B. साक्षर हो
C. सांसद चुने जाने की योग्यता रखता हो
D. देश का नागरिक हो

**517.** भारत में राष्ट्रपति की मृत्यु, पदत्याग, अथवा हटाये जाने पर, पद में हुई रिक्ति को भरने की समय सीमा क्या है?
A. एक माह
B. नौ माह
C. तीन माह
D. छः माह

**518.** निम्न में से भारत का राष्ट्रपति किसकी नियुक्ति नहीं करता है?
A. उप-राष्ट्रपति B. प्रधानमंत्री
C. राज्यपाल D. मुख्य निर्वाचन आयुक्त

**519.** भारतीय संविधान में किस प्रकार की शासन प्रणाली की व्यवस्था की गई है?
A. लोकतन्त्रात्मक B. अध्यक्षात्मक
C. संसदात्मक D. अर्द्ध लोकतन्त्रात्मक

**520.** लोक सभा का कोरम कुल सदस्य संख्या का कितना होता है?
A. 1/3 B. 1/5
C. 1/11 D. 1/10

## उत्तरमाला

| 1 | 2 | 3 | 4 | 5 | 6 | 7 | 8 | 9 | 10 |
|---|---|---|---|---|---|---|---|---|---|
| B | B | A | A | A | A | A | D | A | A |
| **11** | **12** | **13** | **14** | **15** | **16** | **17** | **18** | **19** | **20** |
| A | A | C | A | A | C | A | B | B | C |
| **21** | **22** | **23** | **24** | **25** | **26** | **27** | **28** | **29** | **30** |
| A | A | D | D | A | A | C | B | D | B |
| **31** | **32** | **33** | **34** | **35** | **36** | **37** | **38** | **39** | **40** |
| B | B | A | A | C | C | A | A | D | D |
| **41** | **42** | **43** | **44** | **45** | **46** | **47** | **48** | **49** | **50** |
| A | B | C | A | C | C | B | A | A | B |
| **51** | **52** | **53** | **54** | **55** | **56** | **57** | **58** | **59** | **60** |
| B | D | A | B | D | C | B | B | B | B |
| **61** | **62** | **63** | **64** | **65** | **66** | **67** | **68** | **69** | **70** |
| C | A | C | D | C | C | B | C | A | C |
| **71** | **72** | **73** | **74** | **75** | **76** | **77** | **78** | **79** | **80** |
| C | C | D | B | B | B | D | C | A | B |
| **81** | **82** | **83** | **84** | **85** | **86** | **87** | **88** | **89** | **90** |
| B | B | B | C | A | C | C | B | B | D |
| **91** | **92** | **93** | **94** | **95** | **96** | **97** | **98** | **99** | **100** |
| C | C | B | C | A | C | B | B | D | A |
| **101** | **102** | **103** | **104** | **105** | **106** | **107** | **108** | **109** | **110** |
| A | C | C | B | B | B | A | A | B | A |
| **111** | **112** | **113** | **114** | **115** | **116** | **117** | **118** | **119** | **120** |
| A | C | A | A | C | B | A | B | A | C |
| **121** | **122** | **123** | **124** | **125** | **126** | **127** | **128** | **129** | **130** |
| D | D | B | A | C | C | B | A | A | A |

| **131** | **132** | **133** | **134** | **135** | **136** | **137** | **138** | **139** | **140** |
|---|---|---|---|---|---|---|---|---|---|
| D | B | A | D | A | C | D | A | C | B |
| **141** | **142** | **143** | **144** | **145** | **146** | **147** | **148** | **149** | **150** |
| A | C | A | D | C | C | B | C | A | B |
| **151** | **152** | **153** | **154** | **155** | **156** | **157** | **158** | **159** | **160** |
| B | B | A | A | C | A | C | B | A | B |
| **161** | **162** | **163** | **164** | **165** | **166** | **167** | **168** | **169** | **170** |
| A | C | A | B | A | B | C | D | A | A |
| **171** | **172** | **173** | **174** | **175** | **176** | **177** | **178** | **179** | **180** |
| A | C | A | B | A | A | A | A | C | A |
| **181** | **182** | **183** | **184** | **185** | **186** | **187** | **188** | **189** | **190** |
| B | C | B | B | C | D | A | D | C | B |
| **191** | **192** | **193** | **194** | **195** | **196** | **197** | **198** | **199** | **200** |
| A | C | B | B | D | B | D | D | B | C |
| **201** | **202** | **203** | **204** | **205** | **206** | **207** | **208** | **209** | **210** |
| A | B | A | A | D | B | D | C | C | C |
| **211** | **212** | **213** | **214** | **215** | **216** | **217** | **218** | **219** | **220** |
| A | B | A | B | A | C | B | A | B | C |
| **221** | **222** | **223** | **224** | **225** | **226** | **227** | **228** | **229** | **230** |
| C | B | A | A | A | A | C | A | A | A |
| **231** | **232** | **233** | **234** | **235** | **236** | **237** | **238** | **239** | **240** |
| A | A | B | D | A | A | D | B | A | A |
| **241** | **242** | **243** | **244** | **245** | **246** | **247** | **248** | **249** | **250** |
| A | C | A | A | A | C | B | A | B | D |
| **251** | **252** | **253** | **254** | **255** | **256** | **257** | **258** | **259** | **260** |
| B | C | B | A | B | D | A | D | D | B |
| **261** | **262** | **263** | **264** | **265** | **266** | **267** | **268** | **269** | **270** |
| C | D | C | D | A | B | B | D | C | B |
| **271** | **272** | **273** | **274** | **275** | **276** | **277** | **278** | **279** | **280** |
| B | B | B | C | B | D | D | A | A | C |
| **281** | **282** | **283** | **284** | **285** | **286** | **287** | **288** | **289** | **290** |
| A | C | A | B | B | D | C | C | D | A |
| **291** | **292** | **293** | **294** | **295** | **296** | **297** | **298** | **299** | **300** |
| A | C | B | B | C | A | C | D | A | C |
| **301** | **302** | **303** | **304** | **305** | **306** | **307** | **308** | **309** | **310** |
| A | B | A | B | B | B | A | A | C | C |
| **311** | **312** | **313** | **314** | **315** | **316** | **317** | **318** | **319** | **320** |
| A | D | A | C | A | D | A | A | D | A |
| **321** | **322** | **323** | **324** | **325** | **326** | **327** | **328** | **329** | **330** |
| A | A | A | B | A | B | A | B | A | C |

| 331 | 332 | 333 | 334 | 335 | 336 | 337 | 338 | 339 | 340 |
|---|---|---|---|---|---|---|---|---|---|
| B | D | A | B | D | B | A | C | A | C |
| 341 | 342 | 343 | 344 | 345 | 346 | 347 | 348 | 349 | 350 |
| A | D | C | A | B | D | A | A | C | A |
| 351 | 352 | 353 | 354 | 355 | 356 | 357 | 358 | 359 | 360 |
| B | B | D | C | B | C | C | C | C | A |
| 361 | 362 | 363 | 364 | 365 | 366 | 367 | 368 | 369 | 370 |
| B | D | C | A | D | A | A | C | C | A |
| 371 | 372 | 373 | 374 | 375 | 376 | 377 | 378 | 379 | 380 |
| A | A | B | A | A | B | B | A | A | C |
| 381 | 382 | 383 | 384 | 385 | 386 | 387 | 388 | 389 | 390 |
| C | D | B | A | A | A | C | A | B | C |
| 391 | 392 | 393 | 394 | 395 | 396 | 397 | 398 | 399 | 400 |
| A | B | A | D | A | A | A | C | D | A |
| 401 | 402 | 403 | 404 | 405 | 406 | 407 | 408 | 409 | 410 |
| C | B | C | D | C | D | C | B | A | C |
| 411 | 412 | 413 | 414 | 415 | 416 | 417 | 418 | 419 | 420 |
| B | B | C | C | C | C | A | C | A | A |
| 421 | 422 | 423 | 424 | 425 | 426 | 427 | 428 | 429 | 430 |
| B | C | A | C | B | A | D | C | B | A |
| 431 | 432 | 433 | 434 | 435 | 436 | 437 | 438 | 439 | 440 |
| B | C | D | A | B | A | D | A | C | A |
| 441 | 442 | 443 | 444 | 445 | 446 | 447 | 448 | 449 | 450 |
| B | D | C | B | C | B | A | A | D | A |
| 451 | 452 | 453 | 454 | 455 | 456 | 457 | 458 | 459 | 460 |
| A | A | B | B | A | B | A | D | A | D |
| 461 | 462 | 463 | 464 | 465 | 466 | 467 | 468 | 469 | 470 |
| C | A | C | B | C | A | B | B | C | B |
| 471 | 472 | 473 | 474 | 475 | 476 | 477 | 478 | 479 | 480 |
| A | C | A | C | C | B | C | C | C | A |
| 481 | 482 | 483 | 484 | 485 | 486 | 487 | 488 | 489 | 490 |
| B | B | A | B | B | B | D | A | D | D |
| 491 | 492 | 493 | 494 | 495 | 496 | 497 | 498 | 499 | 500 |
| C | B | A | B | D | C | C | B | C | D |
| 501 | 502 | 503 | 504 | 505 | 506 | 507 | 508 | 509 | 510 |
| B | C | A | C | A | C | A | C | A | A |
| 511 | 512 | 513 | 514 | 515 | 516 | 517 | 518 | 519 | 520 |
| B | C | B | C | D | B | D | A | C | D |

✧✧✧✧✧